TRUCS

4000 ASTUCES CHEZ SOI

Sélection du Reader's Digest

PARIS • BRUXELLES • MONTRÉAL • ZURICH

TRUCS
4000
ASTUCES CHEZ SOI

Cet ouvrage est l'adaptation française de
Household Hints & Handy Tips,
publié par The Reader's Digest Association Inc,
Pleasantville, New York, © 1988,
et de *Solutions pratiques à 4 000 problèmes quotidiens,*
publié par Sélection du Reader's Digest (Canada), © 1989.

PREMIÈRE ÉDITION

ISBN 2-7098-0330-5

Nous remercions tous ceux qui ont contribué à la mise au point
des textes de cet ouvrage :

Ghislaine Andréani (art de recevoir), Léone Bérard (cuisine), Marie-José Biffaud (rangement bien pensé), Hélène Caure (merveilleux appareils), Anne Davis (art de tenir sa maison, beauté pratique), Henry Eynard (gestion familiale), Claude Far (entretien du mobilier, merveilleux appareils), Yves Louville (médecine et urgences familiales), Michel Marin (atelier, extérieur de la maison), Patrick Mauvais (vie de famille), Catherine Minier-Ruetschmann (côté cour, côté jardin), Camille Olivier (nos amies, les bêtes), Michèle Richard (de la cave au grenier), Nicole Risch (vêtements et entretien, merveilleux appareils), Robert Séjourné (voiture), Annick Stein (décoration simplifiée).

Nous remercions plus particulièrement Michel Marin, conseiller technique pour une grande partie de ce livre.

Illustrations : Christian Kocher

Équipe éditoriale de Sélection du Reader's Digest :

Secrétariat d'édition : Camille Duvigneau,
Fabienne Duvigneau
Maquette : Dominique Thomas
Lecture-correction : Catherine Decayeux, Emmanuelle Dunoyer,
Béatrice Omer
Fabrication : Gilbert Béchard

Introduction

Trucs, 4000 astuces chez soi est un livre pour tous. Mère de famille débordée ou femme qui travaille, amateur de bricolage, amoureux du jardin, cuisinière soucieuse de sa ligne, tout lecteur trouvera ici une multitude de conseils judicieux qui lui rendront la vie plus agréable.

Chacun des vingt-deux chapitres de ce livre s'organise autour d'un thème spécifique. Vous déterminerez facilement celui qui vous convient, et, au fil de ses rubriques, découvrirez comment résoudre tout un éventail de problèmes. Si, par exemple, vous souhaitez transformer votre salon mais ne savez pour quel revêtement mural opter, reportez-vous au chapitre « La décoration simplifiée » et à sa rubrique *Quelques principes généraux* : vous y apprendrez qu'une pièce paraît plus grande si vous l'habillez de teintes claires, et, plus loin, que toute couleur semble plus foncée sur une grande surface que sur un échantillon. Ou bien, avant de convier vos amis à fêter votre anniversaire, consultez le chapitre « L'art de recevoir » : vous y dénicherez de précieuses suggestions pour disposer votre buffet, choisir un traiteur, mettre en place le bar, confectionner des canapés originaux...

Mais si vous cherchez plus particulièrement une solution pratique à un problème précis, référez-vous à l'index détaillé qui figure à la fin de cet ouvrage. Vous localiserez immédiatement la réponse. Ainsi : Évier bouché, p. 103 ; Soupe trop salée, p. 379 ; Tapis (brûlure dans les), p. 86...

Abondamment illustré pour vous permettre de saisir d'un coup d'œil l'astuce dont vous avez besoin, ce livre est une aide indispensable dans la maison. A vos heures de détente, vous le parcourerez avec intérêt et y récolterez une foule d'informations que vous saurez plus tard mettre à profit. Vous échangerez conseils et trucs utiles avec vos amis. Lors d'un incident, devant une situation délicate, vous aurez sous la main un outil efficace et de maniement aisé pour y faire face.

Table des matières

ORGANISEZ-VOUS

L'art de tenir sa maison

A CHACUN SON ORGANISATION

La façon de s'organiser reflète la personnalité de chacun. Une méthode de travail n'est bonne que si elle vous convient, si elle correspond à vos goûts, et surtout à vos capacités. Inutile d'adopter des règles strictes si vous savez que vous ne pourrez pas vous y tenir.

L'important est que votre organisation ne vous occasionne ni tracas supplémentaire, ni surcharge de travail, ni perte de temps ou d'énergie. Le carnet de rendez-vous, le livre des dépenses, les listes, qu'elles soient petites ou grandes, les dossiers perdent toute raison d'être si au lieu de vous aider ils ne sont qu'un souci de plus pour vous.

Posez-vous déjà une question : êtes-vous du soir ou du matin ? Votre efficacité sera amplifiée si vous respectez vos rythmes biologiques. Acquittez-vous des travaux les plus importants ou les plus délicats au moment où vous êtes en pleine forme.

Ne remettez surtout pas ce que vous devez absolument faire. Avez-vous un coup de téléphone à donner, une lettre à écrire ? Faites-le au plus vite. Vous en serez débarrassé, et surtout vous ne risquerez pas d'oublier et de provoquer ainsi quelque impair.

Mais si l'ampleur de vos tâches vous décourage, la meilleure solution est encore de vous faire un planning et de décomposer en plusieurs étapes les activités auxquelles vous ne pouvez en aucun cas vous soustraire.

LA CHRONOBIOLOGIE

La chronobiologie est l'étude des rythmes biologiques, en particulier du rythme circadien, c'est-à-dire le rythme jour-nuit de 24 heures.

Notre vie tout entière est bercée par des rythmes. Certains sont extérieurs : saisons, horaires de travail, loisirs ; d'autres intérieurs : métabolisme, acuité intellectuelle, sommeil. Bien connaître ses capacités et ses propres rythmes est indispensable à l'équilibre de la vie quotidienne. Travailler, dormir, se distraire : il y a un moment pour tout, mais pas n'importe lequel.

Ainsi, mieux vaut faire le ménage, astiquer et déplacer les meubles aux alentours de 15 heures, alors que notre force musculaire est à son maximum, plutôt que le matin.

D'autre part, ceux qui se lèvent tôt et se couchent tôt auront intérêt à concentrer leurs activités en début de journée. Mais les couche-tard seront au mieux de leur forme en fin de journée.

LA LISTE PRINCIPALE

Pour organiser les activités générales de la maison et connaître les horaires et les disponibilités de chacun, fabriquez un grand calendrier de la taille d'un poster. Vous y noterez toutes les dates importantes pour l'ensemble de la famille (anniversaires, fêtes, dates des vacances scolaires suivant votre zone) tout au long de l'année. Marquez aussi les rendez-vous chez le médecin, le pédiatre, le dentiste au fur et à mesure qu'ils se présentent.

A côté de cette liste, vous prévoirez un tableau où chacun pourra inscrire ses projets, les courses à faire, les pense-bêtes et les messages téléphoniques. Ce véritable centre de communication familial devra absolument être tenu à jour : réglez le plus grand nombre de problèmes quotidiennement, jetez les indications périmées, reportez celles que vous avez notées dans votre agenda personnel.

CARNETS ET AGENDAS

Prenez l'habitude d'avoir toujours avec vous un petit carnet sur lequel vous inscrirez toutes les tâches dont vous devez vous acquitter. Cela vous libérera d'un monceau de papiers et vous laissera l'esprit plus libre. Notez les courses, les rendez-vous, les choses à faire, les décisions à prendre. Vous reporterez ce qui concerne la famille sur la liste principale.

Allez dans une papeterie ou au rayon spécialisé d'un grand magasin : vous verrez qu'il existe un nombre incroyable d'agendas et de carnets variés.

Sur votre carnet, inscrivez pour chaque rendez-vous tous les détails le concernant : adresse, numéro de téléphone, poste à demander, personne à rencontrer, numéro de facture, de dossier, etc.

Ne surchargez pas votre agenda en inscrivant les travaux qui reviennent tous les jours ou certains jours de la semaine toute l'année. Il doit être un aide-mémoire pour les tâches ou les projets particuliers.

Adoptez le système des classeurs, vous pourrez ainsi prévoir des pages blanches si vous avez des notes à prendre ou une idée à garder. Vous pouvez aussi faire une liste de livres à lire, de films à voir, de cassettes à louer, d'expositions, de bons restaurants.

Avant de démarrer une nouvelle semaine, vérifiez que vous n'avez rien négligé, auquel cas il faudrait prévoir de réparer l'oubli : établissez clairement le programme des jours à venir, sans rien omettre. En connaissant parfaitement votre emploi du temps, vous éviterez la bousculade et les rattrapages de dernière minute.

Pensez aussi à planifier vos loisirs, sinon le travail et les tâches multiples à accomplir auront vite fait d'engloutir vos moments de détente.

L'agenda fait partie des objets que l'on doit toujours garder sur soi. Une liste des choses à faire est inutile si l'on ne peut s'y référer à tout moment et y inscrire au fur et à mesure les tâches accomplies.

A chaque jour suffit sa peine : programmez-vous quotidiennement une tâche qui vous ennuie plutôt que de tout bloquer à la même date. Le sacrifice sera moins douloureux !

Ne jetez pas vos anciens agendas ou les feuilles des mois passés : ce sont de véritables archives que vous serez bien content de retrouver le jour où vous chercherez une bonne adresse, des indications sur le réparateur du lave-linge qui vient justement de tomber à nouveau en panne, ou les références du menuisier qui a réalisé votre bibliothèque et qui serait bien utile pour monter les placards de la chambre d'enfants.

Consacrez un carnet spécial pour des tâches plus complexes : déménagement, vacances, inscription des enfants dans un nouveau lycée, programme d'études.

Perdre son carnet d'adresses est une catastrophe. Faites-en un double et laissez-le à la maison.

POURQUOI DES LISTES ?

1. Une tâche notée par écrit devient plus concrète. Vous l'oubliez beaucoup moins facilement.
2. Vous distinguez mieux les tâches importantes des tâches futiles. Vous pouvez les étudier objectivement.
3. Une liste des choses à faire permet d'établir un ordre de priorité.
4. Et quel plaisir de biffer ce qui a été accompli !

SOYEZ MÉTHODIQUE

Prenez l'habitude de remettre chaque objet à sa place après vous en être servi et rappelez aux autres d'en faire

TESTEZ VOTRE SENS DE L'ORGANISATION

1. Vous faut-il plus de 10 minutes pour retrouver une lettre, une facture ou un rapport sur votre bureau ou dans un classeur ?
2. Y a-t-il sur votre table de travail des papiers en instance depuis plus de 1 mois et sur lesquels vous n'avez pas encore jeté un regard ?
3. Vous a-t-on déjà coupé le téléphone, l'électricité ou le gaz parce que vous aviez oublié de payer une facture ?
4. Au cours des 2 derniers mois, vous est-il arrivé d'oublier un rendez-vous, un anniversaire ou tout autre événement important ?
5. Égarez-vous souvent clés, lunettes, sac, gants, porte-documents ?
6. Laissez-vous traîner dans un coin de l'appartement ou au fond d'un placard les objets que vous ne savez pas où ranger ?
7. Avez-vous des piles de magazines à lire ?
8. Vous arrive-t-il de remettre une tâche jusqu'à ce que l'urgence vous oblige à l'accomplir ?
9. Vos problèmes d'ordre se résoudraient-ils si vous disposiez de plus d'espace de rangement ?
10. Chez vous, le désordre est-il tel que vous ne savez plus par où commencer, alors que vous en souffrez ?
11. Les enfants participent-ils à l'entretien de la maison ?
12. A la fin de la journée, avez-vous l'impression d'avoir accompli toutes les tâches que vous vous étiez fixées ?
13. Dans la cuisine, les objets que vous utilisez le plus sont-ils d'accès facile ?
14. Y a-t-il dans votre salon de petites tables pour déposer les verres et les assiettes pour les amuse-gueule ?

RÉSULTATS : Comptez un point pour chaque oui en réponse aux questions 1 à 10 et un point pour chaque non aux questions 11 à 14.
DE 1 à 3 : Vous savez vous organiser, mais vous tirerez profit des conseils contenus dans ce chapitre.
DE 4 à 7 : Vous avez tout intérêt à améliorer vos méthodes ; ce chapitre va considérablement vous aider !
DE 8 à 10 : Votre vie ne doit pas être rose tous les jours !
11 et PLUS : C'est presque le chaos. Votre vie va changer quand vous aurez lu ce chapitre. Au travail !

autant. Vous perdrez moins de temps que si vous attendez que le fouillis soit insupportable avant de tout remettre en ordre. Et vous ne chercherez pas partout le manteau ou les ciseaux dont vous avez besoin. Voilà une règle à inculquer aux enfants dès le plus jeune âge.

Débarrassez-vous des petits travaux au fur et à mesure qu'ils se présentent : par exemple, n'attendez pas la fin de la semaine pour faire la lessive. Mettez le linge dans la machine le soir avant de vous coucher (surtout si vous avez des tarifs de nuit pour l'électricité), vous l'étendrez le lendemain matin, avant de partir. Ou au contraire, commencez à remplir la machine le matin pendant que vous faites votre toilette ou préparez le petit déjeuner. La lessive ne sera plus une obsession.

N'hésitez pas à recourir à certains articles ménagers qui permettent de gagner du temps : robots, four à micro-ondes, préparations culinaires toutes prêtes, etc. Mais ne sortez pas une machine ultra-perfectionnée juste pour hacher un oignon : vous perdriez plus de temps à la nettoyer qu'à couper votre oignon au couteau.

Prévoyez toujours large dans l'établissement de votre emploi du temps : des contretemps, interruptions, urgences peuvent intervenir. Certains travaux sont parfois plus longs qu'on ne le pensait au départ ; vous avez peut-être calculé le temps d'exécution en oubliant les préparatifs et les rangements qui entrent aussi en ligne de compte. Quand on bricole, il faut choisir et sortir ses outils, puis les ranger.

Fractionnez les tâches de longue haleine. S'il vous faut plusieurs jours pour nettoyer tous les placards de la maison, vous réglerez le cas d'une penderie peu encombrée en 1/2 heure.

CHAQUE MINUTE COMPTE !

Voici ce que l'on peut faire en 5, 10 ou 30 minutes :

En 5 minutes
Prendre un rendez-vous
Se couper les ongles
Arroser les plantes
Préparer un menu
Réserver des billets pour un spectacle
Recoudre un bouton

En 10 minutes
Écrire une lettre simple
Rempoter une plante
Laver un pull à la main
Classer des documents
Faire quelques mouvements de gymnastique

En 30 minutes
Lire des revues que l'on n'a pas encore eu le temps d'ouvrir
Nettoyer l'argenterie
Passer l'aspirateur dans trois ou quatre pièces
Désherber une plate-bande
Recoudre un ourlet

Enfin, quand vous établissez votre programme de la semaine, accordez-vous quelques heures pour faire ce dont vous avez envie : aller au cinéma, visiter une exposition, déjeuner avec un ami, faire du shopping, aller chez le coiffeur, ou simplement vous détendre en lisant un bon livre.

SOYEZ PRÉVOYANT

Les petits matins seront moins pénibles si vous les préparez la veille au soir. Pensez à rédiger les autorisations de sortie pour l'école, à donner de l'argent pour l'achat d'une fourniture ou d'un livre scolaire, à préparer les vêtements pour le lendemain. Bref, acquittez-vous de tout ce qui pourrait vous empêcher de bien commencer la journée.

Après le dîner, quand la cuisine est propre, mettez la table du petit déjeuner. Sortez les pots de confiture, les boîtes de céréales si vous en prenez, et tous les produits non réfrigérés ; ce sera autant que vous n'aurez pas à faire le lendemain.

Prévoyez un peu de temps pour faire les lits et ranger la cuisine avant de quitter la maison, le matin. Votre retour sera plus agréable et vous donnerez peut-être le bon exemple aux autres.

Consacrez une étagère aux livres empruntés à la bibliothèque. Vos enfants n'auront plus besoin de les chercher dans toute la maison quand viendra le jour de les rendre, et vous ne courrez pas le risque de les ranger avec les vôtres.

Gardez de la menue monnaie et quelques pièces de 10 francs dans un petit porte-monnaie, à un emplacement connu de tous. Vous ne serez pas pris au dépourvu lorsque, à la dernière minute, un membre de la famille vous réclamera un peu d'argent, ou qu'un livreur débarquera à l'improviste.

LE TÉLÉPHONE : FAITES-EN UN ALLIÉ

Le téléphone fait partie intégrante de notre vie. Il faut s'en servir à bon escient, certes, mais ne jamais hésiter à y avoir recours. Demandez que l'on vous pose plusieurs prises (les Télécom vous en poseront une seconde sans supplément), cela vous évitera de courir d'un bout à l'autre de l'appartement ou de grimper sans arrêt les étages.

Les téléphones sans fil vous permettent de vous déplacer chez vous tout en parlant, et même d'exécuter certains travaux comme faire la cuisine, arroser les plantes, etc. Mais ils sont assez chers, et la communication peut parfois être perturbée, voire empêchée, par des interférences. Utilisez-les plutôt comme appareils d'appoint.

LA TACHE DE LA FEMME AU XIXe SIÈCLE

« Il ne faudrait pas – si la maîtresse du logis est forcée de se livrer à certains travaux de ménage – [...] qu'elle se laisse absorber entièrement par des soins puérils. Il y a des femmes qui frottent, qui époussettent toute la journée, négligeant leur personne, ne trouvant pas une minute pour causer avec leur mari. L'amour de la propreté dégénère en manie chez celles-là. Qu'elles sachent que la maison la plus reluisante n'offre plus aucun charme au mari dont la femme ne sait pas distraire quelques instants à ses occupations les plus méritoires pour soigner son extérieur, pour échanger des idées avec lui, pour recevoir ses épanchements. Il y a temps pour tout, on doit trouver du temps pour tout ! Il n'y a qu'à s'arranger, à arranger sa vie. »

Extrait du livre *Règles du savoir-vivre de la société moderne,* qui date des Années folles, par la baronne Staffe.

Installez les postes téléphoniques dans des endroits pratiques et confortables. Rien de pire que le téléphone placé sur une petite table à côté de la porte d'entrée : on ne peut pas s'asseoir, et les voisins profitent de la conversation.

L'appareil trouve sa place idéale près d'un canapé, sur un bureau ou une table de nuit. Laissez un petit bloc de papier et un crayon à proximité pour prendre les messages.

Ne décrochez pas l'appareil quand vous ne voulez pas être dérangé, baissez plutôt la sonnerie. Le mieux, si vous en avez les moyens, est encore de vous procurer un répondeur. Mais, n'omettez pas de rappeler les personnes qui vous ont laissé un message.

Le téléphone est surtout très utile pour gagner du temps : confirmer un rendez-vous, vérifier que l'article que vous devez acheter est bien disponible afin de vous éviter un déplacement inutile, connaître les heures d'ouverture des administrations où vous devez vous rendre, des magasins où vous avez l'intention de faire vos courses.

Apprenez à abréger un appel sans blesser votre interlocuteur. Vous pouvez vous excuser en proposant de rappeler plus tard, mais surtout n'oubliez pas de le faire.

Sachez utiliser tous les services proposés par les Télécom : deux lignes sur le même numéro par exemple, avec un système d'appel pendant la communication qui vous permet de prendre un second appel en mettant le premier en attente.

Enfin, apprenez à vos enfants à se servir du téléphone dès leur plus jeune âge, mais expliquez-leur que l'on ne doit pas y passer des heures à raconter sa vie.

LE COURRIER

Si un appel téléphonique est parfois plus efficace qu'une lettre et facilite la vie courante, il ne dispense pas d'écrire dans certaines circonstances : condoléances, mot d'excuses ou de remerciements, réclamations.

Quoi de plus agréable aussi que de retrouver une vieille lettre, un billet doux que le temps a jauni, ou bien encore de raconter un voyage. Sachez garder le sens de la correspondance, celui du beau papier, de l'écriture au stylo à plume, des encres de couleur, des enveloppes doublées.

Dès réception, répondez aux lettres qui vous sont adressées, allez chercher vos plis recommandés : dans le cas de « tuile », il vaut mieux savoir tout de suite pour réagir au plus vite et éventuellement vous défendre.

Pensez à garder une copie de vos réponses, soit en glissant un carbone entre deux feuilles de papier (n'écrivez alors qu'au stylo à bille), soit en faisant une photocopie avant d'envoyer votre courrier. On trouve de nos jours des photocopieuses dans de nombreux endroits : grands magasins, gares, papeteries, bureaux de poste. Classez soigneusement ces doubles pour les retrouver facilement en cas de besoin.

Jetez ce qui est inutile ou sans intérêt : rien ne sert d'accumuler les prospectus dont on n'a que faire. Quand vous recevez votre nouvelle carte de crédit, découpez tout de suite l'ancienne en plusieurs morceaux et ne laissez pas non plus traîner votre code d'accès aux services bancaires.

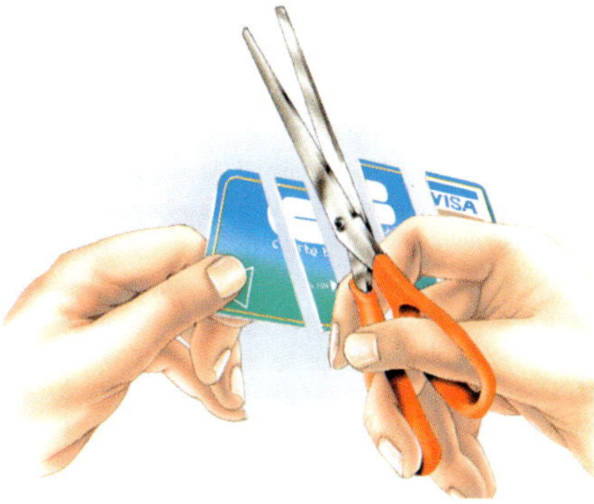

Au hasard de vos promenades ou des visites de musées, achetez des cartes postales : elles seront utiles quand vous aurez un petit mot de remerciement ou d'amitié à envoyer. Ayez aussi des cartes de vœux d'avance (nouvel an, anniversaires, fêtes). Rangez-les par catégories et toujours au même endroit pour ne pas avoir à les chercher pendant des heures quand vous en aurez besoin.

N'oubliez pas d'inscrire sur la liste de tâches hebdomadaires dans votre agenda les lettres à écrire, les cartes à envoyer et tous les travaux d'écriture qui ont des dates limites : déclarations de revenus, assurances, factures d'électricité, de gaz ou de téléphone.

LES COURSES

Si vous prenez l'habitude de dresser au fur et à mesure des besoins la liste des courses, vous gagnerez du temps au moment de faire votre marché. Mettez toute la famille à contribution : à chacun d'indiquer sur le tableau familial ce dont il a besoin (dentifrice, mousse à raser ou corn-flakes).

Groupez vos achats et faites tout en une seule fois si possible. Adoptez plutôt les rues commerçantes qui regroupent tous les corps de métiers, ou faites vos courses dans une grande surface.

La plupart des grandes surfaces ont un service de livraison bien pratique en cas de commande importante. Choisissez de préférence celle qui se trouve près de votre domicile.

Si vous devez aller chez plusieurs commerçants, commencez par les courses les plus légères et les moins encombrantes ; réservez les autres ainsi que l'achat des denrées périssables pour la fin de votre itinéraire.

Consultez toujours votre agenda et votre liste hebdomadaire quand vous sortez faire une course ; vous pouvez tomber sur des objets dont vous avez justement besoin et que vous aviez prévu d'acheter en fin de semaine : ce sera autant de fait.

Repérez les magasins qui entourent votre lieu de travail : ils seront utiles pour vous dépanner.

N'oubliez pas non plus les commandes par téléphone : certaines marques de produits surgelés, par exemple, livrent à domicile 2 jours après la commande ; il suffit de demander leur catalogue. Il existe aussi des services de supermarché par minitel : la liste des produits apparaît sur l'écran, vous indiquez les quantités choisies ; le paiement se fait par carte Bleue et vous pouvez être livré le jour même. La livraison vous est facturée (environ 40 francs).

Évitez bien sûr de faire vos courses aux heures d'affluence, le samedi après-midi en particulier ; vous mettrez deux fois plus de temps que si vous y allez le matin à la première heure, ou en nocturne.

Pour les rendez-vous chez le médecin ou le dentiste, essayez de les grouper et de vous y rendre en famille. Choisissez des cabinets médicaux qui regroupent plusieurs spécialistes : ophtalmologiste, dentiste, médecin généraliste. Ils sont de plus en plus répandus. Demandez que l'on vous donne le premier rendez-vous de la journée ; cela vous évitera d'attendre.

Faites-vous aider par votre famille. Si par exemple vous devez déposer des vêtements chez le teinturier, demandez à l'un de vos enfants de s'en charger.

VOUS ATTENDEZ DES INVITÉS

Une invitation est souvent programmée à l'avance ; organisez-vous en conséquence. Faites le ménage quelques jours avant pour ne pas être pris de panique le jour même. Réservez-vous toujours du temps pour vous habiller et vous détendre afin de mieux accueillir vos invités.

Avez-vous remarqué comme on travaille vite durant les heures qui précèdent l'arrivée des invités ? Profitez-en pour donner la priorité aux travaux de nettoyage vraiment utiles, ceux qui portent sur les endroits visibles. Essuyez les meubles, passez un coup d'aspirateur sur les tapis et sur la moquette de l'entrée et des pièces de réception.

N'oubliez pas de « briquer » la salle de bains et les toilettes. Pensez à laisser une serviette propre près du lavabo et évitez de laisser traîner vêtements et sous-vêtements.

Vous êtes pressé par le temps ? Soyez astucieux. Passez un peigne dans les franges du tapis : on en déduira que vous avez nettoyé la maison de fond en comble.

Si le temps vous manque vraiment, vous avez toujours la ressource de faire un dîner aux chandelles, de soigner particulièrement votre spécialité et d'animer brillamment la conversation ! Vos invités repartiront ravis.

Prévoyez des invitations le jour où vient votre femme de ménage, ou le samedi soir si vous n'en avez pas. Vous pouvez aussi mettre à profit le dimanche pour préparer le plat raffiné qui constituera l'essentiel du repas et faire cuire le gâteau que tout le monde attend : recevez alors plutôt le lundi soir, après un week-end détendu.

LE PARTAGE DES TACHES

Avant toute chose, passez en revue les tâches quotidiennes et répartissez-les en fonction des capacités et des goûts de chacun. On peut préférer essuyer la vaisselle plutôt que de la laver, ou le contraire. Mieux vaut miser sur les préférences que de lutter à tout prix contre les inclinations particulières.

Connaissant les goûts de tous, vous pourrez faire une répartition des tâches à l'heure des repas : chacun sera chargé de mettre le couvert, de desservir ou de faire la vaisselle (ou la ranger dans le lave-vaisselle).

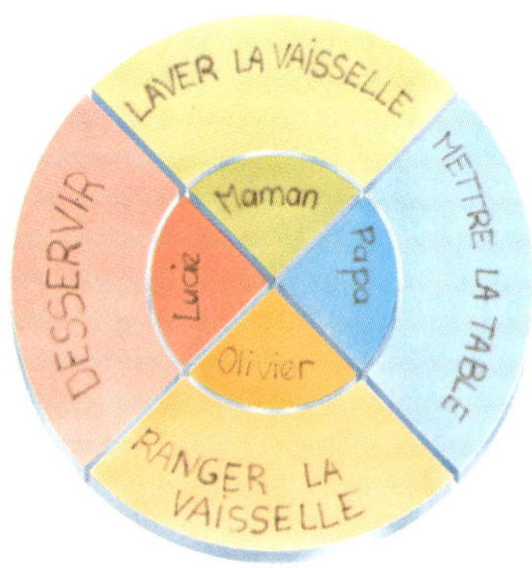

Mettez un frein à vos exigences et résistez à l'envie d'aller vérifier si les autres ont fait les choses correctement : ce n'est pas très important ; laissez-leur plutôt quelques responsabilités, les tâches leur sembleront moins pénibles.

Si quelqu'un fait mal son travail, laissez aux autres le loisir de protester et tenez-vous à l'écart : ne jouez pas le « général en chef » sous peine de voir votre famille vous abandonner tout le travail.

Par ailleurs, les critères de qualité varient avec la personnalité de chacun : demandez seulement un minimum de soin et surtout une certaine assiduité.

Même les maris très occupés doivent être mis à contribution. Faire le marché hebdomadaire (où les achats sont si lourds à porter), mettre la table, préparer le dîner, autant de tâches que la plupart des hommes de la jeune génération ont l'habitude d'effectuer. Sans oublier l'aide aux enfants pour les devoirs.

LE CONCOURS DES ENFANTS

On peut demander beaucoup de choses aux enfants, mais il faut avant tout tenir compte de leur âge. Pas question de demander à un enfant de 5 ans de faire cuire des pâtes. Mais les plus petits sont généralement ravis d'être mis à contribution pour les travaux du ménage ; ils ont ainsi l'impression d'être considérés comme des grands.

Évidemment, n'espérez pas qu'ils battront des records de vitesse mais apprenez-leur à balayer, par exemple, ou confiez-leur une éponge imbibée de produit non toxique pour qu'ils lavent des surfaces peu fragiles.

Lorsque l'enfant est plus grand, laissez-le prendre des initiatives. Ne restez pas constamment derrière lui ; laissez-le s'organiser, et venez voir quand il a terminé pour le féliciter de son effort.

Indiquez clairement aux enfants à quel moment les tâches collectives doivent être accomplies : avant l'école, au retour de l'école ou avant le dîner. Ne laissez pas des glissements s'opérer vers le soir, voire le lendemain matin.

Partez toujours du principe que tout le monde doit participer, fille ou garçon, et répartissez les tâches dans cette optique. Ne refaites pas les choses derrière un enfant : rien n'est plus exaspérant, pour un adulte comme pour un enfant, que de voir ses efforts anéantis. Essayez de vous rappeler ce que vous ressentiez à son âge.

N'exigez pas d'un enfant qu'il travaille une journée entière ; à 8 ans il pourra être attentif 1 heure ; un adolescent, s'il a autant d'énergie qu'un adulte, est moins motivé ; estimez-vous heureux s'il vous aide 3 heures par jour.

DIX TACHES POUR UN ENFANT DE 5 ANS

1. Faire son lit. Au début ce ne sera pas impeccable, mais c'est une bonne habitude à prendre. Achetez une couette, ce sera plus facile pour lui
2. Ranger ses vêtements dans la penderie, d'où l'importance de fixer tringles et patères à sa hauteur
3. Ranger ses jouets
4. Donner à manger au chien ou au chat (mais rappelez-le-lui)
5. Arroser les plantes du jardin et du balcon
6. Mettre la table
7. Desservir, mais une assiette à la fois
8. Aider à repeindre sa chambre
9. Préparer son petit déjeuner à condition qu'il soit froid
10. Rincer son bol ou le mettre dans l'évier

CHAMBRES D'ENFANTS

Les pédiatres s'accordent pour le dire : sa chambre est le domaine privé de l'enfant. Il peut y entretenir un certain fouillis si cela ne l'empêche pas de rendre des devoirs soignés.

Apprenez-lui cependant à ranger chaque jour. Montrez-lui que 10 minutes suffisent pour avoir une chambre en ordre, et valent mieux que 1 heure ou 2 le samedi.

Organisez les meubles et l'espace pour lui faciliter la tâche. Prévoyez une commode basse dont les tiroirs coulissent facilement. Dans la penderie, installez une tringle à sa hauteur. Achetez-lui un bureau à tiroirs pour ranger ses affaires de classe, et installez-lui des étagères pour y placer ses livres et ses bibelots préférés. Pensez aussi au coffre pour les petits jouets qui ont tendance à traîner partout.

Si la chambre de votre enfant est bien organisée, laissez-le se débrouiller et ne faites que le minimum : il vous aidera à faire le ménage. Il faut absolument qu'il se sente chez lui. Dès l'âge de 5 ans, un enfant peut faire son lit, surtout si vous lui achetez une couette.

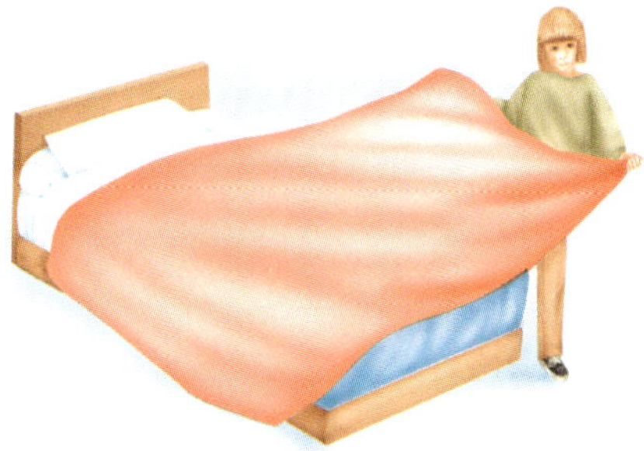

La chambre de l'adolescent est sacrée pour lui : n'intervenez qu'en cas d'extrême nécessité (pots de yaourts vides, vieux papiers, trognons de pommes...) et si le désordre s'étend à toute la maison.

EMPLOYÉS DE MAISON

Si vous ne venez pas à bout des tâches de la maison, parce que vous avez une famille nombreuse, parce que vous travaillez, n'hésitez pas à vous faire aider ; il suffit de quelques heures de ménage pour vous changer la vie. Confiez les gros travaux et le repassage à un employé de maison, et réservez-vous le petit entretien.

DIX TACHES POUR UN ADOLESCENT

1. Vider les corbeilles à papier et les cendriers
2. Descendre la poubelle
3. Passer l'aspirateur
4. Laver le carrelage de la cuisine et de la salle de bains
5. Repasser ses vêtements
6. Recoudre des boutons et faire des ourlets
7. Faire les courses
8. Préparer des choses simples pour les repas
9. Repeindre une pièce, seul
10. Laver la voiture

Si vous avez des enfants, vous pouvez aussi adopter la solution de la jeune fille au pair, qui vous consacrera quelques heures par semaine pour la maison et s'occupera de vos enfants le soir et le mercredi.

NE GARDEZ PAS TOUT

On hésite souvent à jeter ses affaires (« ça peut toujours servir »). Certes, la mode est un éternel recommencement, et il arrive que l'on puisse ressortir une robe vieille de 20 ans et de nouveau à la mode. Mais la plupart du temps, on n'a aucune envie de la remettre. Plutôt que d'entasser les vêtements dans les placards, pensez à les donner ; ils feront plaisir à ceux qui en ont le plus besoin, et ces derniers sont nombreux. Des organismes spécialisés se chargent de les récupérer.

Ne donnez pas n'importe quoi, simplement pour vous en débarrasser : choisissez les vêtements d'enfants et d'adultes en bon état, les livres, les vieux disques, les médicaments que vous n'utilisez plus. Jetez ce qui est troué, usé ou taché.

Si les vêtements ou les objets sont à votre conjoint ou à vos enfants, demandez-leur leur avis ; c'est à eux que revient la décision. Soyez sans pitié pour vos propres affaires, et éliminez tout ce qui vous encombre.

Profitez d'un déménagement pour vous débarrasser de tout ce qui vous semble superflu ou ne convient plus. Pensez à l'endroit où vous placerez un objet dans votre nouvel appartement avant de l'emballer. Évitez de transporter votre fouillis d'une maison à une autre.

CHAQUE CHOSE A SA PLACE

Avant d'acheter un objet, prévoyez l'endroit où vous allez le mettre. Si vous n'arrivez pas à lui trouver une place, reconsidérez votre achat.

Réunissez les choses qui vont ensemble : les raquettes avec les balles et les chaussures de tennis. Rangez un article là où vous vous en servez ou, sinon, là où logiquement vous le chercherez.

RANGER LES PLACARDS

Si la fièvre du rangement vous prend, commencez par ranger la pièce où vous vous trouvez avant de vous attaquer aux placards.

Si le placard est grand, prévoyez plusieurs séances de rangement. Ne videz pas tout d'un coup mais procédez par sections.

Pour éviter de jeter ce que vous vouliez garder ou le contraire, prévoyez des cartons avec des inscriptions « à jeter », « à garder », « à donner », et placez-y les vêtements ou les objets que vous sortirez du placard.

Pour chaque chose, posez-vous trois questions :

1. L'ai-je utilisée cette année ? Si oui, gardez, sinon, éliminez.

2. A-t-elle une valeur sentimentale ou monétaire ? Si oui, gardez.

3. Me servira-t-elle un jour ? Si oui, gardez, à condition d'avoir de la place (grenier ou cave) ; sinon, donnez, cela fera toujours plaisir à quelqu'un.

Usez et abusez des coffres divers. Dans la salle de bains, prévoyez un coffre ou un sac pour le linge sale et un autre pour le linge à repasser.

Une boîte fourre-tout vous rendra de précieux services pour ranger les gants dépareillés, les chaussettes uniques, les lacets égarés.

Placez une corbeille ou une petite boîte décorative dans un endroit accessible pour tous les petits objets que l'on ne sait pas trop où ranger.

Fixez un clou près de la porte d'entrée pour accrocher les clés ; posez une coupelle sur votre table de nuit pour y placer vos bijoux le soir ; rangez vos crayons et vos stylos dans un grand pot sur votre bureau ; achetez un panier ou un porte-revues pour les magazines. Placez une corbeille à papier dans chaque pièce.

POUR DONNER VOS VÊTEMENTS

Voici quelques adresses pour donner les objets et les vêtements en bon état que vous ne souhaitez pas garder. Elles sont toutes à Paris, car c'est là que se trouve en général l'organisation centrale qui vous renseignera sur l'antenne située dans votre ville. Vous pouvez aussi vous adresser à votre mairie.

Armée du Salut
76, rue de Rome
75008 Paris
Tél. : 43.87.41.19

Communauté d'Emmaüs
32, rue des Bourdonnais
75001 Paris
Tél. : 42.36.43.80

Secours catholique
106, rue du Bac
75007 Paris
Tél. : 48.39.10.92

Secours populaire
3, square Maubeuge
75009 Paris
Tél. : 42.78.50.34

Petits Frères des pauvres
33, avenue Parmentier
75011 Paris
Tél. : 43.38.10.10

« MIEUX VAUT PRÉVENIR QUE GUÉRIR »

Gardez les marqueurs hors de portée des jeunes enfants, cela vous évitera de nettoyer leurs graffiti. Fixez des carnets de feuilles de papier grand format sur les murs de la chambre de vos enfants et expliquez-leur que l'on ne dessine que sur cette surface.

Ne laissez pas les enfants manger et boire partout dans la maison : la cuisine est un endroit idéal pour cela. Pour les adultes, prévoyez des dessous-de-verre pour protéger le vernis des meubles, et ne servez pas d'amuse-gueule trop gras (gare aux doigts) ou qui s'émiettent. Ne remplissez pas trop les verres ou les tasses.

Dans la salle de bains, exigez que l'on nettoie la baignoire après chaque utilisation, et que l'on éponge le carrelage quand on a provoqué une inondation.

Dans la cuisine, passez une éponge sur le dessus de la cuisinière dès qu'une casserole a débordé et utilisez de grands ustensiles, qui, justement, déborderont moins. Donnez un coup de balai quotidien : c'est rapide, et la cuisine a tout de suite l'air plus propre.

UNE MAISON PARFUMÉE

Parfumer une maison, c'est lui donner une personnalité. Versez quelques gouttes d'huile essentielle sur l'ampoule d'une lampe avant d'allumer la lumière, ou déposez-y un soupçon de votre parfum ; une délicate odeur se répandra dans la pièce.

En hiver, si vous avez le chauffage central, ajoutez un peu d'essence de pin ou d'extrait de fleur à l'eau dont vous remplissez les saturateurs de vos radiateurs.

Si vous avez une cheminée, jetez dans le feu des épluchures de citron ou d'orange.

Pour chasser les odeurs de cuisine, vaporisez de l'ammoniaque dans les pièces où elles flottent.

Déposez sur un meuble, dans une coupe, une orange piquée de clous de girofle. Elle se desséchera peu à peu en dégageant une odeur délicieuse dans la maison.

VOS DOSSIERS

Parmi les documents que vous conservez, il y a sans doute des lettres, des photographies, des articles de journaux, des diplômes et même des programmes de spectacles. N'ayez pas honte de cet attachement, mais n'en soyez pas non plus l'esclave. Défaites-vous de tout ce qui perd de son intérêt à mesure que le temps passe.

Pour protéger ces précieux souvenirs du feu ou des inondations, et les réunir en un même lieu, rangez-les dans un trieur ménager, ou dans un meuble à tiroirs en métal.

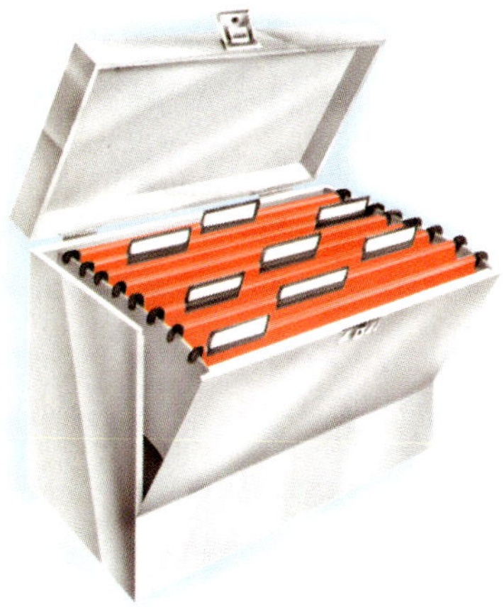

Qui n'a pas perdu, un jour, son portefeuille contenant tous ses papiers ? Faites des photocopies de vos cartes d'identité, permis de conduire, carte grise, etc. Elles vous seront très utiles pour faire refaire vos papiers.

Gardez un duplicata de tous les actes d'état civil (actes de naissance, mariage, divorce et décès).

Ouvrez un dossier pour chacun de vos enfants et gardez ce qui concerne leurs études, ainsi que leur histoire médicale (maladies infantiles, carnet de vaccinations, etc.) ; ils vous en sauront gré plus tard.

Rangez les factures et garanties de vos appareils ménagers dans une chemise spéciale, au cas où l'un d'eux devrait être réparé ou remplacé.

Classez dans une autre chemise le mode d'emploi de tous ces appareils, ou perforez-les pour les réunir dans un classeur.

Si ces documents sont très nombreux, réservez-leur un tiroir dans la cuisine.

UN FICHIER PRATIQUE

Votre carnet d'adresses est surchargé de ratures ? Utilisez des fiches et rangez-les dans un petit fichier. Mentionnez-y les dates importantes dans la vie de vos amis (anniversaire, fête, etc.), ainsi que les noms de leurs enfants. Si vous devez apporter une modification, il suffit de faire une nouvelle fiche.

Inscrivez les numéros de téléphone d'urgence sur une fiche de couleur et rangez-la à l'avant du fichier pour la trouver sans perte de temps.

DOCUMENTS A CONSERVER

Conservez la quasi-totalité des documents vous concernant : ils vous seront utiles pour un éventuel contrôle fiscal, un cambriolage, le calcul du montant de votre pension de retraite, un accident, le chômage, etc.

N'hésitez pas à réclamer un justificatif pour chaque achat : il ne peut vous être refusé au-delà de 100 francs.

Un justificatif de paiement doit comporter les indications permettant d'identifier l'acheteur (nom, adresse), le vendeur (nom ou raison sociale, adresse) et la marchandise (taille, format, poids, quantité, accessoires). Il doit aussi indiquer la date d'achat, le prix (avec la TVA pour les objets neufs) et le mode de règlement (chèque, carte bancaire, espèces).

Une facture doit être établie au moins en deux exemplaires. L'original est remis à l'acheteur ; le double doit être obligatoirement conservé par le vendeur pendant toute la période durant laquelle cette pièce peut être exigée lors d'un contrôle fiscal (1 an s'il s'agit d'un particulier).

Afin d'être à même de fournir la preuve de votre bonne foi (pour justifier un paiement réclamé à tort, par exemple), conservez non seulement les factures, mais aussi les talons de chéquiers et les relevés de banque.

COMBIEN DE TEMPS DEVEZ-VOUS CONSERVER VOS DOCUMENTS ?

La loi fixe la durée passée laquelle le créancier, s'il n'a pas agi envers son débiteur, perd ses droits et ne peut plus rien réclamer. Celle-ci étant écoulée, il n'est plus nécessaire de conserver des preuves. Voici quelques délais divers à respecter pour la conservation de vos papiers domestiques.

Pendant 2 ans : les quittances d'eau, de gaz, d'électricité et de téléphone, de primes d'assurances ainsi que les quittances des commerçants et des fournisseurs.

Pendant 3 ans : les quittances de redevances de radio et de télévision, à compter de leur date d'exigibilité.

Pendant 4 ans : toutes les pièces concernant les impôts, notamment les contributions directes, impôt sur le revenu, contributions mobilière et foncière. Le délai de 4 ans commence à courir non pas de la date où la dette fiscale est née, mais du début de l'exercice suivant.

Pendant 5 ans : les quittances de loyer, les notes de frais et d'honoraires des notaires, les justifications de paiement des cotisations de Sécurité sociale et celles relatives aux pensions alimentaires et aux rentes viagères.

Pendant 10 ans : les devis, mémoires, procès-verbaux de réception des travaux de construction, car pendant cette période les entrepreneurs, architectes, promoteurs, etc., sont responsables des malfaçons dans le gros œuvre. Mais, pour les travaux d'électricité, de canalisation et de peinture, la responsabilité est de 2 ans seulement.

Pendant 30 ans : les reconnaissances de dettes, les pièces de banque, la preuve des paiements faits à des entreprises de bâtiment.

Indéfiniment : les titres de propriété, les baux et engagements de location, les titres de pensions civiles et militaires, les contrats ou promesses de contrat, les bulletins de salaire (jusqu'à la liquidation de votre retraite).

LE BUDGET

Lorsque vous établissez votre budget prévisionnel, à la veille de signer un nouveau crédit par exemple, dressez d'abord la liste de toutes vos charges incompressibles. Elles représentent les sommes qu'il vous faut débourser régulièrement (ou qui sont automatiquement prélevées).

Les économies peuvent être réalisées sur la nourriture (cuisinez plus au lieu d'acheter des plats tout prêts, accommodez les restes), le tabac ou l'alcool, les moyens de transport, l'habillement, les jeux (Loto, tiercé, etc.), le choix du type de vacances ou encore le mode de chauffage.

QUELLES SONT VOS CHARGES FIXES ?

- Loyer et charges afférentes (eau chaude) avec, notamment, les prévisions de frais importants (ravalement, chaudière).
- Impôts (taxes foncière, d'habitation, municipale).
- Assurances (véhicules, habitation, vie, retraite, mutuelle, scolaire).
- Vignette et entretien automobile.
- Chauffage.
- Électricité, eau, gaz et téléphone.
- Frais de scolarité (garde, crèche, cantine, cours de rattrapage, de danse, musique, sports).
- Abonnements (revues, associations).
- Crédits en cours (ne pas en oublier...).
- Pensions alimentaires.
- Plan(s) et compte(s) épargne du foyer.

Ne soyez pas trop sévère dans le calcul de vos dépenses ; c'est la meilleure façon de dépasser un budget. Fixez-vous un plafond réaliste, en tenant compte de l'inflation... et aussi de vos illusions.

Les restrictions se décident en famille. Si tout le monde doit se serrer la ceinture, invitez vos enfants, s'ils sont adolescents, à participer aux discussions.

Révisez régulièrement votre budget, selon que vos revenus ont augmenté ou diminué, que vous venez de finir de régler une dette, ou que vos priorités ont changé. Votre budget doit s'adapter à vos besoins et à vos moyens.

Ouvrez un compte d'épargne ou de placement qui vous servira à payer les grosses factures : les tiers provisionnels, les taxes foncières, les dépenses de vacances, etc. Additionnez les montants de ces dépenses, divisez la somme obtenue par douze et faites un virement mensuel équivalent.

Prévoyez toujours dans votre budget un montant pour les dépenses imprévues : cadeaux, gros appareils électroménagers à remplacer, réparations de la voiture, par exemple. Il est certain qu'il en surviendra.

Sachez profiter des aubaines saisonnières dans les magasins. Par exemple, pensez à acheter les décorations et les papiers d'emballage de Noël le lendemain de la fête, vous vous en servirez l'année suivante.

Les meilleurs jours pour profiter des soldes sont les premiers et les derniers. Les premiers, parce que le choix est plus vaste ; les derniers, parce que les rabais proposés par les magasins sont plus importants.

S'HABILLER EN SOLDES

Qu'il s'agisse de vêtements pour hommes ou femmes, s'habiller bon marché aujourd'hui n'oblige plus à attendre la période des soldes. Tout au long de l'année, on trouve des « soldes permanents ». Il s'agit de commerces dont l'activité est de vendre exclusivement des articles dégriffés, dépareillés et toujours moins chers. Si on veut absolument des vêtements griffés, il suffit d'attendre un peu et de se rabattre sur les soldes périodiques et saisonniers. Ces articles doivent alors comporter deux indications de prix : l'ancien et le nouveau, ainsi que le pourcentage de la réduction.

Sachez que les commerçants n'ont pas le droit de limiter les garanties sur les articles soldés, s'agissant des vices cachés. Mais si les défauts sont visibles et apparents, l'article ne bénéficie pas de la garantie, car l'acheteur est censé les avoir remarqués au moment de l'achat (ce sont d'ailleurs eux qui justifient le rabais).

Les achats par catalogue vous protègent contre les tentations suscitées par les étalages dans les magasins. A la maison, vous faites des choix sereins, en fonction de vos besoins et de vos moyens.

IMPOTS

Les salariés peuvent obtenir la déduction de tous leurs frais professionnels, à condition de renoncer à l'abattement forfaitaire de 10 %.

Les indemnités de départ en retraite ou en préretraite sont exonérées d'impôt dans une certaine limite. Les sommes supérieures à ce plafond peuvent bénéficier du régime prévu pour les revenus différés.

Pour éviter d'être trop imposé l'année où l'on touche des revenus exceptionnels (primes, gratifications, droits d'auteur) qui excèdent la moyenne des revenus nets déclarés au cours des trois dernières années, l'administration fiscale accepte leur étalement sur quatre exercices fiscaux.

Fiscalement, la meilleure période pour se marier se situe entre mai et septembre, si l'on considère le calcul du montant de l'impôt que le couple aura à acquitter l'année suivante. De même, programmer une naissance pour la fin de l'année fait gagner au ménage une demi-part fiscale supplémentaire si l'enfant naît avant le 31 décembre à minuit.

Les parents peuvent rattacher leurs enfants majeurs à leur foyer fiscal dans leur déclaration de revenus et gagner ainsi une demi-part supplémentaire dans trois cas : enfants âgés de 18 à 21 ans (jusqu'à 25 ans s'ils poursuivent des études) ou enfants effectuant leur service militaire, quel que soit leur âge. A défaut de rattachement, on peut déduire le versement d'une pension destinée à l'entretien de l'enfant jusqu'à concurrence de 19 600 francs.

CARTE BANCAIRE

La présence de l'affichette « CB » sur les devantures de magasins oblige les commerçants à accepter ce mode de paiement, même en période de soldes.

Quand le distributeur automatique de billets d'une agence bancaire est en panne, on ne peut pas refuser de vous donner des espèces au guichet, même s'il ne s'agit ni de votre agence ni de votre groupe bancaire. Mais vous devez être muni de votre chéquier. Sachez toutefois que l'opération, dans ce cas, n'est pas gratuite.

N'ayez que des cartes bancaires à débit différé (groupé en début ou fin de mois) : elles vous font bénéficier automatiquement d'un délai de paiement gratuit de 10 à 40 jours.

Un retrait d'espèces sur un compte insuffisamment approvisionné par l'intermédiaire d'un distributeur de billets n'est pas assimilable à une opération d'émission de chèque sans provision.

PERTE OU VOL DE CARTE BANCAIRE

Pour les banques, l'utilisation frauduleuse d'une carte bancaire dans un distributeur n'est possible que si la carte a été dérobée avec son numéro de code secret. Il y a donc négligence de la part de la victime, qui n'a pas rempli les conditions générales « Cartes bancaires » imposant de maintenir secret ce code, et les banques refusent d'appliquer la franchise ainsi que, parfois, de tenir compte des effets de l'opposition. Apprenez donc votre code par cœur et, surtout, ne l'inscrivez jamais à proximité de l'endroit où la carte est conservée.

Les paiements par carte sont irrévocables : on ne peut y faire opposition qu'en cas de perte, vol ou utilisation frauduleuse. Tant qu'une déclaration de perte ou de vol n'a pas été effectuée, le compte est débité de tous les achats ou retraits d'espèces.

Prévenez au plus tôt par téléphone les centres spéciaux mis en place par chaque société bancaire (pour la carte Bleue, le numéro d'appel est le 16.1.42.77.11.90).

Surtout, ne tardez pas à faire ensuite votre déclaration écrite de perte par lettre recommandée avec accusé de réception.

VOL PAR NUMÉRO DE CARTE BANCAIRE

Si vous avez été débité d'un achat frauduleux, il peut avoir été effectué soit par correspondance, soit par téléphone, avec le numéro de référence de votre carte (pas son code secret). Celui-ci est inscrit sur les facturettes que vous avez jetées ou perdues. Demandez à votre agence de recréditer immédiatement votre compte jusqu'à ce que la solution ait été trouvée et que l'affaire soit réglée entre votre banque et celle du commerçant.

FACTURATION INEXPLICABLE

Si, sur vos relevés de banque, vous découvrez des dépenses par carte bancaire que vous n'avez jamais effectuées, il est possible que, à votre insu, votre carte ait été falsifiée.

Vérifiez avant toute chose que votre entourage familial n'a pas utilisé votre carte sans vous en informer, puis faites opposition par téléphone (confirmez aussitôt par écrit) et rendez votre carte à la banque. Demandez ensuite à votre agence de retrouver les doubles des facturettes : si votre signature a été grossièrement imitée, la banque est responsable car son devoir est de la vérifier.

En vérifiant le relevé de la banque, vous constatez des débits anormalement élevés en faveur d'un magasin de vente par correspondance ? Si vous avez réellement effectué ces achats mais que leur montant ne corresponde pas, produisez tout simplement auprès de votre banque une copie des factures pour démontrer l'erreur.

CARTES D'ACHAT-CRÉDIT

A ne pas confondre avec les cartes bancaires distribuées par les banques, ou de grands établissements financiers, les cartes d'achat-crédit sont aujourd'hui proposées par de nombreux établissements commerciaux (loueurs de voitures, entreprises de vente sur catalogue, grandes surfaces, etc.), et utilisables dans leur seul réseau commercial. Ces cartes permettent parfois d'obtenir des réductions de prix, de faire l'économie d'une caution ou tout simplement d'effectuer des paiements groupés pour des achats fractionnés dans le temps (grandes surfaces). Elles ont donc l'avantage de faciliter les règlements. Mais attention : elles peuvent aussi conduire au surendettement de très nombreux ménages.

CHÈQUES

Pour une marchandise ou une prestation de service inférieures à 10 000 francs, un commerçant a parfaitement le droit de refuser le paiement par chèque. Mais il n'est pas autorisé à accepter de paiement en espèces pour un achat étant supérieur à 10 000 francs, cas où le paiement par chèque est obligatoire.

N'importe qui peut exiger un chèque « certifié », c'est-à-dire rempli et garanti approvisionné par votre banque, qui en bloque le montant au profit du bénéficiaire.

La loi impose l'utilisation du chèque pour le paiement des loyers, fournitures, services, travaux, dont le montant est supérieur à 1 000 francs, ainsi que des salaires dont le montant net à payer est supérieur à 2 500 francs.

Un commerçant qui souhaite vérifier la concordance d'identité du signataire et du propriétaire du chéquier a légalement le droit de demander une pièce d'identité.

En cas d'erreur dans la rédaction de la somme inscrite en chiffres et celle inscrite en lettres sur un chèque, c'est la somme en lettres qui doit être prise en compte par la banque. Toutefois, si plusieurs montants sont inscrits sur un chèque, c'est la plus faible des sommes indiquées qui est payée.

Pour éviter les falsifications, inscrivez la somme le plus près possible des lettres imprimées sur le chèque.

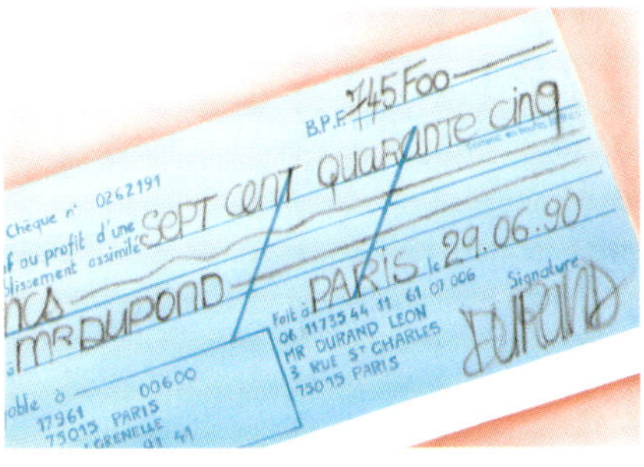

Évitez de signer en appuyant sur le papier au point de laisser l'empreinte de votre signature sur le chèque suivant : en cas de perte ou de vol, rien n'est plus facile alors que de reproduire exactement votre signature.

Sachez que la loi interdit de postdater un chèque (sous peine d'amende, s'il est prouvé que l'acte est volontaire). En outre, les banques sont tenues d'honorer tout chèque qui leur est présenté, sans se préoccuper de la date inscrite, pourvu que le chèque soit rédigé selon les règles.

COMPTE CHÈQUES ET SECRET BANCAIRE

Bien qu'il soit soumis aux règles du secret professionnel, votre banquier est cependant tenu de livrer tout votre passé et votre présent financiers en sa possession dans les cas suivants : témoignage dans une instance pénale ; saisie-arrêt sur le compte d'un client ; demande de la commission de contrôle des banques, de la commission des contrôles de Bourse, des tribunaux, des agents des douanes ou du fisc. Ce dernier peut éventuellement se faire ouvrir des coffres privés pour en inventorier le contenu mais doit, théoriquement, s'adresser d'abord à vous pour obtenir vos relevés de banque.

Postdater un chèque pour obliger le commerçant à accepter un paiement différé ou fractionné est dangereux : si le bénéficiaire présente le ou les chèques et qu'ils lui soient retournés impayés pour cause de « provisions insuffisantes », il peut immédiatement intenter une action contre le tireur, considéré alors comme ayant émis un ou des chèques sans provision.

Un chèque bancaire peut être présenté à l'encaissement jusqu'à un 1 an et 8 jours après son émission (2 mois pour les chèques postaux). Pendant cette période, il reste payable.

Faute d'avoir un compte suffisamment approvisionné à l'instant de la rédaction du chèque, la loi considère que l'on a émis un chèque sans provision. Lorsque la bonne foi n'est pas reconnue, le risque alors encouru ne dépend pas du montant du chèque : amende de 3 600 à 36 000 francs pouvant être assortie d'une peine de prison, plus une éventuelle interdiction d'émettre des chèques pendant 5 ans.

Ces amendes et interdictions de chéquier peuvent être infligées aussi pour non-approvisionnement dans le délai légal exigé par la banque (15 jours), utilisation d'un chéquier pendant la période d'interdiction, ou tout simplement émission de plus d'un chèque sans provision au cours de la même année.

Attention aux chèques en circulation lorsque vous clôturez un compte, pour changer de banque par exemple. Vérifiez bien que tous les chèques émis ont été honorés ou bien laissez une provision suffisante. Si un chèque oublié est présenté à l'encaissement, vous seriez coupable d'avoir émis un chèque sans provision.

CHÈQUES SANS PROVISION

Lorsqu'on a émis (pour la première fois depuis au moins 1 an) un chèque sans provision suffisante que refuse d'honorer la banque, on reçoit d'abord une « lettre d'injonction » en recommandé qui demande de régulariser la situation dans les 30 jours. (En cas de récidive dans les 12 mois, l'agence peut légalement informer directement la Banque de France.) Faute d'approvisionnement dans les délais octroyés, le banquier fait une déclaration à la Banque de France et on peut être alors frappé d'interdiction de chéquier pendant une année entière. Durant cette période, on conserve cependant son compte (et on peut même en ouvrir d'autres — la Banque de France peut désigner une banque), mais on ne peut retirer d'argent qu'à l'agence où le compte est ouvert. Si l'on est contraint d'effectuer des paiements par chèques (salaires, loyers, etc.), la banque établira, à la demande, des chèques certifiés.

Les chèques en votre faveur que vous déposez à votre agence ne sont crédités sur votre compte qu'entre 1 et 5 jours plus tard, en fonction du lieu où lesdits chèques sont « payables » (banque de la personne qui a émis les chèques). En revanche, ceux que vous émettez peuvent être débités le jour même, si le bénéficiaire se déplace pour les déposer à votre agence.

TENIR SA COMPTABILITÉ BANCAIRE

Pour éviter d'émettre des chèques sans provision, ne signez jamais un chèque en blanc, c'est-à-dire dont le montant à payer n'est pas inscrit en chiffres et en lettres.

Tenez votre comptabilité au jour le jour, en soustrayant systématiquement de votre solde le montant du dernier chèque émis sur le talon du chéquier (ainsi que les paiements et retraits effectués avec votre carte bancaire).

Ne postdatez jamais un chèque dans l'espoir qu'il sera porté à l'encaissement à la date souhaitée (voir p. 24).

Attention aux prélèvements automatiques dont le montant est variable (téléphone, EDF, etc.). Déduisez-les de votre solde dès que vous en êtes averti.

Les ordres de virement automatique (loyer, impôts) peuvent être à l'origine de litiges avec leur bénéficiaire quand ils ne sont pas effectués à la date demandée. En cas de pénalités réclamées par un tiers après une opération bancaire qui n'a pas eu lieu au moment de l'ordre, exigez de votre banque (que vous pouvez aussi attaquer en dommages et intérêts) le remboursement des agios éventuels.

Dès sa réception, comparez le relevé de la banque avec vos talons de chéquier. S'il y a une erreur, vous la dépisterez assez vite pour ne pas émettre de chèques sans provision. Sachez que vous ne disposez que de 15 jours pour contester un relevé bancaire.

PERTE OU VOL DE CHÉQUIER

Prévenez immédiatement votre agence par téléphone (ou par télégramme la nuit et les jours fériés) de la perte ou du vol du moindre chèque et, à fortiori, d'un chéquier. Confirmez votre opposition le plus rapidement possible par lettre recommandée avec accusé de réception, ou en passant à votre agence faire une déposition écrite.

Ainsi alertée, la banque (et pas seulement l'agence) est tenue de surveiller ses guichets et de refuser le ou les chèques sur lesquels vous avez fait opposition. Si elle ne le fait pas, c'est elle qui est en faute. L'effet de l'opposition est immédiat et le paiement d'un chèque, même quelques heures après l'opposition, engage la responsabilité de la banque.

Il peut être très utile de signaler en même temps, outre les numéros des chèques perdus ou volés, les bénéficiaires (avec le montant) des derniers chèques en circulation que vous acceptez de payer.

La procédure d'opposition étant exclusivement réservée aux cas de perte ou de vol, vous ne pouvez faire opposition à un chèque que vous avez émis pour payer un achat, même si vous découvrez peu après que vous avez été victime d'une escroquerie.

Si vous prétendez avoir perdu un chèque et que la banque, sur la foi de votre ordre, refuse de le payer alors qu'il est dûment signé et libellé par vous, vous risquez les mêmes sanctions que pour avoir émis un chèque sans provision.

Toutefois, vous pouvez faire opposition sur un chèque émis à l'ordre d'une société commerciale déclarée en faillite.

Une banque est tenue de vérifier la signature de chaque chèque qu'elle honore, en la comparant à celle déposée au guichet par le client le jour de l'ouverture du compte. Ainsi, en cas de falsification grossière démontrant à l'évidence cette absence de vérification, sa responsabilité est engagée et elle doit recréditer le compte du montant du chèque (même lorsque aucun vol ou perte n'a été signalé).

LES COMPTES JEUNES

Les banques proposent aujourd'hui aux jeunes, à partir de 13 ans parfois, la possibilité d'ouvrir un compte en banque. Il s'agit de comptes à vue ou bien de comptes d'épargne rémunérés.

Avant 18 ans, les jeunes n'ont théoriquement pas de chéquier, mais ils peuvent retirer des espèces au guichet de leur agence, dans la limite des sommes disponibles. Peu de risques donc pour les parents, qui restent caution pour leurs enfants.

Vous pouvez signer une dérogation à l'agence pour que votre adolescent ait droit à un chéquier. Mais s'il s'ensuit un découvert, vous devrez le « couvrir » car vous êtes responsable.

CRÉDIT A LA CONSOMMATION

La loi sur le crédit à la consommation vous accorde un délai de réflexion entre le moment où vous décidez d'emprunter et celui où vous signez votre emprunt. Ce délai vous permet de comparer les différents crédits qui peuvent vous être proposés et, surtout, de peser le taux d'endettement vers lequel vous vous engagez.

Si vous n'obtenez pas le crédit que vous avez demandé, votre contrat de vente est automatiquement annulé, sauf s'il s'agit de prêt personnel « non affecté » (voir p. 28).

La loi sur le crédit à la consommation s'applique si vous achetez un bien répondant à vos besoins privés, si votre crédit est supérieur à 3 mois, ou encore si son montant est inférieur à 100 000 francs.

Le prêteur doit être professionnel (vendeur, banque, établissement financier), mais les dispositions de la loi sur le crédit ne s'appliquent pas pour les prêts passés devant notaire, ceux qui sont consentis pour une durée inférieure ou égale à 3 mois, ceux dont le montant dépasse un plafond fixé par décret et ceux destinés à financer les besoins d'une activité professionnelle.

Le financement concerné par la loi sur le crédit à la consommation exclut aussi les opérations de crédit-bail immobilier et celles qui sont liées à l'acquisition de propriété ou à l'achat d'actions de société donnant propriété d'un immeuble ; mais il peut porter, par exemple, sur une prestation de service (voyage organisé) ou un bien mobilier (voiture, meubles, électroménager), comme sur des fournitures de services ou de matériels de construction, de réparation, d'entretien, d'amélioration d'un immeuble (installation de cuisine, salle de bains, etc.).

CRÉDIT « REVOLVING »

Il s'agit en fait d'un découvert permanent, autorisé par votre agence bancaire, jusqu'à concurrence d'une somme déterminée et proportionnelle à vos revenus. Ce véritable crédit « sans affectation » (vous pouvez en faire ce que vous voulez) est accordé avec les mêmes exigences qu'un crédit classique (feuilles de salaire, délai de réflexion, etc.). Les taux d'intérêt pratiqués vont de 11,45 à 17,94 %, selon les organismes, et ne sont facturés que si vous utilisez tout ou partie de la somme mise à disposition.

Le montant des remboursements est établi sur la base d'un délai maximal de remboursement de la somme utilisée (généralement 36 mois), et vous commencez à rembourser dès la première utilisation du crédit.

L'OFFRE PRÉALABLE DE CRÉDIT

L'offre préalable est un document écrit précisant dans le détail les conditions du contrat proposé. Vous devez impérativement y trouver : le bordereau détachable de rétractation ainsi que la nature du bien financé, la date de l'offre, le prix au comptant du bien vendu, le montant du versement comptant éventuellement exigé, le montant du crédit et sa durée, le coût total du crédit, c'est-à-dire l'indication du taux global effectif (si ce taux est usuraire vous pouvez porter plainte), le montant, le nombre et la périodicité des échéances et le coût de l'assurance (s'il y en a une), et, enfin, l'identité de la personne caution s'il y en a une.

Le taux dit « usuraire » est le pourcentage maximal des intérêts d'emprunts qu'il est interdit de dépasser, sous peine de sanctions pénales prévues par le code (17,96 % pour le premier semestre 1990).

Les principales dispositions de la loi représentant les droits du consommateur sont reproduites sur l'offre préalable de crédit. Elles vous expliquent le contrat de prêt, comment accepter l'offre, comment se rétracter.

Une offre préalable de crédit non remise ou ne comportant pas les mentions obligatoires est irrégulière. Des sanctions pénales sont prévues, mais aussi une sanction automatique permettant au débiteur de rembourser le capital sans avoir à verser les intérêts.

Rien ne vous oblige à signer immédiatement l'offre de crédit proposée. Vous disposez en effet de 15 jours (le délai court à compter de la date de l'offre), afin de comparer toutes les propositions des différents distributeurs de crédit. Pendant ce temps, le prêteur est tenu de maintenir les conditions fixées. Ce n'est qu'au-delà de ces 15 jours qu'il peut éventuellement modifier les conditions du crédit.

La mention de la demande d'un crédit figurant sur le bon de commande est indispensable pour que votre commande soit annulée en cas de refus de la part de l'organisme de crédit, sauf s'il s'agit d'un prêt personnel « non affecté » (voir p. 28).

Vous pouvez encore revenir sur votre engagement de crédit pendant un délai de 1 semaine à compter de l'acceptation de l'offre préalable, sans avoir d'explication à donner. Il vous suffit alors de renvoyer le coupon détachable à l'organisme de crédit (et non au vendeur).

Le prêteur dispose lui aussi d'un délai de 7 jours pour accepter ou refuser votre candidature, et le dossier est présumé refusé si aucune décision ne vous parvient dans ce temps (vente et crédit sont aussi annulés).

Vous devez recevoir votre demande, si elle est acceptée, dans les 7 jours ; si vous la recevez plus tardivement, l'offre demeure valable, mais vous n'êtes plus obligé de l'accepter.

Attention : Dans les 7 jours obligatoires de réflexion pour accepter ou refuser un crédit sont inclus les dimanches et jours fériés, mais le jour de la signature est décompté.

Pour raccourcir votre temps de rétractation, il vous faut remplir un formulaire spécial avertissant que le délai de réflexion expirera au moment de la livraison. Toutefois, il ne peut être inférieur à 3 jours, ni supérieur à 7 jours.

Votre engagement est ferme et définitif et le contrat ne prend véritablement effet qu'à trois conditions : que l'offre de crédit ait été acceptée, que vous ayez été agréé par le vendeur et, bien sûr, que vous ne vous soyez pas rétracté dans le délai de 7 jours.

PRÊTS NON AFFECTÉS ET PRÊTS AFFECTÉS

Les prêts « non affectés » sont le plus souvent alloués par une banque, un établissement financier, une caisse d'épargne, et par certains organismes sociaux ; ils sont versés sur le compte de l'emprunteur, qui en fait ce que bon lui semble (achat au comptant, don, prêt, etc.). Ils sont soumis à une « offre préalable de prêt personnel ».

Certains découverts de comptes en banque soumis à une offre préalable d'ouverture de crédit sont assimilés à un prêt non affecté ; de même, les cartes de crédit qui permettent de disposer d'un crédit de plus de 3 mois, pour un montant maximal qui se constitue au fur et à mesure des remboursements. On signe là aussi une « offre préalable de crédit » utilisable par fractions et assortie d'une carte de crédit.

CRÉDIT GRATUIT

Le crédit gratuit est interdit de publicité hors des lieux de vente, et il ne peut être accordé pour une période supérieure à 3 mois. De plus, il doit être effectivement gratuit : « Le prix de vente doit être au plus égal au prix de vente effectivement pratiqué par le commerçant pour un article similaire au cours des 30 derniers jours précédant le début de la publicité. »

Attention à la publicité mensongère : si vous désirez payer au comptant, vous devez bénéficier d'une réduction équivalente au coût réel du crédit dont le distributeur « offre » les intérêts.

Le crédit gratuit est soumis à la réglementation du crédit à la consommation : le vendeur doit vous remettre une offre préalable valable pendant 15 jours, assortie d'une possibilité de renonciation de 7 jours.

Les prêts affectés sont attribués par les vendeurs eux-mêmes ou par des établissements financiers pour acheter à crédit un bien de consommation. Ils sont soumis à « l'offre préalable de crédit accessoire à une vente » ou à une « offre préalable de crédit de vente à domicile » ou encore à une « location avec promesse de vente ».

REMBOURSEMENTS

La première mensualité de remboursement ne peut pas avoir lieu avant la prise de possession du bien lorsque l'offre préalable mentionne le bien ou la prestation de services financés.

En revanche, lorsque le bien ou la prestation de services financés ne sont pas mentionnés sur l'offre préalable de crédit, les remboursements sont exigibles à compter de la date fixée sur le document.

Vous ne pouvez pas interrompre le versement des mensualités de votre propre initiative lorsque, par exemple, le bien livré ou le service est défectueux ou non conforme. Il vous faut d'abord assigner le vendeur et mettre en cause l'établissement financier, devant le tribunal. Le juge peut alors ordonner la suspension des remboursements jusqu'à la solution du litige.

En revanche, pour les contrats dont l'exécution s'échelonne dans le temps (installation de cuisine, enseignement par correspondance, par exemple), non seulement vous ne commencez à rembourser qu'à compter du début de la livraison, mais vous pouvez aussi cesser de payer dès son interruption.

Si votre contrat ne prévoit pas expressément la possibilité d'un remboursement anticipé, le prêteur est en droit de refuser votre remboursement.

Ne gardez surtout pas le silence s'il vous est impossible d'honorer vos échéances de remboursement. Au contraire, et le plus tôt possible, prévenez l'établissement de crédit ou la banque et expliquez la situation et ses causes. Un accord amiable est alors généralement trouvé et aboutit à un report des échéances (avec, éventuellement, une indemnité de report qui représente au plus 4 % des échéances).

En cas de versement des mensualités interrompu pour des raisons qui ne sont pas liées à un litige avec le vendeur, le prêteur peut exiger le remboursement immédiat du capital restant dû, avec intérêt de retard à un taux égal à celui du prêt. En plus, il peut exiger une indemnité de 8 % sur le capital restant dû. S'il n'y a pas résiliation, l'indemnité s'élève à 8 % des échéances échues impayées.

DIFFICULTÉS DE PAIEMENT

Si vous pensez ne pas pouvoir faire face à vos remboursements, vous pouvez demander au juge d'instance, statuant en référé, des délais pour rembourser les sommes dues. Le juge prendra en considération votre situation financière et professionnelle et pourra également réduire le montant des sommes réclamées si elles lui paraissent excessives. De toute façon, le délai accordé ne peut dépasser 2 ans. Pendant cette période, le juge peut décider que les sommes dues ne produiront pas d'intérêts. Mais, une fois le délai de grâce achevé, vous devrez impérativement reprendre régulièrement, comme auparavant, le paiement de vos mensualités.

REMBOURSEMENT ANTICIPÉ

Lorsqu'on reçoit une importante somme d'argent (héritage, gains exceptionnels), ou lorsqu'on avait misé à tort sur une forte inflation, se pose la question du remboursement anticipé des gros crédits (immobiliers notamment). La loi sur le crédit autorise des remboursements totaux ou partiels. Relisez vos contrats : parfois, une clause interdit les remboursements partiels anticipés inférieurs à 10 % du prêt. Dans tous les cas, le contrat prévoit le versement d'une indemnité au prêteur, mais celle-ci ne peut excéder la valeur d'un semestre d'intérêt sur le capital remboursé au taux moyen du prêt, ni dépasser 3 % du capital restant dû.

LA PERSONNE CAUTION

Il n'est jamais facile de refuser de se porter caution d'un crédit pour un ami ou un membre de sa famille ; sachez pourtant que, si vous vous portez caution d'un crédit (en signant de votre main l'offre préalable de crédit), vous acceptez de vous substituer à l'emprunteur en cas de « défaillance » de celui-ci. C'est alors contre vous que se retournera le prêteur en engageant éventuellement des poursuites.

Si l'emprunteur peut faire jouer l'assurance chômage que les organismes de crédit font prendre à leurs clients, la personne caution n'aura pas à payer. Mais si l'emprunteur est en difficulté financière et ne peut pas bénéficier de cette assurance, la caution devra payer à sa place, comme elle s'y est engagée.

Si la personne caution se retrouve elle-même au chômage, elle ne pourra pas faire jouer l'assurance éventuelle de l'emprunteur défaillant.

INDEMNISATION ET RESPONSABILITÉ

Quelle que soit la ville où vous êtes domicilié, si vous êtes blessé au cours d'une agression, votre assurance « individuelle-accidents » vous indemnisera, si vous en avez souscrit une.

Si vous êtes victime d'une agression, vous pouvez prendre contact avec l'un des 94 bureaux municipaux ou associations d'aide aux victimes, dont 45 sont fédérés par l'Institut national d'aide aux victimes et de médiation (INAVEM, 50 rue Sainte-Croix-Bretonnerie, 75004 PARIS, tél. : [1] 48.87.63.27).

LA CARTE « SANTÉ-PHARMA »

Depuis 1985, les Français qui souscrivent une assurance maladie complémentaire peuvent bénéficier de la carte « Santé-pharma ». Cette carte dispense les assurés de l'avance des frais pharmaceutiques laissés à leur charge par le régime obligatoire.

En cas de cambriolage, prévenez aussitôt le commissariat ou la gendarmerie, puis envoyez à votre assureur une déclaration de vol dans les 48 heures (2 jours ouvrés). Par la suite, adressez-lui la liste complète des objets dérobés, avec une estimation de leur valeur (factures et expertises serviront de preuves), ainsi que le récépissé de votre plainte à la police.

Vous pourrez aussi apporter des preuves à votre assureur si vous faites des photos de vos objets précieux ou si vous demandez qu'on vous filme pendant que vous donnez la description de vos biens et en indiquez la valeur.

Attention : Lorsqu'il y a vol, l'assurance multirisque-habitation ne peut jouer que si elle comprend une clause spéciale « agressions », garantissant les objets précieux. De même, un contrat « tous risques bijoux » peut garantir des sommes élevées.

Sachez surtout que, dans plus de 70 % des cas, les cambrioleurs s'introduisent par la porte d'entrée. C'est donc sur cet élément que doivent porter les plus gros efforts de prévention. Il convient de veiller à la solidité du matériau de construction et de l'encadrement de la porte (le blindage est une solution efficace, surtout avec un dispositif anti-pince).

ASSURANCE VIE

Au moment de souscrire une assurance vie, surtout ne dissimulez rien concernant votre état de santé. Au contraire, répondez très précisément aux questions posées. Car, en cas d'accident, d'invalidité ou de décès, l'assureur ne manquerait pas d'invoquer une omission volontaire ou une fausse déclaration pour ne pas verser le capital garanti ou les prestations promises.

Les assureurs vie ne refusent pas systématiquement les personnes soignées pour des affections réputées graves, tels le cancer, le diabète ou les maladies coronariennes. Ils exigent seulement d'être parfaitement renseignés. Tout candidat doit donc remplir un questionnaire précis et détaillé, puis subir éventuellement des examens médicaux complémentaires.

La convention collective de nombreuses professions garantit au conjoint survivant le versement d'un capital au cas où le décès survient avant l'âge de la retraite. Si vous trouvez ce capital insuffisant, ou si vous ne bénéficiez d'aucun régime de prévoyance professionnel, vous pouvez envisager une des multiples formules d'assurance sur la vie. A l'inverse des systèmes de prévoyance des conventions collectives, qui comportent des garanties temporaires et un capital fixé à l'avance, les contrats personnels peuvent se prolonger au-delà de la retraite et offrent la possibilité de choisir son capital.

Un contrat d'assurance « vie entière » permet au conjoint survivant de recevoir le capital garanti dès qu'il aura fourni à l'assureur une attestation du décès de son conjoint. Sauf exception, il n'aura aucun droit de succession à payer sur cette somme.

Pour que le conjoint survivant perçoive la pension de réversion des différents régimes de retraite, il doit remplir certaines conditions. Le régime de base de la Sécurité sociale, par exemple, prévoit qu'il doit avoir atteint l'âge de 55 ans et ne pas disposer de ressources supérieures à un certain plafond.

Pour tous les types d'assurance, il est prudent de comparer plusieurs contrats et de porter attention aux indications concernant le rendement, les frais de souscription et de gestion.

ASSURANCE SCOLAIRE

Un chef d'établissement ne peut refuser l'inscription d'un enfant parce que ses parents n'ont pas souscrit d'assurance scolaire : elle n'est pas obligatoire. Mais elle est recommandée. En effet, parce qu'elle comporte une garantie « individuelle-accidents », elle permet à l'élève d'être protégé aussi bien lorsqu'il est victime d'un accident que lorsqu'il s'en rend responsable.

Attention : Les activités facultatives (sorties organisées, par exemple) ne seront autorisées à l'enfant que s'il est assuré pour les accidents qu'il peut causer ou subir au cours de ces activités. Une attestation sera demandée aux parents.

LA RENTE ÉDUCATION

Parmi les différentes possibilités d'assurance sur la vie, vous pouvez souscrire pour vos enfants la formule « rente éducation », afin de leur permettre de poursuivre leurs études quoi qu'il arrive.

Cette formule donne droit, en cas de décès de l'assuré (le père ou la mère), au versement d'une rente jusqu'à ce que les jeunes aient terminé leurs études. Les parents peuvent fixer le montant de la rente, éventuellement son augmentation d'un certain pourcentage annuel (à définir avec l'assureur), la périodicité des versements et la durée du contrat (en fonction de l'âge des enfants).

L'assurance scolaire joue pour les accidents qui se produisent à l'intérieur de l'établissement et sur le trajet domicile-école et retour. Si les parents ont souscrit à l'école la garantie complète scolaire et extra-scolaire, celle-ci est valable en tous lieux et toutes occasions, 24 heures sur 24, et ce même pendant les vacances.

L'assurance incluse dans les contrats d'assurance « multirisque-habitation » ne peut généralement pas remplacer totalement l'assurance scolaire. Si l'enfant cause un accident, la garantie « responsabilité civile » de la « multirisque-habitation » jouera. Mais s'il est victime, elle ne jouera pas.

Vous pouvez aussi souscrire un contrat « individuelle-accidents » auprès de votre assureur personnel et choisir le montant du capital garanti. Cette formule est plus complète, puisque toute la famille peut être couverte par le même contrat, mais elle est évidemment plus chère que l'assurance scolaire et extra-scolaire.

ASSURANCE AUTOMOBILE

Quels que soient les motifs (difficulté financière, fraude...) qui poussent certains usagers de la route à ne pas souscrire l'assurance obligatoire, ces derniers doivent savoir qu'ils sont passibles de lourdes peines (amende de 100 à 60 000 francs, emprisonnement de 10 jours à 6 mois).

Si vous n'êtes pas assuré et que vous soyez responsable d'un accident corporel, vous devrez rembourser les indemnités versées aux victimes par le Fonds de garantie automobile.

La garantie minimale obligatoire de responsabilité civile du contrat automobile couvre les dommages (matériels et corporels) causés à des tiers, y compris les membres de la famille du conducteur.

S'il est lui-même blessé dans un accident dont il porte seul la responsabilité, le conducteur ne peut pas être indemnisé par sa seule assurance obligatoire. Il faut, dans ce cas, avoir souscrit la garantie dite « du conducteur ».

Un automobiliste responsable d'un accident peut obtenir un dédommagement pour les dégâts subis par sa voiture (sauf s'il conduisait en état d'ébriété), à condition d'avoir souscrit une garantie « dommages-collision » ou « dommages-tous accidents ». La première jouera en cas de collision avec un autre usager identifié, la seconde s'appliquera en toutes circonstances (par exemple si le véhicule verse dans un fossé).

La garantie « vol » du contrat auto joue en général s'il y a effraction du véhicule et de la serrure du contact. Un conseil de simple bon sens : ne laissez jamais votre clé sur (ou dans) la voiture, même quelques instants.

CONTRAT D'ASSISTANCE

L'assistance n'est pas l'assurance : alors que l'assurance a pour but de dédommager les victimes d'accidents, l'assistance est destinée à venir en aide aux personnes en difficulté.

Cette aide est multiple : elle peut aller de l'envoi de petits pots de nourriture pour bébé à l'autre bout de la terre au rapatriement de toute une famille avec accompagnement.

Presque tout le monde bénéficie d'un contrat d'assistance (plus ou moins étendu), parfois sans le savoir, car il est souvent automatiquement inclus dans l'assurance auto ou habitation.

Vérifiez dans votre contrat d'assistance les limites (géographiques, financières...) des différentes interventions, et lorsque la panne (ou l'accident) survient, téléphonez toujours à la société d'assistance avant d'engager une dépense ou un rapatriement.

Selon la formule retenue, une avance des dépenses médicales et pharmaceutiques est accordée aux personnes titulaires d'un contrat d'assistance, malades ou victimes d'un accident au cours d'un voyage. Si nécessaire, un avion sanitaire avec une équipe médicale rapatrie les personnes gravement atteintes.

En cas de désaccord avec les autorités judiciaires d'un pays, l'aide d'un avocat ou d'un spécialiste juridique est apportée. En outre, il est possible d'obtenir, sous forme de prêt, la caution réclamée dans certains pays après un accident de voiture.

Le rangement bien pensé

GÉNÉRALITÉS

Des rangements bien conçus agrandissent votre espace vital et le rendent plus confortable. Réfléchissez bien : chaque chose doit trouver une place qui satisfera au mieux les besoins de chacun. Prenez garde à ne pas multiplier les éléments de rangement ; vous risquez de favoriser le désordre et l'accumulation d'objets inutiles.

Pour avoir une plus juste idée de la place dont vous disposez, étudiez coins et recoins, décrochements, etc. Faites un plan des pièces, relevez très rigoureusement les mesures, et voyez comment répartir les objets le plus astucieusement possible ; si nécessaire, permutez certains articles d'une pièce à l'autre.

Attention : Ménagez-vous un accès direct aux tiroirs, placards, rayonnages... Déplacer constamment des objets est contraignant.

Si les mètres carrés vous sont comptés, évitez l'armoire ou la commode, si belle soit elle ; créez plutôt des espaces de rangement sous forme de placards,

DE LA CAVE AU GRENIER

L'espace manque rarement. Examinez le dessin ci-dessous, puis passez votre maison au peigne fin. Mettez à profit les coins dérobés ; recherchez les endroits que vous pouvez utiliser sans augmenter l'encombrement.

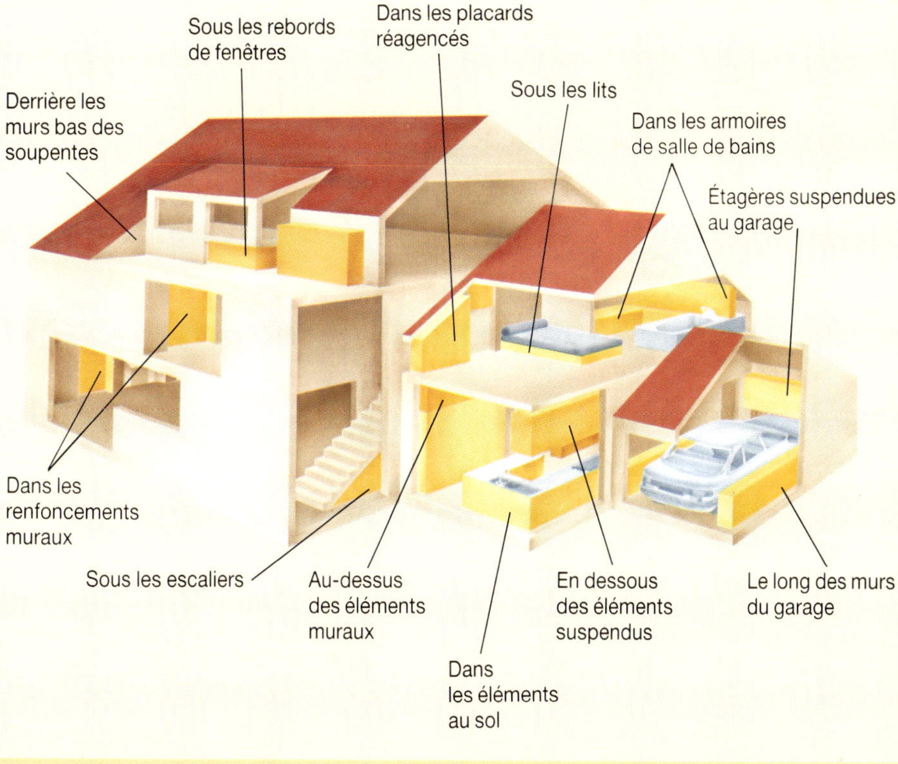

ouverts ou équipés de portes coulissantes. Pensez à l'avenir en équipant le volume destiné au rangement de rayons réglables ou d'éléments préfabriqués modulables où s'adaptent étagères et casiers de toutes sortes. Un système d'étagères mobiles sur crémaillères, par exemple, permet de réorganiser votre rangement au fur et à mesure de vos besoins.

Pour éviter d'empiler des objets (il est recommandé de ne pas superposer plus de trois articles différents), n'agencez pas de trop grands espaces de rangement ; préférez-leur plutôt une combinaison d'éléments de petites dimensions, favorisant l'ordre et le classement.

AVANT...

APRÈS...

UNE SOLUTION A TOUT

Quand il vous faut ranger vos affaires, abordez le problème avec sang-froid et lucidité. Établissez un ordre de priorité et ne faites surtout pas de sentiments : jetez ce qui ne sert à rien.

Pour vous éviter des allées et venues inutiles, faites une expérience rapide : posez l'objet à l'endroit où vous vous en servez le plus souvent. C'est là, ou en tout cas à proximité, qu'il doit être rangé.

Placez les articles d'usage courant au minimum à la hauteur de vos genoux et au maximum à 25 cm au-dessus de votre tête.

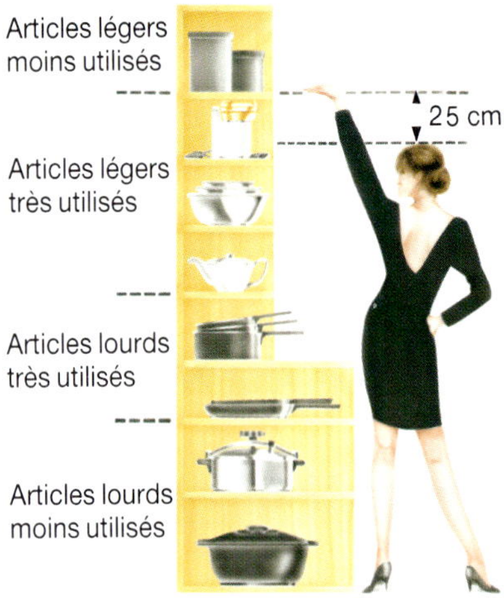

La prudence recommande de ranger un objet lourd dont on a souvent l'usage à environ 30 cm au-dessus ou en dessous de la taille. Vérifiez la solidité du support et assurez-vous de pouvoir retirer l'objet sans difficulté et sans bousculer ce qui l'entoure.

Augmentez l'espace de rangement destiné aux ustensiles usuels en vous débarrassant des objets peu utilisés ou saisonniers ; regroupez-les dans des boîtes étiquetées que vous placerez dans des endroits moins accessibles.

DANS LE HALL D'ENTRÉE

Si votre entrée est pourvue d'un renfoncement, aménagez-le en placard-penderie ou placez-y un meuble de faible profondeur fait de petits casiers dont vous signalerez le contenu par des étiquettes de couleurs différentes.

Un mur couvert de rayonnages reste toujours pratique ; même dans une petite entrée, livres ou bibelots y trouveront leur place.

Si vous disposez d'une entrée suffisamment grande, installez une petite commode à tiroirs : vous y retrouverez rapidement clés, gants, foulards, portefeuille... ; installez un miroir au-dessus de la commode ; il vous permettra, avant de sortir, de mettre la touche finale à votre tenue. Disposez un portemanteau sur pied pour y accrocher les vêtements.

Dans une entrée étroite, installez dans le fond des tablettes en hauteur pour loger des articles légers comme des sacs de voyage ou des valises.

Plusieurs fabricants proposent un système de rangement à caissons escamotables à fixer au plafond : une articulation à vérin freine la descente du caisson lors de son ouverture.

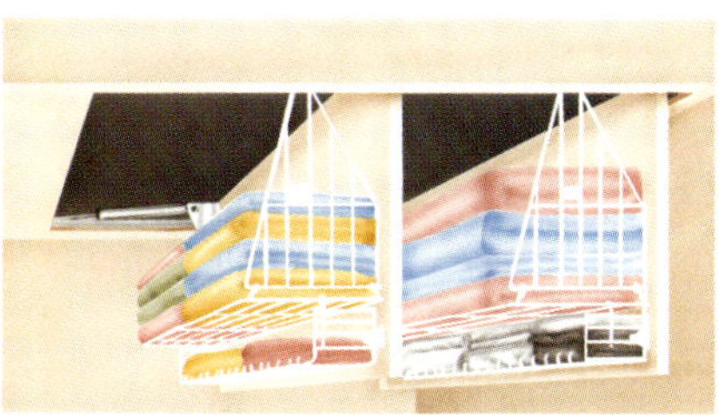

A l'intérieur, un panier maintient les éléments soigneusement empilés. Avec plusieurs caissons, vous disposez d'un important volume de rangement. Fermés, ils forment un faux plafond.

ÉCHEC A LA BOUE ET A L'EAU

Dans une entrée ou une pièce directement en liaison avec l'extérieur, et surtout si vous vivez dans une maison, placez un bac en bois d'une profondeur d'environ 10 cm. Sa surface sera déterminée par le nombre d'habitants. A l'aide de vis, fixez-y des morceaux de manche à balai de différentes longueurs. Remplissez le bac de sable sur 5 cm. Parents et enfants pourront ainsi faire égoutter bottes et chaussures. Ou, autre solution, préférable en appartement : laissez un sac en plastique dans le fond d'un panier, qui recevra souliers et bottes à nettoyer.

Prévoyez un rangement pour les équipements sportifs des enfants et un banc pour leur permettre d'enlever leurs chaussures boueuses.
Installez au fond du porte-parapluies une éponge sèche (imprégnée de quelques gouttes de désinfectant ménager pur), qui absorbera l'eau. Les jours de pluie, vous n'aurez qu'à l'essorer.

DANS LA SALLE DE SÉJOUR

Pensez à adopter une table à usages multiples, dont la surface pourra s'accroître selon le nombre de convives et qui, dans la journée, pourra faire office de table basse grâce à ses pieds réglables en hauteur.

Autre solution : faites reposer un plateau équipé de tasseaux servant de butée sur un piètement en forme de double X allongé ou sur 2 tréteaux en tube soudés ; dans sa version table basse (à 40 cm du sol), le plateau repose sur le piétement ou les tréteaux couchés ; pour les repas, le plateau repose sur le piétement ou les tréteaux debout à une hauteur de 70 cm.

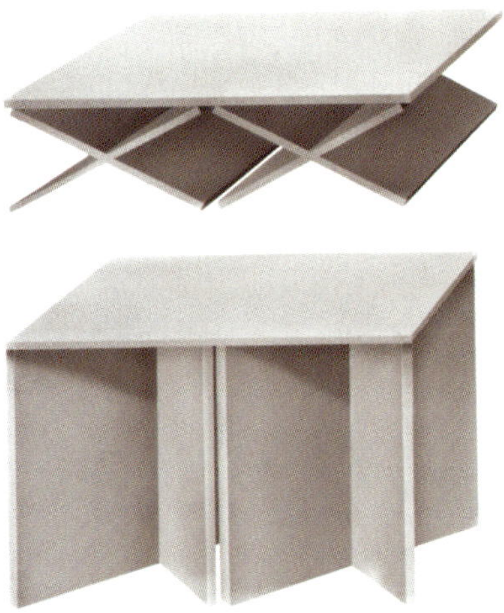

Pour augmenter la surface du plateau, fixez un second plateau sur le premier avec une charnière à piano. En exposition ouverte, vous aurez une table pour 8 à 10 personnes.
Attention : L'articulation de la charnière doit bien sûr être placée en dessous quand le plateau est ouvert... et le piétement doit être assez grand pour assurer une bonne stabilité à l'ensemble.

Tirez parti d'un renfoncement de fenêtre ou de mur pour en faire un coffre. Découpez dans du contre-plaqué un couvercle et un panneau avant, et fixez-les sur des tasseaux vissés dans le mur. Mettez des charnières au couvercle, que vous agrémenterez d'un coussin. Outre l'effet décoratif, vous vous en servirez comme banquette.

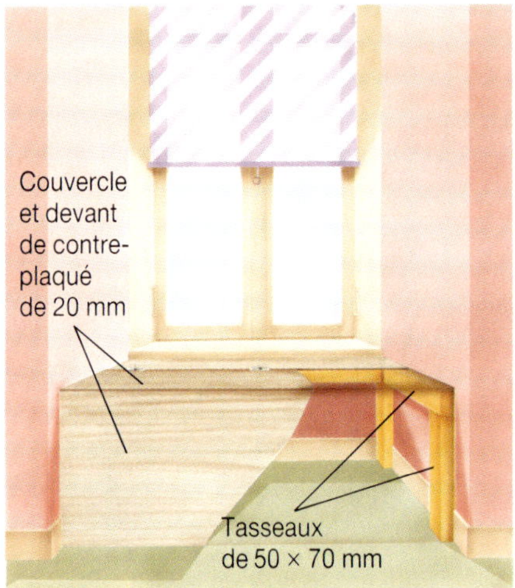

Équipez l'accoudoir d'un fauteuil d'une pochette à longue patte (dans le même tissu que le fauteuil de préférence), retenue par une bande velcro dissimulée sous le coussin. Vous aurez ainsi sous la main programme de télévision, revues, journaux, etc.

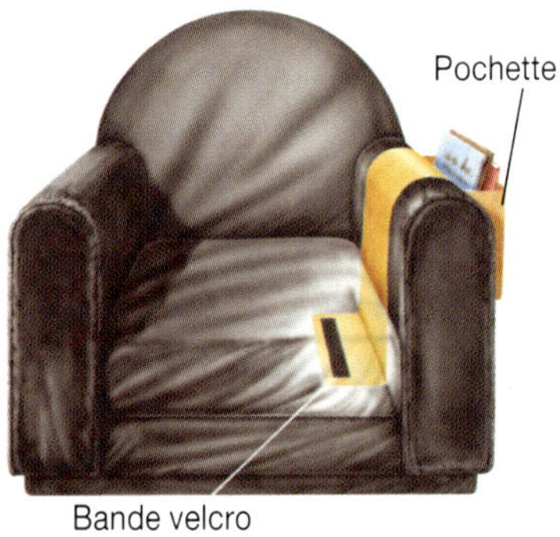

LE MATÉRIEL AUDIOVISUEL

Par mesure de sécurité, laissez environ 5 cm à l'arrière de vos appareils pour la circulation de l'air. Ne faites pas courir les fils électriques le long des murs, installez plutôt une prise multiple à proximité des appareils.

Certains des meubles conçus pour recevoir télévision, magnétoscope, chaîne stéréo... sont montés sur roulettes et équipés de plateaux pivotants et de tablettes coulissantes ; ils offrent aussi des rangements pour les disques et les cassettes.

Doublez votre surface de rangement pour cassettes ou disques compacts en installant une étagère surélevée d'environ 6 cm à l'arrière du rayon.

Vous pouvez aussi installer votre matériel audiovisuel dans la bibliothèque, en supprimant au besoin une étagère. Si vous voulez le dissimuler, installez deux portes découpées aux dimensions voulues dans du contre-plaqué de 15 mm et fixées par des charnières sur les montants de la bibliothèque.

Comme fermetures, placez des taquets magnétiques. Décorez ces portes dans le style de la bibliothèque (avec des moulures, par exemple). Autre solution : posez les portes en retrait vers l'intérieur par rapport au bord des étagères et collez dessus des dos de faux livres (en vente chez certains marchands de meubles et dans les boutiques de décoration).

DE L'ORDRE DANS LA CUISINE

Un rangement rationnel de tous les ustensiles est une règle d'or dans une cuisine. Pour vous éviter des allées et venues superflues, rangez-les à proximité de l'endroit où vous vous en servez.

Utilisez des étagères pivotantes pour les angles. Servez-vous de tiroirs-plateaux pour ranger les couverts. Les rangements au-delà de 2,50 m de haut nécessitent l'emploi d'un tabouret : n'y placez donc que du matériel d'usage peu fréquent. Équipez vos éléments bas de tiroirs verticaux ouverts des deux côtés, qui coulissent sur glissières ou sur roulettes.

Prévoyez un accès aisé à vos petits appareils électroménagers (cafetière, grille-pain, ouvre-boîtes...). Placez-les au-dessus du plan de travail, dans des casiers à portes coulissantes ou sur des tablettes dissimulées derrière de petits stores. Placez des prises de courant près du plan de travail.

Rangez les conserves et les paquets dans un placard, sur des étagères peu profondes (20 cm), ce qui vous évitera de tout déplacer pour sortir la boîte du fond ; ou dans un recoin extra-plat équipé d'étagères et fermé par des portes coulissantes.

Pour garder un plan de travail dégagé, veillez à ranger régulièrement la vaisselle et les produits de nettoyage. Vous pouvez accrocher sous les placards suspendus de petits paniers en fil zingué plastifié pour loger les épices, ou monter un rayonnage peu profond. Utilisez un dévidoir multi-services qui distribue papier d'aluminium, film de cellophane, essuie-tout et bobine de ficelle) ; il comporte parfois une étagère pour les épices et un bloc-notes.

Placez vos produits d'entretien en hauteur dans l'armoire et étiquetez-les par mesure de prudence. Pour en faciliter l'accès, posez-les sur un plateau tournant. Lorsque vous disposez votre matériel de nettoyage dans l'armoire, pensez à vous ménager un accès facile aux articles encombrants, comme l'aspirateur ou les seaux.

LA VAISSELLE

Il n'est pas indispensable, lorsque vous n'êtes que 4 à la maison, d'utiliser un service pour 12 personnes. Rangez-en une partie dans le haut d'un placard.

Pour éviter la casse, intercalez des tablettes entre les étagères ; fixez-les sur des tasseaux ou sur des pieds en contre-plaqué. Autre solution : fixez des étagères munies d'un rebord sur des glissières, ce qui vous permettra de les tirer vers vous pour disposer la vaisselle. Placez les verres sur des plateaux tournants à 3 niveaux et suspendez les verres à pied, tête en bas, à un support spécial. Autour d'un plateau tournant sur lequel sont posées des soucoupes, accrochez les tasses par les anses.

LES USTENSILES

Pour saisir aisément des couteaux sans risquer de vous couper, insérez la lame dans une fente le long du plan de travail, plaquez les couteaux sur un support mural aimanté, ou encore glissez-les dans des encoches ménagées tous les 3 cm dans un tasseau cloué au fond d'un tiroir.

Fixez des grilles ou des tringles à proximité du plan de cuisson et accrochez louche, écumoire, spatule, fouet, cuillères en bois, etc.

Si vous avez des difficultés pour l'accrocher, percez un trou dans le manche de l'ustensile et passez-y une cordelette ou un lacet en cuir. Regroupez dans un pot tous les petits éléments. Rangez les casseroles dans des tiroirs à glissières ou accrochez-les à un râtelier au-dessus du plan de travail. En les conservant à portée de main, vous travaillerez plus facilement.

Les plats à four trouvent leur place dans des paniers ou tiroirs à glissières placés sous le four ou sous le plan de travail.

Pour ranger couvercles, plateaux, planches, découpez des cloisons dans du contre-plaqué de 5 mm et insérez-les verticalement entre deux planches de contre-plaqué de 8 mm d'épaisseur,

TOURNEZ, PLATEAUX

Procurez-vous une plaque tournante montée sur roulement à billes dans un magasin de quincaillerie d'ameublement. Le diamètre de votre plateau tournant sera conditionné par la place disponible (soit la dimension la plus étroite à l'intérieur du placard moins 2 à 3 cm, soit la largeur de la porte).

Découpez trois cercles à la scie sauteuse (ou demandez au marchand de bois de le faire) : l'un servira d'embase fixe, les deux autres seront la base et le dessus du plateau mobile.

La largeur des deux éléments formant les cloisons centrales est égale au diamètre des cercles. Leur hauteur sera celle qui vous est nécessaire pour les objets que vous voulez y placer. Assemblez-les par une entaille à mi-bois (largeur égale à l'épaisseur du contre-plaqué utilisé).

Montez ensuite le dessus et le dessous par clouage sur les éléments de cloison assemblés en croix. Collez une petite bande de chant thermocollante sur les bords des plateaux, des cloisons et de l'embase.

Fixez l'une des joues de la plaque tournante parfaitement au centre de l'embase par des vis placées aux quatre coins. Faites tourner la partie supérieure pour la placer en décalage de 90 degrés par rapport à celle déjà fixée, et marquez sur l'embase l'emplacement des trous des vis. Replacez la partie supérieure de la plaque dans le même sens que celle du dessous, et percez l'embase aux 4 endroits marqués (diamètre : 10 mm).

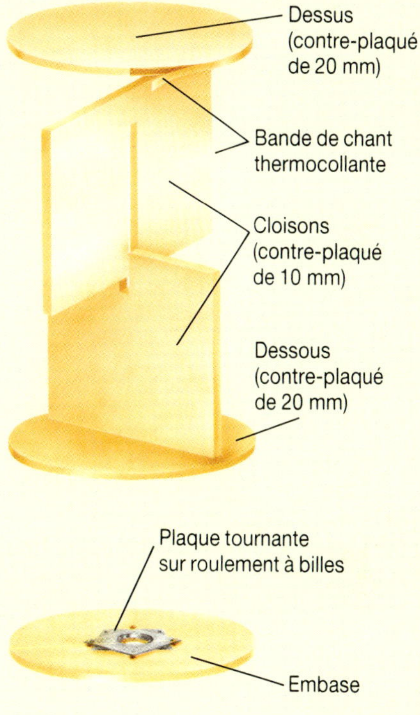

Pour le montage final, posez l'étagère à l'envers, décalez par rotation la partie non fixée de la plaque pour faire apparaître les trous de fixation dans les trous faits dans l'embase. Posez celle-ci sur le fond de l'étagère et vissez la plaque au travers des trous.

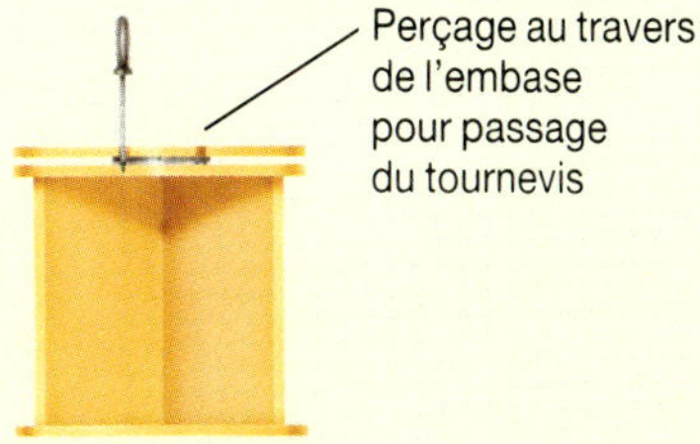

que vous fixerez ensuite en haut et en bas. Placez des pièces d'espacement en contre-plaqué de 8 mm entre les cloisons.

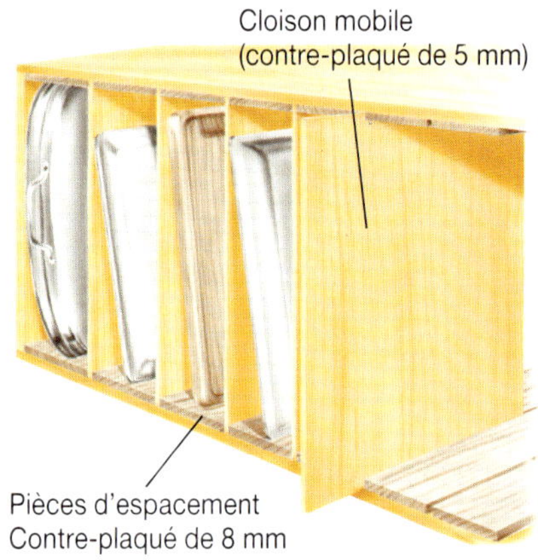

Les boîtes hermétiques, bien pratiques pour stocker les aliments dans le réfrigérateur ou le congélateur, seront disposées dans un meuble loin d'une source de chaleur.

PLUS DE PLACE PERDUE

Utilisez l'intérieur des portes de vos placards pour accrocher des éléments de rangement (porte-bouteilles, range-couvercles, sèche-torchons, etc.). Vous pouvez même prévoir d'y placer vos accessoires d'aspirateur ou votre table à repasser.

Vous tirerez profit des angles perdus avec un meuble à pan coupé équipé d'éléments circulaires ou en demi-lune, pivotant à l'ouverture de la porte ; vous pouvez aussi y installer des étagères d'angle pour ranger les livres de cuisine, ou y insérer une poubelle qui s'ouvrira avec la porte.

S'il vous reste un emplacement d'environ 20 cm entre deux éléments, transformez-le en casier à bouteilles. Veillez à ce qu'il ne jouxte pas la cuisinière, le vin ou l'eau minérale s'accommodant mal d'une chaleur excessive. Pour convertir un élément en casier à bouteilles, retirez les tablettes puis découpez des planches de contre-plaqué de 20 mm égales aux diagonales du meuble ; échancrez chacunes d'elles jusqu'au milieu et assemblez-les en croix.

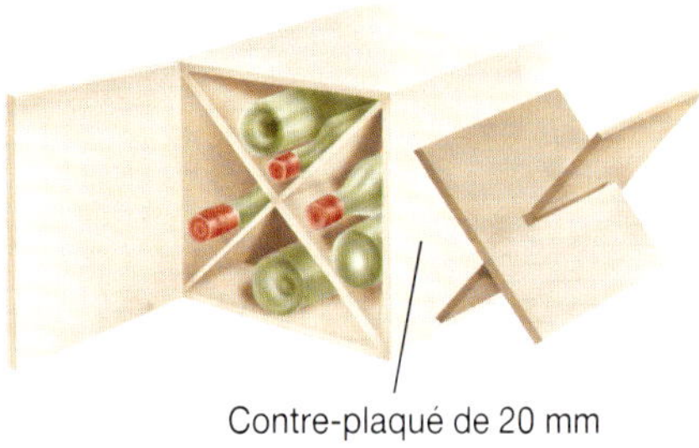

N'oubliez pas l'indispensable table roulante, toujours très utile dans la cuisine ; choisissez-la de préférence pliante pour qu'elle se glisse sans difficulté n'importe où.

LA BUANDERIE-LINGERIE

Si vous en avez la possibilité, associez à votre lave-linge un sèche-linge (à condensation ou avec évacuation extérieure). Vous pourrez ainsi installer une lingerie dans le même espace que

votre buanderie : le linge entreposé ou fraîchement repassé ne souffrira pas de l'humidité.

Aménagez cet espace à peu de frais, avec des éléments modulaires équipés de paniers ou de tiroirs coulissants ou en montant un bâti avec des tubes en acier, que vous équiperez de tablettes ; il vous sera facile de faire évoluer cette pièce en fonction de vos besoins.

Fixez une tringle sous une étagère pour y pendre les vêtements fraîchement repassés.

Pour séparer le linge sale selon les différentes températures de lavage, installez des sacs de couleurs différentes, montés sur des socles à roulettes. Destinez à chaque membre de la famille un panier dans lequel il trouvera son linge propre. Prévoyez un plan de travail pour coudre et piquer à la machine, et des tiroirs de rangement pour la mercerie.

DANS LA CHAMBRE A COUCHER : LE PLACARD

Séparez bien l'espace dévolu à chacun, vous éviterez ainsi des disputes.

Chemises et pulls seront classés en fonction des saisons et posés de préférence sur des tablettes coulissantes larges d'environ 70 cm et profondes de 45 cm ; prévoyez une hauteur de 25 cm pour empiler les chemises, et de 50 cm pour les pulls. Adoptez des paniers coulissants de 65 cm de large sur 45 cm de profondeur et 15 cm de haut pour la lingerie, les chaussettes, les accessoires, etc.

Prévoyez 60 cm de profondeur sur 1,60 m de haut pour pendre des vêtements longs. Si le placard n'est pas suffisamment profond, installez une tringle télescopique perpendiculairement au fond.

Accrochez tous les cintres avec les crochets pointant vers le fond du placard : cela vous permettra d'en retirer plusieurs à la fois. Mettez un peu de cire sur les tringles en bois, les cintres glisseront plus facilement.

Dès que vous retirez un vêtement, placez le cintre libéré à l'extrémité de la tringle. Quand vous raccrocherez le vêtement, vous le retrouverez immédiatement sans que les cintres ne s'emmêlent, ce que vous pouvez aussi éviter en faisant une petite encoche (avec une lime ronde) sur le dessus de la tringle tous les 1,5 cm.

Les portes de placard sont affaire de goût, mais aussi de budget. Les portes donnant accès au volume de rangement peuvent être pliantes, en accordéon ou coulissantes. De toute façon, préférez-les aux portes pivotant sur des charnières, plus encombrantes. Ces trois types de portes se posent sur des rails en haut et en bas sur toute la largeur.

Devant un renfoncement mural, installez des portes de placard. Vous pourrez ensuite équiper cet espace de rangement. Si vous jugez la pièce trop petite, donnez une illusion d'espace en optant pour des portes coulissantes à miroirs.

Si la pièce est un peu humide, facilitez la circulation de l'air dans le placard en posant des portes coulissantes à persiennes, isolez le mur du fond par un doublage imperméable (plaque de plâtre doublée de polystyrène) ou imprégnez-le d'un produit imperméabilisant.

Si les portes sont pleines, placez des grilles de ventilation en haut et en bas sur les pièces de traverse.

AMÉNAGER UN PLACARD MURAL

On trouve parfois dans des maisons anciennes des renfoncements dans des murs épais : ce sont généralement des ouvertures qui ont été condamnées. Pourquoi perdre une telle place ? Vous pouvez l'aménager pour y ranger du linge ou y suspendre des vêtements... ou les deux à la fois si la place ne manque pas.

L'aménagement sera fait en fonction des dimensions du renfoncement. Pour y suspendre des vêtements sur des cintres, il faut une profondeur ou une largeur d'au moins 56 cm : vous placerez la barre de suspension à mi-hauteur (ou mi-profondeur), c'est-à-dire à 28 cm du fond, au minimum. Si la place est suffisante, vous pourrez créer une double penderie (une pour les vêtements longs et une autre pour les vêtements courts), une penderie et des rangées d'étagères, ou encore deux penderies séparées par une rangée d'étagères. La largeur des étagères sera fonction de la place restant après avoir décompté la largeur des penderies. Pour les séparations verticales, utilisez des panneaux de contre-plaqué de 22 mm allant du sol au plafond. Fixez-les avec des petites équerres en haut, en bas et au mur du fond. Répartissez l'emplacement des tablettes en tenant compte des indications données sur le dessin ci-dessous.

Pour poser les tablettes formant le dessus des penderies, fixez des planchettes (section : 20 × 100 mm) en guise de supports. Vous fixerez ensuite les embouts-supports des barres de penderie sur ces planchettes. Vous trouverez les barres et leurs attaches dans les magasins de quincaillerie d'ameublement. Pour les tablettes des étagères, vous avez le choix entre plusieurs systèmes de fixation : des tasseaux de 20 × 20 mm cloués, des taquets à visser dans le bois, ou des crémaillères à taquets mobiles permettant de placer et de déplacer les tablettes à la demande. Pour les tablettes, utilisez du contre-plaqué de 18 mm que vous couperez ou ferez couper aux dimensions exactes relevées sur place. Avant de les poser, peignez ou tapissez l'intérieur de votre placard.

Si vous voulez soustraire le contenu du placard aux regards, allez au plus simple : fermez-le par un rideau coulissant sur une barre ou sur un rail fixé en partie haute.

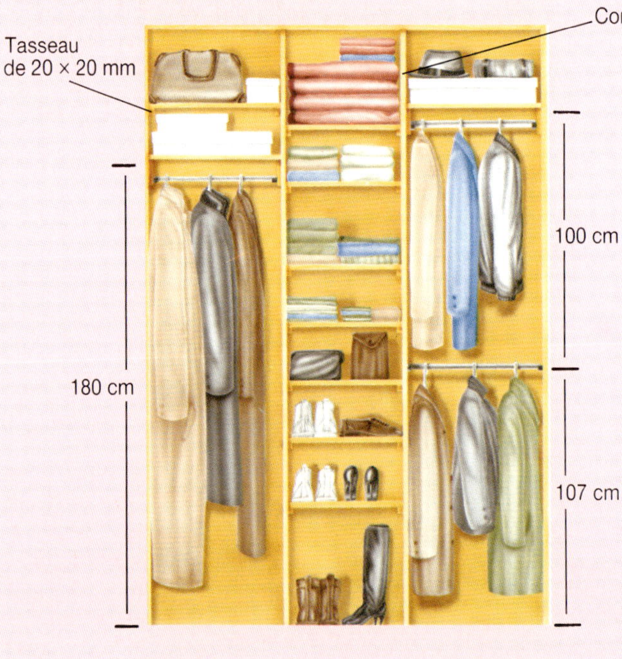

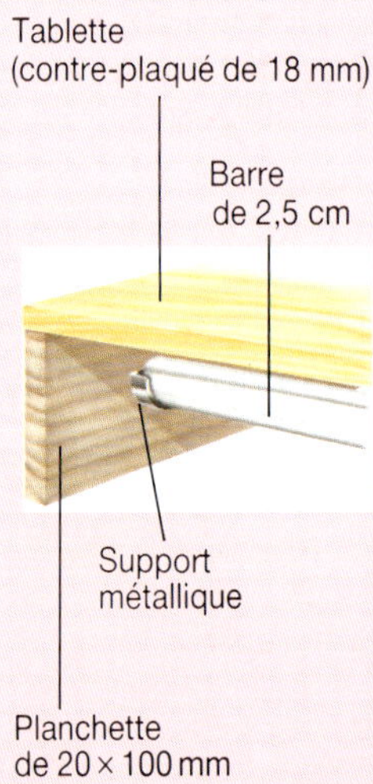

LES ACCESSOIRES

Suspendez les cravates sur un jeu de tringles et les ceintures à des crochets ; prévoyez pour cela un espace large de 20 cm, profond de 40 cm et haut de 70 cm.

Pour ranger les chaussures, pensez à utiliser des tringles à deux niveaux ou des porte-chaussures à pochettes. Vous pouvez aussi les suspendre à des supports métalliques ou bien les entreposer sur des tablettes que vous aurez construites.

Empilez des boîtes en plastique transparent sur une tablette : cela vous permettra d'en voir le contenu (gants, foulards, mouchoirs).

DANS LA CHAMBRE D'ENFANTS

Tenez compte de l'âge et de la taille de l'enfant pour choisir ses meubles de rangement ; pensez de préférence à des éléments en largeur plutôt qu'en hauteur, à des structures modulables qui suivront sa croissance : un lit qui s'allonge en rabattant les deux extrémités, par exemple, et dont seul le matelas est à changer. N'oubliez pas d'exploiter la place sous le lit en installant de grands tiroirs (voir p. 45). Pour les tirer plus facilement, glissez-les dans des rainures ou équipez-les de roulettes.

Voici une idée de meuble en trois parties occupant un espace minimal : un coffre à jouets, un bahut sur pieds dont les portes coulissantes forment un tableau noir, et une table. Le coffre se glisse sous le bahut, et la table s'intercale entre les deux.

Si vous possédez deux solides meubles à tiroirs, fixez des crémaillères avec des équerres sur un côté de chaque meuble. Posez une planche de contreplaqué de 15 mm d'épaisseur entre les deux meubles. Cette table montera à mesure que l'enfant grandira.

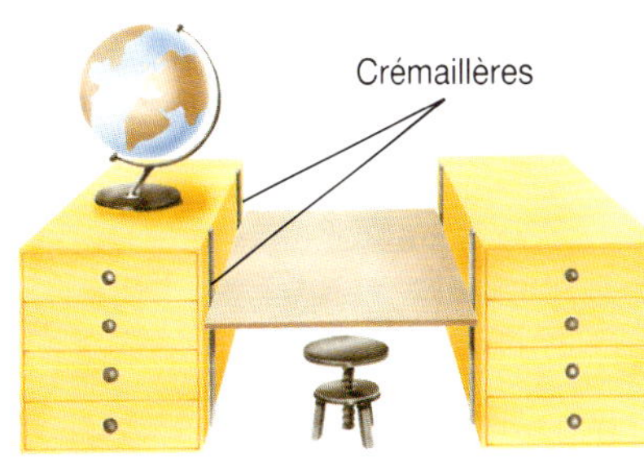

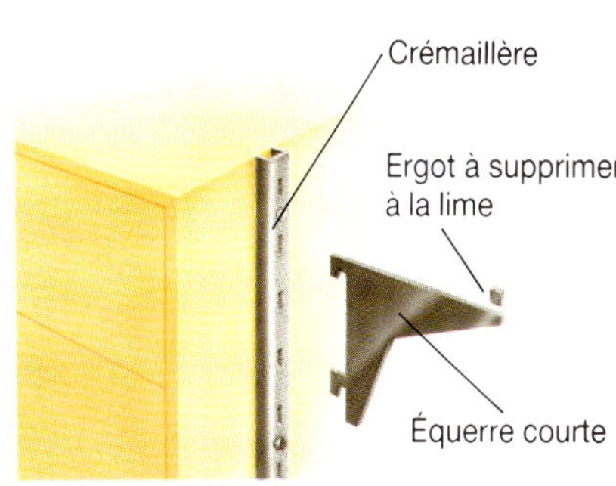

Rangez les pulls et les sous-vêtements dans des tiroirs peu profonds de 20 cm environ, dans lesquels vous aurez aménagé des séparations (voir p. 66). Un enfant y trouvera plus rapidement l'article qu'il cherche, sans mettre trop de désordre. Pensez à placer un panier

Si les W.-C. font partie de la salle de bains, utilisez l'espace derrière la cuvette pour monter des rayonnages à l'aide d'étagères à structure modulable (bois, aluminium, tube plastifié, etc.).

Veillez cependant à ne pas entraver l'ouverture et la fermeture du couvercle du réservoir.

SOUS L'ESCALIER

En le traitant comme un grand triangle, vous aménagerez facilement l'espace sous l'escalier. Vous avez le choix entre diverses solutions, dont celle d'y loger un grand casier mobile (voir p. 47).

Mais vous pouvez aussi y installer un meuble à étagères qui s'agencent verticalement et horizontalement dans le prolongement des marches. Aménagez le volume arrière en vestiaire : la tringle est fixée d'un côté dans la bibliothèque et de l'autre dans le mur.

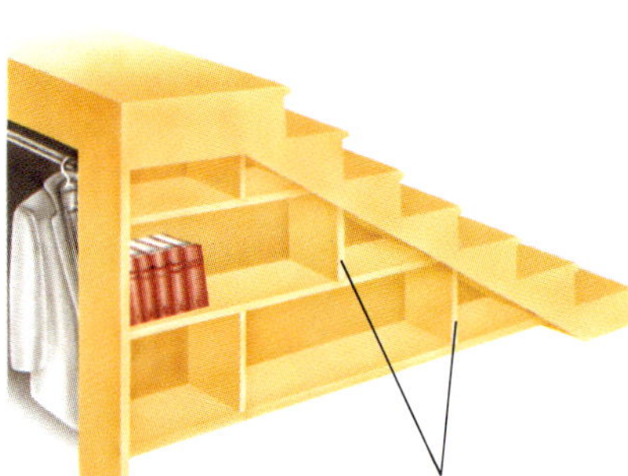

DANS LE GRENIER

Même si le grenier est encombré d'éléments de charpente rendant le volume inutilisable, vous y trouverez sans nul doute un peu d'espace pour organiser des rangements. Créez un passage obligé en fabriquant un parquet autour de la trappe d'accès et en le prolongeant le long des rampants. Clouez des panneaux de particules de 19 mm en travers des solives. N'y rangez rien de lourd si l'espace entre les solives excède 40 cm.

Si la trappe est trop étroite pour introduire des panneaux de particules, optez pour des lames de parquet en pin ou des voliges (planches rainurées s'assemblant comme les lames de parquet). La pose sera plus longue mais moins fastidieuse, car ces petits éléments sont plus maniables.

Utilisez le ou les murs-pignons pour installer des tablettes sur supports en équerres ou avec crémaillères et consoles. Vous pouvez installez une housse en plastique qui abritera les vêtements d'été ou d'hiver.

Occupez l'espace des rampants en fixant des tasseaux ou des crémaillères entre chevrons et solives. Puis assemblez des traverses ou consoles entre les tasseaux ou crémaillères et les chevrons. Rangez les articles de façon à les repérer rapidement, dans des boîtes bien identifiées, par exemple.

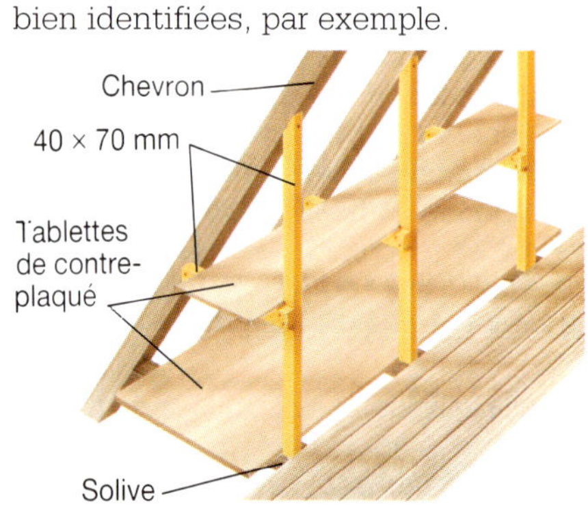

FIXATION DES ÉLÉMENTS MURAUX

Si le parement intérieur est en plaques de plâtre, il est préférable de fixer les charges importantes, notamment les éléments muraux de rangement, sur les montants de l'ossature. Utilisez des vis qui pénètrent d'au moins 3 cm dans le montant.

Les montants peuvent être en bois et fixés à l'aide de clous, ou en acier galvanisé. Repérez-les à l'aide d'un détecteur de métaux, que vous passerez lentement de droite à gauche, et inversement, à proximité de la cloison : le voyant lumineux signalera la présence de métal.

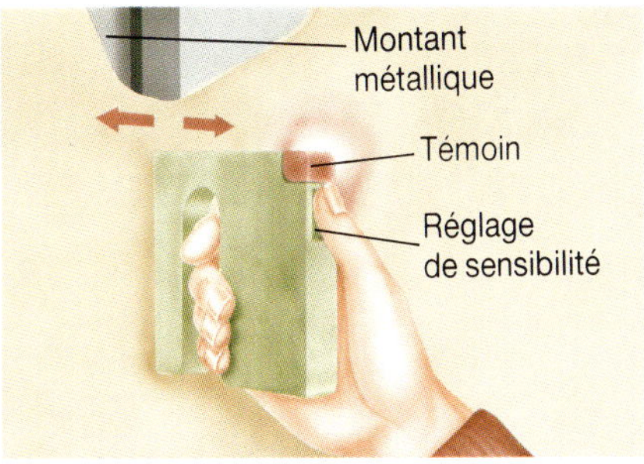

Faute de détecteur, si les montants sont en bois, percez un petit trou de biais. Introduisez une tige métallique fine et rigide. Quand vous rencontrerez le montant, courbez la tige entre vos doigts et retirez-la. Faites une marque à la même distance sur le mur. Le centre du montant se trouve à environ 19 mm de la marque.

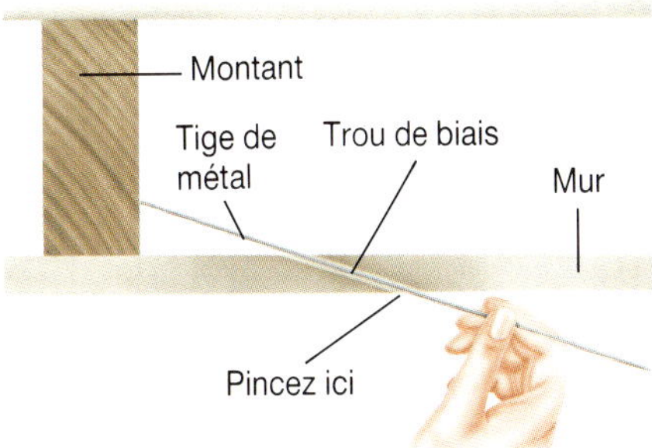

Dans la mesure du possible, pratiquez des trous de repérage là où l'élément de rangement les dissimulera. Vous

CASIER MOBILE SOUS UN ESCALIER

Gain de place et rangement rationnel définissent parfaitement ce casier dans lequel peuvent prendre place bottes, chaussures, affaires de sport, etc. Il s'agit d'une boîte en contre-plaqué de 15 mm montée sur roulettes. Assemblez-la avec des vis de 35 et 55 mm ainsi que de la colle à bois blanche, renforcez les angles avec des grosses moulures quart-de-rond. Pour que la boîte s'adapte bien sous l'escalier, faites un gabarit en carton, reportez-le sur le contre-plaqué, et coupez. Comptez 5 mm de dégagement au-dessus du casier et 1,5 cm en dessous. La pièce d'angle, fixe, remplit tout l'espace.

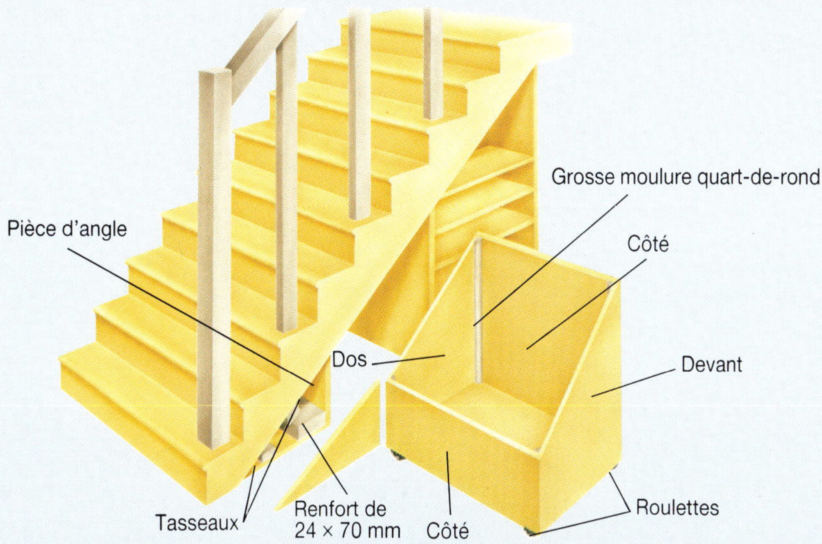

pouvez aussi les exécuter près du sol et utiliser le fil à plomb pour aligner la marque du haut. Il vous suffira ensuite d'un peu d'enduit et de peinture pour les dissimuler.

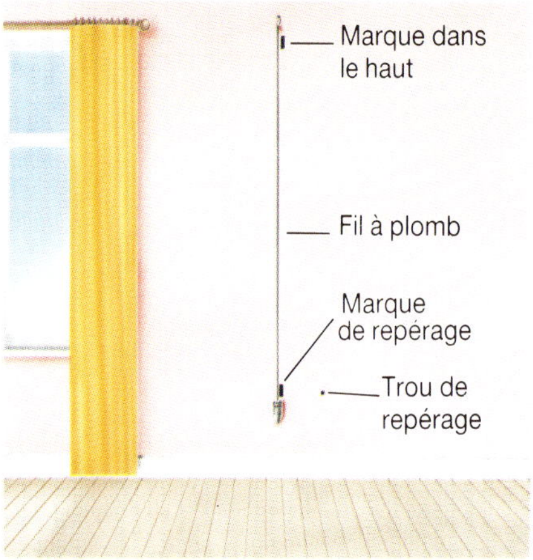

Dans les constructions contemporaines, les montants sont très souvent en métal. Dans ce cas, utilisez des vis à tôle à tête cylindrique. Équipez la perceuse électrique d'une mèche à bois, faites un trou jusqu'au montant. Pour percer le trou dans le montant, prenez une mèche à métaux et percez un trou égal à la moitié du diamètre de la vis. Selon la charge, employez des vis de différents diamètres et longueurs.

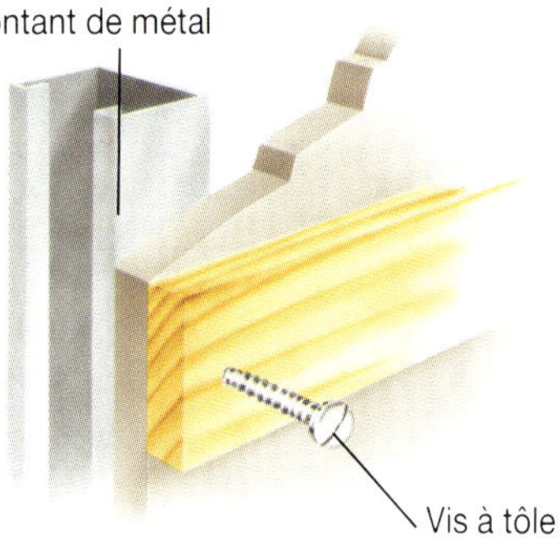

Fixez les placards de cuisine, lourds, sur des cales de bois vissées dans les montants à l'aide de tire-fond en acier zingué. Ou employez des chevilles à ancrage pour parois creuses avec des vis à tête large en acier.

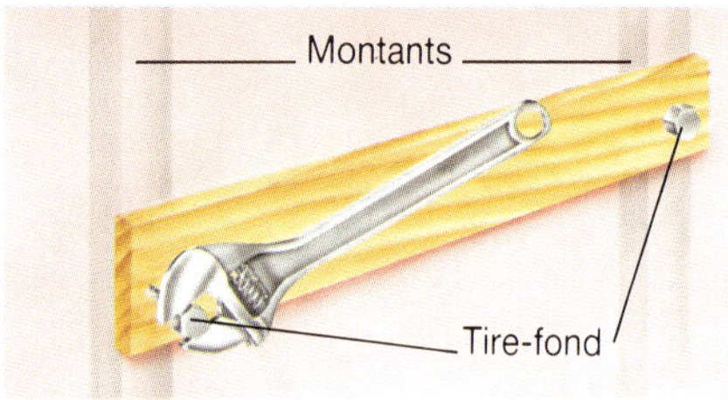

REPÉRAGE DES MONTANTS

La distance de centre à centre entre deux montants se situe généralement entre 40 et 60 cm. Dans les maisons anciennes, l'écart peut être irrégulier. Voici quelques indices qui vous aideront à les repérer :

DE QUOI VOS MURS SONT-ILS FAITS

MATÉRIAUX	OU LES TROUVE-T-ON ?	COMMENT LES IDENTIFIER ?
Briques	Murs creux, gros murs extérieurs, gros murs intérieurs	A l'intérieur de la maison, en général recouvertes d'une couche de plâtre de 10 à 25 mm d'épaisseur **Quand vous percez un trou** poussière grisâtre puis rougâtre ou jaune, résistance marquée
Pierre naturelle	Murs pleins extérieurs	Face interne parfois plâtrée ou recouverte d'un lattis et de plâtre **Quand vous percez un trou dans un joint de mortier** poussière grise au jaunâtre, résistance modérée
Parpaings de béton	Murs extérieurs, murs porteurs	Face intérieure plâtrée **Quand vous percez un trou** poussière gris clair, résistance modérée
Linteau en béton	Au-dessus des ouvertures dans les murs (habituellement pour portes, fenêtres, cheminées)	Surface plâtrée ; matériau extrêmement dur et nécessitant une perceuse à percussion ou un perforateur électropneumatique **Quand vous percez un trou** poussière grise, résistance très marquée
Plaques de plâtre	Murs mixtes comportant une isolation sur pan de bois, murs doublés d'un isolant, murs alvéolaires, cloisons en pan de bois, plafonds	Le plâtre ne sonne pas forcément creux à la percussion s'il est enduit d'une couche de plâtre, tapissé ou peint **Quand vous percez un trou** poussière blanche, peu de résistance ; sciure de bois et résistance modérée s'il s'agit d'un montant en bois ; copeaux de métal et résistance marquée s'il s'agit d'un montant de métal
Panneaux de fibres dures, contre-plaqué, panneaux d'aggloméré	Portes alvéolaires (isoplanes), panneaux décoratifs, doublage de murs	Utilisez le cadre en bois massif là où c'est possible **Quand vous percez un trou** sciure de bois, résistance faible
Lattis et plâtre	Murs intérieurs des maisons construites avant 1920, plafonds des maisons construites jusqu'aux environs de 1940	Épaisseur du plâtre variant selon les murs. Plâtre mou qui se détache parfois **Quand vous percez un trou** poussière blanche puis copeaux de bois, peu de résistance
Briques plâtrières (briques creuses minces)	Cloisons intérieures de doublage des murs extérieurs ou de séparation	Cloison épaisse d'environ 7 à 9 cm (5 cm de brique plus des enduits de plâtre de chaque côté) **Quand vous percez un trou** poussière rouge, résistance marquée s'il s'agit de la brique ; poussière grise, résistance modérée s'il s'agit d'un joint de mortier
Carreaux de plâtre	Cloisons intérieures de séparation ou de doublage	Cloison pleine ou alvéolée de 5 à 7 cm d'épaisseur. A percer avec une mèche à béton mais sans percussion **Quand vous percez un trou** poussière blanche, peu de résistance

FIXATIONS DANS LES MURS CREUX

Différent matériaux composent les murs creux : plaques de plâtre, carreaux de plâtre, lattis et plâtre, briques creuses, panneaux en aggloméré, parpaings creux de béton, etc. (voir tableau ci-dessus). Pour accrocher un objet, même léger, sur ce type de parois, utilisez des chevilles spéciales pour murs creux (voir tableau p. 50). Vous trouverez les indications et la marche à suivre sur l'emballage. N'oubliez pas qu'il est recommandé de se servir de chevilles longues à ancrage métallique. Plus vous multipliez les fixations (au moins deux) pour suspendre un objet, plus petit est le poids supporté par chacune d'elles.

SYSTÈMES DE FIXATION

FIXATIONS	EMPLOIS
Vis à bois et cheville 	Cheville de fibre ou de plastique qui s'ajuste dans le trou percé dans la maçonnerie. Pour des objets légers ou lourds dans des murs pleins
Système à enfoncer au marteau ou cheville à clou 	Vis à filetage spécial, prête à l'emploi dans un manchon de nylon. Pour fixer des lattes ou des planches de bois sur des briques ou du béton
Boulon expansif ou à ancrage 	Boulon avec manchon de métal segmenté qui s'ajuste dans le trou percé dans la maçonnerie ; lorsque le boulon est mis en place, les segments s'écartent pour adhérer aux parois. Système solide pour placards, portes de garage, etc.
Cheville à ancrage (en plastique ou métallique) 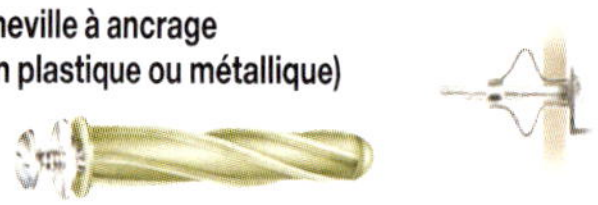	Cette cheville fonctionne par obstacle, s'aplatissant au dos de la paroi. Pour toutes les parois creuses
Vis et cheville à expansion (en métal ou polymère) 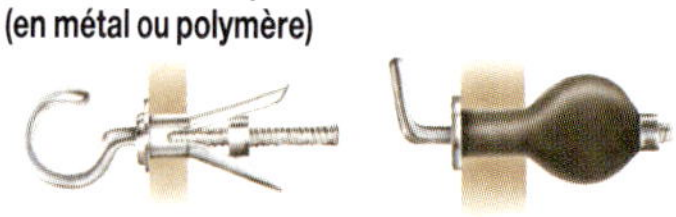	Les ailettes en métal s'écartent et s'agrippent au dos de la paroi ; le polymère se comprime au dos de la paroi. Pour murs creux, mais aussi pour murs pleins
Fixation à ressort (ailettes ou segment basculant) 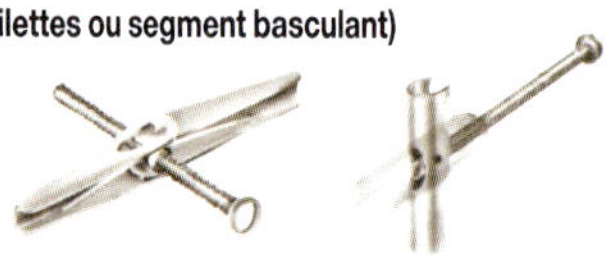	Vis à métaux insérée entre des ailettes de métal sur ressort ou attachée à une plaque pivotante : les ailettes repliées le long de la vis au moment de l'insertion s'écartent ensuite derrière le panneau ; la plaquette se place perpendiculairement à la vis quand la vis est en place. Les ailettes ou la plaquette sont perdues si la vis est retirée. Pour objets légers ou lourds sur murs creux ; convient aussi aux plafonds
Cheville pour installations électriques 	Cheville en plastique dont l'extrémité apparente est soit un pas de vis compatible avec ceux des accessoires électriques, soit une boutonnière prête à recevoir un collier de fixation pour tube passe-fil. S'adapte à tous les matériaux non friables, pleins ou creux
Cheville spéciale plaques de plâtre 	Corps métallique à très large pas de vis et extrémité à trois pointes facilitant la pénétration. Pose rapide et solide d'un objet léger. Vendue avec vis spéciale
Fixation spéciale béton cellulaire 	Cheville en nylon à stries hélicoïdales qui permettent son vissage au marteau et l'empêchent de ressortir si la vis est retirée. Fixation solide qui s'utilise avec des vis à bois
Fixation spéciale briques creuses 	Cheville longue en plastique vendue avec sa vis spéciale ; s'accroche sur plusieurs « cloisons » à l'intérieur des briques. Pour objet léger ou lourd
Clou pour maçonnerie 	Clou en acier trempé. Moyen rapide pour fixer des pièces de bois sur un mur en briques pleines ou en aggloméré.

QUELQUES TYPES DE CHEVILLES

Cheville tubulaire en plastique. Pour objet léger sur mur plein

Cheville tubulaire à collerette en plastique.
Pour objet léger sur mur plein ou creux

Cheville fendue en nylon ; ses deux moitiés forment des ailes. Pour attacher des objets sur plaques de plâtre (cloisons intérieures)

Cheville en fibre.
Pour murs pleins, mais ne convient pas dans les endroits humides

C'est l'épaisseur de la cloison qui va déterminer le type de fixation que vous devrez utiliser. Pour connaître l'épaisseur, percez un trou dans le mur et introduisez une fine tige de métal recourbée en crochet. Tirez la tige vers vous de façon que le bout de la partie courbée touche le dos de la cloison, et faites une marque là où elle sort du mur. Retirez-la et mesurez.

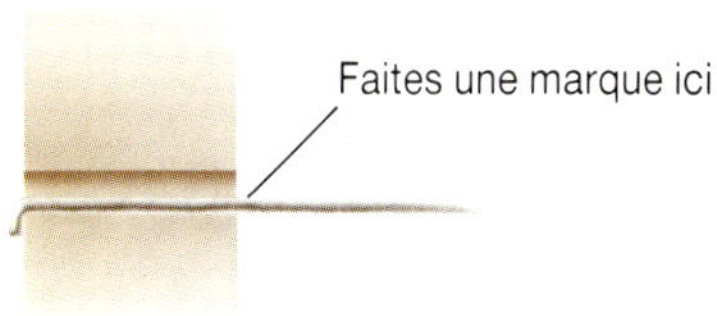

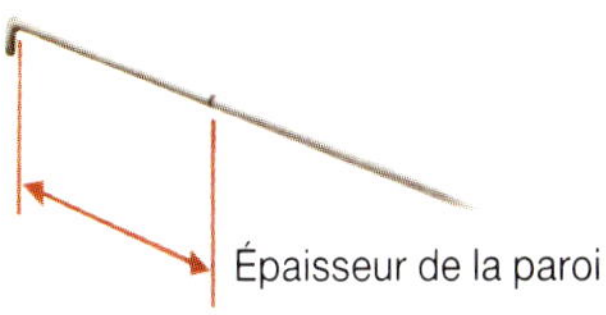

Pour poser correctement une cheville, percez un trou de même diamètre soit avec un tamponnoir, soit avec une perceuse sans percussion. Insérez la cheville et vissez piton, vis ou crochet... jusqu'à ce qu'elle se replie au dos de la paroi. Ce système permet de visser ou de dévisser aussi souvent que vous le désirez. Si vous préférez les chevilles courantes qui s'écartent au passage de la vis, utilisez celles qui sont en nylon : elles sont plus performantes que les chevilles en plastique. Leur pose est extrêmement simple : percez un trou dans le mur d'un diamètre et d'une profondeur correspondant à la cheville, enfoncez-y la cheville légèrement en force, puis vissez la vis jusqu'au blocage.

Pour la pose des chevilles (ou crampons) à ailettes ou à segment basculant, faites un trou assez gros pour y passer le mécanisme replié sur le corps de la vis. Après le passage, les ailettes s'écartent et il suffit de serrer la vis à fond.

Les portes intérieures sont souvent creuses. Pour y accrocher un objet, procurez-vous une cheville à ancrage un peu plus courte.

Si vous avez un objet inusité à suspendre au mur ou si celui-ci présente un revêtement inhabituel, adressez-vous à un spécialiste (dans une quincaillerie ou un magasin de bricolage), qui résoudra votre problème.

FIXATIONS DANS LES MURS PLEINS

Les murs pleins sont en béton, en pierre ou en briques pleines. Pour les percer, utilisez une perceuse à percussion avec mèche au carbure de tungstène ou, mieux, un marteau électropneumatique. Si le matériau vous résiste, adoptez un mouvement de va-et-vient. Si la perceuse se bloque, relâchez le bouton de commande pour ne pas griller le moteur.
Si la perceuse n'est pas assez puissante pour effectuer un gros trou dans la maçonnerie, commencez par percer un petit trou avec une mèche de diamètre inférieur, et augmentez au fur et à mesure le diamètre de la mèche.
Attention : Quand vous percez dans la maçonnerie, portez des lunettes de protection et des gants.

Choisissez soit des chevilles fendues en nylon avec deux lèvres s'écartant au passage de la vis, soit des chevilles tubulaires en plastique offrant un très bon accrochage au trou par adhérence. De diamètre différent, elles conviennent aux objets légers. En revanche, pour des objets lourds, choisissez des chevilles à expansion, ou même à double expansion, en acier, laiton ou fonte. L'expansion se fait au passage de la vis, qui tire ou repousse un cône, ce qui provoque l'écartement des lèvres.

Vous pouvez aussi fixer avec des clous à maçonnerie les étagères destinées à recevoir des objets légers. Pour ne pas faire éclater le bois des planches, percez des avant-trous un peu plus petits que le diamètre du clou. Si le mur est très dur, percez aussi des avant-trous. Si la fixation doit supporter des objets lourds, prenez soin de ne pas la placer dans le mortier entre les blocs de maçonnerie : il s'effrite trop facilement. Pour exécuter ce travail, utilisez de préférence un marteau à bout rond et portez des lunettes et des gants.

CROCHETS ET SUPPORTS

Pour les rangements extérieurs, la diversité des formes et des couleurs des supports vous permet de constituer des ensembles décoratifs. Porte-serviettes, anneaux, porte-gobelets, distributeurs de papier toilettes, etc., sont disponibles dans différents styles et matériaux.

Pour les rangements à l'abri des regards, les crochets à vis et les patères portemanteaux sont très pratiques et, de plus, économiques. Ils sont munis d'un système d'accrochage à vis, très simple à poser.

Les brides à ressort acceptent en général des manches de 2 à 3 cm de diamètre et se fixent par une seule vis ; elles peuvent aussi se monter sur un panneau perforé.

Suspendez les articles difficiles à ranger à cause de leur forme. Ainsi, n'encombrez pas un tiroir avec le batteur à œufs, suspendez-le. Dans le garage, la bicyclette sera suspendue, soit au mur, soit au plafond, par des crochets spéciaux ; faites de même avec un pneu, une planche à voile, une échelle, etc.

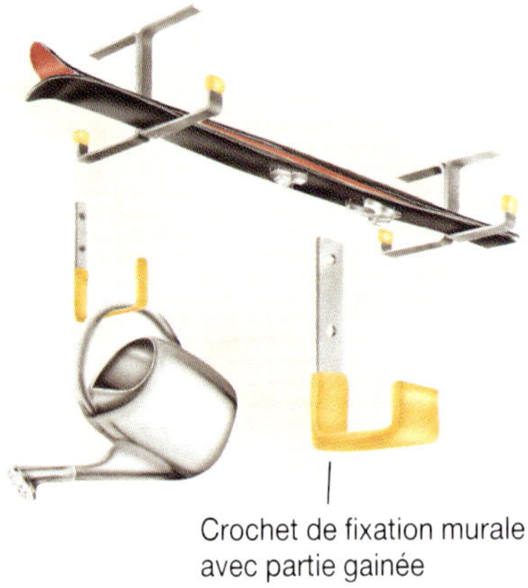

Crochets ou supports peuvent être fixés derrière une porte, mais rien ne vous empêche d'installer de jolis accessoires de rangement (porte-clés, tablettes...) sur la face externe.

FIXATION DES CROCHETS ET DES SUPPORTS

Dans du bois plein, percez toujours un avant-trou. Pour tous les crochets, à l'exception des très gros, un tournevis suffit. Un clou ou un simple poinçon permettent de percer un petit trou.

Si vous avez du mal à visser le crochet, servez-vous d'un tournevis comme levier. Si le crochet est trop gros pour le tournevis, utilisez une pince-étau verrouillable ; cette solution est aussi à considérer lorsque l'on souhaite enlever les crochets que la peinture ou la rouille ont rendus récalcitrants.

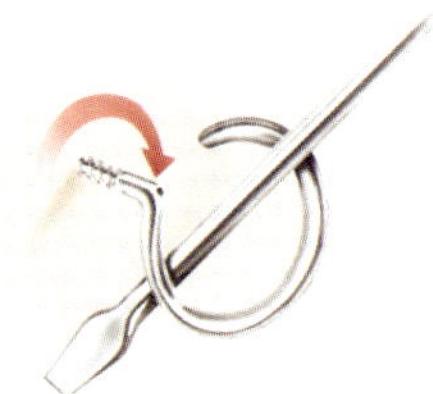

Si vous suspendez un objet lourd au mur, assurez-vous que le crochet pénètre bien dans un montant et utilisez des chevilles accompagnées d'un crochet fermé ou ouvert (type tête-de-cochon). Si c'est au plafond, tenez compte du poids de l'objet. En présence de plaques de plâtre, fixez toujours le crochet dans une solive ou une pièce de charpente. Utilisez une cheville ou un scellement à expansion métallique pour un plafond solide et plein, et une cheville ou un scellement à segment basculant ou à expansion si votre plafond est solide et creux.

Si vous fixez un crochet pour objet léger dans un mur de placoplâtre, choisissez un crochet à visser et non pas à clouer pour l'assujettir dans une cheville à ancrage ou spéciale plaques de plâtre (voir tableau p. 50). Autre méthode : fixez le crochet à une planche et vissez-la dans un des montants du mur.

LE PANNEAU PERFORÉ : UN SUPPORT IDÉAL

Le panneau perforé reste sans conteste l'accessoire de rangement le plus simple et le plus facile à installer. Il est très économique, idéal pour l'accrochage des objets usuels, et il permet de tout avoir à portée de la main. Enfin, étant évolutifs, les panneaux perforés se multiplient en fonction des besoins.

Ils sont équipés de différents systèmes de crochets ou de supports : porte-outils de 2 à 6 logements, supports de mèches et de clés plates, tiges de différentes dimensions, tablettes, crochets cintrés et supports à simple ou double rangée pour tournevis.

Il existe des panneaux en acier à haute résistance, de couleur sable ; ils se trouvent en deux dimensions, 80 × 10 cm et 80 × 40 cm, ce qui vous permet toutes les combinaisons possibles. Vous pouvez en installer dans votre garage, votre salle de bains ou votre cuisine. Les supports et tablettes sont très souvent de couleur marron ou beige. Si vous désirez les repeindre pour les harmoniser à votre décor, dépolissez-les avec un abrasif très fin à l'eau (grain 320 ou 400) et utilisez une peinture en aérosol pour carrosserie automobile.

Pour éviter d'endommager un panneau en isorel, ou sa finition si vous le taillez vous-même, fixez-le entre des planches que vous posez sur la ligne de coupe et utilisez une scie égoïne à 12 ou 15 pointes fines. Le panneau a tendance à rebondir ; soutenez-le bien en dessous.

MONTAGE DU PANNEAU PERFORÉ

Tout dépend de l'usage que vous allez en faire et du poids des objets à accrocher. Si vous le destinez au rangement des outils dans l'atelier ou le garage, prévoyez une solide fixation au mur. Si vous l'installez dans la salle de bains pour supporter de menus objets, la fixation peut être plus légère ; dans ce cas, utilisez des chevilles en fibres de bois gainées de métal : elles sont totalement insensibles à l'eau et aux variations de température. Dans tous les cas, le panneau doit être « décollé » du mur d'au moins 2 cm, pour que l'on puisse y glisser les crochets.

Un panneau de petites dimensions (50 × 60 cm par exemple) peut n'être fixé qu'aux 4 coins. Dans ce cas, per-

CHOISIR SON BOIS

Le bois massif est un matériau vivant. Beaucoup de ses défauts sont dus à un mauvais séchage avant ou après que les troncs ont été débités, mais aussi à de mauvaises conditions de stockage dans les entrepôts ou les magasins de vente. Il en résulte des déformations, des fentes ou des gerçures. Les nœuds peuvent aussi s'avérer gênants, parce qu'ils tombent (cas du sapin) ou qu'ils se décomposent en une masse liégeuse (cas du chêne). Sachez aussi que la présence d'aubier (bois jeune) déprécie des bois nobles comme le chêne : l'aubier est plus clair, moins dur et moins résistant, et il sera sensible aux attaques parasitaires. En plus des pièces de bois présentant des défauts de structure, rejetez toutes celles qui sont humides ou qui portent des traces de moisissure noire, ou encore des trous de vers (larves d'insectes xylophages).
Lors de l'achat de tasseaux, planches, baguettes, moulures ou tores (grosses baguettes rondes), vérifiez à l'œil que ces pièces ne sont ni vrillées ni tordues.

cez le panneau à chaque angle à 2 cm des bords ; marquez l'emplacement des trous sur le mur, percez et placez des chevilles adaptées à la nature de la paroi. Posez le panneau perforé en utilisant des vis plus longues de 2 cm. Coupez des petites entretoises longues de 2 cm dans du tube de cuivre (ou prenez des manchons en cuivre utilisés normalement pour souder des tuyaux bout à bout). Le diamètre intérieur du tube ou du manchon doit être juste suffisant pour y laisser passer la vis (6 mm, par exemple).

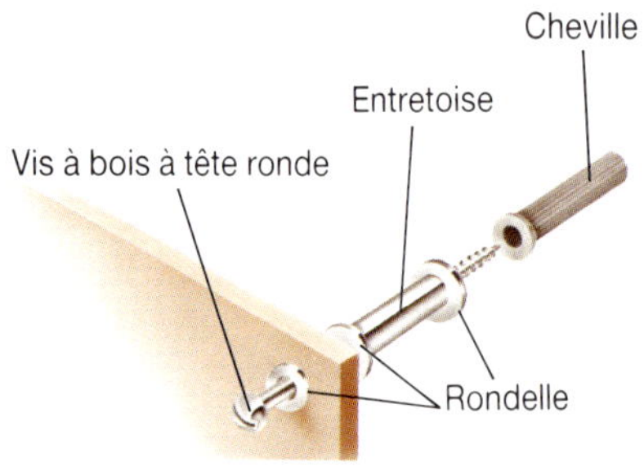

Posez le panneau en glissant à chaque angle l'entretoise sur le corps de la vis. Pour plus de solidité, placez des rondelles larges sous la tête de chaque vis et de chaque côté des entretoises.

Posez les panneaux de grandes dimensions sur des tasseaux fixés au mur.

Utilisez des tasseaux de 24 × 24 mm. Placez-en deux horizontalement sur toute la longueur du panneau (un en haut et un en bas) et deux verticalement (un à chaque extrémité). Entre ces deux extrêmes, placez d'autres tasseaux verticaux écartés d'une quarantaine de centimètres. Veillez surtout à ne pas placer ces derniers derrière une rangée de perforations. Fixez tout les tasseaux avec des vis et des chevilles adaptées à la nature du mur.

Avant de poser la plaque, peignez le mur avec une peinture à action insecticide et fongicide pour éviter d'avoir au bout de quelques semaines un nid de vermine derrière le panneau perforé.

Fixez le panneau sur les tasseaux par clouage ou vissage et, au besoin, peignez-le.

Si le mur est irrégulier, prenez soin d'interposer des cales sous les tasseaux aux endroits les plus creux, cela de façon à avoir une surface de pose parfaitement plane.

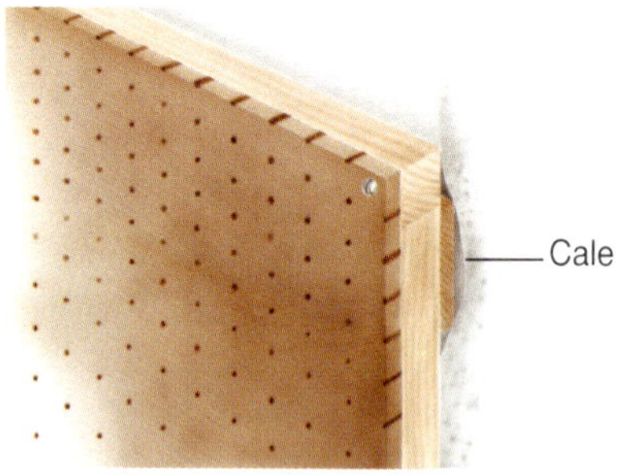

LES DÉRIVÉS DU BOIS

Les panneaux de particules, référencés CTB-S, existent en 250 × 185 cm ou en 275 × 185 cm ; les épaisseurs varient de 5 à 40 mm, mais les plus courantes sont : 8, 12, 16, 19 et 22 mm. Vous pouvez aussi acheter des tablettes déjà taillées en 20, 30, 40 ou 50 cm de large sur 300 cm de long et 16 mm d'épaisseur. Ils sont présentés en version standard, surface mélaminée (blanc ou imitation bois) ou avec une finition « ébénisterie » (placage d'acajou, de teck ou de chêne). Lavable, leur surface décorative est très résistante et offre une bonne tenue à l'abrasion. On les trouve en 20, 30 ou 40 cm de large sur 203 ou 205 cm de long et en 17 mm d'épaisseur.

Panneaux de particules

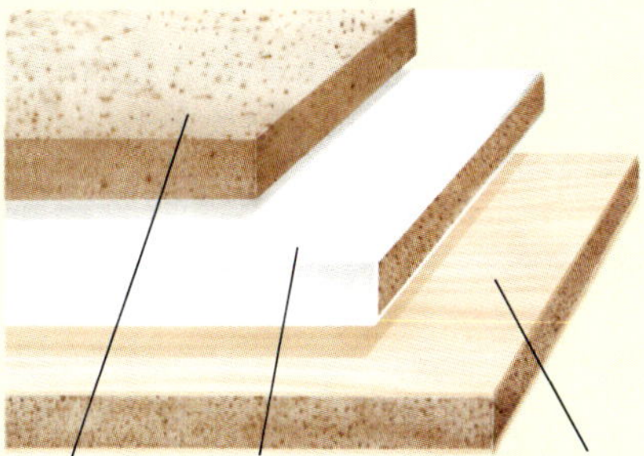

Les lattés sont constitués de lattes de bois collées côte à côte et pressées entre deux feuilles de placage. Ils sont d'une grande stabilité et s'utilisent dans le sens de la longueur des lattes. Les dimension standard des panneaux sont de l'ordre de 125 à 153 cm × 250 à 350 cm. Les épaisseurs courantes sont de 5, 7, 9, 22, 25 et 30 mm.

Les contre-plaqués (ou multiples) qualité CTB sont des panneaux constitués de feuilles de bois collées en couches croisées. Ils n'ont pas de sens préférentiel. Suivant l'épaisseur (4 à 25 mm), le nombre de plis varie. Vous les trouverez eux aussi dans différentes essences. Les dimensions les plus répandues sont les suivantes : 250 ×122 cm et 240 × 153 cm, pour des épaisseurs de 5, 10 et 15 mm.

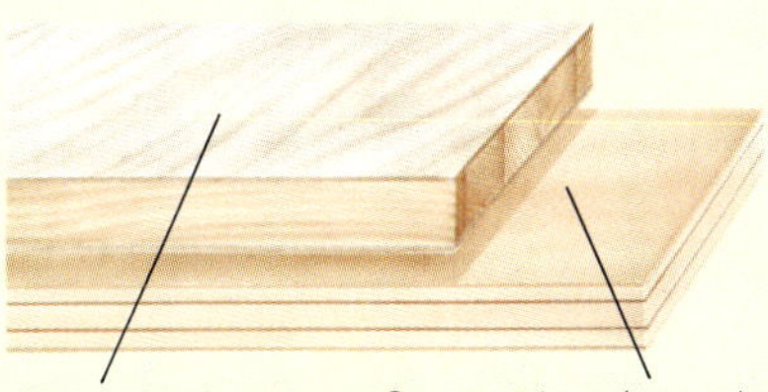

Sachez que les panneaux de particules et le contre-plaqué existent en qualité « marine » (référence CTB pour les panneaux de particules, et CTB-X pour le contre-plaqué). Beaucoup plus chers à l'achat, ils supportent les agressions de l'humidité, voire de l'immersion, s'ils sont traités auparavant avec des vernis « marine ».

Les panneaux de fibres sont obtenus par compression de fibres de bois, à haute température et sous pression élevée. Il en existe plusieurs types, présentés dans une grande variété de revêtements. Le panneau de fibres standard et le panneau de fibres lisse ont une bonne résistance et conviennent aux fonds et séparations de meubles et de placards.

Panneau de fibres, densité moyenne

Laqué, le panneau de fibres est utilisé pour les meubles de cuisine, les salles de bains, etc. ; revêtu de PVC, il offre un grand nombre de décors (imitation bois, carrelage, tissu, etc.). Les dimensions varient de 3 à 8 mm d'épaisseur, pour un format standard de 2,75 × 1,25 m.

Si vous avez des problèmes, exposez-les à un spécialiste soit dans un magasin débitant du bois, soit dans une surface de bricolage. Relevez correctement les mesures et précisez la destination de vos étagères. Le spécialiste vous aidera à choisir entre les différentes qualités de ces dérivés et coupera vos pièces aux dimensions voulues.

LES RAYONNAGES

Les rayonnages en bois massif étant très onéreux, il existe sur le marché des matériaux de remplacement tout à fait adaptés aux rayonnages (voir encadré p. 55). L'épaisseur sera choisie en fonction de la charge prévue sur l'étagère et du nombre de supports installés. Ainsi, pour une étagère de 30 cm de large sur une longueur de 80 cm, prenez un panneau de 19 mm d'épaisseur si l'étagère doit supporter une charge d'environ 20 kg (1m^2 de livres pèsent environ 100 kg).

Au moment de la coupe, pour ne rien perdre, prévoyez des largeurs qui entrent dans le panneau, en tenant compte qu'une largeur de tablette varie en général de 22 à 30 cm.

Retranchez 2 mm de chaque tablette pour le trait de scie.

Sur la tranche, plaquez des bandes thermocollantes dans le ton souhaité. Ces bandes se collent à l'aide d'un fer à repasser chaud. Si les étagères sont exposées aux coups, collez des moulures en bois.

Pour les étagères non visibles, utilisez des panneaux de contre-plaqué ou des panneaux lattés. Le contre-plaqué est plus souple que le latté et s'incurve légèrement.

Les tablettes préfabriquées sont pratiques et faciles à poser. Mais comme elles sont souvent en aggloméré, donc moins robustes, ne posez dessus que des objets légers.

Pour augmenter la rigidité d'une tablette, fixez une baguette de 24 × 50 mm sur la tranche avant. Si les supports le permettent, faites de même sur la tranche du dos ou rajoutez un renfort vertical.

TABLETTES SUR SUPPORTS INDIVIDUELS FIXES

Quand les tablettes sont destinées à recevoir des objets légers, elles peuvent reposer sur des consoles posées à l'envers et fixées sur le mur. Objets et bibelots se chargeront de dissimuler les branches verticales des consoles. Lorsque vous posez ces mêmes consoles à l'endroit, fixez la branche la plus longue au mur.

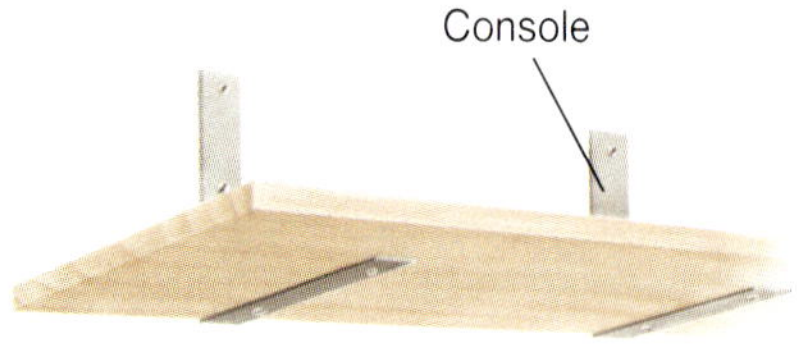

La pose de tasseaux est sans aucun doute la méthode la plus simple et la moins onéreuse. Ils se fixent aussi bien dans un meuble que sur un mur.

Les cornières en acier ou en aluminium ont l'avantage d'être discrètes ; choisissez des cornières adaptées à l'épaisseur du panneau pour dissimuler les vis qui les fixent au mur ou au meuble.

Les taquets en acier ou en plastique avec méplats sur lesquels reposent les tablettes se clouent ou se vissent sur les montants d'une bibliothèque, mais ne supportent que de faibles poids.

ÉTAGÈRES SUR CRÉMAILLÈRES

Pour couvrir un mur de rayonnages, la solution la plus simple, la plus économique et surtout la plus pratique est la pose de crémaillères. Ce système résout pratiquement tous les problèmes de rangement. Il existe plusieurs modèles : la crémaillère murale à simple perforation ou à double perforation, les colonnes carrées à simple perforation deux faces ou à perforation quatre faces, fixées du sol au plafond à l'aide de vérins et d'embases. Cette méthode s'avère indispensable quand la fixation au mur est impossible.

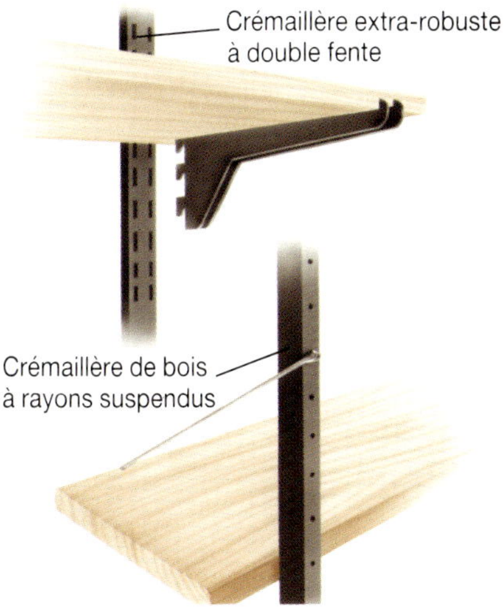

Si vous ne possédez pas de niveau pour poser vos crémaillères (voir p. 58), vissez à demi la vis du haut et laissez osciller librement la crémaillère. Quand elle s'arrête, marquez l'emplacement du trou inférieur, percez, introduisez la cheville et fixez la vis du bas ; serrez ensuite celle du haut.

QUELQUES TYPES D'ÉTAGÈRES

Articles	Profondeur en cm	Hauteur en cm
Audiovisuel		
Cassettes	7	11
Disques compacts	14,5	12,5
Vidéocassettes	12	24,5
Livres		
Livres d'art	26	33
Livres courants	14	22
Revues	22	30
Vêtements		
Chemises d'homme	38	25
Chaussures d'homme	38	15
Chemisiers	35	25
Chaussures de femme	28	10
Cuisine		
Bouteilles	10	30
Boîtes de conserve	10	12
Bols	16	11
Bocaux	10	18
Assiettes	25	25
Casseroles	25	30

POUR DISSIMULER LES SUPPORTS

Peignez les crémaillères et les consoles supportant les tablettes de la même couleur que le mur.

Pour dissimuler les consoles sur crémaillères, prenez-les un peu moins larges que les tablettes (environ 2,5 cm) et camouflez le bout de chaque console dans un avant-trou percé sous la tablette. Un champlat (ou une moulure) cloué à l'avant des tablettes achève le travail.

Pour intégrer au mur des étagères montées sur crémaillères et consoles, fixez des parois latérales sur les tablettes du haut et du bas, tout en laissant les autres tablettes réglables. Une autre solution consiste à faire une encoche à l'arrière des tablettes pour y encastrer les crémaillères.

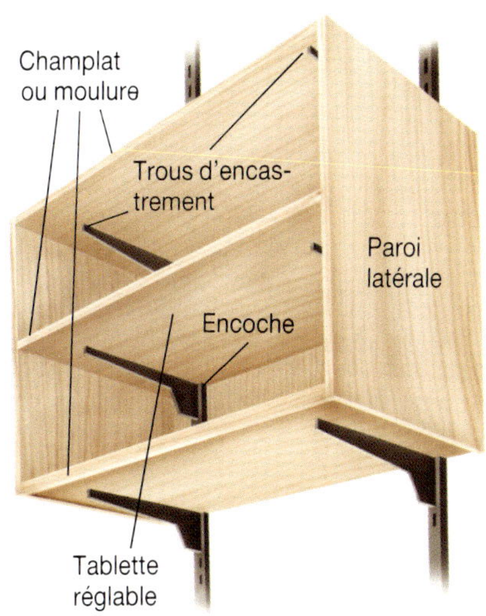

ÉTAGÈRES SUR COLONNES PERFORÉES

Les colonnes carrées qui se fixent au sol et au plafond permettent de couvrir facilement un mur de rayonnages, surtout si celui-ci est d'une planéité douteuse. Ce système permet aussi de créer des cloisons pour diviser une pièce. Si vous utilisez des vérins et des embases, les colonnes devront avoir environ 4 cm de moins que la hauteur de la pièce. Ces colonnes se fixent à environ 80 cm les unes des autres.

ÉCARTEMENT DES SUPPORTS D'ÉTAGÈRES

Sur les murs en plaques de plâtre, les objets lourds exigent des supports maintenus par des vis qui pénètrent loin dans les montants, et un support à chaque montant. Généralement, ceux-ci sont espacés de 40 cm. Comptez au plus 20 cm de retrait de chaque côté.

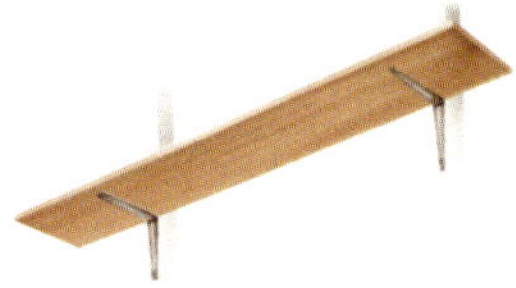

Les objets légers demandent un support tous les deux montants. Le retrait peut atteindre 30 cm. Quand les montants sont espacés de 60 cm, mettez un support à chacun d'eux. Si la tablette est destinée à des objets très légers, de simples fixations murales suffiront.

Les murs pleins exigent des chevilles à ancrage ou à expansion. Pour des objets lourds, mettez des supports au moins tous les 40 cm et calculez 20 cm de retrait. Comptez au plus des intervalles de 80 cm et un retrait de 30 cm si les objets sont légers.

SUPPORTS POUR UNE TABLETTE

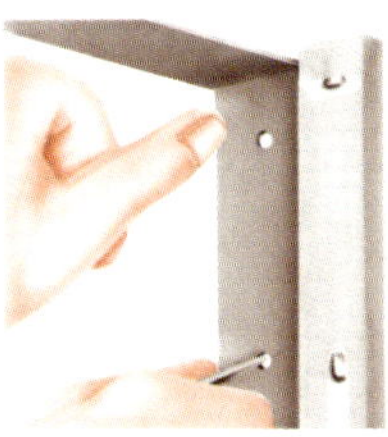

1. Marquez la position d'un support sur le mur. Avec un niveau ou une équerre, vérifiez s'il est vertical. Marquez les trous des vis. Percez des avant-trous dans le mur (s'il est en bois) avant de mettre les vis, sinon, posez des chevilles. Vissez le support au mur.

2. Mesurez et marquez la position des deux supports sur la tablette. Percez des avant-trous dans la tablette, sans passer au travers, et posez-y l'autre support. Mais attention ! il doit être à angle droit et en ligne avec la tablette.

3. Appuyez la tablette contre le mur en vous assurant qu'elle est droite. Vissez au mur le support déjà fixé à la tablette, et à la tablette celui qui est déjà vissé au mur. Marquez les trous des vis et fixez le support comme précédemment.

ÉTAGÈRES SUR CRÉMAILLÈRES

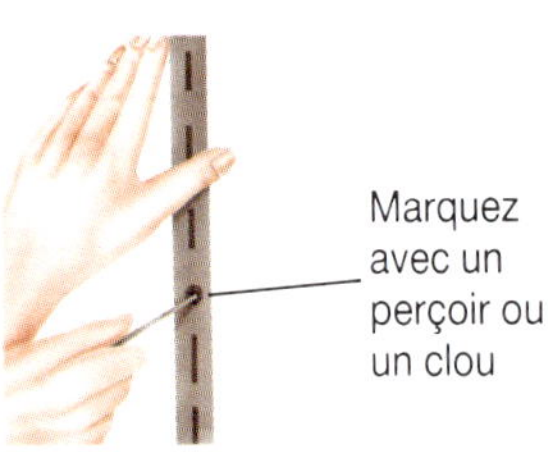

1. Appuyez la crémaillère contre le mur. Faites une marque à travers le trou de vis qui se trouve au milieu de la crémaillère. Percez un avant-trou ou placez une cheville selon la nature du mur. Posez la crémaillère sans la visser serré.

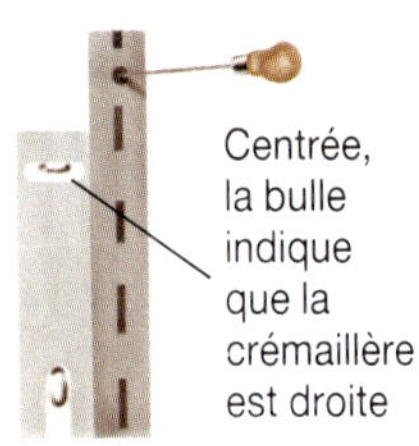

2. Ajustez la crémaillère jusqu'à ce que la bulle du niveau soit centrée. Marquez les trous de vis. Faites pivoter la crémaillère autour de la première vis pour percer plus aisément les avant-trous ou poser les chevilles. Replacez la crémaillère et vissez-la en place.

3. Insérez une console dans les fentes de la crémaillère ; faites de même avec une crémaillère non posée et installez une tablette sur les deux consoles. Vérifiez l'horizontalité avec le niveau. Marquez et posez la deuxième crémaillère comme la première.

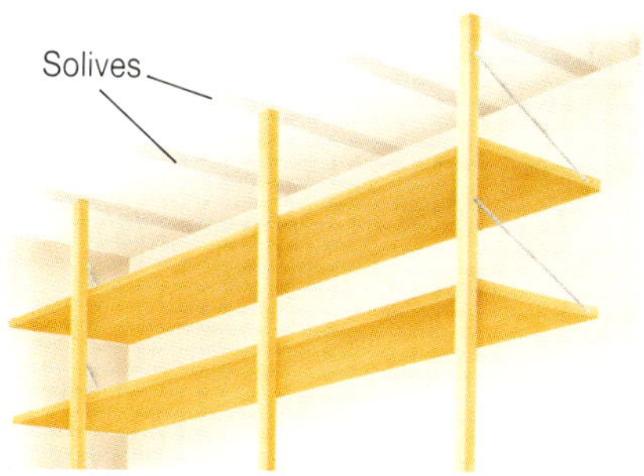

Si vous en avez la possibilité, installez une colonne sous une solive du plafond. Utilisez la même méthode de repérage que pour les montants.

Vous pouvez aussi construire vous-même des poteaux en bois de 60 × 80 mm sur lesquels vous fixerez des crémaillères. Donnez-leur 3 cm de moins que la hauteur de la pièce. Sur le dessus, percez un trou et vissez-y un vérin réglable pour pieds de meuble que vous verrouillerez avec un écrou. Fixez les poteaux au sol avec des équerres.

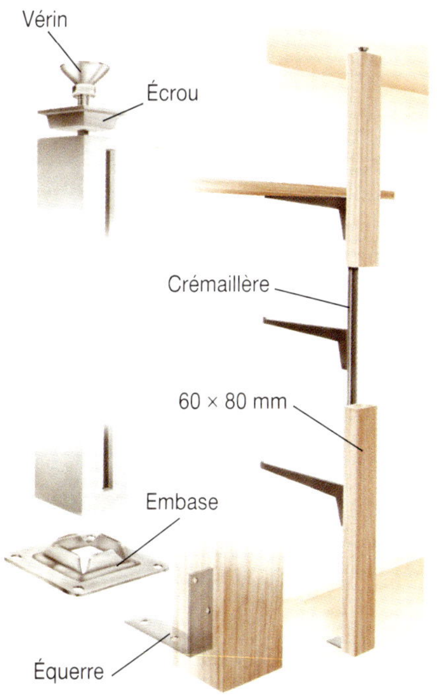

RAYONNAGES INDUSTRIELS

Vaporisez une peinture en aérosol sur les rayonnages en tôle d'acier pour leur donner de la couleur, et garnissez-les de boîtes en plastique coloré ou de paniers en fil de métal. Les rayonnages en fil d'acier chromé ou peint époxy se trouvent dans les quincailleries et les surfaces de bricolage.

RAYONNAGES IMPROVISÉS

Vous pouvez créer un très joli effet de rangement en empilant contre un mur des cubes de bois ou de plastique, ou même en les combinant avec des étagères. Placez les plus gros cubes dans le bas et fixez ceux du haut les uns aux autres ainsi qu'au mur. Pour créer l'unité, peignez l'ensemble ainsi constitué dans le même ton.

Briques, blocs de ciment, tuyaux de grès, blocs de bois ou de béton décoratifs font d'astucieux supports d'étagères, à condition qu'ils aient la même hauteur. Empilez-les bien droit. Si le rayonnage monte haut, appuyez-le contre le mur en y fixant les tablettes supérieures.

On peut suspendre des tablettes pour objets légers avec de la corde, des chaînes ou des bandes de nylon pour chaises de jardin ou de jute pour rembourrage. Fixez les supports aux solives ou aux montants.

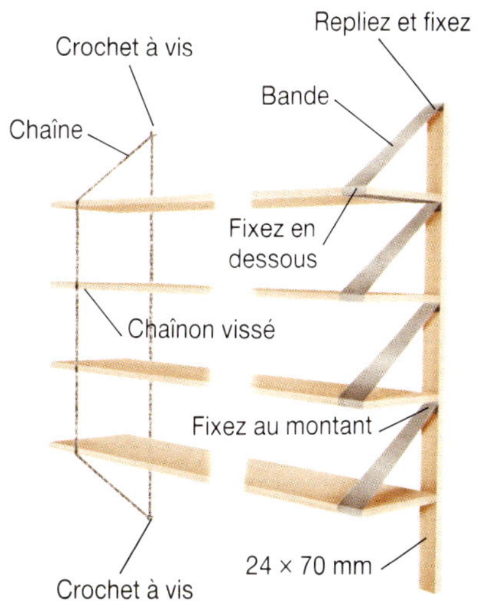

Autre possibilité : les rayonnages sur échelles. Fixez un côté des échelles dans le mur avec des vis traversantes et des chevilles, posez les tablettes sur les échelons et fixez-les.

ACCESSOIRES D'ÉTAGÈRES

Pour rentabiliser au maximum ces rayonnages et empêcher les objets, surtout les livres, de tomber, installez à l'extrémité de chaque étagère un butoir de bois. Il existe des séparations qui se glissent sur les tablettes ou s'y accrochent ; ou encore des supports pour disques en fil de métal qui se fixent dans des trous sur les tablettes.

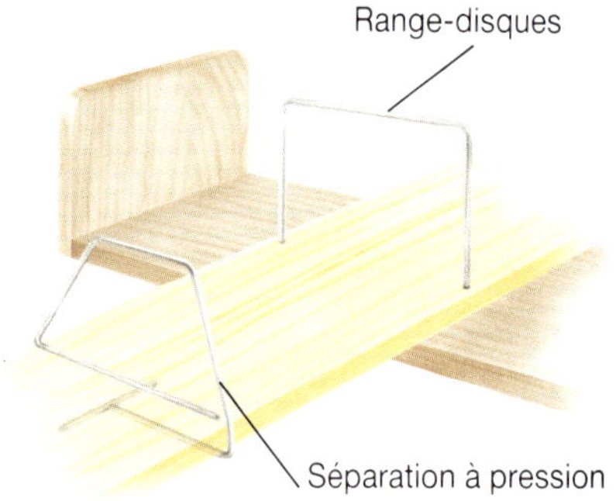

Les serre-livres à équerre ou s'accrochant dans les crémaillères sont très pratiques.

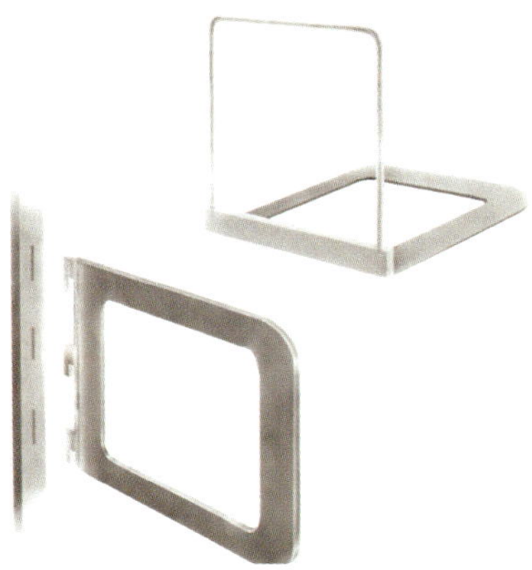

Les barres de bois rondes (ou tores) font de très bonnes séparations verticales. Au moment de la pose, calculez 1,5 cm de plus que l'espace prévu entre deux étagères. Percez un trou de 15 mm de profondeur dans la tablette supérieure, et de 6 mm dans la tablette

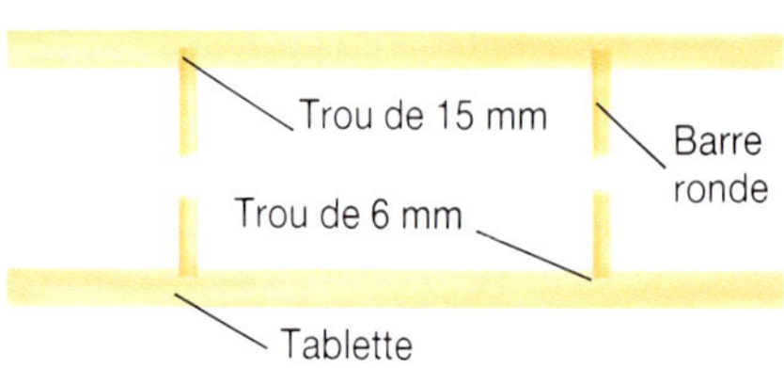

inférieure ; donnez à ces trous un diamètre identique à celui des barres et introduisez celles-ci dedans.

SYSTÈMES EN FIL DE MÉTAL

Les panneaux en fil de métal laqué époxy ou enduit de vinyle sont, sans conteste, plus adaptés pour la cuisine et la salle de bains que les panneaux perforés. De nombreux accessoires sont proposés : paniers, crochets, tablettes, patères... Petits objets et ustensiles indispensables dans ces pièces sont impeccablement rangés et à portée de main. Les tablettes se vendent dans des longueurs variées et peuvent se couper avec une scie à métaux. Pour réaménager un placard, il existe des grilles qui sont munies d'une tringle pour recevoir des cintres.

Installez ces grilles avec des chevilles en plastique assez rapprochées les unes des autres ou avec des fixations pour murs creux.

CONSTRUIRE UN MEUBLE SIMPLE

Avant de construire un meuble ou un casier de rangement, renseignez-vous et regardez ce qu'offre le marché du meuble vendu à l'état brut. Bien souvent le coût d'un élément de rangement ou d'une étagère est à peine plus élevé que celui des matériaux nécessaires à sa construction.

Pour éviter d'éventuelles erreurs, dessinez le meuble et prenez correctement ses dimensions avant la coupe. Mesurez l'endroit auquel vous le destinez et faites des croquis à l'échelle, de face, de profil et en coupe.

Si le meuble doit entrer dans un espace restreint, laissez-vous un peu de jeu. Une marge de 1 cm de chaque côté vous permettra de l'introduire sans difficulté. Quand l'espace à utiliser mesure plus de 80 cm, installez un support vertical ou mettez deux éléments côte à côte.

Après avoir assemblé le cadre du meuble, mesurez les deux diagonales. Si les mesures sont identiques, les angles sont droits. Sinon, faites jouer les pièces pour rectifier l'ajustement.

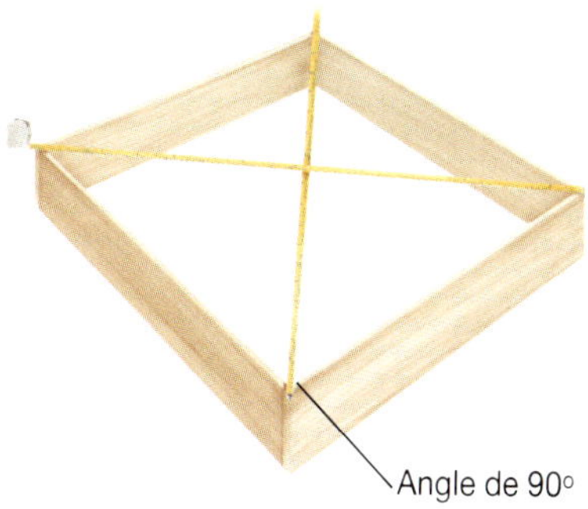

Si vous pensez avoir à démonter le meuble par la suite, assemblez les éléments avec des boulons et des écrous. Fixez le panneau du fond avec des vis et posez des tablettes amovibles.

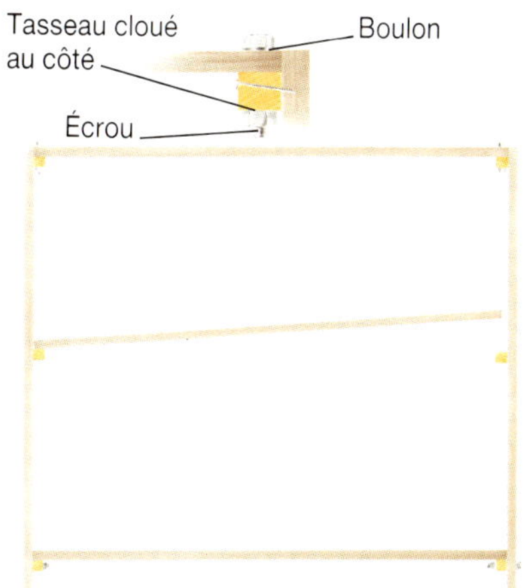

Pour ne pas marquer le bois avec le marteau, enfoncez les clous à tête d'homme en les laissant dépasser de quelques millimètres et finissez de les enfoncer avec un chasse-clou. Pour noyer les têtes de vis fraisées, évasez l'orifice de l'avant-trou avec une fraise conique montée sur votre perceuse.

Pour donner une meilleure prise aux tasseaux, plantez des clous en biais dans les parois du meuble.

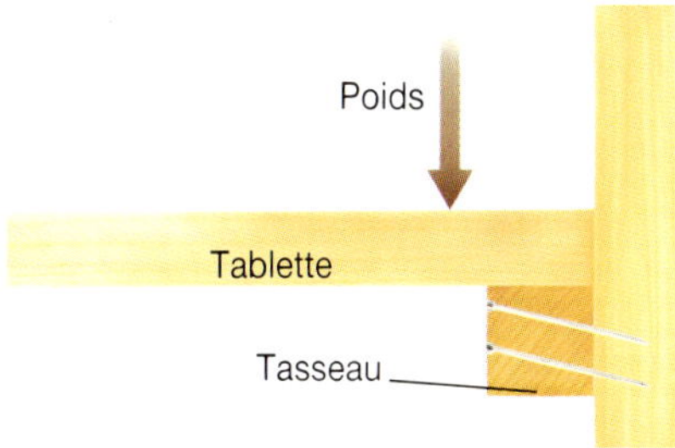

Dans le cas de meubles modulaires, ne prévoyez pas de « retrait » à la base et fixez l'étagère inférieure à des tasseaux.

Des tasseaux de 24 × 50 mm fixés avec de la colle et des vis donnent du corps au meuble. Renforcez le bord des tablettes (voir p. 63).

Des tablettes clouées à quatre poteaux d'angle en équerre — faits avec des tasseaux de 24 × 100 mm collés et cloués à des tasseaux de 24 × 70 mm — vous font un joli meuble ouvert.

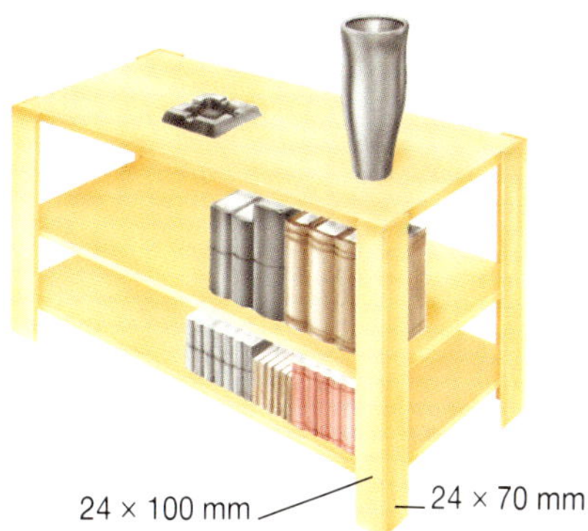

QUELQUES SUGGESTIONS

Comme les rayons d'une bibliothèque sont peu profonds, vous pouvez utiliser des planches de 18 mm d'épaisseur sur 25 ou 30 cm de largeur. Suivez les instructions données p. 63 pour le contre-plaqué.

Pour une bibliothèque haute, faites dépasser un peu les parois latérales au-dessus du panneau supérieur et clouez-les à mi-hauteur dans une des tablettes pour renforcer le meuble.

S'il s'agit d'un meuble pour la cuisine ou la salle de bains, dotez-le à la base d'un « retrait ». Pour cela, entaillez la base des parois latérales et clouez ensuite un bandeau de 25 × 100 mm.

Vous pouvez faire supporter une tablette avec des pitons à œil fermé. Ajoutez de la même façon une tablette à une étagère déjà construite.

Installez des tablettes réglables sur des taquets, dans des trous forés sur les panneaux latéraux. Percez les trous avant d'assembler le meuble. Pour bien les aligner, servez-vous d'un guide comme un panneau perforé.

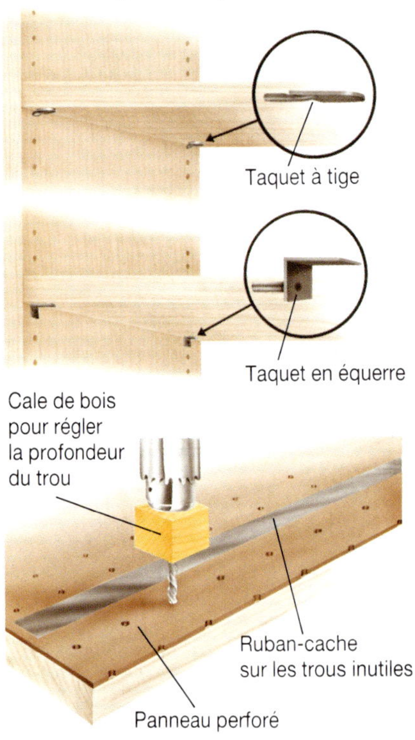

Fabriquez des étagères réglables avec des crémaillères équipées de taquets. Posez celles-ci avant le montage. Entaillez les tablettes à la dimension du taquet afin qu'elles s'ajustent parfaitement. Si le taquet est récalcitrant, insérez-le avec une pince.

Mettre des portes à un meuble est une tâche délicate. Mieux vaut construire un meuble en fonction de portes préfabriquées. Montez des volets à lattes d'une épaisseur de 19 mm ; à l'aide de jolies charnières, fixez les volets sur des tasseaux de 24 × 50 mm cloués au bâti. Pour les fermetures, vous avez le choix entre des crochets ou des verrous.

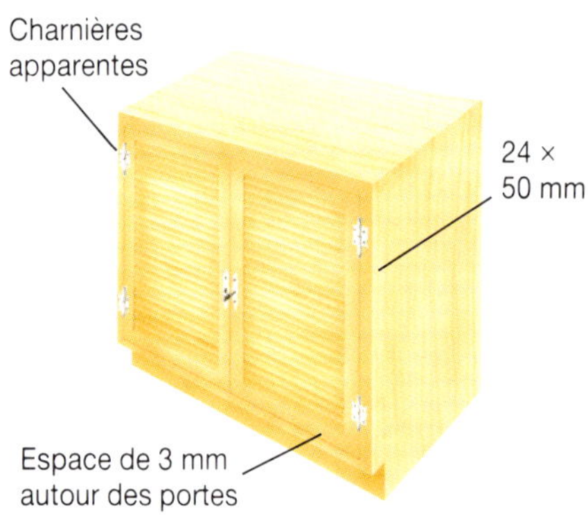

Pour des tiroirs, pensez à utiliser des articles préfabriqués, tels que des bacs en plastique, que vous ferez reposer sur des tasseaux, ou des paniers en fil métallique à monter sur coulisses ou à glisser sur les planches. Dans ce domaine, il existe un important choix de dimensions.

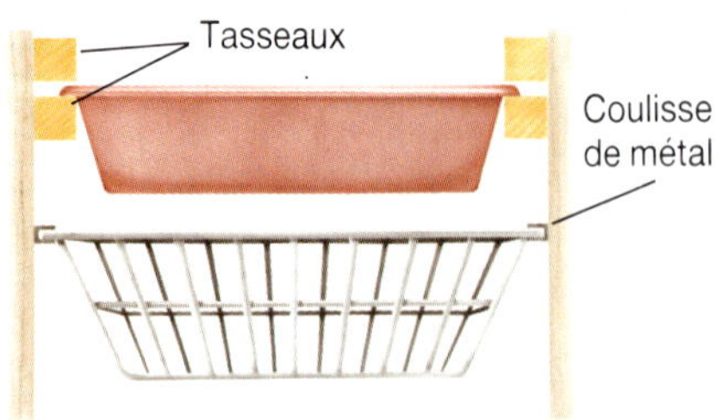

RANGEMENT EN CONTRE-PLAQUÉ

Voici un ouvrage facile à réaliser. Le caisson et les tablettes font 18 mm, le panneau de fond 8 mm, et 7 mm de moins en hauteur et en largeur que le caisson. Il vous faut un bandeau de 24 × 70 cm pour le socle, des tasseaux carrés de 19 mm pour les repose-étagères et les renforts d'angle, de la colle à bois, des clous à tête d'homme de 23 et 45 mm, des bandes thermocollantes pour la finition des chants.

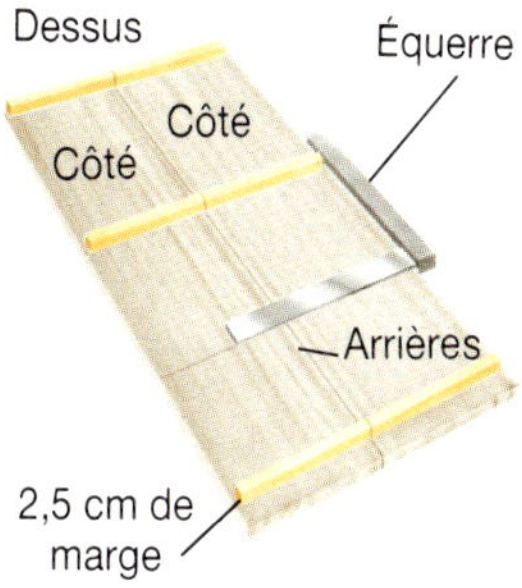

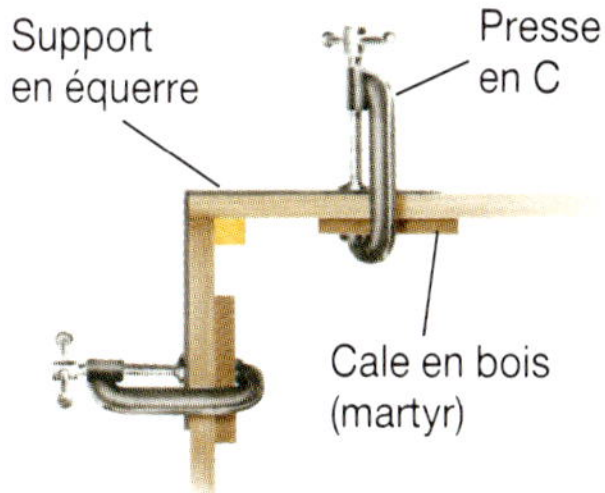

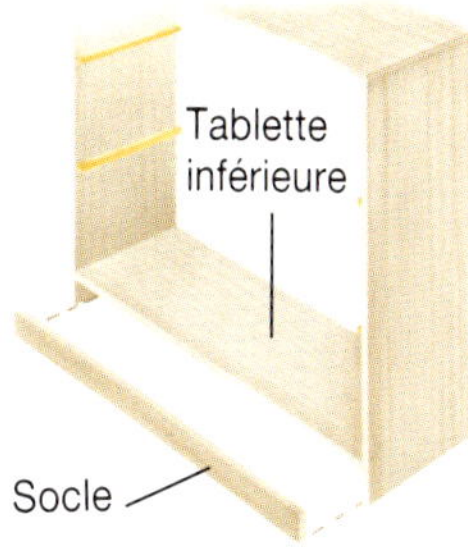

1. Mettez les deux montants côte à côte, et marquez la position des tasseaux au crayon. Le tasseau du bas sera à la hauteur du socle, celui du haut au sommet des montants. Donnez-leur 2,5 cm de moins que la profondeur des tablettes, et coupez. Collez et clouez les tasseaux avec des clous de 23 mm tous les 6 cm.

2. Assemblez le dessus et les côtés avec de la colle, et maintenez-les avec une presse d'angle ou avec des presses posées à angle droit. (Ici, pour que l'angle soit droit, on a utilisé un support en équerre sous les presses.) Fixez le dessus aux côtés avec des clous de 45 mm de long, et aux tasseaux avec des clous de 23 mm.

3. Installez la tablette inférieure. Collez et mettez des serre-joints dans les angles. Clouez la tablette inférieure aux tasseaux avec des clous de 23 mm, et aux côtés avec des clous de 45 mm. Posez ensuite le tasseau de 24 × 70 mm faisant office de socle avec de la colle et des clous de 45 mm.

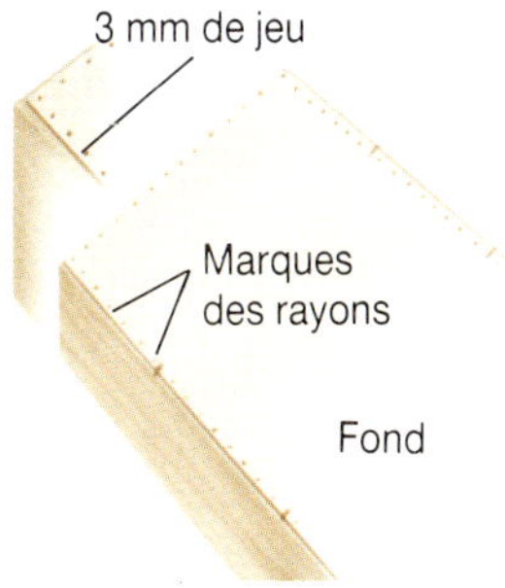

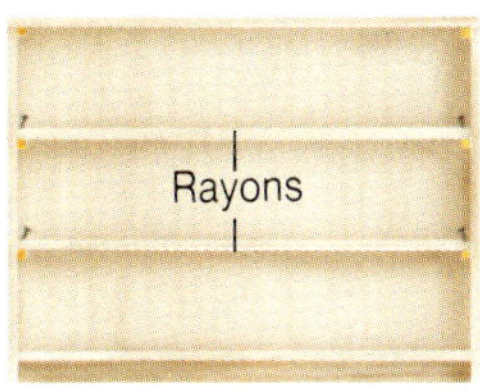

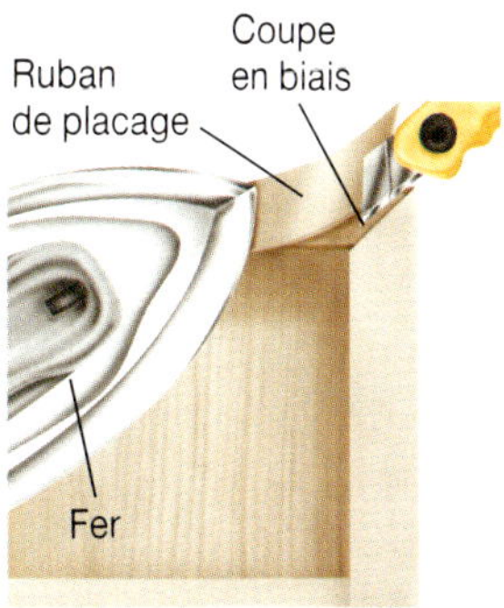

4. Retournez l'ouvrage. Calculez environ 9 mm à partir du dessus de chaque tasseau, et faites une marque au crayon sur la tranche arrière pour indiquer où tombe le centre de chaque tablette. Étalez de la colle. Posez le fond en dégageant une marge de 3 mm sur tous les côtés, et enfoncez des clous de 23 mm tous les 6 cm.

5. Installez les tablettes. Étalez de la colle sur leurs tranches arrière et sur le dessus des tasseaux. Fixez les tablettes aux tasseaux avec des clous de 23 mm. Retournez l'ouvrage et, à l'aide des marques faites précédemment, tracez un trait sur le panneau de fond au milieu de chaque tablette. Clouez le long de ce trait.

6. Recouvrez tous les chants des tablettes avec du ruban de placage thermocollant. Passez un fer à repasser réglé à chaud et sec sur chacune des tranches. Rectifiez l'extrémité du ruban avec un cutter. Faites de même sur la tranche tout autour du meuble. Taillez le ruban en biais dans les angles supérieurs.

PRINCIPAUX CLOUS A BOIS

Clou à tête plate 	Pour tous usages. Tête large, peu esthétique. Risque de fendre le bois. Longueur : de 2 à 15 cm
Clou à tête ovale 	Surtout utilisé pour les machines à clouer les emballages. La tête doit être enfoncée dans le même sens que les fibres du bois
Clou à tête fraisée (Spit) 	Clou en acier traité contre la rouille, pénètre dans la brique ou le ciment. Résistant sans être cassant. Longueur : de 1,7 à 6 cm
Clou à tête d'homme 	Pour les assemblages plus soignés. La tête peut disparaître. Longueur : de 2,5 à 15 cm
Clou de tapissier 	En acier bleuté. Sa pointe tronconique effilée pénètre facilement les bois les plus durs. S'emploie pour fixer tapis et moquette. Longueur : de 2 à 3 cm
Clou à tête large 	Pour fixer, par exemple, les fils de clôture. Galvanisé pour les travaux en extérieur. Longueur : de 2 à 10 cm
Pointe fine 	Pour la menuiserie, l'ébénisterie et les moulures. Tête petite, calibre fin. Facile à clouer. Longueur : de 1,5 à 5 cm
Clou à garnir 	En cuivre, chrome, bronze, laiton vieilli. Pour recouvrir les semences dans le rembourrage des sièges
Clou de maçon 	Assure un maintien solide dans la brique, le béton et le parpaing. Existe en gros et fins calibres. Longueur : de 1,5 à 10 cm
Clou cannelé 	Pour contre-plaqué et autres matériaux en plaques. Les cannelures mordent dans le bois. Longueur : de 2 à 10 cm
Pointe à panneau de fibres 	Pour la fixation des panneaux de fibres minces. La tête se dissimule dans le panneau. Longueur : de 1,5 à 5 cm
Clou de plâtrier 	La tige filetée augmente la tenue du clou dans les plaques de plâtre. Longueur : de 3 à 4 cm
Clou à pointe double 	Pour les joints bord à bord. Enfoncez l'une des pointes dans une des pièces à assembler et poussez la deuxième pièce, au marteau, contre l'autre pointe
Crampon ou cavalier 	Pour la fixation rapide des clôtures en fil de fer, des ressorts de sommiers ou de sièges. Souvent galvanisé
Clou à tête plastifiée 	La tête plastifiée existe en blanc, noir et brun. Tête plate ou semi-sphérique. Longueur : de 2 à 6,5 cm

PRINCIPALES VIS A BOIS

Vis à tête fraisée plate, à fente simple 	C'est le modèle le plus utilisé en menuiserie et en quincaillerie. On peut la serrer jusqu'à ce qu'elle affleure le bois
Vis à tête fraisée plate, empreinte cruciforme 	Existe dans les mêmes variétés que la vis à fente unique, mais il faut, évidemment, la visser avec un tournevis cruciforme. Il en existe trois tailles
Vis à tête ronde 	Pour l'installation des accessoires de quincaillerie. La tête dépasse la surface vissée
Vis à tête fraisée bombée 	Pour la fixation des plaques de propreté aux portes, pour la quincaillerie décorative et certaines charnières. Doit être fraisée jusqu'au bord
Vis conique à calotte 	Pour l'installation des miroirs, panneaux de salle de bains et de douche. La calotte se visse dans la tête de vis pour enjoliver. Ne serrez pas trop fort
Vis à filetage profond 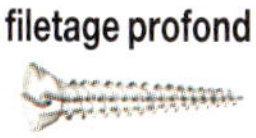	Pour les panneaux de particules. Peut aussi servir dans le bois massif. Souvent appelée vis VBA
Rondelle en coupelle  **Rondelle plate**  **Cabochon** 	Les rondelles répartissent la pression exercée par la vis. Les cabochons en agrémentent l'aspect et sont utiles si la vis doit être enlevée, par exemple sur un panneau de salle de bains. Les cabochons en plastique recouvrent la t̂ete des vis

Les longueurs de vis varient de 8 à 100 mm, les diamètres de 1,6 à 8 mm. Les vis de même diamètre s'achètent en différentes longueurs ; aussi soyez précis lors de vos achats. Si l'ouvrage risque d'être exposé à l'humidité, prenez des vis en acier inoxydable ou des fixations protégées par un revêtement imperméable à lubrification sèche, le Vyflon, facilement reconnaissable à sa couleur bleue. Pour un effet décoratif, choisissez des vis en laiton. Les vis en acier ordinaire, zingué ou galvanisé, sont les moins chères. Comme pour les clous, achetez-les au poids plutôt qu'en boîtes

AMÉNAGER LES TIROIRS

Dans un tiroir très profond, installez en partie supérieure un plateau coulissant fait d'une boîte en contre-plaqué de 12 mm d'épaisseur et monté sur coulisseaux. Pour avoir accès à la partie inférieure, donnez à ce plateau la moitié de la largeur ou de la profondeur du tiroir, ou fixez des poignées qui permettent de l'enlever facilement.

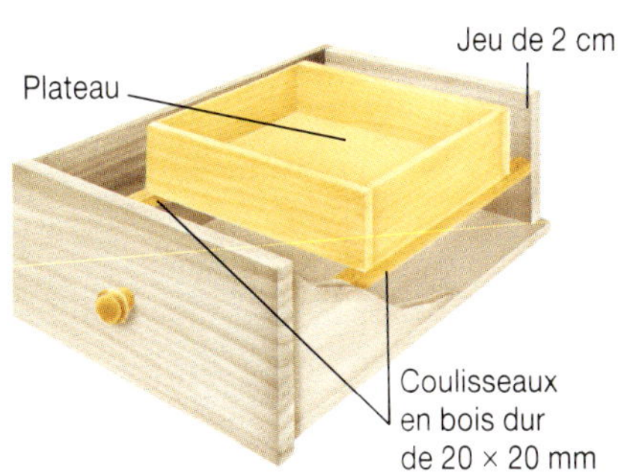

Le croquis ci-dessous montre comment tirer parti d'un tiroir large et profond en le cloisonnant. Utilisez du contre-plaqué de 6 mm. Avant d'exécuter ce travail, faites des essais avec des morceaux de carton que vous pliez aux dimensions souhaitées en leur ménageant des pattes dans le fond et aux extrémités. Utilisez-les pour fixer, à l'aide de ruban adhésif, les pièces les unes aux autres et au tiroir.

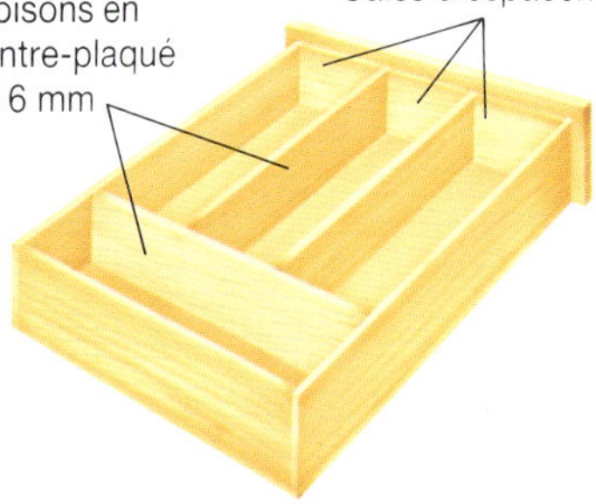

Lorsque vous avez bien étudié le cloisonnement, découpez les planches de contre-plaqué aux dimensions relevées. Collez et clouez la cloison transversale aux cloisons longitudinales. Insérez des cales d'espacement à l'avant du tiroir et collez entre elles l'extrémité des cloisons. Puis, vous avez le choix entre introduire ce cloisonnement tel qu'il est dans le tiroir — ce qui vous permet de l'enlever aisément — ou clouer la pièce centrale sur les côtés du tiroir.

On peut aussi cloisonner un tiroir peu profond avec des lattes encochées. Pour que les encoches soient identiques, maintenez toutes les lattes avec un serre-joint et exécutez les encoches d'un même trait. Vous trouverez ces lattes dans les surfaces de bricolage.

Les plateaux cloisonnés en plastique, dont on se sert dans la cuisine et le bureau, peuvent recevoir bijoux, accessoires de couture, outils, etc.

LES ÉLÉMENTS MOBILES

Sur roulettes, ils facilitent le transport du linge, par exemple, et permettent une exploitation rationnelle de l'espace-placard en autorisant un accès facile au rangement placé dans le fond. Sur glissières, ils permettent aussi d'atteindre les gros objets placés dans le fond sans tout déranger.

Bacs, paniers, tiroirs, tablettes se combinent sans problème. Seul impératif : étudiez bien vos besoins et relevez très scrupuleusement les dimensions.

Pour obtenir une tablette qui coulisse, faites glisser une planche de contre-plaqué entre deux tasseaux et installez dessous des tasseaux, qui serviront de guides. Si cela s'avère nécessaire, dégagez le bâti du meuble en posant des cales derrière les tasseaux.

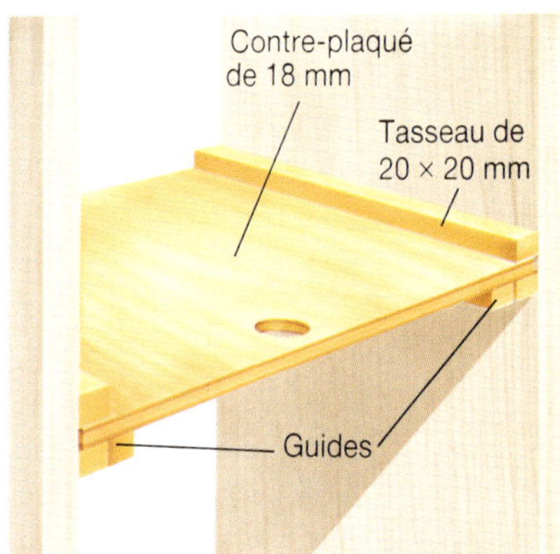

Dans le cas d'un plateau coulissant, collez et clouez des tasseaux de 24 × 100 mm tout autour d'une planche de contre-plaqué de 18 mm. Montez le plateau dans le bas d'un meuble en le dotant de glissières.

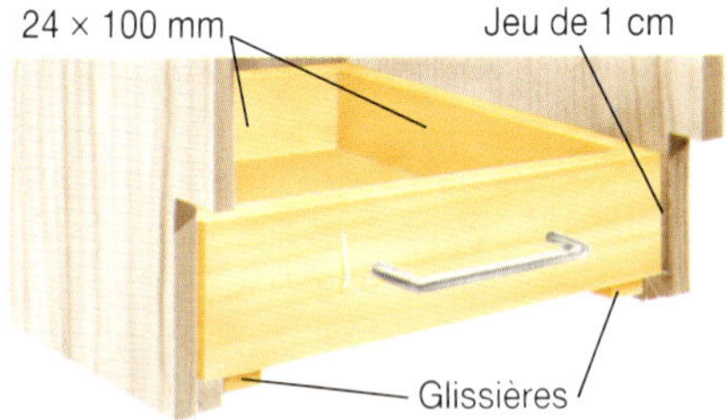

Dans une armoire ou un placard, vous pouvez aussi construire des éléments de rangement montés sur glissières, avec du contre-plaqué de 18 mm d'épaisseur, des tasseaux de 24 × 100 mm et du ruban de placage pour la finition.

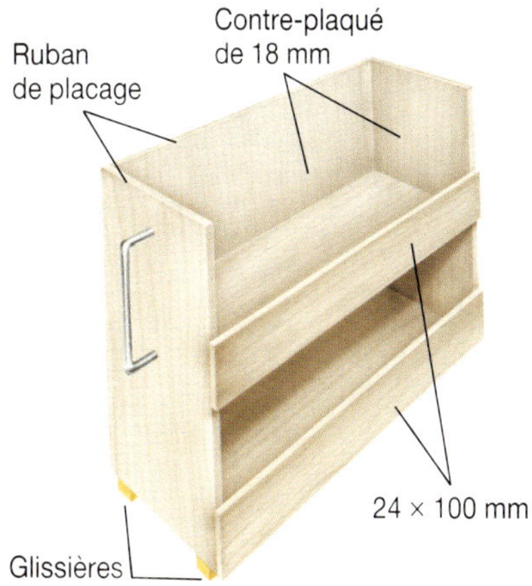

Vous pouvez donner toutes les formes que vous voulez à un élément mobile. Pensez à une cloison centrale avec des tablettes de chaque côté, ou des tablettes d'un côté et des crochets pour suspendre des vêtements de l'autre...

Ce genre d'élément peut se suspendre ou se fixer en hauteur. Si la cloison de l'armoire est relativement mince, posez la glissière sur un tasseau robuste.

DES IDÉES DE FINITIONS

Vous pouvez mettre en valeur tous les petits meubles ou les étagères que vous avez construits avec des finitions.

Bois naturel. C'est possible si votre construction est en bois véritable ou en contre-plaqué et si les assemblages sont soignés. Au besoin, rebouchez les petites imperfections et les logements des têtes de vis avec une pâte à bois. Laissez sécher, puis poncez l'ensemble au papier à grain moyen (n° 80) puis très fin (n° 150). Dépoussiérez et appliquez une première couche de vernis brillant ou satiné. Laissez-la sécher, poncez délicatement au papier très fin, puis appliquez une seconde couche.

Bois peint. Rebouchez toutes les imperfections avec une pâte à bois, et poncez au papier à grain moyen puis très fin. Appliquez 2 couches de peinture en ponçant très finement la première avant d'appliquer la seconde. Si vous voulez un fini laqué brillant, soignez particulièrement les finitions et les rebouchages sur le bois brut. Après ponçage, appliquez une couche d'enduit gras en tube sur toute la surface. Utilisez un couteau à enduire. Poncez très fin après séchage et appliquez 2 ou 3 couches de laque en ponçant doucement entre chaque couche. pour un beau résultat, travaillez dans une pièce hors poussière.

Bois revêtu de tissu. Un ponçage suffit, mais émoussez les arêtes vives et dépoussiérez bien. Si vous utilisez du tissu adhésif, découpez les pièces avant de les poser et retirez le papier protégeant la surface adhésive juste au moment de la pose.

Pour une finition « feutrée » avec du tissu d'ameublement, vous pouvez coller une épaisseur de mousse de 10 mm (colle de type contact au Néoprène) ou agrafer un molleton sur les parois extérieures. Recouvrez ensuite de tissu en évitant le plus possible les coupes. Pour le maintenir en place, rabattez-le et agrafez-le sur les parties non visibles (le dessous ou le dos). Si une bordure doit être agrafée sur une partie visible, cachez les agrafes avec un galon adhésif ou des clous de tapissier.

Peignez l'intérieur d'un meuble ouvert avant de recouvrir l'extérieur de tissu.

ENTRETENEZ VOTRE INTÉRIEUR

De la cave au grenier

COMMENT, QUAND ET OU NETTOYER

Déterminez ce que vous entendez par « maison propre » et planifiez votre travail en conséquence. Nettoyez quand c'est nécessaire et non parce que c'est le moment. Si la différence ne se voit pas, inutile de vous obstiner.

Certaines personnes préfèrent remettre à l'automne le traditionnel grand ménage de printemps : il fait plus frais pour travailler, et du même coup on peut enlever la poussière qui est entrée par les fenêtres ouvertes pendant l'été. D'autres, au contraire, souhaitent nettoyer et aérer la maison au printemps après la réclusion de l'hiver et après l'arrêt du chauffage.
Peu de tâches sont vraiment saisonnières. Le calendrier du nettoyage demeure à votre entière discrétion.

L'ÉQUIPEMENT : CHIFFONS ET BALAIS

Les chiffons doivent être choisis en fonction du travail à exécuter. Le linge de maison usagé fait très bien l'affaire, à condition qu'il soit en coton. Après l'avoir lavé, éliminez les coutures et les ourlets et coupez des morceaux de différentes tailles. Vous les utiliserez pour astiquer les métaux, faire les vitres, cirer les chaussures... Les chiffons de laine (découpés dans un vieux pull, par exemple) seront conservés pour tout ce qui doit briller, qu'il s'agisse du parquet ou des métaux.

Ne jetez pas un foulard en soie décoloré ou usagé. Il fera merveille pour tout ce qui est très fragile ou se raye facilement, comme le Plexiglas.

Dans le commerce, vous trouverez des chiffons spéciaux : chiffons imprégnés d'un produit d'entretien et prêts à l'emploi, pour nettoyer les vitres ou les métaux, qui ne se lavent pas et se jettent quand ils ne sont plus efficaces ; véritable peau de chamois, incomparable pour faire briller les vitres et les métaux ; papier absorbant qui se jette

LES ÉTAPES DU MÉNAGE

Organisez votre calendrier de travail par étapes, que vous déterminerez en fonction de vos activités, de vos besoins, de votre style de vie, mais aussi selon les dimensions de votre maison et le nombre de personnes qui y vivent.

Étape n° 1. C'est le travail quotidien : laver la vaisselle, balayer, sortir les ordures, faire les lits, mettre de l'ordre, entretenir les appareils sanitaires. Si vous êtes organisé et bien équipé, 1/2 heure de travail devrait suffire dans un petit appartement. Ajoutez 10 minutes par chambre et par étage supplémentaire.
Étape n° 2. Ce sont les tâches hebdomadaires ou semi-hebdomadaires : passer l'aspirateur, arroser les plantes vertes, nettoyer les poubelles, laver la salle de bains et la cuisine, nettoyer les W.-C., essuyer la poussière, faire fonctionner le lave-linge.
Étape n° 3. Nous voici au grand ménage hebdomadaire : entretenir les sols, astiquer les meubles, nettoyer le réfrigérateur, changer les draps par roulement, le linge de toilette, de table et de cuisine. Comptez plusieurs heures pour cette étape. Ou ajoutez 1 heure consacrée à ces tâches chaque jour à l'étape n° 1.
Étape n° 4. Entrent ici les travaux spéciaux : laver les vitres, passer un produit sur les boiseries, nettoyer le four, faire les cuivres et l'argenterie, entretenir les couvertures, les moquettes, les voilages, nettoyer les stores. Soit vous consacrez d'office 2 heures par semaine à l'une de ces tâches, soit vous les ajoutez au programme de l'étape n° 3 à mesure qu'elles s'imposent.

LES PRODUITS D'ENTRETIEN

Produits	Propriétés	Destination	Emploi
Détergents liquides (à base de Teepol)	Nettoient, dégraissent, font briller	Évier et toutes surfaces lavables	Se diluent avec de l'eau ; s'utilisent sur une éponge ou par trempage dans une bassine
– ammoniaqués	Dégraissent, désodorisent	Surfaces lavables très encrassées (dessus de la cuisinière, etc.) et matières plastiques	Ne s'emploient pas purs sur de la peinture : elle perdrait brillant et couleur ; rincez à fond
– chlorés ou javellisés	Dégraissent, désinfectent et blanchissent ; désodorisants	Évier, poubelle, carrelage, W.-C. ; toute surface lavable devant être désinfectée	Se diluent toujours avec de l'eau ; n'utilisez pas avec un acide
– Teepol pur	Dégraisse ; n'est pas agressif	Tout nettoyage de surface lavable	Se dilue avec de l'eau dans un flacon doseur
Poudres et pâtes abrasives	Décapent ; les poudres sont plus agressives que les pâtes ; agissent par grattage	Vitres. Métaux : produits non interchangeables, car conçus en fonction du métal ; n'utilisez pas pour l'argenterie un produit pour tous métaux	Faites votre choix en fonction de la surface à entretenir ; rincez à fond pour éliminer l'agent abrasif
Dépoussiérants ou « polishes » (issus du pétrole et additionnés de silicones)	Dépoussièrent et font briller grâce aux silicones qui se déposent en couche mince à la surface de l'objet à nettoyer	Meubles et surfaces brillantes : carrelages muraux, appareils ménagers et audiovisuels	Vaporisez sur un chiffon et passez sur l'objet
Les cires	Nettoient et font briller		
– Cires d'abeille	Se lustre bien mais trop molle pour résister aux taches	Meubles et parquets	Ne s'utilisent pas trop fréquemment car elles finissent par encrasser les surfaces. Se passent sur un chiffon en fine couche ; faites briller à la brosse après séchage
– Cires végétales (cire de Carnaba, cire de Candellia)	Dures et au brillant plus durable	Meubles et parquets	
– Produits de synthèse	Parfumés. Produits très élaborés. Brillant durable	Meubles et parquets	
– Cires en émulsion	Autolustrantes. Le solvant acqueux s'évapore en laissant un film brillant durable en surface	Revêtements de sol plastiques	Doivent être décapées avant un nouveau passage de cire
Produits traditionnels			
– Alcool à brûler	Nettoie (taches laissées par les mouches, traces de stylo à bille, d'herbe ou de mousse)	Vitres, miroirs, ampoules électriques	Se passe au chiffon non pelucheux
	Fait briller	Carrelage mural, chrome, pendeloques d'un lustre, touches de piano	Ne s'utilise que dans une pièce aérée et loin d'une flamme, et jamais pour raviver un feu (il est inflammable)
– Ammoniaque (ou alcali)	Nettoie ; désodorise	Vitres et surfaces peintes. Vaisselle (notamment qui a contenu du poisson)	Se dilue avec de l'eau (1 cuillerée à soupe pour 3 à 10 litres d'eau) ; ne respirez pas directement ; refermez bien le flacon (produit très volatil)
	Neutralise l'odeur et l'action de l'eau de Javel	Linge javellisé	Diluez dans de l'eau (1 cuillerée à soupe pour 3 à 10 litres d'eau)
	Dégraisse	Col et poignets d'un vêtement	Brossez avec une brosse trempée dans la solution ; tamponnez au chiffon sec
	Neutralise les taches acides	Détachage des traces de transpiration	Tamponnez ou utilisez dans la dernière eau de rinçage
– Bicarbonate de soude	Nettoie, détache, désodorise ; plus doux que les pâtes abrasives	Salle de bains, cuisine (réfrigérateur, congélateur, cafetière, théière), bac à chat	Passez avec un chiffon sec ou légèrement humide

Produits	Propriétés	Destination	Emploi
– Eau de Javel	Détache et blanchit	Linge de coton, blanc ou grand teint exclusivement ; casseroles émaillées brûlées	S'utilise diluée (2 cuillerées à soupe par litre d'eau) dans l'eau froide ; ne mélangez jamais avec un acide fort (acide chlorydrique), ce qui provoquerait de redoutables vapeurs de chlore
	Désodorise et désinfecte	Cuvettes, poubelles, vide-ordures, évier	Diluez 2 cuillerées à soupe par litre d'eau
	Nettoie (dans sa nouvelle version)	Évier	S'emploie comme un détergent, avec les mêmes précautions que l'eau de Javel
– Savon noir (à base de potasse)	Nettoie et désodorise sans laisser de traces, et empêche le réencrassement ; économique et très efficace	Poubelles ; sols carrelés et synthétiques	En mettre quelques cuillerées à soupe dans un seau d'eau
– Vinaigre blanc (acide faible, non toxique)	Lutte contre la rouille et les traces de calcaire	Tour des robinets ; sanitaires. Rinçage des laines et des cheveux.	Peut s'utiliser pur ou dilué (en rinçage du linge et des cheveux)
	Nettoie et fait briller	Carafes et vases	Froid ou chaud selon l'importance de l'entartrage
	Désodorise	Éponges	Pur ou dilué
– Trichloréthylène	Solvant des graisses	Tissus, moquettes, papiers muraux et carrelages muraux	Produit toxique inflammable et très volatil ; ne s'utilise que fenêtres grandes ouvertes
Produits d'aujourd'hui			
– Détartrants pour W.-C.	Détartrants en pâte, poudre ou gel	Cuvette des W.-C.	N'ajoutez pas d'eau de Javel
– Décapants pour four	A base d'acide ; dégraissent les parois des fours	Intérieur des fours qui ne sont pas autonettoyants	En aérosol (vapeurs toxiques) ou liquide (plus économique et moins toxique mais plus long à appliquer) ; s'utilise fenêtres ouvertes

Pour ne rien oublier quand vous entreprenez le ménage dans une pièce, commencez près de la porte et faites le tour en progressant dans un sens donné. Il suffit souvent de remettre un peu d'ordre. Une pièce propre où tout traîne semble plus sale qu'une pièce moins propre où tout est rangé.

Le travail vous prendra moins de temps si vous concentrez vos efforts. Faites tout ce qu'il y a à faire dans une pièce avant de passer à une autre.

Installez des rouleaux d'essuie-tout aux endroits stratégiques, là où il faut nettoyer quotidiennement : la chambre d'enfants, la salle de bains et, bien entendu, la cuisine.

Pourquoi retourner au placard chaque fois qu'il vous faut un objet, et gaspiller ainsi tant d'énergie ? Procurez-vous un panier sur roulettes ou un simple panier et mettez-y tout votre matériel : vous n'aurez qu'à le déplacer avec vous de pièce en pièce.

NE PAS SALIR

La maison demeure propre si vous stoppez la saleté dès l'entrée. Placez un paillasson à l'extérieur de la porte d'entrée, un autre à l'intérieur. Pensez au paillasson gratte-pieds, qui désincruste la boue ou les petits cailloux des semelles.

Posez de petits tapis sur la moquette ou le parquet dans les endroits très passants : dans la salle à manger, les corridors, le séjour.

Pour empêcher un fauteuil à bascule d'abîmer la finition d'un parquet ciré ou verni, collez un ruban adhésif sous ses patins. De même, placez des ronds de feutre sous les pieds des chaises et des meubles.

Si vous devez déplacer un meuble lourd, montez-le sur une chute de tapis, poils dessous ; le déplacement se fera plus facilement et sans aucun danger pour les parquets.

Époussetez toujours avec un chiffon propre, sec ou humide ; un linge sale laisse des traces.

Avant de laver une surface peinte, essuyez-la avec une flanelle attachée au bout d'un balai.

Lorsque vous utilisez un produit de nettoyage dissous dans de l'eau, changez de solution sitôt qu'elle devient sale. Autrement, vous salissez au lieu de nettoyer.

Après avoir fait le ménage, si vous ne pouvez pas secouer le balai à franges par la fenêtre, agitez-le dans un sac de papier ou de plastique ou nettoyez-le avec l'aspirateur.

LES PLAFONDS

Si vous n'avez pas de tête-de-loup pour nettoyer les coins difficiles, enfilez une chaussette usagée sur un manche à balai et fixez-la avec un élastique.

Retirez les toiles d'araignée au plafond avec une flanelle au bout d'un balai ou de la brosse de l'aspirateur, ou avec la tête-de-loup.

Pour épousseter sans les marquer moulures, plâtres ou boiseries, fixez une bande d'emballage mousse en guise de pare-chocs autour du suceur plat de l'aspirateur ; faites-la tenir avec un élastique ; ou encore utilisez la petite brosse ronde de l'aspirateur.

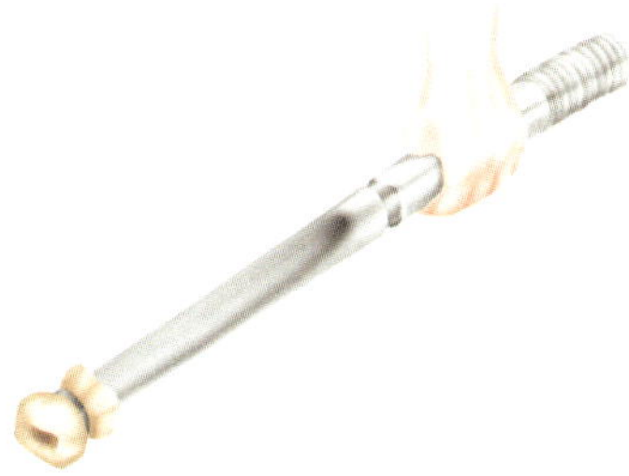

LES PEINTURES LAVABLES

Il s'agit généralement des laques glycérophtaliques utilisées dans les salles de bains et les cuisines.

Il est plus rapide et plus économique de laver les murs peints que de les repeindre. Même si vous vous adressez à des spécialistes, ils vous demanderont moins que des peintres professionnels.

Utilisez une éponge « spéciale pour travaux » ; entourez votre poignet d'une bande de coton éponge pour absorber les gouttes d'eau. Celles qu'on vend pour les sportifs sont parfaites.

Travaillez avec deux seaux, l'un pour l'eau de lessive, l'autre pour le rinçage. Rincez et essorez l'éponge dans une eau claire avant de la plonger dans l'eau savonneuse.

Commencez à laver les murs par le bas, l'eau sale ne laissera pas de traces à mesure que vous montez vers le plafond. En revanche, si vous commencez par le haut, les gouttes d'eau sale peuvent tacher le mur en glissant. Il vaut mieux aborder le travail section par section, en travaillant rapidement de bas en haut. Employez une éponge ou un chiffon bien essoré. Rincez de haut en bas.

C'est toujours sur les plinthes qu'atterrissent les poils de chiens et la poussière. Aussi sont-elles généralement très sales. Lavez-les en dernier, une fois que vous avez lavé les murs. Épongez et éliminez les marques d'eau en essuyant le mur après le lavage. Les serviettes-éponges usagées sont particulièrement absorbantes. La peau de chamois propre fait aussi merveille lorsqu'on veut sécher une surface.

LES CARRELAGES MURAUX

Faites disparaître la pellicule laissée par le savon et le calcaire sur les carreaux des sols et des murs. Utilisez un produit de nettoyage domestique (dilué ou non) ou une solution faite de 1 volume de vinaigre pour 4 volumes d'eau. Rincez et asséchez pour enlever les marques d'eau.

Lavez les joints sales ou moisis avec une solution à blanchir (3/4 de tasse d'eau de Javel dans 4,5 litres d'eau) et un chiffon, une éponge ou une brosse à dents. (Portez des gants de caoutchouc). Rincez abondamment. Frottez le mortier avec une gomme pour machine à écrire. Il existe des produits spécifiques pour blanchir les joints.

LES PAPIERS PEINTS

Tous n'ont pas la même lavabilité. A l'achat, vérifiez sur l'envers des rouleaux si le papier est « épongeable » « lavable » ou « lessivable ».

Dans le premier cas, vous ne pourrez qu'absorber rapidement une tache récente à l'éponge humide bien essorée. Dans le deuxième cas, vous pourrez utiliser une eau tiède savonneuse, sans détremper. Rincez à l'éponge humide. Ce n'est que sur les papiers lessivables que vous pouvez utiliser de l'eau de Javel diluée pour éliminer une tache colorée, et de l'eau détergente pour une trace grasse. D'une façon générale, ne laissez pas les taches s'incruster, traitez-les rapidement.

Épongez les corps gras avec un papier absorbant. Puis placez une nouvelle serviette de papier sur la tache et passez dessus un fer tiède.

Changez la serviette dès qu'elle est souillée. Vous pouvez aussi faire une pâte avec un solvant (perchlotéthyle ou trichloréthylène) et une poudre absorbante (terre de Sommières, talc ou poudre texienne). Appliquez cet emplâtre avec une lame de couteau. Laissez sécher totalement, puis éliminez la poudre à l'aspirateur ou brossez. Renouvelez éventuellement l'opération.

Les traces de crayon s'effacent avec une gomme douce. Si le papier n'est ni lavable ni lessivable, nettoyez les parties les plus sales en les frottant avec de la mie de pain fraîche.

Il existe des produits antitaches, antipoussière, à vaporiser autour des interrupteurs et des poignées de porte pour protéger des souillures ces endroits particulièrement exposés. Passez-les aussitôt après la pose du papier.

LES TISSUS MURAUX ET LES MOQUETTES MURALES

Dépoussiérez-les à l'aspirateur. Pour le tissu tendu, utilisez l'embout rigide, pour le tissu collé sur papier, la petite brosse ronde.

En cas de tache, ne vous servez pas de produit liquide. Préférez les détachants en aérosol, ou faites un emplâtre avec de la terre de Sommières ou de la poudre texienne, à appliquer sur la tache. Mais si le tissu est déjà poussiéreux ou encrassé, il restera une tache de propreté. Vous pouvez aussi essayer l'emploi de la mousse sèche pour moquette.

Dans tous les cas, faites un essai sur un échantillon ou une partie cachée ou peu visible. Si vous avez un doute, et dans le cas d'un tissu fragile, faites appel à un professionnel, qui viendra à domicile nettoyer vos tentures après vous avoir soumis un devis.

Vous éviterez bien des soucis, voire des catastrophes, si, au moment de l'achat d'un revêtement textile mural, vous donnez la préférence à un tissu traité antitaches et antipoussière. Son entretien se limite à un dépoussiérage à l'aspirateur. Si un accident se produit, vous éliminerez rapidement la tache en tamponnant avec un tissu blanc ou un papier absorbant.

LES LAMBRIS MURAUX

Ils s'entretiennent en fonction de la finition (ciré, teinté, peint, ou verni). Les boiseries cirées se nettoient avec un shampoing spécial pour bois. Ensuite, vous passerez une fine couche d'encaustique en aérosol ou au chiffon. Si vous avez la chance de posséder une brosse ancienne en plume d'oie, utilisez-la pour lustrer les moulures ou les sculptures.

Si le bois est rayé ou taché, frottez légèrement au papier de verre fin. Puis appliquez un peu de cire de la même teinte dans le sens du fil du bois.

Pour empêcher les tableaux de laisser des marques foncées sur les lambris, collez des bouchons de liège dans les coins inférieurs des cadres, au dos, pour que l'air circule. Taillez-les pour que les cadres s'appuient parallèlement au mur.

REVÊTEMENTS MURAUX VINYLIQUES

Ils sont lessivables. Leur entretien ne pose donc pas de problème. Vous pourrez utiliser de l'eau de Javel diluée pour éliminer taches d'encre et taches colorées, après avoir fait un essai sur un échantillon ou derrière un meuble. Frottez avec un bâtonnet ouaté. Rincez à l'eau claire. Pour les taches rebelles, essayez une crème pour l'argenterie, ou un détergent liquide utilisé pur. Rincez à l'éponge.

Voici une autre façon de nettoyer les revêtements muraux lavables : mélangez 1/4 de tasse de détergent liquide à vaisselle dans une tasse d'eau. Fouettez au batteur à œufs. Appliquez seulement la mousse avec une éponge très propre.

NETTOYER LES SOLS

Quelle que soit la nature des sols, l'entretien courant se fait au balai ou à l'aspirateur. Vous éviterez que la poussière ne s'agglomère, encrassant le sol et rendant les entretiens ultérieurs plus difficiles.

Si vous ne souhaitez pas utiliser quotidiennement l'aspirateur, sachez que le balai à franges ramasse mieux la poussière qu'un balai classique. Il est très efficace sur les sols brillants ou satinés, comme sur les parquets de bois et les revêtements de sol plastiques. Si vos pièces sont grandes, vous irez plus vite en vous procurant un balai à franges pour collectivités, d'environ 45 cm : vous balaierez « large ».

LES PARQUETS

Un parquet peint se lave à l'eau froide détergente, avec une serpillière ou un balai laveur très essorés. Évitez de détremper le sol car l'eau s'infiltrerait entre les lames et finirait par faire glonfler le bois. Rincez de même à l'eau claire en essorant toujours à fond serpillière ou éponge. Laissez sécher en créant un courant d'air. N'utilisez jamais de brosse pour un parquet peint.

Un parquet ciré exige beaucoup d'entretien. Une cireuse paraît alors indispensable, rendant le travail moins pénible. Chaque disque a son usage : disque abrasif pour décaper les anciennes couches de cire, disques pour passer la cire, et patins de mouton pour faire briller.

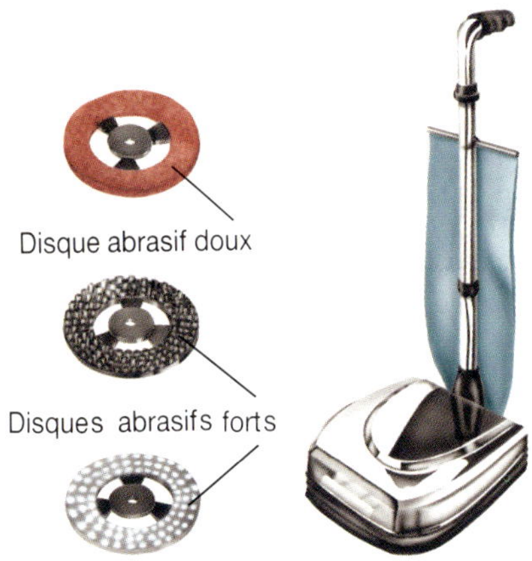

En l'absence de cireuse, vous utiliserez un décapant spécial. Si vous entrez dans un appartement ancien au sol très encrassé, n'hésitez pas à recourir à un service d'entretien spécialisé. Par la suite, l'entretien courant se bornera à passer de la cire et à lustrer deux ou trois fois par an, soit au chiffon, soit avec la cireuse.

Les parquets les plus difficiles à entretenir sont ceux dont les lattes forment des motifs décoratifs, car leur décapage exige de suivre le sens du bois ;

ce travail se fait à la main ou, mieux, au pied, à la paille de fer et à la brosse à parquet. Pour entretenir le brillant, vous pourrez passer simplement le balai à franges imprégné d'un liquide spécial à base d'huile de cèdre. Quand l'éclat diminue, appliquez une mince couche de cire incolore et lustrez à la cireuse ou au chiffon de laine. Jamais de cire foncée pour un parquet !

Pour éviter que la cire ne s'accumule le long des plinthes et sous les meubles, n'en mettez à ces endroits qu'une fois sur deux. Les cires dites autolustrantes, en émulsion acqueuse, durcissent vite. Lavez l'applicateur tout de suite après usage.

Les parquets vitrifiés sont beaucoup plus faciles à entretenir. Faites un balayage humide à l'eau faiblement détergente. Attention ! n'utilisez pas de produit ammoniaqué. Pour redonner du brillant à un parquet vitrifié terni, pensez à passer de temps en temps un rénovateur spécial. Certaines cires en émulsion renforcent le vernis dans les pièces à passage fréquent.

LES REVÊTEMENTS DE SOL PLASTIQUES

Avant d'acheter un produit d'entretien pour sol, vérifiez la nature du revêtement. Il aura donc été utile d'en conserver la documentation ainsi que les conseils d'entretien donnés par le fabricant. Certains revêtements récents ont une couche d'usure particulièrement résistante aux taches. Les traces de chaussures par exemple s'éliminent rapidement en frottant avec un chiffon imbibé d'un simple détergent, même plusieurs jours plus tard.

Sur les revêtements classiques, les traces de chaussures s'éliminent en frottant avec une gomme pour machine à écrire.

Pour les taches colorées, essayez de l'eau fortement javellisée, après avoir fait un essai sur un échantillon. En cas d'échec, frottez les taches avec une fine laine d'acier puis recirez, car la couche lustrée peut être attaquée. Vous procéderez de même pour atténuer une brûlure de cigarette.

Si le revêtement est en mauvais état, vous serez obligé d'appliquer deux couches successives de cire autolustrante. Laissez sécher au moins 8 heures entre les deux couches.

Les revêtements de sol plastiques existent désormais en dalles auto-adhésives. Cela permet de remplacer facilement une dalle abîmée ou irrémédiablement tachée.

REMPLACEMENT D'UN CARREAU DE VINYLE

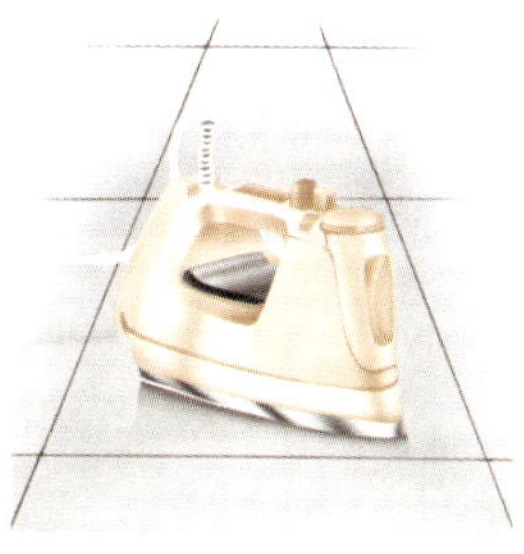

1. Posez un fer chaud sur le vieux carreau pour ramollir le vieil adhésif. Décollez-le et enlevez-le avec un couteau à mastic en allant d'une fente au centre vers les bords.

2. Raclez le vieil adhésif. Essayez le nouveau carreau. Au besoin, taillez-le avec un couteau universel pour qu'il s'ajuste bien. Étendez de l'adhésif frais sur le sol.

3. Réchauffez le nouveau carreau avec le fer à repasser pour l'assouplir. Mettez-le en place sur l'adhésif frais. Posez dessus un objet lourd et laissez sécher.

LES DALLES ET CARRELAGES

Les carreaux en terre cuite et les tomettes ont un inconvénient majeur : ils sont assez poreux et absorbent rapidement les taches. Un seul remède : imprégner la terre cuite d'un produit qui est destiné à en boucher les pores, barrant le passage à l'humidité et à la graisse. Ce produit fort efficace s'appelle un imprégnateur.

Si le carrelage est ancien, il faudra d'abord le décaper pour éliminer toute trace des précédents traitements et produits qui ont pu s'accumuler. Vous utiliserez un décapant spécial, notamment pour venir à bout du siccatif rouge dont sont recouvertes les tomettes. Quand le produit a agi, éliminez-le à la paille de fer extra-fine. Rincez à l'eau claire puis à l'alcool à 90°. Si le carrelage a été verni, c'est un dissolvant qui agira.

Si le sol est seulement encrassé à cause de l'accumulation d'anciennes couches de cire ou de produits siliconés, utilisez un décrassant spécial ou bien un nettoyant ammoniaqué.

Les taches qui demeurent sont sans doute anciennes et vous aurez le plus grand mal à les atteindre. Tentez un emplâtre avec un solvant et une poudre absorbante. Renouvelez l'opération plusieurs fois ; attendez que le mélange soit sec pour aspirer ou brosser. Si vous ne venez pas à bout des taches, ne désespérez pas : elles vont se fondre progressivement dans la patine du carrelage.

Nous arrivons au stade capital de l'imprégnation. Procurez-vous un de ces produits spéciaux, incolore ou rouge selon le but recherché. Imprégnez abondamment au pinceau ou à la serpillière. Égalisez avec soin. 1 ou 2 heures après, enlevez le surplus avec des chiffons ou, mieux, en balayant avec de la sciure de résineux. Laissez alors sécher 12 heures au minimum. La terre cuite est maintenant saturée, et elle refusera par la suite d'absorber les taches. Il ne vous reste plus qu'à lustrer à la cireuse munie d'un tampon abrasif blanc. Votre sol a un bel aspect patiné.

Le premier entretien suivant l'imprégnation se fera avec un nettoyant cristallisant, dilué selon les indications du fabricant. Par la suite, il suffira de laver à l'eau claire. Tous les quatre à cinq entretiens, vous pouvez ajouter à l'eau un peu de nettoyant. Plus tard, n'utilisez plus ni cire ni produit siliconé, qui favorisent l'encrassement.

S'il s'agit d'un carrelage neuf, il faut attendre quelque temps que les remontées de laitance de ciment soient terminées. Elles s'éliminent à l'acide chlorhydrique dosé de 10 à 30 %. Attention ! versez l'acide dans l'eau et non le contraire. Aérez bien pendant ce travail. Protégez-vous les mains avec des gants et les yeux avec des lunettes.

Procédez par petites surfaces, 1 ou 2 m² à la fois. Rincez et épongez au fur et à mesure à l'eau claire souvent renouvelée, pour que l'acide n'attaque pas les joints. Il existe des produits décapants moins dangereux. Après un séchage complet, vous pourrez procéder à l'imprégnation, puis à l'entretien courant comme dans le cas d'un carrelage ancien.

Les carreaux de grès cérame vitrifié s'entretiennent très facilement, à l'eau claire ou additionnée de lessive. Évitez au maximum d'utiliser des produits siliconés ou des polishes, qui les encrasseraient peu à peu.

Quand les joints sont très sales, frottez-les avec du papier de verre. Mais l'utilisation d'un appareil projetant de la vapeur sous pression fait merveille dans ce cas précis.

Les dallages neufs de pierre, de marbre et d'ardoise seront très bien nettoyés au savon noir, qui favorise la formation d'une couche protectrice, le calcin.

Si le sol est très encrassé à cause de produits utilisés précédemment, vous préférerez un décrassant spécial du commerce, ou un lessivage à l'eau chaude additionnée de lessive pour sols, à raison de 2 cuillerées à soupe par litre d'eau.

S'il reste des taches grasses, appliquez un emplâtre détachant comme pour le carrelage. S'il s'agit de taches colorées, mélangez du plâtre à modeler avec un peu d'eau de Javel. Appliquez et laissez sécher. Retirez en brossant et rincez à l'eau. Contre les taches de rouille, il existe des produits spécifiques.

Le sol étant dégraissé et détaché, vous passerez à la cireuse équipée de ses patins de laine d'acier un imperméabilisant cristallisant, jusqu'à obtenir un poli parfait. Terminez en lustrant avec les patins abrasifs doux. Une fois par mois, ou tous les deux mois, passez à la serpillière un nettoyant cristallisant. Laissez sécher, puis passez un chiffon de laine ou lustrez à la cireuse. Le dallage sera poli et brillant, mais aussi antidérapant, et il ne s'encrassera pas. Ne cirez jamais ces sols, notamment le marbre. Ils seraient dangereusement glissants. Par la suite, proscrivez lessive, eau de Javel et poudre abrasive. Un lavage à l'eau claire suffit pour l'entretien courant.

Les sols en ciment sont rugueux et désagréables à entretenir. De plus, ils forment de la poussière renouvelée.

Pour les nettoyer, prenez le lave-pont plutôt que le balai-éponge ou la serpillière, vite usés sur le grain de ciment. Mais si vous souhaitez vous simplifier la vie, peignez le sol avec une peinture spéciale pour ciment, après l'avoir lessivé à fond. S'il y a des taches d'huile, sur le sol du garage par exemple, brossez préalablement avec un solvant ou un détergent non dilué. Rincez à l'eau bouillante.

ENTRETIEN DES TAPIS ET MOQUETTES

Oubliez la fâcheuse coutume de battre les tapis avec une tapette de jonc ou un bâton. Cela casse irrémédiablement les fils de chaîne. Retournez plutôt le tapis, poils contre le sol, et piétinez-le. Mais le meilleur entretien se fait à l'aspirateur.

Roulez les tapis délicats sur l'envers pour ne pas abîmer les poils, les autres, sur l'endroit, et sortez-les pour les aérer. Dehors, étendez les tapis sur une surface plane, comme une terrasse ou une entrée de garage. Choisissez un endroit ombragé ; au soleil, les coloris se fanent.

Pensez à changer souvent les tapis de sens. Vous répartirez ainsi l'usure régulièrement, notamment celle des franges. Brossez-les régulièrement avec la brosse ronde de l'aspirateur réglé au minimum.

Ne coupez pas les franges abîmées d'un tapis ; vous risqueriez de le défaire entièrement. Réunissez-en quelques-unes à la fois avec un seul nœud laissé lâche. Quand toutes les franges ont été ainsi réunies, resserrez les nœuds à la même hauteur.

Ne rangez pas un tapis de valeur sans qu'il soit propre et sec. Roulez-le et enveloppez-le dans du papier kraft ou de journal. Rangez-le dans un endroit sombre et bien aéré dont la température se maintient entre 5 et 16 °C. Si vous ne pouvez pas l'entreposer, confiez-le à un garde-meubles.

Quand le tapis ou la moquette sont neufs, évitez d'utiliser l'aspirateur pendant le premier mois. Ils vont « débourrer », ce qui est normal. Contentez-vous de les brosser, ou de les balayer avec un balai de paille de riz. Par la suite, vous pourrez passer l'aspirateur muni du suceur rigide. Mais l'accessoire le plus efficace pour les dépoussiérer est l'électrobrosse, qui se branche sur le moteur de l'aspirateur. Ses brosses rotatives brossent en profondeur, tout en aspirant à fond. N'hésitez pas à l'utiliser une fois par mois.

Pour l'entretien courant passez l'aspirateur une fois par semaine, et tous les jours là où l'on marche beaucoup. Vous profiterez de toute la puissance de votre appareil si vous travaillez lentement dans un mouvement de va-et-vient parallèle, en passant plusieurs fois au même endroit.

Passer l'électrobrosse dans l'escalier n'est pas très pratique. Essayez toutefois de l'utiliser pour le centre des marches. Les côtés sont moins sales. Dépoussiérez-les grossièrement avec le petit suceur à meubles.

NETTOYAGE DES TAPIS ET MOQUETTES

N'essayez pas de nettoyer vous-même un tapis de valeur. Adressez-vous à une maison spécialisée.

Gardez une chute de vos moquettes. Comparez les couleurs. Quand la moquette est plus foncée que la chute, pensez à la nettoyer.

Avez-vous un petit enfant qui se traîne à quatre pattes dans la maison ? Attendez qu'il sache marcher pour laver les moquettes, car vous devrez employer des produits chimiques qui sont irritants et toxiques.

Utilisez une mousse sèche de préférence aux shampoings liquides qui, parfois, tachent les tapis délicats ou à mèches.

Vous pouvez aussi louer un appareil à injection-extraction. Il projette une solution nettoyante dans la moquette, puis l'aspire. Il ne reste pas trace de produits dans les fibres. C'est le procédé utilisé par les professionnels.

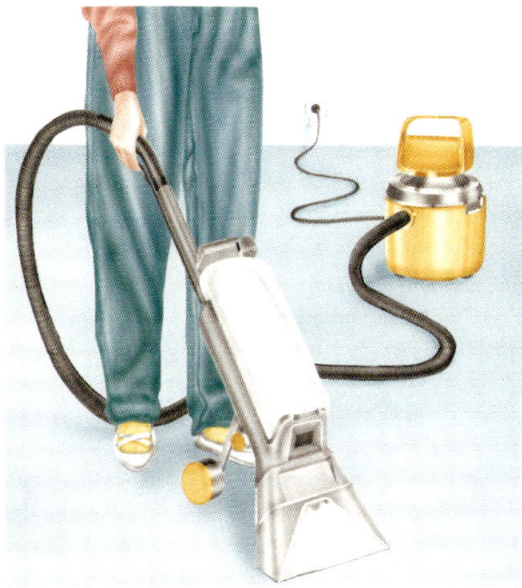

Ce grand nettoyage n'est pas à faire plus souvent qu'une fois par an. Vous pouvez aussi recourir à un nettoyage à domicile. On trouve généralement les coordonnées des maisons qui offrent ce service chez les teinturiers.

Encore plus douces sont les poudres pour moquettes. Elles sont vendues en boîtes poudreuses. Il suffit de saupoudrer toute la surface à nettoyer, de brosser un peu pour faire pénétrer la poudre, puis d'attendre le temps indiqué. Vous pouvez marcher sur la moquette poudrée sans inconvénient pendant le temps d'action. Passez ensuite l'aspirateur et aérez longuement car ces poudres sont un peu trop parfumées. Si besoin est, aspirez de nouveau à fond le lendemain pour éliminer les restes de poudre.

Voici comment rafraîchir un tapis qui n'est pas en laine sans lui donner un shampoing. Passez l'aspirateur. Mettez 1/2 tasse d'ammoniaque claire dans 1 litre d'eau ; essayez la formule sur un coin du tapis. S'il ne se produit pas de décoloration, imbibez un balai-éponge de solution, exprimez l'excès de liquide et passez-le sans appuyer sur toute la surface du tapis.

Si vous devez rentrer les meubles dans la pièce alors que le tapis est encore humide, posez des dessous-de-verre sous les pieds pour ne pas tacher ou écraser les poils.

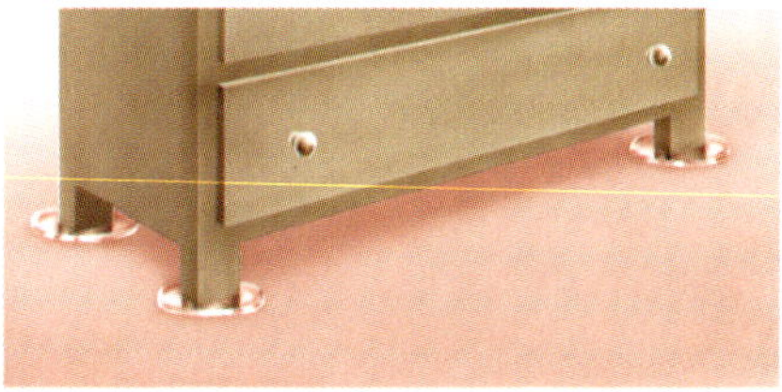

TAPIS : SHAMPOING

Les tapis petits ou peu souillés se nettoient avec une mousse en aérosol. Commencez par ouvrir les fenêtres pour aérer la pièce et accélérer le séchage. Enlevez tous les meubles ; si vous en laissez, protégez leurs pieds avec du papier d'aluminium. Passez le tapis à l'aspirateur. Prétraitez les taches et les endroits sales (voir « nettoyage des taches », pp. 284-285). Secouez vigoureusement le bidon et faites un essai dans un coin habituellement dissimulé. Si les couleurs ne changent pas, tenez le bidon à l'envers et déposez une couche fine et uniforme de mousse sur tout le tapis. Laissez-la sécher. Mettez un sac neuf dans l'aspirateur et passez-le.

PRÉSERVATION DES TAPIS ET MOQUETTES

Les produits chimiques contenus dans les polishes pour meubles font parfois virer au vert ou au bleu les coloris rouges des tapis. Avant de les appliquer, étalez des journaux autour des pieds ou à la base des meubles.

Voici comment prolonger la durée d'un tapis d'escalier. Au moment de l'installation, ménagez un pli de 30 cm sous une ou deux contremarches dans le haut de l'escalier. Quand les girons commencent à s'user, déplacez le tapis de 2 à 5 cm vers le bas. Repliez l'excédent sous la dernière contremarche, au pied de l'escalier, ou coupez-le.

NETTOYAGE DES TAPIS ET MOQUETTES EN PROFONDEUR

Chacune des méthodes présentées ici a ses avantages et ses inconvénients. Les renseignements qui suivent vous permettront de faire un choix éclairé. Commencez toujours par passer l'aspirateur sur la moquette, de préférence avec une électrobrosse.

Méthode	Technique	Remarques
Brosses rotatives avec shampoing	Déplacez constamment l'appareil en mouillant le tapis ; laissez sécher plusieurs heures ; enlevez les résidus de shampoing à l'aspirateur	Les brosses rotatives peuvent abîmer laine, coton ou acrylique, tapis tressés ou cousus ; trop de liquide peut décolorer ou faire rétrécir les fibres
Nettoyage à sec	Saupoudrez les granules et brossez-les dans le tapis ; attendez 1 heure ; passez l'aspirateur	Efficace contre la saleté graisseuse ; moins efficace contre la saleté sèche ; facile à utiliser
Nettoyage à la vapeur	Déplacez constamment l'appareil en W ; relâchez de la vapeur à l'aller, enlevez l'humidité au retour ; pour les tapis très sales, recommencez dans l'autre sens	Efficace pour laine, longues mèches et tapis très sales ; à 65 °C, l'eau peut faire rétrécir la laine ; trop de liquide endommage les planchers et favorise la moisissure
Appareil à injection-extraction	Le shampoing est injecté en force puis aspiré à fond	C'est le procédé le plus efficace, ne favorisant pas le réencrassement de la moquette

La moquette est généralement plus sale devant un divan ou un fauteuil qu'ailleurs. En s'asseyant, les gens se frottent les pieds, détachent la saleté collée à leurs chaussures et l'incrustent dans les poils du tapis. Placez une carpette à ces endroits.

PROBLÈMES SPÉCIAUX

Conservez toujours l'étiquette du fabricant : vous pourrez préciser au vendeur la marque du tapis, le numéro du modèle, la qualité et la nature des fibres.

En cas d'accident sur un tapis, il faut agir rapidement. Épongez tout de suite la tache avec des serviettes en papier ou des linges blancs. Ramassez les dépôts solides avec une cuillère. Couvrez la tache d'une serviette blanche et d'une pellicule de plastique ou de papier d'aluminium. Posez des livres par-dessus. Si l'endroit est encore humide le lendemain, répétez l'opération avec une serviette sèche.

Quand il s'agit d'un liquide coloré, plongez une serviette blanche dans une solution de 1 cuillerée à soupe de détergent liquide pour vaisselle ou 1/2 verre de vinaigre blanc et 1/2 verre d'eau tiède. Imbibez et épongez la tache à plusieurs reprises, tant que le tapis n'a pas retrouvé sa couleur. Étalez ensuite une serviette blanche et propre sur la tache pendant qu'elle sèche. (En cas d'échec, consultez le tableau sur le traitement des taches, pp. 284-285). Pour donner une bonne odeur à votre tapis, mais aussi à l'aspirateur, utilisez des désodorisants parfumés pour tapis.

Pour éliminer les marques laissées par les pieds des meubles, posez une serviette de bain humide sur le creux et repassez doucement au fer. Quand la serviette est sèche à cet endroit, le creux a disparu.

COMMENT RÉPARER UN TROU DANS UNE MOQUETTE

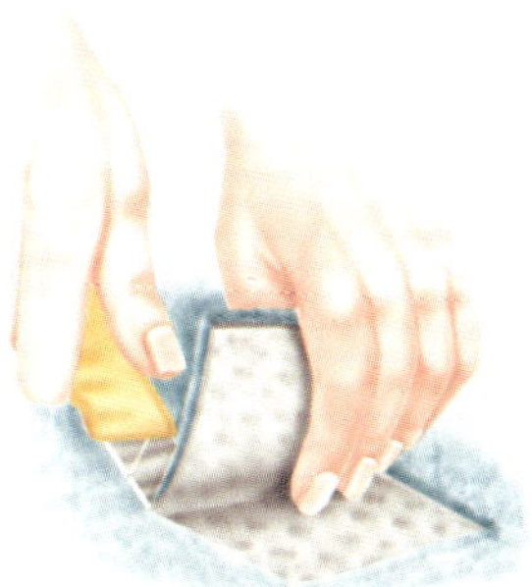

1. Otez la partie endommagée en découpant tout autour un carré ou un rectangle avec un couteau universel. Prenez soin de faire une coupe nette et droite, sans reprise. Passez à travers l'envers, mais n'entamez ni la thibaude ni le parquet.

2. En vous servant de la pièce abîmée comme modèle, découpez une pièce identique à la première en respectant le sens du poil et le motif. (S'il ne vous reste pas de chutes, achetez un peu de moquette là où vous avez obtenu la première.)

3. Étalez de la colle à moquette sous la pièce et sur les bords de la moquette et de la pièce ou placez de l'adhésif double face. Mettez en place, appuyez et peignez les poils pour faire disparaître les joints. Laissez sécher plusieurs heures et passez l'aspirateur.

Faites disparaître les brins tirés et effilochés en les coupant ras aux ciseaux. Ne tirez pas : vous pourriez endommager le tissage.

Les faux plis dans les moquettes peuvent avoir plusieurs causes. S'il s'agit d'un défaut dans la pose, faites revenir les installateurs. Si vous avez traîné sur le tapis des meubles lourds, soulevez-les et lissez les plis du tapis vers une partie intacte. Si les faux plis proviennent d'un excès d'eau durant le nettoyage du tapis, humidifiez la région et posez un objet plat et lourd dessus pendant qu'elle sèche.

Les tapis et les moquettes synthétiques non traités contre l'électricité statique attirent la poussière facilement. Mieux vaut garder un humidificateur dans la pièce durant les mois d'hiver.

Vous éviterez de dangereuses glissades en plaçant sous le tapis un filet spécial qui le maintiendra en place. Vous pouvez aussi coller aux quatre coins de l'adhésif double face, à changer de temps en temps.

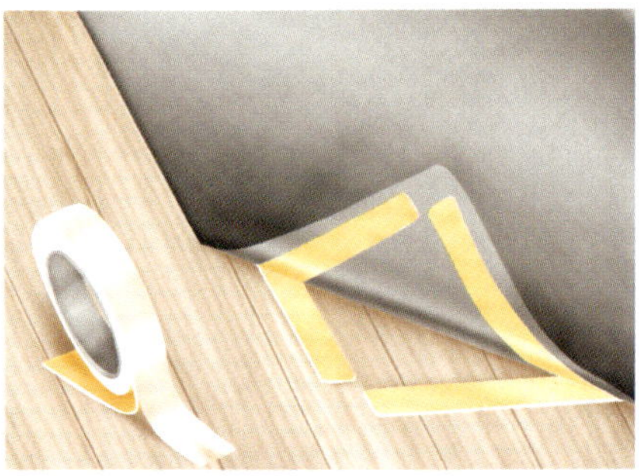

Ne glissez pas les cordons électriques des lampes sous les tapis. Faites-les courir le long des murs et dissimulez-les avec des couvre-cordons que vous trouverez en vente dans les boutiques d'accessoires électriques.

NETTOYAGE DES FENÊTRES ET DES CARREAUX

Choisissez une journée nuageuse mais sans pluie. Le soleil fait sécher la solution nettoyante avant que vous ayez le temps de l'essuyer.

Nettoyez à l'aspirateur les cadres et les rebords des fenêtres. Enlevez la poussière, la suie, les toiles d'araignée et les insectes morts avec de l'eau additionnée d'un peu de vinaigre.

Si vous vivez dans une maison à étages ou dans le haut d'un immeuble, vous ferez peut-être bien de recourir aux services d'une maison spécialisée. Laver vous-même les fenêtres vous exposerait à des risques inutiles.

BRULURES DANS LES TAPIS

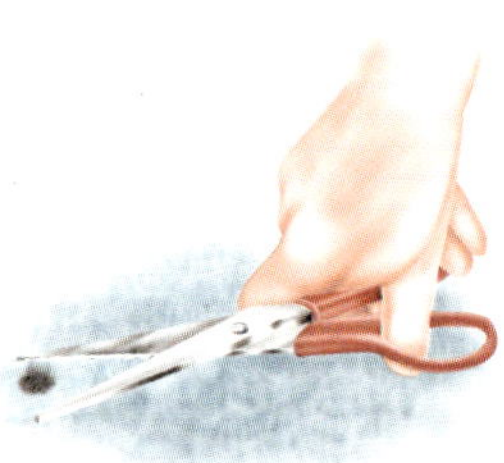

1. Coupez les fibres noircies avec des ciseaux ; mettez de la colle pour textile dans le fond du trou avec un bâtonnet ouaté.

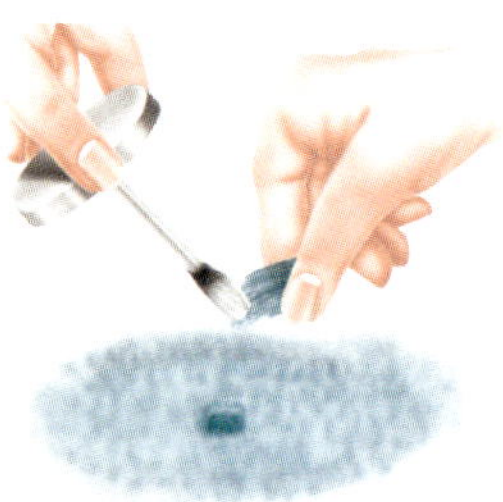

2. Coupez quelques touffes de poils dans un coin peu visible ; enduisez de colle leurs extrémités et enfoncez-les dans le trou.

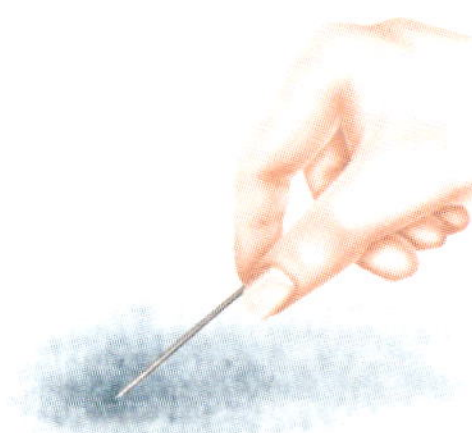

3. Redressez les poils avec une épingle. La colle sèche, peignez-les avec l'épingle pour qu'ils se fondent aux autres.

Les spécialistes utilisent de l'eau tiède et claire et une raclette. Si vos vitres sont très sales, mettez 2 ou 3 cuillerées de vinaigre ou d'ammoniaque (l'un ou l'autre ; ensemble, ils se neutralisent) dans 4,5 litres d'eau.

Le meilleur produit pour nettoyer les carreaux des fenêtres est l'alcool à 90° ; il enlève facilement la saleté et laisse les vitres claires comme du cristal.

Si vous avez beaucoup de fenêtres à laver, achetez une raclette de professionnel à support d'acier inoxydable ou de laiton. Quand la lame de caoutchouc est usée, retirez-la et enfilez-la dans l'autre sens.

Les petits carreaux se lavent plus facilement si vous vous fabriquez une raclette de la bonne grandeur. Retirez la lame de caoutchouc de son support métallique et taillez-la pour qu'elle soit à peine plus grande que la largeur du carreau. Avec une scie à métaux, coupez le support pour lui donner la même largeur que le carreau.

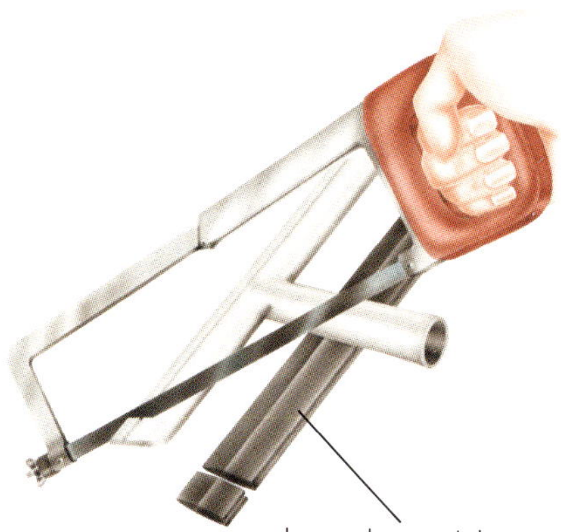

Employez un bâtonnet ouaté imbibé de solution nettoyante pour laver les coins des petits carreaux.

Voici un petit truc pratique pour savoir si les taches qui restent sur la vitre sont en dehors ou en dedans. Passez votre chiffon à l'horizontale sur l'une des deux surfaces, à la verticale sur l'autre.

Des journaux chiffonnés assèchent aussi bien les vitres que des serviettes de papier et ne coûtent rien. Portez des gants de caoutchouc pour ne pas vous tacher les mains. Pour faire briller les vitres, passez ensuite une peau de chamois.

Si les carreaux sont très sales, ajoutez 1 cuillerée à soupe d'alcool à brûler à l'eau du lavage. Par temps froid, cet alcool empêche aussi l'eau de geler avant que vous ayez terminé le travail.

CAS SPÉCIAUX

Vous avez du mal à enlever la peinture sèche sur les vitres ? Ramolissez-la avec de l'eau savonneuse ou du vinaigre tiède. Puis grattez-la avec une lame de rasoir introduite dans un grattoir. Ou utilisez un rasoir jetable.

Pour enlever l'oxydation déposée sur les vitres par les cadres de fenêtre en aluminium, employez de la poudre à récurer, un détergent doux ou de la laine d'acier fine.

Si vous voulez faire disparaître les dépôts laissés par l'eau calcaire sur vos fenêtres, servez-vous de vinaigre non dilué. Frottez les taches doucement en vous aidant d'un tampon non abrasif en nylon. Et terminez le lavage avec une raclette.

En bordure de mer, lavez les dépôts de sel sur les fenêtres avec de l'alcool à brûler.

Les fenêtres basculantes se nettoient une face après l'autre, en les faisant pivoter sur leur axe. Si une partie de la fenêtre est fixe, ne faites pas d'acrobaties pour l'atteindre. Munissez-vous

On peut retourner la toile d'un store usée ou tachée. Fixez la partie du bas au rouleau et faites un ourlet sur l'ancienne partie supérieure.

STORES VÉNITIENS

Il existe des pinces spéciales recouvertes de mousse pour nettoyer les stores vénitiens.

Si vous n'avez pas cet accessoire, mettez des gants de coton et passez la main sur les lames.

Pour nettoyer à fond un store vénitien, il faut le décrocher et le plonger dans une eau tiède additionnée de détergent dans la baignoire. Frottez si nécessaire. Lorsque les lames sont propres, rincez bien le store à l'eau claire et mettez-le à sécher sur la tringle du rideau de douche en étendant de vieilles serviettes par terre. Attendez que toutes les lames soient bien sèches avant de reposer le store.

Vous pouvez aussi étendre le store vénitien à plat (de préférence dehors). Lavez-le d'un côté puis de l'autre avec du détergent bien dilué. Mettez-le sur la corde à linge et rincez-le au tuyau d'arrosage. Reposez-le quand il est bien sec.

LE REMPLACEMENT DES CORDONS ET RUBANS

1. Armez-vous de patience. Descendez le store vénitien, mettez les lames à l'horizontale, retirez les capuchons et la pièce métallique de la barre inférieure.
2. Dénouez, enlevez les glands, dégagez les cordons des lames sans les sortir des poulies. Renouez.
3. Retirez les lames une à une.
4. Détachez les rubans des agrafes qui les retiennent aux barres du haut et du bas et remplacez-les.
5. Installez le nouveau cordon sur les poulies en suivant l'ancien ; tirez-le.
6. Remettez les lames en place et enfilez-y le nouveau cordon en alternant d'un côté à l'autre des échelons.

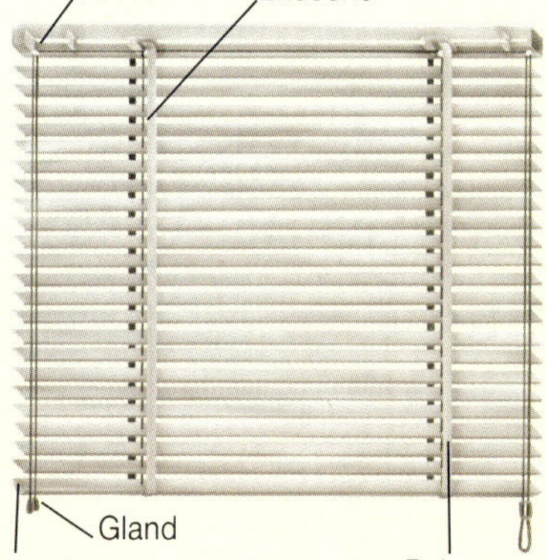

LES RIDEAUX ET VOILAGES

IL est recommandé de laver les voilages environ une fois par mois, surtout en hiver. Si on les laisse s'incruster de poussière, ils finissent par grisailler irrémédiablement.

Décrochez-les, enlevez les crochets, secouez-les vigoureusement pour enlever le plus gros de la poussière. Vous les laverez ensuite un à un à la machine (programme pour synthétiques délicats, sans essorage). Vous pouvez ajoutez un produit spécial pour renforcer le blanc ou déjaunir. A la fin du programme, retirez les voilages du tambour. Faites-les égoutter quelques minutes à cheval sur un bâton placé en travers de la baignoire, puis raccrochez-les encore mouillés en plaçant de vieux draps, des serpillières ou des serviettes-éponges au sol pour absorber l'eau qui va s'égoutter.

Voici un truc qui facilitera définitivement ce séchage : installez une tringle chemin de fer au plafond au-dessus de la baignoire. Vous y ferez sécher les voilages avant de les remettre à la fenêtre. Ce séchage sans essorage permet aux voilages de se défroisser parfaitement sans repassage.

Les doubles rideaux sont plus rarement lavables. Parfois, le tissu lui-même est lavable mais ce n'est pas le cas de la doublure, ni de la ouatine intérieure. Plutôt que de les voir dangereusement rétrécir, confiez-les au teinturier une fois par an pour un nettoyage à sec. Si vous avez choisi un tissu traité antisalissures, les nettoyages seront plus espacés. Pensez à les dépoussiérer souvent à l'aspirateur. N'oubliez pas de marquer au vernis à ongles sur l'envers du ruban fronceur l'emplacement des crochets avant d'envoyer les rideaux au nettoyage.

Quand les rideaux doivent être remis en place dans un certain ordre, identifiez les panneaux avec un fil de couleur sur l'envers de l'ourlet : un point pour le premier, deux pour le deuxième, etc.

Si vous avez lavé des rideaux qui se sont déformés, glissez une tringle dans l'ourlet du bas pendant quelques jours ; en les alourdissant, elle leur restituera leur forme première.

A l'occasion de cet entretien, faites les carreaux, dépoussiérez l'entourage de la fenêtre. Nettoyez et cirez les tringles de bois : les anneaux glisseront mieux.

LES PORTES

Avant de réparer une porte, attendez que le temps soit frais et sec. En effet, le problème peut être causé par l'humidité ambiante.

Si la porte frotte en tout temps, voyez s'il n'y a pas lieu de resserrer les vis des charnières. Il peut aussi être nécessaire de remplacer les rondelles d'usure sur les axes des gonds, ou encore de rajuster la gâche.

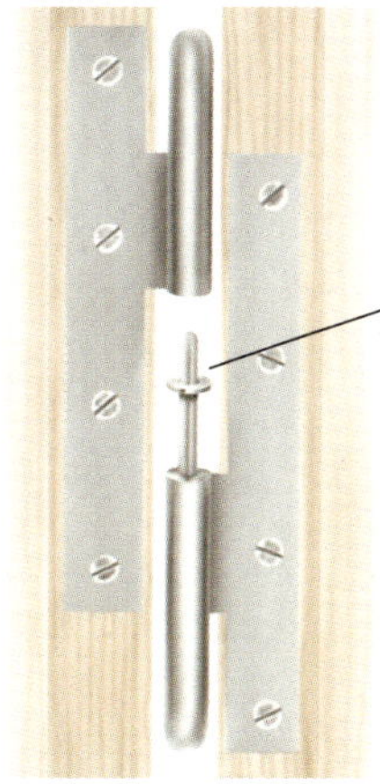

Rabotez toujours dans le sens du fil et toujours des extrémités vers le centre, en haut comme en bas. Quand vous avez terminé, posez une règle sur le bord de la porte et poncez toutes les irrégularités.

Avant de repeindre une porte, poncez le pourtour pour éviter les accumulations de peinture. C'est très souvent ce qui provoque les frottements.

Pour rectifier une porte qui s'incurve légèrement au centre, posez-la à plat sur des tréteaux et déposez des objets lourds sur sa partie renflée. Laissez-la ainsi tant qu'elle n'est pas redevenue droite.

Pour retirer la fiche d'une charnière, soulevez-la avec un tournevis en donnant quelques légers coups de marteau. Retirez en premier la fiche de la charnière du bas. Mettez du lubrifiant si la fiche est rouillée.

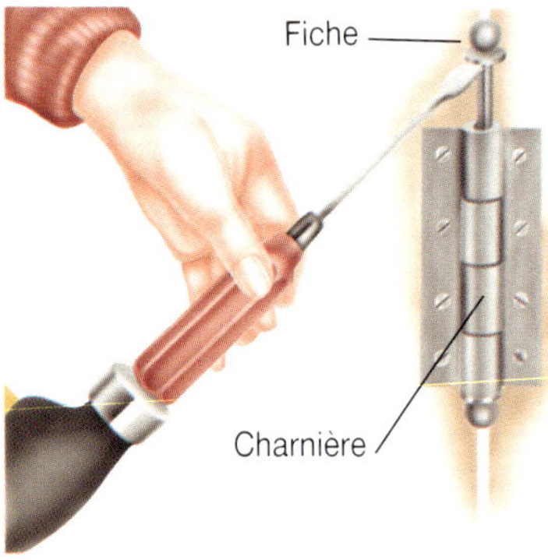

Voulez-vous faire taire une porte qui grince ? Ouvrez-la, soulevez-la pour la dégonder ou retirez la fiche de la charnière fautive ; lubrifiez les gonds ou la charnière avec un produit aux silicones. Faites jouer la porte pour que le lubrifiant se répande.

Voici comment régler le cas d'une porte légèrement gauchie sans la démonter : ajoutez une troisième charnière là où la porte s'incurve. La pression finira par la rectifier.

Quand une porte coulissante grince, vérifiez les guides inférieurs et remplacez-les si nécessaire.

Lubrifiez les portes coulissantes avec un produit siliconé ou à base de Téflon (P.T.F.E.) vendus en aérosol (n'utilisez pas d'huile, car elle tache et retient la poussière).

Si la porte pliante qui ferme votre penderie frotte sur le parquet, desserrez la vis de réglage derrière le galet et

PORTE QUI COINCE

Des articulations lâches, le gonflement du cadre ou l'affaissement de la maison peuvent gêner le bon fonctionnement des portes. Pour localiser l'endroit où une porte coince, fermez-la et glissez un carton léger entre la porte et le chambranle. Temporairement, mettez du savon aux endroits où elle frotte.
Pour rectifier une articulation mal posée, insérez un coin sous la porte, du côté de la serrure, pour la stabiliser. Si la porte coince dans le haut, vérifiez d'abord si la charnière ou les paumelles du haut sont bien fixées et resserrez les vis. Puis retirez les vis qui fixent la patte de la charnière du bas ou les paumelles dans le chambranle, glissez une cale de carton dessous et revissez. Si elle coince dans le bas, retirez les vis qui fixent l'articulation du haut dans le chambranle ; glissez une cale, et replacez les vis.

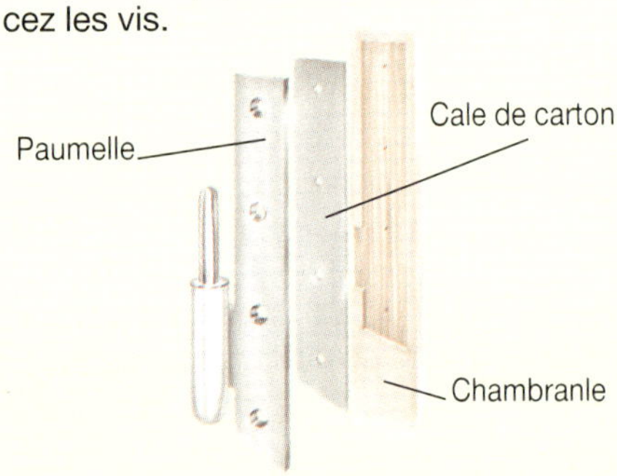

Si la porte continue de frotter dans le haut ou dans le bas une fois que l'articulation jugée fautive a été rectifiée, poncez ou rabotez le point de friction (il aura perdu sa peinture). Nouvel échec ? Il ne reste plus qu'à enlever la porte et à en raboter tout le côté.
Avec un crayon, tracez une ligne sur le côté qui frotte à 3 mm du bord de la porte. S'il s'agit du haut ou du dessus, calez la porte quand vous la raboterez jusqu'à la ligne. Si elle coince dans le bas du chambranle ou sur le dessous, retirez-la pour la raboter. Dans les deux cas, appliquez un apprêt sur le bois mis à nu et repassez de la peinture pour protéger de l'humidité.
Ces indications sont valables pour tous les systèmes d'articulation (charnières, gonds, paumelles).

remontez ou abaissez la porte pour que son bord soit parallèle au plancher. Revissez.

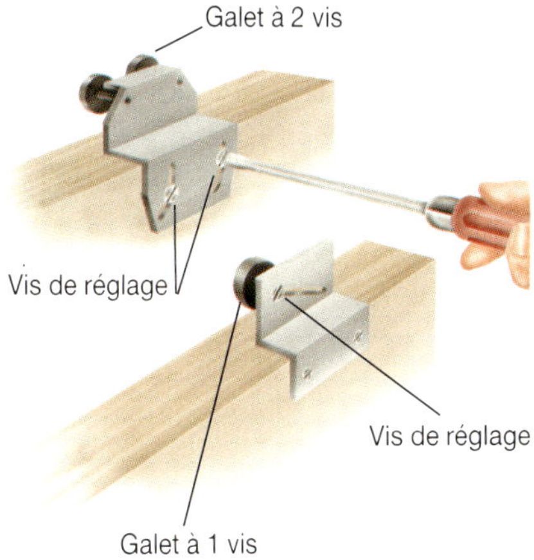

Pour nettoyer le rail, vaporisez un produit de nettoyage domestique sur un chiffon de coton-éponge ; gainez-en un vieux tournevis que vous promènerez dans le rail.

SOIN DES MEUBLES

Prenez un chiffon à poussière doux pour épousseter les meubles. Repliez-le souvent, car il suffit d'un grain de poussière pour égratigner les surfaces. Humectez-le d'un polish qui retient la poussière.

Les housses en plastique ne sont pas seulement froides, désagréables et laides ; elles attirent et affichent la poussière plus que les meubles eux-mêmes. Traitez ceux-ci avec un produit qui repousse la saleté.

Posez des roulettes ou des patins de feutre sous les pieds des meubles pour les déplacer plus facilement au moment du nettoyage. Ils abîmeront moins le parquet ou le tapis.

Une fois par semaine, dépoussiérez les meubles cirés au chiffon doux, à la brosse douce, ou à la brosse ronde de l'aspirateur s'ils sont sculptés. Ne les cirez pas trop souvent, cela a pour effet de les encrasser. Vous ne le ferez qu'une ou deux fois par an.

Traitez les meubles vernis avec délicatesse. Ils aiment être caressés avec un chiffon de soie. Placez des feutres sous les vases et les objets décoratifs. Vous pouvez utiliser un produit antistatique qui évitera à la poussière de se redéposer trop rapidement. Une ou deux fois par an, lustrez avec un polish.

Soyez encore plus prévenant avec les meubles en marqueterie. Un chiffon risque d'accrocher le placage. Ils ne supportent que le plumeau.

Les bois huilés, comme le teck, s'entretiennent avec une huile spéciale pour teck. Quelques gouttes suffisent. N'en mettez que très peu sur un chiffon, pour ne pas encrasser la surface.

Les meubles en bois peint se nettoient de temps en temps à l'eau savonneuse. Nettoyez de la même façon ceux en aluminium laqué ou anodisé ou en acier inoxydable. Utilisez une eau vinaigrée pour faire disparaître les traces de mouches.
S'ils sont rayés, polissez-les avec une crème ou une poudre spéciale pour l'inox.

Pour les portes vitrées, les plaques de dessus de table ou les glaces, utilisez un produit pour vitres, à la silicone pour espacer cet entretien. Pensez à l'eau vinaigrée pour éliminer les traces de mouches.

Sur l'Altuglas, matériau dont on fait souvent des dessus de tables, les traces de doigts sont malheureusement très visibles. De plus, il est excessivement fragile et se raye facilement. Utilisez de préférence un produit spécifique à vaporiser, et recommandé par le vendeur du meuble. Essuyez doucement avec un chiffon très doux.

ENTRETIEN DU PIANO

Enlevez les marques de doigts sur la finition luisante avec une peau de chamois légèrement humide ; asséchez et lustrez avec une peau de chamois sèche.

Quand un piano à queue ne sert pas, rabattez le couvercle, mais laissez le clavier exposé à la lumière ; l'obscurité favorise le jaunissement des touches en ivoire. Il est difficile de remédier à ce phénomène disgracieux : c'est le vieillissement de la matière elle-même. Nettoyez-les avec un chiffon doux imbibé d'eau additionnée de bicarbonate de soude, qui est un excellent désinfectant. Vous pourrez obtenir un léger blanchiment en surface en les frottant avec un chiffon imprégné d'une solution composée de 2 volumes de sel et de 1 volume de jus de citron. N'en mettez pas entre les touches. Rincez avec un linge humide et polissez avec un chiffon sec.

LES LUMINAIRES

Époussetez simplement les pieds des lampes ou nettoyez-les avec un chiffon humide. Ne les plongez pas dans l'eau, vous endommageriez les fils. Nettoyez les pièces métalliques avec un produit approprié.

Nettoyez les ampoules avec une éponge humide et de l'eau additionnée de vinaigre pour ôter la poussière. Évidemment, assurez-vous auparavant qu'elles sont froides et que les lampes ont été débranchées.

Quand le plafonnier est froid, desserrez les vis et plongez le globe ou les diffuseurs en verre ou en plastique dans l'eau chaude savonneuse. (Lavez à l'ammoniaque le luminaire de la cuisine, toujours gras.) Rincez à l'eau chaude, laissez bien sécher et remontez le plafonnier.

S'il y a des dépôts de suie sur les fiches, le courant passe mal et les ampoules clignotent. Coupez alors le courant du luminaire, retirez les ampoules et poncez toutes les fiches au papier de verre fin.

NETTOYER UN LUSTRE

Évitez de démonter un lustre en cristal pour le nettoyer ; procédez ainsi : par terre, sous le lustre, étendez quelques serviettes et plusieurs épaisseurs de journaux. Pour que l'eau n'atteigne pas les fils, encapuchonnez chaque ampoule d'un petit sac de plastique attaché avec un lien. Coupez impérativement le courant au compteur. Vaporisez beaucoup de lave-vitres sur les pendeloques de cristal pour que le liquide les baigne et emporte la saleté en tombant sur le journal. Laissez-les sécher ainsi ou essuyez-les avec un linge doux pour les faire briller.

Il existe aussi des produits spéciaux à vaporiser. Ne faites pas tourner le lustre. Tournez autour.

CHEMINÉE ET FOYER

Nettoyez le foyer et l'âtre au moins une fois par semaine durant les mois où vous vous en servez beaucoup. Enlevez les cendres avec un balai, l'aspirateur (cendres froides) ou un bidon spécial s'intercalant entre l'aspirateur et le suceur (insensible aux cendres chaudes) ; passez ensuite une éponge ou un chiffon humide.

Avant d'enlever les cendres, jetez dessus des feuilles de thé mouillées pour rabattre la poussière.

Pour nettoyer les parois de l'âtre, prenez une brosse dure et sèche ou la brosse à épousseter de l'aspirateur. Ne grattez pas le revêtement en blocs de béton ou en briques réfractaires avec de l'eau ; vous pourriez diminuer la rétention de chaleur.

Faites ramoner le conduit une fois par an (davantage si le foyer sert beaucoup). Si vous ne craignez pas de monter sur le toit, vous pouvez le faire vous-même. Il se vend des kits de ramonage avec manche télescopique dans les quincailleries et les boutiques d'accessoires de foyer. Autrement, faites appel à un ramoneur.

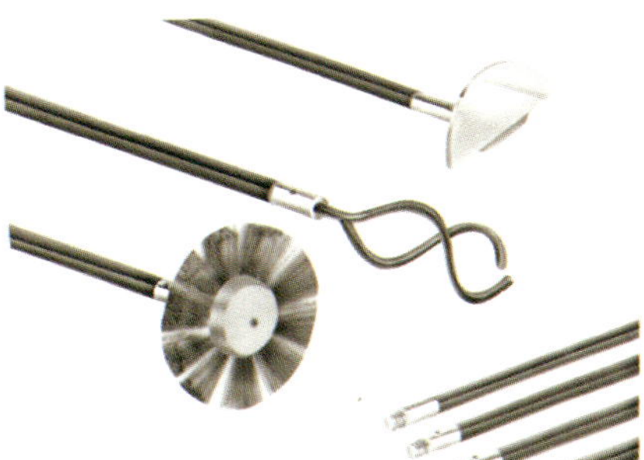

Essuyez le pare-étincelles ainsi que les accessoires en cuivre ou en fer. Lavez de temps à autre les cuivres à l'eau savonneuse. Si les instruments en fer sont collants, frottez-les avec un chiffon humecté de pétrole. Asséchez-les avant de les remettre près du feu.

Les chenets et la plaque de cheminée peuvent être dérouillés au pétrole. Redonnez-leur ensuite un bel aspect en passant un produit spécial, genre « noir fumisterie », après les avoir décapés au trichloréthylène, loin du feu bien sûr. Dès le premier passage au feu, la dureté et la résistance de la peinture seront renforcées.

Si votre cheminée est équipée d'un insert ou d'un foyer fermé, pensez à nettoyer la vitre au moins une fois par semaine avec un produit spécial recommandé par le fabricant.

Le manteau de la cheminée se noircit à la longue. Une fois par an, brossez le matériau noirci avec une eau javellisée et une poudre abrasive. Rincez à fond et laissez sécher en faisant un courant d'air. Il existe aussi des produits spécifiques pour l'entretien des foyers. Passez ensuite un protecteur incolore qui facilitera les entretiens futurs.

OBJETS SPÉCIAUX

Pour enlever la poussière, envoyez un jet d'air sur les fleurs séchées ou en soie avec un sèche-cheveux. Dans les cas récalcitrants, utilisez un pinceau à soies souples.

Vaporisez les figurines de porcelaine et les céramiques avec du lave-vitres. Essuyez avec du papier ou un chiffon.

Si vous voulez épousseter les petits objets avec l'aspirateur sans que celui-ci les avale, introduisez l'extrémité du tuyau dans un bas de nylon.

Comment nettoyer rapidement plusieurs petits bibelots de verre ou de porcelaine ? Placez-les dans l'évier de la cuisine et vaporisez-les généreusement de lave-vitres. Laissez-les sécher sur une serviette.

Pour épousseter le clavier de la machine à écrire, les portes-persiennes, tous les creux et reliefs des meubles, utilisez un pinceau propre et souple, légèrement humide. Ou bien l'aspirateur, ou encore un sèche-cheveux, qui délogeront en douceur la poussière et les grains de saleté.

Les cendriers en céramique, en cuivre ou en porcelaine (pas en verre) s'entretiennent mieux si vous les enduisez d'un polish liquide à meubles.

Certains bibelots peuvent être mis au lave-vaisselle. Pensez-y pour les vases, les cendriers de céramique ou de verre. Faites une tournée avec ces seuls objets, programme doux. Ils ressortiront étincelants sans vous avoir donné aucun mal. En revanche, n'introduisez pas dans la machine les objets en bois, ou ayant des parties collées, les porcelaines décorées, les bibelots ayant un décor doré ou argenté.

LE MATÉRIEL AUDIOVISUEL

Débranchez la télé, le récepteur radio, le magnétoscope et tous les éléments de la chaîne hi-fi avant de les nettoyer. Pour ne pas endommager ces appareils, n'utilisez pas de produits en aérosol ni de vaporisateur, mais un chiffon non pelucheux imprégné de produit de nettoyage.

Les coffrets et les socles d'appareils hi-fi sont généralement en plastique. Nettoyez-les avec un chiffon imbibé d'eau savonneuse ou de nettoyant pour plastique utilisé pour les tableaux de bord des automobiles. Vous pouvez aussi les dépoussiérer avec un chiffon doux et propre et les faire briller avec de la cire en bombe aérosol dont vous imprégnerez le chiffon.

Agrafez les fils des haut-parleurs au mur avec des petits pontets électriques pour ne pas les écraser. Si les haut-parleurs sont placés loin de l'amplificateur, utilisez des câbles de section plus forte que ceux utilisés habituellement ($1{,}5\ mm^2$), et de préférence « blindés ». Dans tous les cas, les fils « droite » et « gauche » doivent avoir la même longueur.

Conservez aux enceintes leur beauté et leur efficacité : nettoyez périodiquement les prises d'air et les grilles, de préférence à l'aspirateur. Nettoyez aussi les grilles de ventilation des divers éléments de la chaîne. En s'y accumulant, la poussière peut provoquer des échauffements inconsidérés. Couvrez-les quand vous ne vous en servez pas.

Raccordez les divers éléments de votre chaîne avec des fils courts qui ne traîneront pas sur le plancher, ce qui réduira les risques de ronflement.

Pour prévenir les plaintes de vos voisins, placez votre chaîne stéréo dans une pièce où il y a beaucoup de tapis et de tentures épaisses. Ne posez pas les enceintes à même le sol ni contre les murs, mais sur des supports en rapport avec leur taille et leur poids.

LE MAGNÉTOSCOPE

Nettoyez périodiquement les têtes de lecture de votre magnétoscope. Vous savez que le moment est venu quand apparaissent sur l'écran des stries ou des points qu'aucun réglage ne peut éliminer.

Utilisez une cassette spéciale de nettoyage certifiée « non abrasive ». Si les défauts persistent à l'écran, faites un second nettoyage. En cas d'échec, faites réviser votre appareil.

N'exposez pas les vidéocassettes au soleil, à la chaleur, à l'humidité ; ne les soumettez pas à un champ magnétique puissant, en les posant sur le téléviseur ou les enceintes par exemple.

L'ORDINATEUR

Évitez les nettoyages trop fréquents de votre micro-ordinateur : mieux vaut agir de manière préventive et le protéger par une housse quand il ne sert pas. Si un nettoyage est vraiment nécessaire, appliquez avec un chiffon non pelucheux un nettoyant pour plastiques contre l'électricité statique. Ne pulvérisez surtout aucun produit sur les divers éléments de l'appareil.

Pour nettoyer entre les touches du clavier, utilisez des bâtonnets ouatés imprégnés du même produit.

Tous ces nettoyages doivent se faire après avoir débranché tous les éléments du « micro ». Laissez bien sécher avant de remettre le système en marche.

L'ENTRETIEN PIÈCE PAR PIÈCE : LE SÉJOUR

En faisant le ménage régulièrement, par petites séquences, vous évitez ou retardez les grandes séances d'entretien, qui sont longues et plus fatigantes. Pourtant, vous devrez de temps en temps faire le tour de la maison pièce par pièce.

Le séjour est une pièce très sollicitée car toute la famille y passe ses week-ends et ses soirées, y reçoit ses amis, y effectue différentes activités de loisir. De plus, c'est souvent la pièce où l'on prend les repas, quotidiennement ou occasionnellement.

Quand un invité fait un dégât sur la nappe au cours d'un dîner, épongez tout de suite avec des essuie-tout. Dès la fin du repas, nettoyez la tache selon sa nature, en vous reportant aux méthodes indiquées aux pp. 284-285 ; nettoyez sous la table avec le balai mécanique.

Après un dîner aux chandelles, pour enlever les dépôts de cire sur les chandeliers, mettez-les dans le congélateur au moins une heure. La cire s'enlèvera d'un bloc. Lavez ensuite les chandeliers. Si vous n'avez pas le temps d'attendre, passez les chandeliers sous l'eau la plus chaude possible ; quand

LE TÉLÉPHONE : QUE FAIRE EN CAS DE PANNE ?

Si vous éprouvez des difficultés avec votre appareil, voici ce qu'il faut vérifier avant d'appeler un spécialiste.

1. Débranchez tous les accessoires téléphoniques comme, par exemple, un répondeur. Vérifiez le cordon qui va du mur à l'appareil de téléphone ainsi que le cordon du combiné. Sont-ils bien branchés ?

2. Si vous avez un deuxième appareil, vérifiez s'il fonctionne. Si c'est le cas, ce n'est pas la ligne qui est en mauvais état, mais le premier appareil.

3. Si vous avez plusieurs prises de téléphone, branchez l'appareil sur une autre prise. Si le téléphone fonctionne, la défectuosité se situe à l'intérieur de la première prise.

4. Si vous n'avez qu'une prise, vous ne pouvez pas procéder à cette vérification chez vous. Prenez votre appareil et allez l'essayer chez un ami ou un voisin. Tout va bien ? C'est donc la prise ou la ligne qui est en défaut.

5. Lorsque vous louez l'appareil de téléphone aux Télécom et que de toute évidence celui-ci, ou son fil, présente un défaut, appelez-les. Si l'appareil est à vous, consultez votre garantie ou communiquez avec la boutique où vous l'avez acheté.

6. Par contre, si la panne se produit dans la ligne ou dans les fils internes des prises, prévenez le service de réparations à partir d'une cabine. Qu'ils soient obligés de venir chez vous ou non, les techniciens interviendront rapidement.

PROBLÈMES D'ANTENNE

Quand, en dépit d'une antenne de toit, la réception des émissions sur votre téléviseur est continuellement défectueuse, essayez en premier lieu d'en déterminer la cause (la réception peut être troublée occasionnellement par les brouillards épais, les orages, les chutes de neige...) :
— antenne mal orientée ;
— antenne non adaptée aux canaux d'émission de l'émetteur qu'elle capte ;
— mauvais contact dans les raccords et les prises du câble ;
— proximité de l'émetteur nécessitant la mise en place d'un atténuateur (petit élément à brancher simplement entre la prise et la fiche du câble d'antenne) ;
— antenne non équipée d'un amplificateur (indispensable dans les régions de faible réception).

ATTÉNUATION DE LA RÉCEPTION

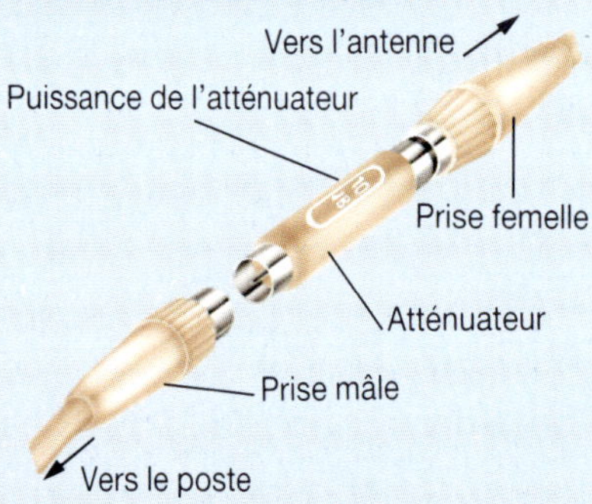

A titre expérimental, faites un essai avec une antenne électronique intérieure alimentée sur secteur ou sur batterie (antenne de caravane par exemple). Si la réception est bonne, c'est votre antenne de toit qui est défectueuse ou mal placée : faites-la remplacer... ou gardez l'antenne intérieure.

Avant tout appel à un installateur, vérifiez les contacts du téléviseur, l'état des fiches et des prises de câble, le séparateur (si la radio F.M. est branchée sur l'antenne). Inspectez aussi les fixations de l'antenne et du fil de descente sur le mur : si le câble ballotte au gré des vents, les signaux que reçoit le téléviseur s'en ressentent.

la cire est molle, enlevez-la avec le doigt et un chiffon.

Une bougie a-t-elle coulé sur votre table de salle à manger ? Grattez la cire avec votre ongle ou une spatule de plastique. Faites entrer dans le bois la cire qui reste en polissant avec un chiffon doux.

Sur la nappe, frottez la tache avec un cube de glace pour solidifier la cire et enlevez-la avec une spatule de plastique. Mettez la tache entre des épaisseurs de serviettes de papier et appuyez dessus un fer tiède. Changez les serviettes dès qu'elles s'imprègnent de cire. Terminez le nettoyage avec un détachant à vêtements, toujours en épongeant, et frottez ensuite avec un peu de détergent liquide concentré. Lavez la nappe sans tarder.

SOIGNEZ VOS BOUQUETS

Pour remplacer la masse spongieuse verte, généralement commercialisée sous le nom d'Oasis, dans laquelle les fleuristes disposent les fleurs coupées, déposez dans vos vases des billes de verre qui retiendront les tiges. Dans les vases ou coupes de verre transparent, choisissez des billes incolores ou uniformément teintées pour un meilleur effet décoratif.

Lorsque vous souhaitez disposer des fleurs à longues tiges dans un vase à large col, placez dans celui-ci un tampon de grillage bien serré qui fera office de pique-fleurs. Une autre solution, à réserver aux récipients opaques, est de les remplir de billes d'argile expansée que l'on trouve dans le commerce pour garnir les bacs de plantes vertes en hydroponie.

Pour ranimer les fleurs qui piquent du nez, plongez l'extrémité des tiges, sur 10 cm environ, dans l'eau chaude et recoupez, sous l'eau, la base des tiges : en rétablissant la circulation de l'eau vers la fleur, vous la verrez se redresser.

La sève des narcisses contient une substance qui provoque le flétrissement des autres fleurs ; évitez donc les bouquets associant narcisses et autres espèces et regroupez plutôt différents coloris et formes de narcisses (ou de jonquilles). Si vous tenez au bouquet mixte, faites d'abord tremper les narcisses à part pendant 24 heures avant de les rajouter au bouquet.

DES FLEURS FRAICHES PLUS LONGTEMPS

Cueillez les fleurs à l'aube ou au crépuscule. Mettez du papier absorbant mouillé autour des tiges durant la cueillette ou plongez-les immédiatement dans un récipient plein d'eau.

De retour à la maison, coupez les tiges en biseau avec un couteau tranchant (les ciseaux écrasent les tiges, empêchant l'eau de monter). Disposez les fleurs dans de l'eau à la température ambiante.

En disposant les fleurs dans un pot ou un vase propre, supprimez toutes les feuilles sous le niveau de l'eau.

Pour prévenir la déshydratation, gardez les bouquets loin des courants d'air, des ventilateurs et des radiateurs, ne les mettez pas au soleil.

SOIGNEZ VOS PLANTES VERTES

Rempotez quand c'est nécessaire. Dépotez la plante une fois par an et examinez la motte ; si les racines sont enroulées serré, la plante est à l'étroit dans son pot.

Choisissez un pot bien propre et d'une taille seulement au-dessus du précédent ; il y a trop d'humidité dans un plus grand pot et la plante peut en mourir prématurément.

Lorsque vous partez en vacances, regroupez toutes vos plantes dans une pièce qui reste éclairée : placez des récipients remplis de billes d'argile expansée à l'endroit le plus clair, sans

INSECTES RAVAGEURS DES PLANTES D'INTÉRIEUR

Insecte	Description	Remède
Puceron 	Insecte de 1,5 mm, vert, noir, jaune ou rose à corps piriforme et longues pattes	Pulvérisations de roténone deltaméthrine, ou cyperméthrine
Moucheron des champignonnières 	Mouche de 1,5 mm Larve	Pulvérisations de malathion ou bromophos. Rempoter en terre stérile après avoir nettoyé les racines à l'eau
Cochenille farineuse 	Insecte de 3 mm, couvert d'un duvet blanc ; immobile	Pulvérisations de malathion, diazinon ou diméthoate ; enlever à la main ou avec coton-tige et alcool
Cochenille 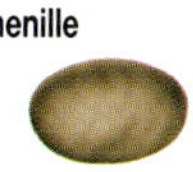	Insecte à carapace de 3 mm, blanc, brun ou noir ; peu mobile	Pulvérisations d'oléomalathion
Limace 	Mollusque jaune, orange, gris, brun ou noir, sans coquille, de 1,5 à 12,5 cm	A enlever à la main
Araignée rouge 	Petite araignée noire, blanche ou rouge à peine visible	Pulvérisations de dicofol ou de diméthoate
Mouche blanche 	Insecte blanc, volant, de 1,5 mm, appelé aussi aleurode	Pulvérisations de deltaméthrine ou de cyperméthrine toutes les semaines

pour autant les exposer directement aux rayons du soleil. Ajoutez de l'eau jusqu'à ce qu'elle recouvre les billes et posez-y vos pots. Ils seront ainsi alimentés en eau par capillarité, et les plantes bénéficieront d'une atmosphère humide. Cette technique peut permettre d'alimenter vos plantes pendant une bonne quinzaine de jours, et même plus si le temps n'est ni trop chaud ni trop sec.

Si votre plante suspendue n'a pas de soucoupe, accrochez un bonnet de douche dessous pendant l'arrosage. L'eau en trop s'y accumulera sans rien endommager autour.

Les feuilles lisses se couvrent de poussière. Lavez-les doucement avec du détergent à vaisselle dilué.

Si par malchance une de vos plantes se trouve infestée de parasites, jetez-la sans tarder ; sinon elle contaminerait les autres.

LES CHAMBRES

La plus exposée aux dégâts est la chambre des enfants. Facilitez-leur — et facilitez-vous — la vie en choisissant des matériaux faciles à entretenir. Ne mettez pas de moquette à moins qu'elle ne soit traitée antisalissures. Un revêtement de sol plastique à épaisse sous-couche de mousse sera plus facile à entretenir tout en étant très confortable et bien insonorisant.

Ne faites pas votre lit en vous levant ; attendez 20 minutes. Tirez les couvertures vers le pied pour exposer le drap du dessous ; il s'aère, et l'humidité laissée par votre corps s'évapore. En effet, il faut savoir que le corps perd environ l'équivalent de trois tasses d'eau par nuit. Pour assainir le couvre-lit, les couvertures et les oreillers, mettez-les de temps en temps dans le sèche-linge. Laissez-les-y 20 minutes.

Il est plus aisé de faire un lit s'il est monté sur roulettes ; on peut alors l'éloigner du mur ou le sortir facilement d'un angle. Si la chambre est spacieuse, tirez-le au centre de la pièce pour pouvoir circuler autour. Quand le lit ne peut être bougé, mieux vaut le placer de façon à laisser au moins 60 cm de dégagement de chaque côté.

Les couettes doivent être secouées chaque jour pour répartir le garnissage, et aérées une fois par semaine. Ne les donnez pas à nettoyer car les solvants utilisés pour le nettoyage industriel auraient du mal à disparaître, ce qui crée un risque d'intoxication. Mieux vaut les faire tremper dans la baignoire, dans une eau savonneuse. Rincez plusieurs fois. Laissez bien égoutter avant de les essorer à la machine. Si vous avez un sèche-linge électrique, elles sécheront rapidement. Traitez-les une à une, bien sûr.

Les matelas doivent être protégés d'une alaise de coton. Lavez-la à la machine tous les 2 ou 3 mois et en cas d'accident.
Si le matelas a été taché de sang, imbibez la tache d'un emplâtre fait d'amidon et d'un peu d'eau. Laissez sécher puis grattez avec une lame de couteau.

Une fois par mois, passez le matelas et le sommier à l'aspirateur dessus et dessous. Insistez sur les capitons, s'il s'agit d'un matelas de laine. S'il vous paraît sale, nettoyez-le avec une mousse sèche à moquette. Laissez sécher complètement avant de refaire le lit.

Tous les 15 jours, retournez les matelas de laine, alternativement la tête à la place des pieds et le dessus dessous.

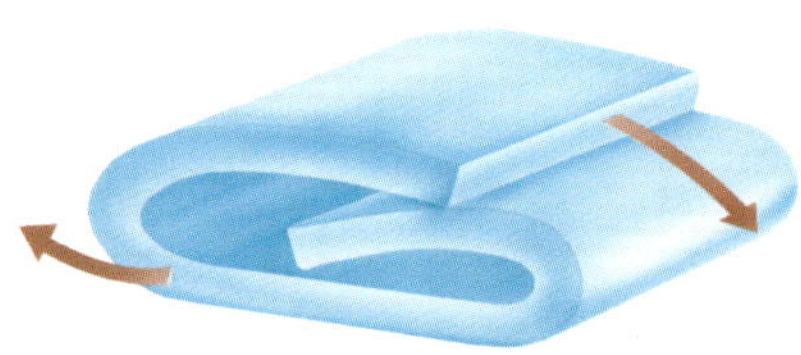

De cette façon, le matelas s'use uniformément. Les matelas à ressorts ne se retournent qu'aux changements de saison (face hiver et face été). Profitez de la manœuvre pour mettre la tête à la place des pieds. Un jour de soleil, aérez les matelas plus longuement. Cela élimine les odeurs et désinfecte.

Le linge de lit se change environ tous les 15 jours. Mettez sous la pile des draps ceux qui viennent d'être lavés. Pour faire les lits, prenez ceux du dessus ; cette rotation des draps et taies d'oreiller répartit également l'usure entre tous.

Les oreillers seront protégés par une sous-taie, distincte de la taie d'oreiller, qui se change toutes les semaines. La sous-taie se change moins souvent.

Choisissez-les en fonction de l'usage auquel vous les destinez. Pour lire au lit, prenez un oreiller ferme ; pour dormir, prenez-en un souple. Dans la station couchée, l'oreiller sert à placer la tête dans le prolongement des épaules et de la colonne vertébrale, comme dans la station debout. C'est ce qui détermine son épaisseur.

Pour restaurer un oreiller de plume ou de duvet, lavez-le à la machine, à cycle délicat, avec de l'eau tiède et la moitié de la quantité normale d'un détergent très doux. Séchez-le au sèche-linge réglé sur doux. Accumulez la plume ou le duvet à un bout en secouant l'oreiller ; ouvrez la couture à l'autre bout et rajoutez de la plume ou du duvet.

Refermez. Prenez la précaution de fermer les fenêtres pour que les plumes ne volent pas.

Les personnes souffrant d'allergies préfèrent les oreillers de polyester. Leur degré de souplesse varie, mais ils ne peuvent rivaliser, pour le moelleux et le gonflant, avec les oreillers de plume ou de duvet, plus allergènes cependant. Si vous souffrez de douleurs cervicales, choisissez un oreiller plat spécialement étudié.

LA CUISINE

C'est la pièce qui demande le plus d'entretien. Il sera limité si elle est bien ventilée. Pensez à brancher la hotte quelques instants avant de débuter des cuissons grasses ou dégageant de la vapeur. Laissez-la fonctionner après la fin de la cuisson.

Pour l'entretien des ustensiles, la règle de base est de faire tremper. Utilisez une raclette à pare-brise pour décoller les aliments ou les déchets sur le sol ou les plans de travail. De temps en temps, mettez dans le panier à couvert du lave-vaisselle les éponges, tampons, brosses à vaisselle. Ils en ressortiront propres et auront une agréable odeur.

Nettoyez les plans de travail après chaque préparation avec une éponge et du détergent. Désinfectez-les de temps en temps à l'eau de Javel, surtout après y avoir découpé de la viande ou du poisson. Les carreaux du plan ou des murs seront très bien nettoyés et désinfectés avec une machine à projection de vapeur.

Raclez soigneusement, après chaque usage, le billot de bois ou la planche à découper pour éviter la formation de bactéries ; frottez-les de temps en temps avec du sel ou une pâte de bicarbonate de soude. Pour neutraliser l'odeur d'ail ou d'oignon, frottez la planche avec du jus de citron. Rincez et asséchez. Certaines personnes accordent une valeur décorative aux petites stries laissées par les couteaux sur le bois. Il faut cependant poncer et huiler les entailles profondes.

Un évier en grès se nettoie facilement à l'eau détergente, éventuellement avec une poudre abrasive ou de l'eau de Javel détergente.

Nettoyez un **évier en émail** en le remplissant d'eau tiède additionnée d'un peu d'eau de Javel. Si, après 1 heure environ, les taches n'ont pas disparu, videz l'évier et garnissez-le de serviettes de papier imbibées d'eau de Javel pure ; laissez en place 8 à 10 heures.

Ne mettez pas d'eau de Javel sur l'émail vieux, poreux ou fissuré. En atteignant la base en fer, la Javel la ferait rouiller et provoquerait ainsi de nouvelles taches.

Évitez les poudres abrasives sur un **évier en acier inoxydable.** Prenez plutôt de l'eau chaude savonneuse. Séchez ensuite pour enlever les marques de doigts ou d'eau. Il existe des poudres et des liquides spéciaux pour l'inox.
Pour le faire briller davantage, nettoyez-le de temps à autre avec du lave-vitres ou une pâte de bicarbonate de soude. S'il est éraflé ou légèrement piqué, frottez-le doucement avec de la laine d'acier très fine, puis faites-le reluire avec un chiffon doux.

L'évier en résine de synthèse s'entretient simplement à l'eau savonneuse, éventuellement javellisée. S'il est rayé, vous pouvez le repolir avec un produit spécial pour ces matériaux, ou une pâte pour les cuivres.

Laisser séjourner des ordures dans la poubelle présente un risque de pollution. Videz chaque jour la poubelle et nettoyez-la avec de l'eau javellisée. Laissez sécher à l'air et au soleil. Pour éviter qu'elle se salisse, garnissez-la d'un sac en plastique que vous jetterez avec les ordures.

Si vous avez un broyeur d'évier et qu'il dégage de mauvaises odeurs, mettez-le en marche et jetez-y des peaux d'orange, de pamplemousse ou de citron en laissant couler l'eau.

Si vous vous êtes procuré un compacteur, il vous faut l'entretenir. S'il sent mauvais par exemple, videz le bac, nettoyez-le. Désormais, n'y jetez pas d'ordures à fortes odeurs telles que couches de bébé, restes de poisson...

Sur certains appareils une déodorisation s'effectue automatiquement à chaque compactage. Pensez à renouveler l'aérosol.

Gardez les siphons propres en faisant couler de l'eau très chaude après chaque usage. Une fois par semaine environ, jetez-y une poignée de bicarbonate de soude et ajoutez de l'eau bouillante. Autre méthode : versez une tasse de vinaigre, attendez 30 minutes, puis laissez couler de l'eau très chaude pour rincer.

Versez l'huile de cuisson dans une boîte à conserve vide, jamais dans la vidange d'eau. Faites-en autant avec le marc de café ou les déchets en petits grains.

Allez à la pêche aux épingles à cheveux ou aux bijoux qui sont tombés dans la vidange. Attachez un petit aimant au bout d'une corde raide. Si vous échouez, ouvrez le siphon sous l'évier et retirez les objets qui l'obstruent (voir p. 103).

Pour dégager les siphons paresseux, employez d'abord une ventouse. Puis utilisez un nettoyeur chimique si l'eau s'écoule un peu. Ne faites jamais l'inverse. Sachez que ces produits très caustiques sont dangereux pour la peau (voir p. 103). Suivez les instructions à la lettre.

Un nettoyeur haute pression peut aussi être très efficace pour déboucher un siphon.

FAIRE LA VAISSELLE

En l'absence de lave-vaisselle, simplifiez-vous le travail en débarrassant les assiettes de tous les déchets et en mettant à tremper les plats et les casseroles dès qu'ils sont vides. Procédez par ordre : lavez d'abord les verres, les couverts, les assiettes, et en dernier les ustensiles de cuisson. Essuyez les poêles avec un papier absorbant avant de les laver. Si des ustensiles en plastique sont tachés, faites-les tremper dans une eau javellisée. Puis rincez.

Avec un lave-vaisselle, la préparation est la même. Soyez particulièrement attentif au prénettoyage des assiettes lorsqu'il s'agit de couscous et de riz. Méfiez-vous des allumettes laissées dans les sous-tasses, des arêtes de poisson, des noyaux de cerises. Ne mettez au lave-vaisselle ni les objets

COMMENT DÉBOUCHER UN SIPHON

1. Enlevez le bouchon et la crépine. Retirez tout ce qui peut obstruer le haut du tuyau ou la crépine. L'eau ne s'écoule pas ? Mettez un chiffon mouillé dans le trop-plein (s'il y en a un) et remplissez à moitié l'évier d'eau.

2. Posez une ventouse sur la vidange et pompez vigoureusement 10 fois. Au dernier coup, retirez la ventouse d'un coup sec. Si l'eau s'écoule vite, le siphon est débouché. S'il y a encore des signes d'obstruction, recommencez l'opération.

3. Quand cette méthode ne donne pas satisfaction, force vous est de passer par le siphon sous l'évier. Dévissez le bouchon du siphon et recueillez l'eau dans un seau.

4. S'il n'y a pas de bouchon, enlevez le siphon entier en dévissant les deux écrous de raccord, celui du haut en premier. Nettoyez la vidange à la main ou avec du fil de métal. Remettez le bouchon ou le siphon.

5. C'est toujours l'échec ? Procurez-vous un furet à la quincaillerie. Introduisez-le avec un mouvement de torsion vers la droite, puis tirez et poussez dans le siphon de manière à déloger ce qui l'obstrue.

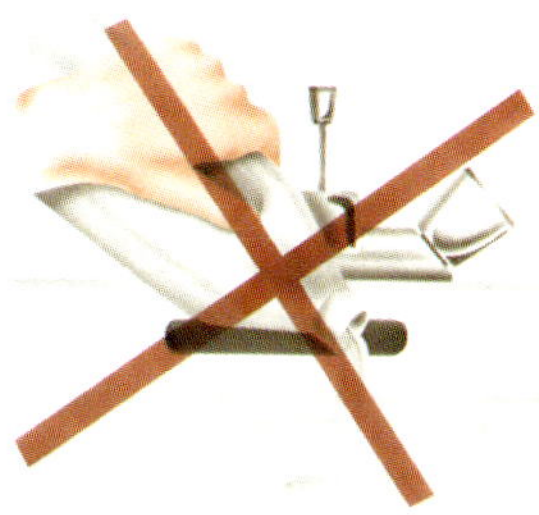

6. Si le siphon est toujours bouché, faites venir un plombier. N'utilisez sous aucun prétexte un produit chimique. Vous risqueriez de vous brûler gravement la peau et de compliquer la tâche du plombier.

en bois, ni la porcelaine ancienne ou garnie d'un filet doré ou argenté, ni les couteaux à manche collé. N'y mettez pas non plus les poêles ou cocottes en fer ou en fonte. Certains plastiques se ramollissent à l'eau trop chaude.

Nettoyez le filtre tous les jours. Une ou deux fois par an, faites fonctionner l'appareil à vide, avec un nettoyant spécial. Dégraissez souvent le joint de la porte avec de l'eau savonneuse.

L'ÉLECTROMÉNAGER

Vos appareils électroménagers brilleront de propreté si vous les essuyez régulièrement avec un chiffon trempé dans de l'eau chaude savonneuse et bien essoré ; rincez et séchez ensuite pour effacer les marques d'eau. De temps à autre, appliquez une crème pour surfaces émaillées.

Frottez soigneusement les parties chromées avec un chiffon souple humecté d'alcool à brûler.

Si des éléments chromés ont rouillé, voici comment leur redonner leur éclat. Enroulez du papier d'aluminium autour de votre doigt, côté brillant à l'intérieur, et frottez la tache de rouille. Quand elle a disparu, polissez avec un linge humide.

Déplacez les appareils pour nettoyer derrière et dessous. Débranchez bien sûr les appareils avant d'effectuer ce nettoyage.

LA HOTTE

Elle s'essouffle facilement si vous oubliez de changer ou de nettoyer le filtre. Faites-le environ tous les 3 mois. Changez les filtres à charbons actifs selon les conseils du fabricant.

Ne faites pas fonctionner la hotte si vous faites flamber une préparation. Si le feu prend dans une poêle alors que la hotte fonctionne, arrêtez la hotte, puis couvrez la poêle. Si la hotte s'enflamme, arrêtez-la, puis étouffez le feu avec une serpillière humide.

LA CUISINIÈRE

Mettez les brûleurs à gaz à tremper dans une eau détergente. Débouchez bien tous les orifices avec une épingle. Laissez sécher à fond avant de les replacer. Mettez de temps en temps au lave-vaisselle les brûleurs s'ils sont émaillés, les boutons de brûleur, et même les grilles, à plat sur les paniers, sans vaisselle.

Essuyez les aliments répandus et les éclaboussures de gras sur la table de cuisson de votre cuisinière électrique pendant qu'elle est tiède, avec une éponge ou un chiffon imbibé d'eau chaude savonneuse.

Vous n'avez pas besoin de nettoyer les plaques électriques. Allumez-les au plus fort : les déchets brûleront. Si les dégâts sont importants, ramassez ce que vous pouvez quand l'élément est froid. Le reste brûlera au prochain usage.

La table de cuisson en vitrocéramique est assez fragile et doit être nettoyée d'un coup d'éponge après chaque usage. Évitez de traîner les ustensiles rugueux sur sa surface. Il existe des produits spécifiques pour l'entretien de ces plaques.

LE FOUR

S'il est autonettoyant, prenez malgré tout des précautions : évaluez bien la taille des plats pour éviter les débordements. Ne faites pas rôtir des volailles trop imposantes. Limitez les projections de graisse chaude en utilisant des plats à four en matériau plutôt mat que brillant.

Un four à air pulsé se salit moins qu'un four à convection naturelle. Toutefois il faut de temps en temps nettoyer la turbine du ventilateur placé sur la paroi arrière du four.

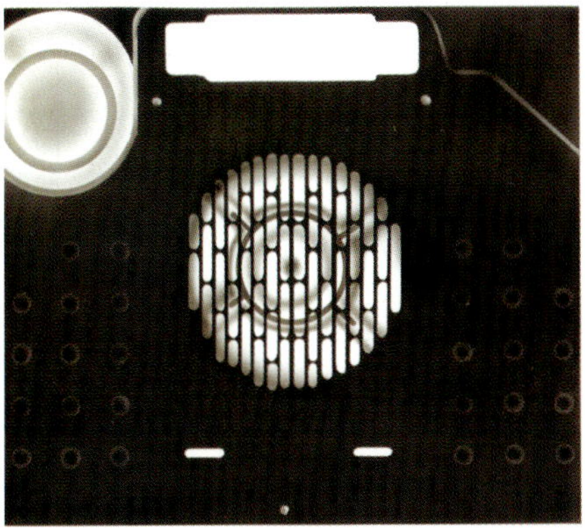

Suivez à ce sujet les indications du fabricant ; elles vous permettront de faire vous-même cette opération.

Un four à pyrolyse se nettoie automatiquement quand il devient trop sale, par programmation du nettoyage à la fin d'une cuisson. Il reste à éliminer la fine poussière à l'ouverture du four.

Si votre four n'est pas autonettoyant, empêchez-le de s'encrasser en l'essuyant de temps à autre avec du papier ou une éponge imbibée d'eau savonneuse. Le gras répandu durcit avec le temps et fait des bulles quand vous allumez le four.

Pour le nettoyer, utilisez un produit en aérosol ou liquide. Laissez agir le temps indiqué avant de rincer à l'éponge. Protégez-vous les yeux et les mains : ces produits sont toxiques et très corrosifs. Le four étant propre, retardez son réencrassement en l'habillant de feuilles de papier d'aluminium pour les cuissons salissantes.

Faites tremper les grilles et les plaques dans une solution d'eau chaude et d'ammoniaque ou fortement dosée en lessive Saint-Marc. N'utilisez pas d'objets agressifs pour l'entretien des plaques émaillées.

LE FOUR A MICRO-ONDES

Essuyez aussitôt avec une serviette de papier mouillée les aliments qui s'y sont répandus. Ne les grattez pas avec un ustensile métallique ; le métal endommagerait l'intérieur du four.

De temps à autre, désodorisez et nettoyez le four à micro-ondes. Quand il est éteint et froid, lavez les surfaces intérieures avec 4 cuillerées à soupe de bicarbonate de soude délayées dans 1 litre d'eau chaude.

N'utilisez jamais un produit de nettoyage pour four ordinaire pour un four à micro-ondes. Il existe des produits spécifiques.

LE RÉFRIGÉRATEUR

Y a-t-il une pellicule de poussière graisseuse sur le dessus du réfrigérateur ? Traitez-la avec un produit concentré tous usages ou diluez 1 volume d'ammoniaque dans 10 volumes d'eau. Quand la pellicule s'est dégagée, essuyez avec des serviettes de papier. Terminez avec une couche de polish pour rendre le nettoyage plus facile par la suite.

Si vos enfants ont pris la porte du réfrigérateur pour une planche à dessin, vous enlèverez leurs graffiti avec de l'essence à briquet. Lavez ensuite la porte au savon, rincez et séchez.

L'intérieur du réfrigérateur doit être nettoyé très souvent. Chaque fois que vous le dégivrez, si c'est un ancien modèle. Les appareils actuels ont un dégivrage automatique ; ce n'est pas une raison pour oublier de les entretenir. Tous les 15 jours environ, videz le contenu, enlevez toutes les clayettes, bacs et accessoires, et mettez-les à tremper dans l'évier. Pendant ce temps, nettoyez les parois à l'éponge avec une eau vinaigrée. Une solution composée de 1 litre d'eau tiède additionnée de 1 cuillerée à soupe de bicarbonate de soude nettoie également, en même temps qu'elle désodorise. Replacez les accessoires propres et secs. Vérifiez le contenu des boîtes et remettez les denrées en place. Tout cela doit être fait très vite. Deux fois par an, dépoussiérez à l'aspirateur l'évaporateur et le groupe compresseur placés à l'arrière.

Si le réfrigérateur-congélateur semble fuir, débouchez la goulotte de dégivrage placée à l'intérieur de l'armoire. Pour cela, utilisez un fin fil de fer de fleuriste, qui va suivre le conduit jusqu'à l'arrière de l'appareil où il débouchera.

LE CONGÉLATEUR

Qu'il s'agisse d'un compartiment trois ou quatre étoiles ou d'un grand congélateur, le principe est le même. Si vous n'ouvrez la porte que rapidement et rarement, le givrage sera peu important. Une ou deux fois par an, quand il est peu rempli, vous devrez pourtant débrancher l'appareil, le faire dégivrer et le nettoyer. Faites dégivrer rapidement, porte ouverte, après avoir sorti et emballé les aliments congelés dans une couverture, ou, mieux, dans une glacière contenant des blocs de glace. N'utilisez ni lame ni objet pointu pour accélérer l'opération. Seule une palette en plastique peut vous aider à détacher la glace fondante. Nettoyez le joint de porte et la carrosserie extérieure à l'eau savonneuse.

Avant de recharger le congélateur, faites-le fonctionner au maximum 1/2 heure. Ne faites pas de congélation avant 24 heures.

LES PETITS APPAREILS MÉNAGERS

Quels qu'ils soient, ils doivent être très propres. Suivez pour leur entretien les conseils du fabricant.

La **cafetière** sera détartrée environ une fois par mois. Procédez comme pour faire du café, mais en remplissant le réservoir soit d'eau et de vinaigre d'alcool en proportion égale, soit en ajoutant à l'eau un produit détartrant pour cafetière. Pour rincer, répétez l'opération deux fois avec de l'eau claire.

Si le porte-filtre en matière plastique a jauni, mettez-le dans le lave-vaisselle, ou faites-le tremper dans une eau javellisée.

Le **grille-pain** se remplit de débris carbonisés. Dévissez le fond, secouez l'appareil, utilisez un pinceau pour atteindre les recoins. Un sèche-cheveux peut vous aider à déloger les miettes.

Le **robot de cuisine,** le presse-agrumes, le centrifugeur à jus de fruits, le hachoir servent quotidiennement. Ils ne doivent pas conserver d'odeur. Pour cela, faites souvent tremper bols et accessoires dans une eau javellisée. Nettoyez les recoins du bloc moteur avec un bâtonnet ouaté.

Nettoyez les fils des appareils en les frottant avec une éponge imbibée d'un détergent ammoniaqué.

Ne plongez jamais les blocs moteur dans l'évier. Ne les lavez pas sous le robinet, mais seulement à l'éponge humide, une fois débranchés.

LES USTENSILES

Lavez et brossez à l'eau chaude, à laquelle vous avez ajouté du détergent à vaisselle, les **bouteilles isolantes** à ampoule en verre. Rincez et laissez sécher à l'envers. Ne les plongez pas dans l'eau. Ne les refermez pas hermétiquement.
Si elles ont gardé des odeurs de boissons ou sentent le renfermé, remplissez-les d'eau chaude avec 1 cuillerée à soupe de bicarbonate de soude. Laissez reposer 20 minutes, brossez, rincez et laissez sécher.

Lisez soigneusement les instructions du fabricant avant de mettre dans le lave-vaisselle les **casseroles et les poêles** émaillées. Si des aliments y ont collé, enlevez-les auparavant avec des produits non abrasifs. Faites tremper la fonte émaillée blanche qui est tachée dans de l'eau chaude additionnée d'un peu d'eau de Javel.

Empilez les casseroles et les poêles antiadhésives en intercalant des serviettes de papier. Ne les couvrez pas, pour éviter rouille, moisissure et odeur de renfermé.

Avec les antiadhésifs, utilisez, pour remuer les aliments ou pour servir, des ustensiles de bois ou de plastique. Ne les exposez pas à des températures supérieures à 230° C.

S'ils sont tachés, faites-y bouillir une tasse d'eau avec 2 cuillerées à soupe de bicarbonate de soude ou nettoyez-

L'AIGUISAGE DES COUTEAUX AU FUSIL

Pour les couteaux utilisés sur toute la longueur.

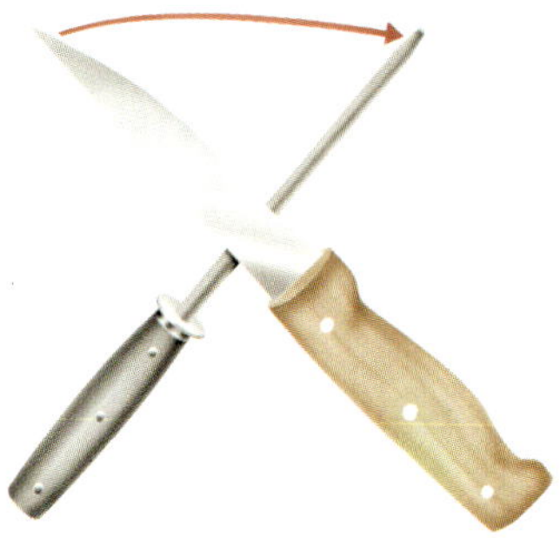

1. Faites glisser la totalité de la lame sur toute la longueur du fusil.

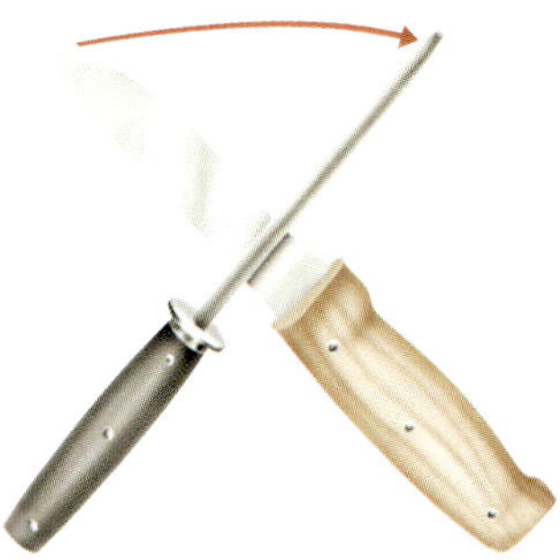

2. Recommencez de la même manière mais en plaçant la lame sous le fusil.

Pour les couteaux à désosser dont on utilise surtout la pointe.

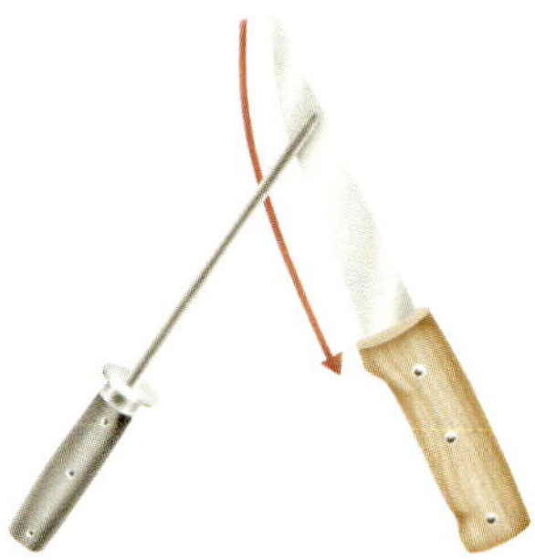

1. Tenez le fusil fixe et faites glisser la pointe du couteau vers vous, sur l'extrémité du fusil.

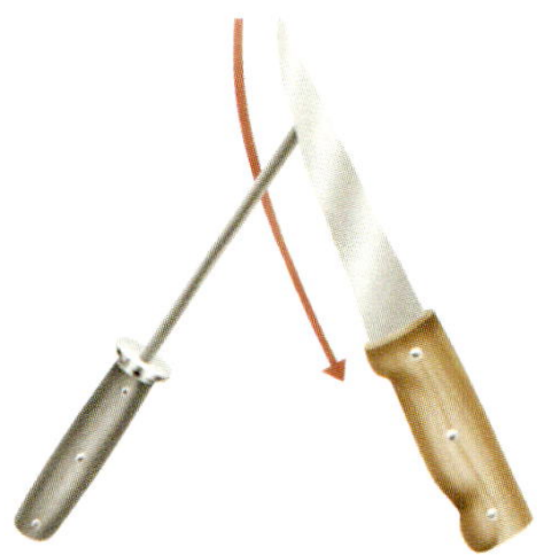

2. Travaillez rapidement, une fois dessus, une fois dessous.

les à l'eau de Javel. Ensuite, enduisez-les d'un peu de graisse végétale ou d'huile de table.

L'aluminium retrouve son éclat si vous y faites cuire un aliment acide : tomates, rhubarbe, pomme ou vinaigre.

Les taches de café ou de thé disparaissent si vous faites tremper tasses, cafetière ou théière dans une solution composée de 2 cuillerées à soupe d'eau de Javel par tasse d'eau. Autre méthode, faites-les tremper 12 heures dans un litre d'eau chaude additionnée de 2 cuillerées à soupe de détergent à lave-vaisselle.

Pour garder vos **couteaux** en bon état, ne vous en servez pas pour remuer des aliments très chauds : la chaleur endommage certaines lames.

Si le fabricant n'indique pas clairement que vous pouvez mettre les couteaux dans le lave-vaisselle, lavez-les à la main tout de suite après usage. Ne les laissez pas tremper ; l'eau endommage et décolle les manches en bois. Séchez-les bien avec un torchon.

Les couteaux-scies coupent grâce aux entailles entre les dents de la lame. Faites-les aiguiser par des spécialistes seulement — ou ne les aiguisez pas.

LA SALLE DE BAINS : LA SÉCURITÉ

La présence d'eau, d'électricité, d'un sol carrelé et d'appareils sanitaires souvent glissants aggravent les risques d'accident. Il faut donc redoubler de prudence.

Lorsqu'il s'agit des installations électriques, les salles d'eau se divisent en trois zones.

Le volume enveloppe est formé par les bords de la baignoire, et, en hauteur, va du sol jusqu'à 2,25 m au-dessus du fond de la baignoire ou du bac à douche. Dans cette zone, ni appareils électriques, ni prises, ni interrupteurs ne sont acceptés. Seul un chauffe-eau est toléré, et sous certaines conditions seulement.

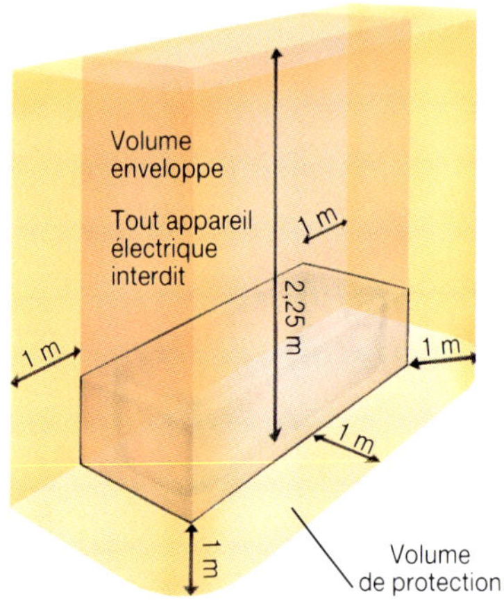

Le volume de protection entoure la baignoire et le bac à douche jusqu'à 1 m des bords. On peut y installer des appareils électriques d'éclairage ou de chauffage à condition qu'ils portent les symboles de double isolation et de protection contre l'eau (⧈). L'installation des appareils est réglementée.

Dans le volume restant sont acceptés les interrupteurs sans partie métallique accessible, les prises de courant avec contact de terre ou transformateur de séparation et placées au minimum à 25 cm au-dessus du sol.

La réglementation est donc précise, et vous devez vous y soumettre. Dans tous les cas, n'utilisez ni le téléphone ni le sèche-cheveux quand vous êtes dans votre bain.

Les baignoires et les douches modernes limitent les risques de chute grâce à leurs poignées incorporées et à leur fond antidérapant.

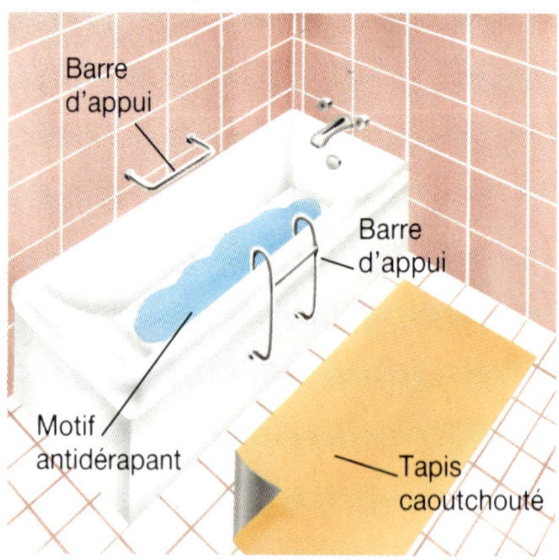

Si les vôtres sont anciennes, fixez des poignées au mur de la baignoire, des barres d'appui dans la douche, et placez dans le fond un tapis ou des motifs à ventouses.

Ne vous enfermez pas dans la salle de bains, ou choisissez une fermeture déverrouillable de l'extérieur.

Pour éviter les brûlures dues à de l'eau trop chaude, ouvrez en premier l'eau froide, puis l'eau chaude. Fermez l'eau chaude en premier. N'entrez jamais dans un bain sans en apprécier d'abord la température. Cela est d'autant plus vrai quand il s'agit du bain des enfants.

La meilleure façon d'éviter les brûlures est de régler le thermostat du chauffe-eau à 60°. Si l'eau devient brûlante sous la douche quand quelqu'un actionne la chasse d'eau, installez un mitigeur thermostatique, qui maintient la température quels que soient les prélèvements.

QUAND UN ROBINET FUIT

Si l'eau goutte du bec d'un robinet fermé, il faut remplacer le clapet. Fermez d'abord le robinet d'arrêt général, ouvrez le robinet qui goutte et protégez le chrome avec du ruban d'électricien.
(Si le robinet comporte une rotule, ou une cartouche en céramique, remplacez la pièce ; on en trouve dans les quincailleries ou les magasins d'articles de plomberie. Sinon, appelez le fabricant.)

1. Démontez le croisillon du robinet (la vis peut être cachée par une pastille de couleur rouge ou bleue).

2. Desserrez l'écrou situé le plus près du corps de robinet. Dévissez-le complètement pour extraire le mécanisme.

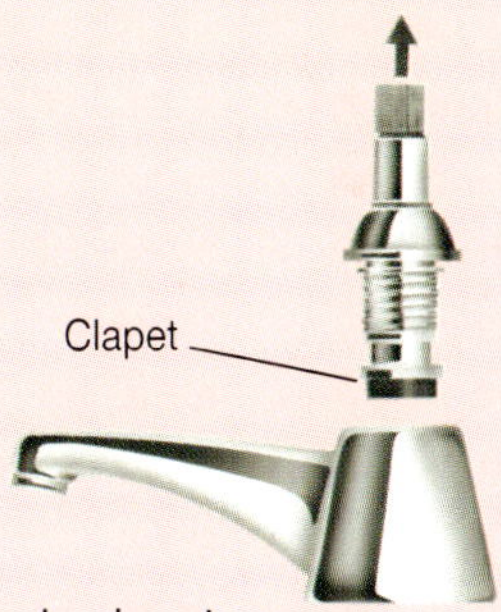

3. Changez le clapet.

Avant de remonter le robinet, enduisez toutes les pièces internes d'une graisse aux silicones ; elle assure l'étanchéité et facilite le remontage.
Si le siège (partie métallique à l'intérieur du robinet où vient s'appuyer le clapet) est entartré ou corrodé, nettoyez-le avec un rodoir... mais jamais avec un couteau ou un tournevis ! Vous risquez de l'endommager et le robinet fuirait continuellement. Lisez bien la notice d'emploi du rodoir et adaptez-y l'embout convenant au diamètre du siège de votre robinet.

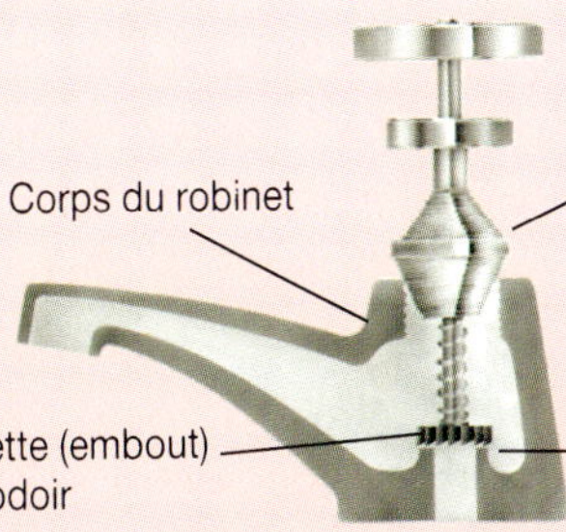

Pour le sol, préférez des petits carreaux car les joints plus nombreux forment une surface antidérapante. Ou placez un tapis à l'envers caoutchouté devant la douche et la baignoire.

LA SALLE DE BAINS : L'ENTRETIEN

Il ne faut que quelques minutes par jour pour entretenir la salle de bains. Vaporisez un nettoyant pour toutes surfaces. Essuyez avec un chiffon de papier ou un chiffon non pelucheux. Vous ferez d'un même mouvement les glaces, les portes des éléments, les plans de vasques, les carrelages muraux. Si vous faites ce nettoyage après avoir pris votre bain, quand la salle de bains est encore embuée, il se fera très rapidement. Passez un balai-éponge sur le sol.

Les appareils sanitaires doivent être nettoyés tous les jours après utilisation. Cela se fait rapidement au jet de la douche ou à l'éponge. Le simple fait de l'essuyer avec un torchon de fil fait très bien briller la céramique. Une fois par semaine, vous passerez une crème spéciale.

Pour redonner de l'éclat au carrelage mural, nettoyez-le avec un mélange de 4 volumes d'eau pour 1 volume de vinaigre blanc, ou encore à l'alcool à brûler. Rincez puis essuyez à la peau de chamois.

Séchez et faites briller les robinets avec une peau de chamois. Une fois par mois, polissez-les avec une pâte pour chromes.

Évitez les dépôts calcaires autour des robinets en passant un chiffon humecté de vinaigre. Rincez, puis séchez avec un chiffon doux. Si les surface sont déjà entartrées, laissez le chiffon vinaigré, ou encore une rondelle de citron sur l'emplacement taché. Surveillez le résultat. Puis grattez les dépôts avec un bâtonnet de bois pour manucure.

Employez le même traitement pour les parties de la baignoire tachées par le tartre. S'il s'agit de la partie verticale placée sous le robinet, appliquez un chiffon vinaigré en l'accrochant au robinet.

Si l'embout du robinet est entartré, mettez du vinaigre dans un petit sac en plastique que vous ficellerez sous le robinet. Grattez au bout de 2 heures.

Nettoyez les miroirs avec un produit aux silicones qui évitera la formation de buée. Dans le même but, vous pouvez aussi les frotter avec du savon sec, puis avec un chiffon. Pour désembuer rapidement le miroir du lavabo, utilisez le sèche-cheveux en le réglant à faible température.

Les buées sont responsables de bien des dégâts dans la salle de bains. S'il y a une fenêtre, aérez après la toilette. S'il s'agit d'une pièce aveugle, une ventilation mécanique est indispensable. Avec un contrôle automatique d'humidité, c'est encore plus efficace. Mais un ventilateur placé dans un conduit d'évacuation peut aussi se charger d'évacuer la vapeur. Faites-le fonctionner quotidiennement.

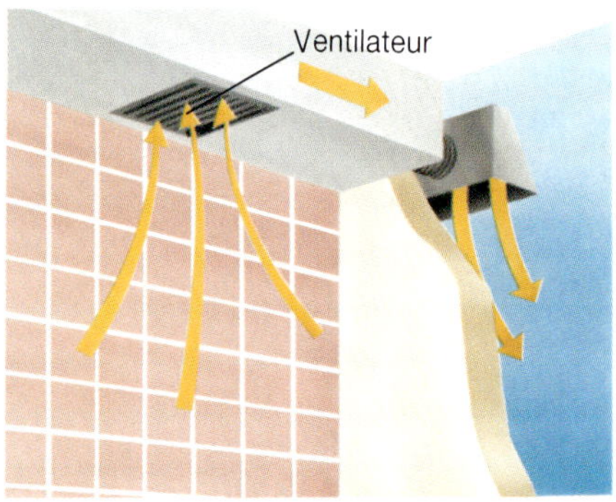

LA BAIGNOIRE

Baignoire en céramique

Pour faire disparaître les traces de moisissure autour du joint, pensez à l'eau de Javel passée avec une éponge. Rincez bien. La nouvelle eau de Javel détergente et sans odeur est tout à fait indiquée pour la salle de bains.

Si le joint est noirci et craquelé, grattez-le. Puis installez un nouveau joint sanitaire (silicones avec fongicide). Ou camouflez le joint abîmé par un couvre-joint en P.V.C. souple.

Pour éliminer les taches dans la baignoire ou le lavabo, utilisez une crème non abrasive. Frottez avec une éponge ou un carré blanc spécial pour appareils sanitaires. Rincez toujours à fond. Essuyez pour faire briller.

Voulez-vous débarrasser le fond de la baignoire des motifs antidérapants ? Arrachez-les, puis enlevez les traces d'adhésif avec un chiffon fortement imbibé d'essence minérale A ou F. Complétez par un nettoyage à l'eau savonneuse ou avec un détergent. Terminez avec de l'acétone ou un dissolvant à vernis à ongles.

Baignoire en résine de synthèse

Les résines de synthèse sont de nouveaux matériaux confortables. Mais certaines se rayent facilement. Attention donc au bain des enfants revenus couverts de sable si vous habitez en bord de mer. Faites-les passer rapidement sous la douche avant qu'ils n'entrent dans la baignoire. D'une façon générale, un simple entretien à l'eau détergente suffit à la nettoyer. Si elle est rayée, repolissez-la avec un produit pour cuivres.

Baignoire en acier émaillé

Il s'y forme parfois des taches de rouille que vous attaquerez avec un produit antirouille. S'il y a un éclat d'émail, commencez par traiter la rouille avec un « convertisseur » de rouille, ou « passivant », avant d'appliquer un petit point de peinture pour carrosserie de la même teinte, ou un produit de réémaillage spécial pour baignoire.

LA DOUCHE

Vous éviterez que le bas du rideau de douche ne se couvre de moisissures en le déployant largement pour qu'il sèche après la douche. Une fois par mois lavez-le à la machine à laver. Ajoutez de l'eau de Javel au rinçage. N'essorez pas. Accrochez et laissez sécher. Si le bas reste taché, remplacez le rideau par un modèle en tissu plus facile à laver en machine.
Si l'écran en verre ou en métacrylate est encrassé, nettoyez-le avec de l'eau additionnée de vinaigre.

Si les jets deviennent moins puissants ou irréguliers, dévissez la pomme de la douche, et faites-la tremper dans une eau vinaigrée (1 verre de vinaigre blanc pour 1 litre d'eau). Puis débouchez trou par trou avec une épingle ou un trombone ouvert. Brossez les dépôts, puis remontez la pomme.

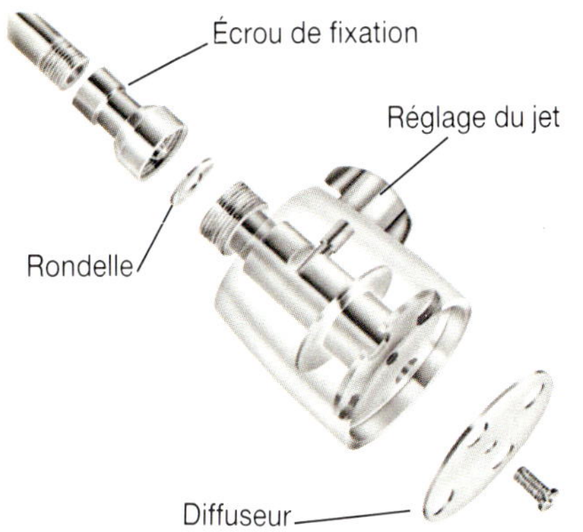

Si votre baignoire est seulement équipée d'une douche à pommeau mural, intercalez un inverseur entre le tuyau et le pommeau, et branchez un flexible équipé d'une douchette. Cet équipement est plus pratique pour les shampoings, la douche des enfants, et pour rincer la baignoire.

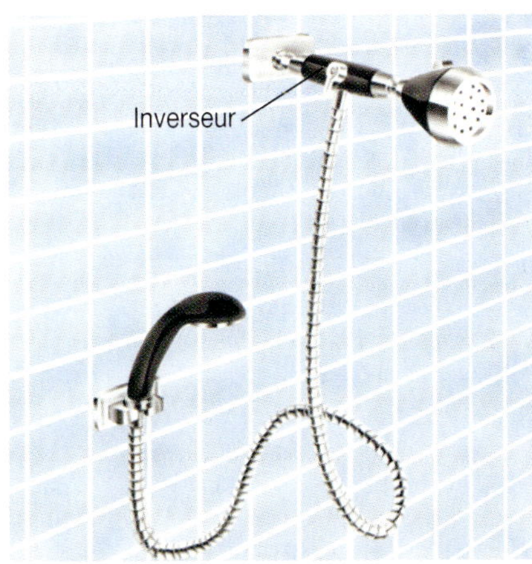

LES W.-C.

Leur entretien doit être quotidien. Il peut se faire automatiquement si vous accrochez un bloc antitartre sous les rebords de la cuvette ou dans le réservoir de chasse lui-même. Ainsi le détartrage se fera en continu.

Une fois par semaine, après avoir tiré la chasse d'eau le soir, projetez un gel détartrant sur toute la cuvette, et particulièrement sous ses rebords. L'eau de Javel pure donne les mêmes résultats que les produits commerciaux. Elle détruit les moisissures, désodorise et détache.

FUITES DE CHASSE D'EAU

Si une chasse d'eau fuit continuellement, trois éléments peuvent être en cause : le robinet d'arrivée, le flotteur commandant le fonctionnement de ce robinet, et la cloche.

Dans les deux premiers cas, l'eau monte trop haut dans le réservoir et se déverse par le trop-plein. Si la cloche fonctionne mal, le réservoir se vide continuellement et le robinet coule sans arrêt.

Le robinet d'arrivée

Ce robinet est commandé par la tige du flotteur. Pour vérifier son bon fonctionnement, soulevez le flotteur au maximum (sans forcer). Si le robinet ne s'arrête pas, son clapet est détérioré : il faut remplacer l'ensemble robinet-flotteur.

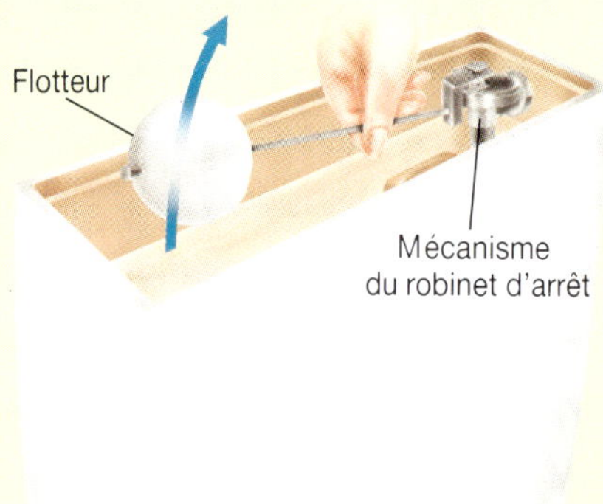

Le flotteur

Si le robinet fonctionne, il faut régler le flotteur pour limiter le remplissage. Trois interventions sont possibles :

— faire coulisser le flotteur sur sa tige jusqu'à l'extrémité ;

— tordre la tige (si elle est en métal) en forme d'accent circonflexe ;

— agir sur le bouton cranté placé à la base de la tige, près du robinet, qui appuie plus ou moins sur le clapet du robinet.

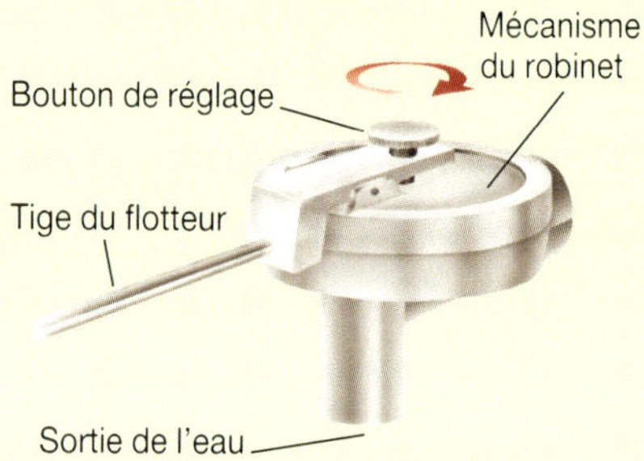

La cloche

C'est l'élément qui est placé au centre du réservoir. Manœuvrez-la à la main pour vérifier qu'elle coulisse normalement. Si elle se coince, refermez-la en force et ajoutez du détartrant dans l'eau du réservoir (laissez agir 24 heures). Si elle fuit, le joint de la base est usé : il faut changer tout le mécanisme.

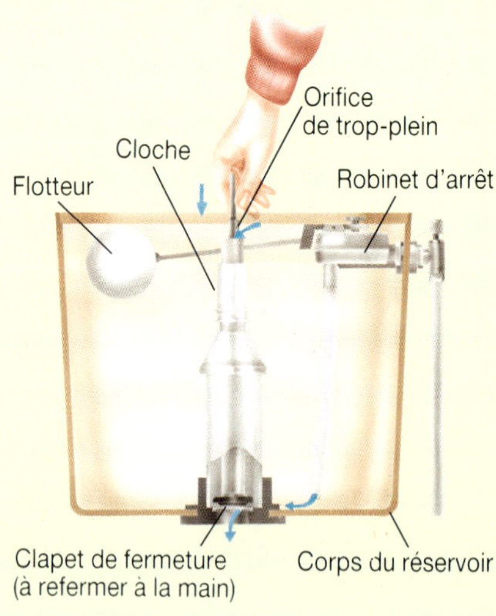

DÉBOUCHER LES W.-C.

Si la cuvette se remplit sans se vider, elle est bouchée. Avant de la déboucher, videz-la à moitié pour ne pas tout éclabousser quand vous utiliserez la ventouse ou le déboucheur. Laissez quand même assez d'eau pour que l'embout en caoutchouc de la ventouse soit complètement noyé.
Posez la ventouse bien d'aplomb sur l'orifice de chute et pompez rapidement une douzaine de fois. Si l'opération ne déloge pas l'obstruction, attendez 1 heure et recommencez.

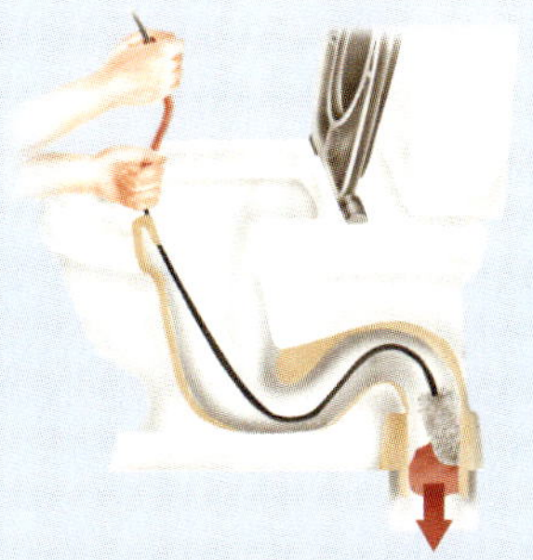

La ventouse ne donne pas de résultats ? Servez-vous d'un furet. Faites-le pénétrer dans l'entrée du siphon et tournez la manivelle vers la droite jusqu'à ce que la pointe attaque le bouchon. Tournez encore un peu, puis sortez le furet tout en continuant le mouvement de torsion.
Nouvel échec ? L'obstruction est logée dans le tuyau de chute et vous devrez peut-être retirer la cuvette. Il vaut mieux alors faire venir un plombier.

S'il s'agit seulement du bloc déodorant tombé dans la cuvette ou d'un jouet jeté par un enfant, essayez de le récupérer avec un crochet métallique, un cintre plastifié déplié, par exemple.

Attention :
N'utilisez jamais ensemble eau de Javel et produit détartrant à base d'acide. Le mélange produit des vapeurs très nocives.

Avant de réparer la chasse d'eau, retirez avec soin le couvercle en porcelaine du réservoir et déposez-le sur le sol en mettant une serviette, une chute de tapis ou des épaisseurs de journaux dessous.

Voici une façon rapide de vérifier si la poire ou le siège de soupape fuient : mettez quelques gouttes de colorant alimentaire dans le réservoir et n'actionnez pas la chasse ; si l'eau de la cuvette se colore, il y a une fuite.

LES COMBLES

Sombres et parfois humides, les combles sont le paradis des insectes et des petits animaux nuisibles. Faites régulièrement une inspection ; cherchez des nids, des excréments, des débris d'aliments ou de la sciure de bois fine comme de la farine signant la présence d'insectes dans la charpente (voir aussi pp. 122-124).

Si vous rangez des cartons sur des étagères, devant les lucarnes, ne bloquez pas les entrées d'air ; les combles ont besoin d'être ventilés. Dans une maison bien isolée, la ventilation des combles élimine les problèmes de condensation en hiver et de trop grande chaleur en été. Si vous songez à les rendre habitables, l'isolation de la toiture est indispensable.

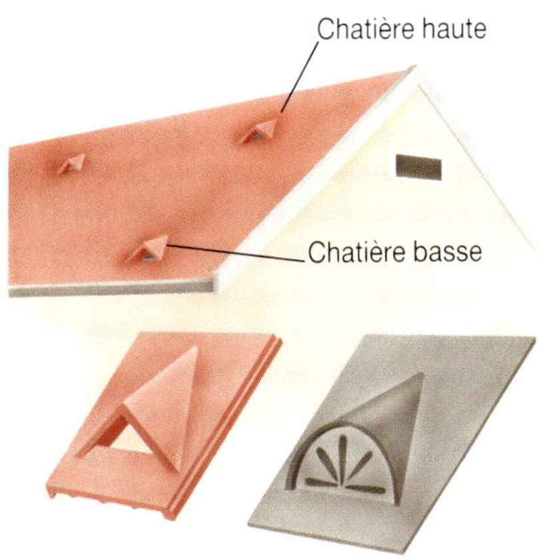

S'il y a du vide autour des tuyaux et des conduites à leur entrée dans les combles, bouchez-les avec une mousse d'étanchéité (mousse polyuréthanne en aérosol).

LE SOUS-SOL

Posez des rambardes dans l'escalier qui descend au sous-sol, surtout si vous avez de jeunes enfants. A chaque marche, vissez une planchette dans le limon et la main courante. Installez un va-et-vient ou une minuterie pour éclairer l'escalier. Peignez les marches en blanc.

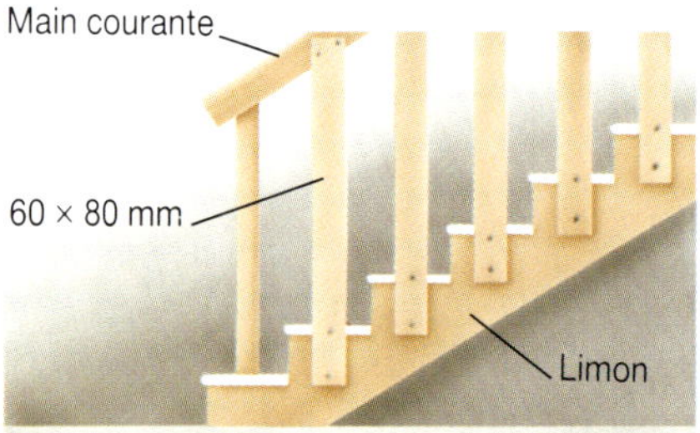

Si vous êtes dans une zone inondable, placez les étagères de rangement en hauteur ; pour favoriser la ventilation, posez des planches sur des parpaings pour y installer ce que vous entreposez au sous-sol.

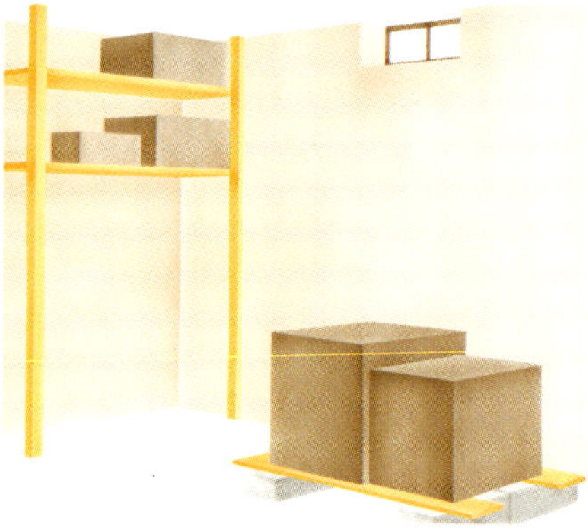

Gardez les produits inflammables (peintures à l'huile ou térébenthine) dans des contenants de métal à l'écart des sources de chaleur comme la chaudière ou le chauffe-eau.

FUITES ET INFILTRATIONS

Enlevez les feuilles mortes qui s'accumulent près des fenêtres encaissées du sous-sol ; elles favorisent les infiltra-

COMMENT RENDRE LE SOUS-SOL MOINS HUMIDE

Pour savoir si l'humidité du sous-sol provient d'infiltrations ou de la condensation, fixez des carrés de 25 cm de papier d'aluminium en divers endroits sur le plancher ou les murs en mettant du ruban adhésif tout autour. Si, quelques jours plus tard, il y a de l'humidité sous le papier, elle provient d'infiltrations : imperméabilisez les murs. Si l'humidité se dépose sur le papier, il s'agit de condensation.

Fermez les fenêtres quand il pleut.

Installez un ventilateur à une fenêtre.

Si le sèche-linge est placé au sous-sol, installez un conduit d'évacuation vers l'extérieur.

Débouchez drains et gouttières, ainsi que les bouches d'aération.

Enrobez les tuyaux d'eau froide de fibre de verre ou de mousse plastique.

Utilisez un déshumidificateur, ou posez des granulés absorbeurs d'humidité.

Appliquez sur les murs une peinture imperméabilisante.

Si le sol est en terre battue ou en gravier, recouvrez-le d'une feuille de plastique et faites couler une dalle de béton de 10 cm.

Installez drains ou pompe de puisard si le sous-sol est souvent inondé.

Rectifiez la déclivité du terrain autour de la maison pour évacuer les eaux de pluie vers l'extérieur, tout en révisant l'étanchéité des soubassements de la maison.

tions ou les inondations. Mettez du gravier au fond de la dénivellation pour améliorer le drainage.

Si les inondations sont fréquentes, confiez à un plombier le soin d'installer un système de tuyaux de drainage raccordé à une pompe de puisard. Elle se mettra en marche automatiquement. Sa fosse doit avoir de 45 à 60 cm de diamètre.

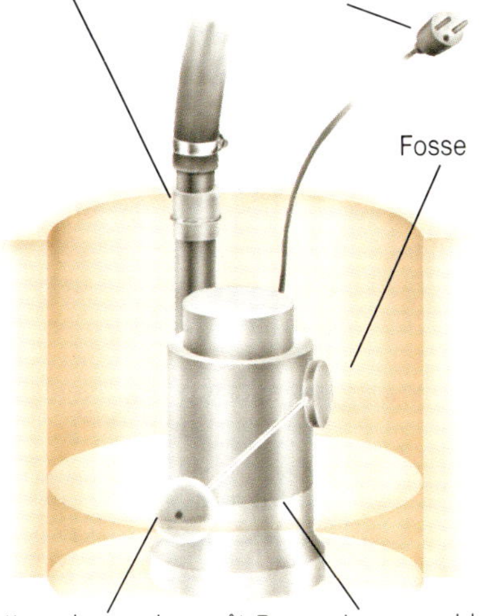

LE SOUS-SOL INONDÉ

Évacuez l'eau dès que possible. Coupez l'arrivée d'eau si un tuyau a crevé et videz le sous-sol avec des seaux et une serpillière ou un aspirateur d'atelier s'il n'y a que 2 ou 3 cm d'eau.
Si la hauteur d'eau est plus importante, louez une pompe électrique submersible dans une quincaillerie ou dans une grande surface de bricolage. Installez le tuyau d'arrosage sur la pompe et faites-le courir jusqu'à un égout pluvial ou une pente. Posez la pompe à plat sur le plancher et branchez-la chez un voisin avec un cordon d'alimentation de grande puissance. Enlevez les débris qui pourraient faire surchauffer le moteur.
Dans les cas graves, appelez un plombier, un entrepreneur ou les pompiers.
Attention : l'eau est conductrice d'électricité. Débranchez le système électrique de votre maison. Pour cela, enfilez des bottes et des gants de caoutchouc. Montez sur un objet en bois et servez-vous d'un manche à balai pour actionner le disjoncteur principal ou l'interrupteur général. Ne touchez à rien tant que le courant n'est pas coupé.

UNE FISSURE DANS LE SOUS-SOL

Lorsqu'une fissure dans un mur du sous-sol s'agrandit, il peut s'agir d'un problème de structure ; consultez un technicien. Les fissures résultant du tassement du sol se réparent facilement. Voir page 164 comment les identifier.

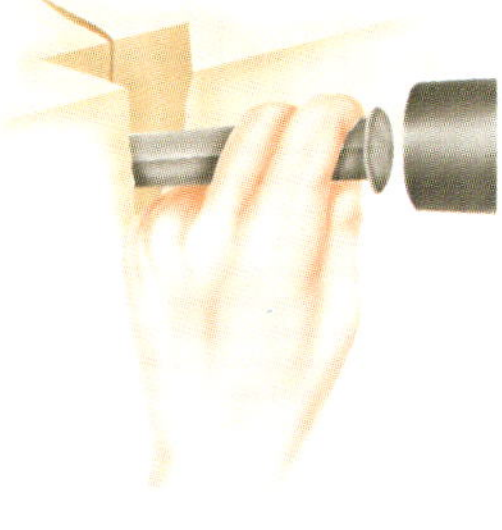

1. Avec un ciseau et une masse, entaillez la fissure pour que le fond soit plus large que l'ouverture. Enlevez les débris à la brosse, nettoyez à l'aspirateur, et mouillez.

2. Selon la taille de la fissure, utilisez un mortier prêt à l'emploi ou un mastic acrylique pour bâtiment.

3. Remplissez complètement la fissure. Lissez à la spatule. Complétez éventuellement avec un peu plus de mortier ou de mastic.

tion est acceptable. Au-dessous de 8 %, faites vérifier la chambre de combustion. Sachez que des fuites d'air, une ventilation insuffisante ou excessive, un mauvais mélange air-mazout sont autant de facteurs qui augmentent la consommation.

Changez le gicleur tous les ans. Cela ne vous coûtera que quelques dizaines de francs.

Le filtre des brûleurs à mazout doit être remplacé deux fois par an — au moment de l'entretien annuel et au milieu de l'hiver. Votre fournisseur de mazout vous indiquera comment le changer.

ÉCONOMISEZ L'ÉNERGIE

Voulez-vous réduire vos factures de chauffage de 7 à 12 % par an ? Installez un thermostat programmable qui abaisse la température le jour, quand personne n'est à la maison, ou la nuit quand tout le monde dort et la remonte avant que les occupants de la maison reviennent ou se réveillent.

La poussière et la saleté qui s'accumulent dans les radiateurs et les plinthes chauffantes en diminuent souvent l'efficacité. Tous les mois, nettoyez-les à l'aspirateur en utilisant le suceur plat. Ensuite, essuyez-les avec un chiffon humide.

LE SYSTÈME NE DONNE QUE PEU DE CHALEUR

Système à eau chaude. Appuyez sur le bouton de contrôle de la pompe s'il y en a un.

Examinez la soupape qui régularise automatiquement la pression de l'eau dans le système. Si la pression qu'elle indique est inférieure à l'indice minimal, appelez le fournisseur.

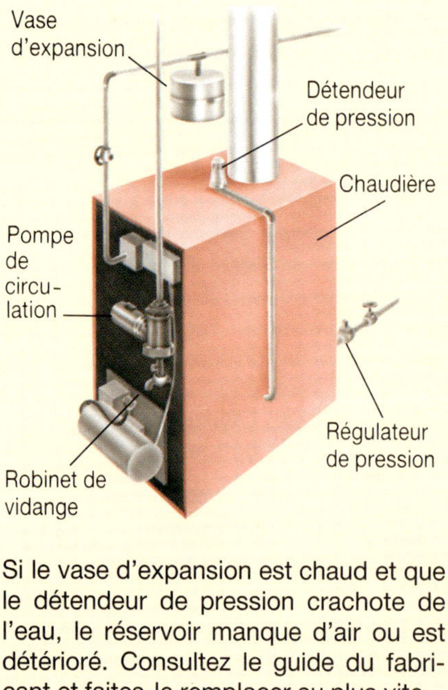

Si le vase d'expansion est chaud et que le détendeur de pression crachote de l'eau, le réservoir manque d'air ou est détérioré. Consultez le guide du fabricant et faites-le remplacer au plus vite.

Il faut purger les radiateurs qui restent froids. Ouvrez le purgeur qui se trouve sur le radiateur. Quand il en jaillit de l'eau (elle sera très chaude), refermez-le rapidement. Laissez reposer et recommencez l'opération quelques minutes après.

Vérifiez également le serrage des vannes qui peuvent fuir après l'arrêt de la période d'été. Contrôlez la pompe de circulation. Elle doit être réglée à une vitesse supérieure si les radiateurs en bout de parcours chauffent moins que les autres.

Système à air chaud. Un filtre encrassé nuit au passage de l'air chaud. Palpez les conduites ; le filtre se trouve dans celle du retour d'air frais. Ouvrez le panneau d'accès ; remplacez un filtre en fibre de verre ; lavez un filtre en mousse plastique ou en aluminium.

QUE VÉRIFIER LORS D'UNE PANNE DE CHAUFFAGE ?

Le thermostat. Réglez le thermostat à cinq degrés au-dessus de la température ambiante pour faire démarrer le chauffage. Si le thermostat est muni d'un réglage jour/nuit, assurez-vous que les cycles ne sont pas inversés. Nettoyez régulièrement les ouïes de ventilation des thermostats d'ambiance. Utilisez un petit pinceau plat en soie naturelle.

Lorsqu'un thermostat mécanique (système classique à contacts) fait naître des étincelles à chaque coupure, faites vérifier l'accessoire qu'il commande (pompe du brûleur, vanne à quatre voies, pompe de circulation...) : ce phénomène dénonce une usure ou un blocage de l'appareil régi par le thermostat. Si le thermostat ne met pas le circuit en marche alors que ses contacts se referment, vérifiez avec un testeur de tension qu'il n'y a pas de rupture dans le circuit électrique. Si tout est bon de ce côté-là, nettoyez les contacts du thermostat. Vous pouvez utiliser un bâtonnet ouaté trempé dans un mélange à partie égale de vinaigre et d'eau ou, et c'est beaucoup mieux, pulvérisez dessus un produit nettoyant pour contacts électroniques vendu en bombe aérosol chez les marchands de matériel hi-fi.

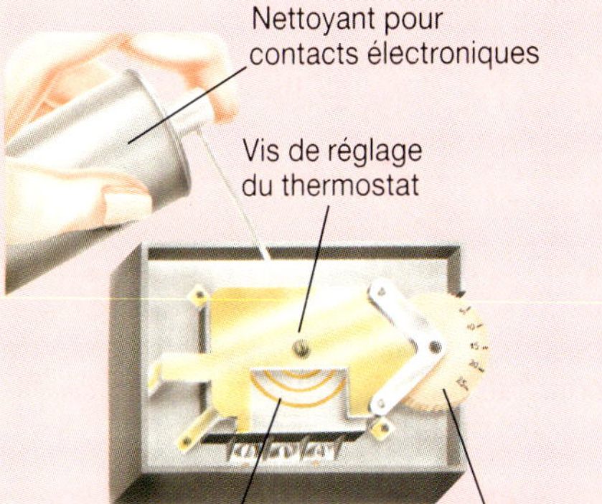

Avant d'examiner la chaudière, vérifiez le fusible ou le disjoncteur qui commande le chauffage.
Assurez-vous que l'interrupteur de sécurité n'a pas été déclenché.

Si le brûleur fonctionne au mazout, vérifiez le niveau du réservoir. En l'absence de jauge, ouvrez le tuyau de remplissage et plongez-y une tige.

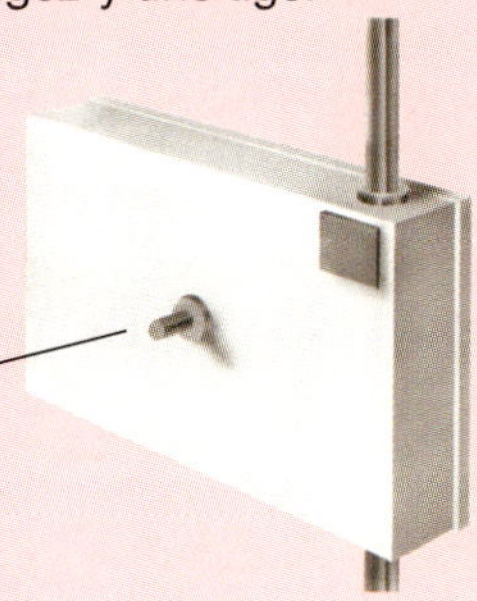

La chaudière. Vérifiez la position de l'interrupteur de sécurité.
Si vous avez un brûleur à mazout, appuyez d'abord sur le relais de protection qui se trouve sur le moteur, puis sur le relais de puissance situé sur la cheminée ou le brûleur.

Si le brûleur à mazout est contrôlé par cellule photoélectrique, assurez-vous que celle-ci n'est pas encrassée. Fermez l'interrupteur de sécurité ; enlevez les vis qui retiennent le transformateur sur le carter du ventilateur, et rabattez-le. La cellule se trouve sous le transformateur ou sur le carter. Essuyez-la avec un chiffon propre.

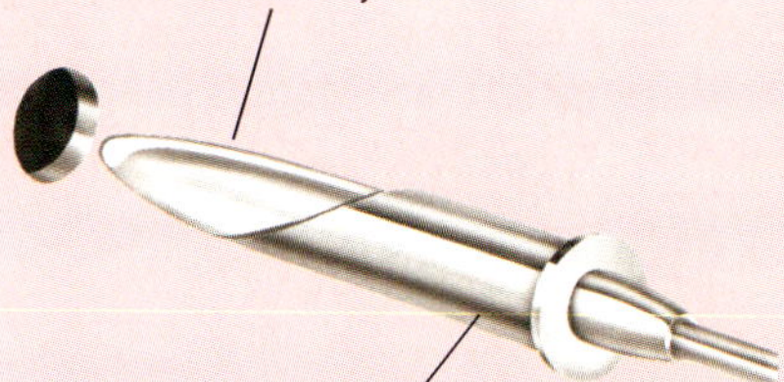

Dans le cas d'un brûleur à gaz, vérifiez la veilleuse. Au besoin, rallumez-la selon les instructions du manuel ou de la plaque. Elle s'éteint constamment ? Demandez à un technicien de vérifier le thermocouple. Si le système fonctionne, mais donne moins de chaleur, reportez-vous à la page 118.

INSECTES ET VERMINE

Refusez-leur nourriture, eau, abri : vous les éloignerez. Conservez les aliments dans des bocaux fermés en verre ou en plastique. Ramassez les miettes ; essuyez les liquides. Gardez les plans de travail, les armoires et les éviers toujours impeccables. Tirez souvent les appareils ménagers pour nettoyer derrière et dessous. Lavez régulièrement les poubelles ; fermez leur couvercle. Bouchez sans attendre les fissures et les fentes. Obturez les trous dans les moustiquaires. Mettez des pare-feu devant les cheminées. Fermez le conduit de la cheminée par un obturateur.

Les appareils à vibrations électriques sont inefficaces contre la majorité des insectes qui mordent ou piquent : abeilles, guêpes et moustiques. Mais ils peuvent éloigner d'autres insectes ailés, notamment le soir, si vous vous installez sur une terrasse.

Ne pendez pas de plaque insecticide dans une pièce où se trouvent un bébé, un animal de compagnie, une personne âgée ou malade, ni dans les endroits où l'on prépare des aliments.

Si vous avez un aquarium, bannissez tous les insecticides, particulièrement ceux à base de roténone ou de pyrèthre (pyrthérine).

Égrenez quelques feuilles de laurier sur les rebords des fenêtres pour empêcher les fourmis d'entrer. Si elles s'assemblent autour des pots de farine ou de sucre, mettez des feuilles de laurier à l'intérieur de ceux-ci et changez-les tous les mois.

N'employez pas d'insecticide tout usage ; il peut être inefficace dans le cas qui vous préoccupe. Renseignez-vous plutôt dans un centre horticole. Choisissez des produits spécifiques : insecticides pour insectes volants, rampants, poisons contre les rongeurs.

Si vous n'avez pas d'insecticide pour vous débarrasser d'un insecte volant, pulvérisez de la laque à cheveux : vous immobilisez ainsi ses ailes, ce qui vous permet de l'écraser.

Les chiens et les chats peuvent introduire dans la maison des tiques qui vont se loger dans les fentes et les plinthes. Le cas échéant, vaporisez un insecticide pour chiens et chats. Faites-leur porter un collier antipuces.

Garnissez de moustiquaires toutes les ouvertures de plus de 6 cm de diamètre pour empêcher les chauves-souris d'entrer. Éparpillez des paillettes de naphtaline dans les endroits fermés. Si, malgré tout, une chauve-souris entre dans une pièce le soir, ouvrez fenêtres et portes extérieures, et éteignez les lampes. Refermez quand elle est sortie.

Les plaquettes à mettre dans un diffuseur électrique sont efficaces et sans danger. Utilisez-les la nuit contre les moustiques.

Pour attirer les souris dans vos pièges, appâtez-les 2 ou 3 jours, sans armer les pièges, avec des bouts de lard, des raisins secs ou du fromage. Puis armez les pièges et, avec un crayon pour ne pas vous faire prendre les doigts, mettez-les en place.

PROTÉGEZ-VOUS DES VOLEURS

Installez un judas qui donne un champ de vision aussi large que possible, de 180° de préférence.

Les serrures ont la résistance de la matière dans laquelle vous les posez. A l'extérieur, installez des portes pleines ou métalliques. Quand vous mettez des serrures aux fenêtres, utilisez des vis assez longues pour atteindre les montants qui se trouvent derrière les cadres.

Les fenêtres du sous-sol sont souvent dissimulées à la vue des passants et elles donnent accès à un endroit généralement désert. Aussi les cambrioleurs les affectionnent-ils. Verrouillez-les en permanence.

Les cambriolages perpétrés alors qu'ils y a des gens dans la maison ne sont pas rares. Gardez vos portes fermées à clé même si vous êtes chez vous.

INSECTES DOMESTIQUES COMMUNS

Insecte	Habitat	Remarques	Remèdes
Fourmi commune 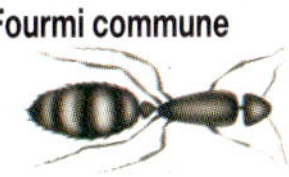	Est attirée dans les maisons par les aliments sucrés ou gras	La colonie se trace un chemin, facile à suivre pour vous, du nid à la source alimentaire	Barrez la route avec un insecticide antifourmis ; vaporisez-le sur les cadres de fenêtres, les plinthes, les fentes et les fissures
Punaise de lit et puce 	Infeste matelas, sommiers, fentes dans les murs et parquets, meubles, papier peint	Se nourrit de sang humain ; plate et brune à jeun, ronde et rouge repue ; nocturne	Traitez les lits avec un produit spécifique ; laissez sécher les matelas avant de refaire les lits ; dans les cas graves, appelez des spécialistes de la désinsectisation
Anthrène 	Tapis, plume, fourrure, poils, soie, capitonnage, laine	Se nourrit de charpie et d'insectes morts	Vaporisez tapis et penderies avec un insecticide pour insectes rampants ; passez souvent l'aspirateur là où il y a de la poussière et jetez le sac aussitôt ; enlevez les insectes morts ; à titre préventif, utilisez un antimite
Cafard ou blatte 	Endroits humides, chauds, sombres	Se nourrit de colle, fécule, aliments et ordures ; nocturne	Mettez un anticafards dans les fentes et les fissures ; posez des pièges contenant de l'amidinohydrazone ; saupoudrez de la poudre d'acide borique dans les armoires de cuisine et de salle de bains hors de portée des enfants ou des animaux
Ver de la farine 	Farine, céréales, graines d'oiseaux, nourriture pour animaux domestiques	Jetez les aliments infestés ; gardez les nouveaux dans des contenants de métal ou de plastique qui ferment bien	Nettoyez les armoires à fond ; enlevez aliments et ustensiles de cuisine ; brossez ou vaporisez les coins et les fentes avec un insecticide pour insectes volants
Mouche commune 	Aliments, ordures, matières organiques en décomposition comme fumier ou déchets de tonte du gazon	Propage des maladies dangereuses pour les hommes et les animaux	Vaporisez du pyrèthre ; suspendez des plaques insecticides à enduit chimique selon le mode d'emploi ; utilisez le tue-mouches ; posez des moustiquaires devant les portes et les fenêtres ; fermez bien les poubelles
Moustique 	Eau stagnante	Les femelles adultes se nourrissent du sang des bêtes et des hommes ; certaines transmettent des maladies	Vaporisez du pyrèthre ; suspendez des plaques insecticides à enduit chimique selon le mode d'emploi ; drainez les eaux stagnantes ; appliquez des insecticides sur la peau ; posez des moustiquaires devant les fenêtres et les portes. Utilisez un insecticide en plaquettes pour insectes volants
Lépisme 	Endroits frais et humides comme les sous-sols	Se nourrit de farines et fécules, de colle et de pâte ; nocturne	Mettez un insecticide pour insectes rampants dans les fentes et les ouvertures autour des tuyaux
Araignée 	Tisse sa toile dans les coins et les fentes	Se nourrit d'insectes ; inoffensive sauf la veuve noire et la fileuse brune	Enlevez les toiles avec un balai ou l'aspirateur ; vaporisez un antiaraignées si elles vous dérangent beaucoup. Autrement, évitez de les tuer ; elles sont très utiles
Guêpe 	Combles, plafond des entrées, avant-toit, arbres ; parements à déclin ; trous dans le sol	Dangereuse pour les personnes allergiques ; attirée par les aliments sucrés, elle peut tomber dans un verre ou se cacher dans une grappe de raisin et, si vous l'avalez, vous piquer dans la gorge	Vaporisez les nids le soir par temps frais avec un insecticide spécial antiguêpes ; suspendez des plaques insecticides à enduit chimique dans les endroits fermés selon les instructions
Frelon 	Construit des nids alvéolés dans le sol ou sous les toitures où plusieurs dizaines, voire des centaines, d'individus vivent en colonie	Aspect identique à la guêpe mais deux à trois fois plus gros ; piqûre très douloureuse ; peut attaquer en groupe pour défendre son nid ; plusieurs piqûres cumulées sont très dangereuses	Repérez d'abord l'emplacement du nid sous la toiture en observant les allées et venues ; n'y touchez surtout pas et faites appel aux pompiers, qui sont équipés pour la destruction des nids

Contre la plupart des insectes rampants ou volants, vous pouvez peindre les murs de votre maison avec de la peinture insecticide, surtout les intérieurs des placards et les dessous d'évier.

AVEC LES INSECTICIDES

IL FAUT

Lire les instructions et les suivre très scrupuleusement.
Porter des gants de caoutchouc.
Garder les insecticides dans leurs contenants bien fermés et étiquetés.
Les conserver dans un local aéré et fermé à clé, frais et sans soleil.
Envelopper les emballages dans du papier journal avant de les jeter.
Faire sortir le gaz des aérosols avant de les jeter aux ordures.
Enlever aliments, ustensiles, mangeoires, et éloigner les animaux avant de vaporiser.

IL NE FAUT PAS

Employer des insecticides là où il y a des enfants ou des animaux.
Fumer, manger, boire ou mâcher du chewing-gum pendant la vaporisation.
Respirer les jets, vapeurs ou poudres.
Jeter les insecticides là où ils peuvent nuire à l'environnement.
Les ranger avec les aliments.
Entrer dans une pièce traitée moins de 1/2 heure après le traitement.

Donnez la préférence aux aérosols sans C.F.C. (gaz propulseur, nuisible à la couche d'ozone). Les fabricants proposent de nouvelles formules.

Sur les portes extérieures de la maison, mettez une ou deux serrures antivol de bonne qualité plutôt qu'une demi-douzaine de serrures standard ou médiocres : ce sera plus efficace et plus pratique.

Sur les portes-fenêtres, posez une serrure qui, de l'intérieur, s'ouvre également avec une clé.

La porte extérieure du garage et celle du porche doivent être elles aussi munies d'une bonne serrure. Le cambrioleur qui réussit à les franchir peut tout à loisir forcer les autres portes puisque personne ne peut le voir.

Posez des serrures sur les portes intérieures qui mènent au garage ou au sous-sol. Préférez les serrures à pêne dormant aux serrures à bouton. Le pêne doit avoir une épaisseur et une projection de 2,5 cm.

Pour empêcher qu'on puisse démonter une porte coulissante en verre en la soulevant, installez des cales ou des vis à tête protubérante dans le cadre sous le rail supérieur. Introduisez un tuyau ou un manche à balai dans le rail inférieur pour empêcher la porte de coulisser.

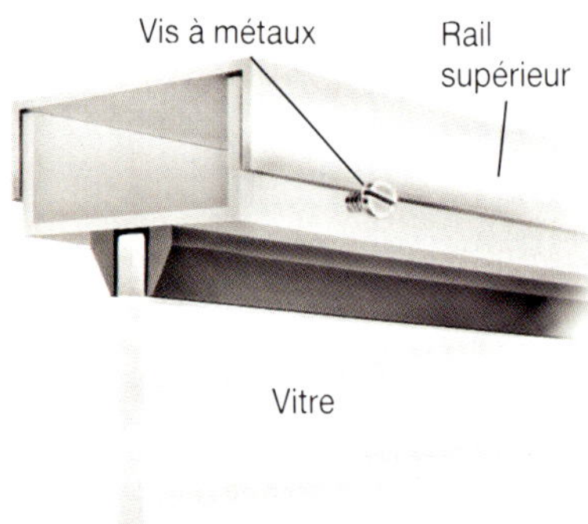

SOYEZ PRÉVOYANT

Avant d'entrer dans une maison ou un appartement nouveaux, faites changer les cylindres des serrures.

Les haies hautes, les massifs d'arbustes protègent votre intimité mais soustraient les cambrioleurs aux regards des passants. Taillez-les pour qu'on ne puisse se cacher derrière.

Élaguez les branches, enlevez les treillages qui peuvent donner accès aux fenêtres de l'étage.

Dans un appartement, mettez des serrures aux fenêtres et aux portes qui donnent sur des balcons, des escaliers de secours ou sur le toit. Si votre appartement est au rez-de-chaussée ou au premier étage, verrouillez les fenêtres quand vous sortez.

Faites marquer par un procédé spécial ineffaçable votre numéro d'assurance ou vos initiales sur tous vos objets de valeur ; les cambrioleurs auront de la difficulté à les vendre et la police les identifiera facilement.

Si votre appareil téléphonique est branché à un répondeur, ne laissez pas de message qui précise votre emploi du temps et indique l'heure de votre retour. Identifiez-vous par votre numéro de téléphone et dites simplement que vous rappellerez dès que possible.

Le chien de compagnie est à lui seul un système antivol irremplaçable. Ses aboiements bruyants et frénétiques suffisent souvent à mettre les cambrioleurs en déroute et à donner l'alarme au voisinage. Enfermez-le dans la maison plutôt que dans le jardin : il ne gênera pas les simples passants.

Procurez-vous des programmateurs pour donner l'illusion qu'il y a quelqu'un dans la maison, même si votre absence est de courte durée. Ils peuvent allumer et éteindre des lampes, des téléviseurs et des postes de radio, déclencher l'ouverture et la fermeture des stores, donnant l'impression que la maison est habitée.

Si vous devez vous absenter pour plusieurs semaines, demandez à un ami, à un parent ou à un voisin de laisser sa voiture dans votre allée, de tondre le gazon, si vous habitez en pavillon. Interrompez les livraisons de courrier ou de journaux jusqu'à votre retour, demander à quelqu'un de vider régulièrement votre boîte aux lettres.

Placez des barreaux aux fenêtres du rez-de-chaussée. Pour qu'on ne puisse les scier, introduisez une tige métallique pleine dans le barreau creux : la scie ne pourra pas l'attaquer.

Mettez des volets ou des rideaux aux fenêtres du sous-sol.
Ne laissez traîner dans le jardin ni échelle ni outils.
N'inscrivez pas votre adresse sur votre trousseau de clés.
Si vous faites installer un système électronique de protection, branchez-le à chacune de vos absences, même de courte durée.

Fermez toujours la porte du garage en votre absence, ainsi que la grille du jardin.
Placez à l'entrée un luminaire détecteur de présence : il s'allume au passage de quelqu'un.

Une porte blindée ne se conçoit que pour un appartement. L'huisserie doit alors être renforcée par une cornière métallique antipince, fixée par des rivets eux-mêmes protégés.

SYSTÈMES D'ALARME ANTIVOL

Genre	Fonctionnement	Avantages	Inconvénients
Système			
Périmétrique (protège les accès)	L'alarme se déclenche quand il y a interruption du champ magnétique dans le circuit qui protège portes et fenêtres	Peu coûteux ; facile à installer ; visible ; décourage les voleurs	Facile à déjouer pour un cambrioleur d'expérience
Détecteur de mouvement (protège les pièces)	Œil à rayon infrarouge, détecteurs à ultrasons, microphones sensibles ou paillassons avertisseurs percevant le mouvement	Difficile à détecter et à déjouer	Animaux, enfants ou climatiseurs peuvent le déclencher
Alarme			
Locale	Sonnerie ou clignotants	Le bruit et la lumière font fuir l'intrus	Inutile si la maison est isolée ; se déclenche souvent sans raison
Centrale	Un standardiste communique avec le bureau ou le propriétaire	Moins de fausses alertes	Donne à l'intrus le temps d'accomplir son méfait

Ces merveilleux appareils

RÉFRIGÉRATEUR ET CONGÉLATEUR : LE CHOIX

Un congélateur n'est jamais assez grand. Prévoyez donc comme base d'achat un volume de congélation de 40 à 60 litres par personne en ville, 60 à 80 litres en milieu rural et 100 à 150 litres pour les exploitants agricoles. Ce calcul de base n'est bien sûr qu'une indication. L'important est d'acheter l'appareil qui convient au mode de vie de chacun.

Congélateur « coffre »

Congélateur « armoire »

Le réfrigérateur-congélateur ou « deux-portes » s'adjoint souvent aujourd'hui un troisième compartiment, très utile, de 0 à 3 °C. Il maintient à la bonne température tous les produits frais sous vide (salades...) ou cuisinés, et conserve trois fois plus longtemps la viande et les poissons.

Dans les réfrigérateurs « quatre froids », il existe un quatrième compartiment pour les fromages, les produits de semi-conserve, etc.

Avant l'achat, observez la disposition des clayettes intérieures. Elles s'inclinent ou se rabattent parfois pour laisser une place supplémentaire aux bouteilles. Pour la porte, la répartition modulable des casiers est la plus intéressante (œufs, beurre, etc.).

Pour être sûr que votre appareil soit bien d'aplomb, posez sur le dessus un niveau de menuisier. Calez avec les pattes réglables en vous aidant de morceaux de bois pour l'incliner éventuellement. Otez les cales et revérifiez l'aplomb. De toute façon, consultez la notice du fabricant.

Ouvrez la porte selon un angle de 45° et laissez-la se refermer seule. Si elle ne se referme pas, ajustez les pieds pour incliner l'appareil vers l'arrière.

Lorsque vous devez déplacer un appareil, débranchez-le la veille. Videz-le et retirez les pièces amovibles intérieures. Fixez la porte avec du ruban adhésif. Transportez toujours l'appareil debout et non couché.

Le déplacement se fera facilement si vous glissez un morceau de tapis ou de moquette sous les pieds.

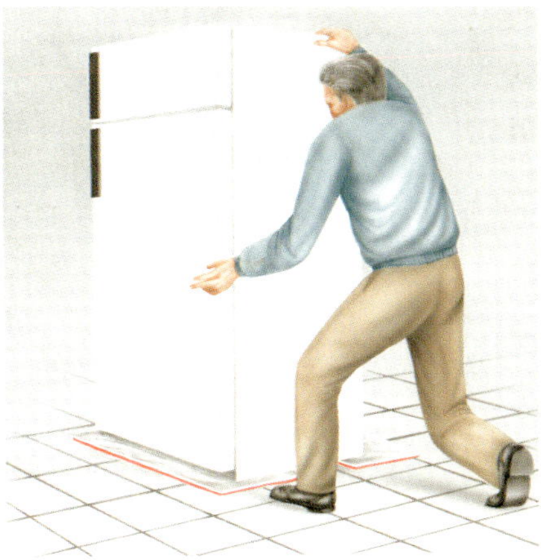

En cas de déménagement et pour éviter l'odeur de renfermé et d'éventuelles moisissures, attachez les portes avec du ruban adhésif solide après avoir placé des cales de bois qui les maintiendront entrouvertes.

Quand votre appareil sera devenu trop vieux et inutilisable, faites-le reprendre par le vendeur qui vous en livre un nouveau. Si vous le mettez sur le trottoir pour que les éboueurs l'emportent, prenez la précaution d'ôter les portes. Des enfants risqueraient de s'y enfermer en jouant.

Laissez le nouvel appareil que l'on vous a livré au repos pendant 24 heures avant de le brancher, afin que le gaz réfrigérant redescende bien en place.

SUIVEZ LES ÉTOILES

4 étoiles (****) Pour le congélateur comme pour le réfrigérateur-congélateur, l'appareil descend de – 25 à – 30 °C pour congeler rapidement à cœur.

3 étoiles (***) Il ne s'agit plus d'un congélateur, mais d'un conservateur (ou d'un réfrigérateur-conservateur), qui descend à – 18 °C, la bonne température de conservation des produits congelés par vous ou achetés dans le commerce.

2 étoiles (**) C'est là uniquement un réfrigérateur.

LA BONNE UTILISATION

La température habituelle d'un réfrigérateur se situe entre 4 et 6 °C et même parfois 7 °C ; celle de conservation dans le congélateur à – 18 °C. Vérifiez-les de temps en temps avec un thermomètre afin de mieux régler le thermostat s'il y a lieu.

Dans un réfrigérateur, placez les aliments dans la zone de froid qui leur convient : viande et poisson dans la partie la plus froide ; fruits et légumes dans le tiroir de rangement qui leur est destiné.

Couvrez vos plats, emballez soigneusement ceux (poisson, melon...) dont l'odeur serait absorbée par d'autres (liquides, crèmes...).

Dans le congélateur, ne placez pas une quantité d'aliments supérieure au pouvoir de congélation : selon les normes, 6,5 kg pour 100 litres en 24 heures.

Mettez l'appareil en position congélation la veille ou au moins 12 heures avant de congeler. Maintenez cette température pendant 24 heures.

Étiquetez les produits emballés avant de les ranger (nature du produit et date de congélation), car lorsqu'ils seront congelés, ils risquent de tous se ressembler.

Placez les surgelés dans la partie « conservation », et ne dépassez pas la durée conseillée pour chaque type d'aliments (voir p. 363). Respectez les dates limites de consommation indiquées sur les produits surgelés du commerce.

En cas de panne d'électricité, voir p. 364.

L'ENTRETIEN

Il est très facile. Nettoyez régulièrement l'intérieur et l'extérieur de l'appareil avec de l'eau additionnée de bicarbonate de soude. N'utilisez ni détergent (cela laisserait une odeur, même après rinçage) ni abrasif. Procédez au nettoyage une fois par semaine pour le réfrigérateur, une fois tous les 6 mois au moins pour le congélateur.

Dépoussiérez régulièrement le condenseur situé à l'arrière de l'appareil.

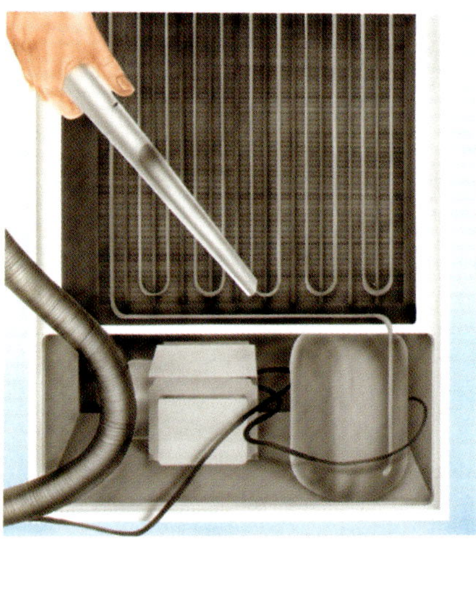

LE DÉGIVRAGE

Un réfrigérateur se dégivre, la plupart du temps, automatiquement. Sur un modèle plus simple ou plus ancien, il suffit d'appuyer sur le bouton indiqué et de vider le bac à eau. Dégivrez-le quand la glace atteint environ 6 mm d'épaisseur.

Pour le congélateur, choisissez le jour où il est presque vide. Débranchez-le, videz-le en plaçant les produits surgelés dans des couvertures. Grattez la glace à l'aide d'une palette en plastique fournie avec l'appareil. Lavez la cuve à l'eau tiède additionnée de cristaux de soude. Rincez. Essuyez.

N'essayez pas d'accélérer le dégivrage en utilisant un couteau, vous pourriez perforer l'évaporateur et laisser s'échapper le liquide frigorifique, ce qui serait irréparable.

Après le dégivrage, faites fonctionner le congélateur 1/2 heure en position « congélation » et procédez au rangement des produits.

DÉPENSEZ MOINS

Pour augmenter l'efficacité de votre appareil tout en diminuant sa consommation d'énergie, éloignez-le de toute source de chaleur. Dégivrez-le régulièrement. Évitez tout ce qui contribue à réchauffer inutilement l'intérieur (par exemple, n'y introduisez pas une préparation encore chaude). N'ouvrez pas la porte trop fréquemment.

PETITES RÉPARATIONS

Vérifiez l'étanchéité du joint des portes en plaçant à l'intérieur de votre appareil une lampe de poche. Fermez la porte. Éteignez dans la pièce. Si vous voyez de la lumière, c'est que le joint est à changer. Pour le rendre plus efficace, il suffit parfois de régler le vérin des pieds (voir p. 126).

Si la porte est de travers, desserrez les vis supérieures. Soulevez la porte pour la réaligner. Resserrez les vis.

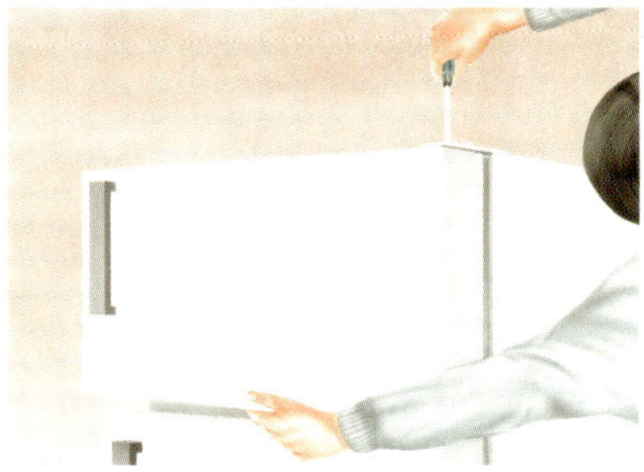

REMPLACEMENT DU JOINT DE LA PORTE

Il faut remplacer le joint de la porte du réfrigérateur lorsqu'il est tordu ou très usé et qu'il n'assure plus l'étanchéité de l'appareil. La tâche n'est pas facile, car les vis qui maintiennent le joint en place assujettissent également le panneau intérieur de la porte et l'isolant. Pour ne pas démonter la porte complètement, faites le travail section par section et dégagez les vis à moitié seulement. Si la porte est gauchie, répétez plusieurs fois l'étape 3 décrite ci-dessous.

Achetez un nouveau joint chez un fournisseur de pièces. Coupez-le à la longueur voulue et installez dans le pli les bandes magnétiques de l'ancien joint. Faites tremper le joint dans de l'eau chaude pendant quelques minutes pour le rendre souple et défaire les faux plis.

Le joint illustré ici est le plus courant. Si le vôtre diffère, demandez au fabricant comment l'installer. La plupart sont assujettis au moyen de vis à tête hexagonale que vous enlevez avec un tournevis approprié.

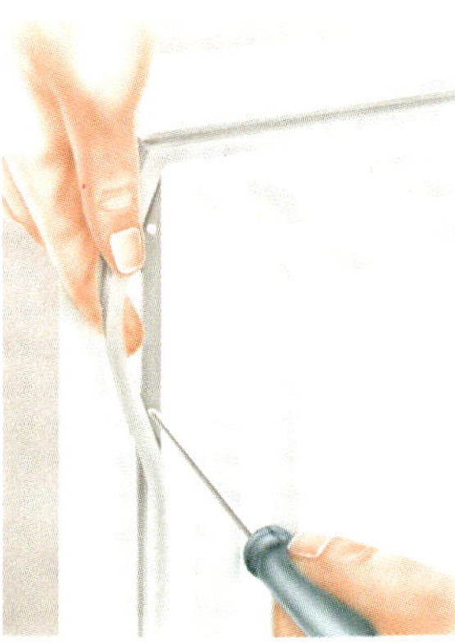

1. A partir d'un coin supérieur, dépliez le vieux joint et desserrez les vis du porte-joint seulement dans la moitié du haut et la moitié du côté. Ne les enlevez pas. Dégagez-les juste assez pour retirer le vieux joint.

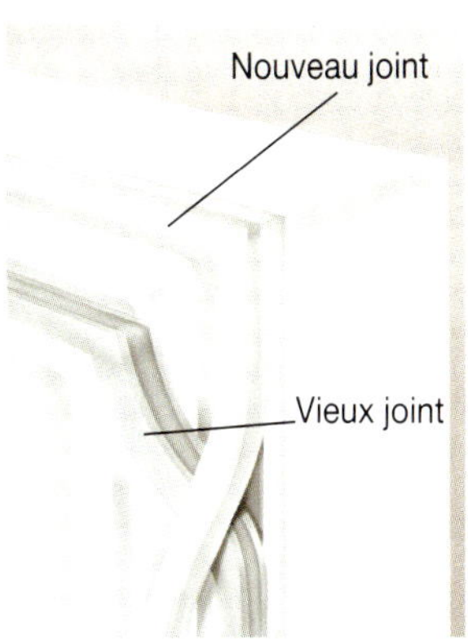

2. Défaites la partie libérée du joint et commencez à installer le nouveau en faisant entrer son rebord sous le porte-joint. Revissez partiellement le porte-joint et faites la même chose dans les trois autres coins.

3. Fermez la porte. Assurez-vous qu'elle n'est pas faussée. S'il y a de l'espace entre le joint et le cadre, relâchez les vis et rectifiez la porte en la poussant dans le haut et en la tirant dans le bas ou vice versa.

RÉFRIGÉRATEUR : A VÉRIFIER EN CAS DE PANNE

Problème	Cause probable	Solution possible
L'appareil ne fonctionne pas ; la lumière ne s'allume pas	Cordon non branché	Branchez le cordon
	Fusible brûlé ou disjoncteur sauté	Remplacez le fusible ou réenclenchez le disjoncteur
	Cordon défectueux	Débranchez la fiche. Enlevez la plaque arrière. Au besoin, enlevez les vis qui retiennent le cordon et vérifiez-le. Remplacez-le s'il est défectueux. Branchez aussi le fil de terre
L'appareil ne fonctionne pas ; la lumière s'allume	Thermostat mal réglé	Vérifiez et réglez la commande
L'appareil est bruyant	Clayette mal fixée : contenants qui se heurtent	Ouvrez la porte ; quand l'appareil se met en marche, voyez ce qui fait du bruit
	Vibrations du bac de dévigrage	Enlevez la grille. Recollez les coussinets de feutre qui sont tombés
	Appareil instable	Mettez un niveau dessus ; ajustez les pieds (voir p. 126)
	Papier pris dans les lames du condenseur	Débranchez la fiche ; retirez le papier
L'appareil fonctionne plus longtemps que d'habitude	Temps chaud et humide ; aliments chauds dans l'appareil	Dans ces conditions, il est normal que l'appareil fonctionne plus longtemps
	Porte ouverte trop souvent	Soyez prévoyant ; sortez tous les aliments en une fois
	Encrassement du condenseur	Nettoyez-le à l'aspirateur
	Défectuosité du joint de la porte	Remplacez le joint d'étanchéité
	La lumière reste allumée quand la porte est fermée	Ouvrez et appuyez sur l'interrupteur de la lumière. Si la lumière ne s'éteint pas, enlevez l'ampoule et faites remplacer l'interrupteur
L'appareil n'est pas assez froid	Thermostat mal réglé	Réglez-le ; consultez le mode d'emploi
	Manque d'air autour du condenseur à l'arrière	Il doit y avoir 10 cm entre le mur et l'appareil ; enlevez les objets éventuellement pris dans le condenseur

LES CUISINIÈRES ET LES FOURS : LE CHOIX

Gaz ou électricité ? Le choix de l'énergie dépend de vos préférences personnelles, de votre lieu d'habitation (en ville ou à la campagne) ou de vos possibilités de stocker l'énergie s'il s'agit du butane-propane. De vos habitudes culinaires, de la place dont vous disposez et du matériel de cuisson que vous possédez (rôtissoire, micro-ondes, etc.) dépendent également les dimensions de la cuisinière, le nombre de brûleurs ou de foyers, le volume du four, l'existence d'un grilloir.

Table de cuisson en vitrocéramique à foyers radiants ou halogènes ? Brûleurs de cuisinière à gaz ou plaques électriques ? C'est une question de goût et de budget. Sachez que l'halogène monte et descend très vite en température, un peu comme le gaz. Vous pouvez choisir une table de cuisson mixte (gaz et électricité par exemple).

Four électrique classique ou four à chaleur tournante ? Le four à chaleur tournante comporte une turbine qui souffle de l'air chaud et permet de cuire simultanément plusieurs plats sans mélange d'odeurs. Il est parfait pour les pâtisseries et ne provoque pratiquement pas de projections. La plupart des fours sont équipés d'un système qui évite en partie ou en totalité leur nettoyage : la catalyse et la pyrolyse.

L'INSTALLATION

Suivez bien la notice d'emploi. Calez et mettez à l'horizontale le plan de travail et la grille du four afin d'éviter une répartition inégale des liquides dans les plats de cuisson, ce qui provoquerait des éclaboussures et des débordements.

Utilisez convenablement les accessoires livrés avec le four : la grille pour les plats nécessitant une chaleur homogène, la plaque à pâtisserie, la lèchefrite pour recueillir le jus de cuisson des grillades (mais jamais comme plat à rôtir).

Installez la cuisinière à gaz en dehors des courants d'air, qui, en rendant la flamme instable, provoquent une cuisson irrégulière. Vérifiez le réglage de l'injecteur des brûleurs, qui doit correspondre au gaz utilisé : gaz de ville, gaz naturel, butane ou propane.

ENTRETIEN

Il demande quelques précautions. La première règle est de laisser refroidir la cuisinière avant de la nettoyer.

N'utilisez pas d'abrasif pour les tables en vitrocéramique, qui peuvent se rayer. Passez un coup d'éponge avec un détergent et employez une lame de rasoir si quelque chose a attaché.

Pour les appareils à gaz, nettoyez les brûleurs avec une brosse pour déboucher les orifices, rincez et séchez. Après les avoir remis en place, vérifiez bien l'assemblage du chapeau et de la collerette.

Changez le tuyau de raccordement souple dès que la date limite d'utilisation inscrite est atteinte.

Frottez les plaques des cuisinières électriques avec un chiffon très légèrement graissé, ce qui protègera la fonte contre la rouille.

Les parois du four classique se lavent à l'eau savonneuse ; si le four est très sale, l'utilisation de produits décapants à base de soude vendus dans le commerce est très efficace.

Chauffez le four à catalyse à la température maximale pendant quelques minutes et lavez-le à l'eau tiède, sans produits abrasifs : ils le détérioreraient à jamais.

Après quelques années d'utilisation, l'émail catalytique s'encrasse ou se dégrade. Il faut alors remplacer les parois.

Dans le cas du four à pyrolyse, un coup d'éponge humide suffit pour ôter les cendres.

FAITES DES ÉCONOMIES D'ÉNERGIE

Utilisez les récipients appropriés. Les flammes des brûleurs ne doivent pas déborder sur les côtés du récipient dont elles abîmeraient d'ailleurs le manche. Pour les plaques électriques, le fond de la casserole doit être bien plat et recouvrir la plaque.

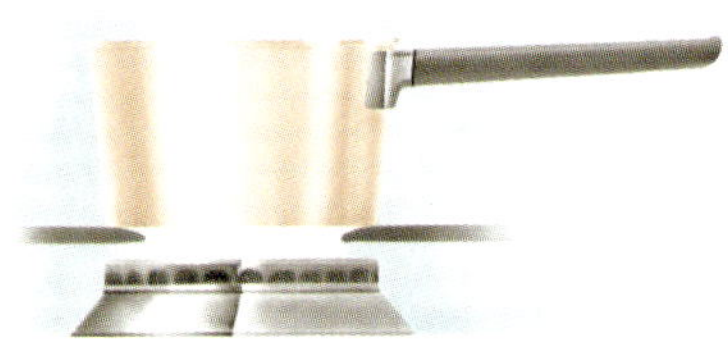

Casseroles de moins de 14 cm de diamètre

Casseroles de 14 cm de diamètre et plus

Couvrez les aliments que vous faites cuire afin de limiter les déperditions de chaleur ; vous réduirez ainsi le temps de cuisson. Diminuez l'allure de chauffe dès que l'ébullition est atteinte et coupez avant la fin de la cuisson.

Ouvrez le four le moins possible pendant la cuisson et jamais pendant le préchauffage : à chaque ouverture, vous faites tomber la température de plusieurs degrés.

Cuisez simultanément plusieurs plats nécessitant la même température. Éteignez le four quelques minutes avant la fin de la cuisson.

Ne cuisez pas à température trop élevée : outre que vous gaspillerez moins, vous diminuerez les projections.

Effectuez l'opération de nettoyage d'un four à pyrolyse juste après une cuisson, vous la réduirez ainsi de 10 minutes.

LES FOURS AUTONETTOYANTS

Il y a deux types de fours à nettoyage automatique : à catalyse et à pyrolyse. Le four à catalyse, à gaz ou électrique, a des parois revêtues d'émail antigraisse. Les projections grasses sont décomposées par oxydation au fur et à mesure qu'elles se produisent. En revanche, les éclaboussures sucrées ne partiront qu'à la main avec une éponge imbibée de détergent. Le four à pyrolyse, électrique uniquement, se salit normalement pendant l'utilisation. A la fin des cuissons, on programme l'opération de nettoyage, qui se fait automatiquement, porte verrouillée, à 500 °C. Après 1 h 1/2 environ, il suffit simplement d'ôter la cendre avec une éponge humide.

PETITES RÉPARATIONS

Si la table de cuisson se lève, ouvrez-la et fermez-la avec soin pour ne pas coincer un des fils électriques qui alimentent les éléments.

Avant de réparer le four électrique, coupez le courant. Otez les fusibles ou fermez le disjoncteur. Pour remplacer un des éléments chauffants du four, enlevez les vis qui le retiennent aux supports à l'avant et à l'arrière (à l'ar-

LES GESTES NÉCESSAIRES

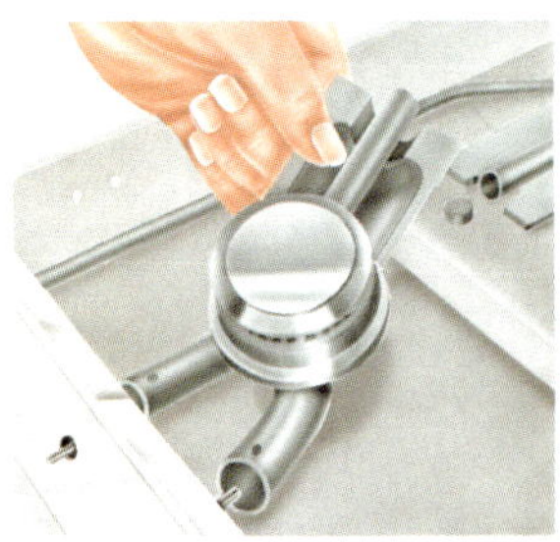

1. Nettoyez les brûleurs à l'eau savonneuse. Pour les démonter, enlevez les vis qui les retiennent et retirez-les de leur support. Laissez-les sécher avant de les replacer.

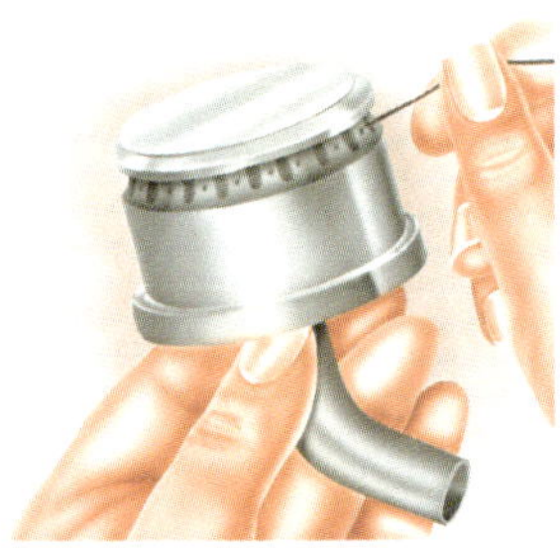

2. Les trous des brûleurs s'encrassent à la longue. Utilisez un fil de fer ou une aiguille pour déloger ce qui s'est amassé ; le gaz brûlera mieux et les flammes seront plus stables.

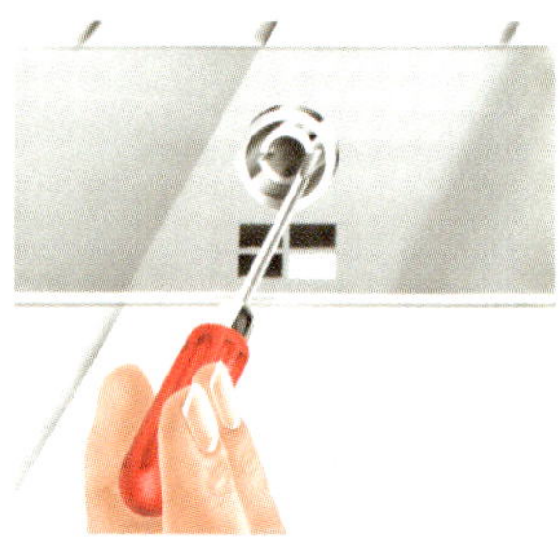

3. Si la flamme s'éteint lorsque vous cuisinez à feux doux, procédez à un réglage du gaz : ôtez le bouton et, avec un tournevis, réglez la vis de l'axe de commande.

rière seulement dans certains cas). Tirez l'élément vers l'avant pour avoir accès aux bornes et débranchez les fils.

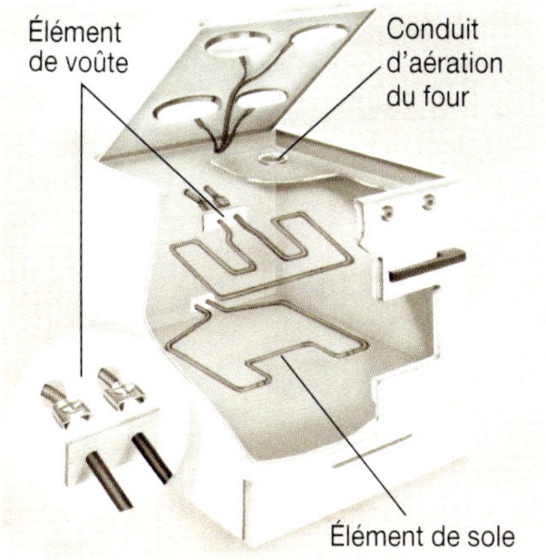

Si un bouton ne s'enlève pas, glissez simplement un bout de tissu dessous et tirez.

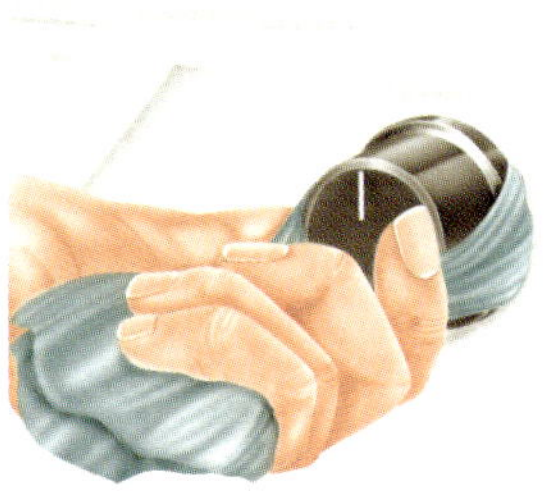

L'huile est inégalement répartie dans la poêle ? La cuisinière n'est pas d'aplomb. Posez dessus un niveau à bulle d'air. Les pieds de la cuisinière sont réglables comme ceux du réfrigérateur (voir p. 126).

CUISINIÈRE ÉLECTRIQUE : A VÉRIFIER EN CAS DE PANNE

Attention : Avant de réparer la cuisinière, coupez le courant. Enlevez les fusibles ou coupez les disjoncteurs. Laissez refroidir les éléments avant de les toucher.

Problème	Cause probable	Solution possible
Rien ne s'allume	Pas de courant à l'appareil	Remplacez le fusible ou réenclenchez le disjoncteur
Un élément de surface ne chauffe pas	Élément défectueux	Branchez l'élément dans un autre support ou faites-le vérifier
	Support défectueux	Retirez l'élément ; nettoyez-en les contacts s'il sont noirs et brûlés. Examinez le support avec une lampe de poche ; remplacez-le s'il est noir et brûlé.
Un des éléments du four ne chauffe pas	Élément défectueux	Retirez l'élément ; faites-le vérifier
Les aliments cuisent mal	Thermostat réglé trop haut ou trop bas	Vérifiez la température et le temps de cuisson de la recette
	Thermostat déréglé	Rectifiez le thermostat
	Plats trop rapprochés les uns des autres	Laissez au moins 2,5 cm entre eux

CUISINIÈRE A GAZ : A VÉRIFIER EN CAS DE PANNE

Problème	Cause probable	Solution possible
Un brûleur de surface ne s'allume pas	Pas de gaz	Vérifiez les autres brûleurs. Si aucun appareil à gaz ne fonctionne dans la maison, appelez le service du gaz
	Veilleuse éteinte	Rallumez la veilleuse. Si la cuisinière est exposée aux courants d'air, essayez de protéger la veilleuse
	Allumage électrique encrassé	Nettoyez l'allumage électrique
Flamme inégale	Brûleur encrassé	Nettoyez les trous du brûleur
Flamme jaune et dépôt de suie sur les ustensiles	Manque d'air dans le réglage gaz-air	Réglez la vis de l'axe de commande
Flamme sifflante et trop ardente	Excès d'air dans le réglage gaz-air	Réglez la vis de l'axe de commande
Seul le four ne s'allume pas	Pas de gaz	Appelez le service du gaz
	Veilleuse éteinte	Rallumez-la selon les instructions
	Allumage électrique défectueux	Vérifiez l'alimentation en électricité

NE JOUEZ PAS AVEC LE FEU

Prenez les plats chauds avec des gants de cuisine secs. L'humidité est conductrice de chaleur.

Attention aux vêtements. Avec des manches larges, vous pourriez accrocher les queues des casseroles. Un foulard qui pend peut prendre feu sur un brûleur.

Dirigez les manches des casseroles vers le fond ou les côtés de la cuisinière. Ne les placez pas au-dessus d'un élément chaud pour ne pas vous brûler la main. Ne les dirigez pas vers l'avant de la cuisinière : vous, ou vos enfants, risqueriez de les accrocher.

Si le contenu d'une poêle prend feu, recouvrez-la immédiatement d'une serpillière pliée en plusieurs épaisseurs tout en coupant la source de chaleur.

Gardez dans la cuisine un extincteur homologué pour lutter contre les feux provoqués par des liquides inflammables, comme la graisse, ou les systèmes électriques.

QU'EST-CE QU'UN MICRO-ONDES ?

Un four cuisant très rapidement. La pièce maîtresse du micro-ondes, c'est le magnétron, qui émet des ondes électromagnétiques de même nature que celles de la radio ou de la télévision.

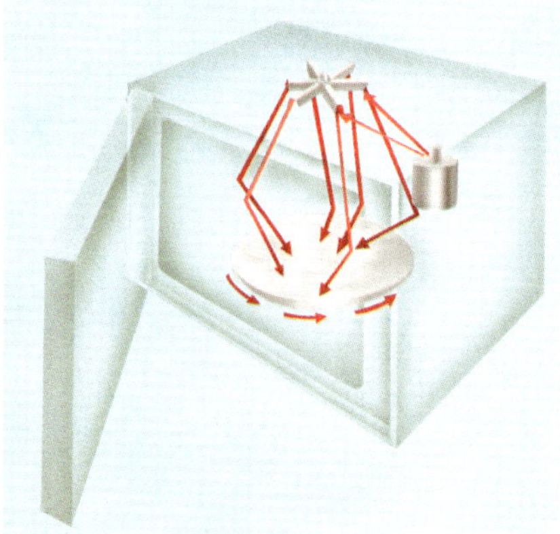

Les ondes se dirigent directement vers les aliments contenant de l'eau et de la graisse et en font vibrer à grande vitesse les molécules. Ceci provoque un frottement générateur de chaleur à l'intérieur de l'aliment. Seul celui-ci s'échauffe, pas l'environnement ni les ustensiles de cuisson.

La cuisson se fait d'abord sur les bords extérieurs de l'aliment, puis l'énergie produite est acheminée vers le centre. Pour une meilleure répartition des ondes, un plateau tournant peut être placé dans le four.

Le four à micro-ondes simple ne dore ni ne grille les aliments. Seuls les combinés de la nouvelle génération obtiennent ces résultats. Pour pallier ce manque, on peut utiliser un plat « brunisseur », qui dore les aliments par contact, après qu'on l'a fait préchauffer pendant 7 minutes.

Autre accessoire utile : une sonde à température. Elle se branche dans le four et s'insère dans l'aliment à cuire. Quand le plat atteint la température voulue, le four émet un signal sonore.

LES POINTS FORTS DU MICRO-ONDES

- Gain de temps grâce à une cuisson ultra-rapide
- Meilleure saveur, surtout en ce qui concerne le poisson, certains légumes et les fruits
- Décongélation accélérée
- Réchauffage sans dessèchement dans le plat ou l'assiette de service
- Confection de sauces sans être obligé de remuer à la cuillère constamnıent
- Et beaucoup d'autres trucs à découvrir au fil de son utilisation

LES PLATS « SPÉCIAL MICRO-ONDES »

Leur matériau ne doit pas faire barrière aux ondes. Vous exclurez donc tout ce qui est métallique ou contient du métal. (Sauf pour certains fours récents livrés avec une grille de céramique, glissée sous le métal, qui absorbe les ondes.)

Pour savoir si un plat est fait pour le micro-ondes, placez-le dans le four avec la valeur d'un verre d'eau. Branchez sur « maximum » pendant 1 minute. Si l'eau est chaude et le plat froid, il convient.

LA PUISSANCE DU MICRO-ONDES

Ne confondez pas puissance installée et puissance restituée. La première est celle qui correspond à votre note d'électricité (de 900 à 1 600 W environ). La seconde, restituée dans la cavité, est réduite de moitié : de 450/500 W à 750/800 W. Exigez que cette dernière soit d'au moins 600/650 W pour une réelle rapidité de cuisson. Avec 500 W, vous risquez de ne pouvoir faire que des réchauffages et des décongélations, mais pas de cuisson.

Vous utiliserez la porcelaine robuste, le verre, la terre cuite pour la cuisson ; la vannerie et le bois pour un réchauffage, ainsi que les plastiques supportant au moins 140 °C.

Vous pouvez réchauffer des restes dans une asssiette en carton ou sur une serviette en papier ; ou encore chauffer des petits pains enroulés dans une serviette et déposés dans une corbeille en osier.

Un couvercle est nécessaire pour accélérer la cuisson en évitant les projections et la déshydratation, mais une assiette retournée, un film de plastique étirable perforé, du papier sulfurisé peuvent très bien le remplacer.

Les aliments cuisent mieux dans des plats ronds plutôt que carrés, et à bords droits.

La nouvelle génération des micro-ondes couplés avec un gril, la chaleur tournante ou la convection naturelle vous fera préférer des matériaux polyvalents. Sinon, en cas de cuissons enchaînées, le plat se détériorerait.

Choisissez aussi des plats allant au congélateur. Vous pourrez ainsi faire passer le plat directement du congélateur au four.

ASTUCES D'UTILISATION

Il est peu recommandé de placer le four à micro-ondes au-dessus de la cuisinière ; de celle-ci montent sans cesse de la chaleur, de la graisse et de la vapeur ; en outre, vous devez passer au-dessus des éléments chauffants pour avoir accès au micro-ondes.

Couvrez toujours les aliments à cuire ou à réchauffer, sauf un bol de lait, un verre ou une tasse de café. Mais le plat ne doit pas être hermétiquement fermé ; c'est pour cette raison que l'on perfore le film plastique.

Remuez la préparation à mi-cuisson pour obtenir une diffusion homogène et éviter que des zones froides demeurent dans les aliments.

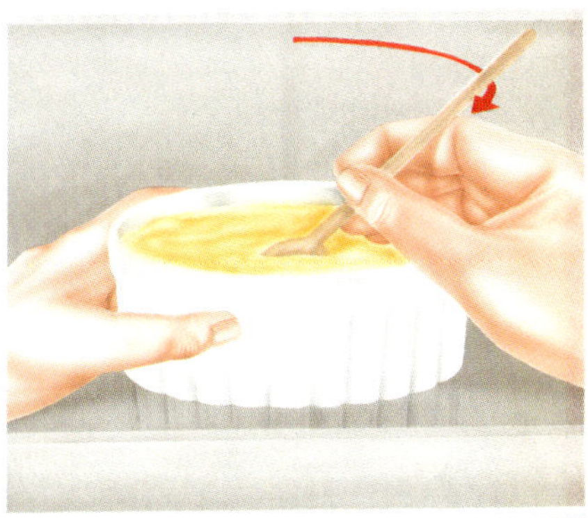

Laissez reposer quelques instants les préparations cuites au micro-ondes une fois l'émission coupée. En effet, la cuisson se poursuit par conduction vers le centre du plat.

La partie la plus mince des aliments de forme irrégulière et du poisson doit être disposée au milieu du four, où elle recevra moins d'énergie.

Protégez les parties minces, comme les ailes et les cuisses de poulet, pendant la moitié du temps de cuisson ; vous éviterez ainsi qu'elles ne soient trop cuites et desséchées.

Certains aliments — tels les tomates, les pommes de terre, les jaunes d'œufs, les saucisses, les foies de volaille, certains fruits — sont recouverts d'une peau étanche. Piquez-les avec une fourchette avant la cuisson pour qu'ils n'éclatent pas. Une aiguille suffit pour le jaune d'œuf.

Pour vous assurer de meilleures cuissons, choisissez de préférence de petites pièces (voire des tranches ou des morceaux) plutôt que des grosses.

Quelques secondes au micro-ondes vous permettront de peler plus facilement pêches et tomates, d'ouvrir les huîtres, de ramollir le beurre, le miel, le chocolat, les glaces qui sortent du congélateur...

Vos frites seront plus légères si vous les faites précuire 5 minutes au micro-ondes avant de les plonger dans le bain de friture.

Ne faites jamais cuire un œuf à la coque au micro-ondes : il exploserait.

Sachez que les petits pois et les haricots verts supportent mal la cuisson au micro-ondes et durcissent.

L'ENTRETIEN

Il est quasi inexistant, puisqu'il n'y a pas de projections. Pourtant, un plat que l'on a oublié de couvrir laissera s'échapper des éclaboussures. Nettoyez alors très soigneusement l'enceinte du four avec une éponge imbibée d'eau, afin que les ondes se réfléchissent correctement sur des parois nettes.

Pour ôter une odeur, après la cuisson d'un poisson ou le réchauffage du café, par exemple, passez une éponge humectée de quelques gouttes de jus de citron et d'eau.

Ne bricolez jamais un four à micro-ondes. Si vous avez des problèmes, appelez un spécialiste.

HOTTE ASPIRANTE

Rien de plus déplaisant que les odeurs de cuisine qui se répandent dans toute la maison et les vapeurs grasses qui se déposent sur les murs. Pour y remédier, il vous suffit de placer une hotte aspirante au-dessus de la table de cuisson. Votre cuisine aura besoin d'être lessivée moins souvent.

La hotte à évacuation directe aspire les vapeurs de la cuisine et les évacue vers l'extérieur par un conduit d'aération. Mais si vous ne pouvez pas vous raccorder sur l'extérieur, choisissez un système à recyclage, qui aspire et traite à l'intérieur de la hotte, pour rejeter ensuite de l'air purifié. Un peu moins efficace, il rend pourtant de très bons services.

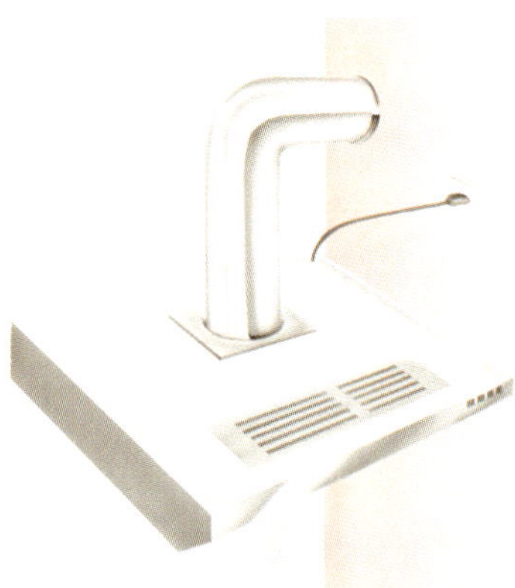

Les hottes existent en plusieurs largeurs. Bien sûr, plus la hotte est large, meilleure est la captation des buées puisque la surface d'aspiration est plus importante.

Pour fixer une hotte à évacuation sous un des éléments de votre cuisine, vous devrez percer le fond et le dessus du meuble afin de pouvoir passer le tuyau de raccordement.

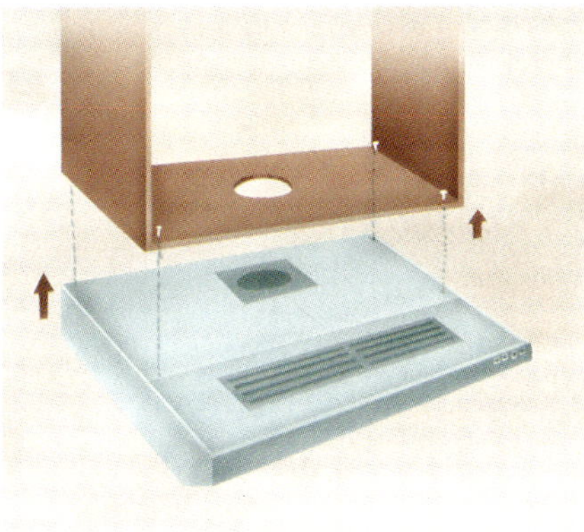

Si votre plaque de cuisson est électrique, fixez la hotte à au moins 60 cm au-dessus. Pour une cuisinière à gaz, comptez 65 cm.

Qu'elles soient à évacuation ou à recyclage, les hottes comportent un filtre placé derrière la grille de la carrosserie. Changez-le environ tous les 3 mois. En s'obstruant peu à peu, il rend la hotte inefficace. De plus, les graisses qu'il arrête, chargées de poussières, risquent de s'enflammer.

Vous pouvez l'acheter au mètre dans les grandes surfaces. Toutefois, vérifiez bien sa résistance au feu. Si elle n'est pas suffisante, préférez le filtre préconisé par le fabricant.

Les hottes à recyclage possèdent un deuxième filtre à charbon actif, très performant pour absorber les odeurs de cuisine. Remplacez-le — ou rechargez-le simplement — une fois par an en moyenne.

CHANGER LE FILTRE DE LA HOTTE

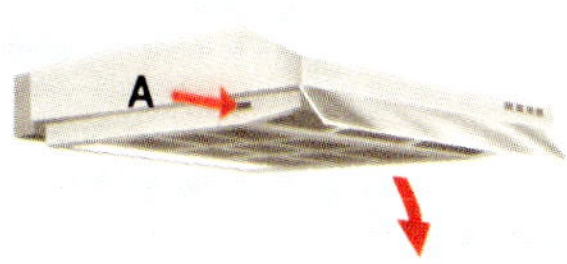

1. Appuyez sur les deux verrous (A) et retenez le filtre : il descendra de lui-même.

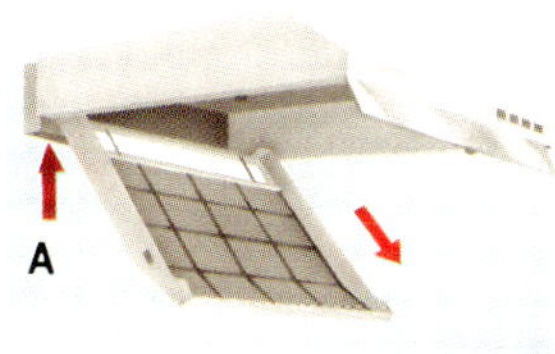

2. Dégagez le filtre de la carosserie en le soulevant (A) et en le tirant vers vous.

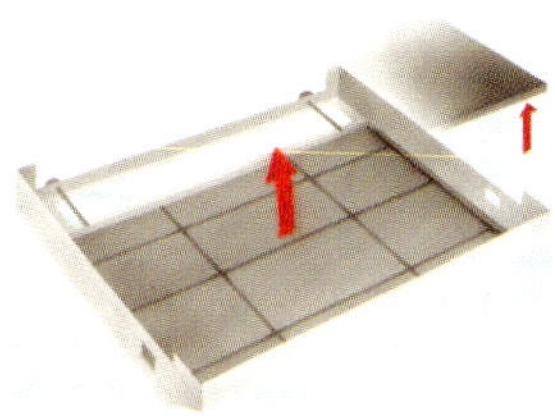

3. Otez la grille de maintien du filtre et nettoyez-la, car elle peut être très grasse.

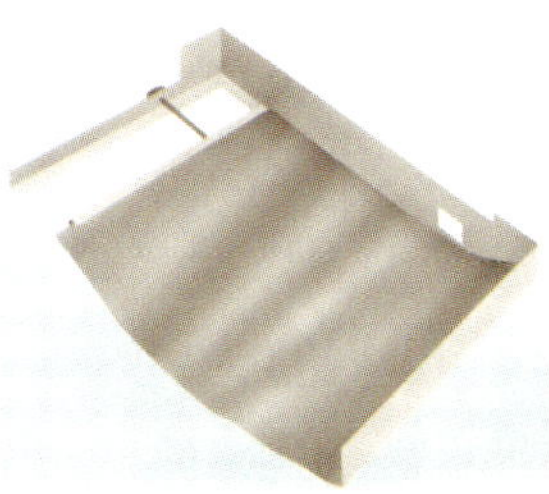

4. Placez la nouvelle matière filtrante sur le support et enfoncez-la bien.

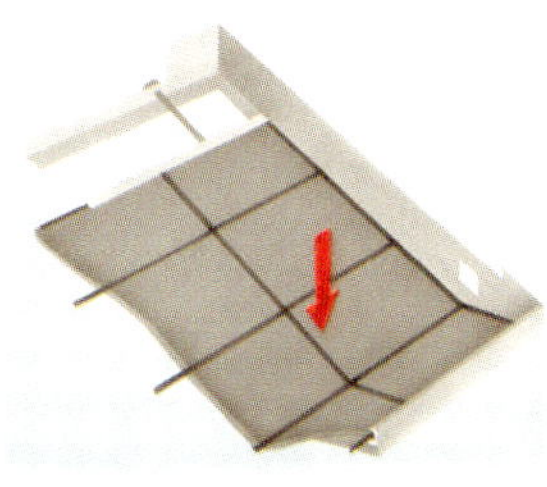

5. Remettez la grille : appuyez au niveau de l'articulation pour appliquer parfaitement le filtre sur le support.

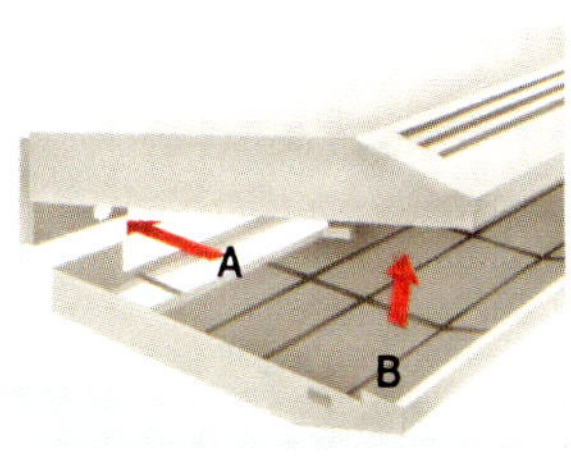

6. Engagez les charnières arrière du filtre dans les encoches de la carrosserie (A). Relevez-le et verrouillez (B).

Vous pouvez aussi le laver dans de l'eau additionnée de liquide à vaisselle. Remettez-le en place lorsqu'il est parfaitement sec.

Vérifiez et nettoyez de temps en temps le conduit d'évacuation. Des poussières venues de l'extérieur peuvent gêner le fonctionnement de la hotte.

Si votre hotte possède un témoin de saturation des filtres, il vous suffit de le surveiller. Sinon, entretenez vos filtres plutôt trop que pas assez.

Changez vos filtres à graisse tous les 2 mois environ s'ils sont en fibres synthétiques. Certains supportent très bien le lavage, d'autres ne pourront être lavés qu'une seule fois.

Faites tremper le filtre à graisse dans de l'eau tiède additionnée de produit à vaisselle. Rincez bien et laissez sécher à plat.

Si votre hotte est dotée de filtres métalliques, sachez que ceux-ci peuvent passer au lave-vaisselle.

FAITES-EN BON USAGE

Utilisez la petite vitesse de votre hotte pour les mijotages et les cuissons lentes, qui dégagent peu de vapeurs. Pensez aussi à en tirer parti simplement pour ventiler la cuisine.

Employez la grande vitesse le plus souvent possible : elle absorbe mieux tout ce qui se dégage des cuissons.

L'aspiration sera plus efficace si vous placez vos casseroles de préférence sur les foyers situés à l'arrière de la table de cuisson.

Pour améliorer le rendement de votre hotte, mettez-la en route à petite vitesse quelques minutes avant de commencer une cuisson et laissez-la fonctionner encore quelques minutes après avoir coupé l'électricité ou éteint le gaz.

Si vous entrouvrez la fenêtre de la cuisine, l'arrivée d'air frais favorisera l'aspiration. Mais si vous l'ouvrez complètement, le volume d'air à ventiler sera trop important et le fonctionnement de la hotte perturbé.

Ne faites jamais rien flamber (viande, crêpes, etc.) sous une hotte : les flammes aspirées risqueraient d'abîmer les filtres ou même de provoquer un sérieux incendie.

Lorsque la hotte est en marche, surveillez votre friture en permanence, sauf, bien sûr, si vous utilisez une friteuse automatique fermée.

Si votre poêle prend feu, arrêtez immédiatement la hotte et couvrez la poêle avec une serpillière ou un linge humide. Ne jetez pas d'eau. Il se formerait de la vapeur et des projections qui vous brûleraient gravement.

LAVE-VAISSELLE : LE CHOIX

Tous les lave-vaisselle lavent, rincent et sèchent la vaisselle à votre place. Pourtant, certains sont plus fiables et proposent aussi des « plus » que vous pourrez vous-même apprécier à leur juste valeur.

Lisez bien la notice d'emploi, car seul le respect des indications qui y sont contenues vous permettra d'obtenir une vaisselle impeccable.

LE CHARGEMENT

Il est inutile de rincer la vaisselle avant de la mettre dans la machine, mais débarrassez-la soigneusement de tous les restes tels que os, peaux, croûtes de fromage, etc.

Séparez l'argenterie des autres métaux : elle pourrait s'oxyder à leur contact. Évitez de mettre dans la machine la vaisselle ancienne et les cristaux très fragiles.

Placez la vaisselle rationnellement afin qu'aucune pièce n'en cache une autre et ne gêne la circulation de l'eau : orientez l'intérieur des assiettes, des plats, des verres vers le centre ou le bas de la machine. Les couverts doivent être mis en vrac dans leur panier, manches en bas.

Dans le panier supérieur, disposez les articles petits ou légers ainsi que les plastiques lavables à la machine. Posez tasses et verres entre les tiges ou par-dessus, à condition qu'ils touchent le fond du panier. Ne mettez pas les verres ou les objets fragiles dans le panier inférieur.

Mettez les ustensiles de cuisson contenant des restes d'aliments collés dans le panier inférieur, juste au-dessus du bras d'aspersion. Assurez-vous que les queues des casseroles ne risquent pas de bloquer sa rotation.

Placez les grands plats de service ou de cuisson sur les côtés ou dans le fond. Devant, ils peuvent empêcher l'eau d'atteindre les distributeurs de détergent ou les couverts.

Tout ne va pas au lave-vaisselle. Les casseroles dans lesquelles des aliments ont brûlé se lavent à la main.

FAITES DES ÉCONOMIES D'ÉNERGIE

Laissez tremper avec du détergent à lave-vaisselle les plats et les casseroles qui ont attaché avant de les introduire dans la machine.

Réservez le cycle intensif pour la vaisselle très sale. Sautez le programme prélavage.

Attendez que les paniers soient pleins pour faire fonctionner le lave-vaisselle. La consommation d'eau et de détergent sera la même.

VAISSELLE MAL LAVÉE

Vérifiez si la machine n'est pas trop ou mal chargée.

Voyez si la rotation du bras d'aspersion n'est pas gênée par un plat ou un couvert dépassant du panier.

Vous avez peut-être omis de remplir le distributeur de produits de lavage !

N'oubliez pas de remplir régulièrement les distributeurs de sel régénérant et de liquide de rinçage.

Faites une vérification du programme choisi : il est peut-être trop doux.

Si le filtre est obstrué, l'eau garde en suspension des micro-déchets qui se redéposent sur la vaisselle.

L'ENTRETIEN

Après chaque vaisselle, lavez soigneusement le filtre de vidange en le brossant sous l'eau courante chaude.

Vérifiez l'état de propreté de la cuve, des joints de porte, des bras d'aspersion, pour en chasser les éventuels déchets alimentaires.

De lavage en lavage, des graisses se déposent dans les coins. La propreté de la vaisselle s'en ressentira, et cela favorisera le développement des microbes et des mauvaises odeurs. N'hésitez pas à procéder au lavage de l'appareil une fois tous les 3 mois avec un produit spécial du commerce, en faisant fonctionner la machine à vide en programme court.

ENCORE DES TRACES

S'il y a des traînées sur les verres, la quantité de liquide de rinçage est trop importante. Faites vérifier le débit.

Si des ustensiles de métal frottent contre la porcelaine durant le lavage, celle-ci portera peut-être des marques noires ; séparez-les. Coincez les contenants en aluminium léger entre des plats plus lourds pour éviter qu'ils ne soient ballottés.

Si, après le rinçage, vous constatez qu'il reste des gouttes d'eau sur la vaisselle, la quantité de liquide de rinçage est alors insuffisante.

Des dépôts de calcaire subsistent sur la vaisselle ? Il n'y a pas de sel régénérant dans le bac. Ou, plus simplement, le bouchon du réservoir n'a pas été revissé à fond.

PETITS PROBLÈMES

Pour nettoyer les bras d'aspersion, retirez les paniers, ôtez les capuchons qui les maintiennent en place et dégagez-les. Avec un fil de fer, débouchez les trous, brossez à la brosse dure et rincez.

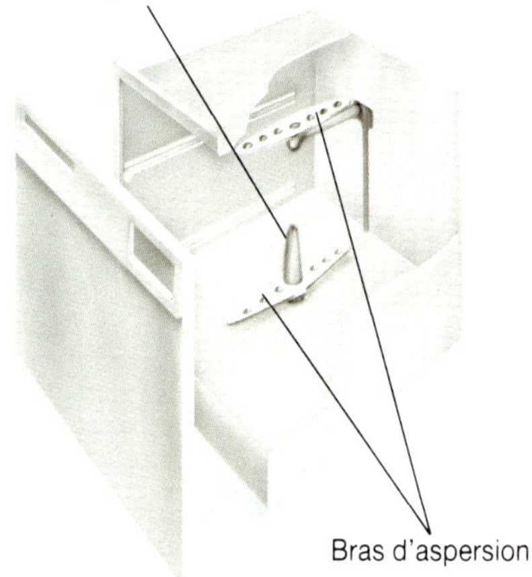

Si les galets du panier se coincent, faites-les bouger à la main pour les dégager. S'ils sont usés et déformés, remplacez-les. Certains se dévissent, d'autres se tirent.

Remplacez un panier s'il est gauchi. Dans la plupart des cas, il suffit de le tirer et de le soulever de l'avant. Si des

LAVE-VAISSELLE : A VÉRIFIER EN CAS DE PANNE

Problème	Cause probable	Solution possible
Le lave-vaisselle ne fonctionne pas	Pas de courant	Remplacez le fusible ou réenclenchez le disjoncteur
	Porte mal fermée	Assurez-vous-en
	Bouton du sélecteur non enfoncé	Appuyez à fond sur le bouton
Le lave-vaisselle ne se remplit pas	Robinet d'arrivée d'eau fermé	Ouvrez le robinet d'arrivée sur le tuyau qui mène au lave-vaisselle
Le lave-vaisselle ne se vide pas	Crépine obstruée	Nettoyez la crépine
La vaisselle n'est pas propre	Bras d'aspersion ou crépine obstrués	Nettoyez les bras d'aspersion ou la crépine
	Distributeur de détergent bloqué	Otez les plats qui gênent. Enlevez le panneau de la porte (voir la notice) et vérifiez le mécanisme du distributeur : ressort ou levier cassé, corrosion
Le vaisselle sèche mal	La vidange se fait mal	Nettoyez la crépine au besoin
L'eau fuit par la porte	Lave-vaisselle mal chargé	Modifiez le chargement en suivant le mode d'emploi
L'eau fuit par le bas de la porte	Excès de mousse	N'employez pas un détergent ordinaire pour la vaisselle ; ne prérincez pas la vaisselle avec du détergent liquide
	Joint endommagé ou fendu	Remplacez le joint d'étanchéité ; dans certains cas, il est enfoncé dans une rainure, dans d'autres, il est fixé par des attaches
Le lave-vaisselle est bruyant	Les bras d'aspersion frappent la vaisselle	Chargez l'appareil en suivant le mode d'emploi ; les bras d'aspersion doivent pouvoir tourner sans rien heurter
	Articles qui bougent	Durant le chargement, coincez les articles légers

goupilles maintiennent le panier sur les glissières, ôtez-les. Vaporisez du lubrifiant à base de silicones avant d'installer le nouveau panier, cela aidera au glissement.

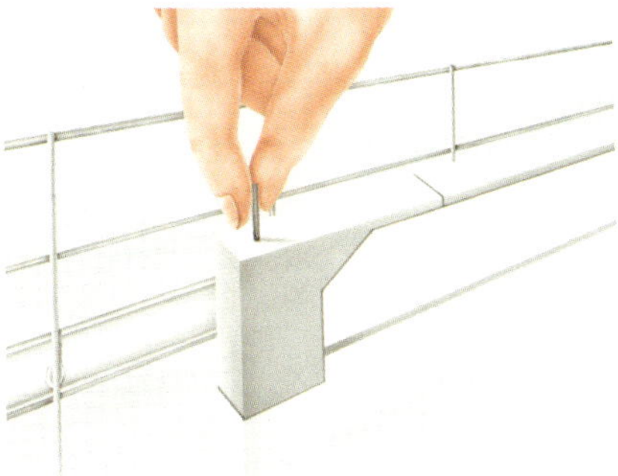

LAVE-LINGE : LE CHOIX

On trouve dans le commerce des lave-linge étroits (40 à 50 cm de large), qui se chargent par le dessus, et des plus larges (50 à 60 cm), qui se chargent par le devant et peuvent être encastrés. De nouveaux modèles larges, mais peu profonds (40 cm), apparaissent sur le marché. La capacité et les performances de tous sont cependant à peu près similaires.

Attention à l'installation électrique : n'utilisez pas de rallonge, même si la fiche n'atteint pas la prise. Si l'eau s'infiltrait dans la connexion, vous pourriez vous électrocuter.

Quel que soit le modèle retenu, réservez devant, ou au-dessus, un espace facilitant le chargement, le nettoyage du filtre et le déplacement en cas de réparation.

La plupart des machines offrent la possibilité d'essorer le linge à plus ou moins grande vitesse. Elles peuvent aussi avoir une fonction « séchage », intéressante quand on n'a pas la place pour un sèche-linge.

Si vous laissez une machine dans une maison de vacances non chauffée en hiver, faites-la vidanger par un technicien afin que l'eau restante ne gèle pas, détériorant ainsi les tuyauteries.

Dans la salle de bains, respectez les règles de sécurité en installant le lave-linge à plus de 1 m de la baignoire ou de la douche, afin d'éviter tout risque d'électrocution.

FAITES LES RACCORDS AVEC SOIN

Un tuyau qui se débranche peut inonder la maison. Prenez la précaution de fermer les robinets après utilisation.

Les filtres des tuyaux d'arrivée d'eau doivent être nettoyés de temps en temps. Coupez l'eau. Fermez les robinets, débranchez les tuyaux et retirez les filtres. Brossez-les à l'eau courante et faites-les éventuellement tremper dans du vinaigre d'alcool blanc s'ils sont envahis par le calcaire.

CONSEILS UTILES

Si, au moment de sélectionner le programme, vous avez dépassé le repère choisi, n'essayez pas de revenir en arrière : continuez à tourner dans le sens des aiguilles d'une montre jusqu'au programme désiré.

Videz soigneusement les poches des vêtements, surtout celles des enfants, qui recèlent d'innombrables trésors. Les petits objets qui peuvent se détacher ou tomber au cours du lavage sont à l'origine de nombreuses pannes (filtre de vidange bouché ou pompe cassée...). Enlevez baleines de cols, crochets de rideaux non cousus, pièces, clés, etc.

Vérifiez très souvent la propreté du bac à produits, du filtre d'arrivée d'eau et du filtre de vidange ; débarrassez ce dernier du sable, des bourres de linge, etc., qui gênent l'évacuation de l'eau.

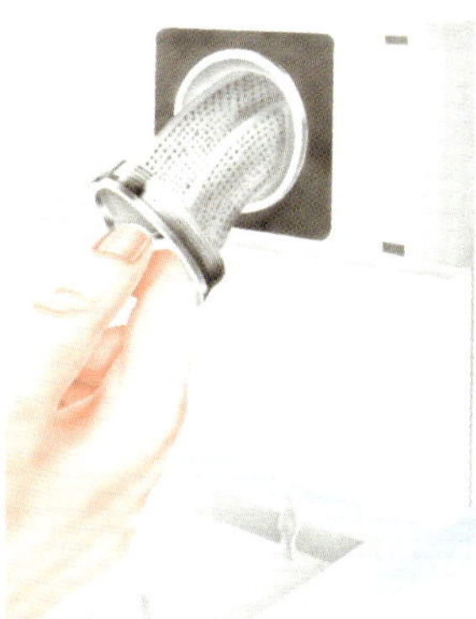

Après utilisation, laissez le lave-linge ouvert pendant une trentaine de minutes pour qu'il sèche totalement et ne prenne pas de mauvaises odeurs.

FAITES DES ÉCONOMIES

Lavez des charges complètes de linge ou utilisez les programmes « demi-charge » ou « éco » pour une quantité plus faible.

L'efficacité des lessives modernes vous permet la plupart du temps d'obtenir de bons résultats à 60 °C seulement pour le coton. Cependant, n'hésitez pas à utiliser de l'eau de Javel pour l'assainissement du coton blanc et grand teint. Réservez le programme de prélavage pour le linge très sale.

Si vous utilisez un sèche-linge ou une armoire séchante, choisissez la vitesse d'essorage maximale compatible avec les textiles de votre linge : vous limiterez le temps de séchage.

LA MACHINE VIBRE

La machine est-elle instable pendant l'essorage ? Il s'agit sans doute d'une mauvaise répartition du chargement : un article de grande dimension, un drap par exemple, s'est entassé d'un côté seulement du tambour. Arrêtez l'appareil et redistribuez le linge.

De très légères vibrations sont normales. Mais si elles arrivent à déplacer l'appareil ou à le déstabiliser, il faut régler les pieds comme pour le réfrigérateur (voir p. 126).

LAVE-LINGE : A VÉRIFIER EN CAS DE PANNE

Problème	Cause probable	Solution possible
La machine ne démarre pas	Pas de courant	Branchez l'appareil, poussez le disjoncteur ou remplacez un fusible
	Appareil trop chargé	Retirez du linge
Le remplissage de la cuve se fait lentement	Le robinet d'eau est fermé	Ouvrez-le
	Le filtre d'arrivée d'eau est bouché	Nettoyez-le
	Le bac à lessive est encombré de bouchons de lessive	Procédez au nettoyage
L'eau ne se vide pas	Le programmateur est sur « arrêt cuve pleine »	Retirez le linge, videz l'eau de la machine en mettant le tuyau de vidange dans une cuvette
	Le filtre de vidange est bouché	Retirez le bouchon du filtre, nettoyez-le, vérifiez qu'aucun objet ne gêne la pompe
Le moteur ne fonctionne pas	Le robinet d'eau est fermé	Ouvrez-le
	La porte est mal fermée	Fermez-la
	Le programmateur est sur la mauvaise position	Reprogrammez
	La fiche électrique est mal enfoncée dans la prise	Branchez bien la fiche
	Le fusible a fondu ou le disjoncteur a sauté	Changez le fusible ou enfoncez le disjoncteur

PETITS PROBLÈMES

Pour ôter le dessus de la machine lors d'une réparation, mettez du ruban adhésif autour de la lame d'un couteau à mastic et glissez-la entre le dessus et la carrosserie à quelques centimètres d'un coin. Frappez sur le manche pour ouvrir les attaches à ressort de chaque angle. Soulevez le dessus. Évidemment, avant d'effectuer cette opération, vous aurez débranché tout tuyau et coupé l'électricité.

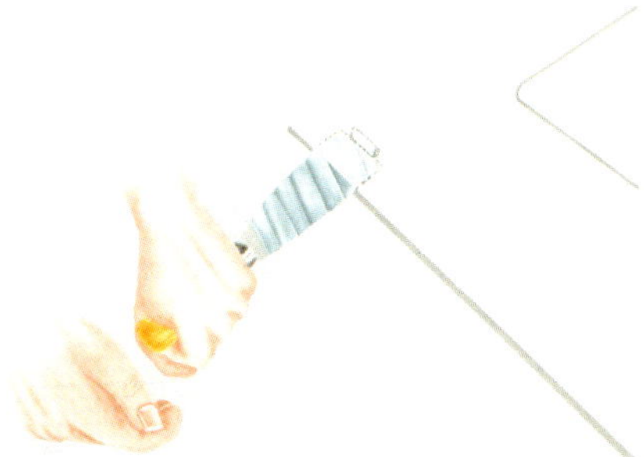

L'essorage ne se fait pas, le moteur fait un bruit anormal ou tourne à vide ? Débranchez la machine. Démontez le panneau. Vérifiez que la courroie n'a pas sauté de sa gorge. Si elle est détendue, procurez-vous le même modèle en notant les références de votre lave-linge, et remontez la courroie neuve en calant le moteur avec des petits morceaux de bois.

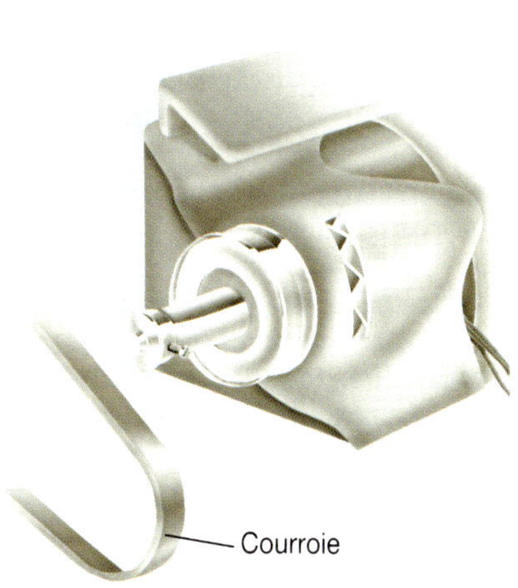

Des aspérités dans la cuve peuvent déchirer le linge. Enfilez un vieux bas de nylon sur votre main et passez-la sur la cuve. Si vous trouvez des aspérités, poncez-les au papier de verre fin.

CHAUFFE-EAU ÉLECTRIQUE : LE CHOIX

Il existe plusieurs modèles de chauffe-eau électriques, conçus pour répondre à divers besoins.

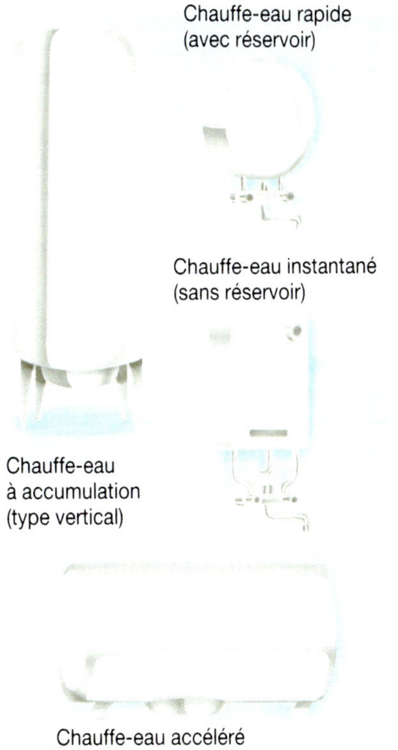

Le ballon à chauffe lente, dit « à accumulation ». D'une capacité de 100 à 300 litres, il porte son contenu à la température maximale en 6 à 8 heures. Il chauffe l'eau pendant la nuit, au moment où le prix du kWh est au plus bas, et il la restitue pendant la journée en puisant sur ses réserves.

Ne l'envisagez que si vous avez opté pour un abonnement EDF bitarif (jour/nuit) ; branchez-le sur une installation comportant une horloge qui ne l'alimentera en courant électrique que pendant la période « heures creuses » (heures de nuit).

Pour ne pas manquer d'eau chaude durant la journée (où il est hors circuit), choisissez-le d'une capacité supérieure d'au moins un tiers à celle du volume d'eau chaude que vous utilisez.

puis remplissez le chauffe-eau de votre habitation principale avant de le remettre en marche.

ENTRETIEN DU CHAUFFE-EAU A GAZ

Quatre éléments sont à surveiller dans un chauffe-eau à gaz :
— la veilleuse,
— la rampe de brûleurs,
— le corps de chauffe,
— le conduit de fumée.

La veilleuse, qui sert à l'allumage de la rampe de brûleurs quand on tire de l'eau, est aussi un organe de sécurité : elle empêche toute fuite de gaz même si elle est éteinte. N'y touchez jamais. Contentez-vous de la nettoyer de temps à autre avec une brosse à dents dure, pour enlever les impuretés qui peuvent se déposer au pied de la flamme. Ne touchez en aucun cas à la lame métallique (le bilame), placée juste à côté ou au-dessus de la flamme.

La rampe de brûleurs finit toujours par présenter des signes de fatigue. Si les flammes sont jaunes et vacillantes, c'est un signe de manque d'air dans la combustion et vous devez procéder à un réglage ou à un remplacement de l'injecteur de gaz. Si des étincelles ou des corpuscules incandescents sont visibles dans les flammes, faites remplacer la rampe, qui est corrodée (les étincelles sont des petits morceaux de métal se détachant des brûleurs).

Le corps de chauffe, placé au-dessus des brûleurs, est surtout sujet à l'encrassement par dépôt de calcaire à l'intérieur de ses tubulures. Quand l'eau chaude coule avec un faible débit et qu'elle sort tout juste tiède, le serpentin du corps de chauffe est entartré et il faut le remplacer. Démontez-le (après avoir fermé l'arrivée d'eau) en desserrant les deux écrous situés à l'entrée et à la sortie du serpentin et en retirant les vis. Détartrez-le en versant dans le tube de l'acide chlorhydrique dilué à 10 % ou, mieux, du détartrant à cafetière, moins agressif pour le métal. Après élimination du calcaire et rinçage à l'eau claire, remontez le serpentin avec des joints neufs.

Faites ramoner le conduit de fumée au moins une fois par an pour assurer un bon tirage à votre chauffe-eau et éviter les risques d'incendie.

Si votre chauffe-eau à gaz refuse de s'allumer, alors que tout semble en bon état, vérifiez l'embout du robinet de puisage : il est certainement colmaté par le calcaire. Cette « retenue » provoque un manque de dépression qui interdit l'allumage du corps de chauffe. Démontez l'embout du robinet et détartrez-le en le faisant tremper dans du vinaigre ou dans du détartrant pour cafetière ou pour fer à repasser. Rincez-le et remontez-le : le chauffe-eau doit alors s'allumer... sinon, faites appel à un réparateur.

ASPIRATEUR : LE CHOIX

Cet appareil indispensable doit être puissant et maniable, et l'importance de la surface à nettoyer déterminera le premier critère de choix.

L'aspirateur-balai, pour les petites surfaces, est léger, facile à ranger et passe aussi bien sur les sols durs que sur les tapis et moquettes. Sa puissance varie de 500 à 800 W, la capacité du sac à poussières de 1,5 litre à 3 litres. Certains modèles, à variateur électronique, s'adaptent d'eux-mêmes aux différents types de sols.

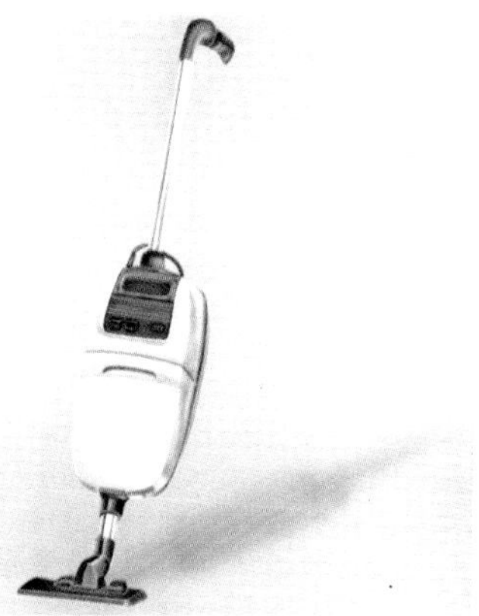

Plus rustique est l'aspirateur-seau, véritable travailleur de force, qui avale aussi bien l'eau que les feuilles mortes, les gravats, le verre, etc. Il convient pour les pavillons et les maisons de campagne. Sa cuve contient de 9 à 35 litres. Un peu bruyant, il est très mobile

éventuels et augmenterez le rendement des radiateurs. Voici comment procéder : Placez un récipient sous le purgeur et ouvrez la petite buse de purge située en haut de l'appareil. Laissez l'air s'échapper, ainsi qu'une petite quantité d'eau. Rebranchez ensuite la chaudière.

APPAREILS DE CHAUFFAGE ÉLECTRIQUES

Si vous devez acheter des convecteurs électriques, considérez d'abord la taille des pièces à chauffer et la qualité de leur isolation. Dans le cas d'une isolation moyenne, prévoyez un appareil de 1 000 W pour une pièce de 30 à 40 m^2, de 2 000 W pour 60 à 70 m^2, et de 3 000 W pour 100 m^2. Lorsque le volume à chauffer est très bien isolé, un appareil de puissance sensiblement réduite conviendra.

Placez les convecteurs de préférence à 15 cm du sol au moins, afin de faciliter le passage de l'air et le nettoyage. Vous pouvez aussi les installer sous une fenêtre. Mais attention ! Les rideaux ne doivent pas être en contact avec les convecteurs, pour éviter tout risque d'incendie. Ne les couvrez jamais — avec du linge, par exemple — et n'y posez pas non plus d'objets décoratifs.

Nettoyez régulièrement vos convecteurs (après les avoir éteints) à l'aspirateur. La poussière, en s'y accumulant, diminue leur rendement et risque de causer des incendies.

Dans une salle de bains, n'installez aucun appareil électrique à moins de 1 m de la baignoire.

Pour élever très rapidement la température — dans la salle de bains, par exemple —, préférez un radiateur soufflant. Mais sachez que ce genre d'appareil consomme beaucoup d'énergie, ce qui peut vous obliger à limiter sa durée d'utilisation.

Très esthétiques pour un intérieur ultramoderne : les appareils radiants (à tubes quartz ou en panneau). Ils dispensent une agréable chaleur rapidement. Mais, comme les radiateurs soufflants, ce sont de gros consommateurs d'énergie. Utilisez-les plutôt en chauffage d'appoint.

Pour un chauffage principal ou un appoint longue durée, pensez aux convecteurs et radiateurs à bain d'huile. Ils sont assez longs à chauffer, mais consomment moins d'énergie que tous les autres appareils électriques. Ils se branchent sur une simple ligne électrique, à condition que celle-ci soit d'une puissance suffisante.

Laissez les appareils à bain d'huile branchés en permanence, même lorsque vous vous absentez pour longtemps : leurs thermostats sont équipés d'une position hors gel.

Si votre appareil comporte un thermostat incorporé, évitez de le placer à un endroit très ensoleillé de la pièce. La chaleur risque de fausser le fonctionnement de la régulation.

Si le thermostat n'est pas incorporé à votre appareil, ne le fixez pas au-dessus d'un convecteur ou d'une lampe ni sur un mur chauffé par le soleil. Accrochez-le à une hauteur de 1,20 m.

REMPLACER LA FICHE D'UN CORDON ÉLECTRIQUE

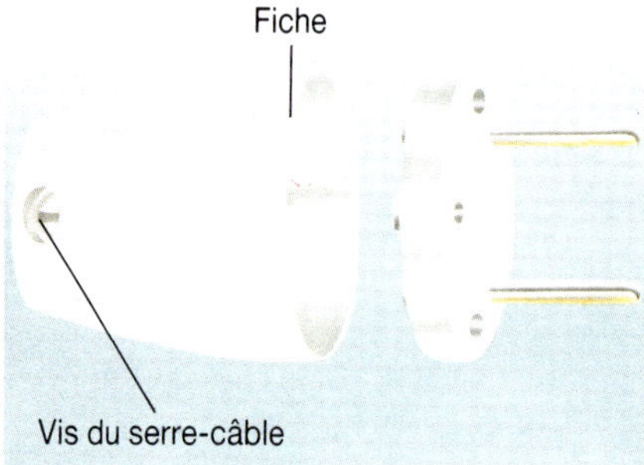

1. Commencez par couper la vieille fiche et les fils endommagés avec des ciseaux robustes ou une pince coupe-fil. Puis dévissez et retirez les broches de la nouvelle fiche, et insérez le cordon dans la fiche.

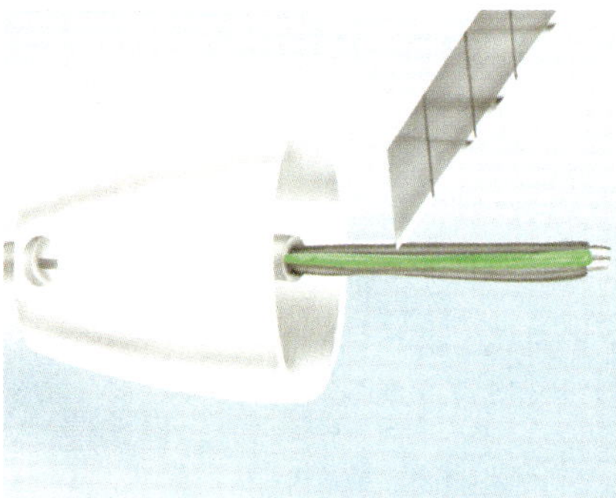

2. Dénudez le cordon sur 4 cm. Fendez la gaine isolante avec un couteau universel ou un canif et enlevez-la comme un gant. Incisez la gaine sur toute la longueur si elle se retire mal. Prenez garde de ne pas abîmer les fils à l'intérieur. Le cas échéant, coupez la section endommagée et recommencez.

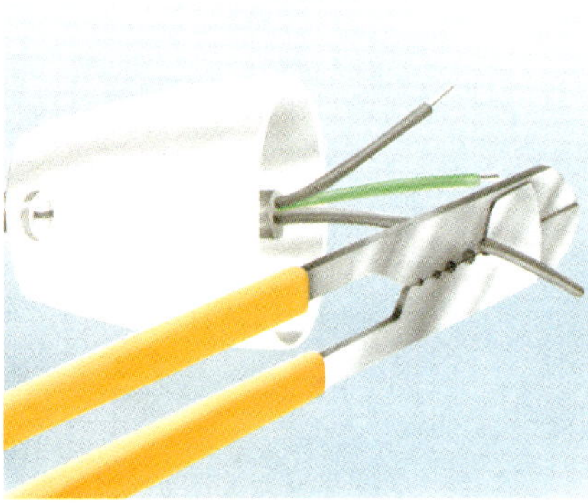

3. Dénudez chaque fil sur 1,5 cm avec un dénudeur ou sectionnez la gaine avec un couteau et enlevez-la. Prenez soin de ne couper aucun des brins qui composent le fil. Tordez ces brins ensemble vers la droite.

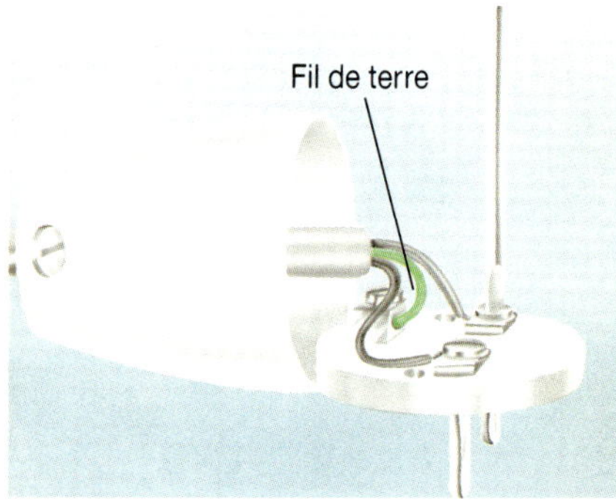

4. Desserrez les vis des bornes sous les broches. Si le cordon n'a que deux fils (bleu et rouge par exemple), placez un fil dans chacune des bornes et serrez-les. Si le fil est à trois conducteurs (bleu, rouge, et vert et jaune), branchez le rouge et le bleu aux bornes des broches, et le vert et jaune (fil de terre) sur la borne marquée du signe ⏚ , généralement placée entre les deux autres.

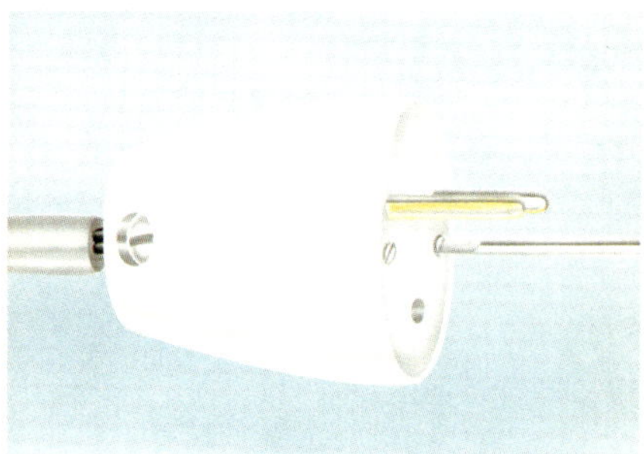

5. Après avoir resserré les vis des bornes, tirez sur le cordon pour ramener le bloc portant les broches dans le capuchon de la fiche. Assujettissez-le en suivant les ergots et rainures de montage. Vissez-le bien, soit par la vis centrale, soit par les deux vis latérales.

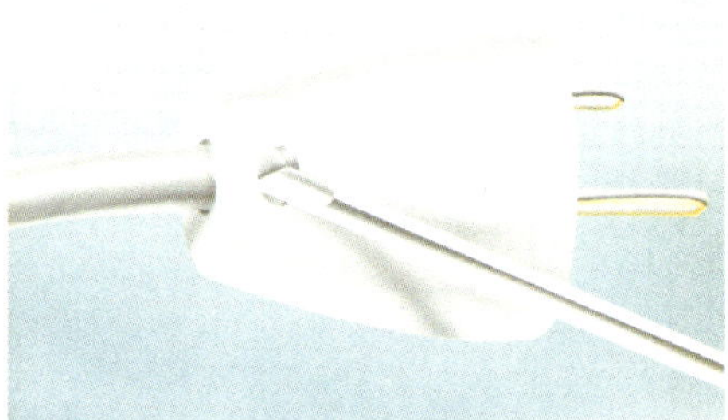

6. Repoussez le fil dans la fiche pour le glisser entre les mâchoires du serre-câble. Serrez alternativement les deux vis, fermement mais sans excès. Vérifiez que le câble est bien attaché ; s'il glisse, resserrez le serre-câble.

LAMPES, FICHES ET CORDONS

Lorsqu'une ampoule se brise dans sa douille, débranchez la lampe ou le circuit qui l'alimente. Enfilez un gant épais et, avec du papier journal, agrippez la partie supérieure de la douille et tournez vers la gauche.

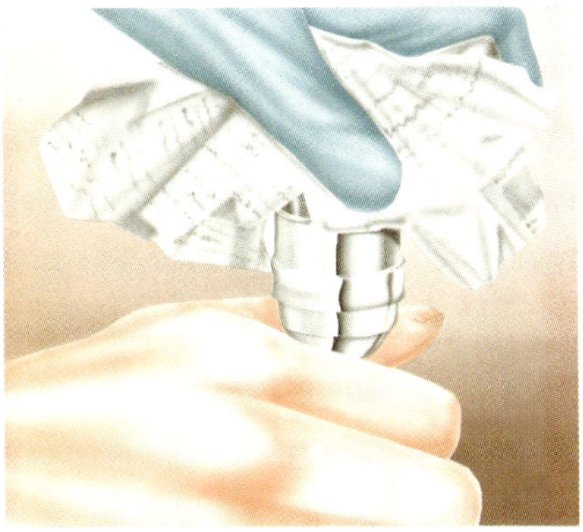

Pour remplacer la fiche à trois broches d'un cordon de grande puissance, dénudez les fils de leurs gaines isolantes. Glissez les extrémités des fils sous les bornes métalliques ou dans les trous et serrez les vis. Fixez les vis de blocage pour empêcher le cordon de se défaire.

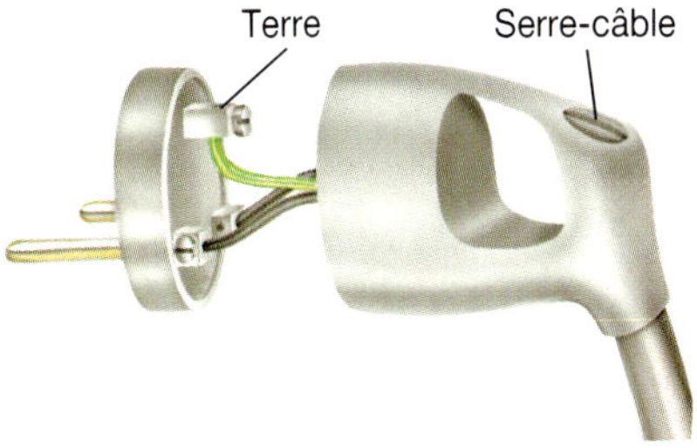

S'il s'agit du cordon à fils plats d'une lampe légère, utilisez une fiche à montage rapide pour laquelle vous n'avez pas besoin de dénuder les fils. Quand vous refermez la fiche sur le cordon, de petites tiges pointues traversent les gaines isolantes, assurant ainsi le contact.

LAMPES FLUORESCENTES

Les lampes fluorescentes modernes ont trois atouts : elles sont économiques, efficaces et fiables. Ainsi, un tube fluorescent de 25 W éclaire autant qu'une lampe ordinaire à incandescence de 100 W (avec pas ou peu de dégagement de chaleur), mais il consomme quatre fois moins de courant et dure cinq fois plus longtemps.

Il existe maintenant des modèles de tubes fluorescents qui diffusent une lumière chaude, comparable à celle des lampes traditionnelles. Ne limitez plus leur utilisation au garage ou à la cuisine : sachez les introduire dans les belles pièces de la maison.

Grâce à leur culot à vis, vous pouvez monter les nouvelles lampes fluorescentes dites « compacts » sur vos luminaires classiques.

Votre tube fluorescent ne s'allume pas ? C'est peut-être qu'il est mal positionné. Démontez-le et remettez-le en place, en veillant à ce que les électrodes s'enclenchent bien dans les douilles. En cas d'électrode cassée, vous devrez changer le tube.

Lorsque le tube ne s'allume pas totalement et que seules ses extrémités sont incandescentes, le starter doit être défectueux. Changez-le.

Si le tube s'allume et s'éteint sans cesse, vérifiez le contact du starter et changez-le au besoin. Autre cause possible : la douille du tube est dessoudée. Changez alors le tube.

INTERRUPTEURS

Êtes-vous obligé de chercher l'interrupteur de vos luminaires à tâtons dans le noir ? Posez des interrupteurs dont l'intérieur est muni d'une petite ampoule qui reste allumée. Vous les retrouverez ainsi la nuit.

Si l'interrupteur de la lumière n'est pas à côté de la porte extérieure, installez une minuterie qui éteindra le luminaire 45 secondes après que vous aurez actionné l'interrupteur (voir p. 161).

Avez-vous souvent les mains pleines quand vous entrez dans la cuisine, la chambre du bébé ou la buanderie, ou quand vous en sortez ? Posez un interrupteur à bascule que vous pouvez actionner avec le coude.

FUSIBLES ET DISJONCTEURS

Dans la maison, toutes les prises électriques doivent être protégées par des coupe-circuit (couramment appelés fusibles). Ces petits appareils évitent que l'installation électrique ne prenne feu en cas de surcharge.

La puissance d'un coupe-circuit est exprimée en ampères (symbole : A). Elle ne doit en aucun cas être égale ou supérieure à l'ampérage maximal du compteur (pas de fusible 16 ou 20 A si le compteur est taré à 16 A).

Si un appareil fait systématiquement sauter le fusible qui protège la prise sur lequel il est branché, il se peut qu'il y ait un court-circuit dans cet appareil (faites-le réparer), ou que le fusible ne soit pas assez fort pour sa puissance. Remplacez-le alors par un fusible d'un ampérage supérieur.

Pour calculer la puissance du fusible nécessaire à un appareil donné, divisez la puissance de ce dernier (en watts) par la tension du courant (en volts), et prenez un fusible d'une puissance un peu supérieure. Par exemple, pour un appareil de 3 000 W en 220 V, on obtient 13,63 (3 000 divisé par 220) : il vous faut un fusible de 16 A (et un compteur d'au moins 20 A).

LES DIFFÉRENTES FORMES DE COUPE-CIRCUIT

1. Le fil fusible en alliage de plomb, peu pratique et quasiment abandonné.

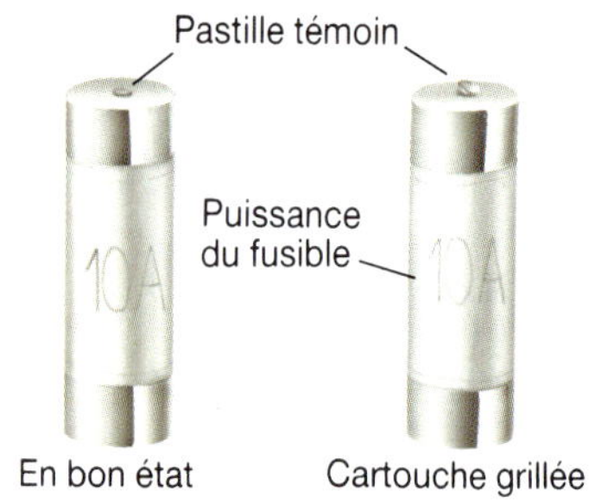

2. La cartouche-fusible, à jeter et à remplacer quand elle grille. Elle se place dans un porte-cartouche à bascule ou à puits. Pour repérer rapidement une cartouche grillée, utilisez les modèles avec pastille témoin.

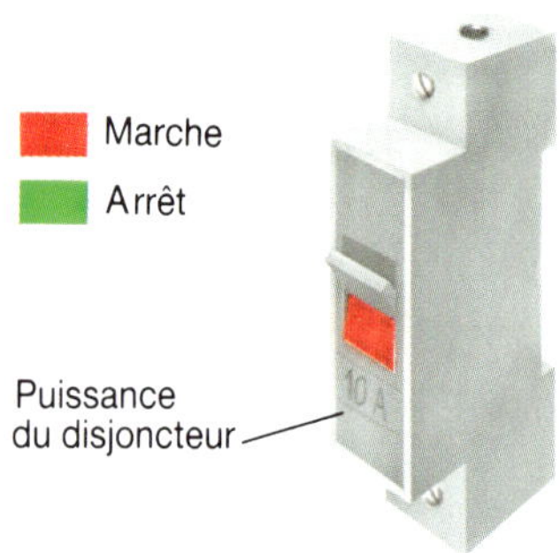

3. Le disjoncteur magnétothermique, placé dans un tableau ; il suffit de le réenclencher pour le remettre en fonction.

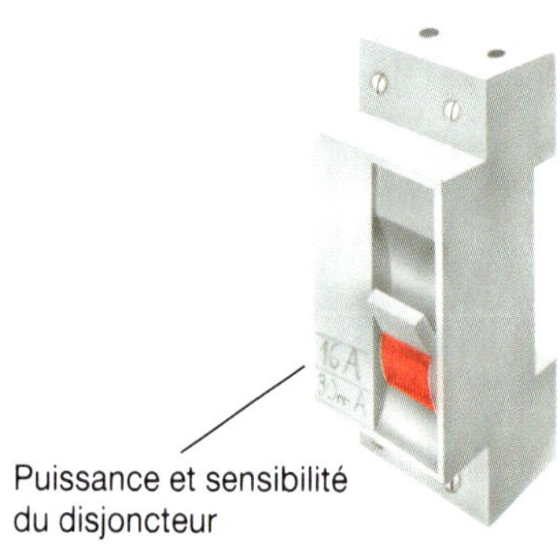

4. Le disjoncteur différentiel haute sensibilité, qui « saute » en cas de surcharge ou de perte de courant vers la terre, vous protégeant ainsi contre les risques d'électrocution. Il se remet en fonction par réarmement.

INSTALLEZ UNE MINUTERIE

Que ce soit à l'intérieur de la maison ou à l'extérieur, un éclairage commandé par une minuterie est toujours très pratique... et économique : le prix de l'installation (très raisonnable) se justifie par le confort qu'on en tire et le fait que l'éclairage ne reste pas allumé inutilement. Les systèmes de minuterie se présentent de diverses façons.

La minuterie mécanique. L'interrupteur, qui fonctionne à l'aide d'un bouton rotatif avec butée, ne peut pas être commandé à distance ; on le met en marche en tournant le bouton, qui revient doucement au point d'extinction. Il se monte comme un interrupteur normal. Pour l'installer, il vous suffit de démonter l'interrupteur en place et de brancher la minuterie, en suivant strictement la notice de montage livrée avec l'appareil.

La minuterie à touche sensitive (ou interrupteur temporisé). Elle se monte à la place d'un interrupteur normal, mais elle peut être commandée à distance par des poussoirs ou des contacteurs « périphériques » à touche sensitive.

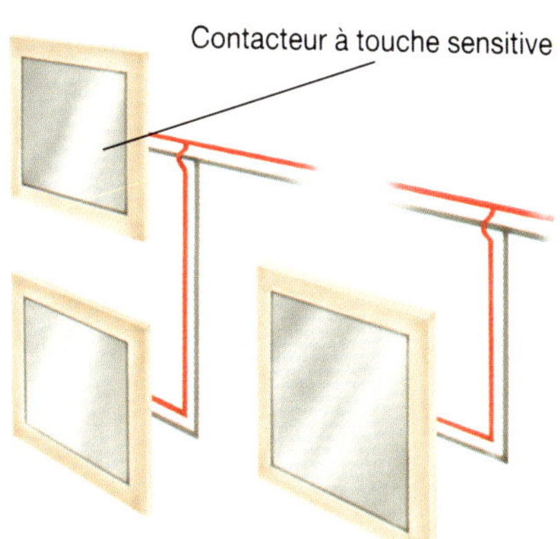

Son aspect décoratif permet de l'utiliser en tous lieux de la maison. Elle convient très bien pour l'éclairage des escaliers ou des allées extérieures, pour les cagibis ou les toilettes. Respectez bien le sens de branchement des fils sur les bornes de l'appareil : utilisez un tournevis testeur de phase pour différencier les deux fils. Puis coupez le courant au compteur afin de procéder au montage.

Les minuteries montées sur rail impliquent de nombreux raccordements entre l'appareil placé dans le coffret, les divers poussoirs et les lampes à allumer. Vous pouvez les équiper d'un « préavis d'extinction ». Il s'agit d'un appareil complémentaire, qui évite que la coupure de l'éclairage ne se fasse brutalement : la lumière s'éteint graduellement et vous avez ainsi le temps de réappuyer sur un poussoir de commande sans être égaré dans le noir. Le branchement est un peu plus complexe, mais facilité par les indications données sur la notice de montage.

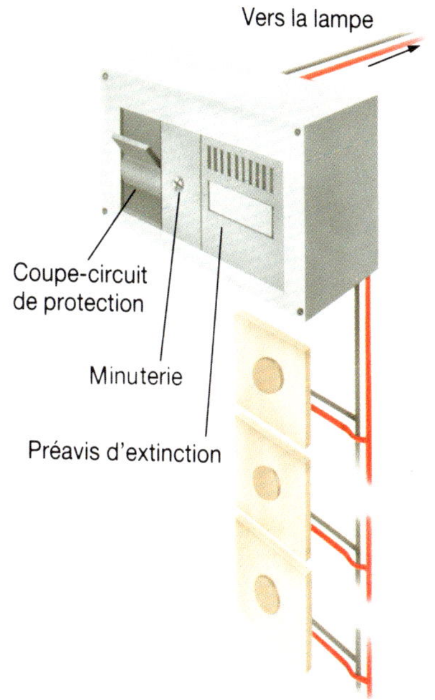

Un conseil : respectez bien le code couleur des fils. Le « neutre » est toujours bleu clair, le « phase » rouge, noir, orange ou autre, mais jamais bleu. Le fil de terre (s'il y a) est toujours vert et jaune. Choisissez une autre couleur pour les fils reliés aux poussoirs.

AUTOUR DE LA MAISON

L'extérieur de la maison

ENTRETIEN DES FAÇADES

Les murs extérieurs recouverts de crépi plastique blanc ou de ton pierre sont très sensibles aux salissures. Les murs en crépi de mortier, comme cela se faisait autrefois, sont plus sensibles aux dégradations (dues aux pluies et au gel, entre autres), mais leur couleur grise les rend moins salissants. Dans les deux cas, les poussières atmosphériques et les marques d'éclaboussures qui s'accumulent à la base des murs, comme les mousses qui peuvent proliférer sur les murs exposés au nord, doivent être éliminées.

La solution la plus rapide et la plus performante pour nettoyer des murs

extérieurs est le recours à un nettoyeur haute pression. Si vous ne possédez pas ce type d'appareil, vous pouvez le

POINTS A EXAMINER SUR LA MAISON

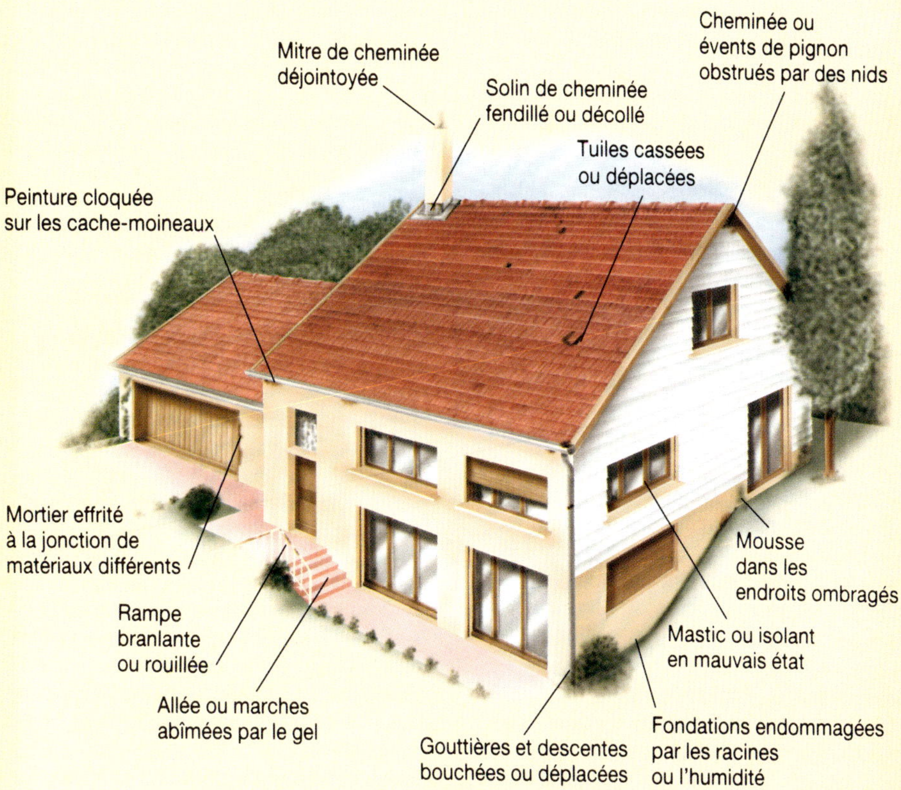

joints sont clairs, et employez du sable très fin (sable à lapin ou sable de carrière tamisé).

Mélangez à sec 1 volume de ciment à 3 volumes de sable ou 1 volume de ciment gris + 1 volume de chaux hydraulique à 4 parties de sable (le mélange ciment et chaux donne un mortier plus clair et plus onctueux).

Préparez une grande quantité à sec. Au moment de l'emploi, prélevez-en la valeur d'une petite auge et ajoutez juste assez d'eau pour obtenir une « pâte » souple, mais non coulante.

Pour faire les joints, utilisez une taloche et un fer à joints d'une largeur très légèrement inférieure à l'espace que vous devez combler entre les briques ou les pierres. Mettez un peu de mortier sur la taloche tenue comme un plateau et appuyez-la contre le mur au niveau du joint à remplir. Avec le fer à joints, poussez le mortier entre les briques pour remplir les trous, puis lissez-le. Pour parfaire le travail, laissez le mortier prendre, puis lissez-le à nouveau avec le fer à joints que vous rincerez régulièrement à l'eau pour qu'il reste propre et glissant.

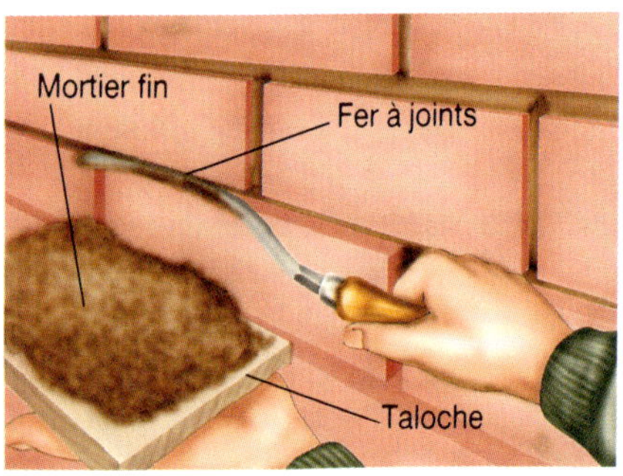

CRÉPI : CHOIX DE LA COULEUR

Les crépis et autres produits de parement pour les murs extérieurs doivent être choisis avec soin. Évitez de prendre un crépi uniquement destiné aux applications décoratives à l'intérieur : il ne résisterait pas aux intempéries.

La couleur du parement est le plus souvent réglementée par les services de votre Direction départementale de l'équipement (DDE), surtout si votre maison est dans un site classé. Chaque région a ses coutumes architecturales, et un crépi orangé soutenu sera bien accepté en Aquitaine, mais non dans le Nord. Renseignez-vous à la mairie de votre domicile avant d'entreprendre les travaux.

Dans tous les cas, ne cherchez pas à vous démarquer par rapport aux habitations voisines ; au contraire, tenez-en compte pour garder une unité de coloris. De toute façon, si vous achetez vos produits de parement sur place, le vendeur vous proposera rarement des produits non conformes aux traditions architecturales de la région.

CRÉPI : RÉNOVATION

Quand un crépi sur un mur extérieur montre des signes de fatigue, il doit être refait ; pour des raisons esthétiques, et surtout pour qu'il garde son rôle de protection contre les infiltrations d'eau au travers des murs.

Si un vieux crépi traditionnel au mortier se détache par plaques, il est préférable de le refaire entièrement après avoir fait tomber toutes les parties encore adhérentes. Remplacez-le par un crépi plastique, que vous appliquerez au rouleau sur les murs parfaitement nettoyés, après en avoir rebouché les fissures éventuelles (voir page 165).

Si un crépi de mortier est encore bien accroché, mais présente des micro-fissures (faïençage) dues à son âge, si un crépi plastique est sale et marqué de taches indélébiles ou présente aussi des micro-fissures, rénovez-le avec un produit spécifique vendu sous le nom de « rénovateur de crépi ». Généralement à base de latex, il s'applique, comme une peinture, au rouleau à poils longs et forme une couche élastique qui masque toutes les petites imperfections et les micro-fissures. Le film déposé est imperméable à l'eau, mais laisse respirer les murs.

Avant de l'appliquer, prenez soin de nettoyer les murs avec un nettoyeur haute pression (voir page 163). Travail-

lez par bandes verticales en utilisant une échelle ou un rouleau monté sur un long manche. Si les reliefs du crépi existant sont très prononcés, appliquez deux couches de rénovateur.

TRAITEMENT DES BOIS EXTÉRIEURS

Tous les bois extérieurs (huisseries, clôtures, volets...) doivent être efficacement protégés contre les attaques des insectes, des champignons et des intempéries. Même les essences réputées imputrescibles, comme le châtaignier ou le cèdre rouge, ne peuvent garder leur beauté qu'avec une protection efficace contre les rayons solaires.

Le chêne, bois très dur, ne craint pas les insectes quand il est utilisé à l'intérieur. S'il est exposé à la pluie, il est la proie des champignons, puis des insectes xylophages (insectes dont les larves, ou parfois les adultes, se nourrissent de bois).

Pour que le traitement soit efficace, vous devez prendre soin de bien nettoyer le bois au préalable. Décapez, si nécessaire, les anciennes traces de peinture ; brossez les mousses et les poussières accumulées ; poncez et dépoussiérez avec une brosse ; passez une éponge légèrement humidifiée avant d'appliquer les produits.

Commencez par appliquer un produit insecticide et fongicide dit « d'imprégnation », qui pénètre dans le bois, mais ne le protège pas contre les intempéries.

Appliquez ensuite un produit protecteur et décoratif, comme une peinture microporeuse « spéciale bois extérieurs » ou une lasure. Les lasures ne forment pas de film étanche comme le vernis, mais permettent au bois de respirer sans laisser pénétrer l'eau de pluie ; elles exercent une action insecticide et fongicide en surface, et une fonction de protection contre les rayons solaires (responsables du grisaillement du bois). Leur transparence met en valeur le veinage des bois. N'employez que des lasures colorées sur les bois extérieurs (les lasures incolores, valables pour les bois intérieurs, ne protègent pas contre les rayons solaires).

Un conseil : lors de l'application du produit d'imprégnation, passez plusieurs couches sur les coupes et assemblages de pièces de bois : imbibez-les jusqu'à ce que le bois ne puisse plus absorber, surtout si elles sont habituellement au contact avec le sol.

Pour rénover les bois « lasurés », repassez une couche de lasure après avoir bien nettoyé les surfaces à traiter (à la brosse dure ou au nettoyeur haute pression). Utilisez une lasure colorée claire pour éviter de trop foncer la teinte du bois, ou un rénovateur de lasure incolore.

TRAITEMENT CONTRE LES MOUSSES

Les parties empierrées, les allées, les murs exposés au nord sont souvent recouverts de mousses vertes. Sur les lieux de passage, ces mousses sont gênantes, car elles forment un tapis glissant.

Pour les éliminer, évitez le traditionnel sulfate de fer (réservez-le au nettoyage des pelouses) : ce produit, très efficace, présente l'inconvénient de laisser des traces de rouille qui s'incrustent dans les pierres. Utilisez un produit anti-mousse sans sulfate de fer.

Des glaçons qui se forment au larmier vous signalent aussi que la gouttière fonctionne mal.

Pour vérifier la gouttière, envoyez de l'eau à l'intérieur avec un tuyau d'arrosage. Si l'eau stagne en certains endroits, redressez les brides ou les crochets trop lâches. Observez la gouttière d'un bout à l'autre pour vous assurer que sa pente est régulière.

N'appuyez pas une échelle sur la gouttière ; vous pouvez endommager celle-ci, et c'est peu sûr pour vous. Employez plutôt un escabeau ou appuyez votre échelle sur un étai pour la maintenir loin du mur.

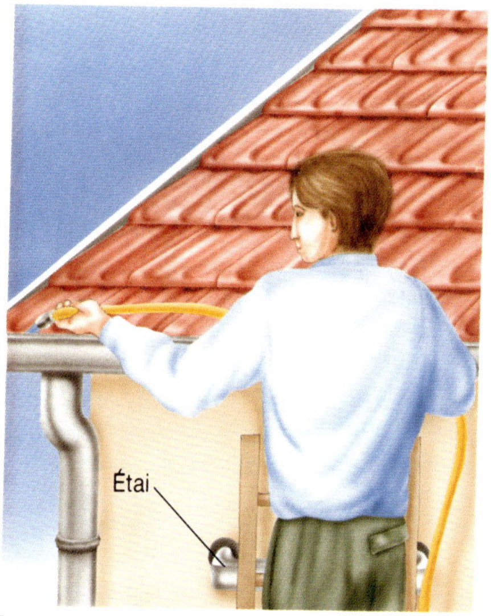

Lorsque la gouttière est maintenue par des brides, vous pouvez en rectifier la position simplement en tordant les brides avec une pince.

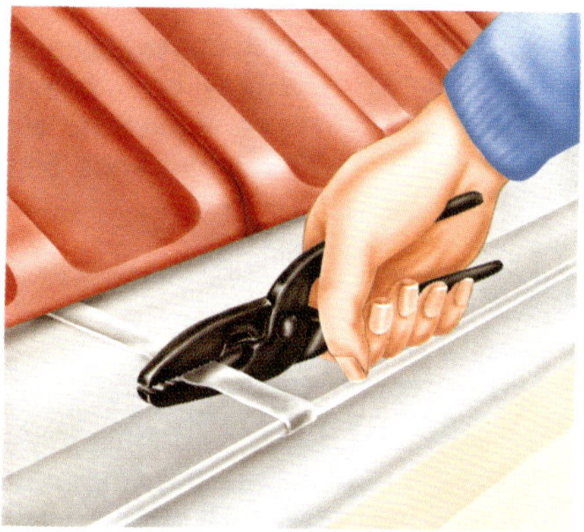

S'il vous est impossible de déboucher le tuyau de descente avec le tuyau d'arrosage, faites un essai avec un nettoyeur haute pression. En dernier recours, utilisez un déboucheur (goupillon avec crochet fixé en bout de flexible) en l'enfilant par le bas du tuyau.

Le sous-sol sera moins humide et les murs de fondation s'endommageront moins si l'eau des gouttières s'évacue loin de la maison. Au besoin, installez des caniveaux déflecteurs sous les tuyaux de descente.

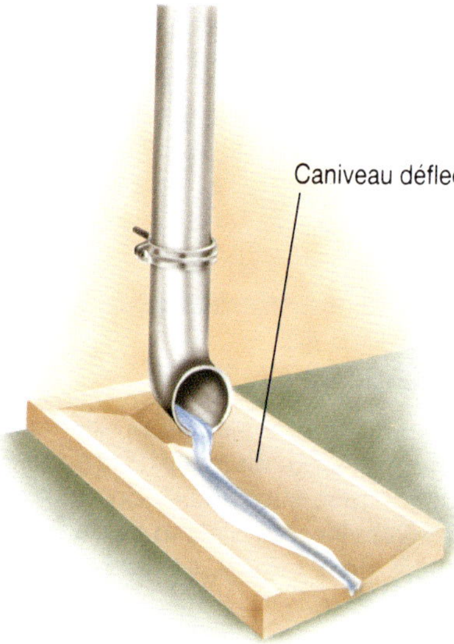

Pour éviter le colmatage des gouttières par l'accumulation de feuilles ou de mousses, ou encore par les nids d'oiseaux, fixez dessus une bande de grillage en plastique imputrescible (ce grillage est vendu en plusieurs largeurs avec des crochets de fixation).

A défaut de grillage en plastique, placez une crépine en fil de fer galvanisé à l'embouchure de votre tuyau de descente... et pensez, bien sûr, à retirer régulièrement les débris qui viennent s'y accumuler.

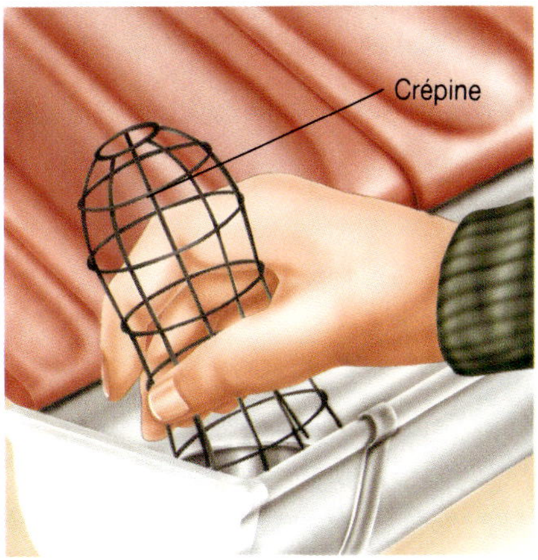

Lorsqu'un joint de gouttière fuit ou lorsque la gouttière est percée ou fendue, colmatez la fuite avec du ruban bitumineux spécial pour gouttières ou toitures. Utilisez un ruban qui adhère même sur matériaux humides.

CHOIX D'UNE ÉCHELLE

Dans une maison, on a normalement besoin d'un escabeau et d'une échelle à coulisse. Essentiel à l'intérieur et souvent pratique à l'extérieur, l'escabeau le plus utile mesure 1,5 ou 2 m. Mais vous devez pouvoir atteindre le plafond de l'avant-dernière marche.

Si votre maison est basse, une échelle à un pan suffit. Mais, en règle générale, il vaut mieux acheter une échelle à deux pans qui coulissent. Vérifiez sa hauteur maximale utile ; elle est spécifiée sur l'étiquette et inférieure à la hauteur nominale, puisque, pour des raisons de sécurité, les deux tronçons se chevauchent sur 1 m au moins. C'est dire qu'une échelle à coulisse de 6 m aura une hauteur utile de 5 m environ, et cette hauteur doit dépasser de 1 m environ le point le plus élevé que vous aurez à atteindre.

L'aluminium est plus léger et plus durable que le bois, mais plus dangereux pour les travaux électriques ; les outils électriques doivent être isolés et bien mis à la masse. A l'extérieur, surveillez toujours les fils électriques : y toucher, c'est vous électrocuter à coup sûr. Il faut de même se montrer prudent lorsqu'on utilise une échelle en bois mouillée.

La robustesse de l'échelle importe plus que sa matière. Le bois ne doit présenter ni fente, ni nœud, ni autre imperfection ; l'aluminium sera sans bosses, sans aspérités. Assurez-vous que l'escabeau a des marches et des sabots antidérapants, et des entretoises métalliques sous la marche inférieure. Les marches de bois seront renforcées par des tiges de métal. Pour vérifier la stabilité de l'escabeau, ouvrez-le, montez sur la première marche et ébranlez-le latéralement.

Au lieu d'une échelle classique, vous pouvez opter pour une échelle triplan transformable dont les éléments seront légèrement plus courts que la hauteur sous plafond de vos pièces. Vous ferez face à toutes les situations en la montant de diverses façons : échelle simple, double ou triple, échelle cueille-fruits, échafaudage intérieur ou extérieur...

Vous trouverez à la page 173 des conseils sur la façon d'utiliser une échelle en toute sécurité.

FAUT-IL REFAIRE LA TOITURE ?

Une toiture vieillit aussi bien au niveau des matériaux de couverture qu'à celui de la structure.

Un vieillissement des matériaux de couverture se traduit par des fuites. Faites une inspection rapide pour constater si des tuiles ou des ardoises sont cassées, ou si des bardeaux bitumineux (shingles) se sont déformés. Lorsque seuls quelques éléments sont défectueux, remplacez-les. Si un quart ou un tiers des matériaux de couverture sont en mauvais état, il faut refaire l'ensemble de la toiture avec des matériaux neufs.

Le vieillissement de la structure porteuse se repère à des affaissements locaux (la toiture a un aspect très ondulé) ou, dans les cas graves, à l'apparition de trous, voire d'une chute de tuiles ou d'ardoises en bon état. Dans ces cas, faites inspecter l'état général de la charpente par un spécialiste pour évaluer l'étendue des dégâts (elle est peut-être minée par des insectes xylophages). Vous saurez alors si un simple traitement suffit ou s'il faut refaire entièrement la charpente. Si les matériaux de couverture sont en bon état, ils doivent être récupérés et réutilisés sur la nouvelle charpente.

FUITES DANS LA TOITURE

Lorsque vous constatez que la toiture fuit, n'incriminez pas tout de suite le matériau de couverture : examinez les solins des cheminées et des noues, les encadrements de lucarne, les tuyaux d'évent et tout ce qui fait saillie.

Inutile de monter sur le toit pour faire cette inspection : utilisez des jumelles.

Les fuites se situent rarement exactement là où l'eau coule. Pour les localiser, montez dans les combles en vous munissant d'une lampe portable (lampe-torche ou baladeuse), de fil de fer et d'une pince coupante.

En partant de l'endroit où la fuite est visible sur le plancher des combles, essayez de repérer les traces d'écoulement de l'eau afin de remonter jusqu'à la fuite dans la couverture. Si aucune trace n'est visible, faites cette inspection par temps de pluie.

Autre solution : installez-vous dans les combles sans lumière lors d'une journée très ensoleillée et repérez les points lumineux dans la couverture : ce sont les endroits où se produisent les fuites.

Quand vous repérez une fuite par le dessous de la couverture, enfilez un morceau de fil de fer dans le trou jusqu'à le faire dépasser de 10 à 15 cm à l'extérieur. Vous retrouverez ainsi les endroits à réparer quand vous monterez sur le toit.

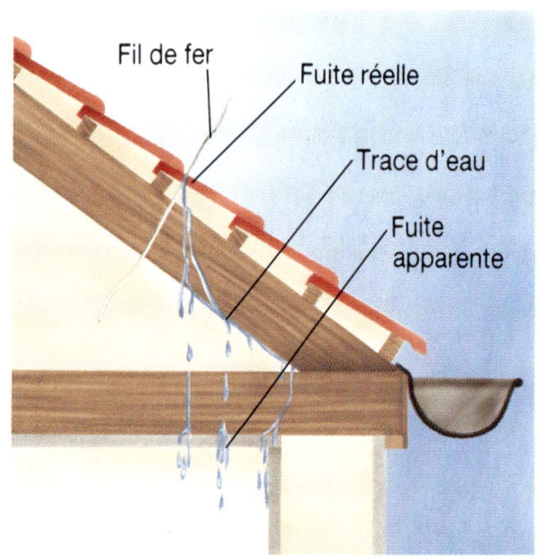

La réparation doit être faite selon le type de fuite repérée. Vous pouvez reboucher un solin fendu avec du mortier ou avec une bande bitumineuse qu'il faut coller à froid. Remplacez une tuile ou une ardoise cassée. Colmatez au goudron un bardeau bitumineux craquelé et remettez des graviers de même couleur en surface pour masquer la réparation.

UNE MAISON BIEN ISOLÉE

N'oubliez surtout pas d'examiner les murs ou les planchers qui séparent le reste de la maison d'un garage, d'un sous-sol ou d'un vide sanitaire non chauffés. Un manque d'isolation en ces endroits est presque aussi grave que sur les plafonds ou sur les murs extérieurs, et entraîne une importante déperdition de chaleur.

Ne laissez pas la condensation humidifier ou détremper les matériaux isolants. Posez un pare-vapeur contre le côté chaud du mur.

LA SÉCURITÉ SUR UNE ÉCHELLE

Commencez par examiner votre échelle : fentes, mauvais coups, gondolages. Resserrez les écrous des tiges métalliques si l'échelle branle. Vérifiez l'état des sabots antidérapants mobiles d'une échelle à coulisse. Si le sol est en pente, assoyez le pied de l'échelle qui est le plus bas sur une assise ferme. Sur un sol mou, placez sous les pieds une longue planche de bois.

Pour dresser une échelle, appuyez ses pieds contre le mur et redressez-la en plaçant vos mains sur les montants.

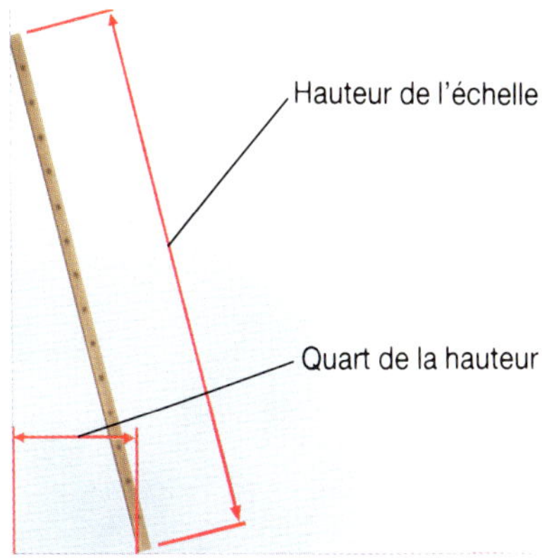

Placez une échelle droite de sorte qu'il y ait entre le mur et le pied de l'échelle une distance égale au quart de la hauteur de celle-ci.

Pour monter et descendre, faites face à l'échelle et tenez-vous des deux mains. Portez vos outils à la taille ou hissez-les après.

Pour monter sur le toit, assurez-vous que l'échelle dépasse le bord de la toiture de 1 m au moins. Ne grimpez pas par un pignon.

Quand vous travaillez, gardez vos hanches entre les montants. Ne vous penchez pas de côté. Ne montez pas sur les derniers échelons.

Ouvrez complètement l'escabeau et vérifiez le verrouillage. Ne dépassez pas l'avant-dernière marche. Plus haut, c'est dangereux.

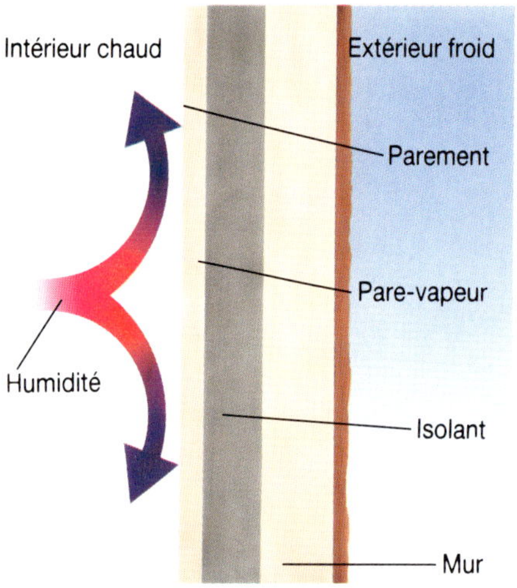

Si vous faites souffler un isolant entre deux murs, choisissez de préférence un matériau insensible à l'humidité : vermiculite, laine de roche en vrac ou verre expansé.

Dans les régions chaudes et humides, si la maison est climatisée, utilisez un isolant pourvu d'un pare-vapeur sur chaque face ou insensible à l'humidité : polystyrène extrudé, mousse de polyuréthanne, etc.

La fibre de verre est une matière irritante. Portez un masque respiratoire, des lunettes de protection, des gants de travail et des vêtements bien fermés. Enduisez de vaseline votre peau exposée.

Pour faire le travail vite et bien, coupez les rouleaux ou les panneaux avec un sécateur à haies ou un couteau à lame dentée.

Pour isoler un plancher de séparation entre la maison et un vide sanitaire, une cave ou un garage non chauffés, placez l'isolant sous le plancher (au plafond de la cave ou du garage). Utilisez des panneaux d'isolant rigide à coller ou à fixer sur une structure posée au plafond (le pare-vapeur est vers le haut).

ISOLER LES COMBLES

Si la neige sur votre toiture fond d'abord en un point, examinez l'isolation des combles.

On oublie trop souvent que la chaleur fuit par la trappe des combles. Étendez de l'isolant dessus et mettez des brise-bise.

Si vous isolez le plancher des combles pour la première fois, étendez du polyéthylène en guise de pare-vapeur entre les solives avant de poser de la laine minérale en vrac ou en rouleaux, sans pare-vapeur.

Si vous voulez renforcer l'isolation en place, ajoutez une seconde couche de laine minérale en plaques ou en rouleaux. Cette seconde couche ne doit pas comporter de pare-vapeur, sinon tailladez-le en diagonale tous les 30 cm.

Posez l'isolant en bandes, perpendiculairement au sens de pose de l'isolant déjà en place. Cette précaution évite l'apparition de fentes verticales entre les lés superposés, qui nuiraient à la bonne isolation de l'ensemble.

Pour travailler en toute sécurité et ne pas risquer de percer le plafond en marchant par mégarde entre les solives, posez sur les solives une large planche ou une plaque de contre-plaqué ou d'aggloméré de 19 mm d'épaisseur. Déplacez ce plan de travail au fur et à mesure de la pose.

Travaillez du larmier vers le centre quand vous procédez à l'isolation des combles. Vous pouvez ainsi tailler vos matériaux là où le plafond est le plus haut.

VOS BESOINS EN MATIÈRE D'ISOLATION

Question : Est-il vraiment nécessaire d'isoler thermiquement une maison ?

Réponse : Malgré la dépense que cela représente, l'isolation thermique d'une maison est une source d'économie à long terme, car l'on dépensera beaucoup moins pour se chauffer. C'est aussi un élément de confort et de santé pour les occupants de la maison, de même qu'une protection pour tout ce qu'elle contient (mobilier, linge de maison, revêtements muraux, etc.), qui n'est plus sujet aux agressions de l'humidité par condensation ni aux sautes de température.
Avec le chauffage par l'électricité, une isolation conforme aux normes permet de profiter de primes lors de l'installation du chauffage et de tarifs préférentiels pour la consommation.

Question : Comment évaluer l'isolation actuelle de ma maison ?

Réponse : Si la maison est de construction récente, elle est normalement bien isolée. Si elle est très ancienne ou construite depuis plusieurs années, soit elle n'est pas du tout isolée, soit elle l'est insuffisamment au regard des normes actuelles. La présence de condensation sur les murs, la sensation de froid tombant sur les épaules, les parois et les planchers froids sont autant de signes qui dénoncent une insuffisance ou une absence d'isolation. Cette appréciation est très aléatoire. Pour savoir exactement quels sont vos besoins — qui sont fonction de votre maison et de votre région —, et les travaux à entreprendre pour une isolation conforme aux normes, faites faire un bilan thermique. Adressez-vous à l'Agence française pour la maîtrise de l'énergie (A.F.M.E.).

Question : Quels sont les systèmes d'isolation actuellement existants ?

Réponse : En construction neuve, l'isolation est généralement incorporée aux matériaux de construction. Pour des maisons anciennes, il existe deux types d'isolation :
— Isolation classique par l'intérieur. Elle se fait par le doublage des murs, des planchers et des plafonds avec des matériaux isolants adaptés à chaque situation. Elle a l'inconvénient majeur de réduire la surface habitable et d'obliger à refaire le décor intérieur de la maison.
— Isolation par l'extérieur. Elle est beaucoup plus efficace, car les murs de la maison conservent leur inertie thermique. D'autre part, elle ne réduit pas la surface habitable, puisque les matériaux sont posés à l'extérieur. De plus, elle n'oblige pas à refaire le décor intérieur.

Question : Qu'est-ce que la valeur R d'un isolant ?

Réponse : La valeur R, qui doit apparaître sur tous les emballages de produits isolants, indique pour chacun sa résistance au passage de la chaleur. Plus la valeur de R est élevée, plus l'isolant est performant. Cette valeur est proportionnelle à l'épaisseur de l'isolant. Quand on superpose plusieurs couches d'isolants, leurs valeurs R s'ajoutent. A titre d'exemple, il faut environ 40 mm de laine de verre pour avoir une valeur R = 1.

Question : Quel est le niveau d'isolation exigé pour mon habitation ?

Réponse : Ce niveau exprimé par la valeur R est fonction de votre mode de chauffage et de la zone climatique où est construite votre maison. En vous reportant à la carte ci-contre et au tableau (élaborés par le ministère de l'Équipement et du Logement et par le Centre scientifique et technique du bâtiment), vous pourrez évaluer vos besoins... et calculer les épaisseurs d'isolants nécessaires selon leur valeur R.

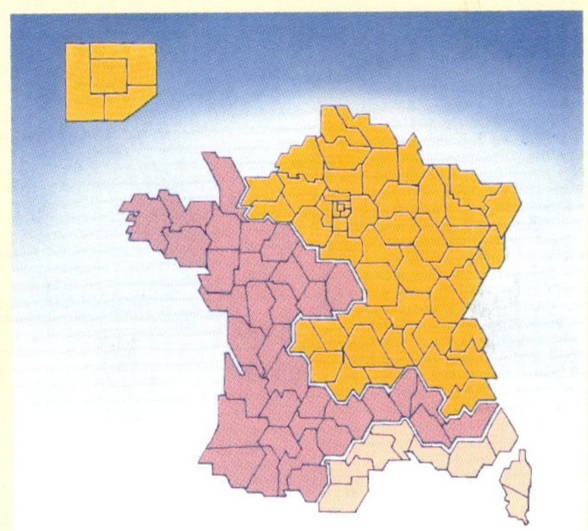

ZONES CLIMATIQUES

H1 H2 H3

CHAUFFAGE	ÉLECTRICITÉ			AUTRES ÉNERGIES		
ZONE	H1	H2	H3	H1	H2	H3
R =	6	6	6	6	5	4

CHAUFFAGE	ÉLECTRICITÉ			AUTRES ÉNERGIES		
ZONE	H1	H2	H3	H1	H2	H3
R =	6	6	5	4	3	2

BOÎTE À OUTILS DE BASE

Vous n'avez pas besoin de tout un arsenal pour régler les problèmes d'entretien courant ou les urgences ; achetez cependant des appareils de bonne qualité. Les outils manuels et électriques répertoriés ici vous suffiront si vous n'entreprenez pas de travaux particuliers.

Scie égoïne
(denture universelle)

Scie à métaux
Couper le bois et le métal

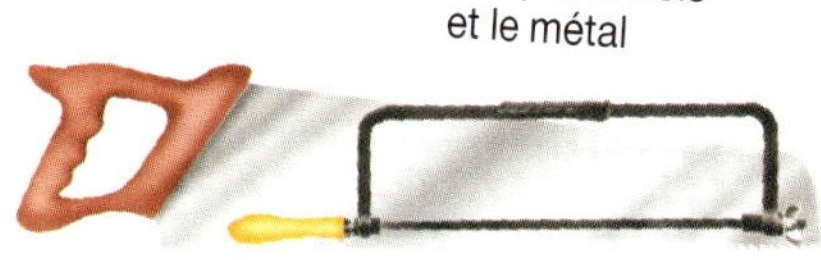

Marteau à panne fendue
Enfoncer ou retirer les clous, arracher du bois

Chasse-clou
Noyer les clous dans le bois

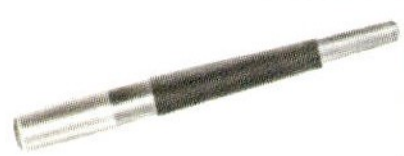

Tournevis
(standard et cruciforme)
Poser ou enlever les vis

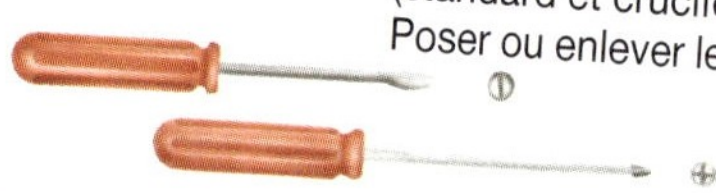

Pince universelle
Saisir ou tordre le métal, maintenir les écrous, couper les fils...

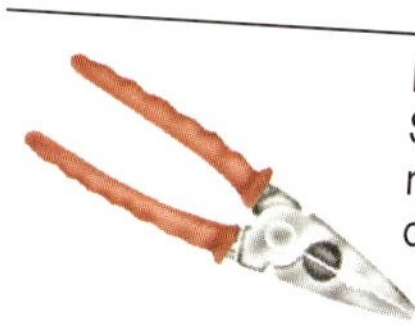

Pince à bec effilé
Saisir ou tordre de petits objets dans peu d'espace

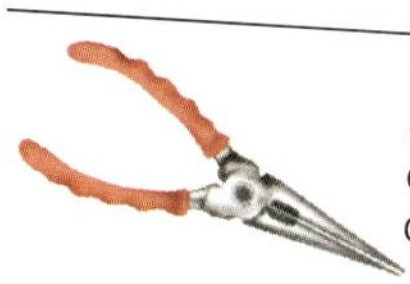

Clé à molette
Serrer ou desserrer boulons et écrous

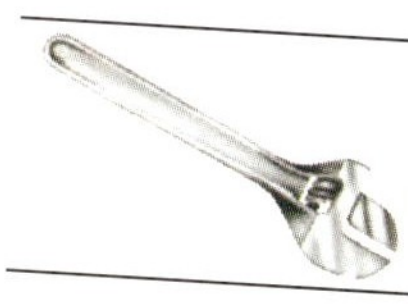

Petit rabot
Planer le bois, surtout les chants et les coupes

Tournevis automatique à cliquets
Serrer ou desserrer les vis, faire des avant-trous dans le bois ou le plastique

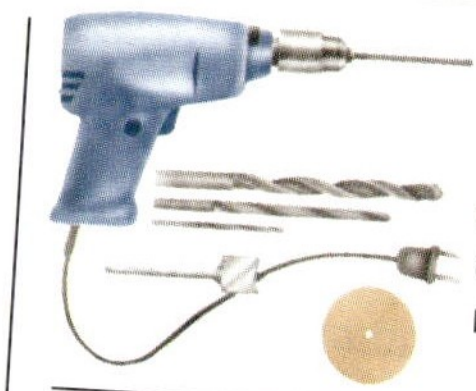

Perceuse électrique et mèches
Percer des trous, poser ou ôter des vis, poncer ou polir (avec accessoires)

Lime et râpe demi-rondes
Ébarber ou rectifier les coupes sur le métal (lime) ou le bois (râpe)

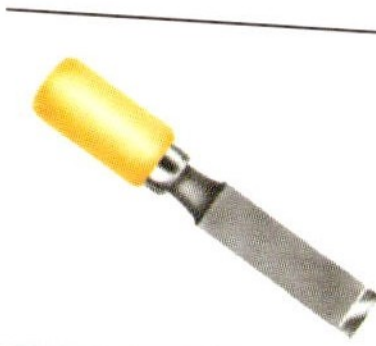

Ciseaux à bois
(diverses largeurs)
Travailler le bois, y faire des encoches, des mortaises...

Couteaux à enduire
(étroit et large)
Étaler le mastic, les enduits, les petits raccords de plâtre...

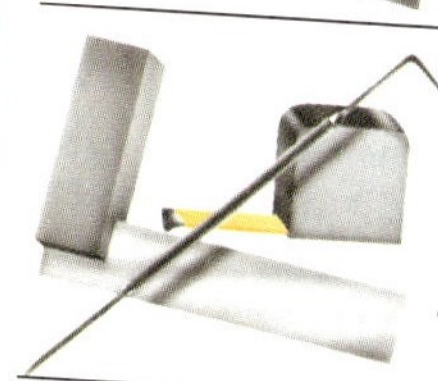

Instrument de mesure et traçage
(double ou triple mètre, équerre, pointe à tracer...)

Niveau à bulle
Vérifier les surfaces horizontales et verticales

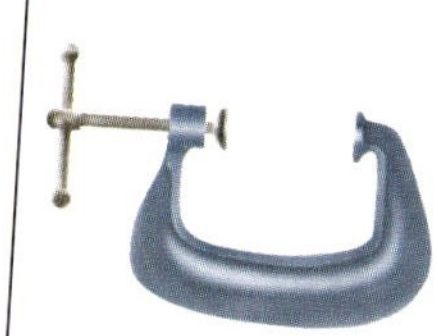

Presses ou serre-joints
(deux de 5, 10 et 15 cm)
Immobiliser les pièces de bois et de métal à couper, à percer ou à coller

Lunettes de protection
Protéger les yeux contre les éclats de matériaux ou les liquides corrosifs

RANGEMENT DES OUTILS

Peignez vos initiales sur vos outils pour les distinguer de ceux que vous empruntez.

Si vous accrochez les outils au mur, dessinez le contour de chacun d'entre eux pour que tout utilisateur sache où les remettre en place.

Gardez les outils dans des armoires ou des tiroirs fermés à clé si vous avez de jeunes enfants. A mesure qu'ils grandissent, enseignez-leur à bien s'en servir, mais mettez sous clé les appareils électriques.

Fabriquez un support utile pour les tournevis et autres petits outils. Percez une série de trous allant de 1 à 5 cm dans un tasseau de 20 × 75 mm. Posez le support au mur avec des consoles.

Rangez les outils tranchants ou pointus dans de la mousse de polystyrène. On en trouve par exemple dans les emballages d'appareils.

Vous arrive-t-il de faire tomber par terre le tiroir à petits outils ? Montez une patte rectangulaire sur pivot sur le dos du tiroir ; redressez-la pour empêcher le tiroir de tomber ; couchez-la quand vous voulez enlever celui-ci.

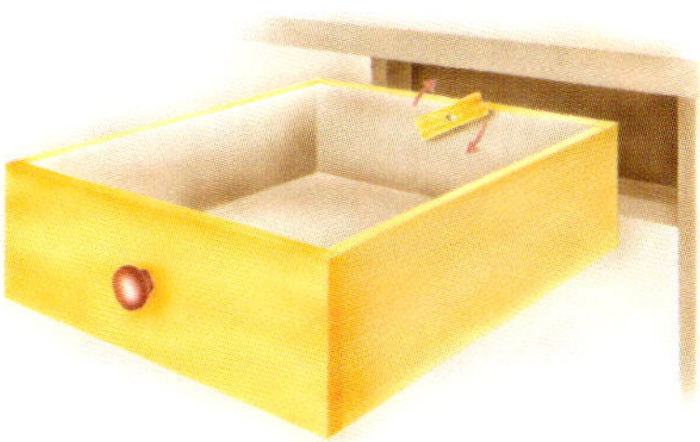

Protégez les dents d'une lame de petite scie circulaire en la gainant d'une pièce de chambre à air de vieux pneu. Pour protéger les dents d'une égoïne, prenez un tuyau d'arrosage fendu.

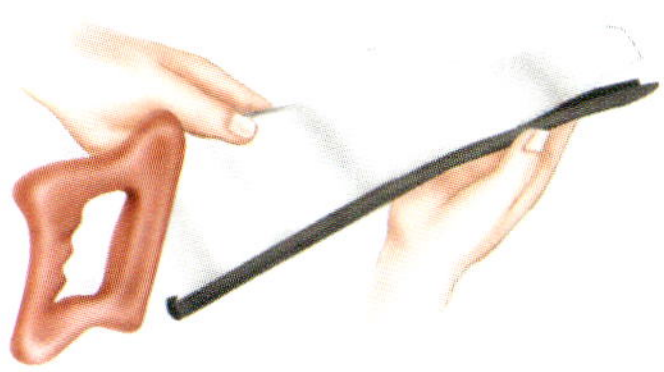

Les outils en métal ne rouilleront pas si vous les rangez dans un caisson en bois bien fermé contenant du camphre et de la sciure.

RANGEMENT DES MATÉRIAUX

Rangez les pièces de bois et de tuyau entre les solives apparentes du garage. Vissez des traverses aux solives pour les supporter.

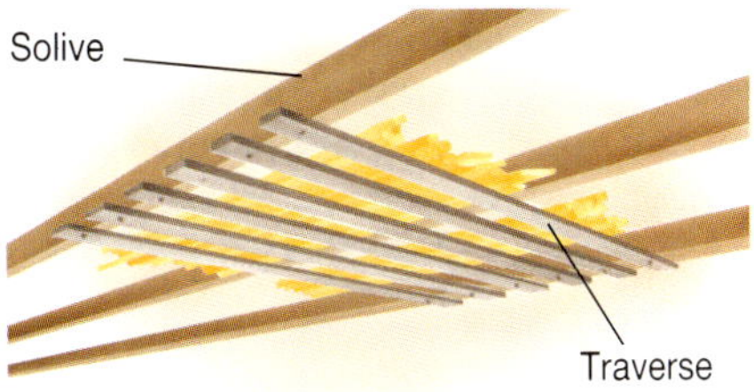

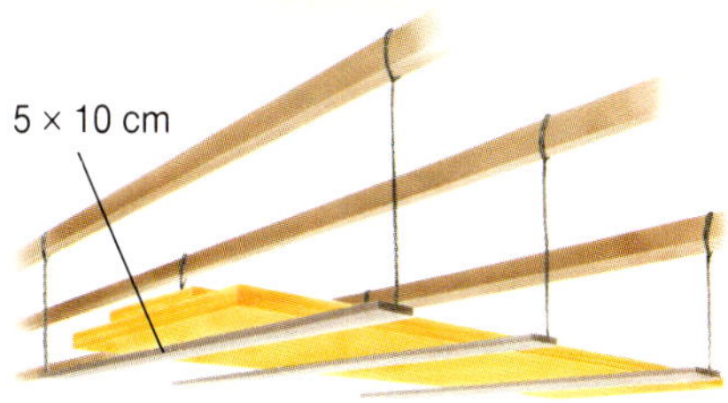

Pour entreposer les panneaux de contre-plaqué, mettez des pitons à œil fermé aux deux extrémités d'au moins trois tasseaux de 5 × 10 cm de section, longs de 1,5 m à 2 m, pour que le support soit bien solide. Passez un crochet en « S » dans chaque œil et accrochez-y une chaîne. Fixez l'autre extrémité des chaînes aux solives du plafond.

Avez-vous besoin d'espace de rangement supplémentaire et peu encombrant ? Montez des rayons en clouant des planches entre les montants apparents de l'atelier.

Vous mettrez vite la main sur la rondelle ou l'écrou que vous cherchez si vous les enfilez tous par ordre de grandeur sur de grosses épingles de nourrice ou sur des cintres coupés d'un côté, près des crochets.

Rangez dans des bocaux à couvercle vissé toutes sortes de petits articles : clous, vis, écrous et rondelles. Pour gagner de la place, vissez des couvercles sous les rayons. Mettez une ron-

Voici comment empêcher la lame d'une scie sauteuse de se briser quand vous découpez un cercle dans du contre-plaqué. Commencez par pratiquer quelques coupes droites jusqu'à la circonférence du cercle, à 30° les unes des autres par rapport au diamètre. Ensuite, découpez le cercle ; la pression sur la lame est réduite et les pièces tombent une à une.

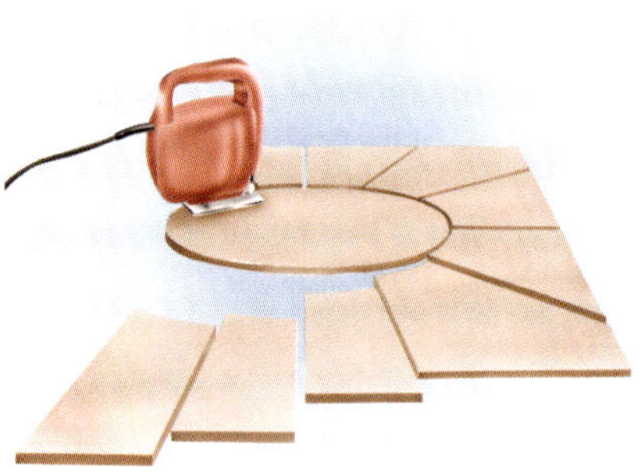

Vous avez du mal à entamer le travail avec une scie à métaux ? Rainez au préalable la ligne de coupe avec une lime.

Vous scierez plus facilement les nœuds du bois en imprimant à la scie un léger balancement pour modifier l'angle d'attaque.

Quand vous vous servez d'une fausse équerre (sauterelle) ou d'une équerre de menuisier pour vérifier la régularité d'une surface ou pour vous assurer de la rectitude d'un angle, posez-la sur l'ouvrage et regardez les deux à la lumière. Si vous distinguez un jour entre les deux, vous devez poncer le bord de la pièce.

CLOUAGE

Pour utiliser au maximum tout le poids du marteau, empoignez-le le plus loin possible de la tête. Donnez d'abord de petits coups pour que le clou tienne en place, puis enfoncez-le en frappant franchement.

On détermine la longueur des clous à utiliser en mesurant l'épaisseur totale des pièces à assembler et en retranchant 5 mm ou le tiers de l'épaisseur de la dernière pièce.

Si le clou est trop petit pour vos doigts, tenez-le avec une pince à cheveux ou une pince à long bec pendant que vous l'enfoncez.

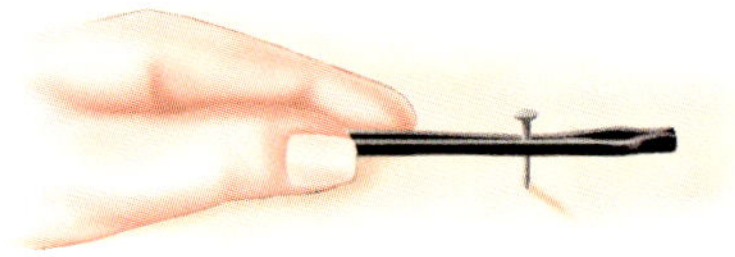

Pour enfoncer les petits clous ou les semences de tapissier, utilisez un marteau à tête aimantée. Vous pouvez aimanter un marteau ordinaire en le mettant en contact avec les deux pôles d'un aimant.

Il est conseillé de poser votre main à l'envers sur l'ouvrage en tenant le clou entre l'index et le majeur. Si vous manquez votre cible, vous frapperez la partie charnue du doigt, qui est beaucoup moins sensible que le pouce ou l'ongle.

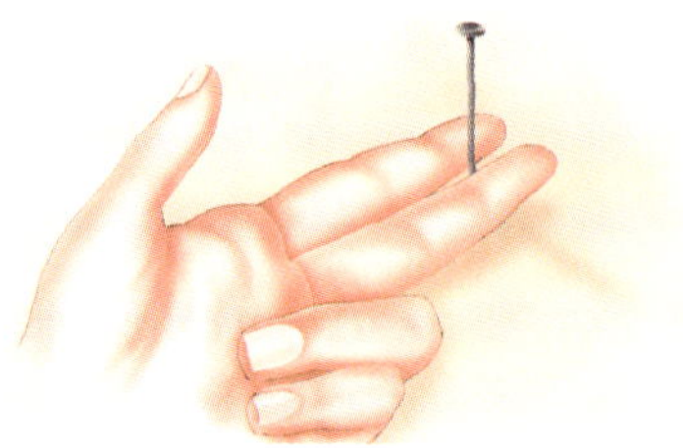

Pour empêcher le bois de se fendre, aplatissez la pointe du clou avec le marteau pour qu'elle écrase les fibres au lieu de les écarter.

Si vous fixez une moulure avec des clous tête d'homme, protégez la moulure avec une chute de panneau perforé et enfoncez les clous à travers les trous du panneau. Terminez le travail avec un chasse-clou.

Voici un bon truc pour cacher la tête d'un clou : au ciseau, soulevez une lamelle de bois, sans l'enlever, à l'endroit où vous devez planter le clou. Enfoncez ensuite le clou. Rabattez la lamelle et collez-la.

Pour arracher un clou, utilisez une tenaille, mais en prenant soin de placer une cale mince sur le bois à l'endroit du point d'appui pour éviter de faire des marques en creux.

Si c'est un clou à tête plate entièrement enfoncé, servez-vous d'un arrache-clou. Glissez-le sous la tête du clou en frappant à l'arrière du manche à la main ou au marteau, puis faites sortir le clou par un mouvement de bascule. Finissez avec une tenaille.

Si c'est un clou sans tête (clou tête d'homme ou clou cassé), munissez-vous d'une pince coupante de côté et travaillez en vous appuyant sur une petite cale métallique ou en bois.

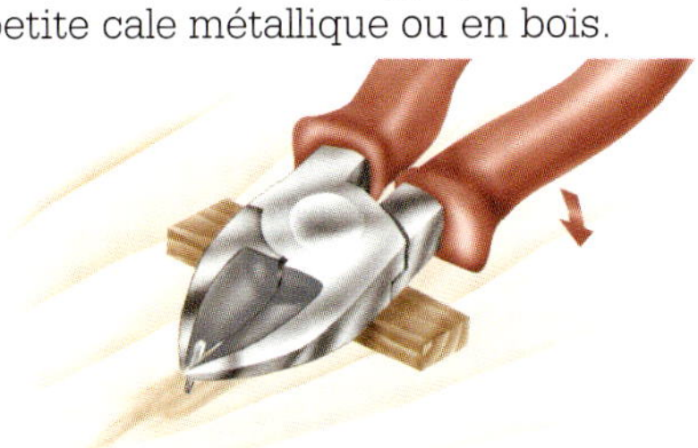

Il peut arriver qu'un clou soit totalement impossible à arracher (c'est le cas des vieux clous accrochés dans le bois par la rouille). Si vous ne souhaitez pas le faire disparaître dans le bois, arrachez la pièce qu'il maintient en utilisant comme levier un marteau à panne fendue ou une pince arrache-clou (type pince-monseigneur). Ensuite, faites ressortir le clou en tapant sur sa pointe et extrayez-le avec une tenaille.

Ne laissez jamais traîner et ne rangez pas de planches où sont restés plantés des clous. Vous risqueriez de vous blesser ; or il convient de retenir que même une plaie bénigne peut être à l'origine du tétanos.

PERÇAGE : LE MATÉRIEL

Pour la plupart des perçages courants, il vous suffira d'avoir une perceuse de 500 à 600 W avec un mandrin acceptant des mèches jusqu'à 10 mm de diamètre. Si vous souhaitez acquérir une perceuse à tout faire, choisissez un modèle à vitesse variable avec inversion du sens de rotation (très pratique pour visser et dévisser) et avec une fonction percussion (pour percer dans les bétons légers, la brique ou la pierre).

Si vous voulez vous équiper pour des travaux plus importants, diversifiez votre outillage en optant pour une perceuse-visseuse-dévisseuse sans fil et un marteau perforateur électropneumatique, seul outil permettant de perforer à la fois le bois et les matériaux très durs comme le béton vibré ou l'acier. Il existe même des modèles très perfectionnés, pourvus d'un système « stop rotation » ; en les équipant de burins pointus, plats ou en forme de gouge, on peut les utiliser comme de petits marteaux piqueurs pour, par exemple, faire des saignées dans les murs.
Le choix de cet équipement à deux machines est très judicieux, car une seule perceuse courante ne peut faire les gros travaux et une grosse machine à tout faire, lourde et fatigante à utiliser, est souvent inadaptée aux petits perçages.

PERÇAGE DU MÉTAL

Suivez bien les recommandations indiquées sur le mode d'emploi (ou sur le tableau collé sur la machine) ; sélectionnez la vitesse optimale en fonction du diamètre du trou que vous voulez percer et de la dureté du métal. Cette recommandation est aussi valable pour le perçage du bois.

Utilisez toujours des forets de bonne qualité et bien affûtés. Pour éviter que le foret ne ripe, marquez l'emplacement du trou avec un pointeau. Si le trou à percer est de gros diamètre, faites d'abord un trou de 4 ou 5 mm de diamètre, puis reprenez avec un foret d'une taille adaptée au travail désiré. A défaut d'un marquage avec un pointeau, collez sur le métal, à l'endroit du perçage, un morceau de ruban adhésif transparent. Pour les trous de gros diamètre, lubrifiez le foret en cours de perçage avec une huile très fluide ou un lubrifiant en aérosol à base de Téflon ou de silicone.

PERÇAGE DU BOIS

Utilisez toujours des mèches spéciales pour perceuse électrique (mèches à trois pointes pour grande vitesse). Ne vous servez pas de mèches à bois hélicoïdales ou plates : elles sont conçues pour travailler lentement avec un vilebrequin.

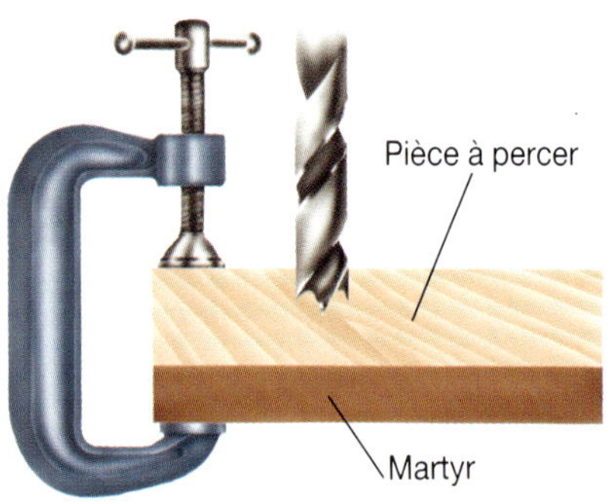

Pour éviter que le bois ne produise des éclats quand la mèche le traverse, placez une chute de bois (un martyr) sous la pièce et fixez-la avec une presse. Si ce n'est pas possible, percez le bois jusqu'à ce que la pointe de la mèche apparaisse de l'autre côté, puis reprenez le perçage à cet endroit en vous repérant sur le trou fait par la pointe.

LES ACCESSOIRES D'UNE PERCEUSE

1. Plateau sur lequel on fixe un disque de papier abrasif, pour le ponçage.

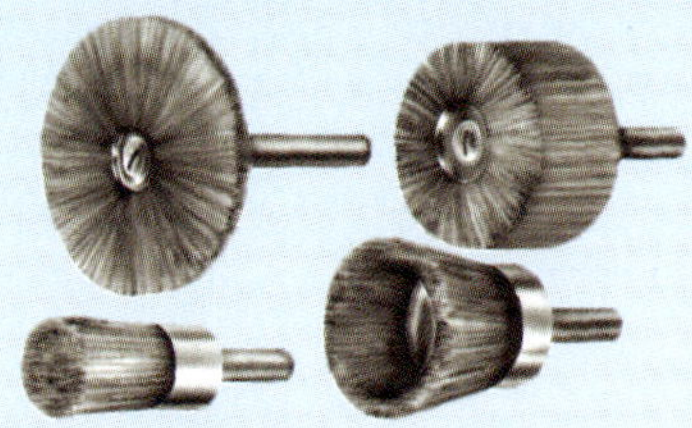

2. Brosses métalliques pour les décapages légers et moyens.

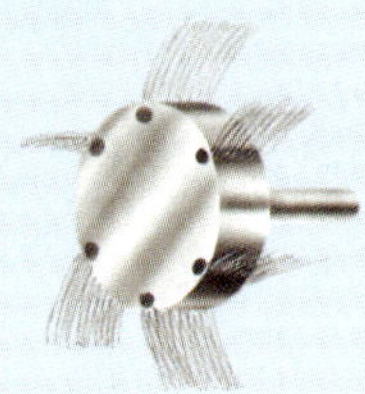

3. Décapeur à tiges métalliques ou nylon pour les gros décapages.

4. Embouts tournevis pour vis à fente ou cruciformes.

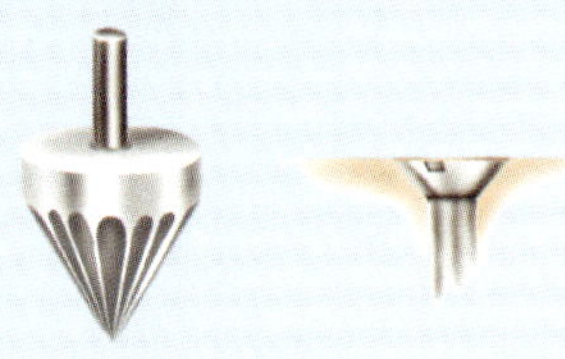

5. Fraise pour le logement des têtes de vis (existe pour le bois et le métal).

6. Mèches pour perceuses.

PERÇAGE DU BÉTON OU DE LA PIERRE

Procurez-vous des mèches spéciales à pointe renforcée par une pastille de carbure de tungstène. Pour les marteaux perforateurs, il vous faudra des mèches adaptées au porte-outil de votre marteau (mèches SDS Plus pour la plupart des perforateurs). Commencez le perçage à vitesse réduite, puis passez à plein régime quand le trou est commencé. Avec une perceuse à percussion, appuyez le plus possible. Avec un marteau perforateur, appuyez modérément, pour ne pas entraver l'action du mécanisme de frappe.

Pour percer un trou à une profondeur précise, utilisez la butée de profondeur livrée avec la machine ou faites un repère sur la mèche avec du vernis à ongle. Il existe aussi pour certains diamètres des butées de profondeur à fixer sur la mèche. Dans tous les cas, si vous avez beaucoup de trous à percer à la même profondeur, vérifiez le réglage de la butée : elle peut se dérégler à la suite des vibrations.

Pour bien voir et bien maîtriser votre travail dans un recoin obscur, fixez sur la perceuse une lampe de poche en forme de stylo avec du ruban adhésif.

VISSAGE

La lame du tournevis doit remplir la fente de la vis en longueur et en largeur. Trop petite, elle endommage la tête de la vis ; trop grande, elle risque d'abîmer le bois.

Quand vous vissez en surface, utilisez un tournevis à lame forgée. Quand vous vissez en profondeur, servez-vous d'un tournevis à lame ronde, moins susceptible d'endommager le bois.

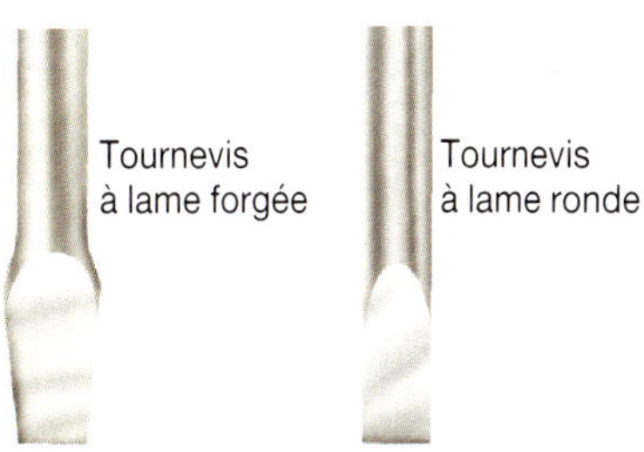

Pour amorcer le vissage, introduisez la vis dans du ruban adhésif, côté collant dessus. Placez la lame du tournevis dans la fente de la vis et ramenez le ruban adhésif par-dessus. Quand la vis commence à pénétrer, enlevez le ruban.

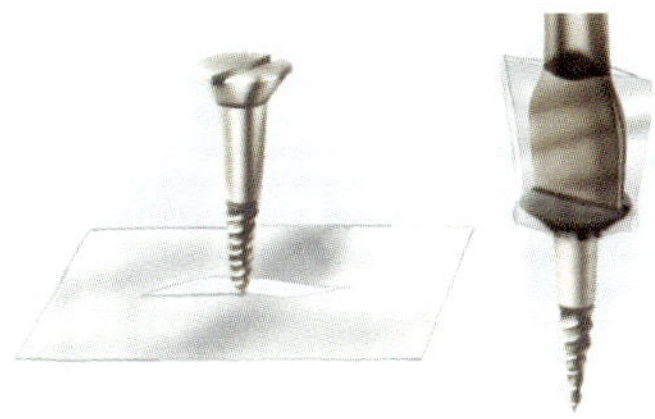

Mettez de la cire ou du savon sur le filetage de la vis si vous avez de la difficulté à la faire entrer.

Si, par contre, la vis demeure lâche, remplacez-la par une vis plus grosse ou mettez des cure-dents en bois, ou des allumettes, dans le trou : elle mordra plus facilement. En cas d'échec, introduisez une cheville de plastique dans l'orifice ou remplissez-le de pâte de bois et posez la vis avant que la pâte n'ait durci.

Comme la vis ne pénètre dans le bois qu'au rythme où son filetage peut entailler celui-ci, il est inutile d'exercer une forte pression si elle entre mal. Choisissez plutôt un tournevis plus long dont la lame occupe toute la fente de la vis.

Voulez-vous cacher la tête d'une vis ? Percez un avant-trou, puis, sur le dessus, percez un trou de noyure avec une mèche du diamètre de la tête de la vis. Enfoncez la vis. Remplissez ensuite le trou avec une cheville taillée dans le même bois ou avec de la pâte de bois.

COLLE ET PRESSES

Avant d'enduire de colle les pièces que vous voulez réunir, commencez par les mettre une fois sous presses à titre d'essai.

Si vos presses en C sont trop petites pour vos besoins, réunissez les mâchoires fixes de deux presses de manière à former un S, puis serrez leurs vis respectives.

Avec deux presses en C et du câble métallique torsadé, vous pouvez fabriquer un serre-joint de taille variable. Enroulez le câble autour des mâchoires fixes des presses, puis serrez les mâchoires mobiles sur l'ouvrage.

Si vous avez gardé de vieilles bobines de fil, vous pouvez vous en servir en guise de serre-joint. Procurez-vous un boulon qui entre dans les bobines et dont la longueur équivaille à celle des bobines et de la pièce et serrez à une extrémité avec un écrou à oreilles.

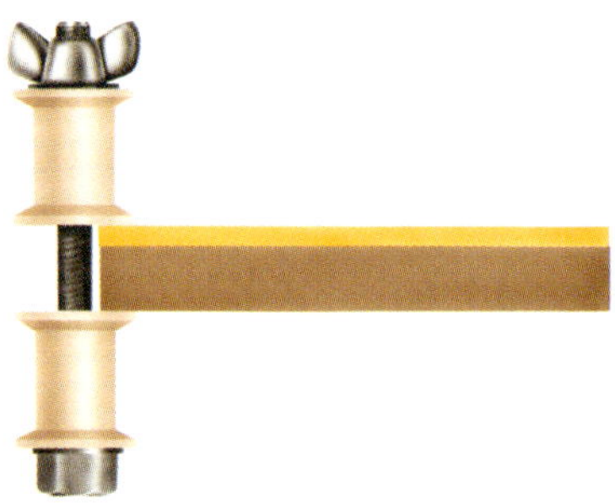

Utilisez les colles à bois avec beaucoup de parcimonie : on en met toujours trop. Appliquez-en une mince couche sur chacune des surfaces à réunir et mettez les pièces sous presses le temps voulu (voir p. 191).

Protégez le bord des surfaces à coller avec du ruban adhésif : la colle, en sortant du joint, pourrait tacher le bois. Lorsque vous avez retiré les presses et que la colle a bien séché, enlevez le ruban.

Vous saurez que les presses ont été suffisamment resserrées lorsqu'un mince filet de colle apparaîtra sur le joint. Ne serrez pas plus. Une pression trop forte fausse l'ouvrage et affaiblit le joint en expulsant trop de colle.

Fixez avec du ruban des tampons de bois aux mâchoires des presses. L'avantage est double : ces tampons protègent les pièces à joindre et, en répartissant la pression, rendent le joint plus robuste.

Rien de plus vexant que de constater, une fois le travail terminé, que les presses ou les tampons de bois adhèrent à l'ouvrage. Pour éviter cet ennui, mettez des épaisseurs de papier ciré entre les deux.

Si vous devez mettre sous presse un grand cadre ou une pièce de dimensions importantes, fixez des butées sur l'établi et utilisez une paire de coins pour maintenir l'ouvrage.

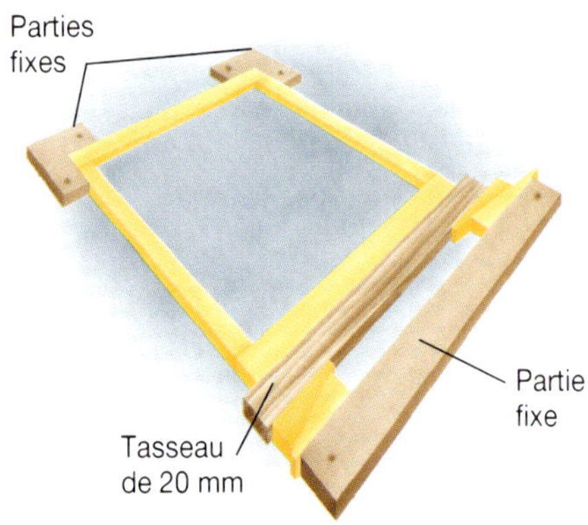

ENTRETIEN DES OUTILS ÉLECTROPORTATIFS

Si vous voulez assurer une longue vie à votre perceuse et aux autres outils électroportatifs de votre panoplie, ne les utilisez pas au-delà de leur capacité. Veillez à ce que vos outils de coupe (mèches, forets, scie circulaire...) soient toujours bien affûtés, sinon vous

TABLEAU DE COLLAGE

Matériaux	Colle	Mode d'emploi	Observations
Bois sur bois (à l'intérieur)	Colle à bois blanche (acétate de polyvinyle) normale ou rapide	Prête à l'emploi. Appliquer une fine couche de colle sur chaque pièce ; assembler et mettre sous presse dans les 5 minutes (colle rapide) ou dans les 15 à 20 minutes qui suivent (colle normale) ; laissez ainsi pendant 12 ou 24 heures	Utiliser la colle rapide pour les assemblages simples et la colle normale pour ceux mettant en œuvre plusieurs pièces de bois ; devient transparente en séchant ; s'élimine par ponçage ou à l'eau
	Colle à bois blanche avec durcisseur (acétate de polyvinyle + durcisseur)	Ajouter le durcisseur au moment de l'emploi ; s'utilise comme la précédente	A utiliser lorsque le collage sera soumis à une humidité légère, mais pas à une immersion ; devient transparente en séchant ; s'élimine par ponçage après séchage, ou à l'eau
Bois sur bois (à l'extérieur)	Colle polyuréthanne	Prête à l'emploi ; encoller une des surfaces et mettre immédiatement sous presse ; laisser ainsi de 12 à 24 heures ; on peut accélérer la prise en humidifiant les surfaces à coller	Blanche ou brune ; gonfle en séchant et forme un bourrelet à éliminer par grattage ou ponçage ; se nettoie avec un diluant spécial, à l'acétone ou au trichloréthylène avant séchage, par grattage ou ponçage quand elle est prise ; résiste à une forte humidité mais pas à une immersion ; à utiliser avec des gants
	Colle marine (résine résorcine + catalyseur formol)	Mélanger la résine et le catalyseur juste avant l'emploi dans un godet jetable ; appliquer sur les deux surfaces à encoller et mettre sous presse immédiatement durant 6 heures	Brun rouge, résistant à l'immersion et aux solvants après séchage ; s'élimine à l'eau avant polymérisation, par grattage ou ponçage après la prise ; à utiliser avec des gants
Stratifié contre-plaqué ou tissu sur bois ou sous-produit du bois	Colle contact (néoprène)	Prête à servir : appliquer sur les deux surfaces à joindre et laisser sécher : ajuster les faces encollées l'une sur l'autre en les séparant avec du papier kraft : retirer le papier et appuyer avec un rouleau ou un tampon de bois : inutile de mettre sous presse : laisser sécher 24 heures à au moins 20 °C	Laisser sécher et joindre les surfaces ; devient ambrée ; résiste à l'eau ; nettoyer avec le diluant recommandé sur l'étiquette
Métal sur métal	Colle époxyde (résine + durcisseur)	Mélanger les éléments dans un contenant jetable ; appliquer sur les deux surfaces ; garder sous presse 8 heures ; laisser sécher 24 heures, à au moins 20 °C	Mettre sous presse tout de suite après l'encollage ; devient transparente, blanche ou grise ; résiste à l'eau ; nettoyer avec le diluant recommandé sur l'étiquette
Matériaux non poreux (métal, caoutchoux, plastique, céramique et verre)	Colle cyanoacrylate (colle instantanée)	Prête à l'emploi : en appliquer peu sur une seule surface ; joindre l'autre en exerçant une pression pendant 10 à 30 secondes ; laisser sécher 12 heures, à au moins 20 °C	Joindre immédiatement les surfaces après l'encollage ; devient transparente ; résiste à l'eau ; nettoyer avec le diluant recommandé sur l'étiquette
Matériaux poreux (céramique, cuir...) **et non poreux** (sauf verre)	Colle acrylique (résine + catalyseur)	Étaler un cordon de colle sur l'une des pièces et le catalyseur liquide sur l'autre ; mettre en contact immédiatement et serrer pendant une minute ; inutile de mettre sous presse ; le collage est définitif au bout de 24 heures	Colle transparente avec catalyseur incolore ou ambré ; résiste à l'eau et à la chaleur ; nettoyer à l'eau avant la prise, par ponçage ou grattage ensuite ; éviter le contact avec la peau
Verre sur verre	Colle silicone	Dégraisser et dépolir légèrement les parties à coller ; étaler un cordon de colle sur l'une des surfaces et appliquer la seconde ; maintenir en place sans trop écraser avec des bandes de ruban adhésif ; lisser la colle qui déborde avec un doigt trempé dans l'eau savonneuse ; laisser en place pendant 24 heures	Colle blanche ou transparente, avec ou sans fongicide, qui existe en diverses qualités ; pour des collages solides, n'utiliser que celles spécifiques au verre ; nettoyage à l'eau savonneuse ou vinaigrée avant polymérisation, par découpe et grattage ensuite
PVC sur PVC	Colle à solvant fort	Nettoyer et dépoussiérer les surfaces à coller ; appliquer la colle sur l'une des surfaces et mettre immédiatement les deux pièces en contact ; maintenir en place quelques secondes ; séchage définitif après évaporation complète du solvant (environ 24 heures)	Colle sous forme de gel translucide à ne pas laisser à l'air libre (solvant très volatil) ; prend la couleur du plastique assemblé, après séchage

Certains plastiques comme le polyéthylène sont réfractaires à tout collage : ils ne s'assemblent que par thermosoudage. Les petites pièces de PVC ou de polystyrène (maquettes en plastique) peuvent être collées avec une goutte de trichloréthylène passée au pinceau.

Pour coller du polystyrène expansé, ne pas utiliser de colle contact néoprène de type classique (le solvant dissout le polystyrène). Utiliser une colle contact spécifique : néoprène en solvant alcool.

Attention ! Certaines colles dégagent des vapeurs nocives ; travaillez dans un endroit bien aéré, loin de toute flamme ; les colles instantanées adhèrent à la peau ; portez des gants de caoutchouc.

ferez un mauvais travail et vous fatiguerez le moteur, qui risquera alors de griller.

Ne laissez jamais traîner ces outils dans la poussière ; nettoyez régulièrement les ouïes de ventilation du moteur, la poussière ou les copeaux qui finissent toujours par s'accumuler dans les recoins des carters de protection. Tous ces nettoyages imposent au préalable le débranchement des outils.

Pour nettoyer le mandrin d'une perceuse : placez la clé de mandrin dans les crans du mandrin et frappez-la d'un coup sec avec un maillet, puis dévissez le mandrin sur son axe.

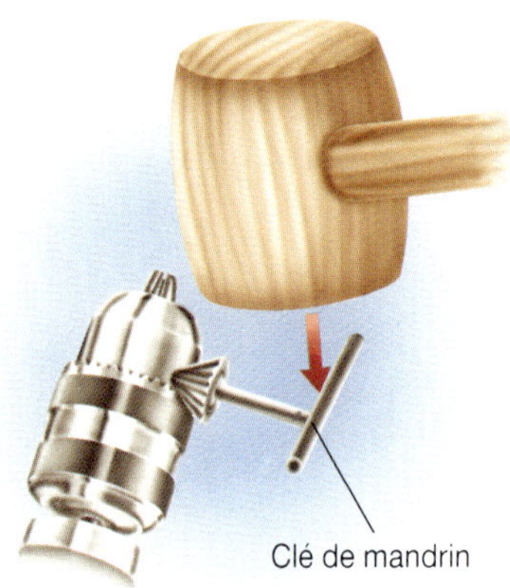

Certains mandrins sont tenus par une vis ; enlevez la vis en maintenant l'axe avec une clé plate, puis dévissez le mandrin.

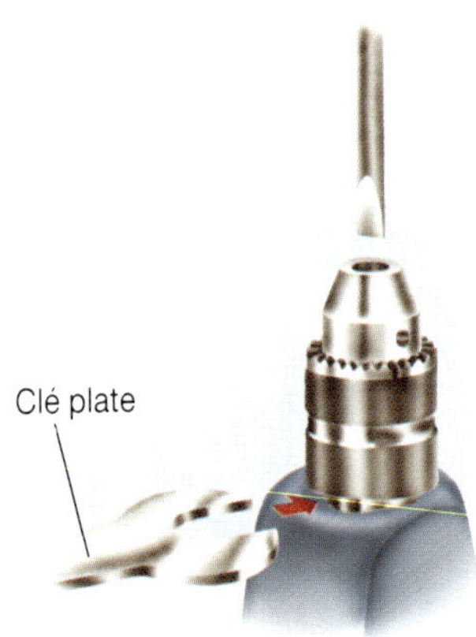

Ouvrez les mors du mandrin à mi-course et placez le mandrin, pointe vers le bas, dans un bocal rempli de pétrole désaromatisé. Laissez-le ainsi toute une nuit et sortez-le en le secouant doucement. Essuyez-le et remontez-le. En aucun cas, il ne faut mettre de la graisse dans le mécanisme d'un mandrin, le pétrole suffit.

Il peut arriver qu'une machine neuve refuse de fonctionner après quelque temps d'usage. Relisez la notice d'emploi ; c'est certainement un arrêt commandé par le système de sécurité placé sur les balais du moteur : vous devez alors ramener la machine chez le vendeur pour faire la révision prévue dans la garantie (certains fabricants ont trouvé cette astuce imparable pour obliger les acheteurs à faire réviser leur matériel).

Lorsque vous ne vous servez pas de vos outils électroportatifs, ne les laissez pas branchés sur le secteur.

Sur une machine ayant déjà beaucoup servi, l'apparition en cours de fonctionnement de gerbes d'étincelles à l'intérieur du carter est le signe que les balais sont usés : il faut les remplacer sans tarder par des balais neufs.

Certaines machines portent des bouchons démontables de chaque côté du carter, qui permettent de changer soi-même les balais. Dans ce cas, le travail est facile : dévissez les bouchons, retirez les balais usés et remettez les balais neufs, puis les bouchons (les balais neufs doivent être d'un modèle strictement identique à celui des balais usagés). Autrement, il faut démonter la machine pour changer les balais. Sauf si vous êtes un génie du démontage et du remontage de ce type d'outil, confiez ce travail au service après-vente de la marque ou du vendeur.

LES VÉRIFICATIONS PRÉVENTIVES

Une petite vérification préventive vaut mieux qu'un grand dépannage. C'est particulièrement vrai pour votre automobile. Le peu de temps que vous lui consacrerez pour surveiller son état vous évitera souvent de longs déboires, et vous ne mettrez pas votre sécurité en jeu.

LA PRESSION DES PNEUS

Les pneus constituent le premier élément de sécurité de votre voiture. De leur bon état dépendent en effet la tenue de route, la bonne réponse de la direction dans les virages, la meilleure adhérence au freinage. En fait, ils n'exigent qu'un peu d'air de temps en temps. Il faut en effet vérifier impérativement au moins une fois par mois la pression des pneus. Pour effectuer cette opération, vous pouvez profiter de votre passage dans une station-service, mais vous pouvez aussi le faire tout simplement dans votre garage, si vous disposez d'un manomètre de précision. Méfiez-vous des appareils de pacotille, dont les indications sont le plus souvent fantaisistes.

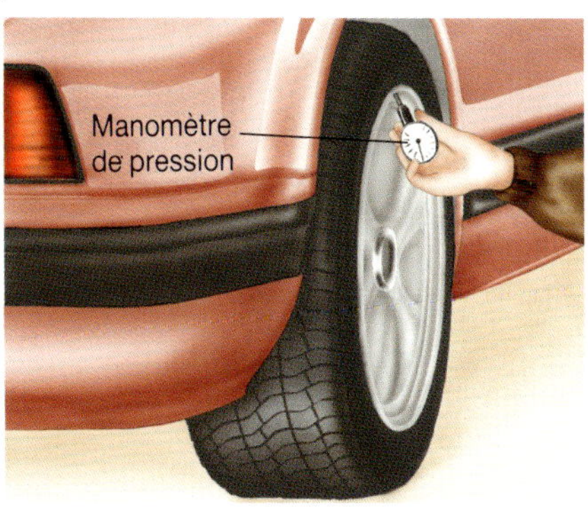

Opérez à froid, c'est-à-dire avant d'avoir roulé (en tout cas, n'effectuez pas plus de 4 à 5 km, à vitesse réduite). Respectez les pressions indiquées par le constructeur et les écarts entre les essieux avant et arrière éventuellement indiqués. Mieux, ajoutez 300 g aux pressions recommandées, toujours en respectant l'écart avant/arrière. La voiture tiendra mieux la route, les pneus s'useront moins vite et ils seront moins vulnérables aux agressions de la chaussée ; en outre, la consommation de carburant sera moindre, pour seulement une légère perte de confort, à peine sensible. Et n'oubliez pas de gonfler la roue de secours à 300 g au-dessus de la pression recommandée.

LE NIVEAU D'HUILE

Bien que les moteurs consomment de moins en moins d'huile, il est néanmoins normal qu'ils en consomment un peu. Surveillez périodiquement le niveau du carter, d'autant que, de plus en plus, les vidanges se font tous les 7 500 km, voire 10 000 km. Si votre voiture est pourvue d'un indicateur de niveau d'huile sur le tableau de bord, mettez le contact sans lancer le moteur et, la voiture étant bien horizontale, observez les indications de l'aiguille figurant le niveau, par rapport à une zone de référence.

Sans cet instrument, il faut vérifier le niveau sur la jauge à huile elle-même. Cette tige métallique qui plonge dans le carter comporte généralement deux repères : « mini » et « maxi ». Le niveau est suffisant lorsqu'il se situe sensiblement au milieu de ces deux repères. Essuyez bien la jauge avec un chiffon et plongez-la à nouveau pour bien vérifier. Lorsque la lecture est difficile, levez la jauge, le niveau sera indiqué par le point de formation de la goutte d'huile. Inutile de remplir jusqu'au niveau « maxi », l'huile serait brûlée en pure perte.

LA BATTERIE

La plupart des nouvelles batteries sont dites « sans entretien ». Il n'empêche, à moins que les orifices de remplissage ne soient scellés, qu'il est vivement conseillé de vérifier le plein d'électrolyte tous les 3 mois environ. Le niveau doit se situer à un bon centimètre au-dessus des plaques.

Sur les batteries classiques, cette vérification est indispensable. Remettez à niveau en utilisant uniquement de l'eau distillée ou déminéralisée. Soyez particulièrement attentif en période estivale, où les températures élevées et la moindre utilisation des consommateurs électriques favorisent l'évaporation. Vérifiez, ou faites vérifier, également le bon état de charge, surtout avant l'hiver et si vous n'effectuez que de petits parcours.

LE NIVEAU DU CIRCUIT DE REFROIDISSEMENT

Toutes les voitures actuelles disposent d'un circuit de refroidissement étanche comportant un vase d'expansion. C'est dans ce réservoir auxiliaire que l'on vérifie le niveau. A chaud, il est normalement plus élevé qu'à froid, aussi faut-il effectuer cette vérification à froid, le bon niveau devant se situer sensiblement au milieu des repères « mini » et « maxi ». Comme pour l'huile, inutile d'en rajouter jusqu'au niveau « maxi ». Effectuez l'appoint éventuel avec du liquide antigel recommandé par le constructeur. Vous pouvez à la rigueur utiliser de l'eau pure, mais faites de toute façon contrôler avant l'hiver le degré de protection antigel du mélange restant.

Si vous devez effectuer fréquemment des remises à niveau, vérifiez le serrage des colliers des différentes durits. Si vous ne remarquez pas de fuites, cette consommation anormale de liquide peut être le signe de la détérioration du joint de culasse. Faites remplacer le liquide antigel tous les 2 ans.

VOIR ET ÊTRE VU

C'est la règle d'or en matière de conduite automobile. Pour bien voir, maintenez en bon état de propreté le pare-brise (y compris les essuie-glaces), les rétroviseurs, qui devront également être bien réglés, et la lunette arrière.

Ne prenez pas l'habitude de rouler en toute circonstance, y compris la nuit, avec les stores pare-soleil de la lunette arrière baissés. La vision arrière est ainsi fortement perturbée, et les conducteurs des voitures suiveuses ne peuvent disposer d'une vision anticipée leur permettant de regarder plus loin en avant, au travers de la voiture suivie.

Pensez également aux feux arrière, qui constituent le balisage de la voiture, non seulement la nuit mais par temps de brouillard ou de pluie. Or ces feux, surtout sur les voitures anciennes, sont plus ou moins étanches. L'eau et la poussière surtout se déposent à l'intérieur, couvrant le diffuseur coloré, les ampoules et le réflecteur, et altérant ainsi leur éclat.
Démontez ces feux tous les ans et nettoyez-les bien à l'intérieur. Lavez les diffuseurs colorés, essuyez les ampoules en grattant bien les contacts, essuyez avec précaution le réflecteur avec un chiffon doux.

NETTOYAGE DU PARE-BRISE

Humectez un chiffon ou une éponge d'alcool à brûler ou d'éther et frottez les essuie-glaces, les stries qu'ils ont laissées et toutes les taches qui ont résisté au lave-vitres ordinaire.

Si ce traitement ne donne pas satisfaction, préparez un mélange d'eau et d'ammoniaque (1 cuillerée à soupe dans 1 litre d'eau), que vous passerez sur la vitre et les raclettes de caoutchouc des essuie-glaces. Cela pour décomposer les traces grasses, les insectes et les traînées de silicones dues aux produits lustrants. Changez les balais d'essuie-glaces tous les ans, avant l'hiver. Dans le réservoir du lave-glace, à titre préventif, incorporez un peu d'ammoniaque dans les proportions indiquées plus haut.

Dans une voiture neuve, lavez l'intérieur des vitres, surtout celle du pare-brise, avec du vinaigre blanc ou de l'ammoniaque pour enlever la buée laissée par les vapeurs de plastique. Rincez et séchez.

LAVAGE ET PROTECTION

Lavez la carrosserie avec du détergent à vaisselle dilué dans de l'eau. Commencez par le toit ; travaillez par sections ; lavez et rincez aussitôt pour que la solution ne sèche pas. Essuyez avec une peau de chamois de bonne qualité pour redonner son lustre à la voiture.

Lorsque la voiture a été lavée à fond et bien lustrée, rafraîchissez-la de temps à autre au jet d'eau ; puis essuyez-la avec une éponge ou des chiffons propres.

ENTRETIEN DE VOTRE VOITURE

En tout temps, si l'une des anomalies suivantes se produit, avisez-en le mécanicien :
Démarrage peu énergique du moteur
Vibrations
Pédale de frein dure ou lâche ; freins bruyants
Jeu dans le volant de direction
Bruits inhabituels dans le moteur
Craquements dans la boîte de vitesse ; vitesses qui sautent ; changement de vitesse récalcitrant ; transmission automatique bruyante ; vitesses qui glissent
Moteur provoquant des ratés ; manque de puissance
Conduite et tenue de route douteuses
Voiture qui tire d'un côté
Pédale d'embrayage qui vibre
Échappement bruyant
Avertisseur en panne
Essuie-glaces créant des rayures
Forte odeur d'essence ou autres odeurs
Voyants du tableau de bord qui s'allument
Indicateurs de température ou de pression révélant une anomalie

Au moment du plein :
Contrôle du niveau d'huile
Contrôle du niveau du liquide de refroidissement

Tous les mois ou avant un long voyage :
Contrôle de la pression des pneus (sans oublier le pneu de secours) et examen de la bande de roulement
Examen de tous les feux
Repérage de fuites possibles
Éventuellement, contrôle du niveau du liquide de la transmission automatique

Deux fois par an (printemps et automne) :
Contrôle des niveaux du liquide de frein, de la boîte de vitesse, de l'embrayage hydraulique, du pont
Contrôle des joints de cardans des arbres de roues (surtout pour les voitures à traction avant)
Contrôle de la densité du liquide de refroidissement
Contrôle des courroies d'entraînement
Contrôle des canalisations du radiateur, du chauffage et de la climatisation
Contrôle du circuit d'échappement (rouille) ; resserrage des brides
Rotation des pneus si le kilométrage le justifie (voir le carnet d'entretien)
Examen des bornes des câbles de la batterie (risque de corrosion) ; vérification de la charge

Tous les ans :
Examen des canalisations, plaquettes et garnitures de freins (deux fois par an si la conduite s'effectue surtout en ville)
Lubrification des serrures, des charnières des portes, des charnières et leviers d'ouverture du capot et du coffre, des charnières de l'accès au réservoir d'essence ; contrôle des garnitures d'étanchéité des portes
Contrôle expérimental du frein à main et de la position P (stationnement) avec une transmission automatique

Choisissez de bons produits lustrants de protection. Si vous venez d'acheter votre voiture, procurez-vous un « polish » pour automobiles neuves. Si elle a un certain âge, vous aurez besoin d'un produit nettoyant contenant un abrasif doux. Les voitures très endommagées requièrent un traitement encore plus énergique.

ÉCHEC A LA ROUILLE

Appliquez une fine couche d'un enduit transparent au caoutchouc à la silicone sur les moulures de la carrosserie pour empêcher l'eau, source de rouille, de s'y infiltrer.

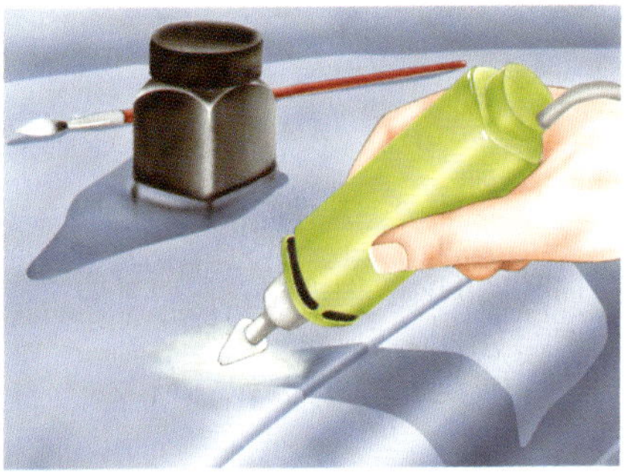

Avec une meule à main électrique et une pierre conique, poncez les petits points de rouille sans toucher à la peinture intacte autour. N'entamez pas le métal. Terminez en appliquant apprêt et peinture.

Dans les coins difficiles d'accès, utilisez un grattoir à joints d'étanchéité pour enlever la rouille, puis une petite brosse métallique. Terminez avec apprêt et peinture.

POINTS A SURVEILLER

Il faut vérifier le niveau du liquide de freins tous les 10 000 km environ ; le liquide doit arriver à 1,5 cm du bord. Si ce n'est pas le cas, il peut y avoir une fuite. Une baisse notable du niveau peut indiquer également une usure des plaquettes. Signalez-la au mécanicien.

Si la courroie d'alternateur siffle lorsqu'on accélère le moteur, elle est détendue ou usée ; retendez-la ou procédez à son remplacement.

Le volant de votre voiture fait ressentir des vibrations ? Si cela se produit seulement en ligne droite, entre 80 et 120 km/h environ, pensez à faire équilibrer les roues et vérifiez que les pneus tournent bien rond. Si, dans les virages, les vibrations ressemblent plus à des à-coups, pensez aux joints homocinétiques (cardans) des tractions avant.

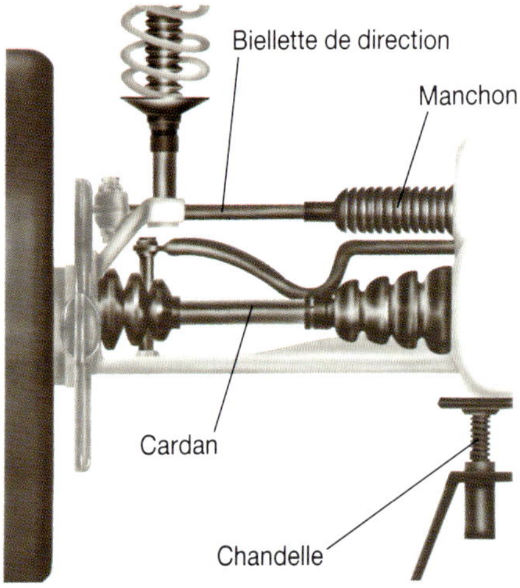

Pour vous en assurer, levez la voiture sur le cric, engagez une vitesse et essayez de faire tourner la roue à la main d'avant en arrière. Si vous percevez un jeu important, les cardans sont sûrement hors d'usage.

QUELQUES BONNES IDÉES

Une mince couche de graisse à la silicone (vendue en quincaillerie) ou de vaseline sur les bornes de la batterie retarde la corrosion.

Pour desserrer un filtre à huile récalcitrant, achetez une clé à filtre ou une pince à chaîne et agrippez le filtre à sa base. Vous aurez ainsi moins d'efforts à fournir.
N'attendez pas que les durits du radiateur crèvent avant de les changer.
Une fois par an, palpez-les. Si elles sont spongieuses, débranchez-les ; introduisez un chiffon dans chacune d'elles, puis retirez-le. Si des parcelles de caoutchouc adhèrent au chiffon, remplacez la durit.

Pour prolonger la durée de vos pneus, ajoutez 300 g aux pressions recommandées.

Les écrous des roues peuvent se desserrer sous l'effet des vibrations de la voiture. Pour pouvoir le vérifier, déposez une touche de peinture sur chacun d'eux et une autre sur une pièce adjacente. Quand les deux taches ne sont plus en ligne, il faut resserrer l'écrou.

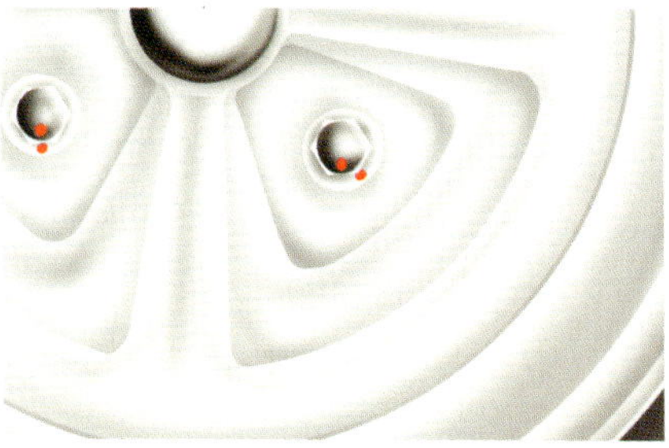

ÉCONOMIES DE CARBURANT

Utilisez le carburant approprié au moteur de votre voiture. Respectez l'indice d'octane recommandé par le constructeur. Pour une voiture ancienne utilisant de l'essence ordinaire avec plomb, qui va progressivement disparaître, vous devrez utiliser du super avec plomb. Pour des voitures relativement récentes et pour les modèles des années 90, utilisez le nouveau super sans plomb à 98 d'octane. Demandez l'avis de votre concessionnaire ou d'une station-service.

Par temps chaud, ne remplissez pas le réservoir. La chaleur fait monter la pression et le réservoir peut déborder — une perte inutile.

Si votre consommation augmente, s'il y a des odeurs d'essence, pensez à une fuite au réservoir ou dans le voisinage de la pompe à essence ; voyez également le carburateur et le système d'injection. Resserrez les colliers des canalisations.

N'abusez pas des « hauts régimes », sauf en cas d'urgence. Sachez utiliser la souplesse de votre moteur. Pour économiser l'essence, conduisez en douceur et évitez les démarrages et les arrêts brutaux. « En douceur », voilà le mot clé.

Veillez à ce que les pneus soient toujours bien gonflés. Un sous-gonflage de 200 à 300 g, cas malheureusement

LE FILTRE A AIR

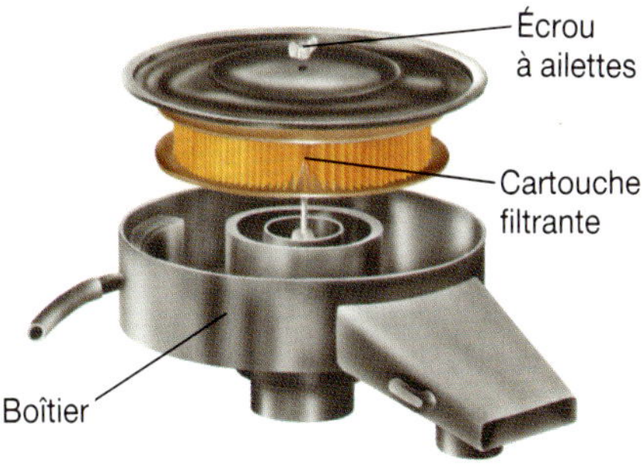

1. Le filtre à air se trouve souvent dans un boîtier, au-dessus du carburateur. Dévissez l'écrou ou défaites les pinces du couvercle pour l'enlever. Débranchez les conduites qui pourraient gêner et retirez le filtre.

2. Retirez la cartouche et vérifiez si elle est sale ou endommagée. Frappez-la sur une surface de bois pour en faire tomber la poussière. Placez une lumière au centre : si vous pouvez voir la lumière et si la cartouche n'est pas encrassée d'huile, inutile de la remplacer.

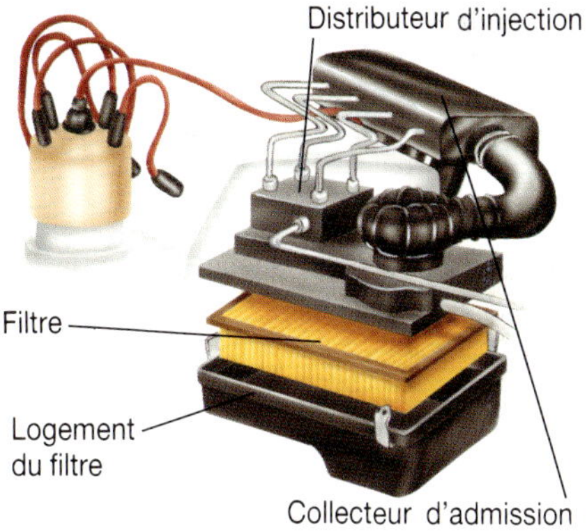

3. Le filtre peut être difficile à trouver. Repérez l'entrée d'air du carburateur ou remontez le long de la gaine, à partir du collecteur d'admission. Défaites les attaches et procédez comme ci-dessus. Pour remonter le filtre ou le remplacer, reprenez les étapes en sens inverse.

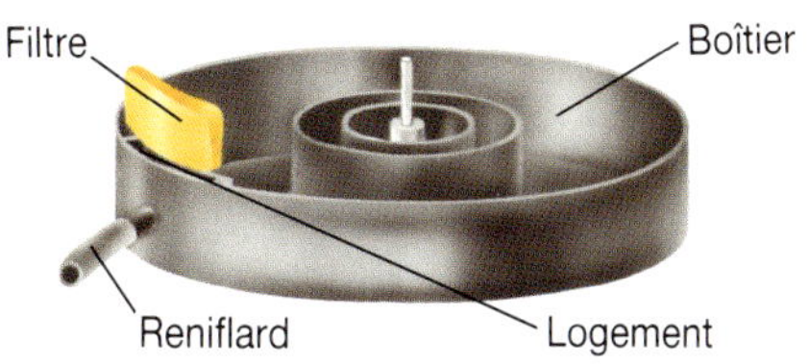

4. Si votre voiture est munie d'un filtre de recyclage des gaz du carter, examinez-le également. Le couvercle enlevé, retirez le filtre de l'entrée d'air du dispositif de recyclage des gaz du carter. Inutile d'ôter la pince, le logement ou le reniflard. Examinez le filtre. S'il est humide, encrassé ou très sale, remplacez-le.

extrêmement fréquent, entraîne une surconsommation de 3 à 5 %. Si vous roulez avec une galerie inutilisée, sachez qu'elle constitue un frein aérodynamique qui pourra entraîner également une surconsommation de l'ordre de 10 % à 120 km/h.

Sachez aussi que les déflecteurs de portières permettant de rouler vitres ouvertes en été sans être gêné par les remous d'air perturbent l'aérodynamique de la carrosserie. La surconsommation peut alors atteindre 5 %.

AUTRE MESURE D'ÉCONOMIE

Soyez prudent et avisé ; remplacez toujours les amortisseurs deux par deux. Si l'un des deux fuit ou est usé, remplacez celui qui se trouve sur le même essieu que lui, même s'il est en bon état. La stabilité du véhicule risque autrement d'en souffrir.

URGENCES ROUTIÈRES

Tomber en panne n'a rien d'amusant et c'est souvent dangereux. A l'arrêt, signalez-vous aux autres automobilistes : allumez les feux de détresse, ouvrez le capot, attachez un chiffon à l'antenne ou à la porte du côté du chauffeur ; placez un triangle de présignalisation à 50 m en arrière (75 pas environ).

Ne cédez pas à la panique si l'accélérateur se coince. Donnez de légers coups dessus, essayez de le soulever du pied.

CHANGEMENT D'HUILE ET DE FILTRE A HUILE

1. Opérez lorsque le moteur est chaud ; si le dégagement sous la voiture est insuffisant, montez les roues avant sur des rampes ou des chandelles. (Il serait très imprudent de vous glisser sous une voiture simplement levée sur le cric.) N'oubliez pas de mettre un bac sous le bouchon de vidange.

2. Desserrez le bouchon avec une clé, dévissez-le et enlevez-le rapidement pour que l'huile ne vous éclabousse pas. Laissez bien égoutter. Essuyez le bouchon et l'orifice. Revissez le bouchon à la main ; donnez un demi-tour avec la clé, sans forcer.

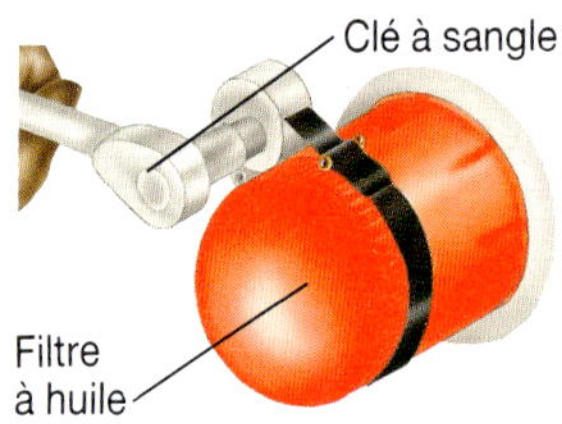

3. Les fabricants recommandent de changer le filtre toutes les deux vidanges, mais mieux vaut le remplacer à chaque vidange. Avec une clé spéciale, desserrez le filtre en le tournant vers la gauche, puis achevez de le dévisser à la main.

4. Essuyez les surfaces d'appui sur le filtre et le moteur. Enduisez d'huile à moteur le joint de caoutchouc du nouveau filtre. Vissez le filtre vers la droite jusqu'à ce que le joint touche légèrement le moteur. Puis donnez au filtre un tour complet avec la clé spéciale.

5. Descendez la voiture. Essuyez l'orifice de remplissage et remplissez le carter avec le type d'huile préconisé. Laissez tourner le moteur 1 minute, puis coupez-le. Assurez-vous que le bouchon ou le filtre ne fuient pas. Vérifiez et rectifiez le niveau d'huile.

6. Versez l'huile usagée dans les bidons à huile neuve vides et renseignez-vous auprès de votre municipalité, qui vous indiquera comment vous débarrasser de cette huile usagée.

S'il reste coincé, passez au point mort, freinez pour arrêter la voiture et coupez l'allumage.

Lorsque les freins ne répondent pas, « pompez énergiquement » sur la pédale. Si cela demeure sans effet, rétrogradez et serrez progressivement le frein à main.

Si un véhicule fonce sur vous en se déportant sur sa gauche, freinez, faites des appels de phares. Ne tentez pas de passer par la gauche. Serrez au contraire à droite en empruntant, si c'est possible, le bas-côté, tout en tenant fermement le volant. Si le choc est inévitable, essayez de l'encaisser latéralement ; il sera probablement moins fort.

REMPLACEMENT DES BOUGIES

Pour que l'allumage soit vraiment efficace, examinez les bougies chaque année ou tous les 15 000 km. Il faut, en règle générale, les remplacer tous les 2 ans ou tous les 30 000 km avec un allumage électronique, tous les ans ou tous les 15 000 km avec un allumage classique. Toutes les bonnes marques de bougies devraient vous donner satisfaction si vous choisissez le numéro de pièce recommandé par le fabricant pour la marque, le modèle et le moteur de votre voiture, et si vous les posez correctement.

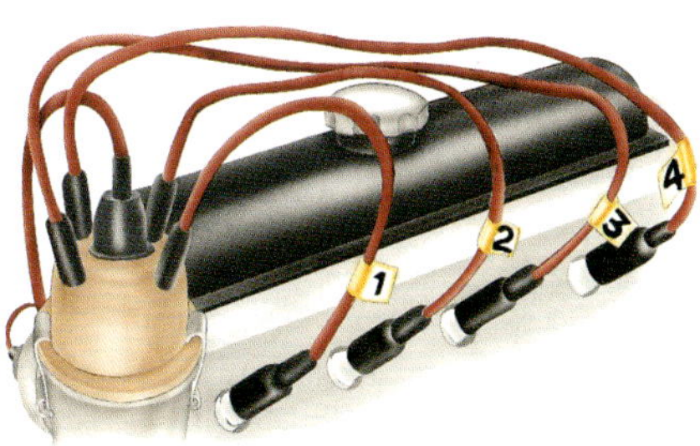

1. Attendez que le moteur soit froid. Marquez les câbles des bougies avant de les débrancher. Tordez le capuchon pour dégager chaque câble. Avec un jet d'air comprimé, ou un pinceau à soies dures, nettoyez autour de la bougie. Introduisez une douille sur la bougie et, avec une clé à cliquet, tournez vers la gauche. Si la bougie est d'accès difficile, ajoutez un cardan à la clé.

2. A mesure que vous retirez les bougies, enveloppez-les de ruban adhésif et notez leur emplacement ainsi que la présence de dépôts d'huile ou de carbone pour en aviser votre mécanicien.

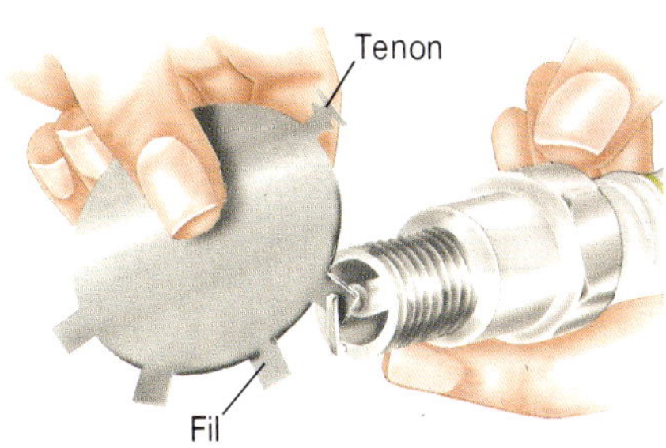

3. Mesurez et réglez l'écartement des électrodes des bougies neuves avec une jauge d'écartement. Consultez le manuel d'utilisation du véhicule ou l'étiquette collée sous le capot pour connaître l'écartement recommandé. Le fil de la jauge devrait tout juste passer dans l'écartement, ni trop facilement ni trop difficilement. Réglez celui-ci en pliant correctement l'électrode de masse avec le tenon de la jauge. Vérifiez de nouveau l'écartement.

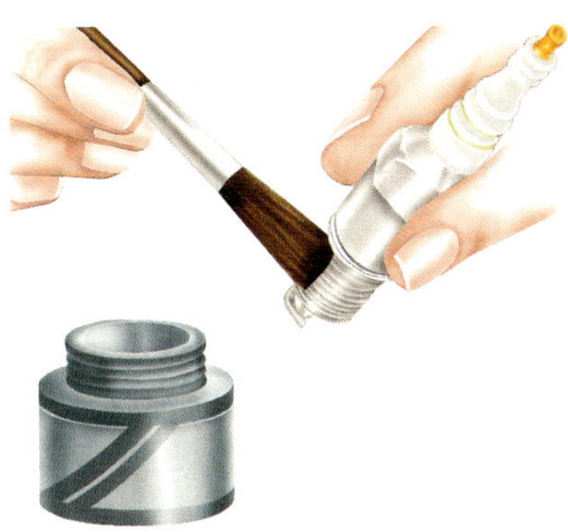

4. Si la culasse est en aluminium, appliquez du composé antigrippage sur les filets avant d'installer les bougies neuves. Vissez celles-ci avec soin en prenant garde de croiser les fils. Vissez jusqu'au bout à la main, puis donnez un quart ou un demi-tour de plus avec la clé, un seizième de tour parfois. Appliquez une légère couche d'un lubrifiant antihumidité à l'intérieur du capuchon avant de rebrancher les câbles.

Si les voyants ou quelque autre accessoire ne fonctionnent pas, soupçonnez un fusible grillé. S'il n'y en a pas, saisissez le fusible du circuit défectueux avec un extracteur et faites-le bouger. Le courant passe ? Retirez le fusible et nettoyez les contacts du fusible et du porte-fusible. Remettez le fusible en place.

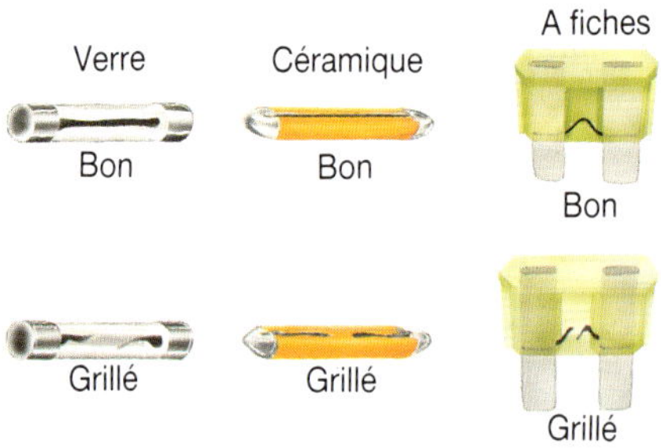

Les phares s'éteignent d'un coup ? Freinez par petites touches. Ne faites pas de mouvements brusques du volant, essayez de situer la chaussée en vous repérant aux bandes blanches, à la cime des arbres ou aux constructions environnantes.

Un pneu éclate ? Surtout pas de coup de freins brutal. Maintenez la voiture en ligne en tenant fermement le volant. Ne débrayez pas, freinez par petites touches en vous dirigeant vers le bas-côté et, sur les autoroutes, vers la bande d'arrêt d'urgence. Ne vous arrêtez jamais à gauche. Si vous ne trouvez pas d'endroit favorable pour remplacer la roue, continuez à plat, à petite vitesse. Mieux vaut endommager complètement un pneu que risquer sa vie.

RECHARGER LA BATTERIE

En saison froide, une batterie peu chargée refusera de faire démarrer le moteur. Un dépannage de fortune consistera à la brancher en parallèle avec la batterie d'une autre voiture bien chargée, à l'aide de câbles de démarrage de forte section.

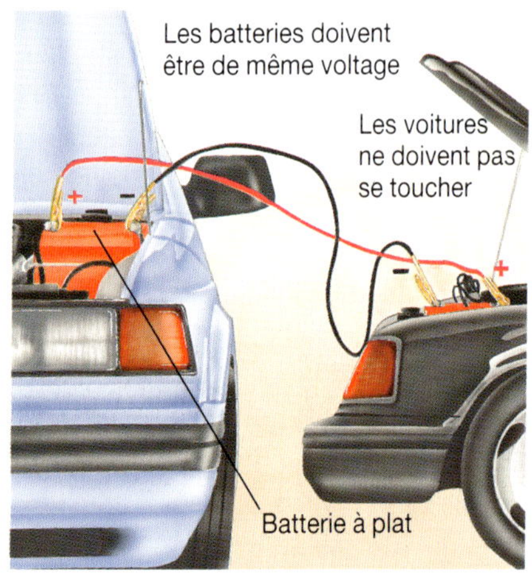

Reliez tout d'abord les pôles négatifs (−) puis les pôles positifs (+) en branchant en premier ceux de la batterie défaillante. Laissez tourner le moteur

LA TROUSSE DE DÉPANNAGE

Voici les outils et les accessoires qu'il est utile de laisser dans la voiture en cas de panne. Enveloppez les articles de métal pour qu'ils ne fassent pas de bruit. Mettez les petits articles dans un sac ou un fourre-tout.

Accessoires de base
Lampe de poche et piles
Lampe à brancher dans l'allume-cigarette ou sur la batterie
Triangle de présignalisation et chiffons
Gants de travail

Fournitures
Tube pour siphonner l'essence d'une voiture dans une autre
Bidon en plastique de 5 litres pour l'eau ou l'essence
Bidon d'huile à moteur
Planche (60 cm sur 30) à poser sous le cric ou plaque métallique rigide
Coin pour caler une roue
Huile dégrippante
Câbles de batterie
Fusibles de rechange et extracteur
Vieux fil électrique pour assujettir le capot, le coffre ou le pot d'échappement
Ruban isolant
Durit de radiateur
Courroie de ventilateur
Colliers

Outils
Clé à bougies
Clé à molette
Jeu de clés plates de 5 à 15 mm
Pince multiprise, pince à long bec et pince-étau isolées
Tournevis cruciforme et ordinaire
Couteau universel
Clé à manchon ; tuyau de 60 à 90 cm s'ajustant sur le manchon

de la batterie « donneuse » en accélérant au point mort, le temps de faire démarrer et chauffer un peu le moteur de la voiture en panne.

CREVAISON

En prévision d'une crevaison la nuit, achetez une lampe de poche à support magnétique ou à ventouse et joint articulé (vendue dans les quincailleries et magasins d'accessoires automobiles).

Ayez une bombe anticrevaison sous la main : elle vous permettra dans certaines circonstances de faire une réparation rapide et de dégager un endroit de stationnement dangereux (bordure de route étroite, autoroute).

Pour débloquer un écrou trop serré, aidez-vous de votre pied ou d'une rallonge sur la clé.

SURCHAUFFE

Si le voyant de température s'allume ou que l'aiguille du thermomètre frôle le rouge en pleine heure de pointe, mettez le chauffage en marche et faites tourner le ventilateur au maximum. Allez au garage sans délai, à petite vitesse.

Prévenez les pannes. Remplacez les durits et les courroies tous les 4 ans ou tous les 80 000 km.

LES MÉFAITS DU FROID

Lorsque le garage n'est pas chauffé, la voiture part beaucoup mieux le matin, par temps froid, si vous la dotez d'un chauffe-batterie. C'est un élément chauffant de faible puissance dans un coussin isolant. Même non branché, il est utile, car son isolant protège un peu la batterie.

En hiver, si vous n'avez pas de garage, garez votre voiture de telle sorte que le soleil du matin frappe le capot. Si elle doit passer la journée dehors, exposez-la au soleil de l'après-midi. La seule chaleur du soleil peut en assurer le démarrage. Glissez de vieux journaux sous les essuie-glaces pour empêcher la formation de givre et/ou faciliter l'éva-

CHANGEMENT D'UNE ROUE

1. Allumez les feux de détresse. Passez une vitesse ou sélectionnez la position P d'une boîte automatique.

2. Calez la roue diagonalement opposée au pneu crevé avec une cale ou une pierre. Démontez l'enjoliveur avec un levier, puis desserrez les écrous de la roue sans les enlever.

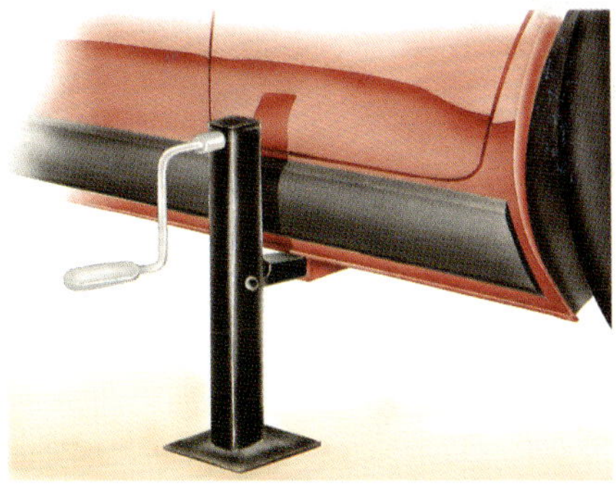

3. Lisez les instructions données dans le manuel d'utilisation ou collées dans le logement du cric et soulevez la voiture jusqu'à ce que la roue se trouve à environ 5 à 8 cm du sol. (Si la voiture est stationnée sur un accotement mou, placez une planche sous le cric ou, mieux, une plaque métallique épaisse, pour lui fournir une assise stable.)

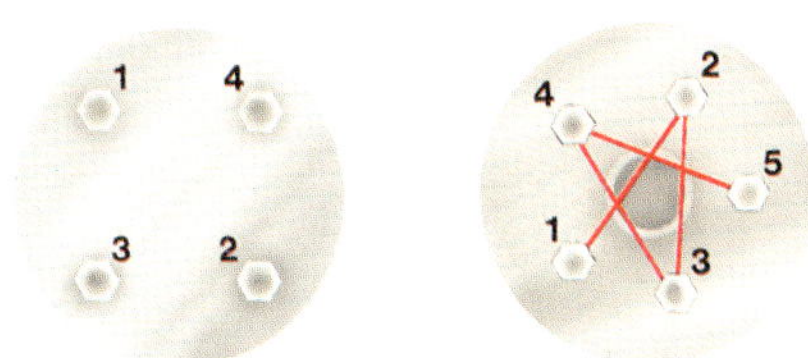

4. Enlevez les écrous et la roue ; mettez en place la roue de secours. Enfilez les écrous à la main. Avec la clé, serrez progressivement les écrous en diagonale, comme l'illustre la vignette. (Mal serrés, ils peuvent déséquilibrer la roue.) Abaissez le véhicule et retirez le cric et la cale. Resserrez de nouveau les écrous en diagonale avec la clé et reposez l'enjoliveur en donnant un coup du plat de la main ou en le vissant.

cuation de la neige tombée dans la nuit. Vous gagnerez ainsi du temps au moment du départ le lendemain matin.

Quand le moteur ne cesse de caler après le démarrage, examinez la soupape à réglage thermostatique située dans le boîtier du filtre à air. Introduisez la main ou un tournevis dans l'entrée d'air pendant que le moteur tourne (à froid). Si le volet n'est pas fermé au départ et s'il ne s'ouvre pas à mesure que le moteur se réchauffe, il s'agit probablement d'un problème mécanique ; voyez votre garagiste.

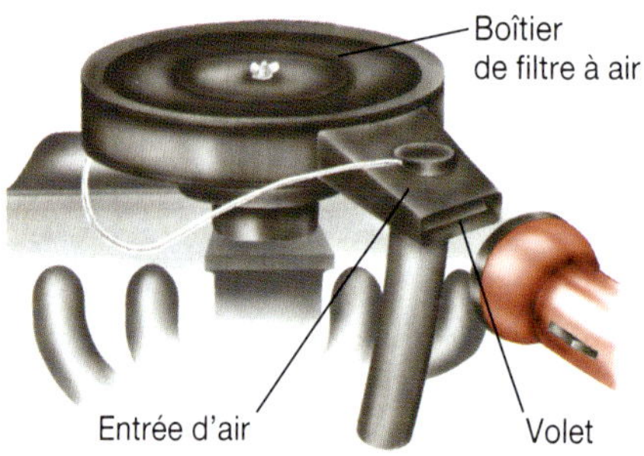

Lorsque le moteur est muni d'un carburateur, la commande de dépression du volet de départ peut provoquer des calages répétés en hiver avant que le moteur se réchauffe. Faites vérifier la pièce.

Si, par une douce journée d'hiver, vous avez abusé de l'accélérateur et ensuite noyé le moteur (vous percevrez nettement une odeur d'essence) et que votre voiture soit munie d'un carburateur, appuyez lentement et à fond sur la pédale d'accélérateur et, pendant 15 secondes, actionnez le démarreur. Si la voiture refuse encore de démarrer, coupez le contact et, 1 minute plus tard, répétez l'opération.

CONDUITE DANS LA NEIGE

Équipez de pneus d'hiver les quatre roues, et pas seulement les roues motrices. Même dans les régions où il neige beaucoup, respectez la pression recommandée par le fabricant pour vos pneus. Vous n'aurez pas une meilleure motricité avec des pneus dégonflés, et la partie externe de la bande de roulement s'usera plus vite.
Sur une voiture à propulsion arrière, mettez deux sacs de 10 kg de sable dans le coffre pour avoir une meilleure

REMPLACER LES AMPOULES DES PHARES

De nuit, on voit beaucoup trop de voitures dont un phare est défaillant. Elles constituent de graves dangers pour les autres usagers, et leurs propriétaires se trouvent en infraction.

Le remplacement d'une ampoule est une opération simple. Cependant, sur certains modèles, l'accessibilité n'est pas évidente. A l'aide du manuel d'utilisation de la voiture, entraînez-vous à remplacer les ampoules dans de bonnes conditions. Ne touchez jamais le verre des ampoules avec les doigts. Par précaution, et bien que ce ne soit pas obligatoire, gardez dans une voiture un coffret d'ampoules de rechange.

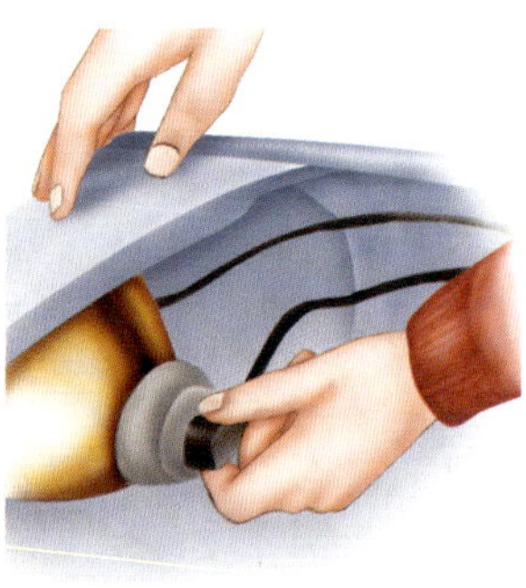

1. A l'arrière du phare, débranchez le connecteur en tirant dessus.

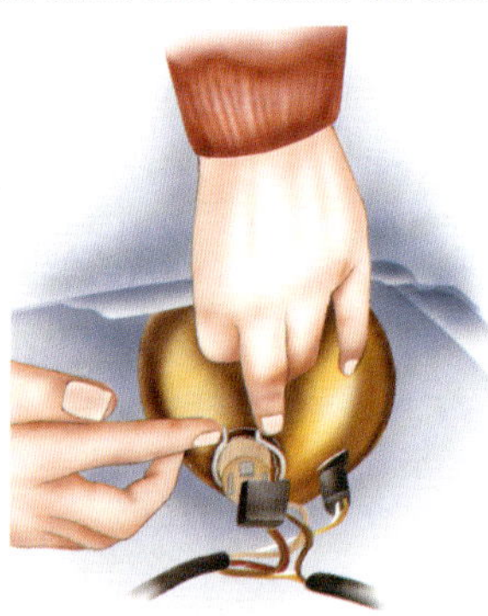

2. Libérez le porte-lampe en faisant sauter le clip.

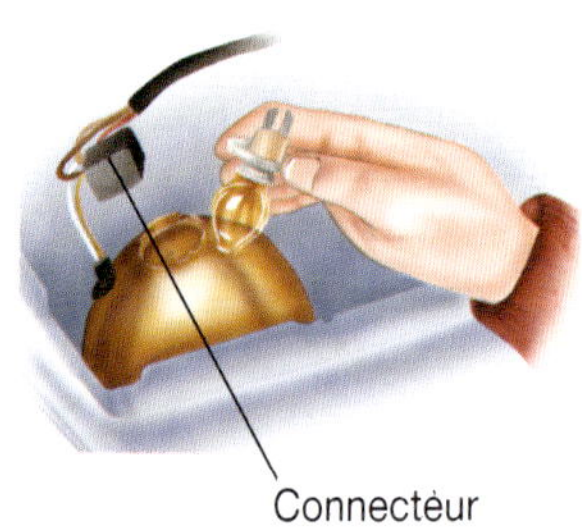

3. Prenez l'ampoule par le culot ou utilisez un chiffon.

motricité. De plus, ce sable pourra vous aider à sortir d'une zone glissante ; le cas échéant, répandez-en devant et derrière les pneus.

SERRURES GELÉES

Si une serrure de porte ou de coffre est gelée, chauffez la clé avec une allumette, mettez-la aussitôt dans la serrure et tournez. Portez des gants pour ne pas vous brûler les doigts.

Pour prévenir le gel des serrures, enduisez-les d'un peu de lubrifiant au graphite (jamais à l'huile). Ensuite, faites-les jouer plusieurs fois.

SEL ET ROUILLE

Les éclaboussures de sel dans les passages des roues sont source de rouille. Durant l'hiver et au printemps, lavez-les au jet d'eau à haute pression.

Au printemps, lavez également le dessous de la voiture pour éliminer tous les agents de rouille. Garez-la sur une rampe d'arrosage à gazon pendant 5 minutes.

Pour empêcher la formation de rouille, la plupart des portes de voiture sont munies de trous pour que l'eau s'en échappe et que l'humidité sèche. Ces trous finissent par s'encrasser. Au moins une fois par an, débouchez-les avec un petit tournevis ou un fil d'acier genre corde à piano.

CONDUITE PAR PLUIE ET BROUILLARD

Après avoir roulé dans une flaque d'eau profonde, vérifiez vos freins pour vous assurer qu'ils sont encore efficaces. S'ils sont mouillés et ne fonctionnent plus, roulez à environ 30 km/h et appuyez légèrement du pied gauche sur la pédale de frein. En 500 m, la chaleur engendrée par la friction aura séché les freins.

Pour mieux voir et surtout être mieux vu dans le brouillard, utilisez les phares antibrouillard. Si votre voiture n'en possède pas, faites-en poser une paire. Allumez les feux de croisement ou la

EN PRÉVISION DE L'HIVER

Faites exécuter les travaux dont la liste suit avant que le froid s'installe :

1. Demandez à un mécanicien de vérifier et de remplacer la batterie si elle ne donne pas toute sa puissance nominale à froid.
2. Faites réviser l'allumage et le circuit d'alimentation. Au besoin, faites remplacer les bougies, examiner les câbles, régler le calage à l'allumage, vérifier le fonctionnement des cylindres, remplacer les filtres à air et à huile, régler les vitesses de ralenti, vérifier le volet de départ et le filtre à air à soupape thermostatique du carburateur, examiner le chapeau et le rotor de l'allumeur et contrôler le volet de réchauffement de la tubulure.
3. Pulvérisez sur le système d'allumage un produit hydrofuge vendu en bombe aérosol, pour éviter les méfaits de l'humidité.
4. Vidangez, lavez et remplissez le circuit de refroidissement d'un mélange d'antigel et d'eau à raison de 50 à 70 % d'antigel. Si le liquide de refroidissement a moins de 2 ans, vérifiez-le avec un hydromètre pour vous assurer que sa densité convient.
5. Montez des pneus d'hiver ; vérifiez leur pression — sans oublier la roue de secours — et l'état de leur bande de roulement.
6. Vérifiez le chauffage, le dégivrage du pare-brise et le dégivreur-désembueur de la lunette arrière.
7. Remplacez les balais usés des essuie-glaces.
8. Remplissez le réservoir du lave-glace d'une solution pour l'hiver.
9. Vérifiez feux et lampes.
10. Ajoutez un grattoir et une brosse à votre trousse de dépannage (voir p. 200).
11. Prévoyez un équipement d'urgence en cas de tempête : couvertures ou sacs de couchage, pelle, sable, bougies, allumettes, aliments en conserve, couverts de plastique, boîte à café vide de 1 kg pour recevoir eau ou bougies et sacs en plastique.

L'AMÉNAGEMENT PAYSAGER

Sur du papier quadrillé, reportez à l'échelle tout ce qui existe déjà : maison, garage, remise, entrée, arbres, arbustes, affleurements rocheux. Indiquez drains, égouts, fils de téléphone, d'électricité, et conduites de gaz, pour ne pas les endommager lors des travaux. Notez la direction des vents dominants et l'ensoleillement ; vous en tiendrez compte pour installer arbres, haies, massifs et clôture. Notez les endroits mal drainés pour les corriger. Faites figurer les fenêtres ; pensez aux points de vue que vous voulez garder ou dissimuler. Sur ce premier plan, placez du papier-calque et dessinez-y vos projets. Changez de feuille pour les corrections.

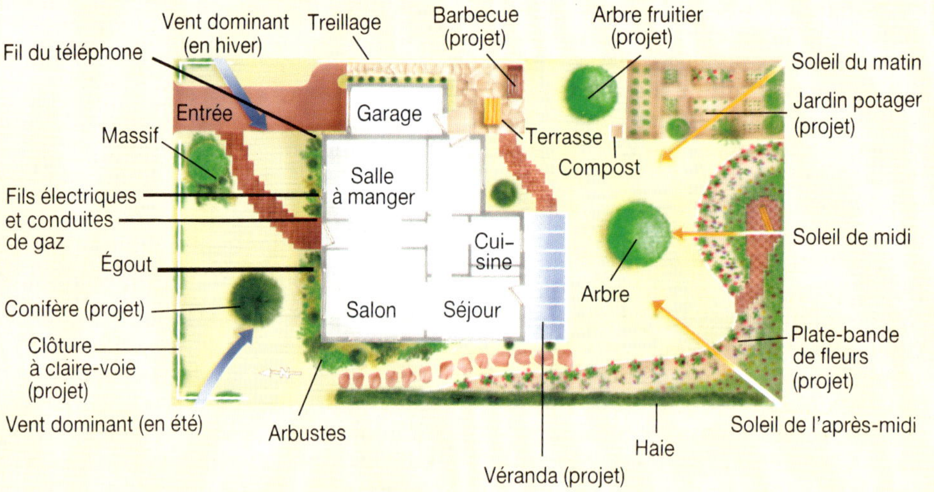

Évitez de planter des arbres ou des arbustes près des drains, des conduites d'eau et des fosses septiques. Leurs racines, surtout celles des saules et des peupliers, friands d'eau, pourraient faire craquer la maçonnerie et endommager les tuyaux.

Si vous devez faire passer un égout, une conduite de gaz ou un drain sous un arbre, faites-le au centre du tronc : vous endommagerez moins les racines qu'à la périphérie. Exception faite des jeunes sujets à racines pivotantes (mélèze, noyer, chêne...).

LES STRUCTURES DU JARDIN

S'il faut hausser le terrain pour les besoins de la construction, protégez les beaux arbres avec un système de drainage et d'aération qui les empêchera de suffoquer. Adressez-vous à une entreprise de paysagisme.

Pour souligner les beautés de votre jardin de nuit, installez-y des projecteurs et des bornes lumineuses. Pour bien les placer, faites des essais avec une lampe de poche puissante. Les entrées bien éclairées découragent les voleurs et empêchent les accidents.

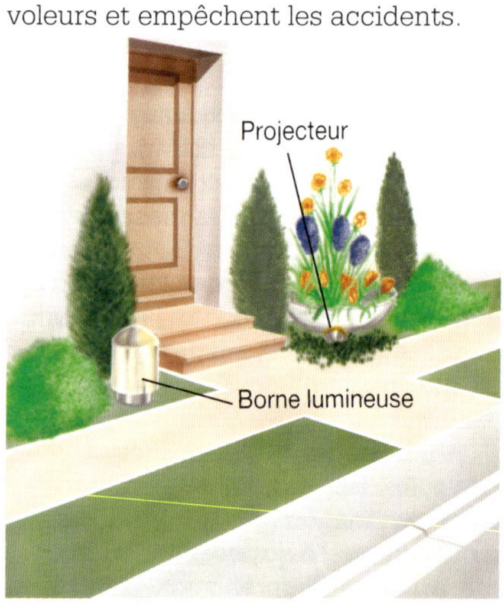

Pour vos constructions d'extérieur en bois — clôtures, palissades, escaliers, treillages ou pergolas —, n'utilisez que du bois traité. Les traverses de chemin de fer, souvent utilisées comme bois d'œuvre à l'extérieur, sont imprégnées de créosote, qui les protège des maladies et des insectes ; mais méfiez-vous, quand il pleut, des eaux qui en ruissellent : elles pourraient finir par intoxiquer les plantes.

Pour que la pluie ne stagne pas sur les poteaux de clôture, sciez-les en biseau sur le dessus ou couvrez-les de capuchons métalliques (vendus chez les négociants en bois).

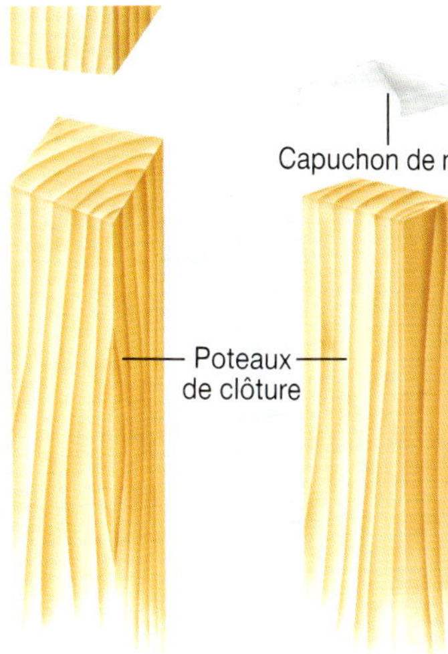

LE pH DU SOL

Il est important de connaître le degré d'acidité ou d'alcalinité de votre sol, afin de choisir vos plantes en conséquence. Les centres de jardinage vendent des « trousses d'analyse » du sol qui permettent d'effectuer les différentes mesures, mais cela nécessite un minimum de connaissances en chimie. Le plus simple est de faire appel à des laboratoires spécialisés (principaux laboratoires d'analyses agricoles, la plupart des grands grainetiers et des pépiniéristes, etc.), qui vous indiqueront en même temps les apports à effectuer pour corriger les déséquilibres éventuels. Il suffit alors de prélever un échantillon de terre et de l'expédier au laboratoire de votre choix.

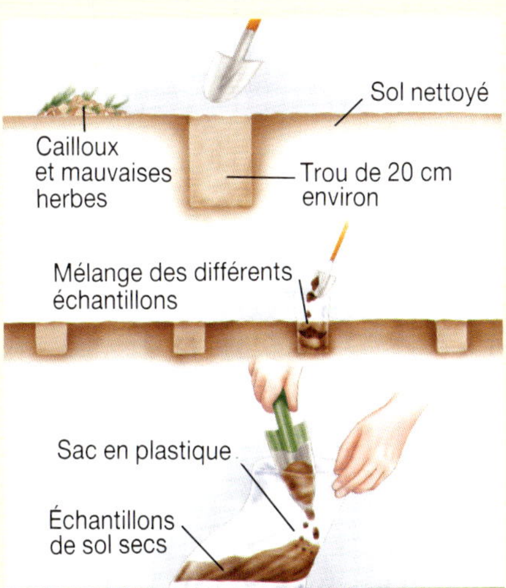

Pour que l'analyse effectuée par le laboratoire soit représentative, il vous faut prélever avec soin l'échantillon à analyser : après avoir décapé herbe et cailloux de la surface, retirez la valeur d'une bêche de terre, sur une vingtaine de centimètres de profondeur. L'idéal est de répéter cette opération en trois ou quatre points du jardin, de mélanger le tout dans un seau et d'envoyer au laboratoire environ 500 g de ce mélange. Si le jardin est très hétérogène, avec par exemple des zones humides et d'autres sèches, faites faire autant d'analyses que de types de sols.

Les résultats de l'analyse vous indiqueront le pH de votre sol. L'échelle va de 1 (très acide) à 14 (très alcalin). La plupart des plantes préfèrent des sols neutres, dont le pH se situe entre 6,5 et 8 ; certaines, cependant, exigent un sol très acide, à pH entre 4 et 6, et d'autres un sol très alcalin, à pH de 8 et plus.

Plantations pour sol acide : érable du Japon, bruyère, magnolia, andromède, kalmia, rhododendron, azalée, camélia, genêt, hortensia, houx, forsythia, buis, clématite...

Plantations pour sol alcalin (calcaire) : amélanchier, genévrier, prunus, deutzia, robinier, lilas, buddléia, arbre de Judée, cognassier du Japon, sureau doré, weigela...

ARBRES ET ARBUSTES

Les vents froids augmentent-ils vos factures de chauffage ? Du côté d'où vient le vent, plantez un écran de verdure : deux rangs de conifères en quinconce, par exemple.

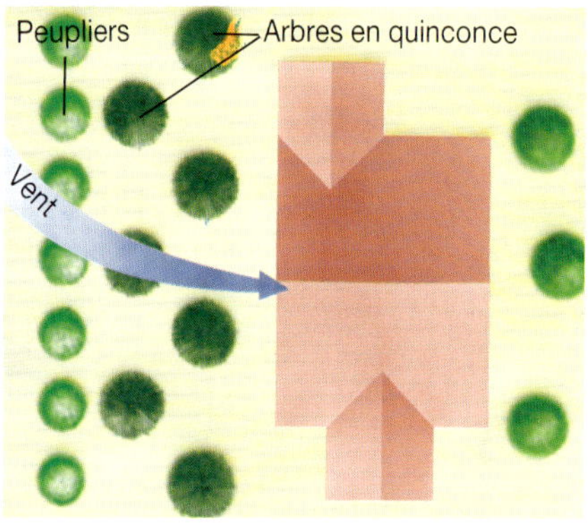

Si vous souhaitez obtenir rapidement cet écran, plantez une rangée de peupliers côté vent, à l'extérieur des conifères. Ils vous assureront une protection provisoire, et vous les enlèverez lorsque les conifères seront adultes. Si vous ne disposez pas d'assez de place, installez un écran coupe-vent en fil plastifié.

Confiez aux arbres et arbustes à feuilles caduques le soin de régulariser la température qu'il fait chez vous. En été, leur feuillage fait de l'ombre, et la maison reste fraîche. En hiver, leurs branches dénudées laissent passer le soleil.

ENGRAIS ET ARROSAGE

Fertilisez les arbres en automne, quand le sol est humide ; prenez un engrais à teneur modérée en azote et comptez environ 100 g/m^2. Mettez l'engrais dans des trous de 60 cm de profondeur, bien espacés, depuis le tronc jusqu'à la périphérie des branches.

ACHAT ET PLANTATION

Trois présentations s'offrent à vous pour les arbres et les arbustes : les conteneurs, les mottes ou les plantes à racines nues. Dans tous les cas, n'achetez que des plantes en bonne santé, dont les feuilles ne portent ni tache ni parasite, et dont les racines ne sont ni brisées ni desséchées.

Pour déplacer ou transplanter un gros arbuste, attendez la fin de l'automne, et, après avoir soigneusement dégagé la motte, faites-la glisser sur une feuille de plastique épais, dont sont faits par exemple les bâches ou les sacs pour gravats.

1. Les arbustes vendus en conteneurs peuvent être plantés à n'importe quelle période de l'année, à condition d'arroser abondamment pendant la saison chaude. Les racines, bien développées (« en chignon »), ne doivent pas être à l'étroit dans le pot.

2. Les arbres ou arbustes « en motte » sont commercialisés à l'automne ou au printemps. La plante est déterrée de la pépinière avec une motte de terre : emballées dans de la paille ou, plus fréquemment aujourd'hui, dans une feuille de plastique noir, les racines n'ont pas été exposées à l'air.

3. Les plantes « à racines nues » ne sont disponibles que pendant l'arrêt de la végétation, de la fin de l'automne au début du printemps. Arrachées pour être aussitôt vendues, souvent à des prix intéressants, elles doivent rapidement être replantées ou mises en jauge (mise en terre provisoire).

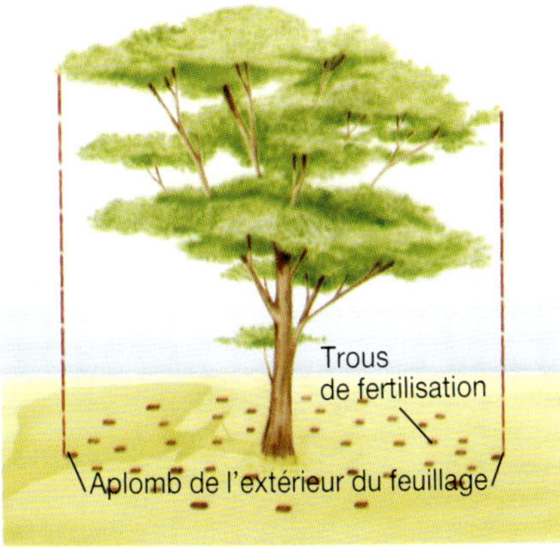

Au printemps, aidez au redémarrage de la végétation en apportant, cette fois, un engrais riche en azote. Vous pouvez utiliser des granulés à enfouir dans le sol en surface, ou plus simplement un engrais spécial à ajouter à l'eau d'arrosage. Comme la dose dépend de la composition du produit, respectez soigneusement les indications des fabricants.

Lorsque les poiriers, hortensias, rosiers, glycines ou autres arbustes sensibles sont plantés dans des sols calcaires, leurs feuilles jaunissent. Ajoutez un produit à base de chélate de fer dans l'eau d'arrosage.

En automne et en hiver, il peut arriver que le temps soit frais mais sec. Dans ce cas, pensez à arroser les arbustes à feuilles persistantes et toutes les plantations récentes qui pourraient manquer d'eau.

LA TAILLE

Quel que soit le type de plante, dès que les branches que vous taillez dépassent 4 cm de diamètre, pensez à enduire de mastic à cicatriser les surfaces de coupe pour éviter qu'insectes et maladies ne profitent de cette blessure. Il existe même des présentations de ce produit en bombes aérosol très faciles à utiliser.

PLANTATION D'UN JEUNE ARBRE

Choisissez une journée fraîche, sans soleil ni vent, au début du printemps ou de l'automne. Réunissez vos outils : pelle, pince, marteau, tuyau d'arrosage, deux tuteurs en bois de 2 m, deux coussinets de caoutchouc, du fil de fer robuste, les engrais recommandés pour votre sol et de la tourbe ou du compost. Mouillez la motte de racines de l'arbre.

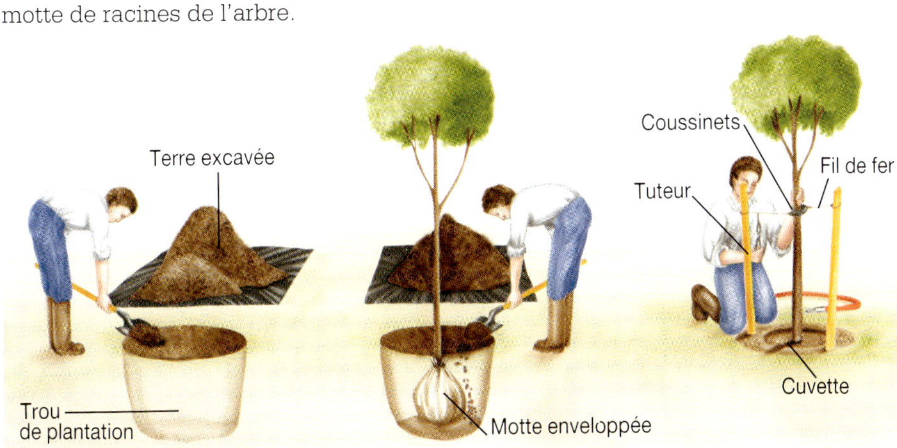

1. Creusez un trou dont le diamètre représente le double de la motte de racines, et la profondeur, une fois et demie celle de la motte. A la terre enlevée, mélangez tourbe ou compost et engrais à raison de 2 volumes de terre pour 1 d'additifs.

2. Remplissez le trou de sorte que l'ancienne marque de terre sur le tronc de l'arbre soit au niveau de la surface du sol. Dégagez les racines du sac qui les protège et enlevez celui-ci prudemment pour ne pas endommager la motte. Achevez de remplir le trou.

3. Tassez la terre avec les pieds en formant une petite cuvette pour retenir l'eau. Arrosez bien. Enfoncez les deux tuteurs à l'extérieur de la motte. Attachez les coussinets de caoutchouc au tronc de l'arbre et aux tuteurs en laissant du jeu.

C'est après la floraison que vous devez tailler les arbustes à floraison printanière, comme les forsythias ou les groseilliers à fleurs. En revanche, vous pourrez rabattre au printemps les arbustes qui fleurissent sur le nouveau bois, comme le buddléia ou le céanothe.

Taillez les arbres tard en automne, lorsqu'ils sont déjà en dormance. Le traumatisme est moindre, et vous n'avez pas de feuilles à ramasser.

Pour supprimer une grosse branche, il faut la débiter à partir de son extrémité, jusqu'à ne conserver qu'un moignon de 30 à 40 cm. Sciez alors ce moignon en commençant par le dessous de la branche et en terminant la coupe par le dessus. Nettoyez correctement la surface de coupe avec une serpette, de façon que la surface obtenue soit plate et bien lisse. Terminez en enduisant la coupe de mastic cicatrisant.

Évitez de tailler sévèrement les pommiers au plus fort de l'été. Leur écorce est fragile : exposée aux rayons brûlants du soleil, elle risquerait d'être endommagée.

TAILLE D'UNE HAIE TROP HAUTE

Certaines plantes à haie réagissent bien à une taille sévère : c'est le cas des troènes, prunus, chèvrefeuilles. Rabattez-les à 15 cm du sol, et bientôt surgiront de nouvelles pousses. Le forsythia, le rosier arbustif et l'épine-vinette reprendront aussi de la vigueur si vous rabattez au sol leurs vieilles branches. Une taille aussi sévère doit se faire tôt au printemps et s'accompagner d'arrosages fréquents et d'une fertilisation généreuse.
Pour la plupart des haies, cependant, il est préférable d'étaler la taille sur une période de trois ans. Voici comment faire.

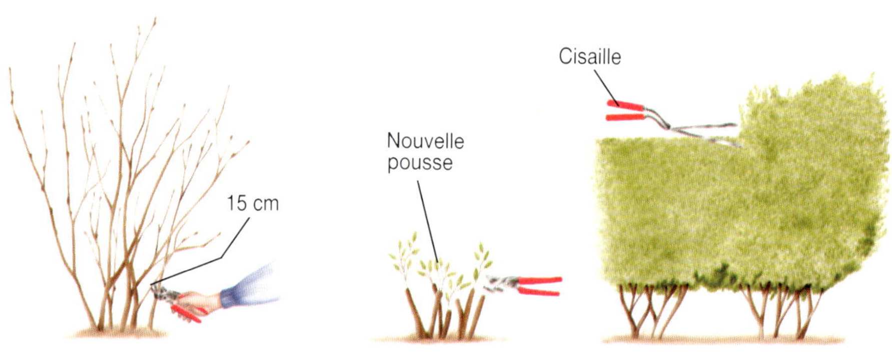

1. Tôt au printemps, rabattez à 15 cm du sol deux ou trois seulement des plus vieilles branches, au centre de l'arbuste.

2. Le printemps suivant, quand vous voyez surgir de ces moignons de nouvelles tiges, taillez les autres grosses branches.

3. Le troisième printemps, rabattez les plus jeunes branches à la hauteur et à la largeur voulues pour votre haie.

ATTENTION AUX BÊTES !

Protégez vos jeunes plantations des lapins, lièvres ou autres animaux sauvages : entourez chaque plant d'un cylindre de grillage suffisamment fin et solidement fiché en terre. Les chevreuils, dans les régions qui en abritent encore, font aussi de gros dégâts. Rongés par ces animaux, les troncs, même s'ils ne sont pas blessés à cœur, sont sujets à toutes sortes de maladies, ou sont attaqués par des parasites. Pour les protéger, utilisez un grillage plus épais et plus haut.

Si les merles, les loirs ou les écureuils récoltent vos fruits avant vous, placez dans vos arbres des épouvantails brillants ou, mieux, ces nouveaux fils « bourdonnant » au moindre souffle d'air. Si rien n'y fait, il vous restera la solution du filet, le temps que la récole mûrisse.

PELOUSE : PROBLÈMES

L'analyse du sol révèle-t-elle que votre pelouse a besoin d'être chaulée ? Faites-le au début de l'automne, et par la suite tous les trois ans, sans plus.

Si les taupes creusent des galeries sous la pelouse, c'est qu'il y a des larves. Traitez avec un insecticide (diazinon ou chlorpyrifos) pour tuer les larves ; les taupes s'en iront.

La présence de mousse sur l'herbe indique que l'écoulement des eaux se fait mal ou que le sol est trop compact. Épandez du gypse, à raison de 20 kg pour 100 m^2.

PELOUSE : ENTRETIEN

Question. — Il y a tant d'engrais sur le marché maintenant... Comment savoir lequel choisir pour ma pelouse ?
Réponse. — Pensez à la formule et non à la marque. Les trois chiffres sur l'emballage donnent la teneur en azote (N), en phosphore (P) et en potassium (K), les trois principaux éléments ; ce sont des pourcentages. L'engrais à pelouse doit être riche en azote au printemps et en été. Choisissez alors une formule avec azote à libération rapide. A l'automne, en revanche, il vous faudra reconstituer les réserves du sol ; choisissez donc un engrais à action lente et de formule plus équilibrée dans les trois éléments.

Q. — Mon voisin épand de la chaux tous les printemps. Est-ce nécessaire ?
R. — Oui, si l'analyse (voir p. 207) révèle qu'il doit corriger le pH du sol. Mais ne le faites pas trop brutalement, ce serait catastrophique pour les micro-organismes du sol. Mieux vaut chauler en plusieurs fois, et entretenir ensuite régulièrement votre terrain.

Q. — Comment savoir quand la pelouse a besoins d'être arrosée ?
R. — Si vos pieds laissent leur marque sur la pelouse, il faut arroser. L'herbe sèche n'a plus de ressort.

Q. — A quelle fréquence dois-je arroser ma pelouse et quelle quantité d'eau faut-il lui donner ?
R. — En règle générale, arrosez deux fois par semaine en calculant 1,5 cm d'eau. Pour connaître la quantité d'eau, placez un récipient gradué près de l'arroseur et mesurez la hauteur d'eau dans le récipient. Si le sol est sablonneux, faites alors trois arrosages.

Q. — Quand dois-je tondre ?
R. — Faites une tonte légère chaque semaine. Ne coupez pas plus de 40 % de feuille ; une tonte trop rase endommage l'herbe et la fait roussir. En automne, continuez de tondre, mais moins fréquemment.

Q. — Existe-t-il un moyen pour enlever les feuilles plus facilement ?
R. — Louez un aspirateur à feuilles : vous ferez le travail dans un temps record. Autre solution, si le terrain s'y prête : balayez les feuilles en descendant une pente. Mettez-les en sac ou broyez-les pour en faire du paillis ou du compost.

Q. — Mon engrais renferme de l'azote minéral. L'azote organique est-il vraiment meilleur ?
R. — Les matières organiques se décomposent plus lentement ; leur effet est donc plus durable.

Ratissez la pelouse après la tonte si votre tondeuse n'a pas de bac récupérateur. Les débris d'herbe se décomposent lentement. Ils finissent par former une épaisse couche de chaume qui empêche l'eau et les fertilisants de pénétrer dans le sol.

La pelouse sur laquelle on marche beaucoup a besoin de racines robustes. Épandez des superphosphates une fois par an, à raison de 5 kg pour 10 m^2.

Quand les feuilles s'accumulent sur le gazon, elles étouffent l'herbe. Ne les laissez pas former un épais tapis sur votre pelouse : ratissez-les.

LA TONTE DU GAZON

Le bout des brins d'herbe blanchit-il après la tonte ? C'est le signe que votre tondeuse coupe mal. Affûtez la lame d'une tondeuse rotative tous les mois ; celle d'une tondeuse à hélice, une fois par an.

Pour empêcher le sol sous la pelouse de se tasser, ameublissez-le et aérez-le une fois par an. Vous le ferez avec une fourche si les dimensions de votre pelouse le permettent : piquez la fourche dans le sol, à intervalles réguliers, et remuez-la pour agrandir les trous faits par les dents. Pour les jardins de dimensions supérieures, utilisez des chaussures à clous ou louez un aérateur mécanique.

La lame des tondeuses rotatives tourne à grande vitesse ; gare aux branches et aux cailloux qu'elle éjecte ! Ajoutez à votre tondeuse un sac de récupération monté à l'arrière pour prévenir les accidents.

Évitez de tondre la pelouse en tenue trop légère ; par mesure de sécurité, portez un pantalon et des chaussures fermées.

Les roues de la tondeuse ne laisseront pas de traces si vous changez de parcours à chaque tonte.

Si votre tondeuse n'a pas de sac, travaillez du bord vers le centre, en allant vers la gauche. Les débris d'herbe tomberont sur une section déjà tondue et ne risqueront pas de bloquer l'appareil.

Les mouches adorent se reproduire sur les débris d'herbe qui adhèrent à la tondeuse. Nettoyez-la après chaque tonte, avant de la ranger : après avoir pris soin de la débrancher, faites tomber les paquets d'herbe accumulés sous le carter à l'aide de la houlette ou d'un petit râteau, et terminez par un rapide lavage au jet d'eau.

UNE NOUVELLE PELOUSE

Si vous voulez régénérer votre pelouse, faites-le au début du printemps, avant que la chaleur ne s'installe, ou, mieux, à la fin de l'été, pour que le gazon ait le temps de s'établir avant l'arrivée du froid.

Pour « réparer » des plaques dénudées, découpez soigneusement le contour de l'espace à « rapiécer », et prélevez ailleurs, si c'est possible, une plaque de mêmes dimensions que vous installerez après avoir enlevé quelques centimètres de terre. Si vous n'avez pas cette possibilité, ressemez simplement sur la partie abîmée.

Toutes les graines de gazon commercialisées sont soumises au contrôle d'un service officiel (le Service officiel de contrôle), qui garantit à l'acheteur qu'il s'agit de graines de bonne qualité et correspondant à des variétés précises de graminées à gazon.

Pour épandre uniformément semences ou engrais, effectuez l'opération en deux fois : épandez-en la moitié dans le sens nord-sud et le reste dans le sens est-ouest.

Ratissez légèrement après le semis pour hâter la germination. Ou traînez sur le sol une section de clôture à mailles de métal.

Pour créer une pelouse sur un terrain très pentu, vous pouvez utiliser un matériau onéreux mais spectaculaire : il s'agit d'un textile non tissé, vendu en rouleaux, et qui contient des graines de gazon incluses. Il suffit de dérouler le tissu, de le fixer et d'arroser ! Les graines vont s'enraciner sans problème.

Arrosez les semis tous les jours, et deux fois par jour si le temps est ensoleillé et venteux. Le sol doit être humide mais non détrempé.

Lorsque vous utilisez une motobineuse, fragmentez les mottes (plus grosses qu'une balle de golf), mais ne réduisez pas la terre en poudre. Vous priveriez les graines des abris qu'il leur faut pour se protéger du vent et du soleil.

L'AMENDEMENT DU SOL

Si vous avez la chance que votre terre soit riche et souple, évitez de bêcher, et surtout de labourer, trop profondément. Cela perturbe les micro-organismes responsables de la formation de l'humus et nuit à la structure physique du sol. Contentez-vous de biner superficiellement en enfouissant la matière

ÉLIMINATION DES MAUVAISES HERBES

Pour maîtriser ses ennemis, il faut les connaître. Apprenez à identifier les mauvaises herbes et faites-leur subir le traitement qui convient.

Annuelles. Au printemps, les mauvaises herbes annuelles (ex. : véronique) sortent de terre. Elles envahissent le sol et évincent les graminées utiles. Au moment où les crocus sont en fleur, appliquez un herbicide qui agira avant la germination des plantes indésirables sans nuire aux autres (M.C.P.A. ; 2,4-D).

Vivaces. Plusieurs herbes robustes enlèvent à une pelouse sa beauté parce qu'elles viennent en touffes (ex. : renoncule, pâquerette). Les herbicides n'ont aucun effet sur ces mauvaises herbes avant la levée. Il faut donc vaporiser chaque touffe isolément avec du glyphosphate. Dans les cas désespérés, traitez toute la pelouse et ressemez.

Herbes à grandes feuilles. Arrachez avec un transplantoir le plantain et les autres plantes à racines fibreuses ; prenez un arrache-pissenlit pour enlever celles qui ont des racines pivotantes. Certaines plantes aux racines tenaces s'éliminent plus facilement si on les traite avec un herbicide chimique comme le 2,4-D au printemps et en automne.

organique en décomposition résultant du paillage. (voir pp. 220-221). Certains déchets, comme le marc de café, peuvent être incorporés au sol. Bien que sans grand intérêt sur le plan nutritionnel, ils contribuent à améliorer la structure de la terre en l'allégeant.

Dans un sol vraiment très ingrat, caillouteux, pauvre ou trop mal drainé, employez les grands moyens en créant de toute pièce une plate-bande surélevée où vous cultiverez les plantes de votre choix, dans la terre la mieux appropriée (voir page suivante).

Pour protéger vos plantes gélives, ou tout simplement éviter la croissance des mauvaises herbes, pensez aux feuilles mortes. C'est un matériau idéal, à condition de le réduire légèrement en passant la tondeuse.

RÉALISATION D'UNE PLATE-BANDE

Donnez à vos bordures florales une largeur raisonnable, entre 1,50 et 2 m.

Prévoyez un petit passage derrière pour faciliter le désherbage.

LE DOUBLE BÊCHAGE

Avant de planter des petites fleurs fragiles ou des arbustes aux racines très ramifiées, pratiquez le double bêchage.

1. Creusez une première tranchée ; entassez la terre d'un côté.

2. A la fourche, brisez les mottes et incorporez de l'humus.

3. Bêchez une seconde tranchée ; rejetez la terre dans la première ; puis comblez la deuxième avec la terre de la première.

LE TAS DE COMPOST

Dans un coin isolé de votre jardin — un endroit ombragé ou ensoleillé, bien drainé et en pente légère —, édifiez votre tas de compost. Fabriquez-vous un silo avec du grillage métallique ou des lattes de bois en ménageant un accès, ou laissez le compost en tas à l'air libre. Par temps très chaud, le compost peut être prêt en 6 semaines environ.

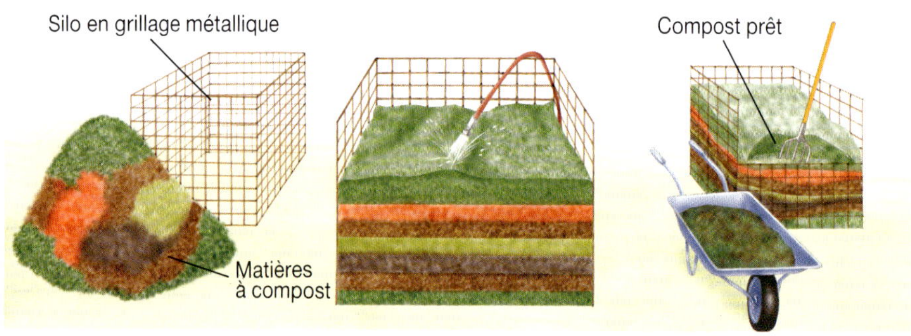

1. Entassez les matières compostables près du silo : feuilles mortes, débris d'herbe, mauvaises herbes, marc de café, pelures de fruits et de légumes. Écartez les déchets de viande ou de produits laitiers.

2. Édifiez le tas dans le silo par couches de 12 à 25 cm d'épaisseur. Ménagez une légère dépression au milieu. Saupoudrez de l'engrais 10-10-10 ou du fumier de cheval. Recouvrez de 5 cm de bonne terre à jardin.

3. Retournez le compost avec une pelle toutes les 2 semaines (si vous ne faites pas cela, le compost sera plus lent à se décomposer). Gardez le tas humide. Lorsque le compost est brun et friable, il est bon à utiliser.

Pour avoir des massifs superbes, réunissez trois ou quatre sujets de même type et de coloris semblables. Les groupements en vagues sont encore plus spectaculaires.

Si le jardin est à l'ombre, faites de cet inconvénient un défi. De nombreuses plantes florifères très belles préfèrent l'ombre au soleil : c'est le cas des impatiens, des fuchsias, des pervenches, des dicentras, des hémérocalles ou des cyclamens d'Europe.

PLATE-BANDE SURÉLEVÉE

Créer une plate-bande surélevée est la solution à des problèmes de sol vraiment trop humide ou trop caillouteux. C'est aussi la façon de rendre le jardin accessible aux personnes âgées ou handicapées. Une plate-bande surélevée est la meilleure manière de donner la vedette aux plantes alpines ou de rocaille.

Pour la réaliser, vous pouvez construire un muret de pierres sèches — mais il faut un peu d'expérience en la matière — ou utiliser des traverses de chemin de fer en bois.

Pour une plate-bande de 2,50 m sur 3,75 m, et de 0,60 m de hauteur, il vous faut 20 traverses de 2,50 m (dont 4 coupées en deux), 12 barres de fer de 1 m de long, 40 tire-fond de charpente, une clé pour les visser et une masse.

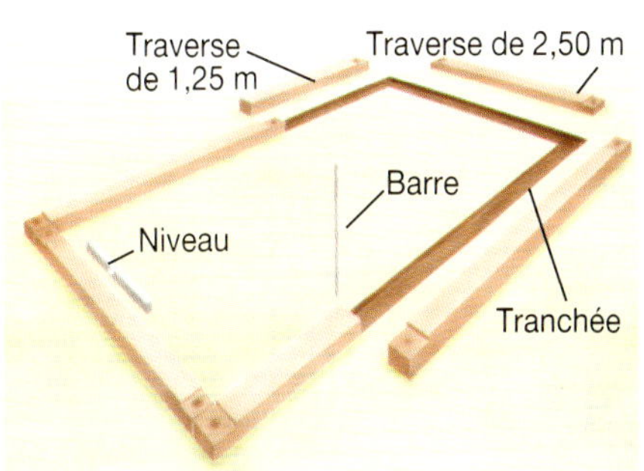

1. Posez la première rangée de traverses (quatre de 2,50 m et deux moitiés) en formant un rectangle de 2,50 m sur 3,75 m. Au niveau des joints, laissez un espace pour l'écoulement de l'eau. Marquez le contour à la pelle ; retirez les traverses et creusez une tranchée de 5 cm. Persez un trou vertical de 2 cm à 15 cm du bout des traverses.

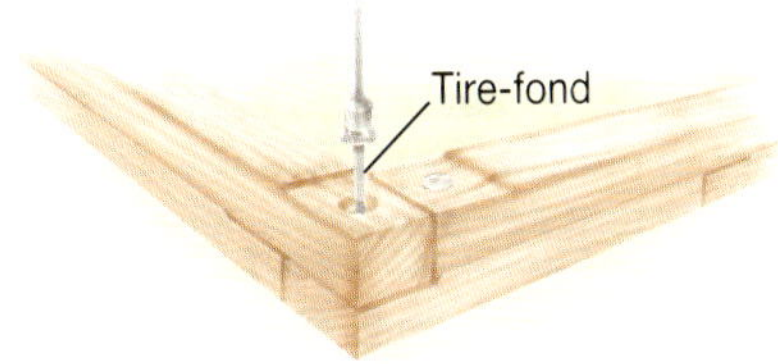

2. Installez les traverses dans la tranchée ; vérifiez leur aplomb, puis assujettissez-les en enfonçant dans le sol les barres d'armature avec la masse. Superposez les autres traverses en décalant les joints. Fixez-les avec des tire-fond.

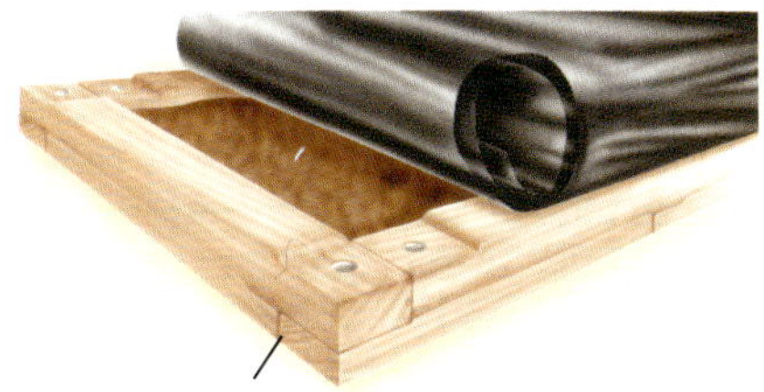

3. Remplissez le cadre de la plate-bande avec une terre à jardin enrichie de compost, de fumier ou de feuilles décomposées. Pour emplir une plate-bande de 2,50 m sur 3,75 m, il faut un total de 0,20 m³ de mélange terreux, dont le quart doit être constitué de matières organiques.

LES BULBES

C'est à l'automne que l'on plante les bulbes qui fleuriront au printemps. Si le sol n'est pas trop profondément gelé, vous pourrez encore les planter jusqu'à Noël, mais le plus tôt sera le mieux.

Plantez-les à une profondeur égale à deux fois et demie leur diamètre. Un bulbe de jonquille d'un diamètre de 6 cm doit être enfoui à environ 15 cm de profondeur.

Plantez les bulbes de tulipe à 20 ou 25 cm de profondeur. Autrement, le bulbe se divise en de nombreux caïeux le printemps suivant, et ces caïeux donnent des feuilles mais non des fleurs.

S'il y a des chevreuils dans votre région, plantez des jonquilles et oubliez les tulipes : pour eux, c'est un mets de choix.

Voulez-vous que vos bulbes printaniers donnent des fleurs plus grosses et qui durent plus longtemps ? Gardez les

LÉGUMES ET FRUITS

Pour débarrasser un nouveau potager des mauvaises herbes, semez de la moutarde : elle les étouffera et, en plus, fournira de l'humus au sol. Mais il faut la retourner avant qu'elle ne monte en graine.

Semés entre des rangs de plantes lentes à venir, comme les carottes, les radis, de croissance rapide, ont une double fonction : ils délimitent les rangs quand ils poussent et ils ameublissent le sol quand vous les arrachez.

Tirez un plein parti de l'espace dont vous disposez en semant des laitues entre des légumes plus lents à venir, comme les brocolis ou les choux.

Vous pouvez aussi planter des légumes ou de petits fruits dans les massifs de fleurs. Les fraises, le persil et la ciboulette font de jolies bordures ; et les vivaces se détachent bien sur le feuillage des carottes ou des asperges.

Si votre jardin est petit, plantez des arbres fruitiers nains. Plusieurs portent des fruits avant les variétés standard, et vous n'avez pas à grimper sur une échelle pour la taille, les traitements et la cueillette.

DES RÉCOLTES PRODUCTIVES

Vous pouvez obtenir plusieurs récoltes de laitues, d'épinards ou de bettes à cardes. Au lieu d'arracher le plant pour le manger, coupez-le à 5 cm du sol. Le plant repoussera autant de fois que vous le voudrez.

Lorsque vos choux ont la taille d'une grosse balle, retirez la partie centrale en laissant quatre feuilles extérieures sur chaque tige. A l'automne, chacune aura donné un délicieux petit chou.

Après avoir récolté les pois, coupez la partie aérienne du plant, mais laissez les racines en terre : elles sont une bonne source d'azote. Plantez les haricots verts à quelques centimètres des racines coupées des pois. Laissez aussi en terre les racines des haricots après la cueillette. Vous pourrez planter d'autres légumes au même endroit l'année suivante sans ajouter d'azote.

Voulez-vous prendre 2 semaines d'avance avec vos melons ? Coupez en deux des bouteilles à eau minérale en plastique ; prenez les parties sans goulot et retournez-les sur vos plantules, en guise de serres miniatures. Quand il fait soleil, ôtez-les pour laisser passer l'air.

Savez-vous que 3 kg de cheveux humains renferment autant d'azote que 100 kg de fumier ? Demandez à votre coiffeur de vous garder une petite quantité de chutes.

LE PAILLAGE

Hâtez la croissance des tomates en déroulant du plastique noir sur le sol avant la plantation. Bon capteur solaire, le plastique noir réchauffe le sol et augmente la récolte. En plus, vous pouvez enfiler de grands contenants sans fond en carton ciré (pour le lait ou les jus) sur les plants repiqués. Ils agissent comme des cheminées et permettent à la chaleur captée par le plastique de monter autour du plant.

LE CHOIX D'UN PAILLIS

Le paillis est une couverture de sol que l'on met en place, dès le début de la culture, au pied des plants et sur toute la surface de la planche. La nature du matériau utilisé a peu d'importance ; seul compte son pouvoir isolant.
Les paillis retiennent l'humidité, freinent la croissance des mauvaises herbes, favorisent celle d'organismes bénéfiques et protègent le sol contre le gel et le dégel.

Paillis organiques : feuilles mortes, tontes de gazon, épis de maïs concassés, débris d'herbe, vieux foin, aiguilles de pin, feuilles ou écorce déchiquetées ou hachées. Comme ce sont pour la plupart des sous-produits agricoles, ils ne coûtent pas cher. En se décomposant, ils donnent de l'humus, enrichissent la terre et contribuent à garder le sol frais durant les chaleurs. Étendez 5 à 10 cm de paillis à la mi-printemps ; retournez-le à la fourche à la fin de l'automne pour en chasser rongeurs et insectes.

Paillis inorganiques : cailloutis, gravier, billes d'argile expansée, galets, fibre de verre, pellicule de plastique noir et « tissu » de plastique, tel le polypropylène entoilé. Comme ces paillis ne se décomposent pas, ils sont durables, mais ils n'amendent pas le sol. Le plastique contribue à freiner la croissance des mauvaises herbes et à réchauffer le sol, accélérant ainsi la croissance des plantes avides de chaleur comme les poivrons, les tomates et les aubergines. A la fin de la période de culture, retirez les paillis inorganiques et conservez-les. Avantage : aucun d'eux n'abrite de rongeurs ou de ravageurs.

Le feuillage des courgettes, des melons ou des potirons peut agir pendant leur croissance comme paillis naturel autour des oignons, des carottes ou des betteraves. Plantez donc ces légumes-racines en rangs espacés de 2,50 m et mettez au centre les plants de cucurbitacées.

En prévision de l'hiver, recouvrez la fraisière d'un paillis protecteur lorsque le sol a gelé et non avant : le paillis encouragerait la reprise des racines, et le plant, à l'arrivée des grands froids, serait sans défense.

Pour doubler les récoltes de courges, de concombres et de maïs, utilisez du papier d'aluminium comme paillis. En réfléchissant la lumière, il chasse les ravageurs et accélère la croissance.

Tous les feuillages ne font pas de bons paillis. Ceux des cèdres, des genévriers et des noyers, par exemple, renferment des substances toxiques qui sont nuisibles aux plantes. Quant aux feuilles de chêne, elles sont trop lentes à se décomposer.

Cherchez-vous des paillis peu coûteux ou gratuits ? Regardez près de chez vous : tontes de pelouses, compost à champignons usagé, tiges de maïs, tiges de tabac...

LES RAVAGEURS

L'arsenal des produits de traitement contre les insectes ravageurs est aujourd'hui suffisamment large pour résoudre la majorité des problèmes d'infestation. Mais, si vous ne voulez pas traiter à l'aveuglette, il vous faut prendre l'habitude d'examiner régulièrement vos plantations pour déceler très vite les débuts de pullulation. De cette façon, vous pourrez réagir immédiatement, avec le bon produit et la dose minimale.

N'oubliez pas les grands principes : ne jamais laisser sur un sol les débris de plantes malades, mais les jeter (pas sur le compost) ou les brûler ; ramasser soigneusement les feuilles mortes avant l'hiver et éliminer celles des arbres malades (oïdium, tavelure...) ;

éviter autant que possible de cultiver des plantes de la même famille, comme les poireaux et les oignons, 2 années de suite à la même place.

Testez les associations préconisées par l'agrobiologie : alternez rangs de carottes et de poireaux pour éloigner à la fois la mouche de la carotte et la teigne du poireau ; utilisez en abondance au potager les bordures de soucis (réputés éloigner les nématodes) et d'œillets d'Inde, dont l'odeur est répulsive... Même si l'efficacité de l'association ne se révèle pas totale, votre potager y gagnera en couleurs.

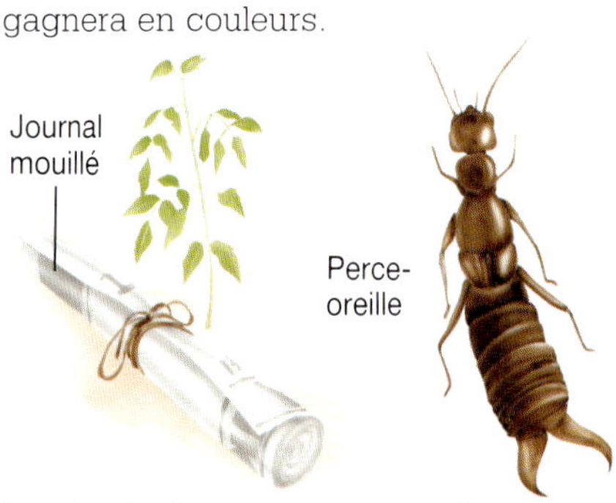

Les forficules, ou perce-oreilles, causent-elles du tort à vos plantations, parfois en une seule nuit ? Mouillez du papier journal, roulez-le serré et déposez-le sur le lieu du « crime ». Le lendemain matin, quand vous le déroulerez, il sera plein de forficules. Jetez-le ou brûlez-le. Répétez l'opération jusqu'à disparition complète du ravageur.

PRODUITS DE TRAITEMENT

Lisez attentivement les notices d'emploi des produits que vous achetez, et respectez très scrupuleusement les conseils et les doses indiqués : augmentez la dose n'accroît pas l'efficacité, mais risque au contraire de provoquer des brûlures.

N'utilisez ces produits que sur les plantes pour lesquelles ils sont indiqués : ce qui est bon pour l'une ne l'est pas forcément pour toutes.

Lors de leur utilisation, respectez les règles suivantes : portez des gants, des lunettes s'il s'agit de pulvériser en hauteur. Ne fumez pas, et ne mangez pas non plus, avant de vous être lavé les mains.

Ne transvidez jamais ces produits dans d'autres flacons ou bouteilles, à plus forte raison dans ceux habituellement destinés aux produits alimentaires.

Pour le stockage, réunissez produits et outils de traitement dans un endroit sec, ventilé, à l'abri du gel, et surtout fermant à clé. L'idéal est d'utiliser une petite armoire de type armoire à pharmacie, placée en hauteur dans le garage, le cellier ou la buanderie.

OUTILS DE JARDINAGE : ENTRETIEN

Rangez le tuyau d'arrosage sur une jante de roue fixée au mur ; gardez-le dans le garage ou la remise. Les tuyaux en vinyle doivent être protégés des rayons ultraviolets du soleil, qui finissent par les endommager.

S'il y a un évier dans votre remise, rangez le tuyau d'arrosage tout à côté, afin de pouvoir le brancher rapidement, et faites-le sortir par la porte ou la fenêtre.

Affûtez votre houe du bon côté, c'est-à-dire sur le tranchant interne, pour pouvoir la traîner plus facilement sur le sol.

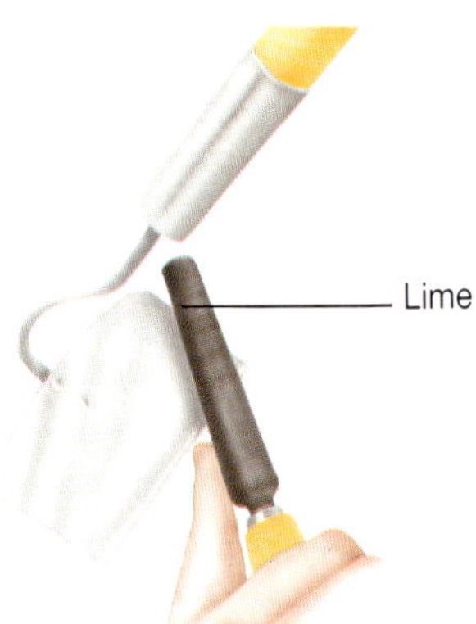

CONTRE LA ROUILLE

Nettoyez et lubrifiez les outils d'excavation avec un mélange de sable et d'huile à moteur à raison de 5 tasses d'huile pour 18 kg de sable. Gardez-en un bac dans la remise. Plongez-y les lames plusieurs fois.

Protégez les pièces mobiles, comme les lames de tondeuse, et tous les outils manuels contre la rouille et la corrosion avec du lubrifiant contenant un inhibiteur de rouille.

Frottez les outils rouillés avec un tampon métallique trempé dans du pétrole ou de l'essence de térébenthine, puis avec du papier d'aluminium.

BONNES AUBAINES

Cherchez-vous de l'équipement à bon prix ? Dans les brocantes ou les salles de vente d'objets usagés, vous pouvez trouver des outils de jardin ou des brouettes très bon marché.

Pour vos tuteurs, mettez de côté les longues pousses de noisetier ou de saule lorsque vous élaguez. Conservez aussi tous les tasseaux carrés : il est plus facile d'y fixer des liens pour retenir les tomates ou les haricots.

Ne jetez pas les boîtes à œufs en matière plastique transparente : elles seront très pratiques pour démarrer les semis. Vous serez aussi bien inspiré de conserver quelques pots à yaourt pour récolter les graines de fleurs annuelles, par exemple.

RANGEMENT

Vient le moment d'entrer les meubles de jardin légers et pliants, mais le sous-sol est encombré. Que faire ? Pensez au plafond. Percez-y des trous dans lesquels vous fixerez de gros crochets. Vous n'aurez plus qu'à accrocher les meubles.

Vous manque-t-il un peu d'espace pour loger vos outils ? Suspendez-les à l'extérieur de la remise si son toit comprend un larmier. Protégez-les avec des housses en plastique.

Accrochez les outils à long manche sur des crochets fixés en hauteur au lieu de les poser contre le mur. Ils prennent moins de place, se repèrent facilement, et vous ne risquerez pas de trébucher dessus.

Si votre garage comporte un comble perdu, sachez que c'est un endroit de rangement idéal pour les outils et les meubles de jardin.

Prenez le temps de nettoyer à fond votre tondeuse avant de la ranger pour l'hiver. Si la lame a besoin d'être remplacée, faites-le tout de suite : vous apprécierez de ressortir au printemps des outils en état de marche !

Portez immédiatement à la révision les outils à moteur déficients : les réparateurs sont beaucoup moins surchargés qu'au début de la saison des travaux de jardinage.

NETTOYAGE

Les parties en aluminium des meubles de jardin se tachent et se ternissent avec le temps. Le cas échéant, frottez-les avec de l'eau additionnée de détergent. Essuyez-les avec un chiffon sec et enduisez-les d'un polish pour automobiles.

Frottez les taches de moisissure sur les meubles de bois avec une solution ainsi composée : 1/4 de tasse de bicarbonate de soude, 1/2 tasse de vinaigre, 1 tasse d'ammoniaque et 5 litres d'eau. Quand les meubles sont secs, appliquez une couche de peinture résistant à la moisissure, vendue en quincaillerie. Applique un traitement insecticide-fongicide (produit d'imprégnation) sur le bois non peint. Laissez-le sécher entièrement avant d'étendre la peinture.

VOUS
ET LES VOTRES

Vie de famille

UN NOUVEAU BÉBÉ

Si votre bébé est souvent agité durant la journée, installez-le dans un porte-bébé ventral et faites une promenade ensemble dans la maison.

Au moment de nourrir le bébé la nuit, installez un coussin chauffant dans son berceau. Vous le retirerez au moment de coucher le bébé. La douce chaleur du matelas peut faciliter son endormissement.

Certains bébés ont une urine forte ou des selles irritantes et souffrent de l'érythème fessier du nourrisson. Si les crèmes usuelles demeurent sans effet, appliquez de l'éosine aqueuse sur les zones atteintes à chaque changement de couche. Si l'irritation persiste, consultez le médecin. Certains produits, efficaces, comme le permanganate, sont délicats à utiliser et ne sont délivrés que sur ordonnance.

BÉBÉ ET SES AINÉS

Ne vous étonnez pas si vos enfants accueillent le nouveau venu avec réticence. Pensez à la situation où un adulte, même bon ami, s'installe chez vous de façon prolongée : ça dérange vos habitudes.

Il est d'ailleurs normal que la présence du tout-petit entraîne chez l'aîné des attitudes de régression. La sollicitude des parents envers le bébé lui donne à croire que c'est en étant petit qu'on est le plus aimé. Il peut alors refuser de manger seul, faire à nouveau pipi dans sa culotte, parfois même perdre momentanément le langage organisé. Il peut aussi manifester une agressivité entraînant certains gestes dangereux pour le bébé.

Essayez de faire participer les « grands » aux soins donnés au bébé s'ils en manifestent le désir. Intégrez celui-ci aux habitudes de la maison ; ne chambardez pas le programme des aînés pour favoriser le petit. Vous éviterez d'augmenter leur jalousie.

Proposez à un « grand » d'apprendre au bébé à sourire. Ce sera pour l'enfant une satisfaction intense quand le petit lui manifestera ainsi son affection, surtout si vous le félicitez de son succès.

Soulignez la maturité des aînés par quelques privilèges : un plus grand lit, l'usage du téléphone (sous surveillance), le soin de mettre le couvert (en montrant comment faire), le plaisir de manger en même temps que vous...

Passez des moments seuls avec un aîné aussi souvent que possible, par exemple quand le bébé dort. Vous lui permettrez ainsi de sentir qu'être grand comporte de réels avantages.

LE DÉVELOPPEMENT MOTEUR DU BÉBÉ

Dès qu'il est âgé de 2 mois environ, plutôt que de le poser dans une chaise relax pour bébé, où il ne peut découvrir toutes ses possibilités de mouvement, installez-le un moment sur un tapis de mousse ferme ; disposez à proximité de ses mains un ou deux jouets très légers et de couleur vive. Autour du tapis, placez des coussins ou de grosses bandes de mousse, qui délimitent ainsi un espace rassurant.

Préférez le plus possible la position « couché sur le dos » à la position ventrale. Installé ainsi, votre bébé peut mouvoir librement ses membres : il ne subit aucune tension musculaire, alors que sur le ventre il doit faire un effort très important pour redresser la tête et les épaules. Enfin, il dispose ainsi d'un champ visuel complet et peut alors s'intéresser vraiment à tout ce qui l'entoure.

Laissez-le se mouvoir librement. Si vous l'installez dans des postures qu'il n'a pas encore trouvées tout seul, en croyant lui faire faire des progrès, vous augmentez sa dépendance à votre égard. Il se persuade en effet très vite qu'il ne peut y parvenir sans vous. Par exemple, à 8 mois, un bébé se tient assis, mais ne sait pas s'asseoir de lui-même et basculer à quatre pattes. Il vaut donc mieux le laisser décider tout seul de s'asseoir quand il peut le faire, plutôt que de l'installer prématurément dans la position assise, où il restera figé sans pouvoir jouer en attendant que l'adulte l'en délivre.

Ne cherchez pas non plus à le mettre debout et à le faire marcher. Il y parviendra lui-même, « soutenu » par vos paroles plutôt que guidé par vos gestes, et avec un sentiment de sécurité beaucoup plus grand, même si c'est un peu plus tard que vous ne l'auriez voulu.

LES REPAS

Manger doit toujours être un plaisir, et non l'occasion d'un duel entre votre enfant et vous. Plus vous désirez que votre enfant mange, plus vous risquez d'être tôt ou tard confronté à une opposition de sa part.

Dès que votre enfant est un peu habitué à manger à la cuillère, essayez de lui présenter celle-ci, immobile, à quelques centimètres de sa bouche et à hauteur de ses yeux, et incitez-le verbalement à s'emparer de son contenu. Il va vite prendre l'habitude de se pencher légèrement en avant, et demeurera ainsi très attentif au repas aussi longtemps qu'il aura faim. N'emplissez pas trop l'assiette de votre enfant : une assiette trop pleine est décourageante et le prive du plaisir d'en reprendre.

Voici une règle simple : comptez 1 cuillerée à soupe d'aliment pour chaque année d'âge. Par exemple, à un enfant de 2 ans, donnez 2 cuillerées à soupe de viande hachée et autant de purée de pommes de terre, et 2 tranches de pomme au dessert.

Ne videz pas le réfrigérateur pour lui, sous prétexte de réussir absolument à lui faire manger quelque chose. Quoi que vous lui proposiez, cela ne lui

« DOUDOUS ET NIN-NINS »

Si votre enfant s'est attaché, depuis qu'il est tout petit, à un objet en peluche ou à un bout de tissu ou de couverture, laissez-le l'utiliser à sa guise aussi longtemps qu'il en aura besoin et lui réserver le traitement qu'il veut. C'est une puisante source de réconfort dans les moments difficiles : ennui, solitude ou endormissement. Même si l'aspect qu'a peu à peu pris l'objet et l'odeur dont il est imprégné vous sont désagréables, évitez de le laver trop souvent. Il perdrait alors toutes les qualités qui en font un élément de sécurité.

conviendrait jamais, et il trouverait alors le moyen de vous « mener en bateau », vérifiant ainsi le pouvoir qu'il a sur vous.

Posez-lui plutôt la question « Peut-être n'as-tu pas vraiment faim aujourd'hui ? » et proposez-lui de sortir de table s'il le souhaite. Ou bien il se mettra rapidement à manger, ou bien alors, s'il s'arrête là, il suffira de bien peu de temps pour qu'il mange de lui-même avec appétit et plaisir lors des repas suivants.

S'il a du mal à quitter la table, dès qu'il a 2 ans et demi ou 3 ans, proposez-lui de vous aider à la débarrasser, et même de passer l'éponge lorsque la table est à sa taille.

LES SÉPARATIONS

Prévenez votre enfant de vos départs dès son plus jeune âge. Même si votre entourage vous pousse à partir en catimini pour éviter les pleurs, dites-lui au revoir. Avant 18 mois, en effet, un enfant ne peut garder longtemps en lui l'image de ce qui a disparu de sa vue. Même s'il pleure quand vous lui signifiez votre départ, il n'éprouvera pas, par la suite, la crainte permanente que vous ne disparaissiez, puisque seul le rituel du « au revoir » en est le signe annonciateur ; il comprendra au contraire progressivement que vous allez revenir et sera capable de vaquer à ses occupations plutôt que de rester pétrifié dans l'attente de vous retrouver.

Si votre enfant est hospitalisé pendant plusieurs jours au cours de ses trois ou quatre premières années sans que vous puissiez séjourner auprès de lui, il est probable que, ensuite, il sera plus « accroché » à vous. Il n'est pas rare alors qu'il éprouve des difficultés à s'endormir et vous réveille plusieurs fois par nuit. Relayez-vous tous les deux pour le rassurer, mais évitez de le prendre dans votre lit. Le retour dans sa chambre serait très difficile, et votre vie de couple durablement perturbée.

LA PÉRIODE DU « NON »

Si vous demandez à votre enfant de 2 ans s'il veut faire quelque chose, il vous répondra souvent « Non ». A cet âge, l'enfant a besoin de s'opposer en paroles pour affirmer sa personnalité naissante. Ne vous fixez pas là-dessus, car, dans bien des cas, si votre proposition le séduit, il « fera oui », même après avoir dit « Non ».

LA PROPRETÉ

Le « pipi-caca » comme le comportement de l'enfant à table sont guidés par le besoin, qui est physiologique, et non par la contrainte. Si vous voulez à tout prix donner des habitudes à votre enfant à heures fixes, vous lui imposez un dressage à un âge ou il a besoin de s'affirmer. Le résultat obtenu, même s'il paraît positif, est fragile. Attendez plutôt que le désir d'être un grand et de faire comme ses aînés motive celui d'être propre ; il le conduira naturellement à utiliser le pot, puis le siège des toilettes. Laissez-le observer l'endroit où vous videz son pot, et même actionner la chasse d'eau s'il en manifeste le désir. Il aura alors moins peur et utilisera, en grandissant, les toilettes avec plus de facilité.

Le moment du shampoing se passe mieux si vous couchez l'enfant sur le dos, dans la baignoire, en lui supportant la tête et les épaules avec un bras. Veillez aussi à ce que le débit de l'eau soit modéré.

VOUS ET LES VOTRES • VIE DE FAMILLE

au restaurant. Même si cela leur est un peu désagréable, sur le moment, de vous voir partir, vos enfants ont besoin de sentir que leurs parents sont bien ensemble.

Laissez vos enfants inviter des amis au moment où vous êtes occupé. Attendez d'avoir récupéré liberté et énergie pour goûter avec eux les plaisirs de la vie familiale.

Si votre travail empiète par moments sur votre vie familiale, compensez par la suite en jetant votre emploi du temps par la fenêtre et en proposant une activité qui plaise à tous, quelque chose d'inattendu.

GARDE D'ENFANTS

De nombreux organismes vous permettent aujourd'hui de ne pas être pris de court pour faire garder votre enfant. Dans leur fichier, ils trouveront rapidement un jeune, que vous rémunérerez au tarif fixé par l'association. Pensez également aux associations de « grands-mères ».

D'autres fédérations et associations offrent des prestations spécialisées : gardes régulières, ateliers à domicile pour les enfants, soins de jour et de nuit pour les bébés, animation de goûters d'enfants. Certaines organisent même des réunions de formation et de réflexion avec des spécialistes de la petite enfance.

Pour vous renseigner sur les associations existantes, adressez-vous à la mairie de votre localité, ou consultez les pages jaunes de l'annuaire ou votre minitel.

Les mères du voisinage vous donneront des renseignements précieux sur les baby-sitters auxquelles elles ont recours pour leurs enfants. Certaines d'entre elles peuvent avoir des adolescents capables de garder les vôtres.

Dès l'âge de 12 ans, un enfant est capable de rester seul 1 heure ou 2 à la maison, durant la journée, pendant que vous vous libérez d'une course urgente.

Si vous avez plusieurs enfants, confiez parfois la responsabilité des petits à l'aîné. Ou partagez les responsabilités entre tous.

Établissez des règles et des instructions aussi précises pour vos enfants que pour la personne qui vient les garder. Mettez-les par écrit ou donnez aux enfants le même mémento que celui de la baby-sitter.

BABY-SITTER : MÉMENTO

Où joindre les parents : ____
Heure de retour des parents : ____
Prénoms des enfants : ____
____

Numéro de téléphone d'un voisin en cas d'urgence : ____
Où trouver lampes de poche, jouets, vêtements, couches, etc. : ____
____

Histoires ou activités préférées :
____

Où jouent les enfants : ____
Endroits dangereux ou interdits dans la maison : ____
Règles pour la télé : ____
Heures des repas : ____
Heures et modalités du coucher : ____
____

« Privilèges » de la baby-sitter : ____
Instructions, santé et sécurité : ____
____

POMPIERS : ____
SAMU : ____
POLICE : ____
SOS MÉDECIN ou autre organisme :
____

CENTRE ANTIPOISON : ____
POUR ALLER CHEZ VOUS (adresse et indications pour se rendre chez vous à l'intention de la baby-sitter ou des personnes appelées à l'aide) :
____
____

Montez le mémento sur une feuille de papier ; inscrivez-y les renseignements qui ne changent pas et tirez-en des photocopies. Ainsi, à chaque sortie, vous n'aurez plus qu'à remplir les blancs selon la situation prévalente.

SEULS A LA MAISON

Attendez que vos enfants aient acquis de la maturité avant de les laisser sans surveillance après la classe.

Mieux vaut encore les confier à la garderie de l'école, ou, si vous en avez la possibilité, à des voisins. Et il vous reste toujours la possibilité de faire appel à un organisme spécialisé dans la garde d'enfants.

Dans beaucoup de communes, centres sociaux, socioculturels et amicales, des parents de l'école organisent des activités de loisir pour les enfants, juste après la classe, parfois même à l'école. Il vous suffit alors de vous organiser avec d'autres parents pour que vos enfants s'y rendent accompagnés.

Si l'enfant doit rester sans surveillance pendant quelque temps, demandez-lui de vous appeler sitôt qu'il rentre de l'école. La communication n'a pas besoin d'être longue. Vous saurez qu'il est bien arrivé à la maison, et il vous dira ce qu'il compte faire du reste de son après-midi.

Laissez l'enfant choisir son porte-clés et l'endroit où il veut le cacher. Célébrez ce moment symbolique où vous lui remettez la clé de la maison. Attachez au porte-clés une étiquette portant le nom de votre chien ou un nom fictif. N'y mettez pas votre adresse au cas où la clé tomberait entre les mains d'indésirables.

Affichez tous les numéros de téléphone importants dans un endroit bien en vue : numéros de bureau des parents, du centre antipoison, des pompiers, du SAMU, de la police, d'un voisin à appeler en cas d'urgence.

Affichez également votre adresse et le chemin le plus rapide à suivre, au cas où votre enfant devrait fournir ce renseignement dans une situation d'urgence. Faites des répétitions et dites à l'enfant de ne pas raccrocher avant d'avoir donné toute les informations nécessaires.

Soyez ponctuel quand vous rentrez de votre travail. Quelques minutes d'attente peuvent faire naître beaucoup d'anxiété chez un enfant. Appelez-le si vous devez être en retard.

Entendez-vous avec des parents du voisinage pour que votre enfant aille parfois jouer chez eux après l'école. Si vous préférez qu'il ne reçoive pas d'amis en votre absence, pensez à les inviter à votre tour en fin de semaine.

FAMILLE MONOPARENTALE

Durant la période qui suit un divorce ou une séparation, il est normal que l'enfant espère une réconciliation. C'est un rêve qui peut durer toute la vie. Ne vous fâchez pas ; expliquez calmement et gentiment que cela risque fort peu d'arriver.

Ne lui donnez pas un rôle de messager entre vous et votre ex-conjoint : vous lui imposeriez un fardeau très lourd, injuste et mauvais pour lui.

Laissez-le se rendre très rapidement dans la nouvelle maison du parent qui est parti, s'il le désire. S'il préfère attendre un peu pour y aller, n'insistez pas. Mais prévoyez des rencontres régulières.

Pour ôter du goudron, employez un mélange d'huile et d'eau salée ; pour du cambouis, étalez une couche de graisse et lavez avec un détergent léger ; pour de la peinture, lessivez à l'eau savonneuse et passez un chiffon sec.

COUPER LES GRIFFES DU CHAT

Un chat d'appartement n'use pas ses griffes. Quand elles sont trop longues, utilisez un coupe-ongles dit à « guillotine ». Faites sortir la griffe en appuyant avec le pouce sur les coussinets plantaires et sectionnez la partie blanc jaunâtre. Ne touchez jamais au triangle rose de la base, comportant une veine pouvant déclencher une hémorragie. Ne coupez que les griffes des pattes avant, celles des membres postérieurs servant d'appui au chat pour sauter.

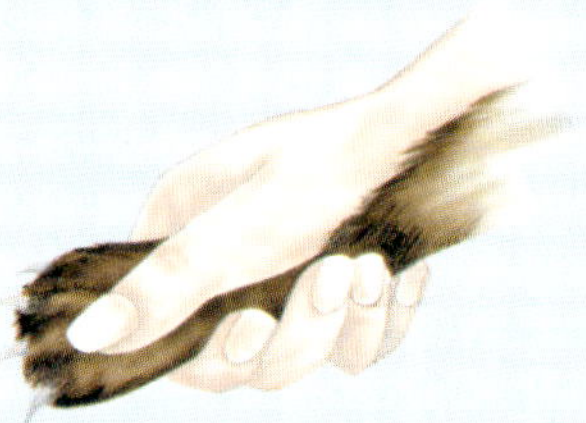

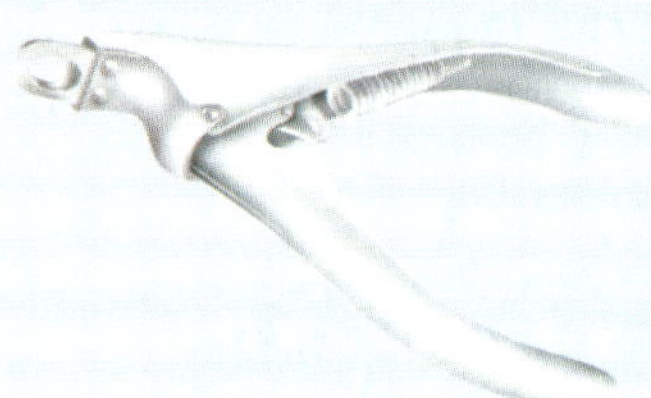

ÉDUCATION A LA PROPRETÉ

Les bons préceptes d'éducation s'inculquent dès l'arrivée de l'animal au foyer. Si le chaton « s'oublie » sur le parquet, saisissez-le aussitôt par la peau du cou et mettez-le dans son bac. Si le matou adulte dédaigne son bac, posez son écuelle de nourriture dans les endroits qu'il a souillés. Il n'y retournera plus.

Sortez le chiot quatre fois par jour et apprenez-lui à faire ses besoins dans le caniveau. S'il urine sur les meubles, assenez-lui une tape sur les fesses avec un journal plié ; pensez ensuite à prolonger ses promenades.

Quand le chien vient de l'extérieur avec les pattes mouillées, obligez-le à se diriger vers la cuisine ou la salle de bains. Essuyez-le avant de lui permettre de pénétrer dans les autres pièces.

UN ENVIRONNEMENT IMPECCABLE

La propreté doit s'étendre à l'environnement et à l'habitat des animaux. Au temps de la mue, vous enlèverez les poils répandus sur les tapis en les peignant avant de passer l'aspirateur. Sur les vêtements, vous pouvez vous servir d'un ruban adhésif ; les poils s'y colleront.

Pour éloigner les parasites des niches d'intérieur, des couvertures et de tous les lieux servant de couche à un animal, étalez par exemple une litière de fougères ou de feuilles de noyer bien sèches. Ou encore, glissez quelques brins de lavande, dont l'odeur repousse puces et poux.

LA GRANDE TOILETTE DES PETITS

Rongeurs : Nettoyez fréquemment leur habitat. Lavez avec soin le coin-toilette avec de l'eau légèrement vinaigrée qui atténuera l'odeur de l'animal. Utilisez une litière super-absorbante faite avec de la terre à foulon (argile) et apte à résister une semaine à la saleté.

Poissons : Pourvu de filtres et d'aérateurs, l'aquarium ne pose pas de problèmes d'entretien. Il n'en est pas de même pour les bacs non aménagés. Tous les trimestres, retirez les poissons à l'aide d'une épuisette et déposez-les dans un plat rempli d'eau du bac. Enlevez les déchets de nourriture et de plantes. Raclez les vitres et remettez en place les poissons après avoir ajouté de l'eau propre.

Oiseaux : Une fois par semaine, débarrassez le sol de la cage des déchets et passez sous le robinet mangeoires et abreuvoir. N'utilisez jamais d'eau de Javel ou de chlore, mais servez-vous de nettoyants non toxiques prévus à cet effet.

UN DRESSAGE EN DOUCEUR

Dresser un chien ou un chat et en faire un animal bien élevé réclame de la patience, de la fermeté, mais aussi de la douceur.

Évitez de lui glisser des aliments sous la table pendant les repas. Il considérerait ce geste comme un dû et réclamerait ensuite systématiquement. La nuit, chassez-le de votre lit s'il y grimpe. S'il récidive, fermez la porte de votre chambre et ne cédez pas, même s'il gémit lamentablement. Ne laissez aucun aliment à sa portée, cela lui évitera de chaparder.

Pour que le chat ne fasse pas ses griffes sur les fauteuils, donnez-lui un griffoir. Offrez au chien un os en peau de buffle, ce qui le dissuadera de mordiller les pantoufles.

Pour établir ou rétablir votre autorité, vous devez punir votre animal quand il commet une bêtise. Mais la punition doit intervenir immédiatement, sinon il ne comprendra pas pourquoi il est grondé. Élevez la voix, proférez un non ferme, tapez-lui sur l'arrière-train. Surtout, pas de gestes brusques ou de cris. Affolé, il pourrait avoir un réflexe de défense et griffer (ou mordre). S'il a obéi, récompensez-le en lui accordant une caresse, en lui donnant une friandise, par exemple un peu de miel pour le chien (mais pas de sucre) et une croquette pour le chat.

SON APPRENTISSAGE

Dès que vous achetez ou adoptez un chien, commencez son apprentissage. Apprenez-lui à venir lorsque vous l'appelez. Dites : « Viens » et, s'il obéit, caressez-le. Utilisez toujours les mêmes mots et assurez-vous qu'il a bien compris un ordre avant de passer à un autre.

Pour l'inciter à s'asseoir, tirez un peu sur son collier, appuyez sur son arrière-train en disant : « Assis. » Pour qu'il se couche, prononcez le mot « couché », puis abaissez votre main vers le sol. Si vous voulez qu'il reste debout, placez votre main sous son ventre et maintenez-le quelques secondes dans cette position. Pour qu'il marche près de vous, dites : « Au pied », amenez-le près de votre jambe gauche et, s'il vous suit, félicitez-le.

N'attendez pas la dernière minute pour familiariser votre chien avec la voiture. Asseyez-vous au volant et déposez une friandise sur le siège avant. Curieux et gourmand, le chien va venir la chercher. Au bout de deux ou trois séances à l'arrêt, portières fermées, mettez le moteur en marche et, si tout va bien, allez jusqu'au bois le plus proche et laissez l'animal gambader. Renouvelez l'expérience jusqu'à ce qu'il associe voiture et campagne.

POUR UNE BONNE ROUTE

Afin que tout se passe bien en voiture, placez votre chat dans un panier aéré, dont vous aurez tapissé le fond d'une couche de journaux pour absorber l'urine. Calez l'habitacle à l'arrière de manière qu'il ne bouge pas dans les virages. Mettez votre petit chien sur le siège arrière, isolez du chauffeur le chien plus gros par un filet.

Attention : Ne laissez jamais un chien sortir la tête par la vitre baissée quand vous roulez. Il risquerait d'être éjecté en cas d'arrêt brusque et, de plus, il pourrait souffrir ensuite de rhume et de conjonctivite.

Le jour du départ, donnez à l'animal un repas léger et, s'il est sujet au mal de la route, administrez-lui un calmant une demi-heure avant de partir. Prévoyez tous les 200 km une étape pour lui donner à boire, changer le fond du panier, lui permettre de se dégourdir les pattes.

VACANCES A LA CAMPAGNE ET A LA MONTAGNE

Si le chat, indépendant, vaque à ses occupations, grimpe aux arbres et batifole dans l'herbe, le chien, lui, va vous suivre partout. Entraînez-le dans de longues balades, progressivement s'il n'est pas habitué à l'effort, s'il est jeune, âgé ou malade. Ne l'obligez pas à courir derrière une bicyclette. Ne voulant pas lâcher la roue de peur de se laisser distancer, il risque d'être exténué ou de subir une luxation de la hanche, difficile à traiter. Le chien peut vous accompagner en montagne, à condition que vous le portiez de temps à autre dans les bras ou le sac à dos s'il est de petite taille. Emportez une gourde d'eau et empêchez-le de boire l'eau glacée des torrents, qui déclenche des douleurs intestinales. A chaque étape, examinez ses coussinets plantaires et retirez les cailloux et les épines dans les espaces interdigitaux.

TRANSPORTER LES « MINIS »

Oiseaux : Mettez la cage vide dans le coffre ou sur le toit. Sur le sol, installez un panier rembourré de paille et déposez-y les oiseaux ; la semi-obscurité les rassurera. Calez des couvercles remplis de graines et d'eau.

Poissons : Pour une courte distance, un sachet en plastique rempli d'un tiers d'eau suffit. En cas de long périple, prévoyez un petit aquarium en plexiglas, équipé et fonctionnant sur piles.

Rongeurs : Une boîte tapissée de ouate leur conviendra et empêchera les cahots.

ATTENTION AUX TIQUES

S'accrochant à la peau, aspirant le sang, les tiques risquent de transmettre une maladie grave, parfois mortelle, la piroplasmose. Mettez un collier antiparasitaire à votre chien (et aussi à votre chat) et faites-le éventuellement vacciner contre ce mal. Chaque soir, n'oubliez pas de regarder si quelques tiques ne sont pas accrochées au pelage. Pour les enlever, endormez-les en versant dessus quelques gouttes d'éther et extrayez-les avec une pince à épiler.

AU BORD DE L'EAU

Inutile d'emmener votre chat au bord de l'eau, il n'apprécie pas l'élément liquide. Votre chien, en revanche, sera heureux de se baigner ; mais ne laissez pas patauger dans une eau trop froide un sujet âgé ou souffrant de maux d'oreilles. Empêchez-le de plonger d'une rive abrupte qu'il aurait du mal à regagner.

En mer, ne l'entraînez pas dans votre sillage trop loin du rivage. Fatigué, il s'affolerait et tenterait de vous mordre si vous essayiez de le ramener sur la plage. S'il a peur de l'eau, ne le jetez pas dans les vagues. Il boirait la tasse et serait à jamais dégoûté de la natation. Lancez plutôt une balle dans l'eau qu'il ira chercher, se familiarisant ainsi avec l'élément liquide. Ne manquez pas, chaque soir, de le passer sous la douche afin d'enlever le sel et le sable susceptibles de lui irriter la peau.

DES REMÈDES DE BONNE FEMME

Abcès : Ils sont fréquents chez les animaux âgés. Deux « trucs » pour les éliminer : de l'eau distillée avec du miel (1 à 3 cuillerées à café selon la taille). Des gousses d'ail écrasées mêlées aux aliments.
Alopécie (perte des poils) : Adoptez un régime à base d'aliments crus en les saupoudrant d'une pincée de levure de bière. Ajoutez à la pâtée de l'huile de germe de maïs.
Douleurs rhumatismales : Mélangez à la nourriture des feuilles de persil hachées. Massez les parties douloureuses avec de l'huile d'olive ou de l'huile d'eucalyptus.
Cataracte : Baignez les yeux avec une décoction de fleurs de saxifrage.
Constipation : Versez sur les aliments un peu de poudre de séné, du jus de graine de buis ou de l'huile de paraffine.

LE TROISIÈME AGE

A partir de 9 ou 10 ans, chiens et chats entrent dans leur troisième âge. En vieillissant, ils se fragilisent et sont plus sujets aux maladies. Vous devez, deux fois par an, les conduire chez le vétérinaire pour un examen complet. Tout en les laissant prendre de l'exercice, ne les forcez pas à jouer ou à effectuer de trop longues promenades s'ils s'y refusent.
Si leurs dents commencent à bouger, donnez-leur du calcium, du magnésium, de la vitamine C. Diminuez de 20 % la nourriture des obèses en la fractionnant en deux repas et éliminez de l'alimentation la graisse, qui fatigue les articulations.

Évitez aux femelles une gestation (à risque) à partir de 8 ans. Entourez-les d'affection car — devenus un peu durs d'oreille — ils ont tendance à se replier sur eux-mêmes et à éprouver un sentiment d'abandon.

Pour que vos oiseaux restent en bonne santé le plus longtemps possible, évitez les courants d'air, les changements de température. Ne surpeuplez pas la cage et veillez à leur hygiène. Ajoutez à leur menu de la verdure, des vitamines, des oligo-éléments. Sachez que la gelée royale, le pollen et la vitamine B 12 aident à lutter contre le vieillissement. Surveillez la perte des plumes et, au moindre signe de tristesse ou d'asthénie, consultez un vétérinaire.

LA MORT D'UN ANIMAL

Si votre petit compagnon est euthanasié par le vétérinaire, vous devez rester auprès de lui. Caressez-le afin qu'il s'endorme paisiblement, sans aucune crainte. Vous pouvez laisser le corps chez le vétérinaire, qui fera le nécessaire, le reprendre pour l'enterrer dans votre jardin, ou bien le faire inhumer ou incinérer. (Les adresses des cimetières ou des centres d'incinération sont fournies par les mairies.)

POUR UNE BONNE COHABITATION

Un animal au foyer est un hôte à part entière avec lequel il est essentiel de vivre en bonne intelligence. Sans « humaniser » ces petits compagnons, il ne faut pas oublier qu'ils ont des sentiments semblables aux nôtres et qu'ils doivent être aimés et respectés.

Ménagez leur susceptibilité, ne vous moquez pas d'eux. Un chien dont on rit parce qu'il porte un manteau tentera de se débarrasser de ce vêtement. Un chat rentrant crotté au logis se réfugiera sous un meuble s'il entend des quolibets.

Ne les rendez pas jaloux. Attachés à leur maître, ils n'admettent pas que ce dernier distribue des caresses à des congénères. Veillez donc, si vous introduisez un deuxième animal dans la maison, à partager équitablement votre affection.

Manifestez de l'attention aux oiseaux, particulièrement aux perroquets. Ils détestent la solitude et, si vous les abandonnez trop souvent, ils s'ennuient tant qu'ils s'arrachent les plumes. Ils vont jusqu'à se laisser dépérir si vous les traitez avec indifférence.

DES INSTINCTS NATURELS

Même si parfois ils vous étonnent, ne freinez pas les instincts de votre animal, qu'il s'agisse de la reproduction — quand vous désirez des petits —, de la maternité (en laissant un petit à la femelle), de la chasse ou du jeu. Chatons et chiots sont nés joueurs. En grandissant, ils se calment, mais vous devez cependant les laisser jouer en leur lançant une balle, en organisant des séances de cache-cache, en leur offrant des objets en caoutchouc, en entraînant votre chien à courir, en le faisant participer, selon sa race, à des parcours d'*agility dog,* à des concours de natation, à des courses de traîneaux. Permettez aussi à vos petits rongeurs — sous liberté surveillée — de se promener un peu chaque jour dans l'appartement.

Si certaines races de chiens seulement adorent chasser, tous les chats en revanche sont des prédateurs nés. Quand votre petit félin a attrapé un mulot ou un oiseau et que, fier de sa prouesse, il vient déposer ce trophée à vos pieds, ne le grondez pas. Il s'agit d'un présent de sa part. Gratifiez-le d'une caresse en guise de remerciement, et vous l'entendrez ronronner de plaisir.

L'ENFANT ET L'ANIMAL

Si votre enfant vous réclame un animal, accédez à ce désir. Cette présence permet au jeune de sortir de son égocentrisme naturel, d'acquérir le sens des responsabilités, de s'initier aux cycles biologiques, et elle répond à son besoin de tendresse.

Pour que ces relations soient harmonieuses, certains travers sont à éviter : ne soyez pas indifférent vis-à-vis de cet animal. Votre enfant interpréterait cette attitude comme un signe de désintérêt à son égard. Ne tombez pas dans l'excès contraire en abreuvant le jeune maître de conseils. Ne l'obligez pas à s'occuper seul du chat ou du chien et montrez-lui que toute la famille partage cette responsabilité.
Soyez attentif : si l'animal se rebiffe quand l'enfant s'approche de lui, c'est que ce dernier l'a maltraité. Sévissez pour mettre fin à ces pratiques. Faites comprendre au jeune que son compagnon est un être vivant que l'on ne doit pas tyranniser.

Beauté pratique

SHAMPOINGS

Pour ne pas abîmer vos cheveux, ne faites qu'un shampoing à chaque fois, surtout si vous vous les lavez souvent. Faites-en deux s'ils sont très sales. Si vous vous lavez les cheveux tous les jours, diluez le produit dans un peu d'eau tiède. Et surtout, faites un dernier rinçage à l'eau presque froide ; cela resserre les écailles des cheveux, qui sont ainsi plus beaux.

Ne vous étonnez pas de voir votre shampoing préféré vous donner de moins bons résultats après quelques mois de loyaux services. Les cheveux s'habituent à sa composition et les effets des protéines ou autres ingrédients s'atténuent. Changez de produit ou utilisez pendant quelque temps des shampoings neutres pour cheveux délicats, qui débarrasseront votre chevelure de toutes les impuretés qui s'y seront accumulées.

Si vous n'avez pas le temps de vous laver les cheveux, ou si vous voyagez, il existe de bons shampoings secs dans le commerce. Vous pouvez aussi utiliser de la crème d'avoine (farine fine d'avoine) ou de l'amidon de maïs, disponibles dans les boutiques de produits naturels. Dans tous les cas, brossez-vous longuement les cheveux afin d'ôter toute trace de poudre.

TRAITEMENTS CAPILLAIRES

Si vous avez le cuir chevelu gras et les cheveux secs, traitez-les avant de les laver. Mouillez-vous les cheveux, épongez-les et appliquez la lotion traitante sur le cuir chevelu en procédant par raies. Laissez pénétrer 10 minutes. Rincez, puis faites votre shampoing comme d'habitude.

Pour revitaliser tous les types de cheveux et leur donner de l'éclat, préparez le mélange suivant. Fouettez 3 œufs ; ajoutez 2 cuillerées à soupe d'huile d'olive et 1 cuillerée à café de vinaigre. Appliquez-vous cette lotion sur les cheveux et couvrez-vous la tête d'une serviette chaude. Attendez 1/2 heure et shampouinez.

Une autre lotion qui fait des merveilles, le masque au miel. Mélangez 3/4 de verre d'huile d'olive, 1/2 verre de miel liquide et le jus d'un citron. Mouillez-vous et épongez-vous les cheveux, puis appliquez-y le mélange en vous peignant soigneusement pour bien le répartir. Couvrez-vous la tête d'une serviette chaude et attendez 1/2 heure. Rincez, shampouinez, rincez à nouveau.

Si vous vous baignez tous les jours dans la mer ou dans une piscine chlorée, alternez shampoing normal et masque au miel, un jour l'un, un jour l'autre.
N'oubliez pas que le rinçage est essentiel lorsqu'on se lave les cheveux. Il doit être fait à grande eau, tiède de préférence, avec un peu de vinaigre ou un jus de citron dans la dernière eau pour éliminer toute trace de savon et rendre vos cheveux plus brillants.

MISE EN PLIS

Humides, les cheveux sont très fragiles. N'utilisez jamais de brosse dure pour les démêler après le shampoing. Le cheveu peut s'étirer au-delà de son élasticité naturelle et casser. Employez éventuellement une brosse de plastique à piquants très espacés, mais préférez le peigne.

Pour donner à vos cheveux un aspect permanenté sans permanente, frisez-les avec des tortillons de caoutchouc, que l'on trouve en grande surface, ou utilisez du fil de fer. Sur cheveux mouillés, tracez de longues raies pour les séparer en mèches égales. En partant de la racine, torsadez chaque mèche et entourez-la de fil de fer. Lorsque vos

cheveux sont secs, ôtez les fils de fer. Vous aurez une coiffure floue et volumineuse. (Demandez éventuellement à une amie de vous aider pour un meilleur résultat.)

Vous pouvez aussi séparer vos cheveux comme pour les mettre sur des rouleaux. Prenez chaque mèche, que vous torsaderez entre vos doigts et roulerez comme un petit chou. Fixez ces tortillons de cheveux avec des barrettes. Choisissez des barrettes de couleurs différentes, vous pourrez ainsi apparaître sur la plage sans honte, et, le soir, lorsque vos cheveux seront secs, vous arborerez une chevelure ondulée à souhait.

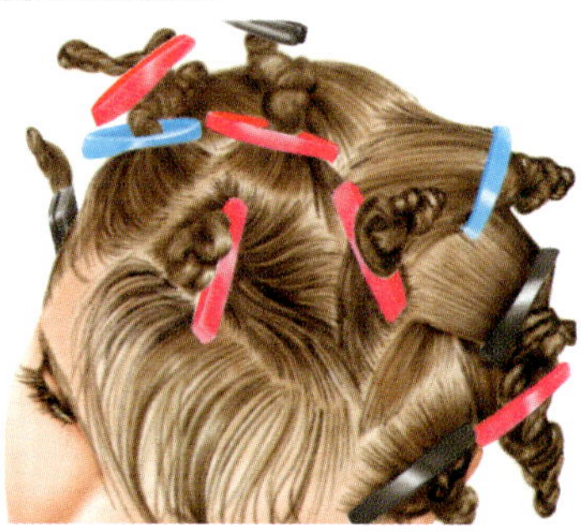

Pour faire onduler vos cheveux ou les friser, vous pouvez aussi utiliser de la lotion à mise en plis ou du gel, appliqués sur toute la chevelure avec un peigne. Ensuite, ébouriffez ou modelez vos cheveux avec vos doigts pendant qu'ils sèchent.

Pour les cheveux électriques, employez une crème de rinçage. Brossez-les toujours avec une brosse en soie naturelle. Évitez l'usage trop fréquent du sèche-cheveux et laissez votre chevelure sécher à l'air libre. Vous pouvez aussi mettre un peu de gel dans le creux de votre main et vous lisser les cheveux en l'étalant bien à plat de la racine vers les pointes.

COUPES

Humectez vos cheveux avant de les couper.
Pour obtenir une frange droite, rabattez une première ligne de cheveux sur le front. Délimitez la longueur à enlever avec le peigne, et coupez. Répétez l'opération jusqu'à ce que la frange ait l'épaisseur voulue.

Pour une coupe sur cheveux longs, rappelez-vous que la coiffure est plus seyante si les cheveux tournent vers l'intérieur. Divisez horizontalement la chevelure en deux (d'une oreille à l'autre). Remontez la partie haute sur le sommet de la tête et attachez-la avec une grosse pince. La partie des cheveux à l'arrière de la tête est ainsi moins épaisse. Égalisez le bas. Rabattez alors la partie haute et laissez-lui 1 cm de plus qu'à celle du dessous.

TRAITEMENTS SPÉCIAUX

Contre les pellicules, frictionnez-vous les cheveux 2 fois par semaine avec de l'eau dans laquelle vous aurez fait dissoudre du gros sel marin (1 cuillerée à soupe pour 1/2 verre d'eau). Il est essentiel d'utiliser du sel non raffiné de couleur grise.

Attention : Si le cuir chevelu est écorché, évitez ce traitement, qui peut alors irriter.

Conservez à vos cheveux leur gonflant par temps humide. Pour des cheveux clairs, mélangez 1 cuillerée à café de lait écrémé en poudre dans 1/2 verre d'eau tiède. Appliquez. Pour des cheveux foncés, faites frémir une poignée de feuilles de romarin sec dans 1 verre d'eau pendant une dizaine de minutes. Retirez du feu et laissez infuser. Filtrez avec une passoire et appliquez.

Attention : Certaines personnes font des allergies au romarin, qui est assez astringent. Faites un essai (voir p. 258) avant d'appliquer ce traitement.

Pour donner des reflets aux cheveux bruns, faites bouillir 100 g de feuilles de noyer fraîches pendant 10 minutes dans 1 litre d'eau. Laissez infuser jusqu'à refroidissement. Appliquez sur des cheveux lavés. Rincez avec un peu d'eau fraîche si vous craignez un reflet trop prononcé.

Vous pouvez aussi faire bouillir 150 g de chicorée en grains dans du vinaigre d'alcool pendant 5 minutes. Cette fois encore, laissez infuser jusqu'à complet refroidissement. Filtrez. Cette décoction s'utilise en dernier rinçage après un shampoing à raison de 3 cuillerées à soupe pour 1 litre d'eau.

Pour embellir des cheveux roux, préparez une décoction de thé en faisant bouillir 100 g de thé pour 1 litre d'eau. Laissez infuser jusqu'à refroidissement, filtrez et utilisez après le shampoing comme dernier rinçage. Vous pouvez aussi vous rincer les cheveux avec de la bière brune, qui leur donnera beaucoup d'éclat.

La camomille allemande est connue pour donner des reflets blonds aux cheveux châtain clair. Faites-en une infusion forte et rincez avec le liquide tiède.

PERMANENTES

On dit que les permanentes donnent du corps. En effet, les lotions employées modifient la texture du cheveu en surface, et les ondulations obtenues donnent du gonflant à votre chevelure de manière durable.

Néanmoins, les cheveux permanentés sont plus fragiles, surtout au début. Après le premier shampoing, laissez-les sécher à l'air libre. L'emploi d'un sèche-cheveux risquerait de détendre les ondulations.

Si vous trouvez votre permanente trop serrée (ce qui est de plus en plus rare, les nouvelles techniques permettant des ondulations très naturelles), mettez de gros rouleaux pour vous faire sécher les cheveux ou détendez-les en faisant un brushing. Sachez toutefois qu'une permanente s'assouplit au bout de 3 à 4 semaines.

CHEVEUX CLAIRSEMÉS

Pour donner corps et gonflant aux cheveux clairsemés, appliquez un produit pour faire tenir la mise en plis quand ils sont mouillés et séchez-les au sèche-cheveux. Les cheveux fins réagissent très bien à certaines mousses ; les gels tendent à les alourdir.
Si vous avez peu de cheveux sur le sommet de la tête, ne les laissez pas trop pousser sur les côtés. Coupez-les au contraire de manière à équilibrer avec le dessus. Vous pouvez aussi recourir à une permanente sur le sommet pour donner aux cheveux plus de gonflant. Mais rappelez-vous que les produits utilisés à cet effet abîment tout de même un peu les cheveux.

BARBE ET MOUSTACHE

Ce sont des recours utiles pour camoufler certains défauts. Une moustache fait oublier un front étroit, un gros nez ou un faciès large. Une barbe bien taillée compense un nez irrégulier, étoffe un visage mince ou dissimule un menton fuyant.

Barbe et moustache demandent des soins quotidiens. Lavez-vous la barbe tous les jours avec un produit antipelliculaire si vous avez des démangeaisons. Taillez barbe et moustache au moins une fois par semaine pour ne pas avoir l'air négligé.

Si vous avez du mal à discipliner votre barbe ou votre moustache, appliquez un gel ou une mousse de mise en plis pour cheveux. Faites pénétrer le produit en massant du bout des doigts.

RASAGE ET ÉPILATION

Pour vous raser plus facilement, appliquez la crème (ou la mousse) à contre-poil. Laissez-la agir 2 minutes avant de vous raser.

Si vous vous entaillez la peau en vous rasant, appliquez un petit morceau de papier toilettes ou le papier d'une cigarette sur la coupure et appuyez pendant 2 minutes. La blessure n'enflera pas et passera inaperçue.

Pour empêcher une coupure due au rasage de saigner, appliquez dessus un sachet de thé imbibé d'eau froide et appuyez quelques secondes ; ou appliquez du sel d'alun vendu sous forme de bâtonnet.

Après une épilation des aisselles, évitez d'appliquer du déodorant. Talquez généreusement, cela supprimera l'irritation et évitera la transpiration.

Pour vous épiler les sourcils sans douleur, faites des applications locales de glace jusqu'à ce que le froid vous soit insupportable. La peau sera « anesthésiée » et vous ne sentirez pratiquement plus le pincement.

PRODUITS POUR LA PEAU

Si vous avez tendance à être allergique, faites systématiquement un essai avant d'employer un produit. Appliquez-en un peu à l'intérieur du poignet ou du coude : mettez un pansement adhésif et attendez 24 heures avant de le retirer. S'il n'y a ni rougeur ni irritation, vous ne courez probablement aucun risque. Cela dit, on peut devenir subitement allergique à un produit que l'on employait depuis des années. Changez de marque si vous voyez apparaître des lésions, des rougeurs ou d'autres réactions. Consultez un dermatologue et éventuellement signalez votre cas au laboratoire qui fabrique le produit ou à une association de consommateurs.

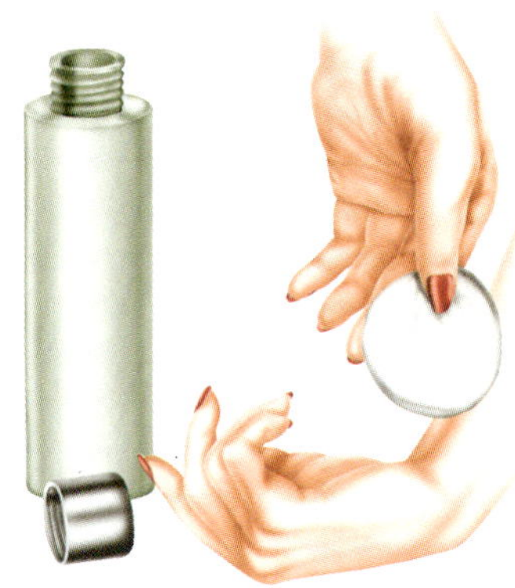

NETTOYAGE DE LA PEAU

Certains visages ont des peaux mixtes : joues sèches et partie médiane grasse. Il existe des savons spécialement conçus pour le visage et adaptés à tous types de peaux, mais évitez cependant de vous frotter les joues énergiquement.

Avant d'acheter un savon, respirez son odeur. Certains produits très parfumés peuvent être irritants et ne nettoient pas toujours aussi bien que d'autres moins odorants. Les savons surgras ou à la glycérine conviennent aux peaux fragiles. N'oubliez pas qu'il n'y a rien de mieux que le savon de Marseille.

Des picotements, une peau desséchée signalent que votre tonique ou votre lotion après-rasage sont trop forts. Changez de marque ou ajoutez une cuillerée à café d'eau minérale pour 30 ml de tonique.

Par temps très chaud, gardez au réfrigérateur les lotions astringentes ou tonifiantes.

BAIN

En hiver, évitez les bains trop chauds, qui font rougir la peau et augmentent la transpiration. Préférez-leur douches et bains tièdes. Appliquez une lotion hydratante lorsque la peau est encore

humide, elle pénétrera plus facilement et vous en utiliserez moins.
Pour supprimer les démangeaisons fréquentes en hiver ou résultant des changements de saison, faites fondre un verre de gros sel dans la baignoire. L'eau salée est souvent plus efficace que les huiles pour le bain. Méfiez-vous également de certains bains moussants qui provoquent dessèchement de la peau et allergies.

HYDRATEZ VOTRE PEAU

Après avoir nettoyé la peau de votre visage, appliquez une crème hydratante. L'efficacité d'une crème est en général de 10 heures. Si vous sentez que votre peau est sèche avant la fin de la journée, passez un coton imbibé de tonique et remettez de la crème hydratante. Au besoin, adoptez une crème plus nourrissante.

N'utilisez pas la même crème toute l'année. L'hiver, votre peau réclame une crème plus riche car elle est exposée à un environnement plus sec : froid vif à l'extérieur, chauffage excessif à l'intérieur. L'été, une émulsion hydratante plus légère convient mieux.

Si vous voyez apparaître des pattes d'oie autour de vos yeux, agissez sans tarder. Utilisez une crème spéciale contour des yeux, que vous appliquerez en légers mouvements circulaires de l'extérieur vers l'intérieur de l'œil, sans tirer sur la peau.

Si la peau de vos coudes se fendille ou pèle, passez-la au gant de crin puis hydratez largement avec votre lotion pour le corps.

PROTECTION CONTRE LE SOLEIL

On met de plus en plus en garde contre les méfaits du soleil, responsable de nombreux cancers de la peau. Il existe maintenant des produits que l'on peut appliquer une semaine avant de s'exposer au soleil pour préparer la peau. Avant votre bain de soleil, enduisez-vous de crème et renouvelez l'application chaque fois que vous vous baignez ou si vous transpirez beaucoup, sauf si votre crème résiste à l'eau.

Si vous avez l'intention de passer plusieurs heures au soleil, appliquez les premiers jours un écran total sous votre crème hydratante. Vérifiez toujours l'indice de protection de votre crème ou lait solaire. Il est obligatoirement inscrit sur l'étiquette et va de 2 à 20. Plus l'indice est élevé, plus la protection dure longtemps et moins vous avez à en renouveler l'application. Rappelez-vous que les blonds et, encore plus, les roux, ainsi que les enfants ont besoin de plus de protection que les bruns à la peau mate.

SOINS DU VISAGE

Pour nettoyer votre peau à fond, essayez le traitement suivant. Remplissez votre lavabo d'eau tiède ; plongez votre savon facial dans l'eau et frottez-le contre la peau de votre visage. Faites bien mousser le savon et massez votre épiderme avec cette mousse. Rincez une vingtaine de fois à l'eau savonneuse, puis une dizaine de fois à l'eau claire. Terminez par plusieurs aspersions d'eau froide. Épongez avec une serviette propre.

Pour débarasser la peau de ses impuretés et enlever les cellules mortes, il existe aussi des peelings doux à faire une fois par semaine en moyenne. Pour un nettoyage plus profond, vous pouvez appliquer ensuite une lotion composée d'un jus de citron auquel on ajoute le tiers de lait. Tamponnez-en votre visage en évitant les yeux. Attendez 10 minutes, rincez abondamment à l'eau tiède, puis appliquez votre crème hydratante.

Pour une peau sèche, battez 1 jaune d'œuf très frais avec 1 cuillerée à soupe de lait écrémé et 1 cuillerée à café de miel liquide. Appliquez ce masque en évitant le contour des yeux. Attendez 1/4 d'heure, puis rincez. Votre peau sera redevenue souple.

Pour une peau grasse, préférez un masque à base de concombres. Épluchez un concombre, découpez-le en fines lamelles, que vous poserez sur votre visage pendant 20 minutes. Riche en vitamines B2 et PP, le concombre calme, rafraîchit et rééquilibre la peau.

Une application de rondelles de tomates fraîches est également efficace.

Pour une peau normale à tendance sèche, on utilisera le masque aux amandes. Écrasez 1/2 tasse de poudre d'amandes dans du lait. Appliquez en évitant le contour des yeux. Enlevez au bout de 1/4 d'heure avec des mouchoirs en papier et rincez à l'eau tiède.

LE VIEILLISSEMENT DE LA PEAU

Question. — Certaines personnes vieillissent plus vite que d'autres. Pourquoi ?
Réponse. — Cela dépend de plusieurs facteurs : hérédité, santé, teint, environnement, exposition au grand air et surtout au soleil.

Q. — Comment retarder l'apparition des rides ?
R. — En évitant le soleil. C'est jusqu'à ce jour le conseil le plus avisé. Si vous devez rester au soleil, n'oubliez pas de vous protéger avec un écran total. Dès l'enfance, il faut absolument se protéger du soleil.

Q. — Y a-t-il autre chose à faire pour retarder l'apparition des rides ?
R. — Arrêter de fumer. Des études ont démontré que les personnes qui fument ont des rides plus profondes et plus marquées que les autres autour des yeux et près de la bouche.

Q. — Les lotions hydratantes sont-elles utiles ?
R. — Elles ne retardent pas l'apparition des rides mais améliorent l'état général de l'épiderme. Bien hydratée, la couche externe de la peau s'assouplit. La peau paraît plus lisse et ses petites rides s'atténuent. Sa texture s'améliore.

Q. — Et les crèmes antirides ?
R. — Certaines de ces crèmes aident à « remplir » les rides. Elles agissent sur la couche externe et leur effet ne peut être que temporaire. Cependant, elles sont d'excellents hydratants, car elles renferment des ingrédients qui emprisonnent l'humidité entre les différentes couches de la peau. Mais depuis peu, il existe une nouvelle génération de crèmes qui luttent contre les radicaux libres, facteurs de vieillissement des cellules, et freinent l'apparition des rides, voire les atténuent.

Q. — Est-il utile d'employer une crème antirides quand on est jeune ?
R. — Ces nouvelles crèmes contenant des agents antiradicaux libres, peuvent être utilisées dès la trentaine. Mais il faut se méfier de certaines crèmes trop nourrissantes qui, sur des peaux jeunes, provoquent parfois un excès de sébum et des boutons.

Q. — La gymnastique faciale est-elle utile ?
R. — La gymnastique faciale n'empêche pas l'apparition des rides, elle peut même en engendrer quelques-unes par des mouvements répétés. Et de toute manière, le visage est constamment mobile. Cela ne change donc rien.

FOND DE TEINT

Pour trouver la couleur qui vous convient, ne faites pas d'essai sur votre poignet mais sur une joue. Rappelez-vous que la couleur d'un fond de teint doit toujours être un ton en dessous de votre carnation naturelle. Si vous voulez utiliser un fond de teint qui vous paraît trop foncé, achetez un égaliseur de teint blanc et mélangez un peu de ce blanc avec votre fond de teint dans le creux de votre main avant de l'appliquer. Vous obtiendrez la couleur souhaitée en ajoutant un peu plus de blanc ou au contraire un peu plus de fond de teint.
Pour dissimuler les poches sous vos yeux, appliquez de la crème anticernes sous les cernes (et non dessus, ce qui les soulignerait) et étalez-la du bout des doigts.

Si votre fond de teint est trop épais ou trop gras, ajoutez-lui un peu d'émulsion hydratante ; effectuez le mélange dans le creux de votre main et non directement dans le flacon avant d'appliquer le fond de teint.

FARD A JOUES

Vous avez l'air d'un cachet d'aspirine ? Ajoutez une goutte de fard à joues liquide dans votre fond de teint, vous aurez l'air d'une rose et votre visage s'illuminera.

Vous avez les traits tirés ? Appliquez un soupçon de fard à joues compact ou de fard « bonne mine » pour souligner le contour de votre visage, le menton et le front. Uniformisez avec une éponge humide, vous serez radieuse.

Si vous devez être exposée à un éclairage fluorescent qui détruit les teintes roses et accentue les jaunes, appliquez un peu plus de fard à joues et utilisez un rouge à lèvres plus appuyé.

Pour vous poudrer, prenez un tampon de coton que vous imprégnez de poudre, et tapotez sur tout le visage sans craindre d'en mettre trop. Passez ensuite un gros pinceau de martre ou en poils synthétiques pour enlever le surplus et uniformisez.

Pour que votre maquillage tienne, passez un glaçon sur votre visage lorsque vous avez terminé.

LE PETIT NÉCESSAIRE A MAQUILLAGE

Double brosse cils et sourcils. Un côté pour allonger les cils, l'autre pour lisser les sourcils.

Applicateur mousse. Pour estomper le fard à paupières et répartir la couleur uniformément.

Pinceau à lèvres. En forme de biseau pour dessiner le contour des lèvres avec précision.

Pinceau à paupières. Pour poser le fard et donner du relief aux paupières.

Pinceau à maquillage. Pour appliquer uniformément le fard « bonne mine » ou unifier la poudre.

MAQUILLAGE DES YEUX

Les produits de maquillage ne sont pas éternels. Ils portent en général une date de péremption qu'il convient de respecter. C'est d'autant plus vrai pour les fards ou les mascaras. Les yeux sont fragiles et vous pouvez les infecter en utilisant des brosses ou des applicateurs sales. Employez de préférence des bâtonnets ouatés, que vous jetterez après chaque usage. Remplacez ombres à paupières et crayons tous les 6 mois ; les mascaras tous les 3 mois. Mais il est rare que ces produits ne soient pas usés à ce moment-là.

Si vous soulignez le contour de vos yeux avec de l'eye-liner, déposez-le par petits points plutôt qu'en une ligne continue ; l'effet est plus naturel.

Pour parvenir à bien aiguiser vos crayons, placez-les 1 heure au réfrigérateur avant de les tailler.

pire » plus ou moins. N'oubliez pas que certaines fibres synthétiques, utilisées dans les vêtements de sport, sont aussi fraîches que les fibres naturelles.

Vous achetez un lainage ? Préférez les mailles uniformes, les épaules et les boutonnières renforcées, les jupes et les pantalons doublés.

Dans le cas d'un imperméable, vérifiez d'abord que la mention « imperméable » y figure ; assurez-vous aussi que le vêtement comporte un empiècement en double épaisseur pour bien protéger les épaules.

AVANT DE PORTER UN VÊTEMENT NEUF

Avant de mettre un vêtement pour la première fois, si ce n'est pas vous qui l'avez confectionné, consolidez agrafes et boutons-pression et recousez les boutons, cela vous évitera d'en perdre un et d'être alors obligé de les changer tous.

Examinez les coutures sur l'envers du vêtement. Arrêtez les fils des coutures en les nouant. Si le tissu s'effiloche parce que les coutures n'ont pas été surfilées, faites tout de suite un surfil à la machine ou à la main. Vous augmenterez la longévité de votre vêtement. S'il comporte des manches montées, renforcez le contour des emmanchures, qui subissent beaucoup de « fatigue », en faisant une piqûre à 1 mm de la première à l'intérieur de la valeur couture. Faites la même chose pour les coutures des fourches de pantalons.

Avant de porter un vêtement à poches plaquées, consolidez chaque angle supérieur par une piqûre en triangle.

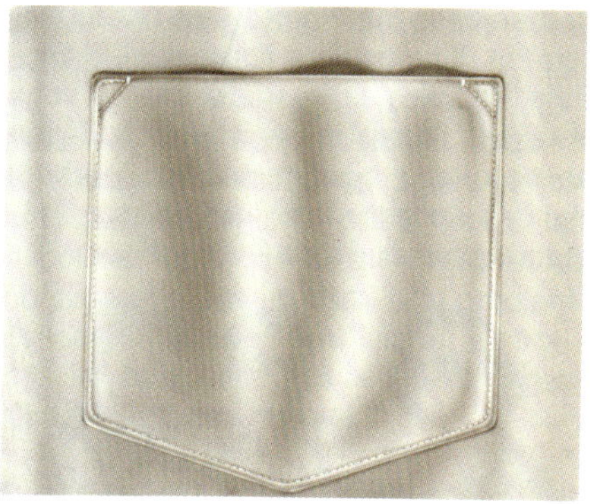

Pour consolider le ou les plis d'une jupe droite, surpiquez en biais soit dans le sens descendant (c'est plus

APPRÊTS DES TISSUS

Apprêts	Objectifs	Remarques
Mercerisage	Imprégnation des fils ou des tissus de coton avec une solution de soude caustique donnant un aspect lisse et brillant ainsi qu'une solidité accrue	Nettoyer selon les indications mentionnées sur l'étiquette
Amidonnage ou empesage	Augmentation de la raideur d'un tissu par trempage dans un bain de substances épaississantes	Sur les tissus lavables, il doit être régulièrement refait
Infroissabilité	Imprégnation d'un tissu par une résine qui empêche le tissu de se froisser	Nettoyer selon les indications mentionnées sur l'étiquette
Antitache	Imprégnation d'un tissu par des silicones efficaces contre les taches de fruits, café, encre	Éponger les taches immédiatement et nettoyer selon les instructions
Antimite	Imprégnation d'un tissu par une substance tuant les larves de mite	Entretien sans problème
Décatissage	Stabilisation des dimensions du tissu pour ne plus rétrécir à l'humidité et au repassage	Entretien sans problème
Hydrofugation	Traitement destiné à rendre le tissu imperméable à l'eau tout en restant perméable à l'air	Si les instructions de nettoyage ne sont pas respectées, l'apprêt devient moins efficace et il faudra retraiter le tissu
Infeutrabilité	Traitement rendant les lainages insensibles au foulage ou à l'action d'agents chimiques qui entraînent habituellement le feutrage	Facilite l'entretien
Imperméabilité	Traitement rendant le tissu imperméable à l'eau et à l'air	Nettoyer selon les instructions
Ignifugation	Traitement rendant un tissu ininflammable et incombustible	Nettoyer selon les instructions mentionnées sur l'étiquette

FIBRES TEXTILES : LEURS PROPRIÉTÉS

Il est de plus en plus difficile de distinguer vraiment les tissus. Grâce à la découverte de nouveaux traitements et apprêts, les étoffes synthétiques ressemblent aux étoffes d'origine naturelle. Il est important d'en connaître les caractéristiques.

Fibres	Propriétés	Entretien
Coton	Souple ; solide ; ne tient pas chaud, sauf s'il est gratté ; peu isolant ; absorbe l'humidité ; flambe facilement ; sensible aux acides et au chlore ; rétrécit au lavage, sauf s'il est stabilisé ou mercerisé ; se froisse	Lavage à l'eau bouillante pour les tissus blancs et grand teint, à l'eau tiède savonneuse pour les étoffes de coloris foncés ou imprimées : emploi normal des lessives et de l'eau de Javel diluée ; rinçage abondant, à l'eau légèrement vinaigrée pour les tissus imprimés ; séchage après défroissage, à l'ombre, surtout pour les couleurs ; repassage à fer chaud (200 °C) sur l'envers
Lin	Assez souple ; résistant à la traction ; frais à porter ; absorbe l'humidité, mais sèche rapidement ; flambe rapidement ; lourd, ce qui donne du tombant aux tissus ; rétrécit au lavage, sauf s'il est stabilisé ou mercerisé ; se froisse assez facilement	Comme le coton ; lavage avec des concentrations de lessive plus faibles
Soie	Brillante d'aspect (soie naturelle) ; très souple, mais possède du tombant ; infroissable ; très solide ; absorbante, confortable sur la peau ; chaude et isolante ; brûle mal ; sensible aux acides et au chlore	– Soieries fragiles (failles, moires, taffetas, brochés, façonnés) : nettoyage à sec – Autres soieries (comme la laine) : lavage dans un bain d'eau tiède (35 à 40 °C), sans agitation ; emploi de savon en paillettes ou de lessive spéciale ; rinçage abondant avec 1 cuillerée à café d'eau oxygénée (10 à 12 volumes) ou d'azurant optique pour atténuer le jaunissement des soies blanches ; essorage sans tordre ; séchage à plat ; repassage à fer doux, sur l'envers du tissu encore humide
Laine	Très souple ; peu résistante à la traction ; très chaude et isolante ; grand pouvoir absorbant ; brûle très mal en dégageant une odeur de corne brûlée et en laissant un résidu charbonneux ; jaunit et est abîmée par l'eau de Javel et les produits à base de soude ; feutre à la chaleur humide (les écailles microscopiques qui couvrent la surface du poil de laine se rétractent et s'enchevêtrent) ; sensible aux mites	– Lainages lourds et délicats (tailleurs, manteaux, jupes, pantalons) : nettoyage à sec ; détachage local avec de la benzine ou de l'essence dans un local aéré, loin de toute flamme – Lainages légers : lavage avec précaution, dans un grand volume d'eau tiède (35 °C au maximum) sans frotter ; emploi de savon en paillettes ou de lessive spéciale ; rinçage abondant à même température. Ajouter 1 cuillerée de vinaigre pour raviver les couleurs, et blanchir avec 1 cuillerée d'eau oxygénée (10 à 12 volumes) ; essorage sans tordre ; séchage à plat, à l'ombre, loin de la chaleur ; repassage à fer doux sur l'envers avec une pattemouille ou simplement à la vapeur d'une presse à repasser
Acétate Triacétate	Souples comme la soie ; brillants ; chauds ; agréables au toucher ; tiennent le plissé ; se défroissent facilement	Lavage rapide à température assez basse (50 °C) ; rinçage abondant ; repassage à fer doux (comme la laine) sur l'envers avec une pattemouille
Rayonne	Souple et fine ; brillante ; résistante à l'usure et à la lumière ; froide au toucher ; froissable ; résistante aux mites	– Tissus ayant l'aspect de la laine (failles, moires, taffetas) : nettoyage à sec – Autres tissus : lavage à l'eau savonneuse tiède ; rinçage abondant ; essorage sans tordre ; repassage sur l'envers à température moyenne
Fibranne	Souple et fine ; toucher semblable au coton ou à la laine ; froissable	
Polyamides	Légers ; résistants à la traction ; irrétrécissables ; peu absorbants ; insensibles à l'humidité ; fondent à la chaleur	Lavage à l'eau tiède ou froide : emploi de poudres à laver ; séchage rapide, à l'abri du soleil pour éviter le jaunissement ; repassage à fer tiède (110 °C au maximum, thermostat sur la position « rayonne ») **Marques :** Nailon ; Nylon ; Perlon ; Rilsan
Polyesters	Résistants à l'usure ; isolants thermiques ; infroissables ; résistants à l'humidité, aux mites ; sèchent très rapidement ; tiennent le pli donné à chaud	Lavage à l'eau tiède ; séchage rapide ; repassage facultatif à température moyenne avec pattemouille (en cas de faux plis) **Marques :** Dacron ; Diolen ; Tergal ; Trévira
Acryliques	Légers ; doux au toucher (comme la laine ou la soie) ; résistants à l'humidité, au soleil, aux mites ; infroissables ; les plus hygiéniques des fibres synthétiques ; tendent à boulocher	Lavage dans un grand volume d'eau chaude (60 °C) ; séchage sans essorage ; repassage facultatif, à fer doux avec une pattemouille humide **Marques :** Courtelle ; Crylor ; Dralon ; Léacril ; Orlon

RÉNOVER UNE CRAVATE

Au lieu de faire dégraisser une cravate par un teinturier, il est très facile de le faire soi-même.

Sur l'endroit, marquez par un fil de bâti les deux bords de la cravate et, sur le côté inférieur du revers, marquez le milieu par un fil de bâti le long du point glissé qui ferme la cravate.

Défaites ensuite cette couture médiane, ce qui vous permettra de mettre la cravate à plat. Bâtissez le rentré le long de la croisure sur l'envers.

Retirez la ou les triplures. Nettoyez la cravate avec un détachant approprié en faisant auparavant un essai sur une partie invisible.

Pour repasser la cravate, glissez de chaque côté de la couture médiane un cornet de papier qui vous permettra de réaliser un repassage sans casser les bords de la cravate.

MATÉRIEL DE NETTOYAGE

Acides et alcalis

Ammoniaque (diluée : 1 cuillerée à soupe d'ammoniaque dans 1/2 verre d'eau ou dans du détergent dilué)

Vinaigre blanc (dilué : 2 cuillerées à soupe de vinaigre blanc dans 1 verre d'eau ou dans du détergent dilué)

Agents de blanchiment

Agents de blanchiment en poudre pour tous tissus

Peroxyde d'hydrogène (3 %)

Agents de blanchiment au chlore (eau de Javel)

Agent de blanchiment dilué : tissus lavables, 1 cuillerée à soupe d'eau de Javel dans 1/2 verre d'eau ; non lavables, 1 cuillerée à café d'agent de blanchiment dans 1 cuillerée à soupe d'eau

Agents aux enzymes

Détergent à lessive contenant des enzymes

Agent de trempage aux enzymes (dilué : 1/2 cuillerée à café dans 1/2 verre d'eau tiède)

Détergents

Détergent liquide énergique pour lessive

Détergent liquide doux pour vaisselle (dilué : 1 cuillerée à café de détergent liquide doux dans 1 verre d'eau tiède)

Lubrifiant

Détachant à sec : 1 volume d'huile de coprah (coco) ou d'huile minérale dans 8 volumes de solvant de nettoyage à sec

Matières absorbantes

Tissus propres et blancs

Boules d'ouate

Éponges naturelles

Essuie-tout blanc

Solvants

Acétone

Amyl acétate (huile de banane)

Solvant de nettoyage à sec : perchloroéthylène, trichloréthylène ou un détachant commercial (pas d'essence ni de liquide à briquet)

Dissolvant de peinture, huile, graisse

Détachant d'avant-lavage

Produit commercial pour enlever la rouille

PROBLÈMES DE LESSIVE

Problème	Causes probables	Action/prévention
Linge gris	Manque de détergent	Augmentez le détergent : utilisez un catalyseur ou un agent de blanchiment
	Lavage en eau trop froide	Utilisez de l'eau plus chaude
	Transfert de saleté par suite d'un mauvais triage	Relavez et triez mieux à l'avenir
	Transfert de couleur par suite d'un mauvais triage	Ne séchez pas le linge. Relavez aussitôt avec du détergent et un agent de blanchiment
Jaunissement	Manque de détergent	Augmentez le détergent, employez un agent de blanchiment aux enzymes
	Lavage en eau trop froide	Augmentez la température de l'eau
	Cycle délicat pour les synthétiques ou lavage à la main avec un détergent doux	Lavez à l'eau chaude au cycle pour repassage permanent. Employez plus de détergent ou utilisez un catalyseur ou un agent de blanchiment
	Eau de Javel avec soie, laine	Dommage irréversible
Le linge reste sale	Manque de détergent	Recommencez avec plus de détergent
	Lavage en eau trop froide	Utilisez l'eau la plus chaude tolérée par le chargement et recommencez
	Chargement excessif	Diminuez le chargement : utilisez assez d'eau
Tissus raides, rugueux ou délavés	Dans l'eau dure, un détergent sans phosphate en poudre peut se combiner avec les sels minéraux et laisser des résidus	Ajoutez 1 tasse de vinaigre blanc à 5 litres d'eau chaude ; faites tremper les articles et rincez-les. Par la suite utilisez un détergent liquide pour la lessive ou un adoucisseur
Peluche	Mauvais triage : articles producteurs de peluche (chandails, serviettes, flanelles) lavés avec de bons récepteurs (synthétiques, velours)	Nettoyez les articles secs avec une brosse adhésive. Lavez de nouveau en ajoutant un assouplissant au rinçage. Triez mieux à l'avenir
	Mouchoirs en papier laissés dans les poches	Nettoyez les articles avec une brosse adhésive. A l'avenir, videz les poches
	Lave-linge surchargé	Diminuez les chargements
	Manque de détergent	Relavez avec plus de détergent
	Électricité statique causée par un séchage excessif	Relavez avec un assouplissant. Par la suite, retirez les articles du sèche-linge avant qu'ils soient tout à fait secs
	Filtre à peluche du sèche-linge encrassé	Relavez ; nettoyez le filtre à peluche
	Filtre du lave-linge encrassé	Nettoyez le filtre du lave-linge régulièrement
Faux plis dans les tissus synthétiques ou à repassage permanent	Mauvais cycle	Sélectionnez le bon programme et la bonne température, sinon, lavez à l'eau tiède, rincez à l'eau froide et choisissez un cycle de séchage à air chaud suivi de 10 minutes à air froid si vous avez un sèche-linge
	Séchage excessif	Réduisez le temps de séchage
	Lave-linge et sèche-linge surchargés	Le chargement doit remuer librement dans les deux machines. Évitez de les surcharger
Rétrécissement	Séchage excessif	Rien à faire. A l'avenir, réduisez la durée du séchage et retirez les articles quand ils sont humides
	Rétrécissement résiduel	Rien à faire. Prévoyez une marge pour le rétrécissement au moment de l'achat
	Feutrage des lainages	Rien à faire. A l'avenir, sélectionnez le bon programme avec chaleur adaptée ou lavez à la main
Boulochage	Effet normal de l'usure	A l'avenir, mettez un assouplissant à tissu dans le lave-linge. Au moment du repassage, vaporisez de l'amidon sur les cols et les poignets

PROBLÈMES DE LAVAGE : QUELQUES SOLUTIONS

Si les boutons recouverts de tissu demeurent sales après le lavage, frottez-les avec un détergent liquide doux et une brosse à dents souple.

Pour assouplir un jean neuf, lavez-le plusieurs fois, ou faites-le tremper 12 heures dans l'eau froide avec beaucoup d'assouplissant. Ensuite, lavez-le normalement.

Éliminez les zébrures sur les jeans en les mettant sur l'envers avant de les laver. Faites de même pour le velours côtelé : le poil se tassera moins.

Des taches de mousse ou de moisissure sur les rideaux de douche ? Lavez-les à la machine avec du détergent et quelques serviettes pour accentuer le frottement. Attention à la température du programme.

Les odeurs de transpiration ne partent pas ? Épongez la partie malodorante avec 1 cuillerée à café de vinaigre blanc dilué dans 1 verre d'eau ; rincez. En cas d'échec, frottez avec un agent de trempage – enzymes ou autres – dilué en pâte. Attendez 20 minutes et rincez.

Votre eau est très douce et la lessive mousse trop ? Éliminez une partie de cette mousse en la saupoudrant de sel. Par la suite, veillez à utiliser moins de détergent.

Si votre machine à laver se vide dans une cuve, attachez un vieux bas de nylon au bout du tuyau avec une bande élastique pour filtrer l'eau sale et retenir la peluche. Changez ce filtre de temps à autre.

Pour débarrasser le lave-linge et ses conduites des dépôts de détergent, remplissez-le d'eau tiède, ajoutez 5 litres de vinaigre blanc et laissez se dérouler le cycle complet.

SÉCHAGE SUR CORDE

Pour gagner de l'espace, accrochez les petits articles sur un cintre en plastique à plusieurs barrettes. Superposez plusieurs articles tels que mouchoirs, torchons, serviettes de table.

Accrochez par la taille les jupes en biais ou à plis pour éviter les faux plis. Fixez une épingle à linge dans le bas de chaque pli pour le maintenir en forme et vous faciliter le repassage.

Pour déformer le moins possible les vêtements lavables, suspendez par la taille une robe, surtout si la jupe est en biais. Si vous ne mettez pas les corsages ou tee-shirts sur les cintres, placez les pinces à linge aux emmanchures, sous les bras, pour éviter les marques.

Pouvoir sécher le linge à l'air sur une véranda ou dans un jardin est évidemment idéal.

De nos jours, les voilages se remettent en place dès la sortie du lave-linge et sans repassage. Si vos voilages sont d'une matière qui nécessite un séchage avant la remise en place, « plombez » le bas en l'alourdissant avec des pinces à linge pour les empêcher de trop voler.

Faites sécher à l'ombre les tissus foncés ou de couleur. Prenez la précaution de les mettre sur l'envers. Le soleil est un ami, mais il décolore et fane les couleurs.

Pliez les grands draps en deux et suspendez-les par les ourlets. Pour qu'ils sèchent vite, disposez-les sur deux cordes parallèles.

Des vêtements ont gelé sur la corde à linge ? Détachez-les avec précaution et rentrez-les tels quels pour qu'ils dégèlent. Secouer ou plier les tissus peut faire casser leurs fibres encore raides de gel.

Vaporisez du nettoyant sur la corde à linge en nylon ; lavez la corde en coton dans l'eau savonneuse. Pour les nettoyer à la machine, mettez-les dans une taie d'oreiller.

La corde à linge est détendue ? Accrochez un petit bout de chaîne à une extrémité et faites entrer dans le crochet de suspension le chaînon qui vous donne la tension voulue.

SÉCHAGE RAPIDE

Si vous avez peu d'articles à faire sécher, ajoutez quelques serviettes éponge dans le sèche-linge pour absorber l'humidité.

Si vous avez besoin d'un collant sur-le-champ, suspendez-le et séchez-le avec un sèche-cheveux.

Retournez les poches des pantalons pour qu'elles sèchent plus vite.

TRUCS DE SÉCHAGE

Si vous avez une corde à linge dans la maison, placez un petit ventilateur à 1 m de la corde. Choisissez la vitesse de ventilation la plus élevée et dirigez le jet d'air dans l'axe de la corde.

Vous avez des chandails à faire sécher ? Pour qu'ils soient bien ventilés des deux côtés, posez-les à plat sur une grille plastique fixée avec des ventouses sur votre baignoire.

La monture et les baleines d'un vieux parapluie peuvent être transformées en séchoir d'intérieur. Accrochez-le à l'envers par la poignée à un support horizontal solide.

PROBLÈMES DE SÉCHAGE

Empêchez le linge de durcir, de se froisser, de rétrécir ou de goder : ne le faites pas sécher plus longtemps qu'il ne faut dans le sèche-linge. Si un article a souffert d'un excès de séchage, mouillez-le pour lui redonner sa forme et laissez-le sécher à l'air.

Avant de faire sécher une salopette, fixez les boucles des bretelles dans les poches, avec des épingles, pour qu'elles ne heurtent pas le tambour du sèche-linge. Elles pourraient à la longue en endommager la finition.

COUP DE FER ET REPASSAGE

Le coup de fer consiste à poser le fer par petites touches sur le vêtement ; le repassage, à glisser le fer dans un mouvement de va-et-vient dans le sens du fil. Le coup de fer est plus précis.

Réglez le fer à la température requise par le tissu. S'il s'agit de fibres mélangées, choisissez le degré exigé par la fibre la plus vulnérable à la chaleur.

Vérifiez l'effet de la chaleur et de la vapeur sur un coin non visible du tissu.

Repassez en premier les articles qui demandent le fer le moins chaud, en dernier ceux qui exigent un fer brûlant.

En général, commencez par les petites pièces du vêtement ; terminez par les parties de grandes dimensions.

Il vaut mieux repasser sur l'envers ou alors utiliser une pattemouille.

Ayez la main légère quand vous donnez un coup de fer ; n'appuyez pas plus qu'il ne faut.

Avant de ranger les vêtements, laissez-les refroidir.

PLANCHE A REPASSER ET PATTEMOUILLE

Lavez souvent la housse de votre planche et, pour qu'elle soit bien tendue sur la planche, mettez-la en place encore humide.

Dans certains cas, une pattemouille est nécessaire. Choisissez-la en toile fine, non pelucheuse et non apprêtée, assez grande pour bien couvrir la surface à repasser (largeur de la planche à repasser et longueur d'une jambe de pantalon environ).

Dans le domaine du matériel de repassage, une nouveauté antifatigue : la presse à repasser. Elle existe en deux versions, à sec ou à vapeur, et permet de repasser beaucoup plus rapidement. De plus, le fini du travail est impeccable grâce à la forte pression que l'on exerce lors de la fermeture.

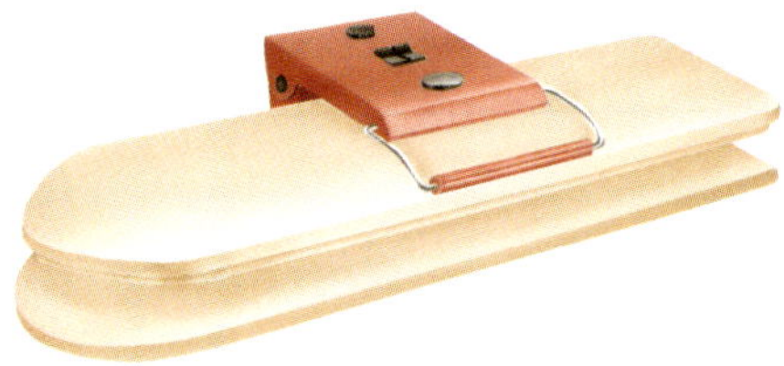

HUMECTAGE DU LINGE

Faut-il encore humecter le linge de nos jours alors qu'il existe des fers à vapeur ? Oui, car bien souvent le linge aura attendu trop longtemps le repassage et sera archisec. Il faut donc compléter le débit de vapeur du fer par un humectage préalable, sauf si vous avez la chance de disposer d'un mini-pressing : c'est un fer à générateur de vapeur dont le débit de vapeur humide est beaucoup plus important que celui d'un fer à vapeur classique.

Pour humecter facilement le linge, servez-vous d'un vaporisateur ou d'un brumisateur à plantes. Faites-le à l'eau tiède plutôt qu'à l'eau froide ; il s'humectera plus régulièrement, plus vite, et se repassera plus facilement.

Si vous disposez d'un sèche-linge, réglez le programme de séchage de façon à conserver au linge un degré d'humidité vous permettant d'entreprendre le repassage sans avoir à humecter le linge.

REPASSAGE DES TISSUS SPÉCIAUX

Broderie et dentelle : à repasser sur l'envers avec un fer à vapeur et poser sur une serviette éponge.
Coton : se repasse facilement avec un fer chaud et s'il est très fripé à la vapeur ou à la pattemouille.
Laine : repassez sur l'envers avec un fer à vapeur ou une pattemouille. L'humidité fait gonfler la fibre de laine. Pour obtenir un travail net et bien plat, il faut ensuite repasser à sec.
Lamés : attention ! faire un essai sur une chute ou une couture invisible. Ils sont très souvent fragiles à la chaleur.
Nylon : peu ou pas de repassage.
Polyesters : ils supportent le repassage au fer à vapeur.
Soie : repassez sur l'envers le plus humide possible.
Tissus pelucheux : avec un fer mini-pressing, repassez à la verticale, à distance, puis secouez le vêtement pour redonner le gonflant initial.
Tricots : avec une presse à repasser à vapeur, placez le tricot sur la planche et donnez de la vapeur. Le tricot retrouvera tout son gonflant. Au fer à repasser ne faites pas de mouvement de va-et-vient. Pour conserver sa forme au tricot, pressez simplement en soulevant le fer pour le déplacer.
Velours côtelé : repassez sur l'envers sur une surface moelleuse avec un fer à vapeur et sans appuyer.

CAS PARTICULIERS

Ourlet avec embu : jamais de mouvement de va-et-vient. Posez le fer perpendiculairement à l'ourlet, déplacez-le ainsi tout au long de l'ourlet pour résorber l'embu.
Fronces : repassez sur l'envers, du bord vers le centre.
Plis : repassez sur l'envers, de la taille vers l'ourlet. Pour faciliter le repassage, épinglez les plis sur la planche. Si le tissu est très glissant, passez un fil à bâtir pour mieux les maintenir.
Fermetures à glissière : fermez-les. Retournez le vêtement sur l'envers. Si les mailles de la fermeture sont en plastique et fondent donc à la chaleur, repassez les rubans de chaque côté, puis repassez sur l'endroit ; selon les tissus, utilisez une pattemouille pour éviter le lustrage.
Coutures : repassez à plat de haut en bas. Attention aux endroits incurvés : pour ne pas déformer le vêtement, posez les arrondis sur le bord de la planche et repassez la partie droite ensuite.
Col : repassez d'abord le dessous, puis le dessus, des pointes vers le centre.
Poignets : repassez d'abord l'envers, puis l'endroit.
Pinces : pour respecter la forme, posez-les sur le bord de la jeannette.

REPASSAGE : COMMENT RÉSOUDRE LES DIFFICULTÉS

Pour bien repasser les broderies ou les décorations en relief, posez-les, l'envers tourné vers vous, sur une serviette éponge.

Repassez les velours et les tissus gaufrés délicatement à la vapeur en pressant légèrement et sans mouvement de va-et-vient.

Pour délustrer un tissu que l'usure et les fréquents repassages ont rendu brillant, disposez sur la partie lustrée une pattemouille humide puis repassez jusqu'à ce qu'elle soit sèche.

Quand vous repassez de grands articles (des draps, par exemple), utilisez l'extrémité la plus large de la planche à repasser. Pour éviter de défraîchir votre repassage, étalez sur le sol une nappe en plastique, qui le protégera de la poussière.

LE PANTALON AU FER

1. Posez à plat chaque fond de poche et repassez.

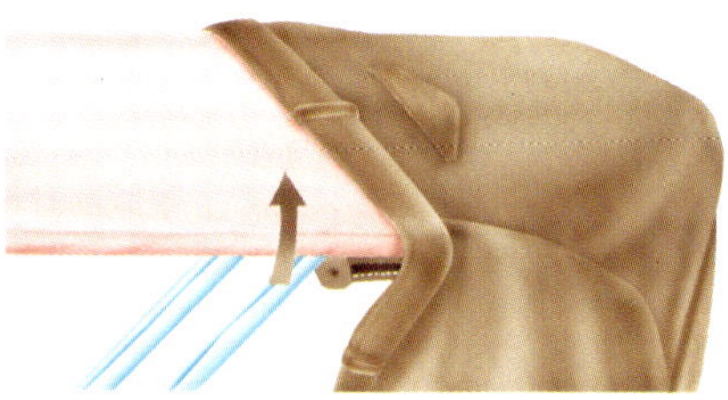

2. Enfilez le haut du pantalon sur la planche et repassez le tour en déplaçant régulièrement le pantalon.

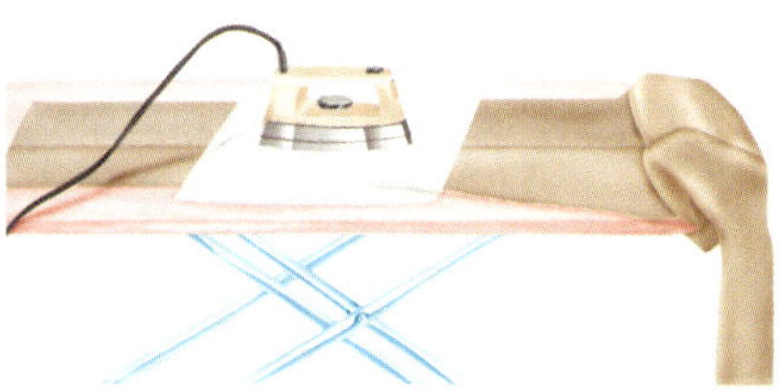

3. Posez le pantalon à plat sur la planche en superposant les jambes. Dépliez la jambe du dessus et repassez l'intérieur de l'autre. Retournez le pantalon et répétez l'opération sur l'autre jambe.

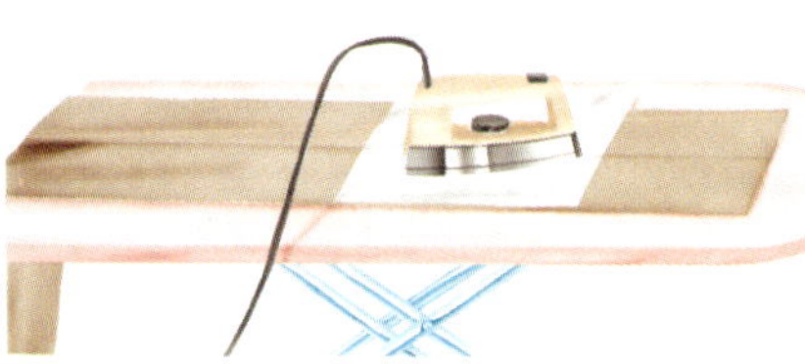

4. Repassez l'extérieur des jambes en marquant bien les plis devant, dans la continuation du pli de la ceinture ou, s'il n'y en a pas, jusqu'à 15 cm de la ceinture.

LE PANTALON A LA PRESSE

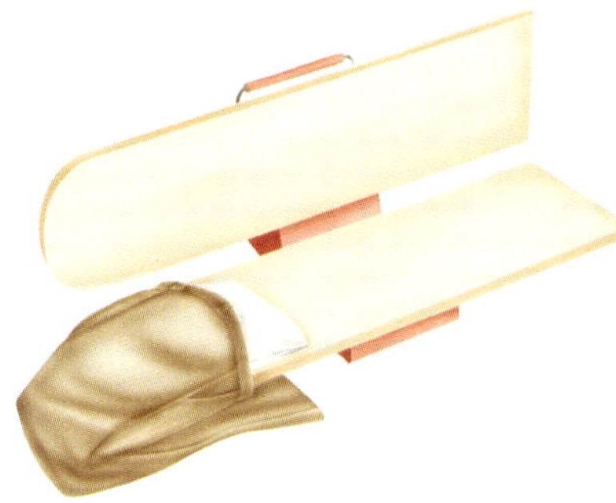

1. Repassez la taille et les plis de la ceinture sur l'extrémité de la planche. Vous pouvez vous aider du coussin à repasser en fonction des plis. Pressez puis ouvrez et ainsi de suite en tournant la taille autour de l'extrémité de la planche.

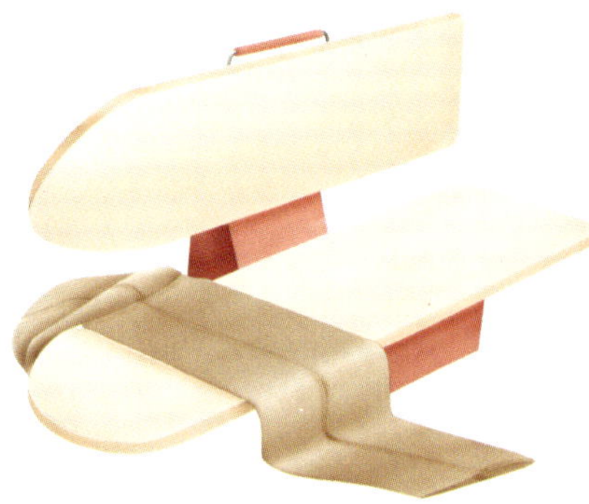

2. Placez l'intérieur de l'entrejambe bien à plat, perpendiculairement à la planche, sur son extrémité en vous aidant de sa forme. Pressez et ouvrez. Faites de même pour la seconde jambe.

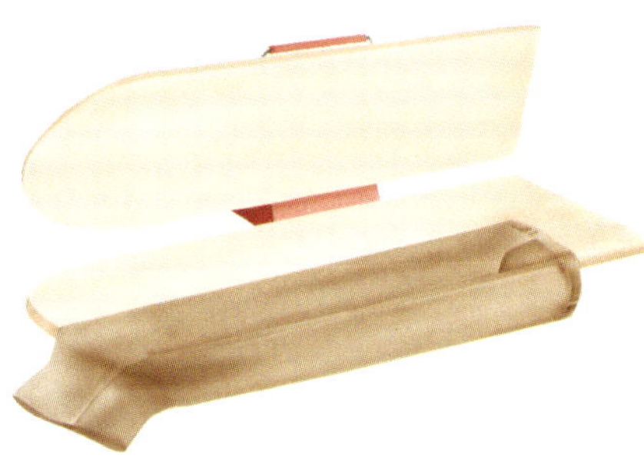

3. Placez le pli avant bien à plat en commençant par le haut, les coutures sur le bord de la planche, la pression ne devant pas s'exercer dessus pour éviter lustrage et marquage. Pressez et ouvrez.

LA CHEMISE AU FER

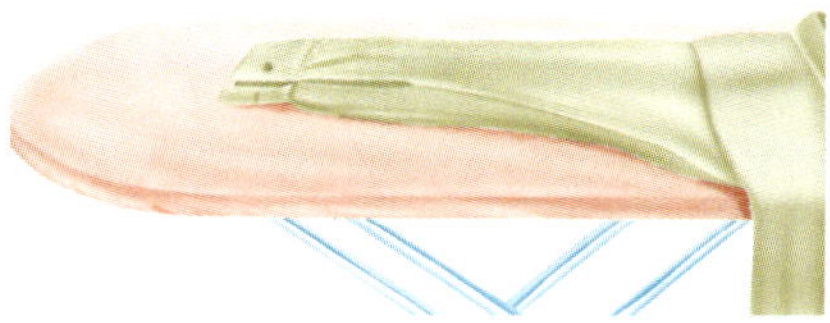

1. Repassez d'abord l'intérieur des poignets, puis l'extérieur. Repassez les manches du côté patte de boutonnage en prenant soin de bien placer les plis s'il y en a. Repassez l'autre côté de la manche.

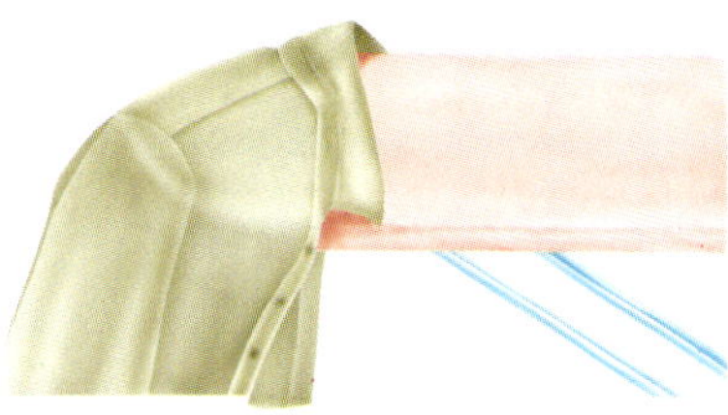

2. Placez une épaule sur l'extrémité étroite de la planche, et repassez l'empiècement en partant de l'emmanchure, le long de l'épaule, jusqu'au milieu du dos. Faites la même chose sur l'autre côté de l'empiècement.

3. Repassez col et pied de col, d'abord sur l'envers, puis sur l'endroit.

4. Repassez un devant, puis le deuxième et finissez par le dos.

LA CHEMISE A LA PRESSE

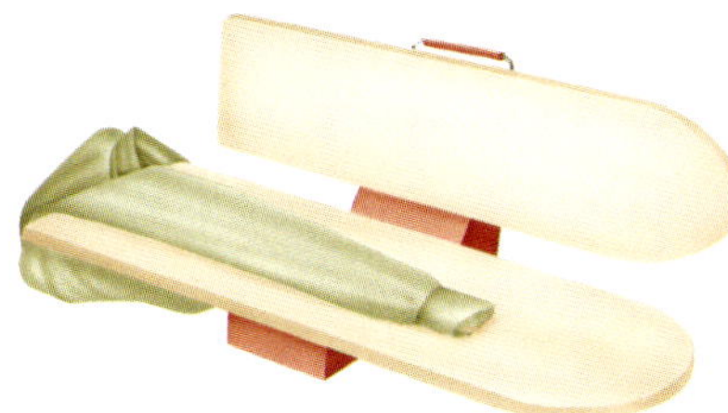

1. Présentez et préparez la manche dans le sens de la longueur. Le pli est formé le long de la couture. Adaptez le haut à la forme de la planche à repasser. Pressez et ouvrez. Faites de même pour la seconde manche.

2. Disposez le devant de la chemise sur la planche. Les coutures de l'épaule et de l'encolure arrivent contre les extrémités de la planche. Tenez le col légèrement pincé entre les doigts pour que l'arrondi de l'encolure soit à plat sur la planche. Pressez.

3. Continuez de la même façon en déplaçant graduellement la chemise contre vous, jusqu'à l'ouverture devant. La couture du col est contre l'extrémité de la planche.

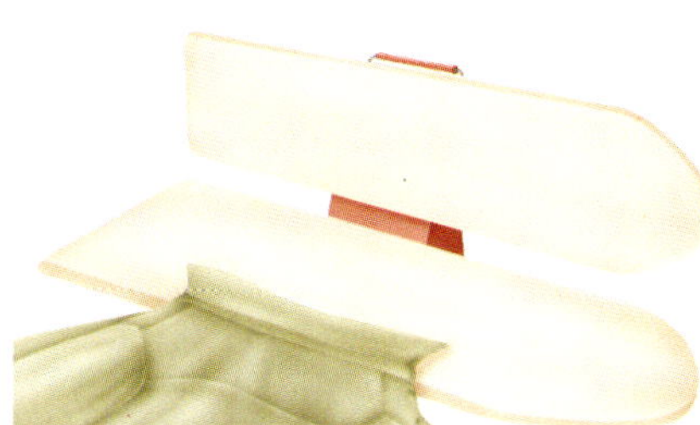

4. Repassez une fois à l'envers et une fois à l'endroit. Étirez bien avec les mains avant de presser.

RANGEMENT DU LINGE

Les petits pièces de linge sont difficiles à ranger correctement et donnent aux étagères de vos armoires un air très désordonné. Vous pouvez y remédier en achetant une série de boîtes de rangement ou en habillant des boîtes à chaussures. Sur chaque boîte une étiquette indiquera le contenu (chaussettes, mouchoirs, foulards, lingerie). Pour que chacun trouve très rapidement ses affaires, prenez soin d'attribuer une couleur de boîte différente à chacun ou, si vous préférez une unité de couleur, marquez chaque boîte des initiales de son propriétaire.

TRANSFORMATION DE VÊTEMENTS

Les bords côtes d'une veste en cuir ou d'un blouson que vous aimez particulièrement sont abîmés ? Bordez les endroits usagés avec une bande de skaï ou de suédine, ou encore avec une tresse de laine. Choisissez un colori assorti ou contrasté.

Pour rajeunir une robe dont vous aimez le coloris et le tissu mais dont le col et les manches sont démodés, transformez-la en robe-chasuble en découpant un décolleté arrondi ou carré. Vous pouvez aussi, tout simplement, en faire une jupe.

Pour lui donner un air plus sportif, s'il est de coupe assez ample, transformez votre chemisier en blouson. Recoupez-le 10 cm au-dessus de la dernière boutonnière et tracez au bord un repli de 3 cm. Dans cet ourlet vous glisserez un élastique. Vous pouvez aussi couper les manches.

Rajeunissez vos joggings, ce sont les bords côtes qui s'usent le plus vite. On trouve maintenant dans le commerce des bords pour col, poignet, cheville ou ceinture de toutes les couleurs.

Pour les poser : recoupez les parties usagées au ras de la couture de montage. Pliez en deux poignets ou bracelets de cheville.

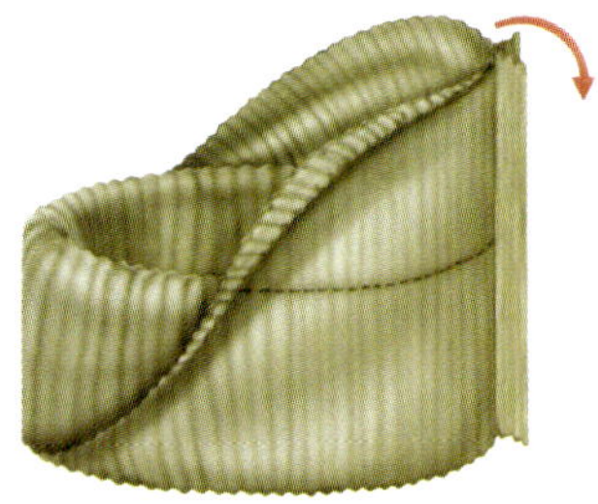

Bâtissez à points lâches.

Divisez en quatre l'ouvrage et le bord côtes.

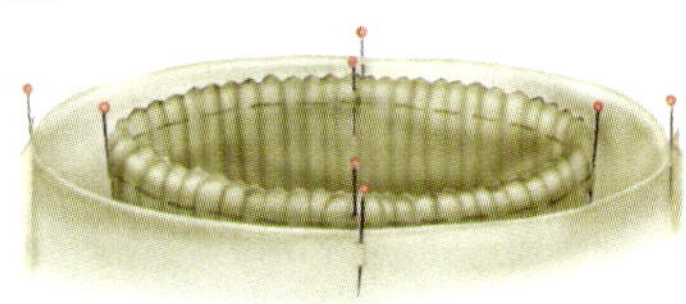

Superposez les divisions et piquez entre les épingles en étirant pendant la couture.

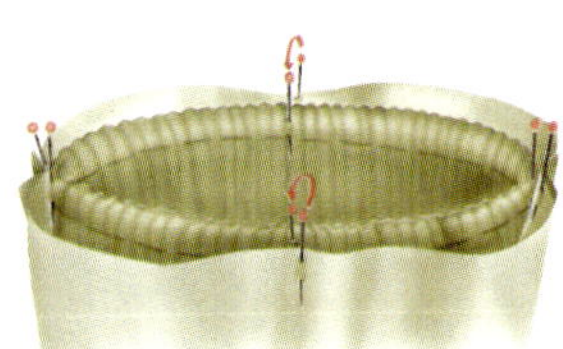

Pour le col, partez toujours du milieu du dos.

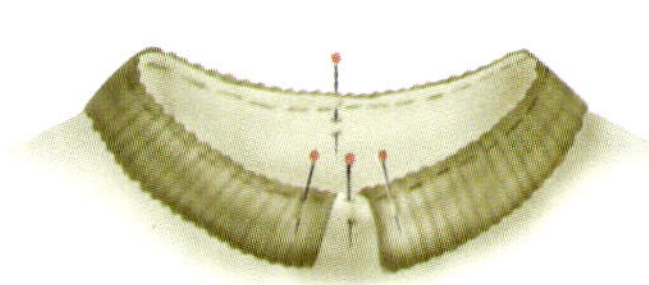

Votre tee-shirt aura un air très romantique si vous l'agrémentez d'un entre-deux.

Ne jetez pas un jupon dont vous ne souhaitez pas remplacer les élastiques. Il peut vous servir à doubler une jupe en lainage.

MATÉRIEL DE COUTURE

Ciseaux à broder. Ces ciseaux à lames courtes et pointues sont utilisés pour découdre une couture, ouvrir une boutonnière, cranter des angles, ou encore couper des fils.

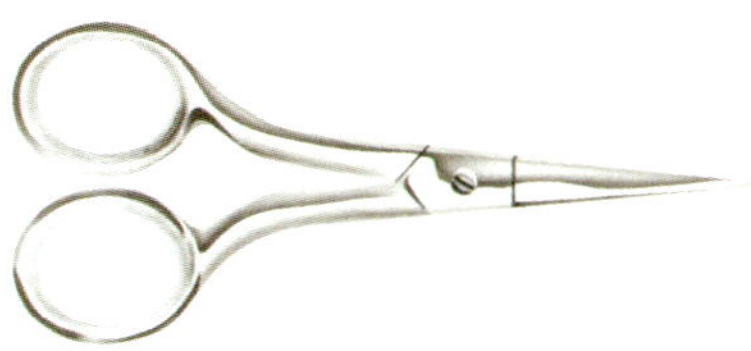

Ils sont indispensables en couture. Pour les conserver en excellent état, réservez-les exclusivement aux travaux de couture. Ne vous en servez pas pour couper du papier ni du carton, il y a des ciseaux spéciaux pour cela. En les rangeant, protégez la pointe en la piquant dans un bouchon de liège si vous avez égaré leur étui.

Dé à coudre. Portez un dé à coudre quel que soit l'ouvrage que vous entreprenez. Choisissez-le bien adapté à votre majeur : rien n'est plus irritant que de le perdre constamment en cours de travail. S'il est un peu grand, doublez-le de ruban adhésif ou de sparadrap jusqu'à ce que vous ayez obtenu la bonne dimension.

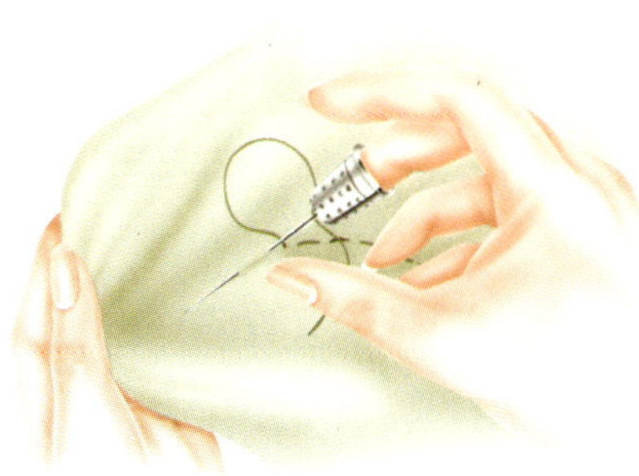

Aiguilles main. Ayez toujours un assortiment de longueurs et de grosseurs variées correspondant aux fils que vous utiliserez pour vos différents travaux. Choisissez-les de bonne qualité, en acier qui ne rouille pas.

Une fois retirées de leur emballage, il est parfois difficile de distinguer les aiguilles à bout pointu de celles à bout rond. Un petit point de vernis à ongle rouge en haut du chas permettra de les identifier aisément.

Si vous devez coudre du tissu plastique, plongez l'aiguille dans du talc, elle ne collera pas.

Enfile-aiguilles. Avez-vous du mal à enfiler vos aiguilles ? Ce petit outil est extrêmement pratique. Introduisez la boucle métallique dans le chas de l'aiguille, passez le fil dans cette boucle, puis tirez : votre aiguille est enfilée.

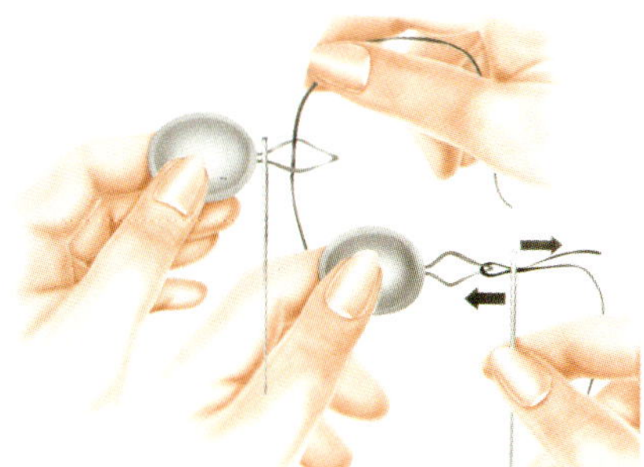

Si vous n'avez pas sous la main un enfile-aiguille, doublez l'extrémité du fil sur environ 5 cm. Roulez les deux épaisseurs entre vos doigts. Vous aurez ainsi raidi l'extrémité qui sera plus facile à passer dans le chas de l'aiguille.

Aimant. C'est un accessoire très commode pour ramasser facilement aiguilles et épingles. Attachez-le au bout d'une ficelle et « promenez-le » sur le sol si vous avez renversé votre boîte d'épingles. Vous n'aurez pas ainsi à vous baisser.

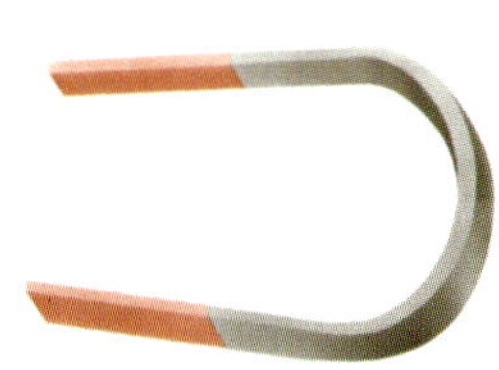

Fils. Pour éviter le désordre dans votre boîte à couture, il faut avant tout que les fils ne s'emmêlent pas. La plupart des bobines comportent à une extrémité un intervalle interdisque qui permet de coincer le fil. Si vous avez des bobines plus anciennes, vous trouverez une encoche sur un des côtés.

Outre les fils des coloris les plus classiques, ayez toujours une bobine de fil transparent qui s'assortit aux coloris moins courants.

Pour empêcher le fil de vriller lorsque vous cousez, utilisez des aiguillées de longueur raisonnable. Mieux vaut enfiler plusieurs fois l'aiguille que de se débattre avec des nœuds et perdre patience avant de finir son ouvrage.

Fermeture à glissière. Lorsqu'une fermeture à glissière est récalcitrante, mettez un peu de savon sur les mailles.

Si votre fermeture a perdu la patte du curseur, remplacez-la par un petit trombone. Camouflez celui-ci en enroulant autour du fil de la couleur du vêtement.

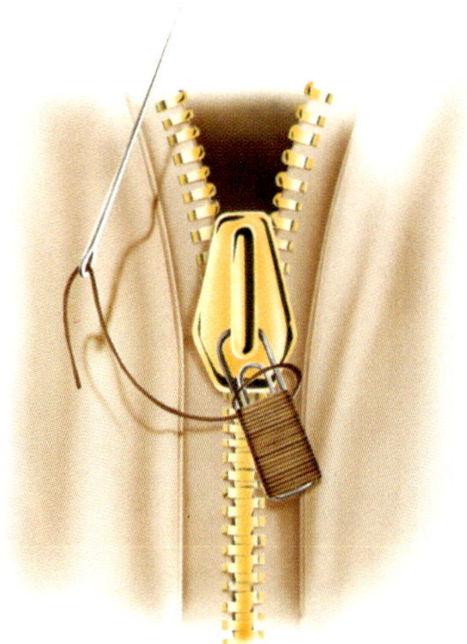

Boutons. Lorsque vous récupérez les boutons d'un vêtement usagé, réunissez-les en les glissant sur une grande épingle de sûreté ou sur un fil de cordonnet. Vous les retrouverez ainsi plus facilement lorsque vous en aurez besoin.

Il existe des boutons de toutes les formes, de toutes les tailles, de toutes les matières et de toutes les couleurs. On trouve de plus en plus de boutons teints, mais ils résistent souvent assez mal au lavage ; il est conseillé de les découdre avant de laver le vêtement sur lequel ils sont cousus.

Pour bien coudre un bouton plat, insérez un cure-dents entre le tissu et le bouton pendant que vous piquez dans les trous. Procédez de même lorsque la queue d'un bouton est trop petite pour l'épaisseur du tissu.

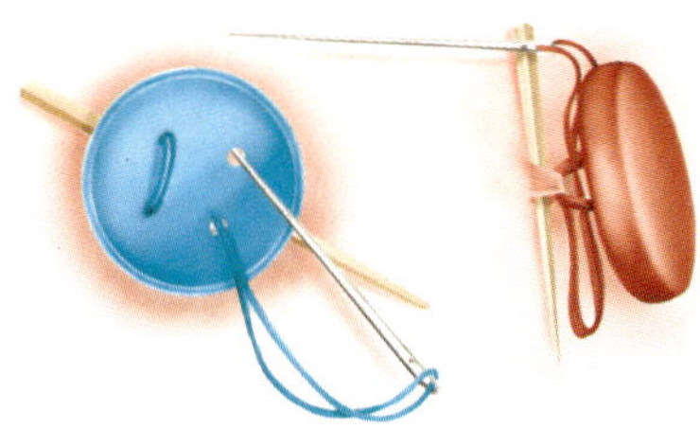

Pour boutonner plus aisément vos ceintures, vous pouvez fixer les boutons avec du Lastex lorsque le coloris le permet. Le Lastex existe dans un certain nombre de coloris classiques : noir, blanc, brun, rouge.

Prenez une aiguille dont le chas permet le passage du filé Lastex et dont le diamètre passe facilement dans les trous du bouton. Deux passages suffisent. Passez le Lastex sur l'envers et faites un nœud pour arrêter la couture.

Vous pouvez coudre des boutons à quatre trous en croix, en carré, en flèche ou en lignes parallèles.

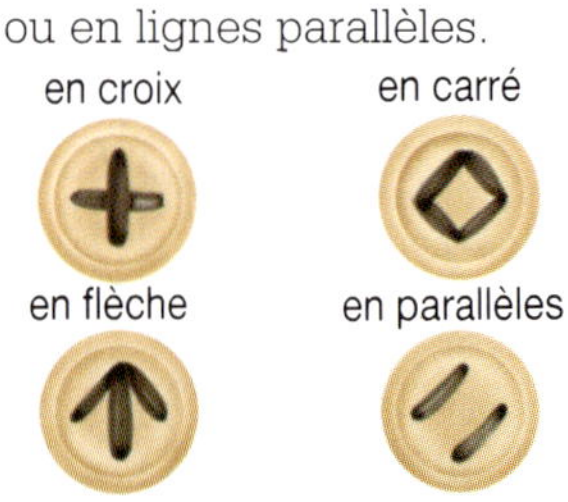

POSE DE BOUTONS-PRESSION ET AGRAFES

Boutons-pression

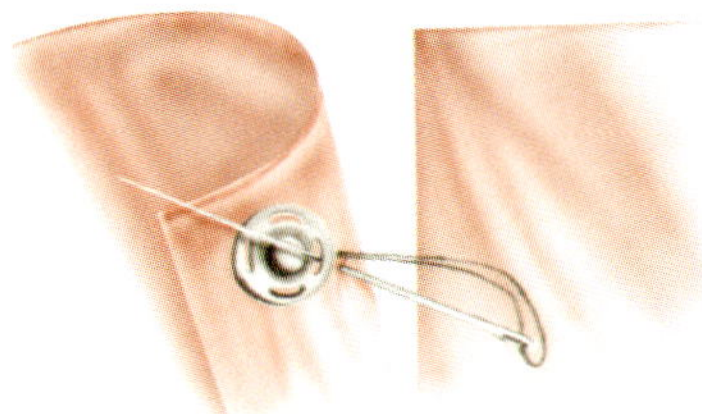

1. Cousez d'abord la partie supérieure de la pression (celle qui possède une petite tête). Posez-la à au moins 6 mm du bord. Faites un point dans le tissu à l'emplacement prévu, puis passez dans le premier trou de la collerette.

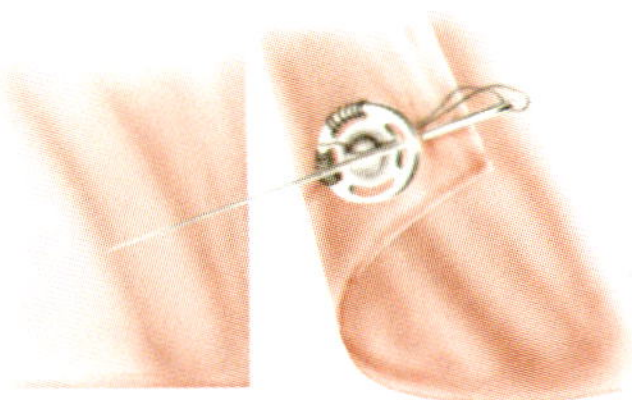

2. Dans chacun des trous de la collerette, faites cinq points et arrêtez le fil en superposant plusieurs points dans l'épaisseur du tissu, sans que ceux-ci apparaissent sur l'endroit.

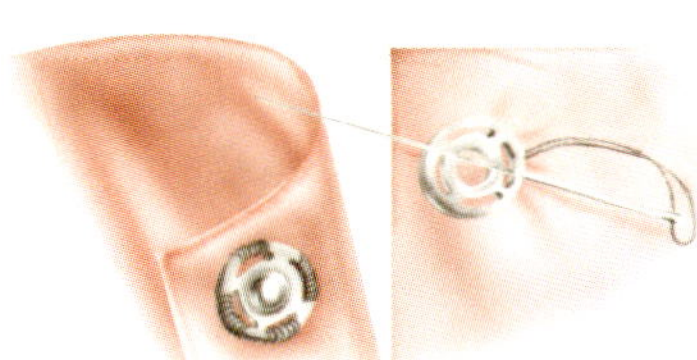

3. Enduisez la petite tête de la pression avec de la craie de tailleur. Superposez l'ouverture de l'ouvrage et appuyez pour marquer l'emplacement sur le deuxième côté. La craie laisse un petit point blanc sur lequel sera posée exactement l'autre partie de la pression.

Agrafes

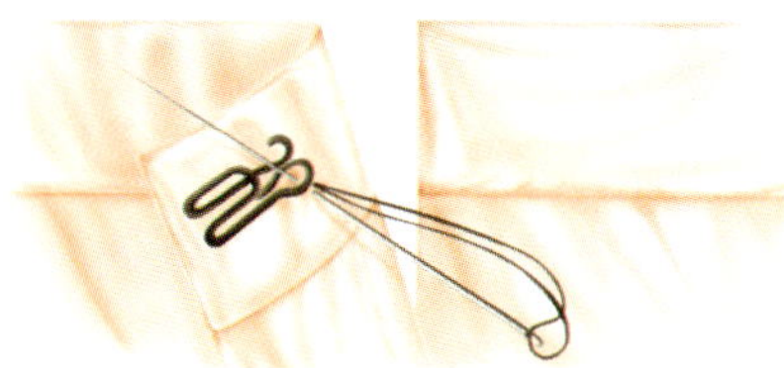

1. Posez le crochet sur l'envers du vêtement, le haut à 3 mm du bord. Fixez le haut sous le crochet par un point. Piquez l'aiguille dans le tissu puis dans le premier anneau. Faites cinq à six points et procédez de même dans le deuxième anneau.

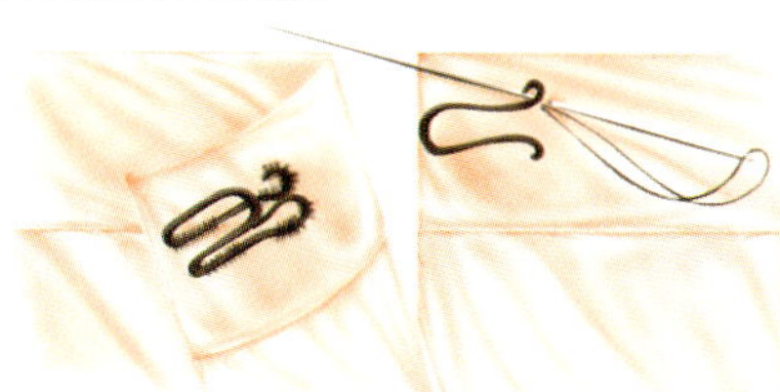

2. Passez l'aiguille dans le tissu pour la ramener dans le haut de l'agrafe. Faites cinq points et arrêtez le fil. Déterminez l'emplacement de la bride et fixez-la en passant dans chaque anneau.

3. Si l'agrafe est placée bord à bord, cousez d'abord l'agrafe, le haut à 1 mm du bord puis, bien en face, la porte, qui sera cousue en passant dans chaque anneau et par quelques points dans le haut.

Si vous avez une série de boutons à coudre, et que vous deviez utiliser pour tous du fil de la même couleur, fixez-les à la machine, cela vous fera gagner du temps.

Si un bouton se découd continuellement, regardez les trous, l'un d'eux doit avoir un léger défaut « coupant ». Il peut en être de même s'il s'agit d'un bouton à anneau. Mettez un peu de vernis à ongles incolore sur le défaut pour atténuer les effets coupants.

Prolongez le lustre des boutons de nacre en les recouvrant d'une fine couche de vernis à ongles incolore.

Si vous devez acheter de nouveaux boutons, prenez la précaution de mesurer l'ouverture de la boutonnière. Si le bouton que vous achetez est plat, il devra avoir un diamètre de 2 mm inférieur à l'ouverture de la boutonnière ; s'il est bombé ou d'une forme fantaisie, il faudra tenir compte de son épaisseur et l'ajouter au diamètre.

En déplaçant un bouton, ne prenez pas le risque de couper le tissu de votre vêtement. Glissez un peigne entre le bouton et le tissu, et, avec un cutter ou une lame de rasoir, coupez le fil au-dessus du peigne.

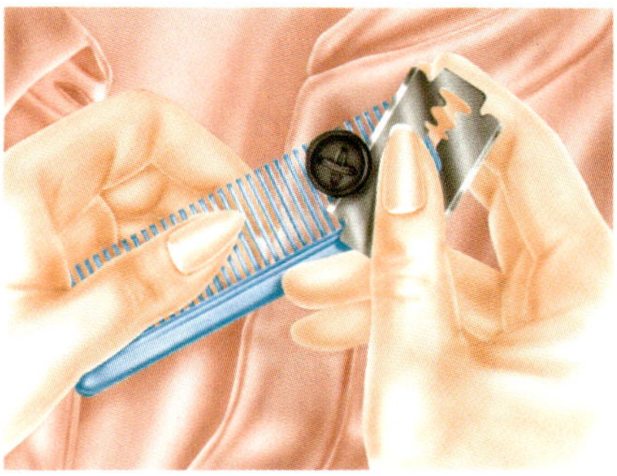

MACHINE A COUDRE

Pour éviter, en cours de couture, d'avoir fils et chutes de tissus qui traînent partout, fixez un sac plastique à l'aide d'un ruban adhésif double face sur le côté du plateau de votre machine. Vous aurez à portée de main votre « poubelle ». Il suffira, à la fin du travail, de déplacer le sac sur l'avant de la machine, sous la plaque glissière, pour nettoyer à l'aide d'un pinceau le crochet de la machine : la bourre du fil accumulée tombera directement dans le sac plastique.

Si les patins en caoutchouc de votre rhéostat n'adhèrent pas suffisamment sur votre parquet bien ciré ou sur votre moquette, placez-le sur un petit tapis de mousse pour l'empêcher de se déplacer en cours de travail.

Si vous avez peu de couture à faire, surtout dans un coloris fantaisiste, ne remplissez pas la canette à ras bord, vous gâcheriez du fil.

Ne superposez pas différentes couleurs de fil sur une même canette, c'est aussi gâcher du fil et vous pouvez avoir un point de piqûre irrégulier.

ARRONDIR UN OURLET

Si vous devez arrondir l'ourlet de quelqu'un, ne vous baissez pas inutilement : faites monter la personne sur une table.

Pour arrondir un ourlet avec une règle, ne vous fatiguez pas les yeux ; vous placerez les épingles de marquage toujours à la bonne hauteur si vous posez sur la règle une petite bande élastique à la hauteur souhaitée. Vous pouvez aussi marquer la hauteur de l'arrondi avec de la craie de tailleur.

Dans le cas où il s'agit simplement de raccourcir un ourlet dont l'arrondi est parfait, vous pouvez vous servir d'un gabarit en carton. Il suffira de reporter cette mesure tout autour du vêtement.

Lorsque vous êtes obligé de raccourcir un vêtement d'enfant, ne coupez pas le tissu. Marquez aux épingles la hauteur à replier, faites un pli avec l'excédent du tissu et bâtissez-le entre les épingles et l'ourlet du vêtement. Piquez à la machine au point droit en allongeant la longueur du point. Repassez le pli vers l'ourlet. Pour rallonger le vêtement, défaites la piqûre. Si votre machine fait le point de chaînette, utilisez-le pour coudre ce pli provisoire, il sera plus vite défait lorsque vous aurez besoin de rallonger le vêtement.

COMMENT REFAIRE UN OURLET

1. Avec des petits ciseaux pointus, défaites l'ancien ourlet. Repassez.

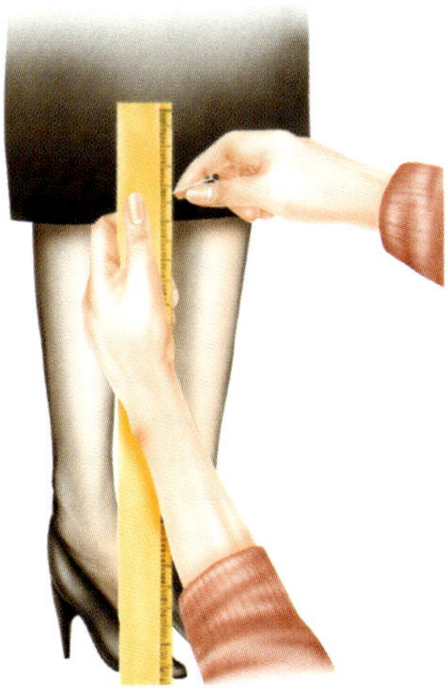

2. Demandez à quelqu'un de vous aider à mesurer avec une règle plate en partant du sol la hauteur désirée et marquez le nouvel ourlet avec des épingles ou à la craie. Pour faire correctement le tracé, portez le vêtement avec les sous-vêtements et les chaussures qui l'accompagneront.

3. Pliez le tissu sur la ligne de marquage et fixez-le à 2 cm de la pliure. Repassez légèrement la nouvelle cassure.

4. Passez le vêtement pour vérifier la hauteur et l'arrondi. Rectifiez si besoin.

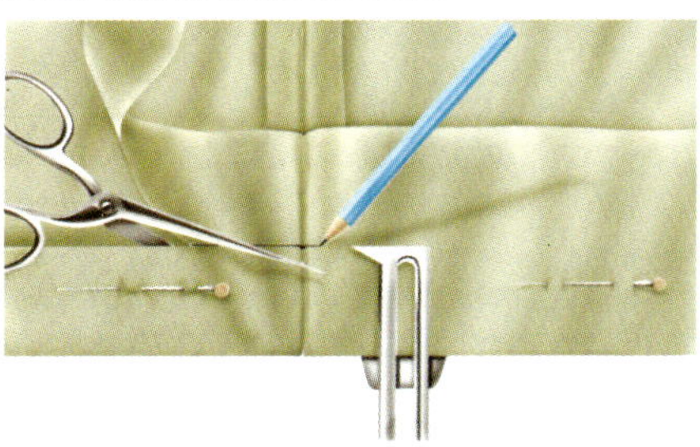

5. Retaillez la valeur de l'ourlet sur une hauteur de 5 cm environ. Pour vous faciliter le travail, servez-vous du gabarit.

6. Si le tissu s'effiloche, repliez 1/2 cm et fixez le repli par une piqûre machine. Vous pouvez aussi surfiler le bord au point de zigzag serré ou au point de zigzag multiple.

7. Cousez l'ourlet soit au point coulé à la main, avec de petites aiguillées pour éviter la formation de nœuds, soit au point invisible à la machine.

POINT COULÉ (main)

Il s'agit d'un point pratiquement invisible sur l'endroit. Pour l'exécuter, piquez une seule épaisseur de tissu à la fois en ne prenant qu'un ou deux fils de l'étoffe. Bâtissez l'ourlet à 1 cm du bord. Faites le point caché en retrait de 4 à 5 mm du bord et maintenez les quelques millimètres repliés avec le pouce pendant l'exécution. Pour commencer, faites un nœud et un point arrière. Le point coulé se fait de droite à gauche.

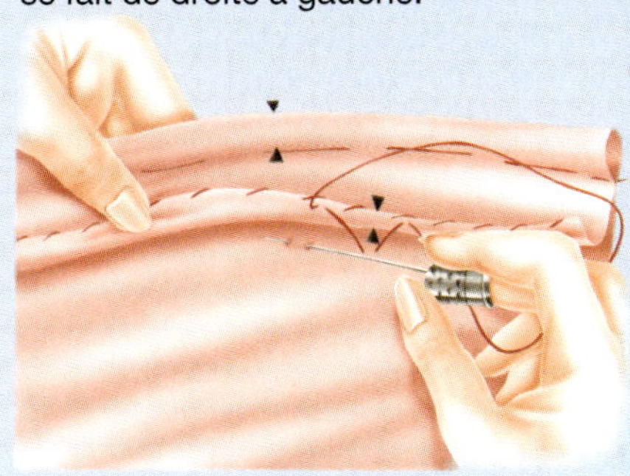

POINT INVISIBLE (machine à coudre)

Préparez l'ourlet en le repliant deux fois de suite. Positionnez les sélecteurs de la machine sur « point caché » (largeur du point : de 1 à 2 mm ; longueur du point : moyenne) et desserrez un peu la tension pour laisser de la souplesse au point. Présentez l'ourlet sous la machine. Les points droits se trouvent sur le repli de l'ourlet, le jeté vient prendre un fil du vêtement, ce qui donne un point invisible sur l'endroit.

Il est important de laisser de la souplesse au fil pour que les points soient très lâches, même si cela nuit à leur régularité. La netteté de l'endroit du travail en dépend.

FINIS LES FAUX PLIS

Lorsque vous rallongez un vêtement, la cassure de l'ourlet reste souvent visible, de nombreux repassages et l'usure du bord laissant une marque indélébile.

Pour un vêtement en coton, lin, jean, une surpiqûre décorative camouflera la marque.

Pour masquer la marque blanche imprimée par un pli ancien sur un jean, badigeonnez-la avec un peu d'encre indélébile diluée dans de l'eau et appliquée au pinceau. Laissez sécher.

REPRISE

La reprise à la main

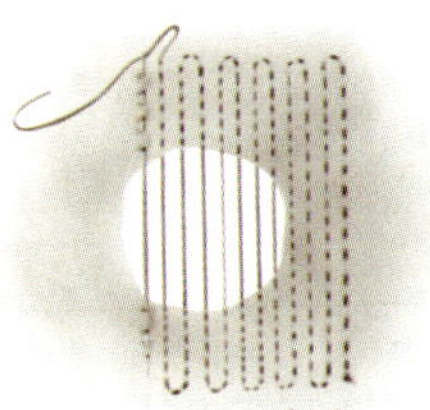

Les points de reprise devront dépasser les bords de la déchirure de 1 cm. Commencez par plusieurs rangées de points avant dans le tissu, puis tendez les fils le plus près possible les uns des autres pour reconstituer les fils de chaîne. Faites ce même travail dans l'autre sens en veillant à passer l'aiguille une fois au-dessus, une fois en dessous de chacun des fils tendus et en alternant à chaque rang. Vous reconstituerez ainsi le tissage.

La reprise à la machine

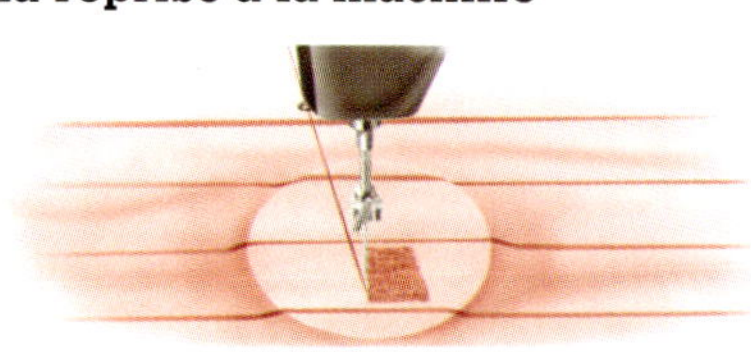

Retirez le pied presseur (ou installez votre pied presseur à repriser) et utilisez un cercle à broder. Posez l'endroit du tissu au-dessus. Déplacez régulièrement le cercle d'avant en arrière pour tendre une série de fils au-dessus du trou. Sur ces fils, faites un deuxième passage perpendiculairement.

REPRENDRE UNE COUTURE

Pour reprendre à la machine une couture défaite, piquez en mordant sur les piqûres anciennes au début et à la fin de la réparation.

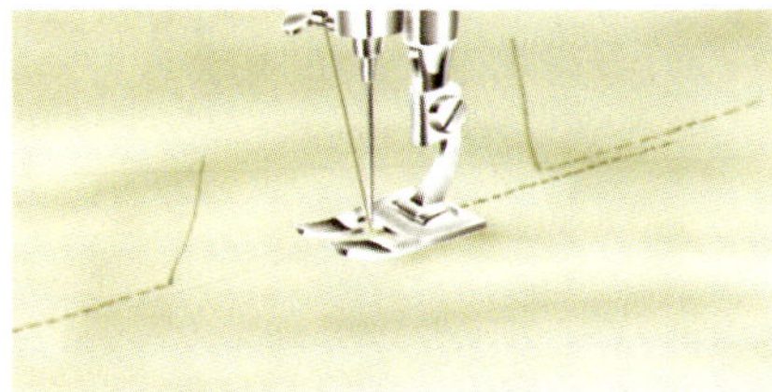

Si vous faites ce travail à la main, cousez à petits points arrière en arrêtant la couture solidement au début et à la fin.

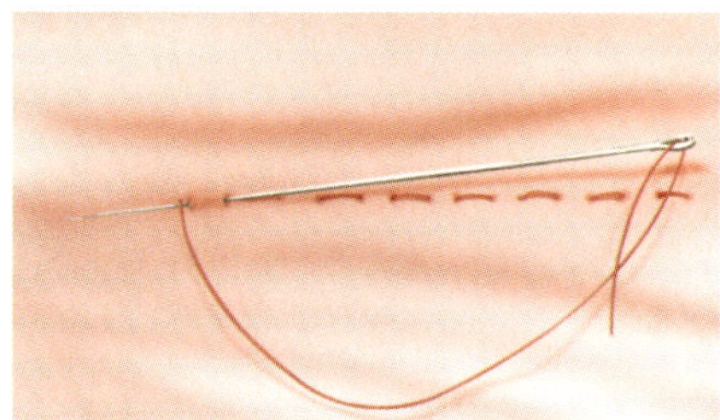

Pour un vêtement en lainage, la surpiqûre n'est pas toujours possible. Pensez à utiliser galons ou liserés que vous pourrez rappeler sur une autre partie du vêtement, aux bords côtes des manches, par exemple.

RÉPARER UN ACCROC

Si vous devez réparer un accroc, rapprochez les bords de la déchirure en plaçant sur l'envers un petit rectangle de percale thermocollante, puis à l'aide du point de zigzag multiple de votre machine à coudre, faites un passage de points assez rapprochés. Pour un travail fin, utilisez du fil à broder à machine n° 30.

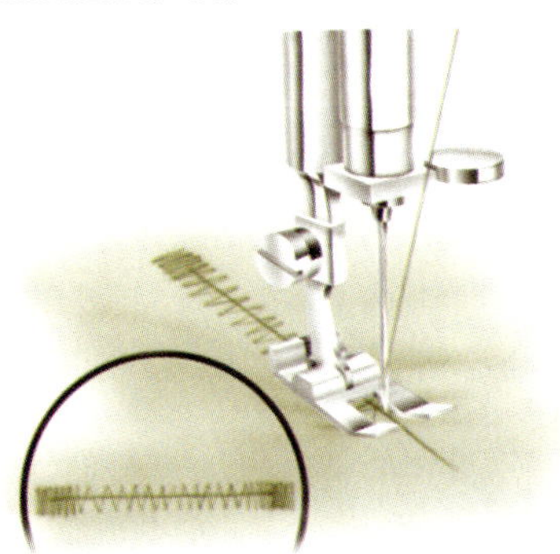

POSER UNE PIÈCE

Pour prévenir ou pour guérir l'usure des coudes et genoux, posez des pièces en cuir ou en skaï. Pour cela, défaites en partie la couture de la manche ou de la jambe du pantalon. Épinglez la pièce à l'endroit voulu et piquez tout autour au point droit ou au petit point de zigzag.

Pour poser une pièce dans le même tissu, coupez le tissu neuf 3 cm plus grand que l'endroit déchiré.

Posez le centre de la pièce sur l'endroit à réparer. Bâtissez. Fixez le bord vif de la pièce au point de zigzag multiple.

Sur l'envers, découpez la partie usagée à 1/2 cm du point de zigzag et maintenez le bord par un point de zigzag multiple.

Pour poser une pièce thermocollante, glissez un peu de papier d'aluminium sous le trou à réparer pour que la pièce ne colle pas à la housse de la planche à repasser.

CEINTURES

Pour ranger facilement les ceintures, vissez des crochets sur la traverse d'un cintre en bois. Elles seront bien visibles et vous pourrez faire rapidement votre choix sans avoir à fouiller dans le fond d'un tiroir !

Protégez les boucles des ceintures ; enduisez-les de quatre couches de vernis à ongles incolore. Laissez sécher entre les couches.

CHAUSSURES

Ne vous fiez pas à la seule pointure quand vous achetez des chaussures, les pointures varient selon les formes et les fabricants. Faites quelques pas dans le magasin. Si vos pieds ont tendance à enfler à la chaleur ou vers la fin de la journée, essayez une demi-pointure supérieure.

Ne portez pas des chaussures neuves avant de les avoir cirées. Mieux encore, vaporisez-les avec un produit spécial que votre chausseur vous recommandera pour imperméabiliser et prévenir les taches, généralement à base de silicone.

Les semelles de cuir neuves sont glissantes. Frottez-les avec du papier de verre ou sur une surface en béton rugueuse.

Si vos chaussures sont un peu étroites, frottez-en l'intérieur avec un coton imbibé d'alcool. Ensuite portez-les pendant quelques minutes, ou placez-les sur des embauchoirs pendant au moins 2 jours.

Vous rêvez de lacets qui ne se défont pas à tout bout de champ ? Mouillez-les avant de les nouer.

Pour soutenir la tige de vos bottes, attachez ensemble à l'aide d'un ruban adhésif des cylindres en carton d'essuie-tout. Ou bien, surtout si les bottes sont souples, suspendez-les avec des crochets spéciaux.

Ne portez pas les mêmes chaussures 2 jours de suite. Laissez-les retrouver leur forme (si possible sur des embauchoirs) et perdre les odeurs dont elles sont imprégnées.

ENTRETIEN DES CHAUSSURES

En hiver, lorsque les rues sont salées pour prévenir les plaques de gel, le sel fait des auréoles sur les chaussures. Pour les traiter, diluez 1 cuillerée à soupe de vinaigre dans un verre d'eau.

Chaussures mouillées ? Remplissez-les de bouts de papier journal froissé et laissez sécher loin d'une source de chaleur, et surtout pas au soleil. Lorsqu'elles sont sèches, appliquez un cirage pour nourrir le cuir.

Maquillez les éraflures en passant du crayon feutre indélébile. Le correcteur liquide pour machine à écrire est idéal pour masquer les tâches sur le cuir blanc. Pour le cuir noir, essayez l'encre de Chine.

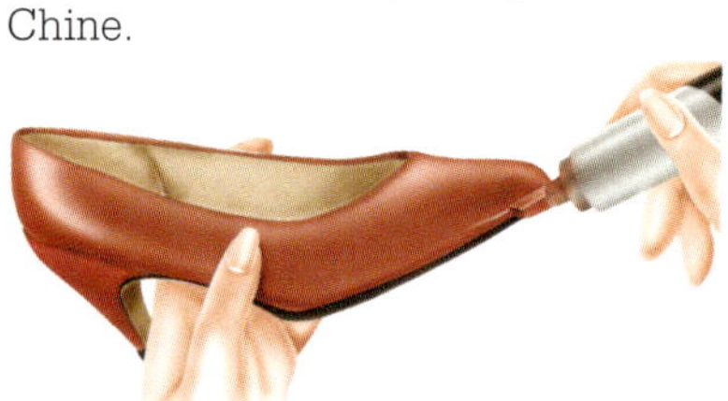

Les petites marques sur le cuir peuvent être enlevées avec une gomme à dessin de bonne qualité.

Enlevez le goudron ou la graisse sur des chaussures blanches avec du dissolvant à vernis à ongles.

Les jupes ou pantalons de flanelle, les chemises de nuit ou pyjamas molletonnés usagés font de merveilleux chiffons pour faire briller les cuirs des chaussures, bottes et sacs.

Nettoyez les chaussures en cuir verni avec un soupçon de vaseline, puis faites briller.

Le cirage a durci ? Mettez la boîte métallique dans un bol d'eau chaude : le cirage s'amollira.

Ne vous salissez plus les mains lorsque vous cirez des sandales ; glissez la main qui soutient la chaussure dans un sac de plastique.

CHAUSSURES EN DAIM

Pour redresser le poil du daim et garder à vos chaussures l'apparence du neuf, brossez-les régulièrement avec une brosse spéciale daim, ou avec une brosse à poils raides.

En conduisant, l'arrière de la chaussure s'abîme souvent. Avec du papier émeri très fin, vous pourrez réparer ce dommage.

Tenez les chaussures en daim au-dessus d'une casserole d'eau bouillante. Quand le poil s'est redressé à la vapeur, frottez-le avec une brosse douce dans un sens seulement. Attendez que les chaussures soient sèches pour les porter.

CHAUSSURES DE TOILE

Avant de les porter, vaporisez-les d'un produit imperméabilisant. Vous pouvez aussi les amidonner.

Nettoyez les espadrilles en toile avec du shampoing à tapis en vaporisateur ; brossez, laissez sécher, puis brossez de nouveau à sec.

BAS ET COLLANTS

Les collants durent plus longtemps lorsqu'on les congèle après l'achat. Passez-les sous le robinet, essorez-les et mettez-les au congélateur dans des sacs de plastique individuels. Quand vous en avez besoin, décongelez-les et laissez-les sécher.

Si vous les amidonnez légèrement, bas et collants fileront moins facilement et s'enfileront bien mieux.

Arrêtez une maille qui file avec du savon humide, de la laque à cheveux ou du vernis à ongles incolore.

SACS A MAIN

Pour que les sacs en cuir conservent leur forme, bourrez-les de papier ou de plastique. Enveloppez-les séparément dans un sac de flanelle ou une taie d'oreiller : le cuir ne s'abîmera pas.

Pour faire briller un sac en cuir verni, vaporisez-le de lave-vitres et frottez avec un essuie-tout.

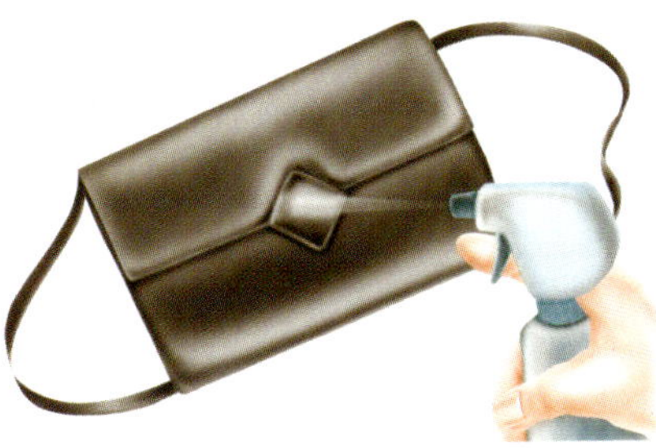

Mettez du vernis à ongles incolore sur les ferrures métalliques de votre sac : elles ne terniront pas.

De temps à autre, nettoyez et traitez les portefeuilles en cuir. Passez un linge doux imbibé d'eau savonneuse ou appliquez un produit spécial incolore avec un chiffon sec.

Si la courroie d'un sac s'est brisée, pensez à la remplacer par une chaîne à gros maillons.

GANTS

Lorsque vous essayez des gants, vérifiez la pointure en serrant le poing : vous ne devez pas avoir à forcer. Assurez-vous que l'ouverture arrive au poignet et que les piqûres sont fines, régulières et bien arrêtées.

Pour garder aux gants leur aspect neuf, étirez-en les doigts chaque fois que vous les enlevez.

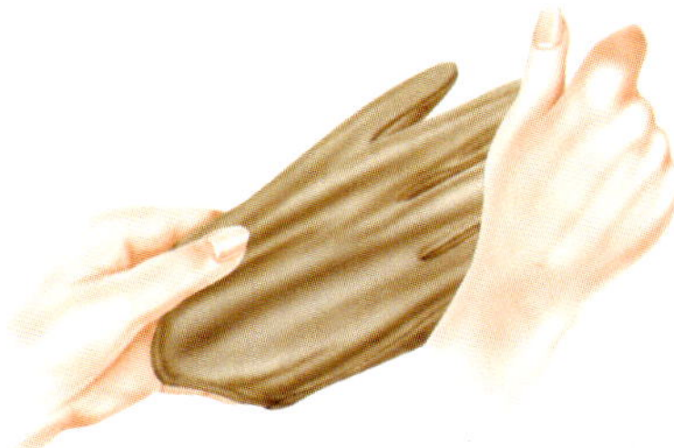

Si vos gants de cuir sont tachés, frottez-les avec une gomme à dessin. Pour faire disparaître les taches de graisse, poudrez-les de fécule de maïs et attendez 12 heures avant de brosser.

CHAPEAUX

Brossez la bande intérieure en cuir des chapeaux avec de la paraffine fondue pour empêcher le sébum et la saleté de s'y accumuler.

Périodiquement, brossez et essuyez les chapeaux de paille avec une éponge légèrement humide. S'ils sont très sales, passez-les à l'aspirateur.

Pour redonner de l'éclat à la paille, étendez une mince couche de glycérine ou de laque à cheveux.

Plongez un chapeau de paille déformé dans l'eau salée, mettez-le en forme à la main, et laissez-le sécher.

Après avoir lavé un béret, empêchez-le de rétrécir en l'enfilant sur une assiette pour le faire sécher.

Pour préserver la beauté du feutre, brossez le chapeau doucement après chaque usage et rangez-le dans un sac de plastique.

La pluie a-t-elle marqué le feutre ? Épongez les gouttelettes d'eau avec du tissu éponge, puis frottez les marques avec du papier de soie en adoptant un mouvement circulaire.

Passez quelques secondes à la vapeur un chapeau de feutre défraîchi et brossez dans le sens du poil.

Une boîte à café vide : voilà une forme à chapeau toute trouvée.

FOURRURES

Les belles fourrures sont lustrées et brillantes ; elles présentent des dessins uniformes et une couleur franche. Demandez s'il s'agit de pleines peaux ou de morceaux ; les premières sont plus chères.

Le manteau doit être agréable à porter, léger et assez grand pour être enfilé par-dessus chandails et vestes.

Suspendez le manteau sur un cintre large et bien galbé et ne le tassez pas dans une penderie ; la fourrure a besoin de respirer.

Ne rangez jamais un manteau de fourrure dans un sac de plastique, mais dans une housse en coton.

Le soleil et la chaleur décolorent la fourrure et la dessèchent.

Si la fourrure est mouillée, secouez le manteau et suspendez-le dans un endroit bien aéré, loin du soleil et de la chaleur.

La fourrure absorbe les odeurs. Évitez la proximité des boules à mites et des vaporisations de parfum.

Ne portez pas de bijoux lourds, qui frotteraient toujours au même endroit sur la fourrure.

Comme le nettoyage dessèche la fourrure, faites nettoyer votre manteau tous les 2 ans seulement. Les fourrures à poils longs (castor, chat sauvage et renard) demandent un nettoyage annuel.

CRAVATES

Laissez couler l'eau chaude de la douche ou de la baignoire dans la salle de bains et suspendez les cravates en soie défraîchies. Ou mettez un linge mouillé autour de la semelle du fer à repasser positionné sur vapeur et passez-le au-dessus de la cravate.

Une tache d'eau sur votre cravate en soie ? Laissez-la sécher, puis frottez-la avec un coin dissimulé de la cravate. Le traitement est efficace.

BIJOUX

Y a-t-il un nœud dans votre chaîne en or ? Saupoudrez-le de talc et défaites-le. S'il résiste, mettez une goutte d'huile pour le corps sur une feuille de papier sulfurisé, déposez-y le nœud, et, avec deux épingles, essayez de le dénouer. Nettoyez la chaîne dans de l'ammoniaque ou de l'eau savonneuse.

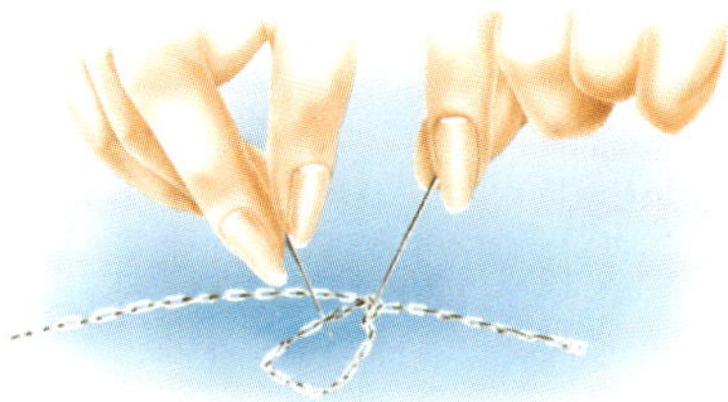

Attention ! l'eau chlorée des piscines attaque les bijoux en or.

Ne risquez pas de vous tacher la peau avec des bijoux fantaisie qui se sont oxydés. Nettoyez-les avec soin, puis enduisez d'une fine couche de vernis à ongles transparent les parties qui touchent votre peau.

Un bac à glaçons compartimenté est idéal pour ranger bagues et boucles d'oreilles.

Piquez les boucles pour oreilles percées dans une plaque de liège ou une feuille de mousse. Vos boucles d'oreilles seront ainsi rangées par paires dans votre coffret à bijoux.

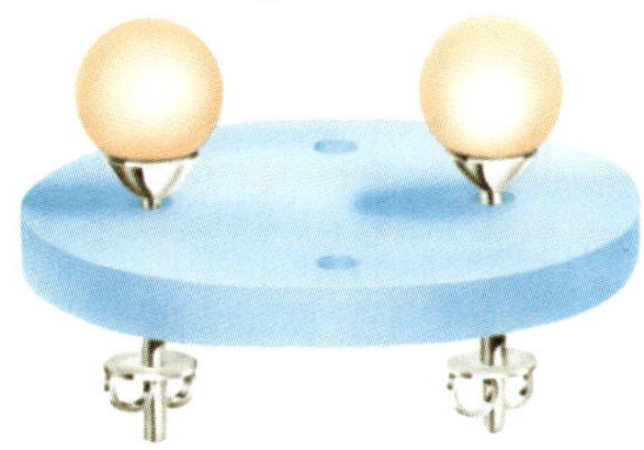

Posez votre fond de teint et parfumez-vous toujours avant de mettre vos bijoux.

ENTRETIEN DES BIJOUX

Aigue-marine, améthyste, émeraude, grenat, jade, rubis, saphir, topaze, tourmaline. Plongez les bijoux dans 1/2 verre d'eau additionnée de 1 cuillerée à soupe d'ammoniaque et frottez avec une brosse à dents souple. Rincez et séchez sur une serviette sans mousse.

Ambre. Mettez deux gouttes d'huile de lin sur une boule d'ouate et frottez ; enlevez l'excès d'huile.

Argent. Employez un produit spécial pour l'argenterie, du dentifrice ou du bicarbonate de soude sec, ou encore de la cendre. Frottez les reliefs avec une brosse souple. Rincez et épongez.

Diamant. Plongez les diamants 20 minutes dans un verre d'eau chaude mélangée à 1/4 de verre d'ammoniaque et 1 cuillerée à soupe de détergent ; frottez avec une brosse douce et rincez à l'eau chaude. Passez-les dans de l'alcool et séchez à l'air.

Ivoire. Frottez l'ivoire avec de l'alcool dénaturé ; faites-le briller avec une goutte d'huile de citron.

Lapis-lazuli, malachite, turquoise. Nettoyez avec du détergent (pas de savon), dilué dans de l'eau fraîche et frottez avec une brosse douce.

Opale. Nettoyez dans de l'eau additionnée de détergent (et non de savon). L'opale est fragile, soyez prudent. De temps à autre, si vous ne la portez pas, plongez l'opale dans l'eau pour l'empêcher de se fissurer.

Or. Mettez les bijoux en or 10 à 15 minutes dans un verre d'eau chaude avec 1/2 verre d'ammoniaque ; frottez-les doucement avec une brosse souple. Rincez-les à l'eau tiède. Mettez-les à sécher sur une serviette éponge.

Perle. Plongez les perles dans de l'eau tiède additionnée de quelques gouttes de détergent liquide pour la vaisselle. Rincez et polissez avec un chiffon de flanelle. Sachez que les perles acquièrent au contact de la peau un très bel orient ; portez-les donc souvent. Ou bien enduisez-les d'un peu d'huile d'olive et essuyez-les avec une chamoisine. Gardez-les dans du riz.

Médecine et urgences familiales

APPELS D'URGENCE

Quand vous faites un appel d'urgence, n'oubliez pas de donner clairement votre nom, votre adresse, le chemin à prendre pour se rendre sur les lieux, votre numéro de téléphone et la nature de l'urgence.

Ne coupez pas la communication avant que votre interlocuteur ne vous le demande.

Ne composez pas un numéro d'urgence, n'appelez pas un médecin avec un bébé qui pleure dans les bras. On ne vous entendra pas et vous ne comprendrez rien.

Quand cela est possible, laissez la victime parler au médecin ou aux secouristes. Les renseignements qu'elle donnera seront plus précis.

Suivez les instructions que l'on vous donne. Si on vous envoie une ambulance, attendez-la. L'ambulancier conduit plus vite que vous et l'équipe qui l'accompagne pourra pratiquer immédiatement les premiers soins.

NUMÉROS D'URGENCE

Trois organismes assurent les urgences en France :

— Le SAMU, Service d'aide médicale d'urgence, a pour mission de prendre en charge tous les problèmes de santé urgents ; suivant les cas, il peut envoyer soit un médecin réanimateur avec une ambulance lourde, soit le médecin généraliste de garde, soit une ambulance simple. Il peut aussi donner des conseils. Il existe un SAMU par département, joignable par le **15** ou par un numéro à 8 chiffres.

— Les pompiers ont, outre la lutte contre l'incendie, pour mission d'intervenir sur tous les accidents. Ils sont joignables par le **18** ou par un numéro à 8 chiffres.

— La police assure la sécurité ; elle est joignable par le **17** ou par un numéro à 8 chiffres.

Ces numéros doivent être affichés à côté du téléphone avec celui de votre médecin de famille.

LE THERMOMÈTRE

La température rectale normale est voisine de 37 °C. Elle croît au cours de l'activité physique et au long de la journée. La fièvre, ou augmentation anormale de la température, se produit surtout lors de maladies infectieuses.

Les températures buccale et axillaire (creux situé entre le bras et le thorax) sont de 0,5 °C moins élevées que la température rectale. Il faut donc toujours préciser comment la température a été prise.

La température est mesurée le matin au réveil et l'après-midi vers 17 heures. Il est préférable de la noter pour la communiquer sans erreur au médecin.

Il ne faut pas hésiter à contrôler la température au moindre signe de fièvre, surtout chez le nourrisson : elle risque d'être à l'origine de convulsions pouvant mettre sa vie en danger.

Le thermomètre à mercure et le thermomètre électronique permettent de mesurer la température. Le premier est cassable : il faut donc toujours surveiller attentivement les enfants pendant qu'ils l'utilisent.

Avant d'introduire le réservoir du thermomètre dans le rectum d'un enfant, opération d'autant plus délicate que celui-ci résiste et se contracte, enduisez-le de vaseline : ce sera plus facile, et moins désagréable pour l'enfant.

Après usage, le thermomètre doit être soigneusement lavé à l'eau tiède et au savon : il peut éventuellement être trempé dans une solution antiseptique.

On ne prend pas la température d'une personne qui vient d'accomplir un travail physique, de prendre un bain, d'ingurgiter un repas complet, une boisson chaude ou froide ou de fumer une cigarette. Les données seront faussées.

On peut convertir un thermomètre rectal en thermomètre buccal à condition de bien le nettoyer. Faites-le tremper 10 à 15 minutes dans une solution antiseptique ou lavez-le à l'eau et au savon. Mais n'utilisez jamais un thermomètre buccal pour prendre la température rectale.

COMMENT PRENDRE LA TEMPÉRATURE

Demandez au malade de se reposer pendant une dizaine de minutes.

Si vous utilisez un thermomètre à mercure, il est nécessaire de faire baisser la colonne de mercure en dessous de 36 °C ; pour cela, tenez le thermomètre par la tige et imprimez-lui quelques secousses brusques de haut en bas.

Chez l'adulte, si vous choisissez de prendre la température buccale, le réservoir du thermomètre sera placé sous la langue et maintenu dans cette position par les lèvres serrées du malade pendant le temps indiqué sur le mode d'emploi (de 1 à 3 minutes).

Chez un jeune enfant, prenez la température rectale. Secouez le thermomètre et enduisez le réservoir de vaseline. Installez l'enfant à plat ventre sur vos genoux ou sur le côté. Écartez-lui les fesses et introduisez doucement le réservoir dans l'anus de façon à ne plus voir la colonne de mercure ; ne dépassez pas 5 cm. Retirez le thermomètre après 3 minutes.

Pour lire le thermomètre, tournez-le pour repérer une ligne rouge ou argentée. Lisez la température là où s'arrête la ligne. Souvent une flèche indique la température normale, à 37 °C.

TROUSSE D'URGENCE

Il existe des trousses d'urgence toutes prêtes dans les pharmacies. Vous pouvez aussi en monter une vous-même dans une boîte à l'épreuve des enfants — boîte à outils ou coffret de pêche. Mettez les numéros d'urgence (p. 306) à l'intérieur du couvercle. Ajoutez un manuel de secourisme. Gardez cette trousse hors de l'atteinte des petits, mais dans un endroit connu des grands.

Instruments
Thermomètre médical
Lampe de poche, piles de rechange
Cuillère à mesurer, compte-gouttes
Bouillotte et sac à glace
Ciseaux à bouts ronds
Pince à épiler
Abaisse-langue en bois
Tampons d'ouate
Épingles de sûreté

Pansements
Pansements adhésifs
Pansements hémostatiques
Maille élastique de différents diamètres
Compresses stériles de 10 cm de côté en emballage individuel
Rouleau de ruban adhésif de 2,5 cm
Morceau de toile triangulaire de 1 m de côté pour faire une écharpe
Bandes élastiques
Rouleau d'ouate

Médicaments
Aspirine ou paracétamol (dosages adultes et enfants)
Antiseptiques (chlorexidine ou polyvidone iodée)
Antiacide
Talc

LE POULS

Voici comment prendre le pouls rapidement : Comptez les pulsations pendant 15 secondes et multipliez par 4. 20 pulsations font un pouls de 80.

Chez l'adulte au repos, le pouls est de 60 à 80 battements par minute. Il peut atteindre 80 à 90 battements chez un jeune de 10 ans, jusqu'à 140 chez un bébé. L'exercice, l'excitation, l'anxiété et la fièvre font battre le pouls plus vite.

COMMENT PRENDRE LE POULS

Le pouls se prend d'ordinaire sur la face interne du poignet (pouls radial). Repérez l'endroit où la base du pouce touche au poignet ; posez l'index et le majeur 5 cm au-dessous, sur le bras. Palpez jusqu'à ce que vous sentiez une pulsation. Comptez les battements pendant 1 minute exactement.

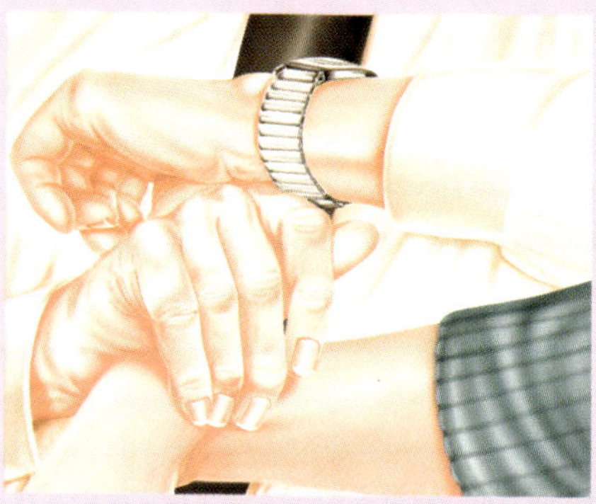

Lorsqu'un malade ou un blessé sont très mal, le pouls au niveau du cou (pouls carotidien) est le plus facilement palpable ; pour le sentir, placez la pulpe du majeur et de l'annulaire sur la pomme d'Adam, puis glissez-les vers l'arrière du cou, dans la gouttière le long de la trachée artère. Appuyez légèrement, car une pression trop forte à ce niveau peut entraîner par réflexe un ralentissement du rythme cardiaque.

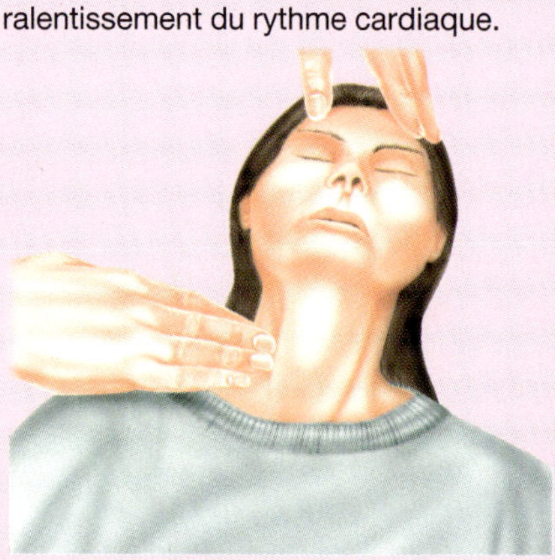

MÉDICAMENTS

Un médicament est bénéfique quand il est pris à bon escient, mais il peut être très dangereux dans d'autres circonstances, et en particulier si les doses sont trop élevées. Quand vous finissez un traitement, ne gardez pas les médicaments restants, jetez-les. Ne conservez chez vous que quelques médicaments d'urgence conseillés par votre médecin.

Ne rangez pas les médicaments dans la salle de bains, où la vapeur, la lumière et la chaleur peuvent hâter leur détérioration. Regroupez-les dans une petite armoire ou un meuble bien fermé. Certains se gardent au réfrigérateur (en général, dans la partie basse ou dans la contre-porte) : vérifiez l'étiquette.

Ne dites pas à un enfant qu'un médicament a bon goût ni que c'est un bonbon. Il risque de prendre ensuite n'importe lequel quand vous aurez le dos tourné. Des intoxications graves peuvent se produire ainsi. Si le médicament a mauvais goût, demandez à l'enfant de se boucher le nez ; vous pouvez aussi lui donner un peu de jus de fruit après la prise.

Voici la meilleure façon d'avaler une pilule : mettez-la sur votre langue, prenez un peu d'eau, penchez la tête en arrière et avalez rapidement ; buvez quelques gorgées d'eau.

Si vous devez prendre des remèdes à heures fixes, pensez à régler votre réveil pour qu'il sonne aux intervalles prévus entre les doses. Vous n'aurez plus qu'à vous exécuter quand le signal se fera entendre.

Lorsque vous versez un médicament liquide, tournez le flacon pour que le côté portant l'étiquette se trouve sur le dessus. De cette façon, elle restera propre et lisible.

Si vous devez donner un remède liquide à un bébé, mettez la dose prescrite dans un biberon et administrez-le-lui juste avant l'heure de l'allaitement. Le bébé aura tellement faim qu'il n'y verra... que du lait.

Autre méthode : Placez un compte-gouttes en plastique contenant le médicament recommandé contre la joue interne du bébé. Pressez lentement ; l'enfant se mettra automatiquement à téter.

Quand vous administrez un médicament liquide à un enfant, tenez un petit gobelet de papier sous son menton. Vous n'aurez qu'à ajouter un peu d'eau à ce qui tombe dans le gobelet et le faire boire ensuite à l'enfant.

AVANT DE PRENDRE UN MÉDICAMENT

Pour obtenir les meilleurs résultats des médicaments que vous achetez avec ou sans ordonnance, posez au médecin les questions suivantes :

1. Comment s'appelle le médicament ?
2. Quelle action a-t-il ?
3. A-t-il des effets secondaires ?
4. Combien de fois par jour dois-je en prendre ? Avant ou après les repas ?
5. Pendant combien de temps dois-je en prendre ? Dois-je continuer même après que je me sens mieux ? Dois-je terminer la bouteille ?
6. Y a-t-il des médicaments à écarter pendant que je prends celui-ci ?
7. Dois-je éviter certains aliments, certaines boissons ?
8. Dois-je me priver de boissons alcooliques pendant le traitement ?
9. Cette ordonnance est-elle automatiquement renouvelable ?

CHAMBRE DE MALADE

La chambre d'un malade est à la fois le lieu où il reçoit les soins, où il prend ses repas, se délasse et dort. Ces différentes fonctions doivent être indépendantes les unes des autres.

La table de chevet ne doit assurer qu'une seule fonction, le plus souvent le délassement, afin de ne pas être trop encombrée. Pour le reste, une table roulante dont le piètement peut se glisser sous le lit est très utile.

Le ménage et l'aération de la chambre doivent être effectués au moins une fois par jour ; on peut profiter du temps où le malade fait sa toilette.

Si la chambre est chauffée, il faut qu'elle soit bien humidifiée ; à défaut d'humidificateur, placez un plat contenant en permanence de l'eau sur le radiateur.

Si le malade a la nausée, mettez un sac en plastique dans la corbeille à papier et laissez celle-ci près de lui. Après utilisation du sac, vous pourrez discrètement le faire disparaître sans laisser de mauvaises odeurs.

Lorsque le malade réclame un bassin de lit, passez-le à l'eau chaude avant de le lui donner, pour qu'il ne soit pas trop froid au contact.

SOULAGEZ L'ARTHRITE

Souffrez-vous d'arthrite aux genoux ? Mettez des cubes de glace dans de petits sacs de plastique et fermez-les. Posez un sac sur le genou, deux dessous, attachez et laissez en place de 15 à 20 minutes. Recommencez plusieurs fois par jour.

Portez les sacs d'épicerie dans vos bras et non à bout de bras par les poignées. Ou mettez-les dans un petit sac à dos.

Si l'arthrite vous empêche de tenir facilement un stylo, rentrez-le dans une petite balle de caoutchouc. Ou enroulez du ruban adhésif tout autour jusqu'à ce que le stylo soit assez gros pour être saisi facilement.

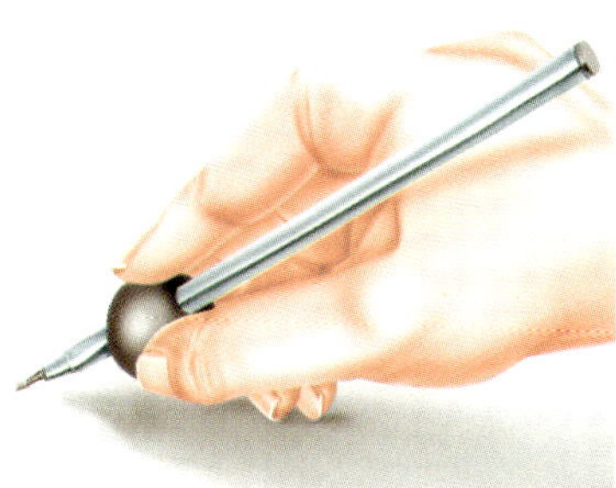

Couverture et matelas chauffants, qui dégagent une chaleur diffuse, soulagent mieux les douleurs arthritiques et autres que les bouillottes ; celles-ci peuvent brûler la peau ou bien refroidissent trop vite.

Portez des gants élastiques la nuit pour réduire les douleurs arthritiques, la raideur et le gonflement des articulations le matin.

CONSEILS AU TROISIÈME AGE

La toilette est parfois difficile pour quelqu'un qui ne peut rester debout longtemps ou qui a perdu son agilité. Placez une chaise en plastique dans le bac à douche est une solution pratique : une serviette étalée sous la chaise lui évitera de glisser.

Pour entrer dans le bain, il est souvent moins pénible de se mettre à quatre pattes et de se retourner ensuite. On sortira de la même manière.

Avez-vous quelque difficulté à vous asseoir dans votre lit pour en sortir ? Fixez une corde aux montants ou à côté du sommier, après y avoir pratiqué des nœuds pour vous donner meilleure prise. Épinglez la corde aux draps ou aux couvertures, le soir, pour la trouver facilement. Agrippez-vous à la corde pour vous redresser.

Si le poids des couvertures sur vos pieds vous incommode, fabriquez un support en enlevant deux côtés d'une boîte de carton ; placez celle-ci au pied du lit, sous les couvertures, et glissez-vos pieds dessous. C'est elle qui supportera les couvertures.

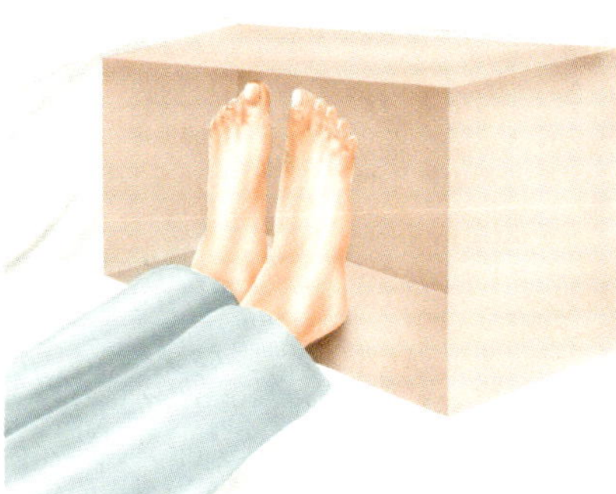

On trouve dans les magasins de matériels médicaux des cerceaux métalliques, qui seront plus solides.

RHUMES ET GRIPPES

Les enrhumés et les grippés doivent boire beaucoup de liquides : eau, jus, soupes, boissons gazeuses sans caféine. Servez-leur une boisson différente toutes les heures.

Durant la saison des rhumes et des grippes, congelez des jus de fruits sur bâtonnets. L'enfant qui refuse un verre de jus peut se laisser tenter par un sorbet glacé. (Et c'est bon pour les lèvres gonflées.)

Si vous avez la grippe, restez à l'écart. Lavez-vous les mains fréquemment et ne touchez pas aux assiettes et ustensiles des autres. Jetez les mouchoirs en papier dans un sac mis aux ordures tous les jours.

CONGESTION NASALE

La congestion nasale, au début d'un rhume, obstrue vos narines, et vous respirez par la bouche. Si l'air de la pièce où vous êtes est sec, votre gorge va se dessécher et vous faire rapidement souffrir. Pour éviter cela, humidifiez l'air en plaçant sur le radiateur du chauffage central un humidificateur rempli d'eau, ou en utilisant un humidificateur électrique, plus onéreux et pas forcément plus efficace.

Les adultes et les adolescents tireront plus grand profit des vaporisations nasales en agissant ainsi : se vaporiser chaque narine une fois ; puis, 5 à 10 minutes plus tard, recommencer. La première vaporisation diminue la congestion dans la partie antérieure du nez, et la seconde peut parvenir à l'arrière des fosses nasales.

N'utilisez pas les décongestionnants commerciaux plus de 2 ou 3 jours d'affilée. Dans le cas des jeunes enfants, demandez toujours l'autorisation du médecin.

Si les sécrétions nasales sont très abondantes, vous pouvez pratiquer avant les repas un petit lavage avec du sérum physiologique que vous vous procurerez en pharmacie. Aspirez dans une petite poire en caoutchouc quelques millilitres de sérum, que vous injecterez ensuite dans chaque narine. Ce geste peut être répété autant de fois qu'il est besoin.

Enlevez le mucus dans le nez d'un jeune enfant avec une seringue à réservoir en plastique. Le bébé pleurera parce que la sensation lui déplaît, mais il n'y a aucun danger.

QUINTES DE TOUX

Voici un remède maison qui aide à dégager la gorge : mélangez 1 cuillerée à thé de miel et 1 cuillerée à thé de jus de citron dans un verre d'eau chaude et absorbez cette préparation.

Vous pouvez aussi vous mettre un peu de miel sous la langue pour vous soulager d'une méchante quinte de toux.

MAUX DE GORGE

Les maux de gorge causés par l'alcool, la cigarette ou les conversations prolongées se soignent par le repos. On peut aussi se gargariser avec de l'eau tiède salée, sucer des pastilles pour la gorge et éviter pendant quelques jours les aliments épicés et salés.

Le mal de gorge qui accompagne une grippe, un rhume ou une autre maladie respiratoire disparaît de lui-même. Pour le soulager, faites des gargarismes, prenez des boissons chaudes, sucez des bonbons ou des pastilles. Augmentez le degré d'humidité.
Attention : Un très jeune enfant peut s'étouffer avec les bonbons. Surveillez-le de près, et ne l'autorisez pas à se servir sans vous demander à chaque fois la permission.

Si le mal de gorge se prolonge au-delà de 48 heures, appelez le médecin, surtout en présence de points blancs sur les amygdales, de fièvre, de ganglions enflés ou douloureux dans le cou, d'éruption cutanée, de maux de tête persistants, de mauvaise haleine, de raideur du cou ou de douleur à la déglutition. S'il apparaît après une rencontre avec quelqu'un souffrant d'une infection de la gorge à streptocoques, allez voir le médecin.

RHUME OU GRIPPE ?

Le rhume commun et la grippe, ou influenza, sont des maladies virales. Le rhume a les effets suivants : gorge irritée ou douloureuse, voix rauque, toux, éternuements, congestion ou écoulements nasaux, yeux larmoyants, maux de tête ; la fièvre ne dépasse pas 37,7 °C et les symptômes durent de 5 à 7 jours.

Les symptômes de la grippe ressemblent à ceux du rhume, mais ils sont plus aigus et s'accompagnent parfois d'une fièvre, forte chez l'adulte, très forte chez l'enfant. La grippe provoque aussi des douleurs musculaires et articulaires, une sensation générale de faiblesse et une perte d'appétit. Les symptômes disparaissent en 1 ou 2 semaines, mais la guérison demande 2 à 3 semaines.
Les personnes âgées et celles souffrant de maladies cardiaques ou respiratoires chroniques doivent se faire vacciner, car la grippe est beaucoup plus dangereuse pour elles.
Ne confondez pas les symptômes du rhume et de la grippe avec ceux d'autres maladies. Consultez le médecin devant les symptômes suivants :

1. Maux d'oreilles ou vision brouillée.
2. Respiration sifflante, difficile et rapide et narines enflammées.
3. Toux grasse et prolongée ; toux avec mucus brouillé ; toux durant plus de 1 semaine.
4. Fièvre qui ne baisse pas (voir p. 317) après 2 ou 3 jours.
5. Mal de gorge avec ganglions enflés et fièvre de plus de 38 °C sans rémission après 3 jours.
6. Fièvre de 38,9 °C pendant 24 heures ou plus.
7. Raideur du cou ou éruption cutanée.
8. Douleurs abdominales marquées durant plus de 4 à 6 heures.
9. Douleurs dans la poitrine ou souffle court pendant plus de 10 minutes.
10. Perte du sens de l'orientation, incoordination, évanouissement.
11. Somnolence excessive.
Si le patient a moins de 2 ans et demi et plus de 38,9 °C, contactez sans tarder le médecin.

BONNE UTILISATION DU COMPTE-GOUTTES

Voici quelques précautions à prendre avant de verser un médicament avec un compte-gouttes dans les oreilles, le nez ou les yeux d'un malade :

1. Lavez-vous les mains.
2. Réchauffez le flacon dans vos mains pendant quelques minutes.
3. S'il s'agit d'un remède en suspension, agitez le flacon.
4. Aspirez le remède dans le compte-gouttes.
5. Après utilisation, remettez aussitôt le compte-gouttes dans le flacon et lavez-vous les mains.

OREILLE

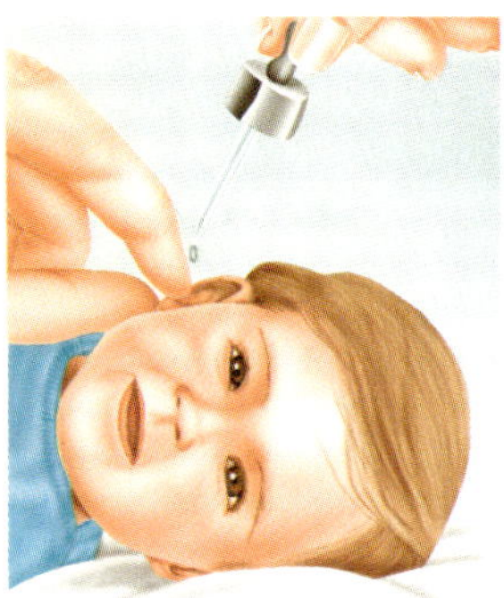

Note : c'est bien plus facile si quelqu'un met les gouttes au patient.
1. Penchez la tête ou étendez-vous sur le côté pour dégager l'oreille.
2. Pour faire entrer les gouttes :
Adulte – tirez le lobe vers le haut et l'arrière.
Enfant – tirez le lobe vers le bas et l'arrière.
3. Laissez tomber le nombre voulu de gouttes sans entrer le compte-gouttes dans l'oreille.
4. Attendez quelques minutes ou mettez un petit tampon d'ouate dans l'oreille.

NEZ

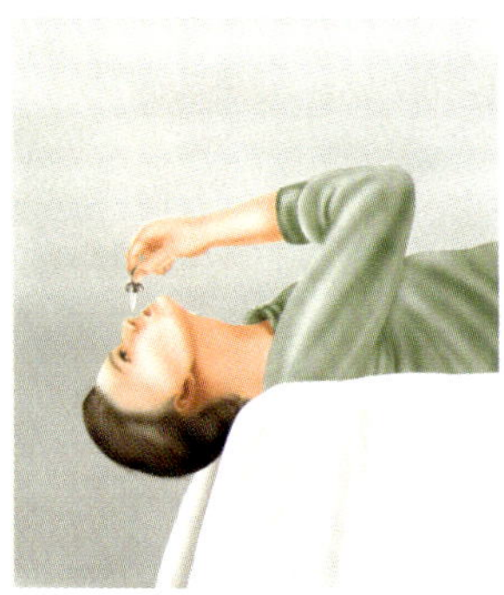

1. Mouchez-vous avant de vous laver les mains.
2. Étendez-vous sur le dos sur le lit : laissez pendre la tête dans le vide et rejetez-la aussi loin que possible en arrière.
3. Laissez tomber le nombre voulu de gouttes.
4. Pour que le médicament pénètre, restez dans cette position quelques minutes.

ŒIL

1. Tirez la paupière inférieure pour former une sorte de poche. Laissez-y tomber les gouttes.
2. Regardez tout de suite vers le bas ; fermez les yeux et gardez-les ainsi 1 minute ou 2. Avec un mouchoir en papier, appuyez sur l'œil au besoin ou essuyez ce qui s'en écoule.
3. Dans le cas d'un enfant, demandez-lui de s'allonger et de fermer les yeux. Laissez tomber les gouttes dans le coin de l'œil. Quand l'enfant ouvrira les yeux, le médicament s'y répandra doucement.

GÊNE RESPIRATOIRE CHEZ L'ENFANT

Un certain nombre de maladies infectieuses peuvent entraîner un œdème important des muqueuses de l'arrière-gorge (ou pharynx) et du larynx. Ces maladies sont surtout fréquentes chez les très jeunes enfants. Elles se manifestent par une gêne respiratoire considérable (l'enfant fait des efforts pour inspirer ou bien halète), sa ventilation est bruyante (râle à l'inspiration), parfois sa voix ou ses pleurs sont rauques, ses lèvres bleuissent ; l'enfant est le plus souvent fébrile ; il est agité et anxieux.

L'augmentation de l'œdème peut entraîner un arrêt de la ventilation et la mort de l'enfant. Il faut donc appeler immédiatement le médecin, ou le SAMU s'il est impossible de joindre le médecin.

En attendant l'arrivée du médecin, maintenez l'enfant assis en le prenant dans vos bras ou sur vos genoux. L'enfant est parfois soulagé en inspirant de l'air chaud et humide ; pour cela vous pouvez vous installer dans la salle de bains et ouvrir en grand le robinet d'eau chaude de la douche.

Si l'enfant s'arrête de respirer, pratiquez le bouche-à-bouche immédiatement (voir p. 340) et prévenez le SAMU de l'aggravation.

MAUX DE TÊTE

Atténuez la douleur en massant doucement les muscles faciaux ou en appliquant une bouillotte ou des compresses chaudes sur le front et la nuque. Les analgésiques soulagent la douleur. Mais le grand remède dans le cas d'un mal de tête dû à un état de tension, c'est de se détendre.

La migraine est un état pénible, récurrent, souvent accompagné de vomissements et de troubles de la vision. Si vous pensez que vos maux de tête sont des migraines, consultez un médecin.

Vous obtiendrez un soulagement provisoire en vous mettant des sacs de glace sur la tête ou en appuyant sur l'artère gonflée près de la tempe, du côté de la migraine.

La pratique régulière de la natation ou du yoga, qui sont relaxants, aide à prévenir la migraine. La méditation soulage certains migraineux.

Pour éviter la migraine, il faut la traiter dès les premiers signes. Une fois installée, elle risque de durer des heures malgré le traitement. Si vous n'avez pas avec vous les médicaments que vous a prescrits votre médecin, vous pouvez parvenir à enrayer la crise en respirant pendant 2 à 3 minutes en tenant un sac en papier contre votre bouche et votre nez.

Voyez le médecin si le mal de tête est soudain et très douloureux, causé par un accident, accompagné de fièvre et de raideur du cou, concentré près d'une oreille, d'un œil ou d'un seul côté du crâne, accompagné de nausées ou de vomissements, ou s'il augmente de fréquence et d'intensité.

DOULEURS MENSTRUELLES

Faites de la gymnastique pour soulager les douleurs menstruelles. A défaut, essayez la chaleur : une bouillotte, un bain ou une tasse de thé.

Consultez un gynécologue si, après plusieurs années de menstruations sans problème, vous éprouvez des douleurs, si elles s'aggravent, si vous avez des vertiges, si vous vous êtes déjà évanouie, si vous avez des douleurs aux épaules, des saignements anormaux ou des émissions vaginales excessives.

DOULEURS ABDOMINALES

Si vous ressentez une douleur au-dessus du nombril, prenez un antiacide, installez-vous confortablement, assis ou couché ; abstenez-vous de manger et de boire. Si la douleur dure plus de 4 heures, si elle s'accentue, appelez le médecin.

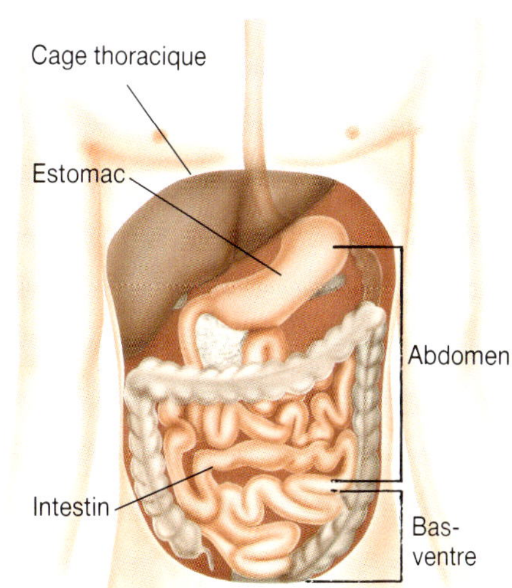

La prochaine fois que vous aurez la sensation d'avoir trop mangé, mettez-vous un tampon froid sur l'oreille. Ce faisant, vous stimulez un nerf qui, de l'oreille, descend dans le tube digestif, et vous réduisez ainsi l'impression de ballonnement qui suit les repas trop copieux.

Les douleurs dans le bas-ventre ne se soignent pas avec des antiacides ; n'en prenez pas. Reposez-vous confortablement ; ne mangez pas, ne buvez pas. Si la douleur augmente ou persiste au bout de 2 à 4 heures, si elle s'accompagne de vomissements ou de fièvre, appelez le médecin.

BRULURES D'ESTOMAC

Les vêtements serrés et les ceintures font pression sur l'estomac. Desserrez-les après un repas.

Il faut plusieurs heures pour que le bol alimentaire passe de l'estomac dans l'intestin. Si vous vous couchez après avoir mangé, vous risquez de souffrir de régurgitations et de brûlures d'estomac. Pour la même raison, évitez de manger en fin de soirée.

Méfiez-vous des substances effervescentes, sources de ballonnement. Elles font remonter les sucs gastriques dans l'œsophage.

Évitez de vous pencher après avoir mangé ; une telle position favorise le retour des aliments dans l'œsophage.

Lorsque vous craignez de souffrir de régurgitations, prenez un antiacide 1 heure après le repas et un autre juste avant de vous coucher.

L'obésité comprime l'estomac. Essayez de perdre du poids.

Voyez le médecin dans tous les cas suivants : douleur abdominale et abdomen sensible au toucher ou rigide, vomissements avec sang, violente douleur dans une partie de l'abdomen, selles foncées, fièvre accompagnée d'une diarrhée avec sang, vertiges ou perte progressive de conscience.

Choisissez des antiacides au magnésium ou à l'aluminium plutôt qu'au bicarbonate de soude ou au carbonate de calcium. Le premier renferme trop de sel et le second est lui-même source d'acidité.

Les antiacides sont plus efficaces liquides qu'en comprimés. Mastiquez bien ceux-ci pour qu'ils fassent effet. N'en prenez pas durant plus de 2 semaines.

Si vous souffrez d'aérophagie, massez-vous doucement l'abdomen et mettez une bouillotte chaude à l'endroit du malaise. Marchez 15 à 20 minutes.

VOMISSEMENTS ET DIARRHÉE

Lorsqu'un bébé de 6 mois ou moins vomit, donnez-lui un lait maternisé dilué de moitié. Revenez au dosage normal lorsque les vomissements ont cessé.

Lait écrémé dilué de moitié, boissons dégazéifiées, thé et bouillon légers, céréales de riz, bananes, yogourts, toasts et biscottes : tel est le menu de l'enfant atteint de diarrhée. S'il vomit, supprimez les aliments solides.

Pendant 1 jour ou 2 après les vomissements, suivez une diète liquide : jus dilué, thé léger, bouillon, boissons dégazéifiées.

Les grands enfants et les adultes peuvent revenir lentement aux aliments solides le deuxième jour. Commencez par du riz, des céréales cuites (avec un peu de lait et de sucre), des bananes, des biscottes, du pain frais ou grillé, du yogourt, des pommes de terre bouillies ou de la viande blanche maigre. Absorbez beaucoup de liquides.

Évitez la diarrhée des voyageurs en vous en tenant à cette règle de prudence : pelez les fruits et les légumes, ou faites-les bouillir ou cuire, sinon mangez autre chose.

VOMISSEMENTS ET DIARRHÉE : CAUSES ET EFFETS

Vomissements et diarrhée peuvent avoir plusieurs causes : aliments contaminés, infections, virus intestinal, etc. Les vomissements durent en général de 24 à 48 heures ; la diarrhée, plusieurs jours. Un virus intestinal se manifeste d'abord par des vomissements durant 24 à 48 heures, suivis de diarrhée, avec ou sans fièvre. Il faut compter entre 2 et 7 jours pour que les choses rentrent dans l'ordre. Si l'un des symptômes suivants apparaît, appelez le médecin.

1. Douleur abdominale vive ou constante.
2. Vomissements et diarrhée avec une fièvre de 38 °C ou plus.
3. Vomissements violents depuis plus de 24 heures.
4. Vomissements depuis 12 heures, sans amélioration, chez un bébé de moins de 6 mois.
5. Diarrhée prononcée depuis 24 heures chez un enfant de moins de 1 an.
6. Présence de sang (selles, vomis).
7. Diarrhée qui persiste depuis 3 jours chez un adulte ou un enfant de plus de 1 an.
8. Abattement, yeux creux, refus de boire, évacuation urinaire diminuée, bouche sèche (enfant).

Attention : Vomissements et diarrhée entraînent une déshydratation qui peut être dangereuse pour l'organisme. Il est donc indispensable de boire du bouillon salé et des jus de fruits en grande quantité. Chez le nourrisson, le lait peut être remplacé par de la soupe de carottes. Si le malade ne peut boire suffisamment, il faudra l'hospitaliser ; il en sera de même pour un nourrisson qui perdrait 5 % de son poids.

CONSTIPATION

Un bon régime, léger et équilibré, fait échec à la constipation. Mangez des aliments à fibres, comme du pain de blé complet, des céréales au son, des fruits frais, des légumes feuillus, et éliminez les produits lactés ou réduisez-en la consommation. Évitez le plus possible les laxatifs et les lavements ; ils aggravent la situation.

Un exercice régulier, comme la marche, contribue beaucoup à garder le système digestif en bon état.

La tension nerveuse est source de constipation. Essayez de lutter contre le stress ; faites du sport, adoptez un passe-temps, parlez de vos problèmes, faites de la méditation. En un mot, détendez-vous.

Si vos intestins ne fonctionnent pas comme à l'habitude, il peut s'agir de constipation. Cependant, si vous n'êtes pas allé à la selle depuis 5 jours et si aucun laxatif n'agit, consultez un médecin.

HÉMORRAGIES ANALES

Dans le cas d'hémorroïdes accompagnées de démangeaisons, prenez deux ou trois bains de siège chauds par jour ; utilisez des suppositoires antihémorroïdaires, que vous vous procurerez en pharmacie.

En cas d'hémorroïdes fluantes, prenez quatre à six bains de siège chauds par jour, buvez beaucoup et absorbez un laxatif végétal léger.

Consultez sans tarder le médecin si les hémorragies anales sont d'un rouge vif, si vous avez des selles noires comme du goudron ou si vous souffrez beaucoup. L'hémorragie peut provenir de plus haut dans les voies intestinales et être due à une tumeur, un ulcère ou une inflammation.

ABUS D'ALCOOL

Vous pouvez réduire les effets négatifs qu'entraîne, le lendemain matin, l'abus d'alcool en buvant deux ou trois verres d'eau avant de vous coucher.

Lorsque cette mesure se révèle insuffisante et que le lendemain vous avez mal à la tête et sentez votre langue pâteuse, buvez encore beaucoup d'eau. Mangez peu et ne buvez ni café, ni thé.

Le café n'est pas indiqué dans un tel cas. L'alcool, pris en quantité, déshydrate l'organisme et irrite l'estomac. Or, en tant que diurétique, le café accentue les pertes de liquide et retarde votre rétablissement.

Pour hâter le retour à un état normal, buvez beaucoup de jus de fruits ; tout en luttant contre la déshydratation, ils vous apportent les calories dont votre organisme a besoin.

DÉCALAGE HORAIRE

Mangez peu avant et durant un voyage en avion. Évitez les plats indigestes, lourds ou épicés.

Ne mangez que lorsque votre estomac le réclame : vous pouvez refuser le repas que l'hôtesse vous offre.

Faites un effort pour boire beaucoup de liquides, même si vous n'avez pas soif ; l'air est très sec dans un avion.

MAL DES TRANSPORTS

Remplacez les médicaments contre le mal des transports par des bonbons au gingembre. Ils n'ont pas les effets secondaires désagréables des premiers (somnolence, bouche sèche, vision brouillée).

Ne voyagez pas l'estomac vide. Environ 1 heure avant le départ, mangez légèrement. Ne prenez pas d'alcool avant ou durant le voyage. Demandez que l'on ne fume pas dans la voiture : c'est une cause de nausée.

Asseyez-vous là où la stabilité est la plus grande (à l'avant dans une voiture ; jamais sur les roues dans un car). Ne lisez pas ; regardez le paysage, de préférence droit devant vous plutôt que sur les côtés, où les objets défilent. Plus vous tenez la tête immobile, moins vous risquez d'être malade.

RECOURS AU PÉDIATRE

Avant d'appeler le pédiatre, notez les renseignements essentiels : température de l'enfant, symptômes, soins déjà prodigués. Au téléphone :

1. Décrivez l'état de l'enfant d'après vos notes.
2. Notez les directives du médecin et relisez-les-lui.
3. Renseignez-vous sur l'évolution possible de la maladie.
4. Demandez au médecin quand vous devez rappeler ou amener l'enfant à son cabinet.
5. Si le médecin est absent, laissez un message bref mais clair.
6. Au besoin, si le cas vous paraît urgent, appelez le SAMU.

MALADIES ET VACCINATIONS INFANTILES

Si votre enfant a de la fièvre, parlez-en au médecin. Il préférera peut-être vous recommander un analgésique autre que l'aspirine. Certains chercheurs ont en effet relié l'aspirine administrée aux enfants souffrant de grippe ou de varicelle au syndrome de Reye (une inflammation du cerveau).

Faites beaucoup boire votre enfant, mais ne le forcez pas à manger ou à se coucher. Proposez-lui des distractions calmes.

Lorsqu'un enfant a la rubéole, maladie dangereuse pour le fœtus, ne le laissez pas approcher une femme enceinte. Si celle-ci a eu des contacts avec un enfant atteint de rubéole ou durant la semaine qui a précédé l'éruption, elle devra consulter son médecin.

Il est prudent de faire administrer à l'enfant en bonne santé les vaccins suivants :
BCG — tuberculose
DTC — diphtérie, tétanos, coqueluche
Poliomyélite — oralement ou par injection
ROR — rougeole, oreillons, rubéole
DT — diphtérie, tétanos

Demandez au médecin s'il y a lieu de pratiquer une cuti-réaction à la tuberculose et de refaire le BCG si elle se révèle négative.

Il n'existe pas de vaccin contre la varicelle, maladie infantile très contagieuse caractérisée par une éruption de petites vésicules qui démangent beaucoup, surtout durant le flétrissement. En se grattant, l'enfant peut s'infliger des lésions susceptibles de s'infecter et de rester indélébiles. Persuadez-le de n'en rien faire. Essayez un antihistaminique par voie orale.

Il n'y a pas de vaccin contre la scarlatine. Elle commence par un mal de gorge, une éruption de type sudoral et de la fièvre. Si vous pensez que votre enfant a la scarlatine, consultez aussitôt le médecin. Il prescrira à l'enfant un antibiotique, que vous lui administrerez en suivant ses instructions à la lettre.

VACCINATIONS EN FRANCE

Age	Vaccin
à la naissance ou avant 6 ans	BCG
3 mois	DTC-Polio
4 mois	DTC-Polio
5 mois	DTC-Polio
12-15 mois	ROR
15-18 mois	DTC-Polio
5 à 6 ans	DTC-Polio
11 à 12 ans	DT-Polio
les filles	Rubéole
16 à 21 ans	DT-Polio
Filles non immunisées	Rubéole
tous les 10 ans	Dt-Polio

FIÈVRE

La fièvre se manifeste par une température orale de plus de 37,5 °C ou une température rectale de 38 °C. C'est un symptôme et non une maladie, la réaction de l'organisme à une infection. La fièvre s'accompagne de maux de tête et de frissons.
Pour faire baisser la température, les adultes peuvent prendre de l'aspirine ou un succédané ; ils doivent boire beaucoup et se reposer.
Lorsqu'un enfant a de la fièvre, faites-le boire beaucoup ; passez-lui des vêtements légers. Si son médecin est d'accord, donnez-lui de l'aspirine.
Si l'état de l'enfant ne s'améliore pas, rappelez le médecin. Si la fièvre est très forte, il peut vous recommander de donner à l'enfant un bain d'eau tiède. Pas d'eau froide ni d'alcool : cela lui donnerait des frissons et pourrait provoquer des vomissements ; la fièvre ne ferait qu'augmenter. Rafraîchissez-le avec une éponge imbibée d'eau dans le bain pendant 15 à 30 minutes et répétez ce traitement aussi souvent qu'il le faut. Si l'enfant se débat ou se met à frissonner, arrêtez.
Une forte fièvre peut causer des convulsions. Le frisson est un symptôme peut inquiétant ; les convulsions sont impressionnantes, mais pas dangereuses. Ne perdez pas votre sang-froid. Si cela se produit, habillez l'enfant légèrement et essuyez-le avec une éponge tiède. S'il vomit, couchez-le sur le côté pour qu'il n'avale pas ses vomissures. Puis appelez le médecin.
Consultez le médecin dans les cas suivants :
1. Une température rectale de 38 °C chez un bébé de moins de 6 semaines.
2. Plus de 38 °C pendant 2 jours chez l'enfant.
3. Quand le comportement d'un enfant change, que la fièvre soit élevée ou non.
4. Plus de 38,9 °C pendant plus de 2 jours chez l'adulte.
5. Chez l'adulte, fièvre avec douleur dans la poitrine, souffle court, toux, expectorations, mal d'oreilles, mal de tête, cou raide, douleur abdominale ou confusion mentale.

SAIGNEMENTS DE NEZ

Il suffit souvent pour les arrêter de s'asseoir, la tête légèrement penchée en avant, et de se pincer les narines pendant 10 minutes. Vous pouvez appliquer des compresses froides ou un sac de glace à l'arrière du cou pour faire se contracter les vaisseaux.

Quand un enfant saigne souvent du nez, mettez-lui un peu de vaseline dans chaque narine une ou deux fois par jour. Il serait également sage de placer un humidificateur dans la chambre où il dort.

MAUX D'OREILLES

L'enfant vous fait savoir s'il a mal aux oreilles. Le bébé, lui, en est incapable. Surveillez ses gestes et son état général : il touche à ses oreilles, semble avoir un rhume, perd l'appétit, a de la fièvre, pleurniche. Regardez ses oreilles : il peut y avoir des écoulements. Si votre enfant a mal aux oreilles, appelez le médecin. Assurez-vous que l'enfant prend ponctuellement et aussi longtemps qu'il le faut le médicament prescrit par le médecin, même si les symptômes disparaissent entre-temps.

La perforation ou la rupture du tympan sont des lésions graves (appelez un médecin). Elles se manifestent par une douleur intense, des vertiges, une surdité soudaine d'un côté, une perte de connaissance, un écoulement sanguin ou aqueux.

N'introduisez rien de plus petit qu'un coin de gant de toilette dans l'oreille d'un enfant. Si la cire s'accumule constamment, demandez au médecin ce qu'il faut faire.

Oreilles qui démangent ? Voici un traitement simple mais efficace : enlevez tout dépôt possible de savon en vous rinçant les oreilles avec de l'eau légèrement salée ; penchez la tête pour que

DEVANT UN SAIGNEMENT DE NEZ

Si le saignement de nez fait suite à un traumatisme crânien et que vous craigniez une fracture du crâne, n'intervenez pas. Appelez l'ambulance ou allez à l'hôpital sans délai. S'il se manifeste après un traumatisme du nez, appliquez de la glace et allez à l'hôpital. Appelez tout de suite le médecin si la victime saigne abondamment, si elle souffre d'hypertension ou d'hémophilie.

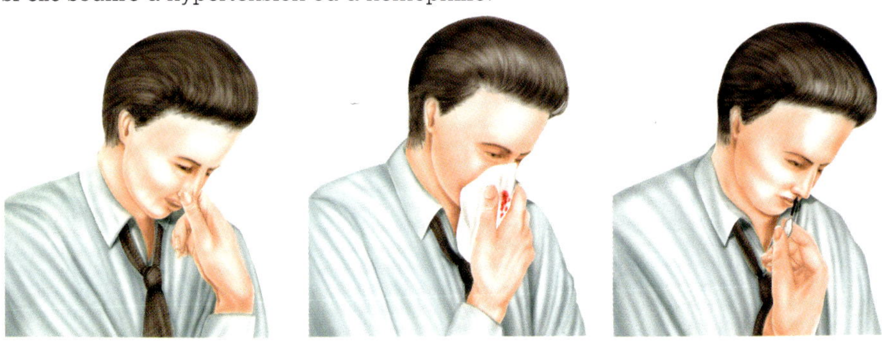

1. Pour arrêter un saignement de nez bénin, demandez au patient de s'asseoir, ou de s'allonger s'il a le vertige, de pencher la tête en avant et de respirer par la bouche. Pincez les deux narines, sous le cartilage. Maintenez la pression 10 minutes : ne la relâchez pas pour voir si le sang coule toujours. En cas d'échec, recommencez pendant 10 minutes.

2. Un pincement du nez suffit généralement pour arrêter le saignement. Si ce n'est pas le cas, appliquez des compresses froides ou de la glace sur le nez du patient pendant 10 minutes, sans relâcher la pression exercée sur les deux narines. Le froid aidera les vaisseaux à se contracter.

3. Si le saignement persiste, introduisez dans la narine un morceau de coton hydrophile et comprimez légèrement. Si au bout de 10 minutes le patient sent toujours le sang couler dans son arrière-gorge, ou si le saignement continue quand on enlève le coton, appelez un médecin ou accompagnez le patient à l'hôpital, surtout s'il se sent affaibli.

l'eau s'écoule. Appliquez un émollient, de l'huile pour bébés ou de la glycérine, en vous servant de votre petit doigt (jamais d'un coton-tige).

Si un insecte s'introduit dans votre oreille, remplissez d'huile végétale le conduit auditif et allez chez le médecin faire retirer l'insecte mort.

HOQUET

Pour mettre fin au hoquet, retenez votre souffle aussi longtemps que vous le pouvez, puis exhalez lentement. Des respirations lentes et profondes sont également efficaces.

Concentrez votre attention sur un geste délicat : par exemple, essayez de faire tenir une assiette en équilibre sur l'extrémité d'un doigt.

Mastiquez lentement 1 cuillerée de sucre en poudre.

Certaines personnes s'appliquent à respirer dans un sac en papier, méthode qui semble leur réussir.

Si vous avez souvent le hoquet ou si une crise dure plus de 3 heures, consultez un médecin.

DOULEUR BUCCALE

Dès le moindre signe de maux de dents, voyez le dentiste. Prenez un rendez-vous d'autant plus rapidement qu'il y a enflure ou douleur très vive.

Si la douleur est faible, prenez de l'aspirine ou un succédané. Rincez-vous la bouche de temps à autre avec de l'eau tiède additionnée de bicarbonate de soude. Vous pouvez aussi utiliser de l'eau très froide, ou très chaude, et salée (1 cuillerée à café de sel dans un verre d'eau), que vous gardez au moins 5 minutes dans la bouche.

Pour soulager temporairement une enflure ou une irritation des gencives, mangez du sorbet à l'ananas. C'est bon au goût, et le sorbet, agissant comme une compresse froide, réduit l'enflure. On dit même que l'ananas a des propriétés curatives.

QUAND VOUS NE POUVEZ ALLER CHEZ LE DENTISTE

Si les maux de dents vous prennent en pleine nuit, vous pouvez recourir à l'un des traitements suivants. Même si la douleur disparaît, appelez le dentiste sans faute le lendemain matin.

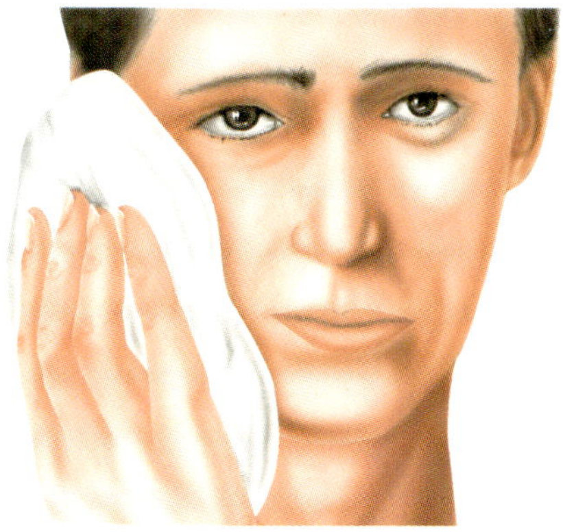

1. Passez de la soie dentaire autour de la dent douloureuse au cas où la pression serait due à des débris d'aliments. Maintenez un sac de glace sur la mâchoire. Si le froid est sans effet, essayez la chaleur : bouillotte ou compresse chaude.

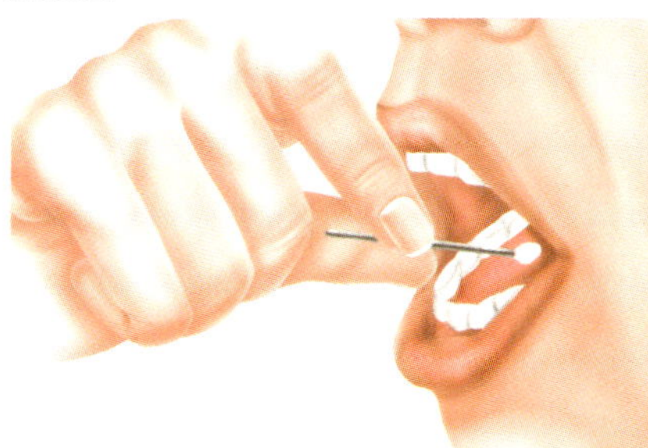

2. Si vous découvrez une cavité, nettoyez-la doucement avec de l'ouate stérile au bout d'un cure-dents. Imbibez une autre boule d'ouate d'essence de girofle et glissez-la dans la cavité.

3. Mettez de la glace entre le pouce et l'index de la main située du côté de la douleur. (On ne sait pourquoi, ça peut soulager. C'est à cet endroit que les acupuncteurs piquent leurs aiguilles pour soulager de maux de dents.)

MAL DE DOS

Dans le cas d'un mal bénin, prenez un bain chaud pendant 30 minutes. Puis étendez-vous sur un matelas ferme et posez une bouillotte chaude et le plus plat possible sous la région douloureuse. (Un repos complet au lit pendant 24 à 72 heures serait idéal.) Un simple analgésique, aspirine ou acétaminophène, soulage.

Dans le lit, placez un petit oreiller sous votre tête et un gros sous vos genoux : la position sera beaucoup plus confortable et vous vous détendrez mieux.

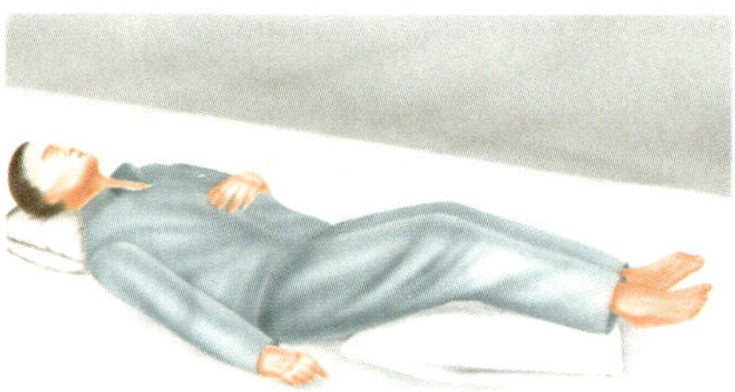

Si vous menez une vie sédentaire, faites un peu de marche tous les jours ou astreignez-vous à un programme d'exercices pour fortifier vos muscles du dos et de l'abdomen. La bicyclette fait des merveilles pour ces muscles.

Évitez les efforts pendant les tâches ménagères. Quand vous lavez la vaisselle, ou quand vous repassez, mettez un pied sur une boîte. Lorsque vous passez l'aspirateur, pliez les genoux et remuez les pieds plutôt que de vous balancer d'avant en arrière.

Si vous souffrez d'un mal de dos aigu et récurrent, s'il survient à la suite d'un accident, voyez le médecin. Si la douleur s'irradie dans la hanche ou la jambe, ou qu'elle s'accompagne de troubles intestinaux ou urinaires, consultez vite le médecin.

ÉCHEC AU MAL DE DOS

Choisissez pour vous asseoir une chaise ferme dont le dossier vous soutient bien. Évitez les fauteuils profonds ou très moelleux.

En position assise, surélevez les genoux de 2 cm par rapport aux hanches en posant les pieds sur un objet.

Ne restez pas assis longtemps. Levez-vous et marchez un peu au moins toutes les demi-heures.

Si vous devez rester debout longtemps, faites passer votre poids d'un pied à l'autre ou posez un pied sur un tabouret.

Poussez les objets lourds ; ne les tirez pas.

Montez sur un escabeau pour atteindre des objets haut placés.

Dormez sur un matelas très ferme.

TORTICOLIS

Pour soulager le torticolis, portez une minerve en plastique souple 48 heures ; à défaut, enroulez-vous une serviette éponge autour du cou.

Une bouillotte chaude et de l'aspirine aident à soulager les douleurs causées par le torticolis.

Lorsqu'un torticolis s'accompagne de fièvre, de nausées, de maux de tête, d'une douleur s'irradiant dans le bras, de faiblesse ou de sensation de tête lourde, allez chez le médecin. Consultez-le aussi si le torticolis est la séquelle d'un accident.

AMPOULES

Ne crevez pas une ampoule ; nettoyez la peau et couvrez la région avec un tampon de gaze stérile et du ruban adhésif.

Si la friction est inévitable, protégez l'ampoule d'un coussinet adhésif ouvert au centre d'un coup de ciseaux. Fixez-le avec du ruban adhésif.

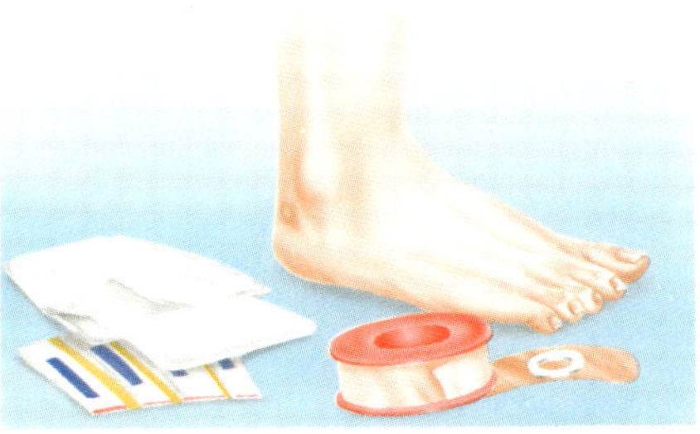

Lorsque l'ampoule éclate, normalement au bout de 3 à 5 jours, soulevez la peau morte en utilisant une petite pince stérilisée (voir p. 322) et coupez-la avec des ciseaux de manucure. Lavez la région à l'eau savonneuse et couvrez-la d'un tampon de gaze stérile maintenu par du ruban adhésif.

Si vous avez beaucoup d'ampoules, voyez le médecin. En éclatant, elles risquent de s'infecter. Allez aussi chez le médecin si vos ampoules présentent des signes d'infection (voir p. 322).

ECCHYMOSES

Si une grande ecchymose apparaît entre le cœur et une bague ou un bracelet serrés, retirez-les ; ils pourraient provoquer un œdème et arrêter la circulation.

Pour réduire la douleur de l'enflure, posez de la glace durant plusieurs minutes sur une ecchymose qui vient de se produire. Surélevez la région atteinte autant que vous le pouvez.

Pour faire un enveloppement froid, mettez dans un sac en plastique des glaçons et de l'eau ou, mieux, si vous pouvez, de la glace pilée. Placez une serviette entre la région à refroidir et le sac contenant la glace. Il existe en pharmacie des sacs renfermant des produits chimiques qui dégagent du froid lorsqu'ils sont mélangés ; ce système est onéreux mais très pratique, surtout en voyage.

Les ecchymoses sans cause, apparaissant sans choc accidentel par exemple, devraient être examinées par un médecin : elles peuvent indiquer une anomalie sanguine.

Voyez le médecin dans le cas d'une ecchymose importante et enflée : sur le visage ou la tête, avec maux de tête, troubles de la vue, douleurs dans le cou ou souffle court ; sur la poitrine, avec douleur en profondeur ; au-dessus des reins (dans le bas du dos de chaque côté) ; si elle s'accompagne d'une douleur abdominale persistante ; ou si la sensibilité et la mobilité du membre affecté sont réduites (ce qui peut indiquer une fracture).

COUPURES ET ÉRAFLURES

Lavez l'éraflure à l'eau tiède et savonneuse, puis maintenez-la 5 minutes sous l'eau froide. Servez-vous au besoin d'un coton-tige pour enlever toute saleté et toute matière étrangère. Si la blessure enfle, appliquez un enveloppement froid pendant 20 à 60 minutes et surélevez la partie touchée. Voyez le médecin si l'éraflure est importante.

Chez un enfant, lavez coupures et éraflures avec un gant de toilette rouge ou foncé. Le sang ne se verra pas et l'enfant ne s'alarmera pas.

Si votre enfant se blesse, gardez votre sang-froid ; de son côté, il aura moins de mal à se dominer.

Ne couvrez une éraflure que si elle risque de se salir ou de frotter contre des vêtements. Vaporisez un antiseptique et posez un pansement adhésif ou de la gaze maintenue par du ruban adhésif.

Dans le cas d'une coupure, il faut d'abord nettoyer la plaie et la peau autour avec de l'eau chaude et savonneuse. Si après 10 minutes il reste toujours des corps étrangers, essayez de les enlever avec de la gaze stérile, des cotons-tiges ou une petite pince stérilisée (voir ci-dessous). Asséchez la plaie avec de la gaze stérile. Comprimez-la avec un tampon propre pendant 10 à 15 minutes et, si possible, surélevez la région blessée au-dessus du cœur. Lorsque le sang cesse de couler — un léger suintement peut subsister —, pansez la plaie.

Pour stériliser une pince, faites-la tremper dans de l'alcool à 90° pendant 5 minutes.

Pour fermer une petite plaie, utilisez un pansement étroit. Collez-le d'un côté et appliquez l'autre côté d'une légère pression en vous assurant que les lèvres de la plaie se touchent. Il est bien important que la plaie soit fermée, mais il ne faut pas que les lèvres se recouvrent ou se replient.

Si vous n'avez pas de pansement de la taille voulue, découpez-en un dans un pansement ordinaire.

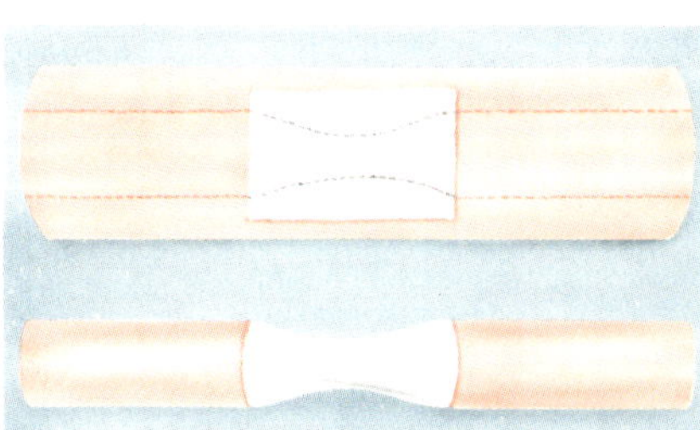

Il y a toujours risque de tétanos avec une blessure, surtout si elle est importante et très sale. Si la victime n'a pas eu de rappel antitétanique depuis 10 ans — depuis 5 ans si la blessure est vraiment mauvaise —, appelez le médecin sans tarder. Le tétanos est une maladie qu'il faut prévenir ; elle est fréquemment fatale.

SIGNES D'INFECTION

Toute blessure qui lèse la peau — coupure, perforation, morsure, piqûre, brûlure, etc. — présente un risque d'infection, et celle-ci est souvent beaucoup plus grave que la blessure. Dans les heures ou les jours qui suivent, examinez la plaie, et si l'un ou l'autre des symptômes suivants apparaît, consultez le médecin immédiatement.

1. Enflure de la plaie.
2. Douleur lancinante.
3. Sensibilité excessive.
4. Écoulement de pus.
5. Lignes rouges en rayon autour de la plaie.
5. Sensation de chaleur.
7. Inflammation — plus qu'un cerne rouge autour de la plaie.
8. Fièvre non imputable à un rhume ou à une autre maladie.
9. Ganglions enflés et sensibles — dans l'aine (infection des jambes et du bas du torse), à l'aisselle (infection du bras et du haut du torse), dans le cou (infection de la tête et du haut du torse).

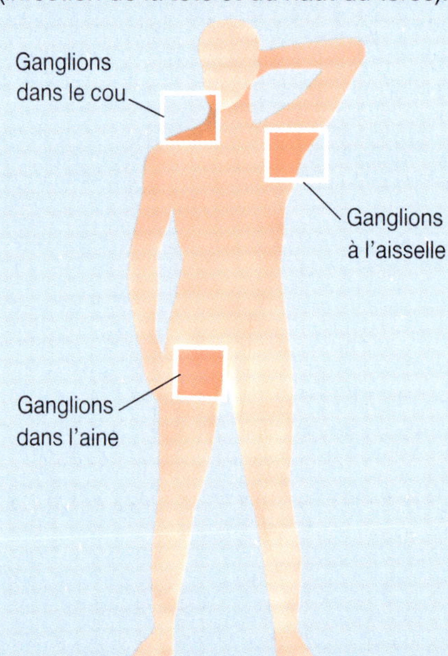

Le panaris, infection du doigt, est généralement dû à des staphylocoques. Consultez un médecin, qui prescrira des antibiotiques ou fera drainer l'abcès sous anesthésie.

HÉMORRAGIE GRAVE

Devant un saignement, le premier geste à faire est d'appuyer sur la plaie. Dans la majorité des cas, le saignement s'arrête en quelques minutes ; il est plus pratique de comprimer la plaie avec un linge propre (un mouchoir par exemple). Si la personne est prise de vertiges ou se sent très faible, il faut impérativement l'allonger sur le sol et lui surélever les membres inférieurs.

Si l'hémorragie est importante ou ne s'arrête pas, vous pouvez essayer de diminuer la circulation dans l'artère qui irrigue le membre. Faites pression sur l'artère avec la main ou les doigts, soit dans le bras, soit dans l'aine, tout en continuant de comprimer la plaie. (Ne comprimez pas les artères de la tête ou du cou pour arrêter l'hémorragie.) Lorsque l'hémorragie est maîtrisée, mettez un pansement sur le tampon. Rendez-vous chez le médecin.

Attention : Vous n'emploierez un garrot que lorsque, devant une hémorragie très importante, aucun des moyens précédents ne se sera révélé efficace. Il sera effectué avec un lien large (cravate, bande de toile), non élastique, qui sera serré entre la plaie et le cœur jusqu'à ce que l'hémorragie cesse ; notez l'heure de la pose du garrot et prévenez immédiatement le médecin.

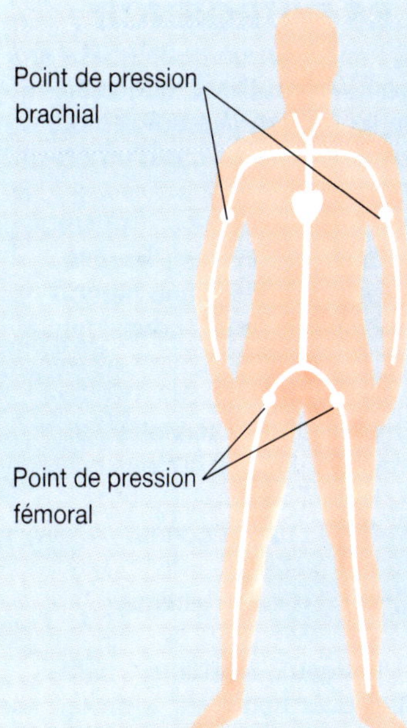

Surveillez l'évolution de la plaie dans les jours qui suivent. Si des signes d'infection (voir ci-contre) apparaissent, consultez le médecin.

Il faut montrer au médecin les coupures de plus de 2,5 cm de longueur, celles infligées sur le visage ou une articulation, ou s'il y a perte de sensibilité ou de mobilité du membre blessé.

PERFORATIONS

Lorsqu'un petit objet pointu, comme un clou ou un crayon, perfore la peau, retirez-le. Pour stériliser la plaie, lavez-la avec soin à l'eau savonneuse et maintenez-la 10 minutes sous l'eau tiède courante. Si la plaie enfle, faites un enveloppement froid et surélevez la partie blessée de 15 à 30 minutes. Vaporisez un antiseptique et couvrez de gaze stérile, maintenue en place par du ruban adhésif.

Lorsque la perforation est causée par un gros objet ou qu'elle est très profonde, appelez le médecin. On peut vous dire de ne pas retirer l'objet, pour éviter tout risque d'hémorragie grave, et de vous rendre immédiatement aux urgences de l'hôpital. Protégez la plaie avec un gobelet et un pansement avant de partir pour l'hôpital.

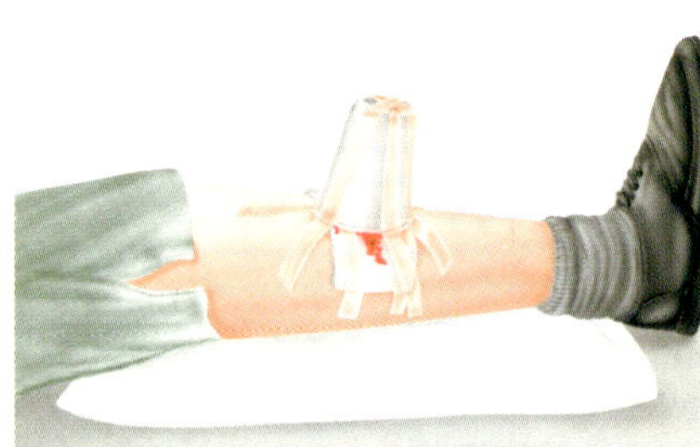

Voyez le médecin si la blessure reste souillée, si l'objet a pénétré dans une articulation, dans un œil, dans la poitrine, dans l'abdomen ou dans les voies respiratoires.

COUPS DE SOLEIL

Lorsque votre peau vire au rouge ou au brun, c'est qu'elle a subi les dommages des radiations solaires. Un bronzage excessif entraîne une dégénérescence de la peau qui peut mener au cancer. Faut-il, pour votre beauté, courir un tel risque ?

Si vous voulez bronzer, faites-le prudemment. 30 minutes avant d'aller au soleil, appliquez un écran solaire. Notez l'indice de protection inscrit sur l'étiquette : plus le chiffre est élevé, meilleure est la protection. Une douche chaude et une friction vigoureuse à la serviette avant d'appliquer la crème lui permettent de mieux pénétrer.

Ne vous exposez pas au soleil entre 11 et 15 heures. C'est le moment où les rayons ultraviolets sont très forts, et ce sont les plus dangereux.

Pour soulager un coup de soleil, appliquez pendant 10 minutes et à quelques heures d'intervalle des compresses d'eau glacée, ou d'eau et de lait. Contre l'inflammation et la démangeaison, employez une crème spécifique. Si le coup de soleil présente le moindre signe d'infection (voir p. 322), appelez le médecin ; il vous recommandera sans doute un traitement plus énergique.

Dans le cas d'un fort coup de soleil, appliquez des compresses d'eau glacée pendant les 6 à 10 premières heures. Pour diminuer la douleur et l'inflammation, prenez de l'aspirine ou un succédané.

Lorsque la douleur est remplacée par la desquamation et les démangeaisons, utilisez une crème ou une lotion hydratante. Demeurez à l'ombre tant que le coup de soleil et la desquamation ne sont pas passés. Même alors, employez un écran solaire plus puissant (indice 15 ou davantage).

BRULURES

Quand les vêtements ou les cheveux d'une personne prennent feu, éteignez les flammes avec ce que vous avez sous la main. Sinon, roulez la victime sur le sol. Ne la laissez surtout pas s'enfuir en courant. Si le feu prend sur vous, enroulez-vous dans une couverture ou roulez-vous par terre.

N'enlevez pas les vêtements secs ou brûlés ni ceux qui adhèrent à la brûlure. Mais ôtez ceux qui sont imbibés de graisse brûlante ou d'eau bouillante.

Retirez les bracelets, les bagues et les vêtements trop ajustés ; ils sont susceptibles de gêner la circulation du sang dans la partie brûlée.

Ne mettez rien de visqueux ou de gras, comme de la vaseline ou du beurre, sur la plaie, car elle risquerait de s'infecter. Ne couvrez pas une brûlure d'ouate ou d'une matière qui pourrait adhérer à la plaie.

Pour réduire la profondeur, l'inflammation et la douleur d'une brûlure, faites couler de l'eau froide dessus pendant 15 minutes ; si elle est bénigne, protégez-la avec un pansement sec. Au premier signe d'infection, voyez le médecin.

Toute brûlure au deuxième degré qui occupe une surface de plus de 5 à 8 cm est grave et doit être vue par le médecin. Il en est de même des brûlures au visage ou aux mains ; sinon, la victime risque de conserver des cicatrices peu esthétiques ou même handicapantes.

Si vous vous brûlez la langue avec une boisson ou un mets chauds, quelques grains de sucre devraient adoucir la douleur. L'eau glacée soulage aussi.

N'exposez pas une brûlure au soleil. Si la région brûlée est difficile à couvrir, étalez dessus un écran solaire très puissant (indice 15).

LES TROIS DEGRÉS DE BRULURES

Avant de traiter une brûlure, il faut déterminer sa gravité.

1. La brûlure au premier degré (coup de soleil léger) est rouge et chaude ; elle ne présente pas d'ampoules, mais une légère enflure par suite d'une accumulation de liquide sous la peau. La douleur est vive, signe que la brûlure est superficielle et n'a pas affecté les terminaisons nerveuses. Elle guérit d'elle-même.

2. La brûlure au second degré (coup de soleil grave) est plus sérieuse et tout aussi douloureuse. La peau est tachetée de rouge, humide, enflée et probablement couverte d'ampoules, qu'il ne faut pas crever.

3. La brûlure au troisième degré est profonde ; elle s'étend à toutes les couches de la peau, qui peut aller du blanc au noir, paraître calcinée ou cireuse et cartonnée. La victime a perdu toute sensibilité dans la région brûlée.

TRAITEMENT DES BRULURES : PREMIER ET SECOND DEGRÉS

Si la brûlure est causée par un produit chimique, voyez p. 337. Sinon, mettez-la sous le robinet d'eau froide pendant 15 à 30 minutes. Lavez-la doucement avec un savon doux et rincez bien. Puis surélevez la partie blessée au-dessus du cœur.

Vous pouvez laisser une brûlure à découvert si elle ne risque pas de se salir ni de frotter contre un vêtement. Sinon, protégez-la d'un tampon de gaze stérile que vous changerez tous les jours. Surélevez la brûlure autant que possible. Contre la douleur, prenez de l'aspirine ou un autre analgésique.

Ne crevez pas les ampoules ; elles éclateront d'elles-mêmes. Retirez alors la peau morte avec une pince stérilisée et des ciseaux de manucure.

Appelez le médecin au premier signe d'infection (voir p. 322).

Consultez le médecin dans les cas suivants : nombreuses ampoules ; brûlure de plus de 5 à 8 cm de diamètre ; brûlures au visage ; traces de brûlure près de la bouche, du nez ou des yeux ; crachats couleur de suie ou contenant du sang ; respiration embarrassée ; brûlure à une articulation ; brûlure à l'aine, à l'aisselle ; brûlures entre les doigts et les orteils. Vérifiez si la victime a été vaccinée contre le tétanos au cours des 10 dernières années.

TRAITEMENT DES BRULURES AU TROISIÈME DEGRÉ

En fait, il est très difficile au début de différencier les brûlures du deuxième et du troisième degrés. Toute brûlure sera donc mise sous l'eau froide pendant une quinzaine de minutes. Ce n'est qu'après, si l'on pense qu'il s'agit d'une brûlure du troisième degré, que la victime sera amenée à l'hôpital — même si la brûlure est de petite surface. Pendant le transport, elle sera protégée par un pansement stérile.

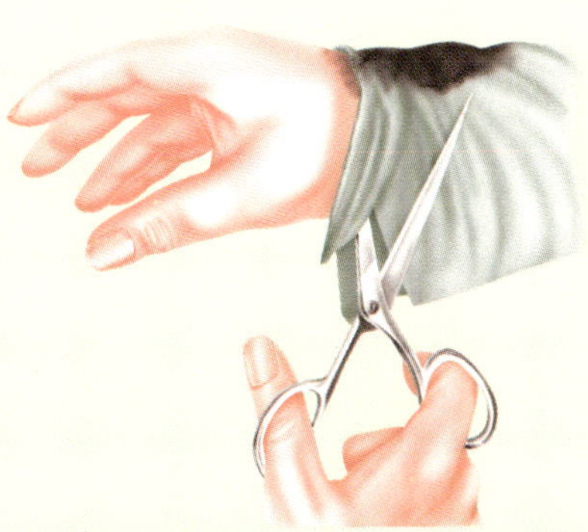

Coupez les vêtements autour de la brûlure

Mettez la brûlure sous le robinet d'eau froide

Posez un pansement lâche par-dessus

LA GRANDE CHALEUR

Évitez de vous exposer longtemps à une chaleur forte et humide. Si vous devez travailler au soleil, multipliez les pauses à l'ombre et buvez beaucoup d'eau ou de boissons non alcoolisées.

Par temps chaud, portez des vêtements et un chapeau légers quand vous êtes au soleil. Évitez de vous tenir longtemps en plein soleil.

Si vous voyez trouble, si vous vous sentez étourdi, nauséeux ou faible, étendez-vous à l'ombre sans plus attendre et buvez des jus de fruits frais ou de l'eau (évitez café, thé et boissons alcoolisées).

La chaleur fatigue davantage les personnes obèses, cardiaques, diabétiques, celles qui souffrent d'un trouble du système nerveux central, qui prennent certains médicaments (renseignez-vous auprès du médecin ou du pharmacien) ou qui, bien qu'en bonne santé, sont très fatiguées.

LE GRAND FROID

Par temps très froid, la victime d'un accident grave perd rapidement sa chaleur. Gardez-la au chaud et étendez-la sur des matières isolantes.

N'attendez pas pour vous mettre à l'abri de vous sentir engourdi. (Les victimes d'hypothermie ne sont pas conscientes des symptômes.) Vent et neige ou pluie augmentent l'intensité du froid.

En montagne ou dans un pays froid, ayez toujours dans votre voiture des vêtements chauds, une couverture et une pelle.

Portez un bonnet, des gants et plusieurs épaisseurs de vêtements, car l'air emprisonné entre les couches agit comme isolant. Enlevez les vêtements mouillés le plus vite possible.

Si vous devez rester longtemps dehors par grand froid, portez des sous-vêtements thermiques et deux paires de chaussettes, dont une de laine, des bottes qui couvrent la cheville, des gants sous des moufles chaudes et une cagoule de ski contre le vent.

Absorbez des aliments riches en hydrates de carbone et bannissez l'alcool, qui dilate les vaisseaux sanguins et accélère les pertes de chaleur. Ne fumez pas ; la cigarette restreint le flux de sang qui parvient aux extrémités, et ce sont elles qui souffrent du froid en premier.

Voici ce qu'il ne faut pas faire en présence d'une gelure : la frictionner, la frotter avec de la neige ou de la glace ; l'enduire d'un onguent ou d'un corps gras. Si, pendant que vous êtes dehors, vous sentez naître une gelure dans la jambe ou le pied, évitez de vous servir de ce membre. Réchauffez-le dès que possible.

BLESSURES AUX YEUX

Si vous recevez un coup qui vous laisse un « œil au beurre noir », appliquez sur l'œil des compresses froides et voyez le médecin pour qu'il puisse déterminer s'il n'y a pas d'autres dommages.

Lorsqu'une personne reçoit un produit toxique ou chimique dans l'œil, mettez-lui immédiatement la tête sous un robinet d'eau tiède. Ou remplissez un pot d'eau tiède, tenez-le à quelques centimètres au-dessus de l'œil et baignez celui-ci sans interruption pendant 15 minutes. Alors seulement, appelez le médecin ou le SAMU. Il est urgent de bien baigner l'œil ; si vous téléphonez d'abord, le dommage peut devenir irréversible.

Si un objet pointu, comme une écharde, pénètre dans l'œil — accident très rare — ne le retirez pas. Couvrez l'œil et l'objet qui le blesse avec un gobelet ou un cornet fabriqué avec du carton ; maintenez-le en place avec du ruban adhésif et amenez la victime aux urgences de l'hôpital.

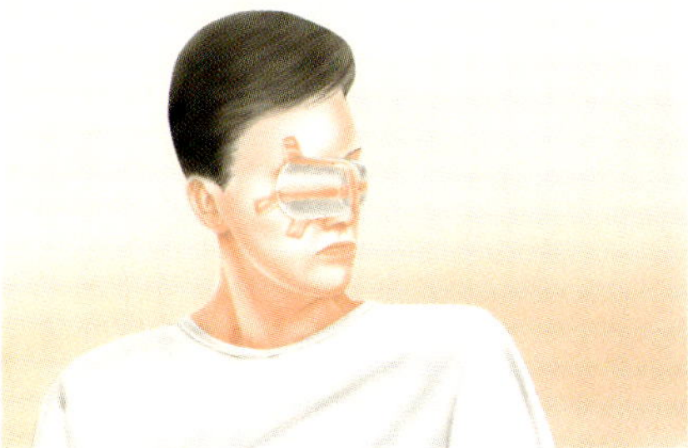

POUR ENLEVER UN CORPS ÉTRANGER

Respectez ce principe : n'essayez pas d'enlever un corps étranger quand vous ne le voyez pas. Recourez à une assistance médicale.

Lorsque votre enfant s'est introduit un petit objet, une perle par exemple, dans le nez ou l'oreille, ne tentez pas d'intervenir. Amenez l'enfant chez le médecin, d'autant plus vite si le nez saigne ou si l'oreille suppure.

Si vous voulez retirer le corps étranger avec une pince, n'allez pas plus loin que votre vue vous le permet ; vous risquez autrement d'enfoncer l'objet, d'endommager des membranes ou de perforer le tympan.

N'essayez pas de déloger un corps étranger de votre nez en vous mouchant avec vigueur. Si vous ne parvenez pas à l'extirper, voyez le médecin.

CORPS ÉTRANGER DANS L'ŒIL

Si vous êtes incapable d'enlever facilement le corps étranger (insecte, poussière) qui s'est introduit dans votre œil, appelez le médecin. Et si, après avoir retiré l'objet, vous voyez trouble et éprouvez un malaise ou une douleur à l'œil, appelez aussi le médecin. Dans l'intervalle, gardez l'œil fermé ; vous vous sentirez mieux et vous ne risquerez pas d'aggraver votre cas.

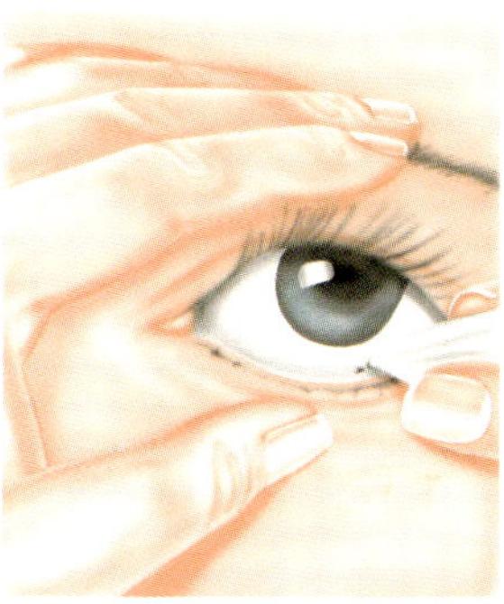

1. Demandez à la personne de s'asseoir en pleine lumière. Pendant que vous écartez la paupière inférieure, faites-la regarder vers le haut, puis à droite et à gauche, aussi loin que possible. Si elle a un corps étranger dans l'œil — et ce n'est pas toujours le cas — vous devriez l'apercevoir. Enlevez-le avec le coin d'un mouchoir propre.

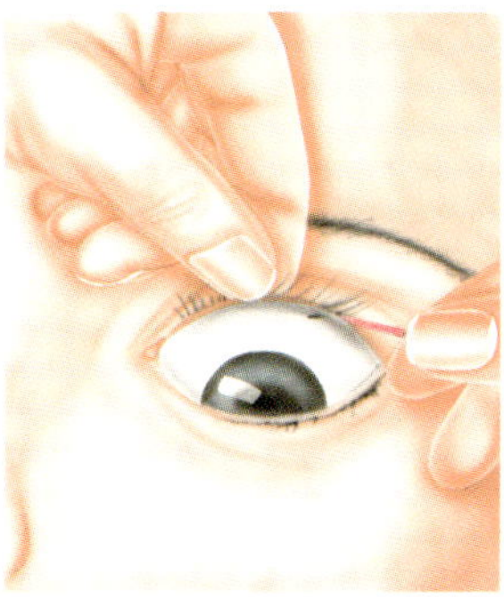

2. Le corps étranger se cache parfois sous la paupière supérieure. Mettez un coton-tige sur la paupière et enroulez celle-ci par-dessus. Si vous apercevez le corps étranger, ou dans l'œil, ou sur la face interne de la paupière, retirez-le doucement avec un coton-tige ou le coin d'un mouchoir propre. Soyez très prudent et ne faites pas de gestes brusques.

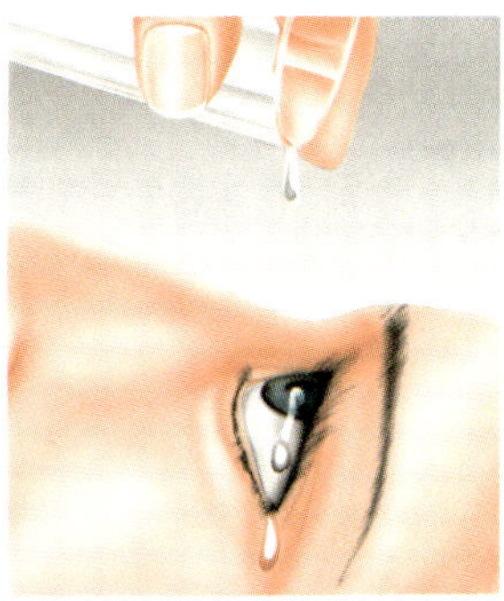

3. Il existe une autre façon d'enlever le corps étranger, qui consiste à le faire refluer hors de l'œil. Remplissez un grand verre d'eau tiède, tenez-le à quelques centimètres au-dessus de l'œil et versez lentement l'eau dedans. Ou bien vous pouvez utiliser un compte-gouttes plein d'eau et le vider au-dessus de l'œil pour en chasser le corps étranger.

Quand un enfant s'est coincé la main dans un bocal de verre, voici ce qu'il faut faire : Protégez le poignet en enroulant autour une serviette ou du carton et plongez la main et le bocal dans un bassin d'eau. Avec un marteau, frappez fermement le bocal juste au-dessus du fond. Le verre se cassera sans éclater et vous enlèverez le bocal sans blesser l'enfant.

COMMENT FAIRE GLISSER UNE BAGUE

Vous n'arrivez plus à enlever votre bague. Que faire ? Placez la main dans un bol d'eau glacée et attendez que le froid ait suffisamment contracté le doigt porteur de la bague pour que celle-ci puisse glisser.

Ou appliquez de la glace sur le doigt pendant 10 à 15 minutes en le surélevant au-dessus du niveau du cœur. Puis massez le doigt, du bout vers la main, et ôtez la bague.

En cas d'échec, prenez 1 m de ficelle ou de soie dentaire cirée et introduisez-en une extrémité sous la bague. (Vous devrez peut-être vous aider d'un cure-dents). Laissez ce bout libre sur le dos de la main. Enroulez le reste de la ficelle serré autour du doigt jusqu'à l'ongle. Prenez l'extrémité libre, de l'autre côté de la bague, entre vos doigts et tirez-la doucement en direction de l'ongle. La ficelle, en se déroulant, fait glisser la bague sur le doigt ainsi comprimé.

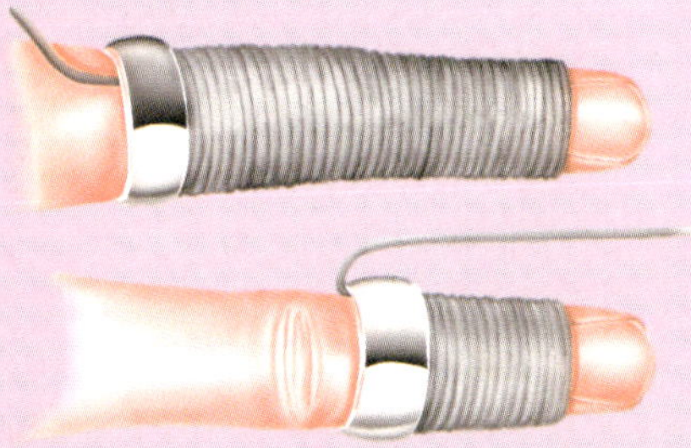

Attention : Cette opération doit être exécutée rapidement, car elle a pour effet d'arrêter la circulation.

ÉCHARDES

Si vous êtes sûr d'avoir une écharde alors même que vous ne la voyez pas, collez un peu de ruban adhésif sur le point douloureux. Tirez-le vers le haut et les côtés pour dégager l'écharde. Le succès n'est pas garanti, mais il est fréquent.

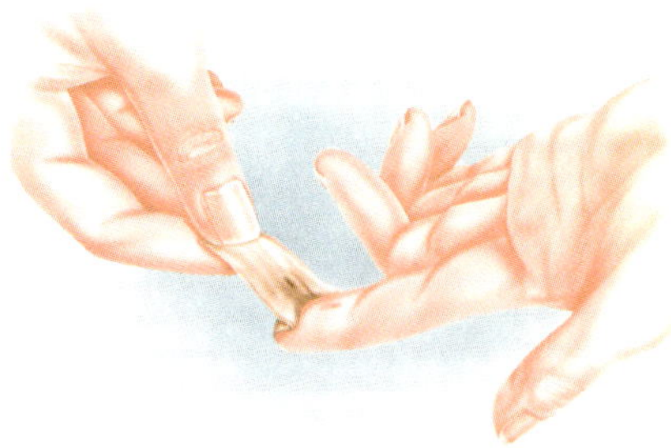

Lorsque l'écharde s'est complètement enfoncée dans la peau, anesthésiez la blessure avec de la glace. Puis lavez bien la peau à l'eau savonneuse ; avec une aiguille stérilisée à la flamme, fendez la peau qui recouvre l'extrémité de l'écharde et soulevez-la. Retirez l'écharde avec une pince ou vos ongles propres. Lavez de nouveau la plaie et couvrez-la d'un pansement stérile.

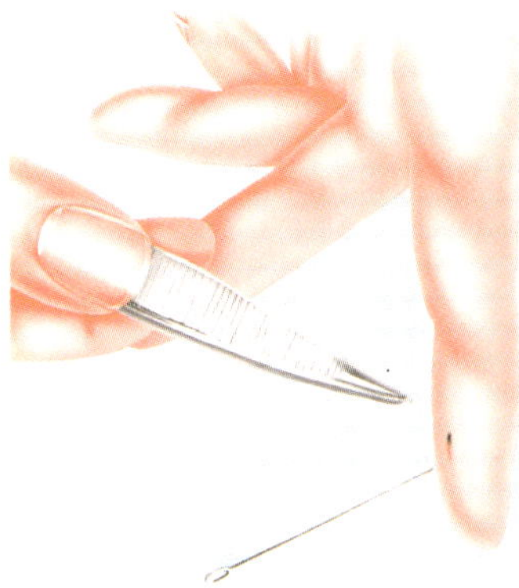

Examinez bien la plaie. Si vous estimez qu'il est resté des fragments de l'écharde profondément enfoncés dans la peau, allez voir le médecin.

INTOXICATION PAR INHALATION

Ne mélangez pas les restes de produits de nettoyage différents, n'en utilisez pas deux simultanément en pensant que vous combinerez ainsi leurs effets. De tels mélanges produisent parfois des gaz dangereux.

RETIRER UN HAMEÇON

Lorsque seule la pointe de l'hameçon est piquée dans la peau, retirez-la simplement. Si l'ardillon s'est enfoncé peu profondément, retirez l'hameçon avec un mouvement de rotation.

Si vous n'avez pas réussi, mettez de la glace sur la blessure pour l'anesthésier. Enfoncez l'hameçon jusqu'au bout de manière à faire ressortir l'ardillon à travers la peau. Coupez l'ardillon avec des pinces coupantes et retirez la tige dans l'autre sens.

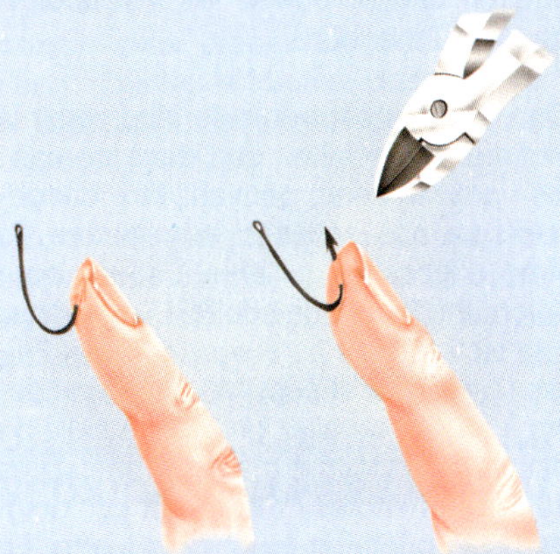

Nettoyez la blessure à l'eau savonneuse et maintenez-la sous le robinet d'eau froide 5 à 10 minutes. Appliquez un antiseptique. Si la plaie continue à saigner, comprimez-la et surélevez-la. Pansez quand le sang ne coule plus. Vérifier si la victime a reçu un vaccin antitétanique au cours des 10 dernières années. Surveillez les signes possibles d'infection (voir p. 322).

Si l'hameçon est profondément enfoncé dans la peau, s'il est entré dans un œil ou dans une partie sensible du corps, allez aux urgences de l'hôpital.

Pour empêcher des gaz nocifs de se répandre dans toute la maison, faites vérifier tout système de chauffage à air chaud pulsé au moins une fois par an.

Les appareils de chauffage à mazout doivent déboucher hors de la maison, comme les chaudières ou les poêles à bois, pour éviter l'accumulation de monoxyde de carbone. Ne les utilisez pas dans une pièce fermée.

Utilisez prudemment insecticides, herbicides, solvants ou agents de nettoyage. Employez-les dans des endroits bien aérés. Pour vaporiser peintures et pesticides, portez un masque sur la bouche et le nez, des lunettes de protection et des vêtements couvrants.

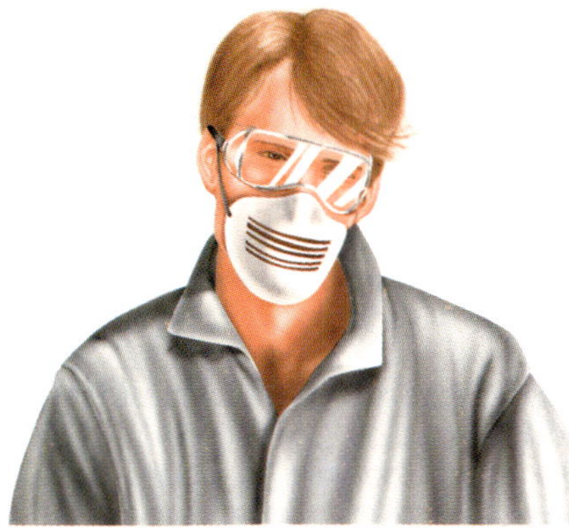

Si vous vous sentez tout à coup somnolent et migraineux au volant de la voiture, arrêtez-vous immédiatement. Sortez et prenez quelques bonnes respirations. Ouvrez une fenêtre à votre retour dans l'auto. Faites vérifier votre système d'échappement sans tarder.

Avant d'entrer dans une pièce où se trouve la victime d'une intoxication par inhalation de vapeurs, de fumée ou de gaz, prenez deux bonnes respirations, puis retenez votre souffle. Transportez ou tirez la victime hors de la pièce. Ne lui demandez pas de faire un effort et ne restez pas dans la pièce.

Une fois la victime à l'air sain, appelez le SAMU (15 ou numéro à 8 chiffres) ou les sapeurs-pompiers. Pratiquez la réanimation cardio-pulmonaire si vous savez la faire et si nécessaire. Lorsque la victime est en état de se déplacer, amenez-la à l'hôpital, où on effectuera un diagnostic.

Le poison le plus communément inhalé est un gaz incolore et inodore, le monoxyde de carbone. Si la victime est dans un espace fermé où entrent les gaz d'échappement d'une voiture, pensez-y. En voici les symptômes : maux de tête, souffle court, nausée,

Lorsque vous vous étouffez, vous ne pouvez émettre un son. Pour obtenir de l'aide, saisissez-vous la gorge avec le pouce et l'index. C'est un symbole universel d'étouffement. Enseignez-le à vos enfants.

Si vous vous étouffez, restez près de quelqu'un qui puisse vous aider. Ne laissez pas se lever de table une personne victime d'une obstruction : des décès se sont produits dans des toilettes de restaurant.

Si une personne qui s'étouffe est incapable de tousser et que sa gorge reste bloquée, faites-la se plier en avant, la tête vers les genoux, debout ou assise. Avec le talon de la paume, tapez quatre fois sur son dos, entre les omoplates. Frappez assez fort pour que chaque coup déclenche une toux involontaire.

Demandez aux enfants de manger calmement. Ils risquent de s'étouffer lorsqu'ils courent avec un aliment ou un objet dans la bouche.

Ne laissez pas de petits objets à la portée des jeunes enfants et des bébés. Voyez les choses de leur point de vue. Dépistez les objets qui peuvent leur paraître agréables à sucer : pièces de monnaie, capsules de bouteilles, petites pièces provenant de jouets, etc. Rangez-les là où les enfants ne peuvent y avoir accès.

CRISE D'ASTHME

Les crises surviennent le plus souvent la nuit, en position couchée. Ouvrez la fenêtre pour faire rentrer de l'air, sans toutefois que la chambre ne se refroidisse trop. Soutenez le malade assis avec des oreillers.

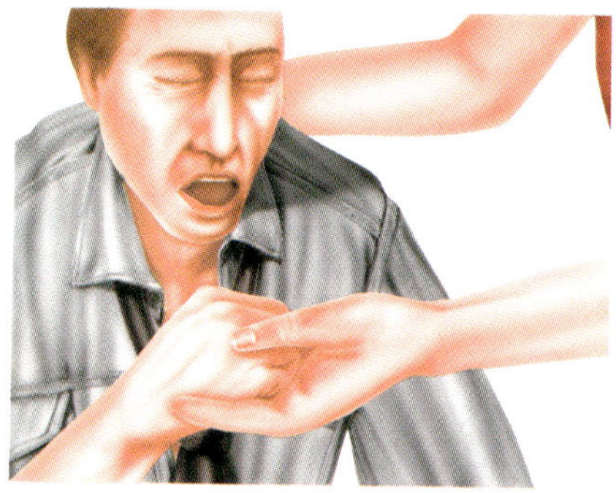

Ne vous inquiétez pas outre mesure si votre enfant a une respiration sifflante : cela n'est pas anormal chez le jeune enfant et ne signifie pas qu'il sera asthmatique plus tard.

Si votre enfant est asthmatique, ne soyez pas trop protecteur. Encouragez-le à mener une vie aussi remplie et normale que possible. Mais n'ignorez pas sa maladie, c'est une affection sévère et qui peut s'aggraver.

L'allergie à diverses substances (poussière, poils d'animaux, plumes, pollens) peut être une cause d'asthme. N'achetez pas d'animaux à poils ou à plumes si vous avez un enfant asthmatique. Mais si vous avez déjà un animal, ne vous en débarrassez pas : le choc psychologique risquerait d'accroître encore l'asthme de l'enfant.

Faites beaucoup d'exercice. La natation est bénéfique, car elle apprend à contrôler sa respiration ; de plus, l'atmosphère des piscines ne contient ni poussières ni pollens.

LES DÉTRESSES RESPIRATOIRES

Un corps étranger qui pénètre dans les voies aériennes peut, suivant l'endroit où il se bloque, provoquer soit un arrêt ventilatoire pouvant entraîner la mort si un traitement n'est pas entrepris immédiatement ; soit l'obstruction d'une partie d'un poumon, et une infection pulmonaire grave si elle n'est pas soignée à temps. Ces accidents se produisent chez le jeune enfant mais aussi chez l'adulte, surtout au cours des repas.

1. Les signes d'une obstruction complète sont caractéristiques : la victime porte ses doigts autour de son cou ; ses yeux sont exorbités ; sa bouche est grande ouverte comme si elle cherchait de l'air ; bien que sa poitrine et son ventre fassent de grands mouvements, on ne sent pas de souffle sortir de sa bouche ; elle n'émet aucun son. Au bout de 1 à 2 minutes, elle devient inconsciente et tombe ; l'arrêt cardiaque se produit dans les 2 à 3 minutes qui suivent.

2. Dès la constatation des signes, regardez si le corps étranger n'est pas visible dans la bouche et essayez de l'extraire en prenant garde de ne pas l'enfoncer ; introduisez un doigt dans la bouche et balayez la cavité buccale, des joues vers la gorge.

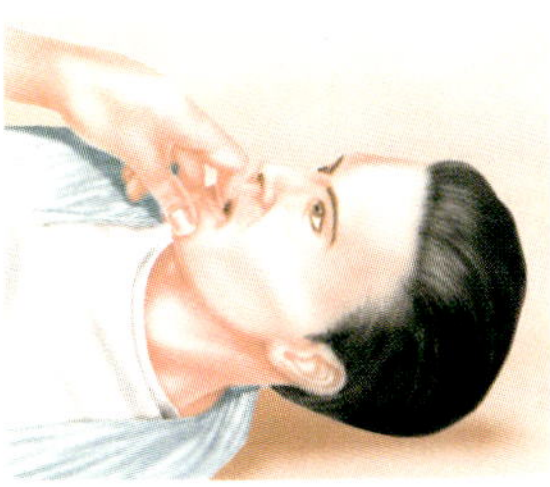

3. Si vous ne voyez rien dans la bouche, placez-vous derrière la victime, passez vos bras sous les siens, mettez un poing au creux de l'estomac juste sous le sternum et placez votre autre main sur la première : comprimez l'abdomen de la victime en tirant violemment vers vous et en remontant les mains. Répétez la manœuvre plusieurs fois si nécessaire. En cas d'échec, essayez de pratiquer le bouche-à-bouche (voir p. 340) en attendant l'arrivée des secours médicaux (prévenus en téléphonant au 15). Même si la manœuvre a réussi, la victime doit rester au repos et voir un médecin.

4. Procédez de la même manière si le sujet est assis.

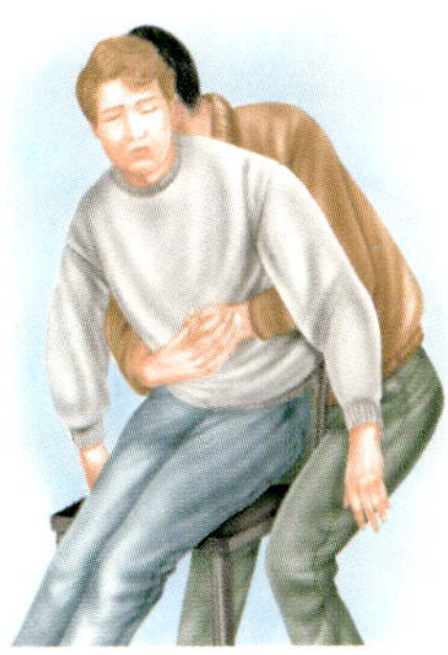

5. Lorsque la victime est une femme enceinte ou une personne obèse, les pressions doivent s'exercer sur la poitrine.

6. Couchez le jeune enfant à plat ventre sur vos cuisses. Avec votre main placée sur son dos, comprimez son thorax et son abdomen pour expulser le corps étranger. Ne le tenez pas par les pieds en le frappant dans le dos.

7. Couchez le nourrisson sur votre avant-bras et administrez-lui de grandes claques dorsales.

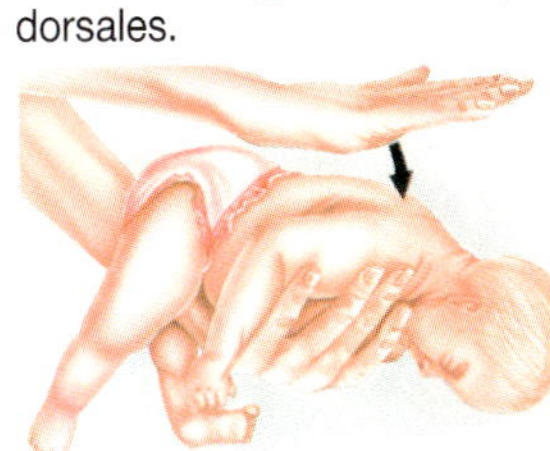

Attention : Cette technique nécessite un apprentissage, qui se fera dans un cours de secourisme.

8. L'obstruction incomplète se produit le plus souvent chez un enfant de 2 à 5 ans qui avale de travers un petit bonbon, par exemple. Il devient violet, tousse, respire difficilement et bruyamment ; sa voix est rauque. L'objet obstrue seulement une partie des poumons ; il faut calmer l'enfant et l'amener à l'hôpital, pour un traitement qui dure 48 à 72 heures.

VICTIME INCONSCIENTE

Si une personne inconsciente reste couchée sur le dos, sa langue peut obstruer son arrière-gorge et gêner sa ventilation, entraînant sa mort ; ou bien les liquides contenus dans sa bouche (salive, vomissures, sang) ou de petits corps étrangers (dents cassées) risquent de pénétrer dans ses voies aériennes, provoquant là encore un arrêt ventilatoire et la mort. Pour prévenir cela, la victime doit être placée en **position latérale de sécurité.**

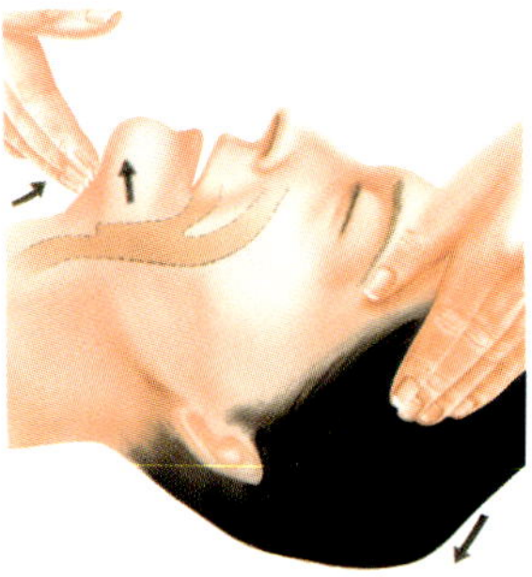

1. Parlez à la victime et éventuellement secouez-la pour vérifier si elle est inconsciente. Placez une main sur son front, les doigts de l'autre main sous son menton et basculez la tête en arrière : assurez-vous que vous entendez sa respiration.

2. Allongez le bras de la victime à angle droit par rapport à son corps ; placez une main sur son épaule et faites reposer son avant-bras sur le vôtre ; saisissez sa hanche ; en tirant vers vous, faites pivoter la victime d'un bloc.

3. Maintenez-lui la hanche, fléchissez le genou situé au-dessus et posez-le au sol ; c'est lui qui calera le corps.
En attendant l'arrivée des secours médicaux (téléphonez au 15), vérifiez que la victime ne s'arrête pas de respirer.

ARRÊT VENTILATOIRE

Une personne en arrêt ventilatoire meurt au bout de 2 à 3 minutes si le bouche-à-bouche n'est pas pratiqué immédiatement jusqu'à la reprise de la ventilation spontanée ou, si elle ne reprend pas, jusqu'à l'arrivée des secours médicaux prévenus dès la constatation des faits (téléphonez au 15).

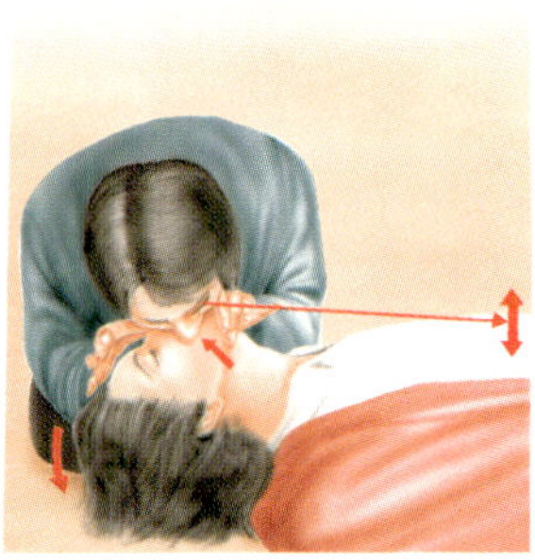

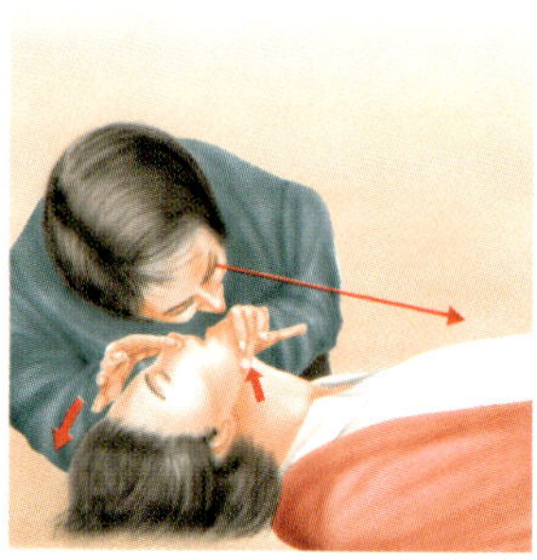

1. Basculez la tête de la victime en arrière ; le pouce et l'index de votre main qui appuie sur le front pincent les narines pour obstruer le nez ; maintenez le menton surélevé ; posez votre bouche sur celle de la victime (vous devez pouvoir souffler sans effort).

2. Reprenez votre souffle ; l'expiration de la victime se fait passivement ; vérifiez que sa poitrine se vide bien. Insufflez quinze fois par minute. Après la deuxième insufflation, puis toutes les minutes, vérifiez que vous percevez bien le pouls carotidien de la victime.

3. Pour pratiquer le bouche-à-bouche sur un nourrisson, appuyez votre bouche à la fois autour du nez et de la bouche ; l'insufflation devra être d'un faible volume.

Attention : Pour être pratiquées correctement et avec efficacité, ces techniques nécessitent un apprentissage, qui se fera dans un cours de secourisme.

ARRÊT CARDIAQUE

Un sujet inconscient en arrêt ventilatoire est en arrêt cardiaque lorsque, après les deux premières insufflations, les battements du pouls carotidien ne sont pas perçus. Sa survie n'est possible que si : le massage cardiaque externe, associé à la ventilation artificielle, est commencé moins de 3 minutes après le début de l'arrêt cardiaque ; le traitement médical de l'arrêt cardiaque est entrepris moins de 10 minutes après le début de l'arrêt cardiaque par les secours médicaux prévenus dès la constatation des faits (appelez le 15).

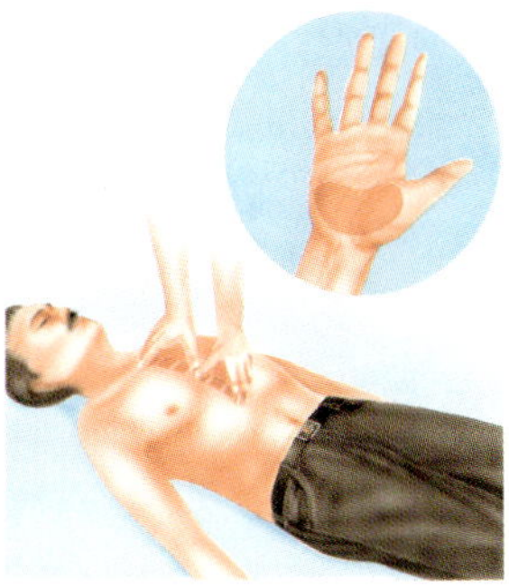

1. Après avoir pratiqué deux insufflations et constaté l'absence de perception du pouls carotidien, repérez la moitié inférieure du sternum (l'os du milieu de la poitrine). Placez-y le talon d'une main, celui de l'autre main sur la première ; les coudes doivent rester tendus, les membres supérieurs perpendiculaires au sol.

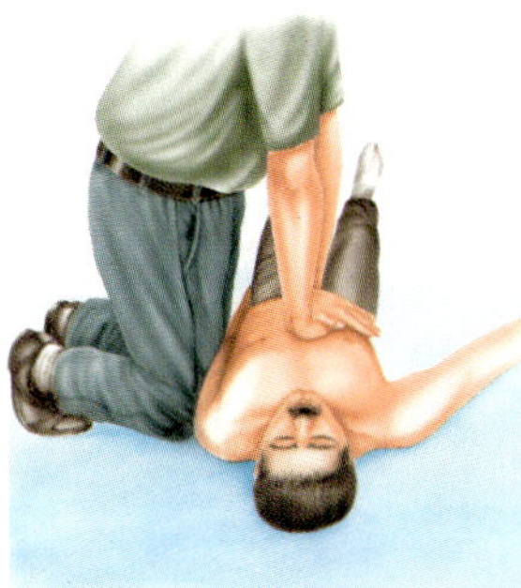

2. Appuyez sur la poitrine de la victime pour la déprimer de 4 à 5 cm, puis relâchez complètement. Répétez quatre-vingts fois par minute, en alternant quinze appuis et deux insufflations. Toutes les 2 à 3 minutes, vérifiez le pouls carotidien ; si les battements sont perçus, continuez la ventilation artificielle mais arrêtez le massage cardiaque externe.

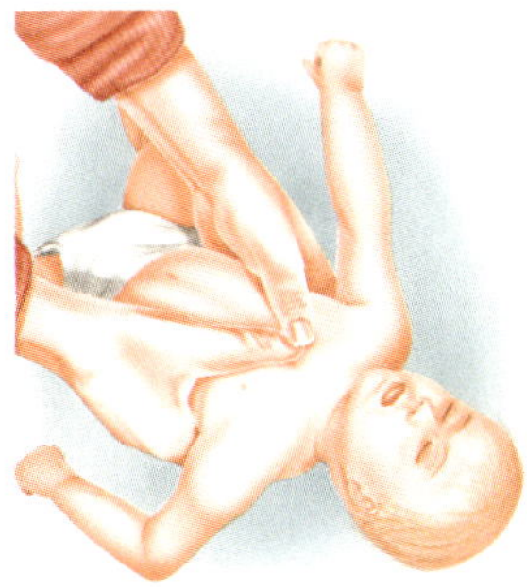

3. Pour le nourrisson, les pouces ou deux doigts suffisent. Pour l'enfant, les doigts ou le talon d'une seule main sont utilisés. La pression doit être plus faible, le massage plus rapide, le nombre des mouvements ventilatoires plus grand.

Attention : Le massage cardiaque externe est une technique dangereuse ; pratiqué chez un sujet qui n'est pas en arrêt cardiaque, il peut entraîner des lésions graves pouvant elles-mêmes provoquer la mort. Pour le pratiquer, il faut non seulement avoir appris la technique, mais aussi savoir différencier sans risque d'erreur ce qui est un arrêt cardiaque de ce qui n'en est pas.
De nombreuses associations, en particulier la Croix-Rouge française, proposent des cours de secourisme.

MALAISE CARDIAQUE

La tachycardie, accélération brusque des battements cardiaques qui survient par crises, touche surtout des adultes jeunes. Chez une personne en bonne santé, elle ne témoigne le plus souvent d'aucune maladie du cœur. Consultez cependant le médecin si les accès se reproduisent fréquemment.

Réduisez votre consommation de café, d'alcool et de tabac. Évitez le surmenage et le manque de sommeil, qui sont des facteurs favorisants. Faites de la relaxation si vous êtes anxieux.

Le principal symptôme d'une crise cardiaque est une douleur violente enserrant le thorax et irradiant à un bras, ou aux deux, au cou et à la mâchoire. Au contraire de celle qui caractérise l'angine de poitrine, elle n'est pas déclenchée par l'effort et ne cesse pas avec le repos.

Des symptômes préliminaires (qui se manifestent parfois pendant plusieurs semaines avant l'attaque) peuvent être une fatigue inexpliquée, un essoufflement, une mauvaise digestion. N'hésitez pas à consulter un médecin si vous avez la moindre suspicion.

Si le malade est conscient, installez-le dans une position semi-allongée, qui soulage le cœur. Soutenez ses épaules et sa tête avec un oreiller, fléchissez-lui les genoux.

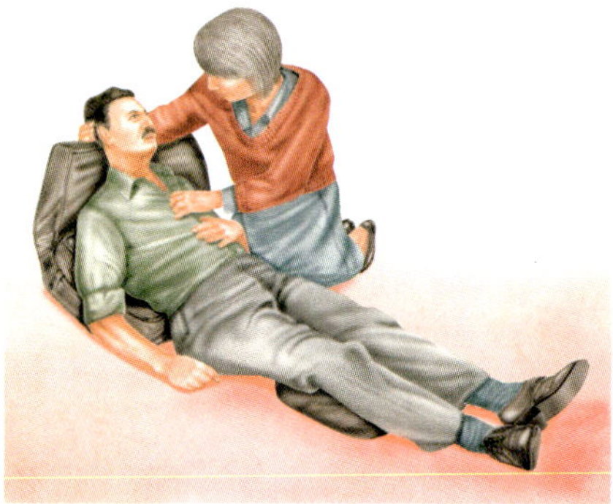

Pensez à déboutonner le col et la chemise du malade, et desserrez sa ceinture pour faciliter la respiration et la circulation.

Calmez le malade et ne le laissez pas s'agiter : cela fatiguerait inutilement son cœur. Ne lui donnez rien à boire ni à manger.

PRÉVENIR LES CRISES CARDIAQUES

La plupart des crises cardiaques sont dues à une thrombose coronaire, c'est-à-dire à l'obstruction par un caillot de sang de l'une des artères nourricières du cœur. Le tabac, l'obésité, le diabète, l'hypertension artérielle, le manque d'exercice physique, une alimentation mal équilibrée et les antécédents familiaux sont autant de facteurs prédisposants. Voici quelques conseils qui vous aideront à éviter la crise cardiaque :

— Maintenez votre poids corporel normal.
— Ne fumez pas.
— Faites du sport régulièrement.
— Mangez peu de poulet, de bœuf, de mouton et de porc, dont la graisse se dépose sur la paroi des artères et gêne la circulation du sang.
— Si vous êtes diabétique ou faites de l'hypertension artérielle, soignez-vous avec l'aide de votre médecin.

Si le malade perd connaissance, placez-le en position latérale de sécurité (voir p. 340). Dans tous les cas, que le malade soit conscient ou non, appelez immédiatement le SAMU (en composant le 15).

CHOC TRAUMATIQUE

Certains traumatismes aigus ou douleurs violentes (hémorragie, vomissements répétés, forte diarrhée, brûlures étendues, par exemple) peuvent provoquer une défaillance circulatoire générale, qui s'accompagne parfois d'une perte de connaissance. C'est le choc traumatique, ou état de choc. Il peut devenir mortel.

Voici les signes qui doivent vous alerter : le sujet est pâle, couvert de sueurs froides ; il est anxieux, agité, ou même incohérent ; il a des vertiges, des nausées, parfois des vomissements ; il se plaint d'avoir très soif ; sa respiration est rapide et superficielle, il bâille ou pousse de fréquents soupirs ; son pouls est irrégulier et difficile à palper.

Appelez les secours médicaux et rassurez le malade s'il est conscient. Étendez-le à plat dos, les jambes un peu surélevées de façon à drainer le sang vers le cerveau. Surtout, ne le laissez pas debout ou assis ; il risquerait de tomber en syncope.

Couvrez-le d'une couverture ou d'un manteau, mais ne placez pas de bouillotte chaude contre son corps. Bougez-le le moins possible, car tout mouvement augmente l'intensité du choc.

S'il a soif, vous pouvez lui humecter légèrement les lèvres, mais ne lui donnez pas à boire (surtout pas d'alcool) ni à manger, au cas où il faudrait plus tard l'anesthésier.

S'il vomit ou perd connaissance, placez-le en position latérale de sécurité (voir p. 340). S'il cesse de respirer, pratiquez la respiration artificielle (voir p. 340).

ÉLECTROCUTION

Ne touchez jamais à mains nues une personne qui est encore en contact avec la source d'électricité. Avant toute chose, coupez le courant, en actionnant le disjoncteur ou en débranchant l'appareil.

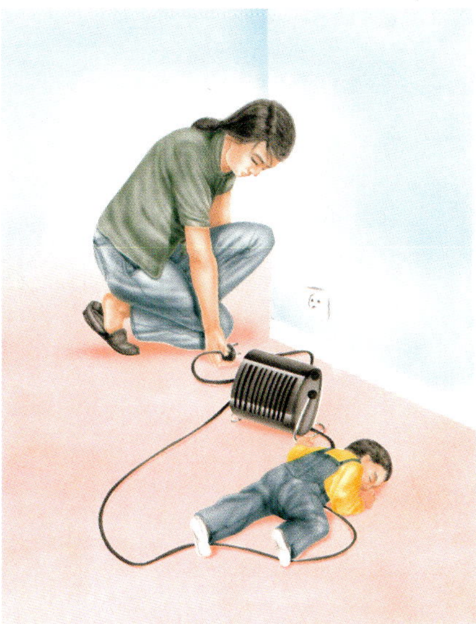

S'il vous est impossible d'atteindre rapidement la source de courant, dégagez la victime à l'aide d'un objet parfaitement sec et non conducteur d'électricité. Vous pouvez vous servir d'un manche à balai en bois, ou encore d'une serviette dont vous aurez fait une boucle pour la passer autour d'un membre de la victime.

Soyez très prudent. Couvrez-vous les mains de gants ou d'étoffe bien sèche ; tenez-vous sur une surface sèche, ou bien isolez-vous du sol en marchant sur une planche, par exemple.

Une personne frappée par la foudre n'est pas conductrice. On peut donc la secourir immédiatement.

Si la victime est inconsciente mais qu'elle respire, placez-la en position latérale de sécurité (voir p. 340) et appelez le SAMU. Si elle ne respire plus, commencez aussitôt le bouche-à-bouche (voir p. 340).

CRAMPE

La crampe est la contraction brutale, involontaire et très douloureuse d'un ou de plusieurs muscles. Elle est dangereuse lorsqu'elle survient chez un nageur (voir encadré p. 344).

Une crampe qui persiste peut être due à un manque de sel provoqué par une transpiration abondante, des vomissements ou une diarrhée. Buvez beaucoup d'eau légèrement salée (1 cuillerée à café de sel par litre).

La douleur disparaît en général quand on allonge les muscles contracturés. C'est souvent plus facile si quelqu'un vous aide à le faire.

Dans le cas d'une crampe dans le mollet, tendez la jambe et mettez-vous debout ; appuyez-vous alternativement sur le talon et les orteils ; penchez-vous en avant pour étirer les muscles du mollet tout en les massant.

Lorsque la crampe est située dans le pied, mettez-vous sur la pointe des pieds afin de décrisper les orteils. Ou asseyez-vous et étirez vos orteils avec la main.

Pour soulager une personne qui souffre d'une crampe dans le mollet ou le pied, faites-la s'allonger par terre ; redressez le genou et les orteils, et tirez fermement le pied vers le tibia. Massez bien les muscles.

Une crampe à l'arrière de la cuisse ? Asseyez-vous par terre, tendez la jambe et penchez-vous en avant pour étirer les muscles de la cuisse. Pour aider quelqu'un, levez sa jambe par le talon d'une main, et appuyez de l'autre sur son genou. Massez.

Si vous avez une crampe dans la main, obligez-vous à étirer les doigts et à les écarter en éventail ; appuyez-les sur une surface plane ; tout en étirant, massez les muscles crispés.

CRAMPE DANS L'EAU

Si vous êtes pris d'une crampe alors que vous nagez, ne vous affolez pas : cessez de nager et faites la planche.

Étirez le muscle contracté. Vous pouvez pour cela vous aider de la main.

Crampe sur le devant de la cuisse : pointez les orteils et étirez la jambe.
Crampe du mollet ou à l'arrière de la cuisse : relevez les orteils et tirez sur le mollet.

Dès que la crampe a disparu, regagnez le rivage. Changez souvent de nage. Si vous n'en connaissez qu'une, restez sur vos gardes : la crampe peut revenir.

Si la crampe persiste et que vous soyez gagné par l'épuisement, ou par la peur, faites le signal de détresse : tendez un bras en l'air et agitez la main. De l'autre main, brassez l'eau vigoureusement pour vous maintenir en surface car votre bras sorti de l'eau pèse lourd.

ACCIDENTS DANS L'EAU

Ne vous baignez jamais seul, surtout dans des eaux inconnues ou non surveillées, et ne surestimez pas vos forces, même si vous êtes bon nageur : un malaise peut toujours survenir. Préférez les lieux surveillés.

Ne pénétrez pas brutalement dans une eau froide. Aspergez-vous le corps et ne plongez la tête qu'en dernier, lorsque le choc initial est passé. La différence de température entre votre corps et l'eau est une cause fréquente de malaises, parfois d'hydrocution.

Ne vous baignez pas l'estomac vide ou, au contraire, après un repas copieux (attendez au moins 1 heure) : vous risquez de souffrir de crampes.

Pour ne pas être happé et roulé par les déferlantes, près du rivage, plongez quand la vague approche. Si nécessaire, restez accroupi sur le fond en vous cramponnant pendant qu'elle passe. Puis remontez à la surface et guettez le rouleau suivant.

Méfiez-vous des courants et des vents de terre, qui peuvent emporter facilement vers le large l'embarcation pneumatique de vos enfants.

Si vous êtes pris dans un courant de marée, ne tentez pas de nager à contre-courant ; laissez-vous emporter, puis traversez-le en nageant vigoureusement dans une direction parallèle à la plage. Dès que vous atteignez des eaux plus calmes, regagnez le rivage.

Prenez garde aux bateaux de plaisance ; ils risquent de vous heurter car un nageur isolé est difficile à repérer.

Ne perdez pas de temps à dégager les poumons d'un noyé qui ne respire plus. Pratiquez immédiatement le bouche-à-bouche (voir p. 340). S'il est comateux mais respire, placez-le en position latérale de sécurité en attendant l'arrivée des secours.

DEVANT UN INCENDIE

Si un récipient prend feu sur la cuisinière, coupez la source de chaleur, puis étouffez les flammes avec un couvercle, une serpillière ou une couverture. Ne touchez pas au récipient brûlant. N'y jetez pas d'eau : elle propagerait l'incendie.

Ne placez pas de chauffage d'appoint trop près de vos rideaux ou tentures : du fait de leur position verticale, ceux-ci s'enflamment très rapidement.

Le téléviseur prend feu ? Débranchez-le ou coupez le courant au disjoncteur. Étouffez les flammes avec une couverture ou un tapis léger (placez-vous derrière l'appareil au cas où le tube imploserait et ferait voler l'écran en éclats). N'utilisez pas d'extincteur ni d'eau : même débranché, un téléviseur reste électriquement dangereux.

La combustion des matières plastiques produit une fumée noire et des gaz toxiques. Évacuez la pièce et fermez la porte derrière vous pour empêcher la fumée de se répandre. Appelez les pompiers (en composant le 18).

Ne transportez pas un siège en matériaux synthétiques qui commence à brûler : le déplacement d'air pourrait l'embraser aussitôt.

Quand le feu a pris dans une maison, avant toute chose, coupez les arrivées de gaz et d'électricité. Puis prenez la fuite, c'est la meilleure défense. Fermez toujours les portes et les fenêtres derrière vous. Vous limiterez ainsi la propagation du feu : en effet, l'air attise les flammes et les aide à passer de pièce en pièce.

Dans une pièce envahie par la fumée, restez le plus près possible du plancher. L'air y est plus frais et moins chargé en gaz toxiques. Placez un mouchoir, de préférence mouillé, sur votre bouche.

ASCENSEUR EN PANNE

Sachez surtout que, lorsqu'un ascenseur tombe en panne, il n'y a aucun danger ; seule la panique peut en devenir un. Restez calme et rassurez les autres usagers en leur expliquant qu'ils ne risquent rien.

N'oubliez pas : les freins automatiques de l'ascenseur, qui se bloquent sur les rails d'acier de la cage, fonctionnent même quand une panne de courant vous plonge dans l'obscurité.

Utilisez le bouton d'alarme ou tambourinez contre la porte pour demander de l'aide. Si aucun spécialiste n'est disponible, les pompiers amèneront la cabine jusqu'à l'étage le plus proche grâce à des câbles spéciaux, et cela même sans électricité.

Ne tentez jamais d'ouvrir seul la porte d'un ascenseur bloqué. De toute façon, vous ne pourriez pas atteindre et ouvrir la porte du palier.

N'essayez pas non plus de sortir par la trappe située dans le plafond de la cabine s'il y en a une. Son ouverture déclenchant un mécanisme qui bloque l'ascenseur, celui-ci pourrait redémarrer si elle se refermait accidentellement : vous risqueriez de tomber et de vous blesser gravement.

BIEN MANGER

Cuisine santé

BIEN S'ALIMENTER

L'équilibre alimentaire, joint à une activité physique régulière, est le meilleur garant d'une bonne santé. Vous fournirez à votre organisme les éléments dont il a besoin en composant vos menus avec des aliments des trois groupes fondamentaux (voir tableau) : glucides (55 à 60 %), lipides (25 à 30 %), protides (15 %).

Choisissez des aliments glucidiques qui sont également des sources de protéines végétales, de vitamines et de fibres alimentaires (les pommes de terre, par exemple, contiennent de la vitamine C).

L'APPORT CALORIQUE

GLUCIDES

Ils représentent la source d'énergie qu'utilise le plus facilement l'organisme, dans ses activités physiques autant qu'intellectuelles. Tous les glucides sont transformés en fin de digestion en glucose, seul aliment du système nerveux et du cerveau.

Types	Sources	Particularités
farineux	Dérivés des céréales : farines, céréales à petit déjeuner, pains, biscottes, biscuits secs et gâteaux, pâtes, riz, pommes de terre, légumes secs, châtaignes	Ils apportent aussi des protéines végétales et de la vitamine B1 (céréales, légumes secs), de la vitamine C (pommes de terre), des éléments minéraux et des fibres alimentaires (céréales et légumes secs)
crudités	Fruits et légumes crus	Ils fournissent des glucides en quantité moyenne ou faible, de la vitamine C, du carotène ou provitamine A, des minéraux (fer, calcium, magnésium...) et des fibres alimentaires, irritantes pour le tube digestif lorsqu'on en consomme trop
crudités	Fruits et légumes cuits	Les fibres sont attendries, mais tout aussi efficaces ; une cuisson prolongée détruit la vitamine C
produits sucrés	Pâtisseries, entremets, friandises, etc., contenant du sucre	Ils apportent du sucre à absorption rapide ; leur consommation doit rester modérée

LIPIDES

Ce sont les plus gros fournisseurs de calories. Ils sont indispensables à la croissance, au bon fonctionnement des membranes cellulaires, à l'intégrité de la peau et à la rapidité de la cicatrisation. Ils contrôlent l'action de diverses hormones et les fonctions immunitaires.

Type	Sources	Particularités
lipides animaux	Beurre, crème fraîche, saindoux	Une consommation excessive augmente les risques de maladies cardio-vasculaires
lipides végétaux	Olives, avocats, noix, cacahuètes. Margarine, graisse de coprah hydrogénée	Teneur moyenne ou élevée en vitamine E

PROTIDES

Ce sont les constituants essentiels des cellules vivantes, des hormones, des enzymes et des anticorps. Ils ont un rôle fondamental dans la nutrition, la croissance (dont ils sont les matériaux essentiels) et la reproduction. Ce ne sont que très secondairement des fournisseurs d'énergie (calories).

Types	Sources	Particularités
protides lactés	Lait, yaourts, fromages frais ou fermentés	Ils apportent du calcium, du phosphore, des vitamines du groupe B et des lipides en quantité plus ou moins importante
protides non lactés	Viandes, volailles, abats, poissons, produits de la mer, œufs, produits de charcuterie	Ils sont pour la plupart d'importantes sources de fer, de phosphore et de vitamines du groupe B, mais certains d'entre eux sont très riches en lipides et ne doivent pas dépasser 50 % de l'apport protidique normal

LES FIBRES ALIMENTAIRES

Ce sont des glucides indigestibles, jamais absorbés et ne fournissant pas une seule calorie à l'organisme. Elles aident à lutter contre la constipation, et régularisent la glycémie en ralentissant l'absorption du glucose. Elles réduisent l'assimilation des graisses, permettant ainsi de mieux éliminer le cholestérol alimentaire.

Les fruits et les légumes crus contiennent plus de fibres que ceux qui ont été cuits ou réduits en purée.

Les amandes sont excellentes pour la santé. Leur teneur en fibres est parmi les plus élevées, et elles contiennent beaucoup de calcium.

N'oubliez pas de boire beaucoup quand vous mangez des aliments riches en fibres ; sinon, celles-ci risquent de vous constiper plutôt que de stimuler le transit intestinal.

Combinez les féculents qui contiennent des fibres avec quelque protéine animale, peu grasse bien sûr. Par exemple du lait écrémé avec les céréales du petit déjeuner, du fromage allégé sur une tranche de pain complet, du jambon maigre avec des légumes secs.

Les fibres grossièrement traitées sont plus efficaces que celles moulues fin. Recherchez les mots « entier », « complet » sur les emballages des céréales, des biscottes ou des pains spéciaux.

Attention : L'absorption de trop de fibres peut provoquer une élimination indésirable de minéraux et de vitamines (B notamment), et irriter la paroi digestive.

APPORT EN FIBRES ALIMENTAIRES (en g pour 100 g)

Légumes verts cuits (ou crus)	
Artichaut	4,2
Asperge	1,4
Aubergine	2,3
Bette : côte	2,6
feuille	3,7
Betterave	2,5
Brocoli	4,3
Carotte	2,83
Céleri en branches	1,3
Céleri-rave	1,8
Champignon	2,5
Chicorée frisée (crue)	2,1
Chou vert	2,3
Chou rouge	2,8
Chou-fleur	1,8
Chou de Bruxelles	2,8
Courgette	0,9
Cresson (cru)	3,28
Endive	2,2
Épinard	6,2
Haricot en grains	8
Haricot vert	3,2
Laitue	1,53
Mâche (crue)	4,3
Navet	2,2
Oignon	1,3
Petit pois	6
Poireau	3,1
Pomme de terre	3,5
Radis (cru)	1,1
Salsifis	3,2
Tomate	1,4

Légumes secs	
Haricot sec	25,4
Lentille	11,8
Pois cassé	22,8
Pois chiche	23,3

Fruits frais	
Abricot	1,4
Ananas	2
Banane	1,7
Cerise	1,3
Fraise	2,12
Framboise	7,4
Groseille	6,8
Melon	0,6
Orange	1,8
Pêche (non épluchée)	2,3
Poire (épluchée)	1,7
Pomme (épluchée)	1,5
Prune	2
Raisin	0,5

Fruits secs	
Amande	14,3
Datte	8,7
Figue sèche	18,3
Noisette	9
Noix	5,2
Pruneau	6

Produits céréaliers	
Blé soufflé	1,4
Farine blanche	3,15
Farine complète	9,5
Flocons d'avoine	7,2
Maïs en grains (conserve)	5,7
Maïs soufflé	2,3
Pain blanc	2,72
Pain complet	8,5
Pain de campagne	5,11
Riz blanc	2,4
Riz brun	4,3
Riz soufflé	2,1
Son (gros son)	44

LES VITAMINES

Elles jouent un rôle capital dans l'assimilation et l'utilisation des nutriments. Les besoins quotidiens sont infimes pour chaque vitamine, mais il est essentiel de consommer chaque jour ces mini-quantités. En effet, l'organisme ne stocke pas les vitamines, bien qu'elles lui soient indispensables.

Faites cuire les légumes riches en vitamine C dans très peu d'eau ou mangez-les crus. Conservez les fruits et légumes à la peau fine à l'abri de l'air.

La pomme de terre est riche en vitamine C. Bouillie ou cuite au four dans sa peau, elle conserve ses vitamines et ses minéraux. Évitez de la couper ou de la peler avant cuisson.

Vitamines	Rôles principaux	Meilleures sources
A (rétinol) provitamine A (carotène)	Aide au bon fonctionnement visuel, notamment en lumière atténuée ; maintient en bon état la peau en général et, plus particulièrement, les muqueuses ; participe à la synthèse de la progestérone, à la résistance aux infections ; indispensable à la croissance Besoins augmentés en cas de pollution du milieu environnant	**Rétinol** Foie, jaune d'œuf, beurre, lait entier, crème fraîche, fromages à 45 % de matières grasses au moins, produits à tartiner à faible teneur en lipides **Carotène** Tomates, carottes, épinards, petits pois, myrtilles, cassis, abricots
B1 (thiamine)	Participe au métabolisme des glucides en tant que coenzyme et à l'utilisation de vitamines du même groupe ; intervient dans la transmission de l'influx nerveux Besoins accrus chez les sportifs, les femmes enceintes et allaitant, et en cas de forte consommation de sucre et d'alcool Éviter les cuissons à l'eau prolongées	Levure de bière, céréales complètes et dérivés de celles-ci, légumes secs, germes de blé, petits pois, haricots en grains, fèves, foie, viande de porc
B2 (riboflavine)	Transporteur d'hydrogène participant à quantité de métabolismes (glucides, protéines, acides gras, fer, autres vitamines) Les carences causent des lésions de la muqueuse buccale et de la peau entourant la bouche et des crampes douloureuses. Elle est détruite par la lumière ; ses sources doivent donc être conservées à l'ombre	Lait, fromages, yaourts, légumes à feuilles vertes, abats, viandes, poissons, céréales
B3 (PP ou niacine)	Intervient dans le métabolisme des glucides, des stéroïdes et des acides aminés La pellagre (PP signifie « prévention de la pellagre ») provient d'une double carence : vitamine PP + un acide aminé, le tryptophane. Elle se manifeste par des troubles digestifs, cutanés et nerveux	Levure de bière, céréales (sauf maïs), produits laitiers, foie, viandes, volailles, poissons et produits de la mer, petits pois, haricots en grains, café
B5 (acide pantothénique)	Fait partie du coenzyme A (CoA) participant à toutes les réactions libérant de l'énergie, notamment le métabolisme des glucides et celui des lipides ; maintient en bon état les muqueuses, la peau, les cheveux	Levure de bière, germes de blé, foie, œuf, cœur, céréales complètes et dérivés, légumes verts
B6 (pyridoxine)	Participe au métabolisme et à la synthèse des acides aminés, au métabolisme glucidique, à celui des lipides, à la synthèse de l'hémoglobine et à la protection des cellules nerveuses Carences induites par l'emploi de contraceptifs oraux, entraînant fatigue et déprime ; elles doivent être compensées par la prise de vitamines synthétiques	Levure de bière, germes de blé, céréales complètes et dérivés, foie, viandes, légumes frais
B8 (H ou biotine)	Comme la plupart des vitamines du groupe B, intervient dans le métabolisme des glucides et des lipides ; synthétisée en grande partie par la flore intestinale Carence entraînée par un traitement antibiotique prolongé	Abats, jaune d'œuf, viandes, poissons, légumes et fruits frais, céréales complètes

Vitamines	Rôles principaux	Meilleures sources
B9 (acide folique)	Intervient dans le métabolisme des acides aminés et, surtout, dans la constitution des acides nucléiques, le renouvellement cellulaire et la formation des globules rouges	Légumes à feuilles vertes, foie, rognons, fromages, levure de bière
B12 (cyanocobalamine)	Formule voisine de celle de l'hémoglobine, le noyau central étant du cobalt et non du fer ; participe au métabolisme des glucides, des lipides et de divers minéraux, à la synthèse des protéines, notamment pour les cellules de la moelle osseuse et du système nerveux, et à la formation des globules rouges	**Uniquement animales** Viandes, foie, cœur, poissons à chair foncée, huîtres, fromages fermentés
B15 (acide pangamique)	Augmente l'utilisation d'oxygène par les cellules ; prévient l'accumulation des graisses dans le foie et divers tissus ; neutralise certains toxiques, dont l'alcool, en accélérant leur oxydation	Foie, riz, la plupart des céréales
Vitamine C (acide ascorbique)	Rôle très vaste : participe pratiquement à tous les métabolismes, y compris celui des autres vitamines ; aide à l'absorption des minéraux, à l'intégrité des parois des vaisseaux sanguins, à la synthèse de la progestérone, de la testostérone, du collagène ; augmente la synthèse des anticorps, et donc la résistance aux infections Besoins doublés ou triplés chez les fumeurs ; pas de stockage, même bref ; l'élimination est rapide, aussi faut-il répartir sa « ration » sur toute la journée ; laver fruits et légumes rapidement à l'eau courante ; les cuire dans un minimum d'eau ; conserver fruits et légumes à peau fine à l'abri de l'air et de la lumière	Agrumes, fruits acides, tomates, choux, fruits et légumes très colorés, pommes de terre, châtaignes, huîtres
D (calciférol)	Indispensable à une bonne utilisation du calcium, dont elle favorise l'absorption intestinale et, par conséquent, au bon état des os et des dents et à la croissance Nécessaire aux femmes enceintes, à celles qui allaitent, qui prennent des contraceptifs oraux, et pendant la post-ménopause	**Alimentaires** (apport plutôt faible) Jaune d'œuf, lait et beurre d'été, foie, poissons gras **Externes** Soleil et lumière, dont les UV font naître la vitamine D à partir des stérols de la peau
E (tocophérol)	Antioxydant protégeant les vitamines précédentes, et surtout les acides gras polyinsaturés, qui nous sont indispensables ; rôle dans la formation des prostaglandines	Germes de blé, huile de tournesol, de maïs, de soja, de colza, d'arachide, d'olive ; margarine au tournesol ou au maïs ; petits pois, haricots secs, choux, carottes, persil, foie, œuf, beurre, lait entier
K (phylloquinone)	Indispensable à la coagulation du sang par sa participation à la synthèse de la prothrombine Il ne faut recourir à la prise de vitamines synthétiques que lors de carences provenant de traitements antibiotiques prolongés qui déséquilibrent la flore intestinale ou en cas de troubles de l'absorption (colites chroniques)	Foie, tomates, épinards, laitue, pommes de terre (faible apport) ; l'apport le plus important provient d'une synthèse effectuée par la flore intestinale

LES MINÉRAUX

Ils jouent un rôle essentiel : bon déroulement du métabolisme, maintien de l'équilibre cellulaire et nerveux, constitution de certains tissus.

Ne coupez pas les légumes avant de les faire cuire dans l'eau ; ils perdent moins de leurs minéraux et vitamines.

Les meilleures sources de calcium sont les produits laitiers. Légumes, fruits et céréales, même riches en ce minéral, ne représentent qu'un complément plutôt peu important.

Les boissons contenant de la caféine (thé, café, Coca-Cola) peuvent entraîner une déperdition de calcium à cause de leurs propriétés diurétiques.

LES OLIGO-ÉLÉMENTS

Certains minéraux, présents en très petites quantités dans l'organisme, sont souvent regroupés sous le nom d'oligo-éléments. Ils participent à la constitution de nombreuses cellules, hormones et enzymes. Nécessaires en quantités infimes seulement, ils sont cependant indispensables.

La menstruation, la grossesse et l'allaitement font que les femmes ont un besoin de fer plus important de la puberté à la ménopause.

Le fer apporté par les aliments animaux, notamment les viandes, est au moins quatre fois mieux absorbé que le fer d'origine végétale. La vitamine C aide à l'absorption du fer.

GUIDE DES MINÉRAUX

Minéraux	Rôles principaux	Meilleures sources
Calcium	Constituant des os et des dents en rapport avec le phosphore et la vitamine D ; coagulation du sang ; équilibre nerveux (carence amenant spasmophilie ou tétanie, cela en équilibre avec le magnésium)	Lait entier, demi-écrémé et écrémé ; yaourts, fromages, surtout à pâte dure ou persillée ; cresson, persil, épinards et autres légumes à feuilles vertes, fruits secs ; eau de Vittel, de Contrexéville
Cuivre	Synthèse de l'hémoglobine, des globules rouges et des protéines ; activité dans les réactions d'oxydoréduction	Foie, viandes, abats, volaille, poissons et coquillages, cacao, légumes-feuilles, champignons, noix, caviar
Magnésium	Bon fonctionnement neuro-musculaire ; équilibre nerveux (carence entraînant spasmophilie et tétanie en équilibre avec le calcium) ; réactions énergétiques ; activités enzymatiques	Cacao, chocolat, germes de blé, légumes secs, céréales complètes, oignons, amandes, noix, cacahuètes ; eau de Vittel, de Contrexéville, d'Évian
Phosphore	Constituant, avec le calcium, des os et des dents ; réactions métaboliques énergétiques ; formation des protéines et du glycogène	Viandes, poissons, céréales et dérivés, légumineuses fraîches et légumes secs, produits laitiers, noix, noisettes, œufs, chocolat, bière
Potassium	Mouvements d'eau (osmose) entre les cellules et le milieu extra-cellulaire ; contraction musculaire ; excitabilité des fibres nerveuses ; élimination de l'urine	Légumes et fruits frais, légumes secs, jaune d'œuf, produits laitiers, céréales et dérivés, viandes, poissons, crustacés, bière, cidre
Sodium	Hydratation correcte de l'organisme ; bonne excitabilité musculaire	Sel, eau de Vals et de Vichy, coquillages, charcuterie, blanc d'œuf, fromages, pain

GUIDE DES OLIGO-ÉLÉMENTS

Oligo-éléments	Rôles principaux	Meilleures sources
Fer	Formation des globules rouges (c'est le noyau de l'hémoglobine) ; processus d'oxydoréduction cellulaire	Foie, rognons, viandes, volailles, jaune d'œuf, coquillages, légumes secs, épinards, pissenlit, cresson, céréales complètes et dérivés
Fluor	Constitution de la denture et prévention de la carie dentaire	Thé, eau de Badoit, sels fluorés, chewing-gums fluorés (non sucrés)
Iode	Synthèse des hormones thyroïdiennes ; antigoitre ; régulateur de la température	Fruits de mer, poissons, sel marin, sel iodé, hareng fumé, ail
Manganèse	Cofacteur enzymatique ; synthèse protéique, bon état psychomoteur, bon fonctionnement testiculaire	Germes de blé, céréales complètes et dérivés, amandes, noisettes, myrtilles, châtaignes, légumes secs, betterave, persil, oignon
Zinc	Bon état de la peau et des cheveux ; croissance correcte ; synthèse de l'insuline ; fonctionnement nerveux équilibré	Poissons, coquillages, viandes, volailles, germes de blé

LES MENUS

Tenez compte des besoins et des goûts de tous les membres de votre famille selon leur âge, leur sexe, leur activité et leurs caractéristiques physiologiques ou leur état de santé.

La préparation des menus peut devenir un passe-temps familial. Demandez aux membres de la famille de faire la liste des plats qu'ils préfèrent, avec les modifications éventuelles qu'ils souhaitent apporter.

L'équilibre alimentaire ne s'obtient pas sur un seul repas mais sur l'ensemble de ceux d'une journée, y compris le petit déjeuner. En fait, il s'établit vraiment sur l'ensemble des repas de la semaine. Préparez et notez vos menus à l'avance, au moins pour 3 jours et, si possible, pour 1 semaine.

APPORT EN FER D'ALIMENTS COURANTS

(en mg pour 100 g)

Foie	6 à 12
Jaune d'œuf	8
Œuf entier	2,7
Bœuf, veau	3
Porc	2,5
Poulet	2
Boudin	30
Poissons	1
Huîtres	8
Fromages	2
Légumes secs	8 à 10
Épinards	4
Betterave	2,5
Cresson	2,5
Autres légumes	0,5 à 1
Fruits	0,5 à 1
Pain blanc	1
Pain complet	2,2
Cacao	12

Prévoyez pour les uns et les autres des portions plus ou moins copieuses. Les éventuels suppléments peuvent, pour les adolescents, les femmes enceintes ou allaitant et les sportifs, être apportés lors d'un goûter ou d'une collation.

Évitez la monotonie. Chaque semaine, mettez un nouveau plat au menu. Achetez parfois des fruits et des légumes exotiques. Échangez des recettes avec vos amis. Notez ce que les vôtres commandent au restaurant et essayez de confectionner les mêmes plats.

Vous gagnerez du temps en prévoyant à l'avance comment, quand et en quelles quantités faire vos courses. Vos prévisions doivent cependant être assez souples pour permettre des modifications de dernière heure tout en conservant l'équilibre du menu.

Vous passerez moins de temps dans la cuisine si vous accommodez judicieusement les restes : des tranches de rôti, un morceau de poisson, des pommes de terre permettront de préparer un repas rapidement.

LA CUISINE MINCEUR

C'est surtout le choix des aliments et la façon de les préparer — et celle de les manger — qui permettent d'éviter de longs mois ou des années de régime amaigrissant.

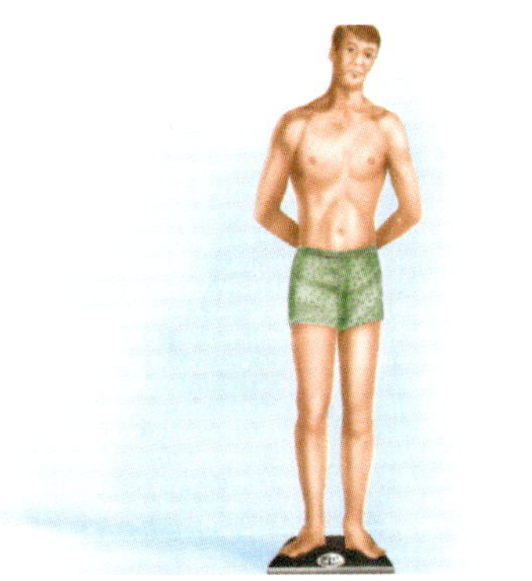

Évitez les fritures. Faites pocher, rôtir, cuire à l'étuvée ou griller vos aliments.

Indispensables : les ustensiles recouverts de PTFE (téfal, téflon ou autres appellations) grâce auxquels on peut n'utiliser que très peu, voire pas du tout, de corps gras.

APPORT EN CALCIUM D'ALIMENTS COURANTS

(en mg pour 100 g ou 100 ml)

Lait entier	118
Lait demi-écrémé	121
Lait écrémé	125
Yaourt nature	140
Fromage blanc à 0 % de mat. gr.	130
Fromage blanc à 30 % et plus de mat. gr.	162
Fromages à pâte molle (type camembert)	180
Fromages à pâte pressée (type saint-paulin)	730
Fromages persillés (type roquefort)	800
Fromages fondus	600
Fromages à pâte dure (type emmental ou comté)	1000
Agrumes	25 à 40
Groseilles, cassis, fraises, framboises	30 à 50
Fruits secs	40 à 45
Cresson	211
Chou vert	430
Chou rouge	55
Carotte	40
Champignons de Paris	25
Navet	60
Haricots verts	65
Haricots en grains	50
Petits pois	80
Légumes secs	75 à 140
Pain blanc	20
Pain complet	50
Œuf	27
Viandes	10 à 12
Poissons	18
Huîtres	70
Autres mollusques	50

Les fours à micro-ondes permettent de cuire rapidement nombre de préparations sans corps gras et de desserts sans sucre. Il est prouvé que ce type de cuisson n'est aucunement dangereux et n'entraîne pas de diminution de la teneur des aliments en vitamines et en minéraux.

Procurez-vous un appareil de cuisson à la vapeur, à plusieurs « paniers » superposés par exemple. Pour augmenter la saveur des aliments, mettez quelques herbes dans le même panier que les légumes ou les viandes et volailles. Les poissons auront un goût plus relevé si vous les faites cuire à la vapeur sur des algues.

Remplacez les sauces au beurre par du jus de citron ou du vinaigre avec des fines herbes. Ou encore par des sauces maison à base de purée de légumes.

Viandes, volailles, poissons, légumes et fruits peuvent cuire au four après avoir été émincés et enveloppés dans de l'aluminium ménager : ce sont les traditionnelles papillotes.

Achetez des produits allégés : jambon à peine gras, fromages blancs à 0 % de matières grasses, fromages fondus et pâtes à tartiner à teneur allégée en lipides.

Ne sautez pas de repas. Sachez que manger léger n'empêche pas de manger copieusement. Mastiquez lentement et savourez. Attendez avant de vous resservir ; vous aurez assouvi votre faim et changerez d'avis.

Buvez suffisamment (1 à 1,5 litre par jour), mais évitez l'alcool, particulièrement riche en calories. Entre les repas, vous pouvez boire des boissons « light » de type soda.

PRÊTER ATTENTION AUX CORPS GRAS

Mangez moins de porc et de bœuf que de poisson, de volaille et de toute autre viande blanche, qui contiennent autant de protéines mais sont beaucoup moins gras.

Il n'y a aucune raison de se priver d'une petite consommation d'œufs (3 à 5 par semaine) ou de beurre (10 à 15 g par jour) pour lutter contre le cholestérol. L'organisme en fabrique lui-même en quantité plus importante que celle provenant de ces aliments. C'est en consommant suffisamment de fibres que l'on favorise l'élimination du cholestérol en excédent.

Évitez la cuisine au beurre, remplacez-le par de la margarine. Chauffé, le beurre perd sa vitamine A et devient indigeste. Utilisez-le cru (en tartine, sur du pain complet si possible) ou à peine chauffé (mélangé à des pâtes ou à des légumes verts).

Pensez à accommoder vos plats avec de la crème fraîche, autre bonne source de vitamine A et beaucoup moins grasse que le beurre. Il existe des crèmes allégées ne contenant que 12 à 15 % de lipides.

Distinguez les huiles qui portent sur l'étiquette la mention « pour assaisonnements » (pour les vinaigrettes et les mayonnaises uniquement) ou « pour assaisonnements et fritures » (qui peuvent être chauffées).

Utilisez des frites surgelées ; précuites à la vapeur, elles n'ont que peu de temps à passer dans la friteuse. Égouttez-les bien et disposez-les pendant quelques minutes sur du papier absorbant, qui supprimera un peu de leur teneur en graisse.

Les sauces toutes prêtes dites « à la vinaigrette » sont deux fois moins riches en lipides, et plus épaisses en raison de l'emploi d'amidon pour adoucir le vinaigre. Pour qu'elles enrobent bien les salades, battez-les dans un bol avec un peu d'eau tiède, ce qui les rend encore moins grasses.

LE SUCRE

Trop de sucre peut entraîner des montées — vite suivies de chutes aussi importantes — de la glycémie, ce qui est fatigant et se trouve souvent à l'origine de troubles digestifs, hormonaux et nerveux.

Au petit déjeuner, prenez des céréales non sucrées ; ajoutez des raisins secs, qui renferment vitamines, minéraux et fibres.

Achetez vos yaourts nature et additionnez-les de fruits cuits ou de confiture sans sucre ni édulcorant artificiel. Les yaourts sucrés du commerce contiennent plus de calories.

Lorsque vous faites de la pâtisserie, diminuez du tiers ou de la moitié la quantité de sucre de la recette.

Ne vous privez pas de dessert : 1 cuillerée à café d'aspartam en poudre, le dernier-né des faux sucres, apporte 2 calories, contre 20 calories pour du sucre normal. Utilisez-le pour sucrer une crème ou une compote froide ou tiède (au-delà de 100 °C, il perd ses propriétés sucrantes).

L'HABITUDE DU SEL

La plupart des gens consomment de 8 à 15 g de sel par jour, alors que le besoin réel est bien plus faible : 3 à 5 g par jour. Trop de sel entraîne une rétention d'eau importante (œdème) et favorise l'hypertension.

Ne mettez pas de salière sur la table, cela vous évitera de saler automatiquement ce que vous avez dans votre assiette.

Les poissons et certains légumes comme le céleri et les épinards, qui contiennent un fort pourcentage de sodium, ne doivent pas être salés. Ne salez pas non plus les plats auxquels vous ajoutez du fromage ou du jambon.

Attention aux assaisonnements comme la sauce de soja ou le sel de céleri, aussi riches en sodium que le sel de table, et aux amuse-gueule (chips, cacahuètes, amandes grillées).

Tenez compte de la teneur en sodium de nombreux médicaments : comprimés de calcium, d'aspirine, pastilles au bicarbonate de sodium, etc.

LE TROISIÈME AGE

A tous les âges, l'activité physique est, autant que l'équilibre alimentaire, un facteur de bonne santé. Les personnes âgées actives ont un besoin calorique aussi important que les jeunes.

Après la ménopause, les femmes n'ont plus de besoins en fer supérieurs à ceux des hommes. En revanche, les différences hormonales suivant la ménopause entraînant une baisse de l'absorption du calcium, elles doivent consommer un peu plus de produits laitiers peu gras.

Plus on vieillit, plus on est déshydraté. Ne réduisez pas plus que nécessaire votre consommation de sodium, et buvez au moins 1,5 litre d'eau par jour.

Évitez la consommation trop importante de produits sucrés, qui fragilisent la plaque dentaire.

Au troisième âge comme à tous les autres, il faut bien mastiquer pour mieux digérer, et consommer des fibres en quantité suffisante. Mais, du fait de la plus grande fragilité des muqueuses des parois digestives, mieux vaut ne manger que des fibres peu dures.

Faire ses provisions

UNE BONNE ORGANISATION

Établissez vos listes de courses à l'avance : vous gagnerez du temps en achetant ce dont vous avez besoin pour confectionner des menus éloignés de quelques jours, et vous contrôlerez mieux vos dépenses.

Vous vous éviterez bien des pas inutiles si vous dressez votre liste selon la disposition des rayons dans le supermarché que vous fréquentez.

Achetez un pense-bête et fixez-le sur le mur de la cuisine, à une hauteur appropriée pour tous. Accrochez un stylo à côté, et inscrivez au fur et à mesure ce dont vous allez manquer.

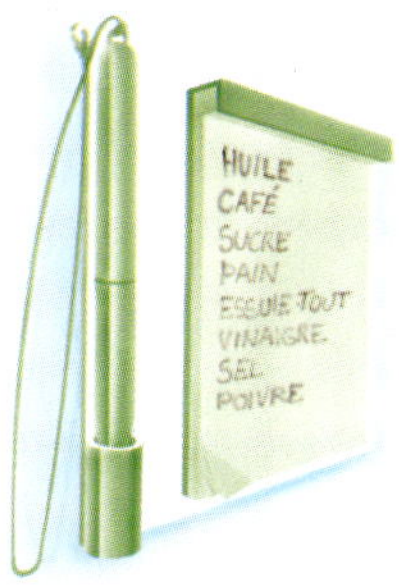

Seuls les aliments qu'il faut consommer dans un état de première fraîcheur doivent être achetés le jour même. C'est le cas des fruits de mer, des poissons (sauf s'ils sont surgelés), des abats et de quelques fruits fragiles comme les fraises et les framboises.

Les viandes, les volailles, les œufs, les fromages et les yaourts, ainsi que les fruits « robustes » et les légumes peuvent être achetés 1 semaine avant d'être consommés — à condition, bien sûr, d'être correctement conservés (voir p. 361-362).

AU SUPERMARCHÉ

Choisissez pour faire vos courses, si possible, le début de matinée ou l'heure du déjeuner. Évitez les nocturnes, les fins d'après-midi et les mercredis, où les enfants qui accompagnent leurs parents vont et viennent, et attrapent les produits pour les remettre ensuite n'importe où.

Dans les rayons, adoptez l'itinéraire qui vous permettra de mettre d'abord dans le fond de votre chariot les bouteilles et les boîtes de conserve. Puis placez par-dessus les paquets de type pâtes alimentaires ou céréales, les fromages en boîte et les yaourts, et enfin les denrées plus fragiles (œufs, fruits et légumes au détail, viandes prédécoupées et emballées).

LE MARCHÉ

Les fruits et les légumes proposés sur les marchés ne sont pas forcément d'une fraîcheur absolue. Faites le tour des commerçants et repérez la qualité et les variations de prix des produits.

Le matin, au début des marchés, le choix est plus grand. En fin de matinée, les prix des fruits et légumes sont plus avantageux, le vendeur ne souhaitant pas les remporter.

LÉGUMES

C'est fraîchement cueillis qu'ils sont au maximum de leur valeur nutritive et de leur saveur. Vérifiez leur origine : s'ils sont de la région, ils n'ont pas eu à subir un long voyage et sont vraisemblablement assez frais.

Préférez les légumes de pleine saison (voir « Le calendrier des légumes et des fruits », p. 358) aux primeurs, qui, bien que savoureuses, n'ont pas autant de qualités nutritives.

Attention aux taches brunes et aux points plus mous, preuves d'altération ou d'un âge avancé, ainsi qu'aux taches vertes sur les pommes de terre, toxiques.

LE CALENDRIER DES LÉGUMES ET DES FRUITS

Légumes

Artichauts	Mars à septembre
Asperges	Avril à juin
Aubergines	Août à octobre
Batavia	Juillet à octobre
Bettes	Août à février
Betterave	Décembre à mars
Brocolis	Janvier à mars
Cardons	Août à février
Carottes	Toute l'année
Céleri en branches	Décembre à juin
Céleri-rave	Octobre à mars
Chou	Novembre à mars
Chou-fleur	Février à septembre
Chicorée	Octobre à février
Concombre	Mai à octobre
Courgettes	Juin à septembre
Crosnes	Novembre à février
Endives	Novembre à mars
Épinards	Novembre à février
Fenouil	Novembre à mai
Haricots verts	Juin à octobre
Laitue	Mars à novembre
Mâche	Janvier à mars
Navets	Novembre à janvier et avril à juillet
Oseille	Avril et mai
Poivrons	Juin à octobre
Poireaux	Toute l'année
Radis	Avril à juillet
Romaine	Juin et juillet
Salsifis	Novembre à mars
Scarole	Septembre à janvier
Tomates	Mai à octobre

Fruits

Abricots	Juin à août
Ananas	Pratiquement toute l'année
Avocat	Août à octobre et octobre à mai
Banane	Pratiquement toute l'année
Brugnons	Juillet et août
Cerises	Mai à juillet
Clémentines	Novembre à mars
Figues	Août et septembre
Fraises	Avril à août + fraises des quatre saisons
Goyave	Février à mai, août et septembre
Grenade	Septembre à novembre
Kiwi	Pratiquement toute l'année
Lime	Toute l'année
Litchi	Novembre à janvier
Mangue	Toute l'année
Marrons (ou châtaignes)	Octobre à mars
Melon	Juin à octobre
Orange	Toute l'année
Pamplemousse	Pratiquement toute l'année
Papaye	Octobre à février
Pastèques	Juin à septembre
Pêches	Juin à septembre
Poires	Juillet à avril suivant la variété
Pommes	Août à mai
Potirons	Novembre à mars
Prunes	Septembre et octobre, juin à août
Raisins	Août à octobre
Rhubarbe	Mai à juillet

FRUITS

C'est en pleine maturité qu'ils sont eux aussi au maximum de leurs qualités nutritives et gustatives. N'oubliez pas que les fruits d'origine lointaine ne peuvent que rarement voyager alors qu'ils sont déjà mûrs.

Achetez vos bananes avec une peau d'un beau jaune uni si elles doivent attendre plusieurs jours avant d'être consommées, pointillées de brun si vous souhaitez les manger le jour même ou le lendemain.

L'ananas « avion » a été cueilli à peine 48 heures avant d'être vendu et a voyagé en pleine maturité.

CONSERVES APPERTISÉES

Leur valeur nutritive est la même que celle de l'aliment cuit, mais leur valeur vitaminique est plus élevée car les techniques actuelles de stérilisation permettent de procéder très rapidement et à l'abri de l'air.

N'oubliez pas de vérifier sur vos boîtes que la date de conservation optimale n'est pas dépassée.

Les conserves en boîtes de fer-blanc doivent être préférées aux conserves en bocaux de verre, bien que celles-ci soient plus esthétiques. En effet, le verre laisse passer la lumière, qui oxyde la vitamine C contenue dans les légumes et les fruits.

Évitez d'acheter des boîtes « bombées » (les deux fonds sont soulevés), « fuitées » (perdant un peu de liquide) ou cabossées.

PRODUITS SURGELÉS

Dans le magasin, les paquets ne doivent être ni humides ni déformés, ce qui prouverait que la chaîne du froid a été interrompue. Choisissez-les toujours en dernier lieu au moment de terminer vos courses.

Ne congelez jamais à nouveau un produit surgelé décongelé. Consommez-le rapidement, car l'activité des enzymes et des microbes a repris lors de la décongélation.

Procurez-vous, surtout s'il fait chaud, un emballage isotherme qui protégera vos surgelés du magasin jusqu'à chez vous. Remettez-les aussitôt au froid.

Il est préférable de ne pas acheter les fraises et les framboises surgelées, car elles sont toujours recouvertes de sucre dans ce cas.

ŒUFS ET PRODUITS LAITIERS

L'emballage des œufs extra-frais a lieu dans les 3 jours suivant le ramassage. Au bout de 1 semaine suivant l'emballage, l'œuf n'est plus extra-frais mais simplement frais. Le ramassage des œufs vraiment « hyper-extra-frais » est quotidien ; ceux-ci sont remis dès le lendemain aux circuits de distribution et obligatoirement entreposés dans un endroit frais (8 à 10 °C).

Il est souhaitable d'opter pour le lait stérilisé UHT (ultra-haute température), qui se conserve 8 semaines à température ambiante tant que la brique n'a pas été ouverte.

LE POISSON EST-IL FRAIS ?

Voici les points qu'il faut vérifier pour s'assurer de la fraîcheur du poisson :

L'odeur : elle doit être fraîche et agréable, du genre de celle des algues marines.

La chair : au toucher, elle doit avoir une consistance à la fois ferme et élastique, tandis que les écailles sont brillantes et fortement adhérentes.

L'abdomen : il ne doit être ni gonflé, ni tendu, ni déchiré, ni affaissé. Si le poisson a été en partie vidé, les viscères restants doivent être lisses et propres. S'il a été totalement vidé, la colonne vertébrale, c'est-à-dire l'arête centrale, doit bien adhérer à la chair, et la chair de la paroi abdominale — que l'on voit dans ce cas — doit rester relativement claire.

L'œil : vidés ou non, les poissons montrent l'œil, qui doit sembler vivant, être clair, vif, brillant, convexe et bien occuper la cavité orbitaire.

Les branchies : elles doivent être humides, brillantes et, suivant l'espèce, roses ou rouge sang.

Les fromages de type camembert ou chèvre (sauf chèvre frais) doivent être achetés à la pièce.

Pour les autres, il vaut mieux les acheter au poids plutôt que prédécoupés et emballés, ce qui altère souvent leur goût et accentue la fermentation.

VIANDES DE BOUCHERIE

Avant de les acheter, vérifiez l'étiquetage des viandes prédécoupées et emballées : il indique le poids du morceau, sa teneur en matières grasses, et la date de découpage ainsi que la date limite de consommation.

Évitez les morceaux de bœuf « persillés », c'est-à-dire contenant des points et des petits traits blancs, qui sont, en fait, des filaments de graisse que l'on ne peut pas retirer.

Le meilleur veau (celui dont on peut être certain que ce n'est pas un veau aux hormones) est un veau élevé sous la mère ou un broutard, veau que l'on a laissé brouter de l'herbe lorsqu'il a été trop grand pour se contenter de téter sa mère.

Achetez plutôt du filet de porc, qui est la partie la plus maigre de l'animal (10 % de lipides).

RIZ

Pour les desserts (riz au lait ou gâteau de riz), achetez un riz poli à grains ronds, qui a tendance à coller. Mais pour le servir comme légume, choisissez du riz étuvé, dit aussi « prétraité », ou du riz brun prétraité qui conserve une partie du son des grains, d'où son apport intéressant en fibres alimentaires. Le riz sauvage est une céréale aquatique aux grains noirs, longs et minces et à la saveur très prononcée.

LE LANGAGE DES ÉTIQUETTES

Les produits préemballés (conserves, viandes prétranchées, préroulées en rôtis ou hachées, volailles plumées et vidées, produits surgelés, lait en briques, yaourts et desserts lactés, pâtes à tartiner à teneur réduite en lipides) fournissent à l'acheteur un certain nombre de précisions : composition, poids brut et net, façon de les conserver et de les utiliser, et date limite d'utilisation. En général, les composants d'un produit sont mentionnés par ordre d'importance décroissante. Le premier est celui que l'on a utilisé en plus grande quantité, le dernier a été employé en quantité très faible.
S'il y a des additifs (colorants, émulsifiants, stabilisants), leur identité n'est mentionnée que par un code, c'est-à-dire la lettre E (comme Europe) suivie d'un nombre. Sur la plupart des plats composés en conserve ou surgelés, les yaourts, les desserts lactés, les pâtes à tartiner à teneur réduite en lipides et les margarines, la composition nutritionnelle pour 100 g est aussi indiquée : protides, lipides, nature des acides gras, glucides, minéraux, vitamines, ainsi que le total énergétique classique en calories et le total énergétique tel qu'il doit être calculé actuellement, en kilojoules. Le label rouge que l'on trouve parfois sur les étiquettes est une appellation d'origine. Elle n'est attribuée qu'à d'excellents produits. Certains produits animaux ou préparations en contenant (par exemple, les épinards surgelés à la crème) portent une estampille des services vétérinaires attestant un contrôle strict de leur salubrité et de leur emploi.

Les produits surgelés indiquent souvent les différentes façons de les utiliser (au four dans leur enveloppe métallique, au micro-ondes dans un plat non métallique, dans une sauteuse ou un fait-tout).

Conservation

FAIRE DES RÉSERVES

Il est essentiel de savoir stocker ses provisions. Une bonne organisation vous permettra de faire vos achats à l'avance : nul n'est à l'abri d'un rhume, d'une obligation professionnelle ou de tout autre empêchement.

LÉGUMES ET FRUITS FRAIS

La majeure partie d'entre eux (légumes-racines, tomates, poivrons, agrumes, avocats, bananes, pommes, poires...) peuvent être placés dans des casiers en fil de fer plastifié, à tiroirs non fermés sur le dessus et superposés. Préférez un lieu frais, sec et aéré, comme un cellier ou la cave, à la cuisine, plus chaude et plus humide.

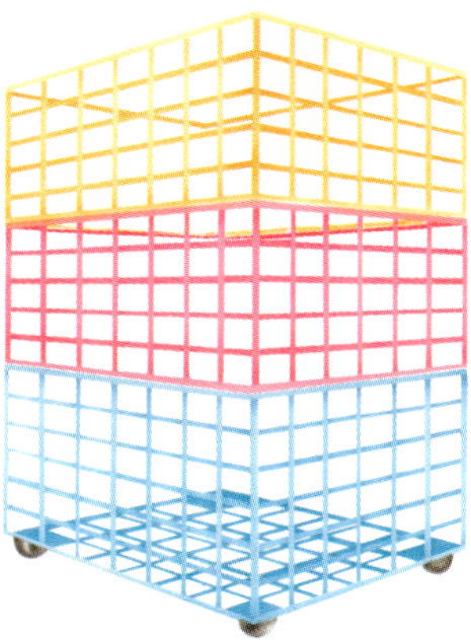

Déposez-les soigneusement les uns à côté des autres. Les carottes et les pommes de terre doivent être couchées, les agrumes et les pommes côté pédoncule en dessous, mais les poires pédoncule en haut.

Le tiroir à légumes du réfrigérateur n'est utile que pour peu de fruits et légumes, et seulement si son ouverture est indépendante de la porte du réfrigérateur. N'y placez pas d'articles endommagés : ils pourront contaminer des denrées proches ou leur communiquer une odeur désagréable.

Retirez les parties terreuses, fanées ou moisies, lavez et essorez le reste et mettez-le dans un sac de plastique percé de quelques trous.

Avant de ranger les betteraves, les carottes, les navets et les autres légumes-racines, retirez la partie feuillue pour qu'elle ne prive pas le légume de ses éléments nutritifs.

Réfrigérez les petits fruits sans les laver ni les couvrir dans une passoire : ils dureront plus longtemps.

CÉRÉALES ET CONSERVES

Placez les céréales à petit déjeuner, le riz ou les pâtes alimentaires dans un placard à provisions sans humidité, et à une température entre 15 et 18 °C.

Conservez-les dans des boîtes de fer-blanc assez grandes pour qu'ils n'y soient pas trop tassés, ce qui risquerait de les écraser.

Par définition, les conserves appertisées peuvent se conserver plusieurs mois, voire des années. Les dates limites de consommation sont indiquées sur le fond des boîtes.

Rangez-les cependant à l'abri de la chaleur et de l'humidité : le fer-blanc des boîtes peut aussi rouiller à l'intérieur, ce qui abîmerait ou moisirait leur contenu.

Veillez à maintenir les conserves en bocaux dans l'obscurité afin que leur teneur en vitamines ne chute pas.

PATES A GATEAUX

Entourez les pâtes brisées ou feuilletées que vous avez faites à l'avance d'aluminium ménager et conservez-les à l'endroit le moins froid du réfrigérateur : le bas et les contre-portes s'ils sont assez larges, ou le tiroir à légumes indépendant. La pâte sablée, elle, ne se conserve généralement pas.

La pâte à la levure de boulangerie, type pâte à brioche, ne peut pas être conservée au froid. Elle doit gonfler en atmosphère tiède.

ŒUFS ET PRODUITS LAITIERS

Les œufs se conservent au frais, mais pas au froid. Placez-les, dans leur boîte, dans le bas du réfrigérateur, ou dans le haut de la contre-porte si celle-ci comporte un casier permettant aux œufs de ne pas absorber les odeurs à travers leur coquille. Dans les deux cas, posez-les le petit bout en bas pour éviter que la chambre à air, située de l'autre côté, ne s'écrase.

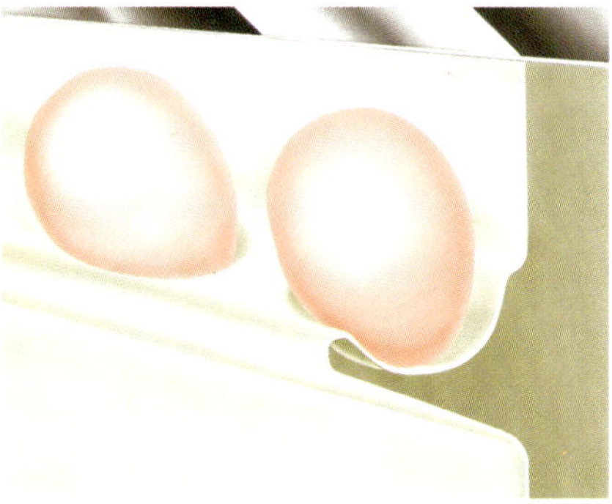

Le placard à conserves et à céréales convient aussi pour les briques de lait stérilisé UHT tant qu'elles n'ont pas été ouvertes. Après ouverture, placez les briques dans la contre-porte du réfrigérateur, où la température n'est pas trop froide.

Rangez les yaourts et les desserts lactés dans la partie haute du réfrigérateur : ils sont meilleurs frais, et conservent mieux leurs qualités nutritionnelles et hygiéniques.

Les fromages fermentés à pâte molle (camembert) ou à pâte ferme (emmental ou comté) risquent de durcir ou de moisir dans le froid et l'humidité du réfrigérateur. Enveloppez-les dans de l'aluminium ménager ou du plastique alimentaire, et placez-les dans le tiroir à légumes ou dans la contre-porte.

FINES HERBES

La vitamine C qu'elles contiennent est détruite par l'oxydation. Traitez-les comme des fleurs : dans une pièce (près des casiers de fruits et légumes) ou dans le bas du réfrigérateur, mettez leurs tiges dans l'eau.

VIANDES, VOLAILLES ET POISSONS

Pour conserver les viandes crues (dans la partie la plus fraîche du réfrigérateur), parez-les : retirez les graisses, les os, pour les volailles, les abats qui ne sont pas gardés pour les cuissons. Emballez-les dans plusieurs épaisseurs de plastique alimentaire ou d'aluminium ménager.

Les viandes cuites doivent être enveloppées et, surtout, totalement refroidies avant d'être enfermées dans le bas du réfrigérateur.

Un poisson cru ne peut guère être conservé plus de 1 jour ou 2 au réfrigérateur, dans la partie haute et la plus froide. On peut conserver un peu plus longtemps un poisson cuit, dans le milieu du réfrigérateur.

Avant de mettre un poisson dans le réfrigérateur, videz-le, écaillez-le si nécessaire et essuyez-le (mais ne le lavez pas). Enveloppez-le ensuite soigneusement dans plusieurs épaisseurs de plastique alimentaire.

Il faut consommer les crustacés le jour de l'achat. Mais les huîtres achetées en bourriche se conservent un peu plus longtemps dans un cellier ou une cave frais et aérés.

PRODUITS SURGELÉS ET GLACES

On peut les conserver jusqu'à la date indiquée sur l'emballage, soit dans un conservateur (partie du réfrigérateur ou indépendante maintenue à une température de −18 à −20 °C), soit dans un congélateur (de −20 à −40 °C).

Marquez la date limite de consommation sur le produit, en caractères lisibles sans que l'on n'ait à le sortir.

Ne conservez les surgelés que 2 ou 3 jours au maximum dans un simple freezer, et seulement une journée dans le réfrigérateur.

CONGÉLATION

Congelez toujours des aliments de première fraîcheur, dans des conditions d'hygiène minutieuse : désinfectez la planche ou la table sur laquelle vous avez épluché des légumes ou vidé une volaille, ou recouvrez le plan de travail d'un plastique protecteur que vous jetterez ensuite.

Divisez ce que vous souhaitez congeler en portions individuelles ou, pour les rôtis et plats préparés, en quantités suffisantes pour un repas : la pénétration du froid est meilleure et vous ne serez pas obligé de décongeler un morceau trop gros en risquant d'en perdre une partie puisqu'il est impossible de recongeler quelque aliment que ce soit : qu'il s'agisse de produits congelés à la maison ou de ceux qui sont commercialisés.

Utilisez pour l'emballage des matériaux spécialement adaptés à cet usage (feuilles d'aluminium ou de plastique alimentaire, barquettes, sachets) et non des récipients de récupération.

CONSERVATION AU FROID

Au réfrigérateur
Lait, yaourts, desserts lactés, fromages frais : jusqu'à la date de consommation indiquée
Poissons crus : 1 ou 2 jours
Poissons cuits : 4 ou 5 jours
Viandes crues : 3 ou 4 jours
Viandes cuites : 4 à 6 jours
Volailles crues : 4 ou 5 jours
Volailles cuites : 5 ou 6 jours
Huîtres : 7 jours
Légumes frais : 3 à 6 jours
Légumes cuits : 2 ou 3 jours
Fruits crus : 2 ou 3 jours
Fruits cuits : 4 ou 5 jours
Œufs : 12 à 18 jours
Fromages à pâte molle : 1 à 3 jours

Au congélateur
Pâtisseries : 1 ou 2 mois
Abats, gibiers, poissons : 3 ou 4 mois
Poissons maigres, viandes : 3 à 6 mois
Volailles grasses : 4 à 6 mois
Volailles maigres : 9 ou 10 mois
Fruits : 6 à 8 mois
Œufs : 8 à 10 mois
Légumes : 10 à 12 mois

Voulez-vous congeler les baies sans les ramollir ? Étalez-les sur une plaque à gâteaux, congelez-les, puis replacez-les dans un bocal hermétique au congélateur.

Couvrez une tarte dans son moule d'aluminium ménager quand elle est refroidie et congelez.

Congelez les blancs d'œufs non utilisés dans un bac à glaçons, un par godet. Transvasez-les ensuite dans un sac en plastique.

Pour congeler les jaunes d'œufs, ajoutez-leur un peu de sucre ou de sel : ils ne coaguleront pas.

Pour congeler un plat gratiné, mettez de l'aluminium ménager dans le fond du récipient et congelez après cuisson. Puis retirez la préparation congelée du plat et rangez-la au congélateur emballée dans l'aluminium. Vous libérerez ainsi votre plat.

Glissez des couvercles de plastique entre les steaks de viande hachée ; empilez-les et congelez-les dans un sac en plastique.

Un poisson frais pêché et non cuit peut être mis au congélateur dans une brique à lait remplie d'eau. (Après la décongélation, fertilisez vos plantes avec cette eau.)

Les fines herbes se congèlent bien. Lavez-les et hachez-les, puis placez-les au congélateur dans de l'aluminium ménager, ou dans des bacs à glaçons avec un peu d'eau. Pour les utiliser, il vous suffira de laisser tomber une petite masse gelée ou un ou deux cubes dans les plats chauds.

Les cafés moulus et en grains conservent mieux leur saveur s'ils sont gardés au congélateur.

PRÉPARATION DES PRODUITS A CONGELER

Divisez les viandes en tranches, morceaux ou rôtis. Videz les volailles avant de les découper ou laissez-les entières suivant l'emploi envisagé.

Videz, lavez, écaillez et séchez les poissons. Congelez-les en tranches, en filets, ou entiers.

Congelez les fruits puis répartissez-les dans des boîtes de plastique.

Fraises, framboises, mûres, myrtilles : essuyez-les sans les laver en enlevant les queues.

Cerises : lavez-les, essuyez-les et dénoyautez-les.

Abricots, prunes : lavez-les, essuyez-les, dénoyautez-les et coupez-les en deux.

Pêches : pelez-les, dénoyautez-les et coupez-les en quatre.

Poires, pommes : épluchez-les, coupez-les en tranches et faites-les blanchir dans un sirop de sucre.

Épluchez, lavez et blanchissez soigneusement les légumes.

Entourez les pâtisseries une fois refroidies de plastique alimentaire.

Transvasez les jus de fruits et les potages dans des boîtes spéciales en plastique ou en carton paraffiné.

QUE FAIRE EN CAS DE PANNE D'ÉLECTRICITÉ ?

Si on ne l'ouvre pas, le réfrigérateur reste frais pendant une dizaine d'heures. On trouve simplement un peu de sang dans les paquets de viande, et le beurre ou la margarine s'étalent plus facilement.

La température des congélateurs actuels se maintient de 36 à 52 heures (voir leur notice), à condition de ne pas les ouvrir.

Si la coupure de courant est annoncée, et qu'elle ne doive pas durer plus de 24 heures, remplissez d'eau quelques boîtes en plastique et mettez-les à congeler la veille de la coupure. Disposez une boîte de glace sur chaque rayon du réfrigérateur. Couvrez le réfrigérateur de couvertures et de journaux, qui réduiront la déperdition de froid.

Cas rarissime : si la panne se prolonge au-delà de la limite pendant laquelle votre congélateur maintient sa température gelée (de 36 à 52 heures), consommez immédiatement ou faites consommez par des amis ou des voisins ce que contient votre congélateur !

Préparation

ŒUFS

Si un œuf est frais et consommable pendant près de 1 mois, cela ne signifie cependant pas que l'on puisse l'utiliser pour des préparations identiques pendant ce délai. Sachez choisir les œufs selon la manière dont vous comptez les préparer.

L'œuf à la coque ou poché ne doit pas avoir plus de 10 jours. Après quoi on le cuisinera dur, mollet, brouillé, sur le plat ou dans une préparation mixte (entremets, soufflé, pâtisserie).

Des œufs durs coupés en deux et farcis de mayonnaise et de crevettes entières ou écrasées font une entrée rapide à préparer. Essayez aussi de les garnir avec leur jaune, que vous aurez écrasé avec de la moutarde, du roquefort ou des fines herbes.

Vous pouvez vérifier la fraîcheur d'un œuf sans le casser. Plongez-le dans un bol d'eau froide. Si l'œuf flotte, jetez-le. S'il tombe au fond du bol, il est frais et bon à manger.

Il faut aussi observer l'aspect de l'œuf cassé : plus il s'étale, plus il est « âgé ».

Il est recommandé de casser les œufs d'une préparation qui en comporte plusieurs un à un et séparément : si l'un est gâté, il ne risque pas de contaminer les autres.

Si vous avez besoin sur-le-champ d'œufs à la température de la pièce, pour une mayonnaise par exemple, retirez-les du réfrigérateur et laissez-les tremper une dizaine de minutes dans un bol d'eau tiède.

Blancs et jaunes se séparent mieux lorsque les œufs sont froids. Ne les sortez du réfrigérateur qu'au moment de vous en servir.

Pour que vos blancs d'œufs montent bien en neige quand vous les battez, ils doivent être purs, sans aucune trace de jaune ni de tout autre corps gras. Veillez à utiliser des ustensiles très propres.

On peut se servir d'un entonnoir de taille moyenne pour séparer les jaunes des blancs. Seul le blanc s'écoule à travers l'entonnoir, le jaune reste tout entier au fond du tube.

Les blancs d'œufs montés en neige prennent plus de volume si vous les laissez en attente 1/2 heure ou davantage à la température de la pièce avant de les fouetter.

Vos blancs d'œufs se battront plus facilement si vous les salez légèrement, et ils seront plus fermes si vous ajoutez le sucre au moment où ils ont déjà commencé à monter. Incorporez le sucre peu à peu tout en continuant de battre. Si vous l'ajoutez trop tôt, ou si vous en ajoutez trop à la fois, vos blancs ne monteront pas bien.

Pour incorporer sans les briser des blancs d'œufs battus à une préparation (soufflé ou pâtisserie), commencez par en mélanger vigoureusement un tiers à cette préparation. Puis versez le reste en soulevant le mélange pour faire passer les blancs doucement et les intégrer peu à peu.

LÉGUMES

Pour conserver au maximum leur teneur en vitamine C, il faut les gratter ou les éplucher avec un couteau inoxydable (épluche-légumes), puis les laver rapidement à l'eau courante, sans trempage, et les sécher ou les essorer aussitôt après.

Si vous les râpez ou les émincez, utilisez aussi un ustensile inoxydable. Arrosez-les d'un peu de jus de citron dans l'attente d'une autre sauce ou de leur consommation : leurs vitamines en seront rattrapées.

Pelez le céleri en branches avec un épluche-légumes pour le débarrasser de ses fils.

Lorsque vous voulez farcir un chou, vous devez en enlever le cœur avec un couteau bien pointu. Plongez ensuite le chou dans l'eau bouillante pendant 5 minutes. Refroidissez-le dans un saladier d'eau froide.

De même, il faut parfois blanchir certains légumes avant de les congeler ou de les utiliser dans une préparation. Plongez-les dans l'eau bouillante peu salée pendant quelques minutes, retirez-les à l'écumoire et faites-les sécher sur du papier absorbant.

Les asperges ne se consomment que cuites. Choisissez-les avec des tiges régulières, des pointes vertes ou légèrement mauves et fermes, et pelez-les avec un épluche-légumes inoxydable pour en retirer l'enveloppe ligneuse. Inutile ensuite de les laver.

Lavez et essuyez les aubergines et les courgettes, mais évitez de les peler : c'est meilleur du point de vue aussi bien nutritionnel que gastronomique. Contentez-vous d'éliminer le pédoncule et le petit cercle dur qui se trouve de l'autre côté.

Les carottes sont de bonnes sources de vitamines C et A. Mais, sauf les carottes primeurs, elles ont une partie centrale très ligneuse. N'en consommez que la partie périphérique, la plus digeste.

Après les avoir débarrassés de leurs fils, rincez les haricots verts, beurre ou mange-tout à l'eau courante, dans une passoire, en les frottant légèrement les uns contre les autres pour éliminer les impuretés éventuelles.

Supprimez la barbe des poireaux (les racines), puis lavez-les à l'eau courante en insistant entre les lamelles, où peuvent subsister du sable et de la terre. Autant que possible, et malgré les recettes classiques qui préfèrent les blancs, utilisez-en la partie verte, meilleure source de vitamines.

Les tomates ne s'épluchent guère. Après les avoir lavées et essuyées, on en retire le pédoncule. Puis on les retourne et on les presse légèrement entre les deux paumes, ce qui permet d'éliminer les pépins.

Pour peler de l'ail facilement, mettez la gousse sur une planche à découper, posez dessus le plat d'un couteau lourd et large, et frappez un bon coup. La peau s'enlèvera d'elle-même.

Refroidissez bien les oignons au réfrigérateur avant de les peler et de les hacher : vous verserez beaucoup moins de larmes.

Voici une façon rapide de peler un oignon : enlevez une tranche aux deux extrémités, puis coupez-le en deux et pelez chaque moitié.

Blanchissez 30 secondes à l'eau bouillante les petits oignons blancs que vous voulez garder entiers. Coupez ensuite les deux extrémités, et la peau s'enlèvera comme un gant.

SALADES ET SAUCES

Outre les traditionnelles laitue, mâche, trévise, romaine, frisée et endive, vous pouvez aussi préparer des salades avec d'autres légumes-feuilles, comme les épinards et les choux. Les épinards sont utilisés par feuilles entières, mais les choux, plus durs, sont hachés ou râpés.

Tranchez verticalement les tomates que vous voulez mettre dans une salade ; elles retiendront leur jus et la vinaigrette sera moins aqueuse.

Introduisez de la variété dans vos salades : pommes émincées et citronnées (pour qu'elles restent blanches), tranches d'orange, noix, morceaux de roquefort, d'emmental ou de chèvre chaud, et lardons découpés (remplacez dans ce cas l'huile de la sauce de la salade par le jus des lardons chauffés) peuvent composer de délicieuses salades mélangées.

Des pommes de terre cuites coupées en tranches donnent une excellente salade. Remplacez le vinaigre par un peu de vin blanc, ce qui est moins acide et demande peu d'huile.

En principe, une sauce vinaigrette comprend 2 à 3 cuillerées à soupe d'huile pour 1 cuillerée de vinaigre. On met moins d'huile si le vinaigre est léger (vinaigre framboisé, à l'estragon) ou bien si on le remplace par du jus de citron.

Autre solution : remplacez l'huile par du yaourt velouté nature, peu gras mais très moelleux.

Faites d'abord fondre les épices (essayez par exemple un peu de poudre de cumin ou de paprika) dans le vinaigre ou le jus de citron, puis versez sur le mélange le corps gras choisi.

LÉGUMES SECS

Depuis quelques années, il n'est plus nécessaire de mettre les légumes secs à tremper pendant au moins 2 heures, sauf les pois chiches, qui sont particulièrement durs.

FRUITS FRAIS

Lavez tous les fruits, même ceux que l'on doit éplucher (oranges, clémentines, etc.) avant de les disposer dans une corbeille à fruits. Seules les bananes, dont on ne touche pas la chair en les épluchant, échappent à cette règle.

Lavez et essuyez les melons, afin qu'ils ne salissent pas l'assiette et les autres denrées qu'elle pourra contenir.

Lavez les fraises rapidement, puis essuyez-les avant d'en retirer les pédoncules, sinon l'eau y pénètre et les fait gonfler, parfois éclater. Elles garderont aussi plus de leur saveur.

Lavez-les dans une passoire sous l'eau courante, ou bien en plongeant la passoire dans une cuvette pleine d'eau froide légèrement vinaigrée (ce qui ne leur donne aucun goût mais empêche leur vitamine C de se solubiliser dans l'eau).

Les framboises, qui laissent leur pédoncule sur l'arbrisseau lors de la cueillette, ne se lavent pas. Contentez-vous de les essuyer avec un linge propre et doux.

Mettez les oranges 5 minutes dans l'eau bouillante, puis laissez-les refroidir : elles se pèleront et se diviseront plus aisément en quartiers.

Avant de presser un citron, laissez-le 15 minutes dans l'eau bouillante ; vous en exprimerez plus de jus.

Par temps chaud, rien ne remplace une salade de fruits frais. Choisissez ceux qui sont en saison. Mettez tou-

DÉCOUPER UN ANANAS

Avant de servir un ananas, il faut le découper soit en tranches, soit en plus petits morceaux.

En tranches

1. A l'aide d'un couteau pointu et aiguisé, retirez le plumet et la calotte.

2. Coupez le fruit en tranches et découpez l'écorce de chaque tranche.

3. De la pointe du couteau, retirez le centre fibreux et les « yeux ».

En morceaux

1. Après avoir ôté la calotte, découpez le fruit verticalement et détachez la pulpe de l'écorce.

2. Découpez-la en petites tranches.

3. Décalez les tranches en les poussant vers l'extérieur.

jours quelques agrumes (oranges ou pamplemousses) pour donner du jus et du piquant. Aspergez de jus de citron ou de citron vert, et saupoudrez éventuellement de sucre.

FRUITS SECS, AMANDES, NOIX

Fruits confits, figues sèches et dattes collent moins aux doigts s'ils sont congelés quand vous les coupez. De temps à autre, plongez le couteau dans l'eau chaude.

Pour peler les amandes, plongez-les dans l'eau bouillante. Retirez-les du feu et, 2 minutes plus tard, égouttez-les. Pressez chaque amande entre le pouce et l'index pour faire jaillir le fruit de sa peau.

Les noix mondées s'effilent et se hachent mieux si vous les placez durant 5 minutes au four (four chaud).

Pour ouvrir une noix de coco, percez-en les yeux avec un poinçon ou un pic à glace et recueillez le lait, qui est bon à consommer. Enfournez-la pendant 20 minutes (four chaud). Si sa coque ne s'est pas ouverte, enroulez-la dans un linge ou dans du papier journal et donnez de bons coups de marteau.

CHATAIGNES

Lorsque vous voulez faire griller des châtaignes au four ou dans la cheminée, n'oubliez pas de ménager une soupape à la vapeur qui se crée à l'intérieur de l'écorce : pratiquez deux incisions en croix dans l'écorce avec un couteau bien aiguisé. Elles ne risqueront pas de sauter et s'éplucheront plus facilement.

VIANDES

Le bœuf se mange sous la forme de rôti, de biftecks (tranches peu épaisses dont les meilleures proviennent du faux-filet), de chateaubriands ou de tranches de filet plutôt épaisses (4 à 5 cm), de hamburgers (steaks de viande hachée), ou encore en pot-au-feu (cuit à l'eau avec divers légumes).

La viande hachée réclame une hygiène très stricte. Lorsque vous l'achetez chez votre boucher, demandez qu'elle soit hachée sous vos yeux et n'attendez pas pour la cuire. Vous pouvez aussi utiliser des steaks hachés surgelés, qui ont subi un contrôle sanitaire et sont plus ou moins gras. Ou encore de la viande hachée préemballée, à condition qu'elle soit présentée dans un rayon froid, et que l'emballage montre une estampille de contrôle et la preuve que le hachage est récent.

Il existe de nombreux robots pour hacher vous-même la viande, rapidement et proprement. Faites des tranches, que vous aplatissez entre vos mains, ou des boulettes, mais ne les comprimez pas trop : elles seront plus légères et plus juteuses.

Moulez la viande autour d'un petit morceau de fromage. La cuisson sera la même, mais quelle surprise !

Avant de faire sauter une viande, épongez-la avec du papier absorbant. L'humidité l'empêche de brunir et de bien griller.

Entaillez le gras qui entoure biftecks et côtelettes tous les 2 cm ; autrement, la viande se recroquevillera à la cuisson.

La marinade attendrit les viandes dures et leur donne de la saveur. En voici une pour le bœuf, l'agneau, le porc et le gibier. Mélangez 1 tasse d'huile végétale et 1/2 tasse de vin rouge. Ajoutez un oignon en rondelles, sel, poivre, thym ou romarin. Roulez la viande dans cette marinade. Couvrez et réfrigérez toute une nuit.

Vous n'avez pas besoin d'un maillet spécial pour aplatir la viande. Placez la pièce entre deux pellicules de plastique et frappez-la avec le fond d'une casserole ou d'une poêle lourdes.

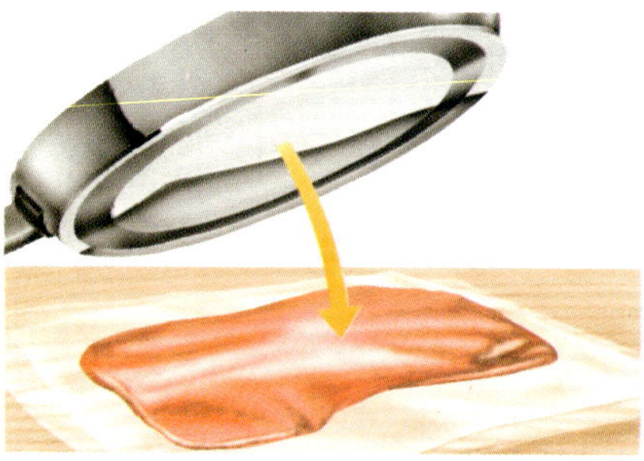

Le rosbif est un rôti. Même s'il est entouré de bardes de lard lorsque vous l'achetez, retirez-les et passez un peu d'huile au pinceau sur la viande. Ne salez pas : le sang s'écoulerait et votre rôti serait sec et sans tendreté.

Un gigot d'agneau ou de mouton doit se voir retirer la majeure partie de sa graisse suiffeuse extérieure. Faites quelques petites entailles dans sa chair et glissez-y des morceaux d'ail.

L'épaule peut être dégraissée par le boucher, puis légèrement ficelée pour être cuite comme un gigot. On peut aussi la désosser et la rouler, ce qui en fait un rôti.

FAIRE DES ESCALOPES PANÉES

Cette préparation, qui est suivie d'une cuisson à la poêle, donne au veau du croustillant et l'empêche de se dessécher. Elle s'accompagnera bien d'un simple plat de légumes.

Farinez légèrement l'escalope aplatie, afin de sécher sa surface. Plongez-la dans de l'œuf battu, salé et poivré, qui, grâce au farinage, reste bien accroché à la viande. Déposez-la dans de la chapelure d'un côté, puis de l'autre. Lors de la cuisson, appuyez avec une spatule pour que la chapelure se tienne.

BRIDER UNE VOLAILLE

Lorsque la volaille est entière, il faut lui donner un volume unifié, c'est-à-dire la brider, ce qui se fait avec une aiguille et une ficelle.

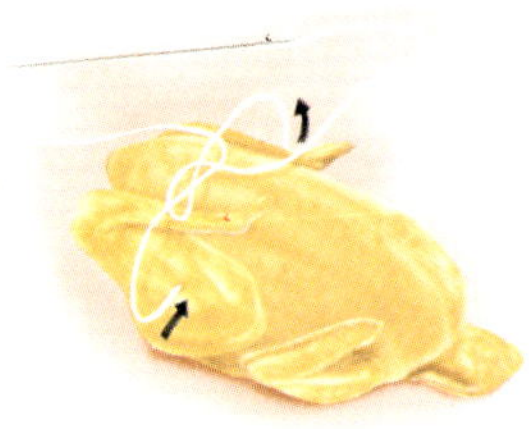

1. Piquez d'abord l'aiguille dans le pilon droit et faites-la ressortir dans le pilon gauche. Nouez la ficelle.

2. La tête étant retirée, repliez la peau du cou pour lui faire recouvrir l'orifice qui a partiellement servi à vider la volaille.

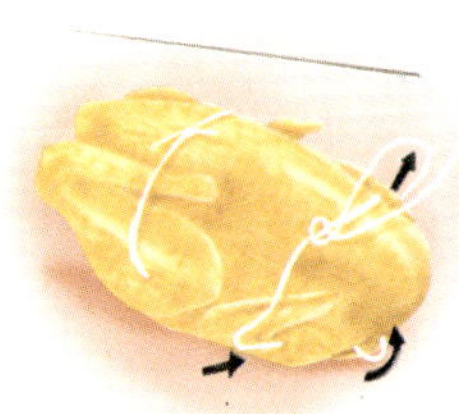

3. Piquez l'aiguille dans l'aile gauche, passez-la dans la peau du cou rabattue et ressortez dans l'aile droite. Nouez.

DÉCOUPER UN POULET

Si vous n'avez pas pu en trouver à l'achat et que vous souhaitiez préparer un poulet découpé, pratiquez comme suit :

1. Désarticulez les cuisses et ôtez au couteau l'ensemble pilon-cuisse, puis recommencez de l'autre côté.

2. Séparez la cuisse du pilon au niveau de l'articulation.

3. Détachez l'ensemble de l'aile, puis séparez l'aileron du reste de l'aile, ou blanc.

4. Prélevez les blancs tout autour de la poitrine.

VOLAILLES

Elles sont désormais le plus souvent vendues plumées, effilées (c'est-à-dire partiellement éviscérées) ou totalement éviscérées et dites alors « prêtes à cuire ». Dinde et dindonneau sont aussi souvent complètement désossés et vendus en tant que rôtis. Prédécoupés, les volailles et le lapin peuvent être cuits en fait-tout ou en sauteuse, avec des légumes d'accompagnement.

Pour qu'un poulet ait une peau dorée et croustillante, enduisez-le de beurre et saupoudrez-le de farine avant de le faire cuire.

Mettez dans le ventre de votre poulet quelques feuilles de sauge et une moitié d'orange ou de citron. Il sera délicieusement parfumé.

La veille de faire rôtir un poulet, assaisonnez-le de sel et de poivre. Ajoutez, selon votre goût, estragon, romarin ou autres fines herbes. Terminez avec quelques gouttes de citron et placez-le au frais. Retirez-le du réfrigérateur 1 heure avant de le mettre au four.

Lorsque vous faites rôtir une oie, piquez-la avec une brochette pour que la graisse s'écoule durant la cuisson. Placez à l'intérieur de la mie de pain qui absorbera une partie de la graisse. Retirez-la avant de servir.

POISSONS ET CRUSTACÉS

Pour écailler les poissons aux écailles dures et/ou peu stables, procédez à rebrousse-écailles (de la queue à la tête), en maintenant solidement le poisson. On peut utiliser une lame de couteau, mais il existe un instrument spécial, l'écailleur, plus efficace.

Certains poissons (la sole, par exemple) dont les écailles sont quasiment soudées et qui ont une peau dure et épaisse doivent être dépouillés. Pour cela, faites une entaille près de la queue, détachez 1 cm de peau entre le pouce et l'index, puis tirez vers la tête pour retirer la peau.

Écaillage et dépouillage doivent toujours se pratiquer avant de vider le poisson. Il est alors plus ferme et son ventre ne s'affaisse pas, ce qui facilite l'opération.

Il faut aussi parer les poissons, c'est-à-dire retirer en les coupant avec de bons ciseaux les nageoires trop importantes ou trop piquantes, certaines épines ou protubérances osseuses, et éventuellement la queue si elle prend trop de place.

Il n'est pas utile de laver un poisson ; l'essuyer suffit. Mais l'intérieur de tout poisson vidé doit être lavé à l'eau fraîche et séché.

Faites aussitôt « avaler » aux poissons que vous avez péchés 1 cuillerée à café de vinaigre par les ouïes : ils n'auront pas le goût de vase.

Vous lèverez plus facilement des filets de poisson si vous trempez souvent votre couteau dans du sel.

Pour que les coquillages rejettent d'eux-mêmes le sable qu'ils contiennent, recréez leur milieu d'origine en les lavant dans une eau très salée.

Si vous n'avez pas de couteau à huîtres, ouvrez les huîtres avec un décapsuleur. Introduisez la pointe sous la charnière de la valve supérieure (côté sombre et plat) et poussez vers l'intérieur.

VIDER LES POISSONS

Avant de faire cuire les poissons, il faut les vider, ce qui se pratique de plusieurs façons :

1. Par le ventre (poissons ronds). Fendez avec un couteau le ventre du poisson du haut de la queue aux ouïes.

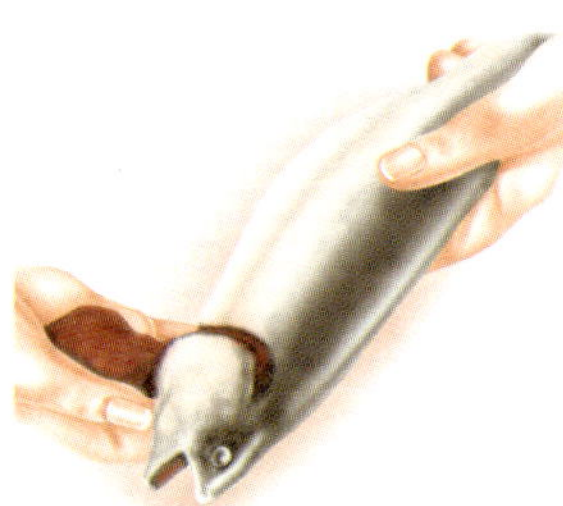

2. Par les ouïes (poissons moyens, type rouget). Introduisez un doigt dans une ouïe puis dans l'autre, ce qui les détache. Saisissez les entrailles du poisson et tirez : elles viendront d'un seul tenant.

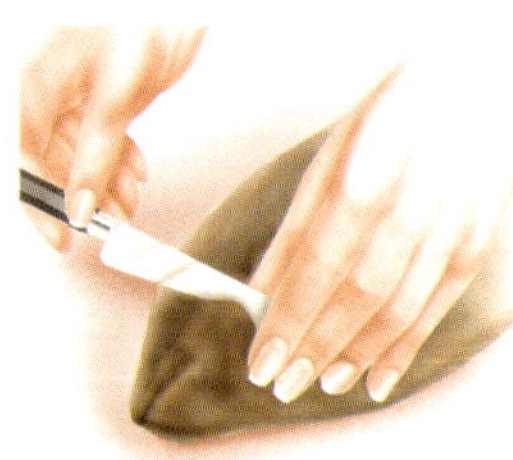

3. Par la tête (poissons plats). Posez le poisson, ventre vers vous. Incisez-le en demi-cercle juste derrière la tête et enlevez la petite poche d'entrailles qui se trouve à cet endroit.

LEVER LES FILETS D'UN POISSON

Les filets de poisson se cuisinent facilement et plus rapidement que le poisson entier ; de plus, ils sont agréables à consommer car ils n'ont pas d'arêtes.

Poissons ronds

1. Après avoir ôté la tête du poisson, découpez la chair au centre du dos avec la pointe d'un couteau bien aiguisé.

2. Détachez délicatement le filet supérieur, en avançant vers la queue jusqu'à ce que le filet soit libre.

3. Détachez l'arête.

4. Coupez la queue.

Poissons plats

1. Otez toute la peau du poisson, coupez les nageoires latérales et découpez le long de l'arête centrale, dos (c'est-à-dire la partie qui était recouverte de peau noire) vers vous.

2. Faites une incision semi-circulaire juste au-dessous de la tête.

3. Séparez le filet gauche de l'arête.

4. Coupez-le au-dessus de la queue et détachez-le. Répétez les opérations pour le filet droit puis le dos.

CRÈMES ET ENTREMETS

La crème se fouette plus facilement quand le bol et les batteurs (ou la fourchette) sont glacés. Mettez-les au congélateur quelques minutes.

La crème Chantilly, vanillée et sucrée, est plus légère et plus ferme si vous utilisez du sucre glace plutôt que du sucre semoule.

Pour obtenir une crème anglaise un peu moins grasse et de bonne texture, utilisez deux fois moins de jaunes d'œufs. Remplacez chacun d'eux par 1 cuillerée à café rase de fécule de pomme de terre ou d'amidon de maïs en délayant avec un peu de lait froid avant de faire chauffer le reste.

Si vous voulez faire fondre du miel cristallisé pour sucrer ou parfumer une préparation, installez le bocal de miel dans un bol d'eau chaude ou placez-le ouvert au four (four moyen), jusqu'à ce qu'il se liquéfie.

TARTES ET GATEAUX

La plupart des tartes se font à base de pâte brisée. Mais les tartes aux fraises ou aux framboises se font généralement à base de pâte sablée.

Pour réussir une pâte brisée, il est essentiel d'en mélanger très rapidement les ingrédients et de pétrir le moins possible. Votre succès sera aussi garanti si vous vous servez de deux glaçons à la place de l'eau.

Pour que la pâte brisée soit plus légère, remplacez le beurre par de la crème de lait cuite. Procédez comme à l'accoutumée. Vous pouvez aussi lui ajouter un jaune d'œuf et remplacer le beurre par un yaourt.

TARTE A CROISILLONS

1. Avec un couteau tranchant et une règle plate, découpez l'abaisse en bandes de 6 mm de large.

2. Disposez-en six également espacées sur la garniture, en mettant les plus longues au milieu, les plus courtes au bord.

3. Repliez un peu plus qu'en deux une bande sur deux. Posez une autre grande bande en travers au centre.

4. Remettez les bandes repliées dans la position du début : repliez les autres par-dessus celle du centre.

5. Posez deux autres bandes, une à la fois, du même côté de la bande centrale, en étalant et en repliant alternativement les premières bandes.

6. Faites de même de l'autre côté. Taillez et fraisez le bord de la tarte. Pincez l'extrémité de chaque bande sur les bords.

Pour cuire ou précuire une tarte que l'on garnit après cuisson, on procède toujours à blanc. On peut soit piquer légèrement le fond à la fourchette pour qu'il ne boursoufle pas, soit poser par-dessus un autre moule à tarte un peu plus petit, ou même des haricots secs, voire des petits cailloux très propres (lavés et séchés), placés sur une rondelle de papier sulfurisé.

Pour que, même cuite à blanc, la pâte ne se détrempe pas lorsque vous y mettrez les fruits juteux, étalez un fond de crème patissière ou, tout simplement, de biscuits écrasés ou de chapelure additionnée de mini-morceaux de pain grillé avant de disposer vos fruits.

Recherchez les saveurs originales. Ajoutez, par exemple, 1/2 cuillerée à café de graines de fenouil aux pommes de votre tarte.

Lorsque vous mélangez une pâte à gâteau, placez un linge sous le saladier pour l'empêcher de se déplacer sur le plan de travail.

Pour faire un gâteau en forme de cœur, préparez un gâteau rond et un autre carré. Coupez le premier en deux et disposez le second en losange devant vous. Placez les deux demi-gâteaux sur deux côtés adjacents du losange. Réunissez-les par un glaçage.

Voulez-vous garnir joliment un gâteau ? Surmontez-le d'un napperon à motif ajouré, que vous saupoudrez de sucre glace, puis retirez le napperon tout doucement.

Si vous entamez un gâteau pour en prendre quelques portions seulement, coupez-le en deux de manière à prélever une bande au centre. Pressez ensuite les deux moitiés l'une contre l'autre ; elles se dessécheront moins.

DES GLACES MAISON

Même si vous ne possédez pas de sorbetière, vous pouvez préparer des glaces moelleuses à partir de crèmes anglaises diversement parfumées. Mettez votre mélange dans un plat, que vous placez, ainsi qu'un saladier vide, dans votre congélateur. Au bout de 30 minutes, videz le contenu du plat dans le saladier, écrasez-le à la fourchette puis battez-le au fouet électrique, ce qui supprime les petits glaçons qui s'y sont formés. Reversez la glace dans le plat et replacez-la au congélateur ainsi que le saladier.
Renouvelez l'opération de battage 1/2 heure plus tard, et laissez ensuite le saladier couvert dans le congélateur.
Votre glace sera absolument lisse et ressemblera à s'y méprendre à celle qu'aurait confectionnée une sorbetière électrique.

Pensez aux champignons en meringue et aux fruits confits découpés géométriquement pour décorer vos gâteaux. Pour les anniversaires des enfants, vous pourrez ajouter des petits personnages (lutins, pères Noël...) ou des arbres en plastique.

CRÊPES

Si, malgré vos efforts, vous n'arrivez pas à obtenir une pâte parfaitement lisse, passez-la au tamis et écrasez les grumeaux au fur et à mesure avec une spatule en bois.

Pour que la pâte soit plus légère, ajoutez-lui un verre de bière, ou bien un blanc d'œuf battu en neige.

Afin que vos crêpes ne refroidissent pas pendant que vous les confectionnez, maintenez-les sur un plat muni d'un couvercle au-dessus d'une casserole d'eau bouillante : elles garderont leur moelleux.

Plutôt que de vous servir d'une louche pour verser la pâte dans la poêle, ce qui nécessite toute une manipulation, ayez recours à l'astuce suivante : transvasez la pâte dans une bouteille d'eau en plastique. Vous n'aurez qu'à verser la quantité de pâte nécessaire directement dans la poêle.

LE VIN DANS LA CUISINE

Le vin est traditionnellement utilisé dans de nombreuses recettes régionales. Il met en valeur le goût des aliments tout en y ajoutant sa propre saveur. Nature, il permet de préparer des marinades. Lorsqu'il cuit, l'alcool qu'il contient s'évapore sous l'effet de la chaleur.

Il est inutile de prendre une très bonne bouteille de votre cave pour la cuisine. Un vin simple, mais qui a du corps, conviendra tout à fait.

Choisissez un vin rouge pour le gibier et les viandes rouges, un vin blanc pour les volailles, les poissons et les viandes blanches.

Pour préparer des fruits marinés, des crèmes, comme le sabayon, par exemple, et des sauces sucrées, utilisez de préférence un vin doux.

Voici comment faire une sauce toute simple avec du vin : Après avoir braisé ou rôti la viande, déglacez le jus du plat encore chaud en y versant quelques cuillerées à soupe de vin. Grattez bien tous les dépôts, amenez à ébullition et versez sur la viande.

Si vous êtes à court de vin blanc pour faire une sauce, remplacez-le par du vinaigre de vin dilué dans un peu d'eau et additionné de deux morceaux de sucre.

Vous n'avez pas de vin cuit pour votre sauce ? Faites cuire un pruneau et du sucre dans un verre de vin blanc.

Vous obtiendrez une marinade savoureuse en ajoutant au vin un oignon émincé, du persil haché et des fines herbes fraîches ou séchées, ainsi que divers condiments. Le volume de la marinade dépend bien sûr de la taille et de la forme de votre morceau de viande. Comptez en moyenne 30 cl pour 1,5 kg de viande.

Faites mariner des fruits (pour des salades par exemple) dans un vin doux parfumé avec un zeste de citron et de la cannelle. Laissez les fruits y macérer 1 nuit.

Vous pouvez remplacer le vin par d'autres alcools : liqueurs de fruits, cidre, bière, vins cuits, whisky ou cognac. Pour déglacer le jus d'un plat de volaille, pensez au vermouth.

Versez les vins cuits, le cidre, la bière ou les alcools forts en début d'une cuisson afin que leur alcool s'évapore à

CHOISIR LE BON VIN

Comment choisir le vin de la table familiale, celui qui accompagne un repas avec de bons amis ou un dîner de réception ? Voici quelques conseils de base que vous développerez selon vos goûts et découvertes. Bien sûr, il n'est pas nécessaire de servir de grands vins pour un repas courant ; un seul vin suffit, qui peut être un vin de pays de bonne qualité, mais jeune, pourvu qu'il s'harmonise avec le plat principal.

Pour un repas entre amis, choisissez un vin blanc et un vin rouge d'appellation d'origine contrôlée ; ou bien un vouvray brut ou un bourgogne champagnisés, qui se marient bien avec tous les plats.

Dans le cas d'un repas d'apparat, où l'on sert plusieurs vins, sachez qu'un vin délicat doit toujours précéder un vin corsé et qu'un vin sec doit toujours précéder un vin demi-sec ou moelleux.

L'harmonie des mets et des viandes obéit aux principes de base suivants :

— les poissons, huîtres, coquillages ou crustacés doivent être accompagnés soit de vins blancs secs, soit de vouvray ou de bourgogne méthode champenoise, soit de champagne brut.

— les entrées et hors-d'œuvre s'harmonisent bien avec des blancs secs ou demi-secs, ou des rosés.

— les viandes et les volailles seront servies avec des vins rouges bouquetés et pas trop corsés.

— le gibier révèle sa saveur arrosé de grands vins rouges corsés et généreux.

— les fromages fermentés s'accordent bien avec de grands vins rouges ; les fromages doux à pâte molle préfèrent des vins blancs de pays.

— le foie d'oie ou de canard mérite soit de grands vins rouges, soit de grands vins blancs liquoreux ou secs.

— les desserts et les fruits se marient avec du champagne, du vouvray, du bourgogne champagnisé, des vins doux naturels ou des vins blancs liquoreux.

Le millésime, ou année de naissance du vin, ne doit pas être considéré comme seul critère. Certaines années peuvent passer inaperçues au départ, mais se révéler par la suite ; le contraire est également possible.

la chaleur. Ils conviennent également pour des sauces sucrées. Mais n'incorporez pas un alcool à une crème que vous voulez parfumer avant de la faire cuire : il perdrait tout son arôme. Ne l'ajoutez qu'en fin de cuisson.

Si vous voulez flamber certains poissons ou viandes, employez du whisky ou du cognac. Versez-en 1 ou 2 cuillerées sur le mets chaud et approchez une allumette dès qu'il est réchauffé. Attendez que le mets ait fini de flamber pour servir.

Pour flamber une omelette norvégienne ou des crêpes, chauffez l'alcool au préalable dans une petite casserole. Enflammez-le avec précaution et versez-le sur le dessert.

Pour ramener un bouchon un peu trop gros au diamètre du goulot de votre bouteille, immergez-le dans de l'eau bouillante. Ou bien pratiquez une entaille en V dans la partie destinée à entrer dans le goulot.

Pour conserver une bouteille de bon vin entamée, fixez une allumette sur le bouchon, enflammez-la et rebouchez rapidement la bouteille. L'air contenu à l'intérieur sera raréfié.

DANS LA CUISINE

Si la salière laisse passer trop de sel, remédiez à la situation en bouchant quelques trous avec du vernis à ongles incolore, après avoir lavé la salière de tout dépôt de sel et l'avoir bien essuyée.

Lorsqu'il vous faut un entonnoir plus robuste, vous pouvez vous en confectionner un facilement. Sectionnez en deux, avec un couteau lourd et tranchant, une bouteille en plastique de 2 ou 5 litres. Utilisez la partie supérieure en guise d'entonnoir. Lavez-la soigneusement à l'eau chaude savonneuse avant de vous en servir.

Verre brisé ? Ramassez les éclats avec du papier mouillé.

La planche à découper en plastique est préférable à celle en bois pour plusieurs raisons : elle ne gauchit pas ; vous pouvez la laver à l'eau et au savon et la mettre dans le lave-vaisselle. Si elle se tache, imbibez-la d'un agent de blanchiment domestique énergique, attendez quelques minutes et rincez bien.

Râpez du fromage sans en répandre partout. Glissez la râpe dans un sac de plastique ; introduisez le fromage et tenez-le à travers le sac pour le râper.

Prenez l'habitude d'aiguiser vos couteaux chaque fois que vous vous en servez : 10 passages suffisent et ils garderont leur fil plus longtemps.

Pour avoir meilleure prise sur les couvercles de bocaux ou de bouteilles, saisissez-les par le côté sablé d'un morceau de papier de verre.

Deux verres sont pris l'un dans l'autre ? Mettez de l'eau froide dans celui du haut ; plongez celui du bas dans de l'eau chaude.

Vous pouvez augmenter selon vos besoins le nombre de plans de travail dans la cuisine en posant de grands plateaux ou des plaques à gâteaux sur des tiroirs partiellement ouverts.

Autre petit truc utile : procurez-vous une planche en bois qui s'adapte bien sur l'évier ; si vous découpez un trou de quelques centimètres de diamètre dans un coin, vous pouvez même pousser les épluchures dans l'évier. En temps normal, rangez-la debout contre le réfrigérateur.

Pour détacher la croûte brûlée de vos poêles et casseroles, mettez-y du bicarbonate de soude et humectez d'eau. Après quelques heures, la croûte s'enlève facilement.

Si l'ustensile est en fonte, vaporisez-le d'un produit de nettoyage pour le four. 1 heure plus tard, lavez à l'eau chaude savonneuse.

SOUPES ET POTAGES

La soupe est une préparation épaisse dans laquelle on trouve des morceaux solides (non écrasés) de légumes cuits, de pain nature ou grillé, voire de viande, et surtout de poisson.

Le potage, lui, est à base de légumes cuits à l'eau entiers ou en morceaux plus gros, et mixés ou passés à la moulinette dans le liquide de cuisson dès que celle-ci est terminée.

Quant au bouillon, ce n'est que le liquide dans lequel ont cuit viandes, poissons ou légumes. On le consomme surtout additionné d'un peu de tapioca ou de vermicelle, ce qui permet de le manger plutôt que de le boire. Il peut aussi servir de liquide de cuisson pour le riz, certains légumes et coquillages.

Un bouillon de viande ou de volaille que l'on a fait réduire (c'est-à-dire se concentrer) se consomme sans aucun ajout, sauf des épices et, parfois, du concentré de tomate. Chaud ou froid, c'est un consommé.

Pour relever la saveur des bouillons de bœuf ou de poulet en cubes, faites-les mijoter à couvert de 15 à 20 minutes avec de l'oignon, une carotte et du céleri hachés et 1/4 de tasse de vin rouge.

Si le bouillon est gras, dégraissez-le en le versant par-dessus une passoire contenant des glaçons, lesquels le figeront et en retiendront la graisse.

Les veloutés ou crèmes sont des potages finement mixés et liés à la crème fraîche, au jaune d'œuf, à la fécule de pomme de terre ou à l'amidon de maïs dissous dans un peu de lait. Avec un velouté au lait ou à la crème fraîche, essayez un peu de vanille en poudre pour parfumer.

Servez un velouté avec un peu de crème fouettée salée, décorée de paprika ou de ciboulette hachée.

Les légumes d'une soupe ou d'un potage lui apportent beaucoup plus de saveur si vous les faites revenir dans le beurre auparavant.

Pour gagner du temps, faites cuire vos soupes et potages en autocuiseur. Pensez à doubler les proportions de votre recette, et gardez pour le lendemain la seconde moitié, refroidie et conservée au réfrigérateur dans un récipient couvert. Vous la réchaufferez et pourrez la verser sur du pain grillé, liée en velouté, ou gratinée avec du fromage râpé.

Si vous souhaitez parfumer votre potage, frottez l'intérieur de votre soupière avec une gousse d'ail écrasée avant de l'y verser. Vous pouvez aussi le saupoudrer, une fois qu'il est terminé, d'un peu de paprika, de cumin et de cannelle en poudre, ou de noix de muscade râpée.

Votre soupe est trop salée ? Prolongez la cuisson avec quelques morceaux de pommes de terre crues qui absorberont l'excès de sel.

ŒUFS

Cuisson à l'eau dans la coquille

Ils peuvent être à la coque (2 ou 3 minutes dans l'eau bouillante ; le blanc est coagulé et le jaune quasi liquide), mollets (3 à 5 minutes ; le blanc est dur et le jaune mou) ou durs (10 minutes ; blanc et jaune sont durs).

Sortez les œufs du réfrigérateur 1/2 heure avant leur cuisson pour éviter que les coquilles ne se cassent lors du changement de température.

Vous pouvez aussi mettre les œufs dans l'eau froide, puis la porter à ébullition ; ils risqueront moins d'éclater. Dans ce cas, réduisez légèrement le temps de cuisson.

Lorsque vous plongez les œufs dans l'eau bouillante, piquez le gros bout, opposé à la chambre à air, avec une fine aiguille. La coquille aura moins de chances de se briser.

Mettez dans l'eau de cuisson un peu de vinaigre, qui aide le blanc à coaguler puisque la coquille est poreuse, mais n'altère pas le goût.

Plongez les œufs dans l'eau froide après la cuisson ; cela stoppe l'action de la chaleur. Retirez rapidement les œufs à la coque et mollets, mais les œufs durs, eux, s'écaleront mieux s'ils y sont restés longtemps.

Cuisson à l'eau sans coquille

Ce sont les œufs pochés. Ils doivent être aussi jeunes que les œufs à la coque, puisque le jaune est là aussi moins cuit que le blanc.

Glissez chaque œuf dans de l'eau bouillante vinaigrée ou citronnée sans qu'il touche aucun de ses voisins. Lorsque le blanc commence à se coaguler, ramenez-le doucement sur le jaune qu'il laisse entrevoir par transparence. Au bout de 3 minutes, retirez les œufs un par un avec une écumoire ou une spatule, et posez-les sur un torchon humide.

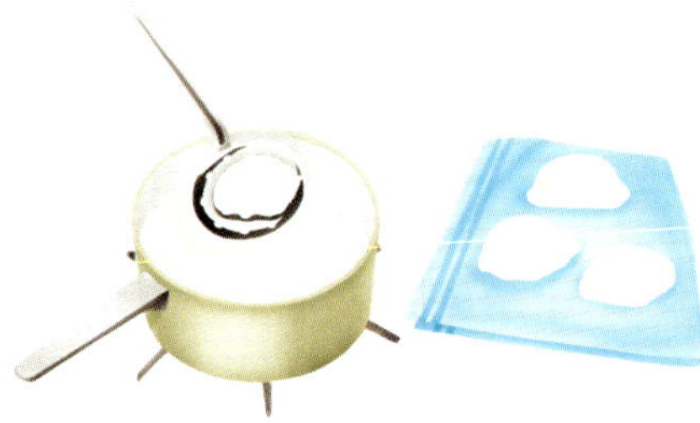

Servez les œufs pochés sur une purée de légumes, par exemple, après avoir découpé au couteau les éventuelles bavures de blanc.

De petites boîtes à conserves dégagées de leurs fonds tiendront lieu de très bons pochoirs. Posez-les dans l'eau bouillante et cassez les œufs dedans.

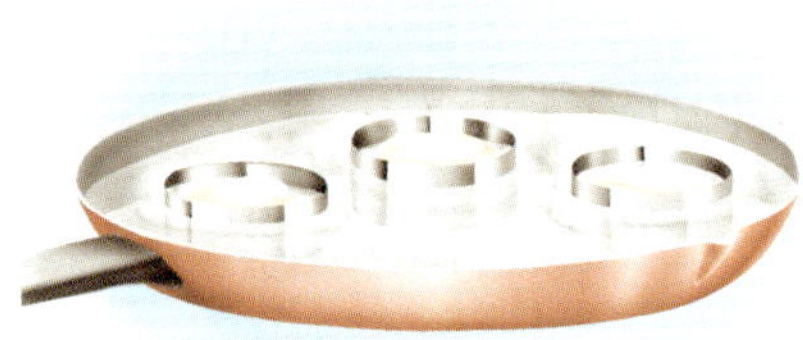

Cuisson au plat : omelettes et œufs brouillés

Le plus souvent, les œufs battus pour une omelette sont versés dans une poêle où l'on a fait fondre du corps gras. Mais vous pouvez aussi verser le corps gras déjà chaud et quasiment liquide dans le saladier contenant les œufs et battre le tout. Vous verserez ensuite ce mélange, plus souple, dans la poêle.

Lorsque les bords de l'omelette sèchent dans la poêle, ramenez-les doucement vers le centre à la spatule.

La poêle doit être remuée régulièrement pour que l'omelette n'y attache pas et reste en partie moelleuse.

Parfumez vos omelettes à la noix de muscade ou au paprika. Ou bien ajoutez aux œufs battus, avant de les cuire, des fines herbes hachées (cerfeuil ou ciboulette), du fromage râpé, de petits dés de jambon ou encore des miettes de thon.

Les omelettes fourrées, elles, sont garnies, une fois chaudes et cuites, de croûtons grillés, de petits cubes de pommes de terre, de lardons poêlés, d'oignons sautés...

GATEAU D'OMELETTE

Ce plat complet, qui contient à la fois des protéines, des légumes cuits et des lipides, porte le nom de millefeuille d'omelette. Accompagné d'une salade verte, il vous fournira un repas bien composé et léger à la fois. Commencez par préparer une demi-douzaine d'omelettes non parfumées et presque aussi minces que des crêpes. Superposez-les en étalant sur chaque omelette une purée d'épinards à la crème, du jambon haché mélangé à du fromage blanc, de la moutarde et du parmesan râpé.

Les œufs brouillés sont additionnés de petits morceaux de beurre et mis à cuire dans une casserole plongée dans de l'eau bouillante (bain-marie). Ils sont remués au fouet ou à la spatule pendant tout le temps de la cuisson. Ils seront plus moelleux si vous ajoutez une cuillerée de crème fraîche en fin de cuisson et si vous stoppez celle-ci lorsqu'ils sont encore crémeux.

Voici une recette originale à base d'œufs durs : les œufs à la tripe. Coupez les œufs en tranches et disposez-les dans un plat à gratin. Recouvrez-les de rondelles d'oignons revenues dans une sauteuse, arrosez largement de béchamel et faites gratiner à four chaud.

FRUITS

Sur le gril d'un barbecue, posez des bananes entières, non pelées. Cuisez doucement à couvert pendant 8 minutes en les tournant une fois.

Choisissez les fruits pour vos confitures avec le plus grand soin : ils doivent être de la meilleure qualité, fraîchement cueillis, mûrs à point et, si possible, non traités.

Pour préparer des confitures, mieux vaut utiliser une bassine large et évasée ; cela évite les débordements et permet une bonne évaporation de l'eau. Une bassine en aluminium à fond épais ou une bassine émaillée sont préférables à la traditionnelle bassine en cuivre, ce métal étant un grand ennemi de la vitamine C contenue dans les fruits.

Si la confiture cristallise, c'est peut-être parce que les fruits employés ne contenaient pas assez d'acide. Faites-les recuire en ajoutant du jus de citron.

Ajoutez pour varier un peu de vanille à vos confitures d'abricots, quelques tranches de citron dans votre marmelade d'oranges. Relevez votre confiture de poires avec un peu de rhum, votre gelée de pomme avec de la cannelle, votre confiture de cerises avec un petit verre de kirsch.

Pour savoir si le temps de cuisson est écoulé, mettez une goutte de confiture sur une assiette sèche : elle doit se figer et ne pas couler.

Préférez des bocaux dont la capacité ne dépasse pas 500 g : une fois ouverts, ils seront consommés plus rapidement et ne se gâteront pas.

Lorsque vous fermez vos bocaux de confitures avec de la paraffine, versez la paraffine chaude et plongez-y 12 cm de ficelle. Il vous suffira de tirer sur la ficelle pour ouvrir votre pot.

LÉGUMES

Pour conserver au maximum leurs vitamines, lavez-les et épluchez-les comme si vous prépariez des crudités (eau courante, couteau inoxydable). Même si vous devez les consommer en tranches ou en petits cubes, faites-les cuire entiers pour les découper ensuite. Utilisez le moins d'eau possible, et couvrez le récipient de cuisson.

Le meilleur mode de cuisson à l'eau se fait en autocuiseur, qui diminue la durée du temps de cuisson, ne réclame qu'un minimum de liquide et cuit à l'abri de l'air. De même, la cuisson à la vapeur, qui peut se faire avec des légumes découpés, n'entraîne pas une trop forte déperdition de vitamines.

Certains légumes (salsifis, choux-fleurs, fonds d'artichauts) doivent être mis à cuire dans un « blanc », ce qui leur permet de ne pas jaunir à la cuisson. Ajoutez à chaque litre de cuisson 1 cuillerée à soupe de vinaigre de cidre (ou le jus de 1/2 citron) et 1 cuillerée à soupe de farine préalablement délayée dans 3 cuillerées à soupe d'eau froide. Vos légumes cuits, agrémentés d'un peu de fines herbes ciselées, auront un bel aspect.

Le chou, que l'on fait le plus souvent bouillir ou cuire à l'étuvée, peut aussi être sauté au beurre. Râpez-le et faites-le revenir dans du beurre avec une gousse d'ail écrasée. Ajoutez un peu d'eau ou de bouillon de poulet, couvrez et laissez cuire jusqu'à ce qu'il soit tendre mais encore croquant.

Ne prolongez pas la cuisson des choux de Bruxelles au-delà de la durée nécessaire ; croquants, ils sont meilleurs.

Une fois les asperges préparées (voir « Préparation », p. 366), il suffit de les faire cuire à l'eau bouillante, par petits paquets bien ficelés pour qu'elles ne se déforment pas.

Faites cuire les haricots verts, beurre ou mange-tout à l'eau bouillante légèrement salée, si possible *al dente* comme les pâtes, c'est-à-dire en ne les laissant pas s'amollir. Ils conserveront mieux leurs vitamines.

CUISSON A LA VAPEUR

Légumes	Temps de cuisson approximatifs
Artichaut moyen	30 à 35 min
Asperges	8 min
Betteraves moyennes	40 à 45 min
Brocolis	10 à 12 min
Carottes tranchées	20 min
Chou-fleur	6 à 10 min
Choux de Bruxelles	8 à 10 min
Courgettes tranchées	10 min
Épinards	5 min
Haricots verts	20 à 25 min
Maïs en épi	6 à 10 min
Petits oignons blancs	15 min
Petits pois	15 min
Pommes de terre nouvelles	20 à 25 min

LÉGUMES SECS

Commencez par une précuisson à l'eau froide non salée durant une dizaine de minutes : c'est indispensable pour éviter qu'ils ne deviennent aussi durs que des petits cailloux. Égouttez-les avant de les faire cuire.

PATES ALIMENTAIRES ET RIZ

Quelle que soit leur forme, qu'elles soient aux œufs ou aux légumes, les pâtes doivent cuire dans une grande quantité d'eau légèrement salée (2 litres pour 250 g de pâtes).

Une fois les pâtes versées dans l'eau bouillante, ajoutez 1 ou 2 cuillerées à soupe d'huile d'olive, qui leur donnera un très léger goût, leur évitera de coller, et surtout empêchera l'eau de déborder.

Ne remuez pas les pâtes pendant leur cuisson, c'est inutile, mais goûtez-les régulièrement à partir de la huitième minute de cuisson.

Les pâtes se mangent de préférence *al dente*, c'est-à-dire fermes (mais ni dures ni molles). Dès qu'elles ont atteint la bonne texture, égouttez-les dans une passoire et rincez-les rapidement à l'eau froide pour éliminer l'amidon qui les entoure, indigeste, et pour leur rendre leur fermeté.

Si les pâtes sont des macaroni, ou une autre variété assez épaisse, essayez le gratin à l'alsacienne, où vous leur ajoutez du fromage et quelques minces tranches de pommes.

Dans tous les cas, ne laissez jamais les pâtes gonfler dans leur eau de cuisson une fois celle-ci terminée.

On peut associer certains légumes verts aux pâtes, une fois cuites et égouttées. Dans les spaghetti à la florentine, par exemple, on mélange des épinards.

Les pâtes peuvent également servir de base à des plats cuisinés comme la timbale milanaise. Cuite dans un moule à soufflé ou à charlotte, cette recette comprend des coquillettes ou des macaroni, des lamelles de jambon et de champignons de Paris en conserve, du fromage râpé et une sauce blanche.

La cuisson du riz à la créole se fait dans une grande quantité d'eau salée ou, pour varier, dans du bouillon.

Pour le riz cuit à l'américaine, on commence par mesurer le volume de riz, puis une quantité d'eau ou de bouillon froids égale à deux fois et demie ce volume, et on met à chauffer dans un récipient couvert. On continue la cuisson à feu doux jusqu'à ce que le riz ait absorbé la totalité du liquide.

Dans le cas du riz pilaf, le riz, qu'on a fait revenir dans du corps gras fondu pendant 1 ou 2 minutes, est arrosé de deux fois et demie son volume de liquide. On procède ensuite comme pour la cuisson à l'américaine.

POMMES DE TERRE

Elles sont une source de vitamine C relativement intéressante, surtout s'il s'agit de pommes de terre nouvelles. C'est pourquoi il vaut toujours mieux bien les laver et les essuyer, et les faire cuire dans leur peau.

Cuites à la vapeur ou à l'eau bouillante (en robe des champs), elles se mangent coupées ou écrasées, avec un peu de beurre ou de pâte à tartiner allégée. Ou bien épluchez-les et faites-en une purée, liée avec un peu de lait chaud et parfumée avec de la noix de muscade râpée.

Les grosses pommes de terre (bintje) peuvent être cuites au four, enveloppées d'aluminium ménager. On les sert ouvertes sur le dessus, en remplissant la fente de crème allégée ou de fromage blanc à 0 % de matières grasses additionné de fines herbes hachées. Ce plat se mange à la petite cuillère.

Les pommes de terre au four seront prêtes deux fois plus vite si vous les faites cuire 5 minutes à l'eau bouillante avant de les enfourner.

GRATINS DE POMMES DE TERRE

Le traditionnel gratin dauphinois
Épluchez les pommes de terre (à chair ferme), coupez-les en fines rondelles et étalez-les dans un plat à four frotté d'une gousse d'ail et légèrement graissé. Salez et poivrez. Recouvrez-les d'un mélange de lait demi-écrémé et de crème fraîche épaisse bien battu et parfumé de noix muscade. Faites cuire à four moyen.

Une variante : le gratin savoyard
On n'emploie pas ici d'ail pour parfumer le plat de cuisson. Mélangez du fromage (emmental ou comté) râpé au lait et à la crème. Versez ce mélange sur les pommes de terre, puis saupoudrez le plat d'une quantité identique de fromage râpé qui dorera au four.

SAUCES

Les sauces liées à la farine ont pour base un mélange appelé « roux ». Pour le faire, versez la farine dans un corps gras fondu, mélangez sur feu doux puis délayez avec un liquide froid (lait, eau, bouillon). Continuez à chauffer en remuant pour laisser épaissir.

Pour faire une sauce blanche (à base d'eau ou de bouillon) ou une béchamel (à base de lait) légères, délayez un peu d'amidon de maïs dans le liquide froid. Versez-le dans le reste du liquide chauffé et faites épaissir en tournant. Ajoutez une petite quantité de beurre non cuit en fin de cuisson.

Les sauces-purées, ou coulis, se préparent en faisant étuver des légumes (tomates, oseille, poivron, etc.) avec des oignons, des fines herbes et un rien de bouillon ou de corps gras. L'ensemble, bien mixé, est relativement liquide et se réchauffe rapidement avant utilisation.

Ajoutez de la crème ou du jaune d'œuf lorsque la sauce ou le jus d'un plat sont prêts à être servis mais trop liquides. Ce peut être le cas de la sauce de la blanquette de veau, par exemple.

VIANDES ET VOLAILLES

Les steaks, grillés ou à la poêle, peuvent se faire bleus — presque crus à cœur (1 minute 30 de cuisson de chaque côté) ; saignants — rouge vif à cœur avec perles de sang (2 minutes de chaque côté) ; à point — rose vif à cœur et surface dorée (3 minutes de chaque côté) ; très cuits — rose pâle presque blanc à cœur et surface grisâtre (4 à 5 minutes de chaque côté).

Le rôti débarrassé de ses bardes de lard doit cuire à four très chaud pendant environ 30 minutes. Cette chaleur coagule l'extérieur du rosbif et laisse le centre rouge sang ou rosé.

Retirez le rôti du four un peu avant l'heure prévue. La cuisson continue jusqu'à ce que vous le découpiez.

Aussi succulentes que les rôtis, mais beaucoup plus légères, sont les viandes cuites à l'eau, qui font partie de la cuisine minceur.

Le gigot à l'anglaise, frotté d'un mélange d'ail haché, de thym effeuillé et de poivre, est entouré de mousseline que l'on ficelle autour du manche et mis à cuire dans de l'eau frémissante salée pendant 45 à 50 minutes. Ensuite, on le retire avec deux écumoires, on le « déshabille » et on le découpe comme un gigot rôti. Il s'accompagne très bien de légumes frais cuits à la vapeur, pour un repas plus léger.

TEMPÉRATURE DU FOUR (thermostat)

Les graduations des fours sont souvent variables. Essayez d'adapter les temps de cuisson à votre appareil. Voici les chiffres et les températures correspondant aux appréciations non chiffrées des recettes classiques.

Four	Températures (°C)	Graduation de 1 à 8	Graduation de 1 à 10
Très doux	110-120	1-2	1-2
Doux	150	3	3-4
Moyen	180-200	4-5	5-6
Chaud	250	6-7	7-8
Très chaud	300	8	9-10

TEMPS DE ROTISSAGE

BŒUF	*Sur l'os - saignant*	10 min à 300 °C + 5 min pour la 1re livre + 15 min pour les autres, à 270 °C
	à point	10 min à 300 °C + 10 min pour la 1re livre + 20 min pour les autres, à 270 °C
	Désossé	10 min à 300 °C + 10 min pour la 1re livre + 20 min pour les autres, à 270 °C
AGNEAU	*Sur l'os*	10 min à 300 °C + 5 min pour la 1re livre + 20 min pour les autres
	Désossé	10 min à 300 °C + 10 min pour la 1re livre + 20 min pour les autres
PORC ET VEAU (ne pas saisir)	*Sur l'os*	35 à 40 min par livre de 180 à 200 °C
	Désossé	40 à 45 min par livre de 180 à 200 °C
POULET		30 min par livre de 180 à 200 °C - A la broche, 25 min par livre
DINDE	*3,5 à 4,5 kg*	3 heures à 180 °C
Rôtissage rapide	*4,5 à 6,5 kg*	3 heures 30 à 4 heures à 180 °C
	6,5 à 8 kg	4 heures à 4 heures 30 à 180 °C
	8 à 9 kg	4 heures 30 à 5 heures à 180 °C
Rôtissage lent (meilleure cuisson)	*en dessous de 5,5 kg*	25 min par livre à 160 °C
	au-dessus de 5,5 kg	20 min par livre à 160 °C
CANARD		30 min par livre à 180 °C
OIE		15 min par livre à 180 °C

Pour un ragoût, faites revenir les morceaux de viande ou de volaille dans un corps gras, puis saupoudrez-les de farine pour bien lier la sauce et arrosez le tout de bouillon.

Pour que votre ragoût ne soit pas trop gras, vous pouvez retirer avec un couteau bien aiguisé la graisse visible des morceaux de viande, d'abats ou de volaille. N'ajoutez pas de lardons.

DÉCOUPAGE DES VIANDES ET DES VOLAILLES

COTE DE BŒUF

Demandez à votre boucher de trancher l'os de l'échine au niveau de l'articulation avec les côtes. Il est en effet trop épais pour que vous y parveniez.

1. Sur la planche à découper, posez le bœuf sur les côtes. Glissez votre couteau entre la viande et l'os pour l'ôter complètement.

2. En maintenant le rôti avec la fourchette à rôti, glissez le couteau horizontalement le long des côtes pour en détacher la viande.

3. Découpez la viande en tranches d'environ 2 cm d'épaisseur.

GIGOT D'AGNEAU

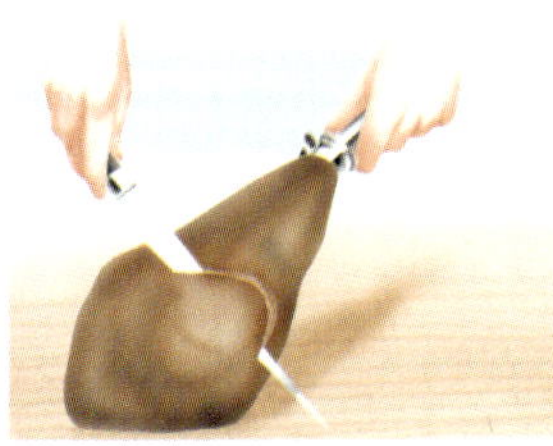

1. Posez le gigot sur l'os (la partie la plus plate) et maintenez-le avec une fourchette à rôti ou par le manche à gigot. A l'aide d'un couteau, entamez la noix, le côté le plus bombé. Détaillez-la du haut vers le bas en tranches minces, parallèlement à l'os.

2. Retournez le gigot. Continuez à découper des tranches parallèlement à l'os, toujours du haut vers le bas. Lorsque vous atteindrez la grosse articulation, vous devrez tourner votre couteau autour pour ne pas abîmer les tranches.

3. Saisissez le gigot par l'os et maintenez-le fermement pour relever l'articulation. Faites-le pivoter. En tenant votre couteau horizontalement, détachez les lamelles qui restent sur l'os. Glissez enfin le couteau entre l'os et la souris pour détacher ce morceau très apprécié.

POULET ROTI

1. Couchez le poulet sur le côté. Enfoncez la fourchette dans la cuisse et le pilon. Avec un couteau à découper, incisez la peau séparant la cuisse du corps et tirez sur la fourchette, vers vous.

2. Pour détacher l'aile, tranchez la jointure de l'os et les ligaments, puis détachez le morceau en commençant par le blanc. Retournez le poulet pour découper l'autre côté. Terminez le découpage en séparant la poitrine de la carcasse.

3. Pour séparer la cuisse du pilon, plantez le couteau à la jointure, puis la fourchette à cheval entre les deux morceaux, afin d'assurer et de faciliter le découpage.

Pour découper une viande rôtie, employez un long couteau (20 à 35 cm) à lame souple, pointue et bien aiguisée. Ayez aussi une fourchette à rôti, munie de deux dents longues et solides. Découpez le rôti sur une planche en bois, de préférence dotée d'une rainure pour recueillir le jus.

La viande sera plus facile à découper si vous la recouvrez de papier d'aluminium dès sa sortie du four et la laissez reposer ainsi 15 minutes : les fibres se seront resserrées.

Les braisés ne sont pas très gras. La viande est saisie sur très peu de corps gras chauffé, et la cuisson se poursuit à couvert, dans une petite quantité d'eau, qui permet d'obtenir de la vapeur et de cuire à l'étouffée.

Certains morceaux de viande (poitrine de veau par exemple) peuvent être farcis. L'épaule de veau est roulée sur la farce, alors que l'on garnit l'abdomen des volailles.

Les farces doivent prendre de la consistance à la cuisson pour pouvoir ensuite, lors du repas, être tranchées de la même façon qu'une viande. Elles sont donc à base de mie de pain rassis trempée dans du lait et du bouillon puis essorée. Ajoutez quelques légumes verts (oseille, épinards...) pour la poitrine de veau et des fines herbes hachées pour les volailles. Liez le tout avec 1 ou 2 jaunes d'œufs.

Laissez la farce dans la poitrine de veau pour la découper : chaque tranche sera mixte. Mais retirez la farce des volailles et faites alterner sur le plat de service des tranches de farce et des morceaux de volaille.

LE BŒUF A LA FICELLE

La viande (morceau de faux-filet dégraissé, de filet ou de rumsteck) est plongée dans un bouillon très chaud afin que sa surface soit saisie.

1. Préparez un bouillon à partir de tablettes et ajoutez-lui des oignons piqués de clous de girofle, du poivre et un bouquet garni.

2. Épluchez et coupez les légumes, puis disposez-les sur des carrés de mousseline, séparément. Mettez-les dans le bouillon juste avant la viande.

3. Ficelez la viande aux deux extrémités d'une cuillère en bois de manière à ce qu'elle soit suspendue. (Posez la cuillère à cheval sur la marmite.)

4. Laissez bouillir environ 25 minutes, puis retirez la viande et séchez-la sur du papier absorbant. Découpez-la et servez-la en tranches comme un rosbif, avec des légumes. Le bouillon peut être utilisé pour faire cuire du riz.

POISSONS ET COQUILLAGES

Certains poissons légers (soles et limandes), ainsi que les tranches ou filets de poisson, peuvent être cuits à la vapeur ou « à la meunière », c'est-à-dire roulés dans un peu de farine et cuits dans un corps gras très chaud. Ils peuvent aussi être panés, comme des escalopes.

Les gros poissons (dorade, lotte et morceaux de thon) sont cuits comme des rôtis, ou des braisés, de la même façon que la viande.

Pour un gros poisson (merlu, cabillaud, lieu) vidé, lavé mais ayant gardé sa peau peu écaillée, le court-bouillon est un mode de cuisson peu gras.

L'eau du court-bouillon doit être acidulée et parfumée. La recette de base demande 2 oignons piqués de clous de girofle, la moitié d'un citron, un peu de vinaigre et un bouquet garni. Pour varier, ajoutez une branche de céleri et quelques carottes.

Mettez le poisson dans l'eau froide, qui doit ensuite chauffer jusqu'à frémir, mais ne jamais bouillir. N'utilisez pas plus d'eau qu'il n'en faut pour immerger le poisson : la cuisson en sera plus rapide (d'où l'origine du mot « court-bouillon »).

Si le poisson doit être consommé chaud, retirez-le du court-bouillon après 10 à 15 minutes, selon son épaisseur. S'il doit être consommé froid, retirez la marmite du feu dès que l'eau a commencé à frémir et laissez-le refroidir dans le court-bouillon. Si vous devez ôter sa peau, retirez-le du court-bouillon tiède ; elle s'enlèvera plus facilement. Puis remettez-le dans le court-bouillon pour qu'il y refroidisse, toujours hors du feu.

Donnez du piquant à un poisson : mettez quelques morceaux de gingembre frais ou en poudre dans le liquide de cuisson.

COQUILLES SAINT-JACQUES

La plupart des coquillages se consomment crus, sauf les moules et les coquilles Saint-Jacques. Si la cuisson des moules est simple, celle des coquilles Saint-Jacques est plus délicate.

1. Entrouvrez les coquilles Saint-Jacques avec un couteau à huîtres ou un couteau à lame ronde et large, et mettez-les à dégorger dans un peu d'eau pour les débarrasser du sable qu'elles contiennent.

2. Ouvrez totalement les grandes coquilles. Retirez-en la noix et le corail, nettoyez-les bien et épongez-les dans du papier absorbant.

3. Mettez-les à cuire à la poêle dans un peu de beurre. Arrosez-les de vin blanc sec ou de cidre, puis, à la dernière minute, recouvrez-les de crème fraîche saupoudrée de persil haché. Vous pouvez ensuite les replacer dans leur coquille pour les servir.

AROMATES ET ÉPICES

Les fines herbes permettent de varier la saveur de vos plats : pratiquez des entailles et introduisez du thym ou du romarin dans l'agneau avant de le rôtir, de l'estragon ou de la marjolaine dans le bœuf.

Employez de préférence des herbes fraîches, qui garniront bien vos plats. L'arôme des fines herbes séchées est plus concentré ; utilisez-en 2 à 3 fois moins que d'herbes fraîches.

Afin que les fines herbes ne flottent pas dans la sauce d'un plat, enfermez-les dans une petite boule de métal pour faire infuser le thé.

1/2 heure avant la fin de la cuisson, retirez le rôti du four et recouvrez-le de fines herbes hachées, fraîches ou sèches. En cuisant, elles formeront une fine croûte.

Glissez un mélange de beurre et de fines herbes entre la chair et la peau d'un poulet. Vous pouvez aussi le saupoudrer de sel de céleri, de coriandre ou de gingembre moulu.

Le poivre noir pilé apporte un piment délicieux à l'oie et au canard.

Le bouquet garni, qui relève la saveur des soupes et des bouillons, des ragoûts et des plats braisés, se compose traditionnellement d'une feuille de laurier, d'une branche de thym et de 3 brins de persil. On peut lui ajouter du romarin, de la sauge, de l'estragon et bien d'autres fines herbes. Si les ingrédients sont secs, réunissez-les dans un morceau de mousseline pour pouvoir facilement les retirer après la cuisson.

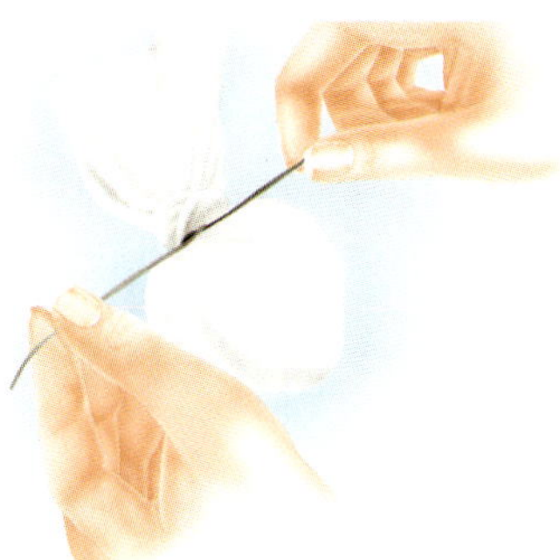

Ajoutez un peu de paprika au bouillon de cuisson d'un pot-au-feu pour lui donner de la saveur et de la couleur.

Mélangez du paprika à la farine d'enrobage d'un poisson pour la cuisson en grande friture.

La muscade se marie bien avec les épinards à la crème et les pommes de terre en purée, mais aussi avec beaucoup d'entremets.

ENTREMETS

Pour que le riz au lait soit plus moelleux, faites-le cuire d'abord 3 minutes dans de l'eau bouillante. Égouttez-le ensuite dans une passoire, versez-le dans le lait chaud et vanillé, couvrez à demi la casserole et faites bouillir doucement pendant 20 à 30 minutes. Ajoutez le sucre à la fin seulement.

Le riz à l'impératrice est un riz au lait dans lequel on ajoute des feuilles de gélatine, après les avoir fait tremper dans de l'eau froide pour les amollir, et de la crème fraîche épaisse.

Pour faire un gâteau de riz, ajoutez à un riz au lait plutôt épais des jaunes d'œufs battus et des blancs fouettés en neige ferme. Versez dans un moule non caramélisé mais graissé, et faites cuire au bain-marie pendant 40 minutes. Un gâteau de semoule se prépare de la même façon.

Pour démouler le riz à l'impératrice ou les gâteaux de riz ou de semoule, plongez le moule contenant la préparation 1 ou 2 minutes dans l'eau chaude avant de le retourner sur un plat ou sur des assiettes individuelles.

ŒUFS A LA NEIGE

Pourquoi ne pas préparer des œufs à la neige lorsque vous faites une crème anglaise ?
Battez les blancs d'œufs en neige ferme, et versez-les dans le lait chaud et sucré cuillère à soupe par cuillère à soupe. Au bout de 2 minutes, lorsqu'ils commencent à se coaguler, retournez-

les et laissez-les finir de prendre pendant 2 minutes. Retirez-les à l'écumoire. (Inutile de les égoutter car ils absorbent très peu d'eau).
Répartissez-les sur votre crème anglaise une fois celle-ci faite. Vous pouvez disposer quelques brins d'amandes grillées sur chaque « neige ».

LE PAIN EN DESSERT

Sachez utiliser les restes de pain, qui sont une base d'entremets savoureux.

Le pudding se prépare avec du pain rassis émietté, additionné de lait bouillant, d'œufs, de raisins secs et de fruits confits. Faites-le cuire au bain-marie au four pendant un peu plus de 1 heure, dans un plat graissé. Consommez-le tiède ou froid, accompagné de crème fraîche liquide ou battue en crème Chantilly.

Pour faire du pain perdu, trempez des tranches de pain rassis dont vous avez retiré la croûte dans du lait sucré et parfumé, puis dans des œufs battus. Faites-les dorer à la poêle dans une assez grosse quantité de corps gras fondu. Servez-les tièdes, saupoudrées de sucre glace, de sucre semoule ou avec de la confiture.

La crème renversée se prépare avec du lait, des œufs entiers, du sucre et de la vanille. Faites chauffer le lait sucré et vanillé, versez-le dans les œufs battus et, à travers une passoire fine, transvasez ce mélange dans un moule caramélisé. Faites cuire au bain-marie pendant au moins 45 minutes.

Pour gagner du temps, utilisez un autocuiseur. Remplissez-le d'eau au tiers et déposez le moule rempli de la crème renversée sur son panier. Elle sera cuite en moins de 10 minutes.

La crème anglaise, plus liquide que la crème renversée, requiert aussi une cuisson assez longue. On n'utilise pour la préparer que des jaunes d'œufs battus avec du sucre. Délayez ce mélange dans du lait chaud et parfumé, reversez-le dans la casserole de lait. Mettez à épaissir sans cesser de tourner pour éviter les grumeaux.

Pour rattraper une crème anglaise tournée, remplissez-en une bouteille aux trois quarts, bouchez-la et secouez fortement pendant quelques minutes.

APPAREILS ET MATÉRIEL DE CUISSON

Installez, si possible, une table de cuisson mixte possédant deux plaques électriques et deux brûleurs à gaz. Vous ne serez pas démuni lors de pannes ou de grèves d'électricité. Dans les cas extrêmes, utilisez votre réchaud de camping à gaz si vous en avez un.

Pensez aux petits barbecues, que vous pouvez utiliser sur la fenêtre de votre cuisine. Il en existe aussi que l'on place au milieu de la table de la salle à manger.

Évitez les casseroles en aluminium, qui peuvent se révéler toxiques avec certains aliments. Préférez l'acier inoxydable à fond « sandwich », la fonte émaillée ou le verre à feu, dans lesquels les aliments attachent moins même si vous n'utilisez pas beaucoup de corps gras.

Les poêles, les cocottes et les fait-tout en fonte ne sont pas recommandés si vous avez une plaque de cuisson en vitrocéramique. Vous pourriez casser celle-ci par maladresse.

Pour cuisiner sans peine, et aussi pour ne pas manger trop gras, rien ne vaut les ustensiles recouverts de PTFE.

Si vous vous servez du gril par rayonnement de votre four pour faire des grillades, n'oubliez pas de mettre la lèchefrite sous la grille où vous aurez disposé les denrées.

Les grilles de contact, grils que l'on pose simplement sur sa plaque électrique ou sur son brûleur à gaz, sont très pratiques, surtout, bien sûr, si elles sont recouvertes de PTFE.

Les grils électriques indépendants qui peuvent griller simultanément les deux côtés de l'aliment permettent de gagner du temps. De plus, ils laissent s'écouler et brûlent la graisse des viandes.

Les cuiseurs à vapeur à plusieurs paniers aident aussi à cuisiner rapidement. On y fait cuire en même temps plusieurs aliments, ce qui en outre transfère les parfums des uns aux autres.

L'autocuiseur présente deux avantages : d'une part il permet de cuire rapidement, d'autre part il conserve la majeure partie des vitamines, grâce à la rapidité de la cuisson et du fait qu'elle se passe sous vide.

TROIS RECETTES POUR GENS PRESSÉS

Qui ne connaît pas ces soirées bousculées, après une journée de travail ou de courses dans les magasins, où il est essentiel de cuisiner vite... mais bien quand même ? Voici quelques suggestions de plats qui cuiront en moins de 10 minutes.

5 minutes : Entrecôte niçoise (préparation : 2 minutes)
(Pour 4 personnes)
2 entrecôtes de 350 g chacune
1 tube de pâte d'anchois
1/2 verre de vin blanc
1cuillerée à soupe d'huile d'olive
Olives noires

Après avoir fait chauffer l'huile d'olive dans une poêle, faites-y cuire rapidement la viande, 2 minutes sur chaque face. Posez-la sur un plat de service chaud. Videz le tube de pâte d'anchois dans le jus de cuisson et délayez-le avec le vin blanc, puis versez cette sauce sur les entrecôtes. (Ne salez pas la viande.) Décorez chaque entrecôte et le tour du plat avec les olives noires.

6 minutes : Potage aux œufs (préparation : 5 minutes)
(Pour 4 personnes)
1 sachet de bouillon de poule concentré
50 g de gruyère râpé
3 œufs
4 tranches de pain de mie grillé
1 cuillerée à soupe de persil haché

Battez les œufs en omelette. Portez le bouillon à ébullition, versez-y les œufs tout en battant le mélange au fouet. Réduisez le feu et laissez cuire encore 2 minutes en tournant avec une cuillère en bois, puis ajoutez le gruyère râpé. Disposez les tranches de pain dans les assiettes, versez dessus le bouillon aux œufs et parsemez de persil haché.

7 minutes : Filets de sole en papillotes (préparation : 10 minutes)
(Pour 4 personnes)
8 filets (800 g environ) de soles
2 cuillerées à soupe d'herbes aromatiques (persil, ciboulette, estragon)
2 cuillerées à soupe de vermouth blanc

Coupez 8 feuilles d'aluminium et déposez-y les filets à plat. Aspergez-les de vermouth, ajoutez un assortiment d'herbes aromatiques hachées, salez et poivrez, puis fermez les papillotes. Faites cuire à four moyen pendant 6 à 7 minutes environ. Présentez sur un plat et n'ouvrez les papillotes qu'à table.

L'art de recevoir

DES RÉUNIONS HARMONIEUSES

Moins les invités sont nombreux, plus il faudra mettre de soin à les choisir pour favoriser une ambiance et une conversation agréables. Ainsi, pour un petit dîner, invitez des gens qui ont certaines affinités, des niveaux d'éducation équivalents. Avec des gens d'opinions trop différentes, la soirée risquerait d'être gâchée.

Ne réunissez pas que des personnes de même âge ou de même profession, sauf, bien sûr, s'il s'agit d'un dîner professionnel ; la conversation peut devenir ennuyeuse pour les rares invités étrangers au groupe.

Il n'est pas indispensable d'inviter à dîner autant de femmes que d'hommes, même si c'est une vieille coutume. Quand la femme d'un de vos amis est en voyage, par exemple, il est tout à fait convenable d'inviter son mari.

Quand vous réunissez des amis intimes, vous pouvez organiser un déjeuner ou un dîner à la bonne franquette. En revanche, pour les dîners-réceptions (soirées professionnelles ou invitations de personnes que vous connaissez peu), mieux vaut prévoir un repas conforme aux règles du savoir-vivre.

Cependant, aujourd'hui, il n'est pas nécessaire de mettre les petits plats dans les grands, de sortir l'argenterie et de s'habiller pour passer à table. Il vaut mieux faire d'un dîner un moment de détente et de plaisir plutôt que de risquer, par trop de cérémonie, de mettre vos invités mal à l'aise.

DES RÉCEPTIONS VARIÉES

Pour réunir des amis, des parents, envisagez un dîner intime autour d'un plat familial. Le service doit être restreint, la tenue vestimentaire simple.

Un dîner mondain, mais sans cérémonie, vous permettra de convier quelques relations amicales ou professionnelles, parfois une personnalité. C'est la maîtresse de maison qui assure le service, et, sans être pour autant luxueuse, la présentation de la table doit être plus recherchée. Adoptez une ordonnance de repas traditionnelle et une tenue vestimentaire élégante.

Pour réunir des amis, des parents, des relations mondaines et des personnalités, faites un grand dîner. La tenue vestimentaire (mentionnée sur le carton) peut aller du costume sobre à l'habit ou au smoking pour les hommes, de la robe de cocktail plus ou moins habillée à la robe longue pour les femmes.

Organisez votre grand dîner longtemps à l'avance, tant pour prévoir le personnel qui doit servir à table que pour composer le menu.

Si vous optez pour un buffet, vous pouvez recevoir beaucoup plus de personnes puisque, sur la table, sont disposés à l'avance vaisselle et vivres.

Si vous avez beaucoup de relations, une maison spacieuse ou la possibilité de louer des salons de réceptions, un cocktail vous permet de réunir au moins une cinquantaine de personnes autour de rafraîchissements, alcoolisés ou non, de petits fours, de canapés et de sandwiches variés.

Pour un grand cocktail, calculez que le tiers des invités ne se présentera pas. Ainsi, pour avoir cinquante personnes, invitez-en soixante-cinq ou soixante-dix.

LES INVITATIONS

Invitez vos intimes quand vous les voyez ou par téléphone 3 ou 4 jours à l'avance. En revanche, pour vos dîners-réceptions ou vos cocktails, envoyez une invitation écrite 3 ou 4 semaines à l'avance, en précisant le nom de l'hôte, l'adresse et l'heure de la réception.

Faites précéder votre invitation d'un appel téléphonique pour vous assurer que les personnes sont disponibles le jour prévu. Après la communication, adressez à vos invités une carte de visite traditionnelle, rédigée à la troisième personne : « M. et Mme Guillermet recevront leurs amis le samedi 25 mars à 20 heures. »

Vous pouvez aussi, après avoir téléphoné, libeller votre invitation de la manière suivante : « PM (pour mémoire) : Mme Jean Guillermet, dîner samedi 25 mars à 20 heures. »

La mention RSVP (réponse, s'il vous plaît) est utile pour obtenir un avis ferme. Négliger d'y répondre est une faute de savoir-vivre.

Si la mention « tenue de soirée » exige traditionnellement le port du smoking pour les hommes et de la robe longue pour les femmes, elle est aujourd'hui souvent employée de manière moins restrictive pour indiquer le caractère très habillé d'une réception. La tenue est alors plus ou moins classique selon les milieux.

Si vous ne spécifiez rien concernant la tenue, informez vos invités par téléphone de l'ambiance que vous voulez donner à votre réception. Vous risqueriez sans cela de voir des jeans côtoyer des robes de cocktail, ce qui pourrait gêner certaines personnes.

Pour des invitations à un baptême, des fiancailles, un mariage, adressez des faire-part. Ils peuvent être très simples, sur bristol blanc (format entre la carte de visite et la carte de vœux), et accompagnés d'une invitation.

Pour un mariage ou des fiançailles, vous avez le choix entre la formule classique et sa version moderne :

classique

Madame André Latour
Madame Jacques Durand
recevront à l'occasion du mariage
de leurs enfants
Claire et Hervé,
le mardi 15 mai 1990.

à partir
de 18 heures.

R.S.V.P.
31, rue Voltaire
37140 Tours

moderne

Claire Latour et Hervé Durand
recevront à l'occasion de leur mariage
le mardi 15 mai 1990
à l'auberge du Roi,

à partir
de 18 heures.

R.S.V.P.
31, rue Voltaire
37140 Tours

LOCATION ET EMPRUNT

Dans le cas d'une grande réception, il est parfois nécessaire de louer chaises, tables et vaisselle. En principe, le traiteur se charge de tout. Vous pouvez aussi vous adresser à des organismes de location. Vous devrez dans ce cas transporter vous-même le matériel.

Si vous empruntez divers objets à un voisin ou à une connaissance, invitez-le à votre fête.

Faites la liste des objets que vous avez loués ou empruntés en notant d'où ils proviennent. Au moment de les rendre à leur propriétaire, cochez les articles de la liste. Faites attention de ne pas les confondre.

FAITES-VOUS AIDER

Cherchez-vous un bon traiteur ? Renseignez-vous auprès de vos amis, ou consultez le minitel. Vous pouvez également vous adresser à un restaurant que vous fréquentez, qui acceptera peut-être de vous livrer des plats tout préparés.

N'attendez pas la dernière minute pour choisir le traiteur. Contactez-le au moins 1 mois à l'avance, plus tôt si votre réception doit avoir lieu pendant la période des fêtes de fin d'année.

N'hésitez pas à demander des devis à deux ou trois traiteurs selon le menu et le nombre d'invités prévus. Vous pourrez ainsi comparer les prix et choisir en fonction de votre budget.

Exigez aussi de goûter à des échantillons de leur cuisine. Les plats peuvent être beaux, sans pour autant correspondre à vos goûts.

Sachez que les traiteurs proposent également du personnel pour servir dans les réceptions. Renseignez-vous sur les tarifs, qui sont généralement plus élevés à mesure que la réception se prolonge dans la nuit.

Prévoyez une personne pour huit à dix invités à un dîner, une pour douze à seize s'il s'agit d'un buffet. Dans un grand dîner, comptez une personne pour six à huit convives.

Pensez également à installer un vestiaire et à engager quelqu'un (un adolescent, par exemple) qui s'en chargera jusqu'au départ de vos invités.

LE COMPTE A REBOURS

3 ou 4 semaines avant : Dressez la liste des invités et faites les invitations. Pensez à ce que vous devez louer et à l'aide qu'il vous faut.

2 semaines avant : Faites la liste des achats et des travaux culinaires. Préparez les plats qui se congèlent.

1 semaine avant : Pensez à la décoration. Commandez des fleurs. Vérifiez nappes, serviettes et bougies. Achetez ce qu'il faut pour le bar.

3 ou 4 jours avant : Rédigez les cartons de placement. Achetez tout, sauf les aliments périssables.

L'avant-veille : Faites des glaçons. Préparez les plats qui se réchauffent ou se servent froids.

La veille : Achetez les aliments frais. Préparez les salades.

Le jour même : Faites un dernier nettoyage. Terminez la cuisine. Achetez du pain. Mettez la table. Disposez fleurs et cendriers. Placez le vin blanc au froid. Préparez le vestiaire des invités. Installez le bar.

1 heure avant : Ouvrez le vin rouge. Mettez eau, glace, citron et ustensiles dans le bar. Sortez les canapés.

1/2 heure avant : Détendez-vous et terminez votre toilette.

PRÉPARATIFS

Si vous êtes à court de recettes, consultez des livres de cuisine. Mais évitez de servir le jour de la fête un plat que vous n'avez encore jamais préparé. Faites-en l'essai en famille auparavant.

Donnez la préférence aux plats qui peuvent se réaliser à l'avance. Gardez les mets au réfrigérateur ou au congélateur pour n'avoir, le jour venu, qu'à les réchauffer.

Ne mettez à votre programme qu'une seule recette demandant une préparation importante de dernière minute. Sinon, vous serez débordé.

Si vous invitez quelques personnes à venir prendre un verre, elles doivent toutes pouvoir s'asseoir. En revanche, si vous donnez un grand cocktail, prévoyez, bien entendu, quelques sièges, mais laissez beaucoup d'espace libre car la plupart des invités resteront debout.

Avant un grand cocktail, retirez les objets fragiles ou de valeur et dégagez toutes les tables. Vous éviterez les accidents et laisserez aux invités la place de poser leur verre. Multipliez les dessous-de-verre.

Dégagez les pièces en poussant les meubles contre les murs. Retirez les petites tables et les tabourets, sur lesquels vos invités risqueraient de trébucher. Enlevez toutes les tables à dessus de verre amovible.

MISE EN PLACE DU BAR

Une bouteille d'alcool de 75 cl donne 17 verres de 45 ml environ ; une bouteille de 1 litre, environ 22. Avec une bouteille de champagne, vous pouvez servir 7 coupes. Comptez une bouteille de whisky pour six personnes, une bouteille de champagne au moins pour trois personnes.

Si vous invitez une vingtaine de personnes ou davantage, vous apprécierez l'aide d'un barman. Il pourra facilement servir vingt-cinq personnes à partir d'un seul bar. S'il n'y a pas de barman, il faudra installer deux ou trois bars.

Procurez-vous deux fois plus de glaçons que ce que vous pensez utiliser. Faites-les ou achetez-les d'avance et gardez-les dans un sac de plastique. Comptez aussi ceux que vous mettrez dans le seau à glace.

Un bon conseil : pour conserver une bouteille de champagne entamée, introduisez dans le goulot le manche d'une cuillère à café en argent ; il conservera ses bulles.

LA TEMPÉRATURE DES VINS

Elle est primordiale, surtout pour les connaisseurs. Les vins rosés se servent frais, à une température de 8 à 10°, les vins blancs secs très frais, entre 6 et 8°, et les vins rouges légers à la température de la cave, entre 10 et 13°. Si vous n'êtes pas sûr de savoir évaluer la température de votre vin, vous pouvez vous servir d'un thermomètre à vin.

Les vins rouges d'appellation contrôlée au-dessous de 10 ans d'âge se débouchent au moment de servir.

Les grands vins (bourgogne, bordeaux) de plus de 10 ans doivent être ouverts entre 2 et 4 heures à l'avance, afin de les laisser chambrer (prendre la température de la pièce), loin de toute source de chaleur, bien sûr.

Le champagne se sert frais, à une température proche de 0° (mettez-le dans un seau à glace).

DES IDÉES POUR VOS CANAPÉS

Sur de petits carrés de pain de mie recouverts d'un lit de mayonnaise, déposez toute sorte de légumes : radis, mini-asperges, tomates, concombres, etc. Sur les rondelles de tomates, placez un demi-œuf de caille.

Fourrez des tomates-cerises de thon, de jambon ou de « guacamole » (purée d'avocats).

COMMENT COUPER LE PAIN DE MIE

Cette technique permet d'obtenir toutes les formes de canapés désirées, qu'ils soient coupés au couteau ou à l'emporte-pièce.

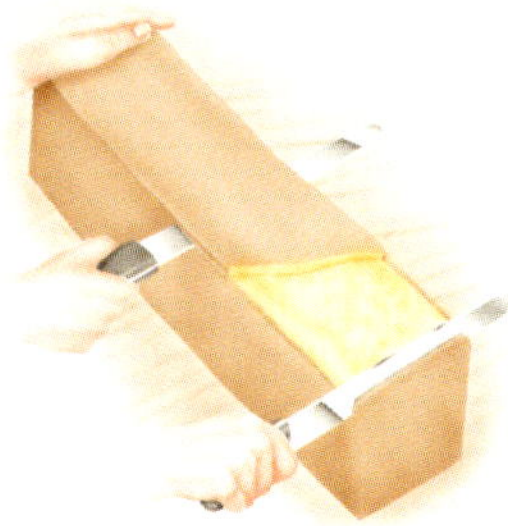

1. Enlevez la croûte sur le dessus, sur les deux côtés et à l'une des deux extrémités.

2. Coupez ensuite le pain horizontalement en longues tranches.

3. Tartinez-les de beurre. Coupez à la forme désirée.

Voici comment faire du guacamole. Écrasez deux avocats mûrs ; ajoutez 1 cuillerée à soupe de jus de citron, 1 gousse d'ail pressée et quelques gouttes de tabasco. Salez. Pour obtenir une quantité plus importante, vous pouvez ajouter de la crème fraîche ou des tomates coupées menu. Servez avec des chips ou des légumes crus.

Étalez du fromage à tartiner relevé de quelques gouttes de jus de citron dans des feuilles d'endive. Couronnez d'œufs de saumon ou d'œufs de lump.

Entourez des pruneaux d'une lamelle de bacon ou fourrez-les d'un petit morceau d'emmental ; servez-les chauds.

Prévoyez un bouquet de crudités avec différentes sauces : mayonnaise, sauce au cari, fromage blanc aux herbes, etc.

Enveloppez des boules de melon dans de fines tranches de jambon cru maintenues avec un cure-dents.

Enroulez de fines tranches de saumon fumé sur des bâtonnets de concombre.

Taillez des blancs de poulet cuits en petits bâtonnets et servez-les avec une mayonnaise relevée.

Tartinez du fromage frais aux herbes sur du pain aux noix et décorez de cerneaux de noix.

Dans quelques pamplemousses placés parmi les assiettes, piquez des bâtonnets garnis de rondelles de saucisson, de carrés de gruyère et d'olives farcies.

Sur des bâtonnets, constituez des brochettes de fruits. Elles seront rafraîchissantes et faciles à consommer.

Prévoyez beaucoup de serviettes en papier. Vous en donnerez à vos invités en leur servant les canapés. Pensez aussi à disposer çà et là de discrètes corbeilles à papier, grâce auxquelles chacun pourra se débarrasser des serviettes usagées. Et surtout, ouvrez l'œil : volez au secours de celle dont les mains sont encombrées ou de celui qui s'est taché.

LES GARNITURES : UN ART

Certaines sont à la fois jolies et exquises. Ainsi, déposez des rondelles de citron, de concombre ou d'oignons blancs sur les bouillons et consommés. Accompagnez les gratins de fruits de mer et les ragoûts de tomates-cerises. Sur les desserts, égrenez de la noix de coco râpée et grillée, des noix hachées, du zeste de citron rapé.

1. Enfoncez un couteau à lame fine jusqu'au cœur d'un citron vert et découpez en zigzag.

2. Les deux moitiés se séparent facilement et vous obtenez une bordure dentelée.

3. Otez les graines et décorez de persil haché. Disposez-les autour d'un plat.

1. Coupez une tranche dans la tomate, puis pelez en spirale une fine bande.

2. Enroulez la bande, peau à l'extérieur, en évitant de trop serrer.

3. Posez-la sur la tranche de départ, elle s'ouvrira d'elle-même comme une fleur.

Citron torsadé. Prenez une tranche mince. Coupez-la d'un bord vers le centre. Tordez les deux parties. Décorez-en vos plats de viande et de poisson, vos plateaux de fruits de mer ou vos desserts.

Roses en radis. En commençant par la base, découpez de petits demi-cercles faiblement entaillés et continuez ainsi jusqu'au haut du radis. Plongée dans de l'eau glacée pendant 1 heure, cette « rose » s'ouvrira.

Cornichons en éventail. Entaillez un cornichon 3 ou 4 fois dans le sens de la longueur. Écartez les tranches. Vous pouvez aussi réaliser cet éventail avec des courgettes ou des fraises.

CENTRES DE TABLE

Les fleurs sauvages et les petits bouquets champêtres font toujours sensation. Mettez-en une brassée dans un pot en cuivre ou en porcelaine. Ou laissez flotter une grande inflorescence dans un bol de cristal rempli d'eau.

Placez un miroir rond ou ovale au centre de la table sous la décoration florale. La lumière y joue et les fleurs s'y réfléchissent.

Vous pouvez également disposer sur votre table des photophores, des petites bougies de chauffe-plats ou deux jolis chandeliers.

En automne, associez feuilles et fruits de saison dans une corbeille en un élégant camaïeu. Choisissez de préférence un panier sans anse.

Au moment de Noël, une couronne de sapin et de houx décorée de rubans rouges et de boules de Noël est du meilleur effet.

Utilisez votre dessert comme centre de table. Entourez de fleurs un gâteau étagé ; disposez des pommes et autres fruits autour d'une belle tarte aux pommes. En été, préparez une salade de fruits frais dans une pastèque évidée.

Ne posez pas sur la table des objets instables, même s'ils sont très beaux. Mettez des cailloux, des billes ou du sable dans le fond des vases de fleurs pour les rendre stables.

Pour que le centre de table ne gêne pas la vue des invités, il ne doit pas dépasser 40 cm de haut.

LES PRÉSENTATIONS

De nos jours, les présentations se font plus simplement qu'autrefois ; mais s'il s'agit d'une invitation formelle, il convient de respecter certaines règles, à savoir présenter la personne la plus jeune à la plus âgée et le monsieur à la dame. Lors d'une fête décontractée, les présentations s'effectuent souvent d'elles-mêmes.

Présentez un nouveau venu à un groupe et efforcez-vous de le faire participer d'emblée à la conversation générale. Vous le mettrez à l'aise et éviterez un silence gênant.

Lorsque vous présentez deux personnes, nommez d'abord celle que vous désirez honorer. Par exemple, dites : « Docteur, puis-je vous présenter Jean Dupont ? » Ou bien, moins formel : « Lise, voici Jacques Desbordes. » Puis : « Jacques, Lise Morel. »

Il est parfois utile d'ajouter quelques mots sur la profession ou les violons d'Ingres de la personne nommée (par exemple : « Éric Lauthier, qui étudie le droit »). Les premiers sujets de conversation sont alors tout trouvés. Il n'est pas obligatoire de mentionner les titres lors des présentations.

Quand on vous présente quelqu'un, si vous êtes une femme, vous n'êtes pas tenue de vous lever, sauf s'il s'agit d'un ecclésiastique, d'une dame âgée ou d'une personnalité importante.

COMMENT DISPOSER LE BUFFET : QUELQUES IDÉES

Adoptez un ordre logique. Disposez une pile d'assiettes, puis les plats suivant leur ordre de consommation (entrées, plat principal, légumes, salade, fromages) sur toute la longueur de la table pour éviter les mélanges incongrus. Ensuite, placez le pain, les condiments, les couverts et les assiettes. Sur une autres table, posez les boissons, les verres (ainsi que les tasses à thé et à café) et les desserts.

Buffet froid
Terrine de poissons
Chaud-froid de poulet
Ratatouille froide
Salade mélangée
Fromages
Tarte au citron meringuée

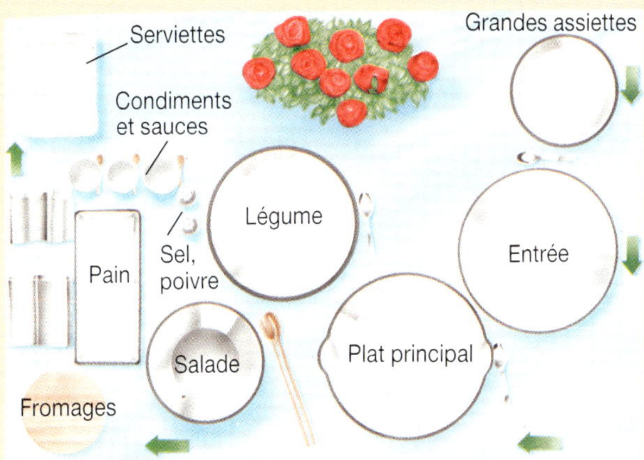

Buffet chaud
Beignets de fleurs de courgettes
Assortiment de brochettes (volaille, mouton, bœuf, rognons, etc.)
Haricots verts et carottes
Salade verte
Fromages
Dessert glacé aux framboises

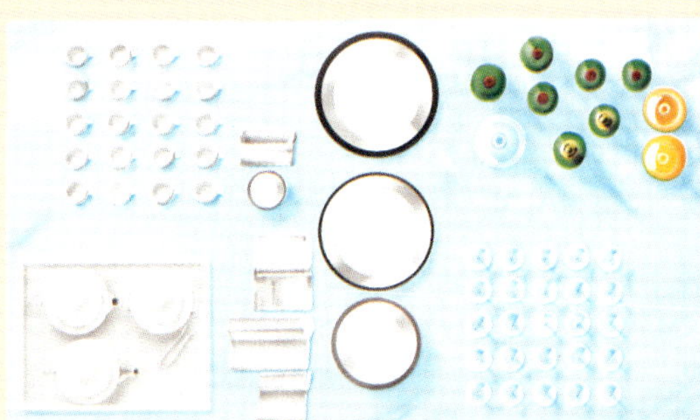

Café
Thé
Sucre
Cuillères
Tasses

Desserts
Petites assiettes
Couverts

Verres
Boissons

Buffet chaud et froid
Saumon mariné à l'aneth
Émincé de veau au cari
Riz sauvage
Salade
Fromages
Mousse au chocolat et
Sorbet aux fruits rouges

S'il vous arrive d'avoir à vous présenter, il suffit de vous nommer simplement. L'usage voudrait qu'une femme mariée dise : « Mme Untel » ; mais l'emploi du prénom suivi du nom devient aujourd'hui de plus en plus courant. Si vous êtes célibataire, présentez-vous de la même manière et ne dites surtout pas : « Mlle Untel ».

LE BUFFET

Si vous avez beaucoup de place, installez le buffet au centre de la pièce ; les invités se déplaceront autour. Sinon, approchez-le du mur, en laissant l'espace nécessaire pour circuler.

Une table de bridge recouverte d'un morceau de contre-plaqué rond ou ovale constitue une très bonne table d'appoint.

Laissez de l'espace près du plat principal pour que les invités puissent déposer leur assiette et se servir aisément. Si la table est petite, prévoyez au moins un espace près de la salade verte, dont le service exige l'usage des deux mains.

QUE SERVIR EN BUFFET

Prévoyez toujours large : rien n'est plus vexant pour une maîtresse de maison que de voir son buffet trop vite dégarni.

Si vous attendez beaucoup d'invités et qu'ils doivent manger debout, ne leur servez pas d'aliments difficiles à manier (sandwiches trop gros, gâteaux débordant de crème, viande froide difficile à découper).

Les meilleurs plats à servir lors d'un buffet sont ceux dont les ingrédients sont déjà coupés en portions. Les plats mijotés, certains poissons, les morceaux de poulet sur lit de riz ou de pâtes sont tout à fait indiqués.

Attention : Parmi vos invités, certains sont peut-être des végétariens ou suivent un régime. C'est pourquoi vous devez toujours composer votre menu en pensant qu'un de vos amis pourra aisément sauter un plat sans mourir de faim.

Ne salez et ne sucrez pas trop les aliments. En revanche, mettez à la disposition de vos convives un assortiment de condiments. Disposez de préférence plusieurs salières et autant de poivriers.

AU DÉBUT DU BUFFET

Si vos invités ne semblent pas pressés de se servir, dites gentiment : « Voulez-vous que je vous prépare une assiette ? » Cela les incitera à y aller eux-mêmes.

Disposez les sièges de manière que chaque invité ait une place où déposer son assiette et son verre. Ayez plusieurs petites tables d'appoint. Groupez deux ou trois sièges pour faciliter la conversation.

LES GRANDS DINERS

Essayez de limiter le temps de l'apéritif à 45 minutes ; tous vos invités auront le temps d'arriver et de boire quelque chose.

Élaborez votre menu sur le principe de base suivant : hors-d'œuvre, entrée, plat principal, salade, fromages, dessert. N'oubliez pas que de bons mets simples valent souvent mieux que des plats médiocres et fastueux.

Pour un dîner plus cérémonieux, servez en garniture des épinards en branches, des petits pois frais, de minuscules carottes plutôt que de la purée de pommes de terre ou des haricots blancs, réservés à la cuisine familiale.

Faites la part égale aux mets riches et aux mets légers ; alternez les consistances et les coloris ; servez les plats ternes dans des assiettes de couleur, et n'associez pas deux aliments pâles. Évitez les répétitions de type quiche en entrée et tarte au dessert.

Achetez toujours d'excellents morceaux de viande, et choisissez les légumes et les fruits de saison, qui seront à la fois meilleurs et moins chers.

Servez les fruits après le dessert (pâtisserie, glace ou sorbet). Vous pouvez aussi présenter des petits fours frais, secs ou glacés.

Limitez-vous à trois vins (un blanc, un rouge, un champagne), car, de plus en plus, on évite les mélanges. Présentez, par exemple, un vin blanc puis un vin rouge ou un vin de champagne blanc ou rosé, puis un bordeaux.

La nappe est préférable aux sets de table si la table doit être très chargée. Dans un grand dîner, rien ne remplace la nappe damassée ou brodée avec ses serviettes. Ou encore une nappe en dentelle, posée sur un dessous de couleur auquel on assortit les serviettes. Celles-ci, pliées en carré ou en triangle, se placent soit sur l'assiette, soit à gauche du couvert.

Dans un dîner d'apparat, le centre de table se compose en général de fleurs. Prévoyez aussi des bougies dont la flamme arrivera au-dessous des yeux des invités.

POUR LES GRANDES OCCASIONS

Les menus joliment présentés constituent des souvenirs que vos invités apprécieront. Écrivez-les de préférence à la main. Inscrivez la date, les mets et les vins qui vont être servis. Présentez-en un à chaque invité.

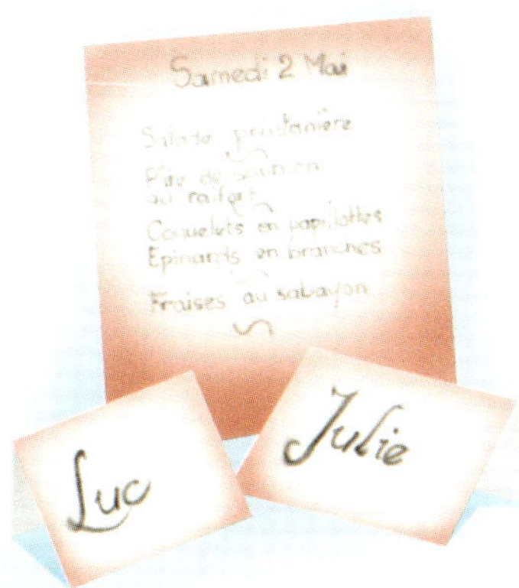

LE COUVERT D'UN GRAND DINER

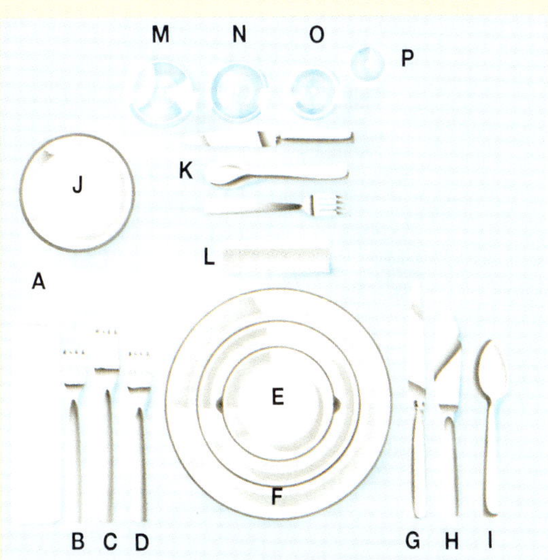

A. Serviette
B. Fourchette à poisson
C. Fourchette à viande
D. Fourchette à salade
E. Bol à consommé avec son assiette ou assiette creuse pour le potage
F. Grande assiette
G. Couteau à viande
H. Couteau à poisson
I. Cuillère à potage
J. Assiette à salade
K. Couverts à dessert
L. Carton de placement
M. Verre à eau
N. Verre à vin rouge
O. Verre à vin blanc
P. Flûte à champagne

LES PLACES A TABLE

Le maître et la maîtresse de maison se placent au centre de la table, l'un en face de l'autre. La place d'honneur, à droite de la maîtresse de maison, revient au convive le plus âgé ou à celui que son rang ou la circonstance vous oblige à honorer.

A gauche sera assise la personne qui, par l'âge ou par le rang, vient après celle qui occupe la place d'honneur. La troisième place sera à droite du maître de maison, la quatrième à sa gauche.

On poursuit ensuite le placement en alternant dans la mesure du possible les hommes et les femmes, la mise à l'honneur décroissant avec l'éloignement du centre. Ainsi les « bouts de table » doivent être réservés dans les réceptions mondaines aux plus familiers et, dans les réceptions officielles, aux plus jeunes et aux moins élevés dans la hiérarchie.

Dans un grand dîner, marquez les places de vos convives de leur nom et éventuellement de leur titre en plaçant de petits cartons à hauteur du verre à vin blanc.

En revanche, dans un dîner d'intimes, vous pouvez disposer vos convives avec beaucoup plus de liberté, et il vous suffira d'indiquer à chacun où s'asseoir en passant à table.

Pour chaque convive, réservez un espace minimal de 60 cm. Prévoyez un passage de 65 cm environ derrière les chaises pour le service.

LE SERVICE

Si vous n'avez personne pour vous aider, vous pouvez servir chaque invité à la cuisine, comme au restaurant, et lui apporter son assiette.

Vous pouvez aussi installer un petit buffet pour les entrées et les légumes, et laisser vos invités se servir eux-mêmes. Quand vous apporterez le plat principal, ils se serviront selon la tradition : les femmes d'abord, les hommes ensuite.

Dans un grand dîner, changez de couverts à chaque plat. Pour les intimes, une telle obligation n'est pas nécessaire : on dépose ses couverts sur le porte-couteau (sauf s'ils ont servi pour du poisson).

Les plats se présentent deux fois (à l'exception du potage, de la salade, du fromage et des fruits), à gauche de chaque convive.

Les assiettes sont desservies à gauche, et remplacées immédiatement par une assiette propre que l'on tient dans la main droite. Les boissons, cependant, se servent à droite.

Évitez d'avoir à vous lever constamment pour servir vos invités. Apportez le plus de choses possible à l'avance dans la salle à manger. Entre les plats, si vous vous rendez à la cuisine, surtout n'en profitez pas pour faire la vaisselle.

Au moment du dessert, posez une pile d'assiettes devant vous, servez chaque convive et faites passer. Ou disposez les plats sur une table roulante ; vous l'utiliserez par la suite pour desservir.

Lorsqu'il n'y a pas de personnel de table, c'est au maître de maison qu'il appartient de servir le vin. La bouteille une fois débouchée, commencez toujours par vous verser un fond de verre pour le goûter et éventuellement recueillir les petits débris de bouchon. Emplissez les verres de vos convives aux deux tiers seulement, et ne laissez jamais de verres vides.

LES PIÈGES DE LA TABLE

Une bonne maîtresse de maison se doit de donner l'exemple quant à la manière de se tenir à table, de présenter et de manger certains aliments pièges. Elle met ainsi les invités à l'aise, ce qui est indispensable à la réussite d'un dîner.

Rompez le pain morceau par morceau. Ne faites surtout pas de boulettes avec la mie. Ne mordez que dans les petites tranches de pain de seigle.

Disposez les asperges sur une serviette. Dans un dîner formel, décapitez-les du bout de votre fourchette et abandonnez-en la plus grande partie dans votre assiette. Dans un dîner intime, saisissez le bout de l'asperge avec les doigts et laissez sur le bord de l'assiette la partie non comestible.

Utilisez une fourchette spéciale pour détacher les huîtres de la coquille et les porter à votre bouche. Il est autorisé de boire discrètement l'eau contenue dans la coquille.

Quant aux escargots, que l'on tient avec une pince, on les sort de leur coquille avec l'instrument réservé à cet usage, on les dépose ensuite dans la cuillère, où on les sauce avant de la porter à sa bouche.

On ne tartine pas le foie gras, on le déguste à la fourchette. Si vous le proposez en terrine, accompagnez-le d'un pot d'eau très chaude dans lequel repose une cuillère. Après s'être servi, chaque convive replacera la cuillère.

Servez plutôt un grand poisson (colin, saumon...) et enlevez au préalable l'arête centrale. Si vous préférez les petits poissons, essayez de n'offrir que des filets.

Ne présentez qu'une fois le plateau de fromages. Exception faite du gruyère ou du chester, que vous pouvez prendre à la fourchette, n'utilisez que votre couteau. Ne coupez pas le « nez » du fromage en vous servant ; détaillez-le au fur et à mesure en petits morceaux, que vous déposez sur des bouchées de pain. Ne portez surtout pas la lame du couteau à votre bouche.

Ne coupez pas les grandes feuilles de salade au couteau, mais avec le tranchant de votre fourchette.

Servez les demi-pamplemousses préparés : à l'aide d'un couteau-scie spécial, séparez la chair des cloisons, amères. Pour le raisin, prévoyez des ciseaux à raisin pour partager les grappes. Détachez la chair du melon de l'écorce avec le couteau et la fourchette, puis découpez-la en quartiers.

Après chaque plat, laissez vos couverts côte à côte sur l'assiette, jamais en croix ni appuyés contre le bord de celle-ci. Si vous avez placé des porte-couteau sur la table, reposez-les directement dessus.

EMBELLIR VOTRE MAISON

La décoration simplifiée

AVANT DE COMMENCER

De multiples raisons peuvent vous pousser à transformer votre cadre de vie : évolution de votre style de vie, nouvelles facilités financières, extension ou au contraire resserrement de la famille ou, tout simplement, lassitude à l'égard de votre décor quotidien.

Posez alors un regard critique et sans indulgence sur votre environnement. Analysez précisément vos besoins, regardez-vous vivre à la maison et efforcez-vous de trouver un cadre qui soit le mieux adapté à votre vie. Ne vous laissez pas encombrer par le sentimentalisme qui consiste à conserver trop d'objets et de meubles chargés de souvenirs ; ils finissent par peser comme du plomb dans le décor. En un mot, sachez épurer, mais en fonction de vos besoins, de vos goûts, et de vos exigences de confort.
Il est souhaitable que ceux qui partagent votre vie se sentent concernés et participent à l'élaboration du nouveau décor. Discutez-en avec eux avant d'arrêter définitivement un projet.

QUELQUES PRINCIPES GÉNÉRAUX

Pour créer une impression d'unité et d'espace, évitez de multiplier les couleurs. Construisez une harmonie autour d'une couleur dominante et gardez une continuité de pièce en pièce.

Vous pouvez également construire une harmonie autour de matériaux : associez à un mur de brique une cheminée dans le même matériau ; rappelez votre sol de terre cuite par des jardinières en terre cuite naturelle ou vernissée ; décorez un mur de lambris si votre sol est recouvert d'un parquet.

Mélanger des éléments de style différent n'est plus considéré comme une faute de goût. Toutefois, veillez à ne pas surcharger vos pièces en éléments divers et respectez une harmonie dans les proportions.

Harmonies autour d'un sol de ton froid

Harmonies autour d'un sol de ton chaud

bahuts, les secrétaires, les étagères à livres arrivent à peu près au même niveau le long des quatre murs.

Si la pièce est grande, adoptez un aménagement par secteur. Créez un premier sous-espace avec un canapé et des fauteuils d'un côté, un second avec une causeuse et des sièges plus légers de l'autre.

Dans le coin-salon, associez des meubles de même profil. Ne mettez pas des fauteuils à dossier élevé à côté d'un canapé bas, et ne flanquez pas celui-ci de tables d'appoint plus hautes que ses bras.

Laissez des voies de circulation entre les secteurs que vous avez délimités dans une pièce, entre celle-ci et les autres pièces de la maison. N'installez pas une grande table basse devant un canapé à quatre places ; deux petites tables sont beaucoup plus commodes.

En général, il vaut toujours mieux limiter l'ameublement ; ne surchargez pas une pièce de mobilier. Les gros éléments nuisent à la circulation. En outre, ils font paraître la pièce petite et encombrée et volent la vedette au reste du mobilier.

PRÉPARATION DES MURS ET DES PLAFONDS

Vos travaux de peinture dureront plus longtemps sur des murs et des plafonds bien préparés. Repérez les inégalités. Rebouchez les trous et les fissures, les lézardes et les crevasses. Grattez le plâtre mort, friable ou humide, qui ne tiendrait pas sous la peinture.

Pour la réfection d'un mur complet, n'hésitez pas à faire appel à un maçon. Ou utilisez soit des plaques à coller en polystyrène extrudé, qui jouent aussi un rôle d'isolant thermique, soit des revêtements à dérouler en mousse de polyuréthanne revêtue d'une couche de finition. Auparavant, appliquez une couche de durcisseur de fond sur les murs en plâtre. Ces plaques et revêtements donnent une base propre et nette aussi bien aux revêtements muraux qu'à la peinture.

Avant de peindre, repérez tous les clous de saillie. Retirez-les avec des pinces, mais si vous ne parvenez pas à les extraire, enfoncez-les avec un chasse-clou et rebouchez ensuite la marque avec du mastic ou de la pâte à bois.

Si la fissure est large, il faudra la creuser et l'égaliser pour favoriser l'accrochage du produit de rebouchage. Après avoir épousseté, mouillez copieusement et comblez au mastic acrylique ou au plâtre en faisant bien pénétrer jusqu'au fond. Plusieurs couches valent mieux qu'une, avec un temps de séchage entre deux applications. N'oubliez pas de poncer à sec et d'épousseter les moulures — vous pouvez pour cela vous servir d'un vieux pinceau — avant de peindre.

Lorsque vous n'avez pas de travaux de rebouchage à faire, lavez murs et plafonds avec une solution plus ou moins concentrée de lessive, en commençant par le bas, et rincez. N'oubliez pas de retirer les crochets des tableaux, les plaques de propreté des portes ; débranchez les circuits électriques. Otez les luminaires, les interrupteurs et les plaques des prises.

Quand vous travaillez, pensez à vous protéger les mains avec des gants en caoutchouc, portez une blouse et couvrez-vous les cheveux : vous travaillerez plus vite. Si vous vous servez de solvants, aérez la pièce et abstenez-vous de fumer.

CHOIX D'UNE PEINTURE D'INTÉRIEUR

Il existe deux grands groupes de peintures : la peinture à l'eau et la peinture à solvant. Toutes deux sont vendues dans une gamme très étendue de finitions (en mat, satiné, brillant).

La peinture à l'eau. Vinylique ou acrylique (à base de résines synthétiques), elle se dilue à l'eau et sèche rapidement (moins de 1/2 heure) ; après séchage, elle est insoluble et résiste à l'eau. Elle se trouve en mat, satiné ou brillant, y compris sous forme de laque. Les gels et crèmes de peinture monocouches facilitent beaucoup

HUMIDITÉ : CAUSES ET REMÈDES

Dans une maison, la présence d'humidité sur les murs peut avoir plusieurs causes :

— La condensation, qui dénonce un manque d'isolation thermique des murs. La vapeur d'eau normalement contenue dans l'air se condense sous forme de gouttelettes sur ces parois froides. Le remède consiste à isoler thermiquement le mur soit par l'extérieur, soit par la pose d'un revêtement isolant (à l'intérieur, plaques de polystyrène extrudé de 6 mm d'épaisseur ou doublage par une contre-cloison isolante dans les cas graves).

— Les infiltrations au travers des murs donnant naissance à des inflorescences et au salpêtre. Ces infiltrations se font soit par des micro-fissures, soit parce que le matériau constituant le mur est poreux. La solution consiste à appliquer à l'extérieur une peinture de façade imperméable ou un produit imperméabilisant invisible (dans le cas de pierres ou de briques apparentes).

— Les remontées d'eau par capillarité dans les murs dues au fait que les fondations ont le pied dans l'eau (terre très humide, eau stagnante...) et que les matériaux sont poreux. Ces remontées font aussi naître du salpêtre, mais toujours en partie basse des murs. Pour y remédier, vérifiez d'abord si les gouttières ne se déversent pas au pied des murs sans autre forme d'écoulement et s'il n'y a pas de cuvettes au pied des murs qui retiennent l'eau à chaque pluie. Si l'eau remonte parce que la nappe phréatique est trop proche, traitez les murs par injection de produit à la base. Ce travail, à faire en saison sèche de préférence, peut être réalisé par des entreprises spécialisées ou à l'aide de kits de traitement. Le produit injecté forme un barrage à l'eau dans la partie basse des murs et supprime ensuite toute remontée.

— Les fuites de la toiture (tuile cassée, solin défectueux...) provoquent des taches au plafond ou en haut des murs (pour ces réparations, voir p. 172). L'apparition d'humidité en partie haute des murs peut aussi avoir pour cause la condensation sur la face interne du film d'étanchéité placé sous les tuiles : l'eau s'écoule surtout par temps froid et au printemps lors du dégel. Ce phénomène se produit dans le cas où le film n'est pas de type microporeux (film imperméable à l'eau liquide mais laissant passer la vapeur d'eau). Il est difficile, voire impossible, de remplacer un film sous toiture, et la seule solution consiste alors à découper des ouvertures de ventilation en parties haute et basse du film (faites une ouverture sur toutes les parties du film plastique accessibles entre les chevrons).

RETOUCHES DANS LE PLATRE ET LE PLACOPLATRE

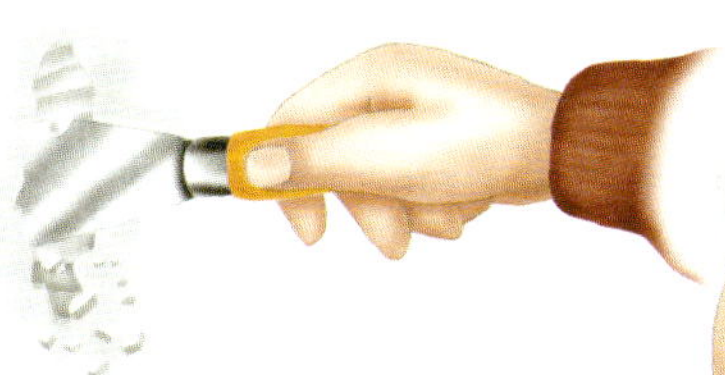

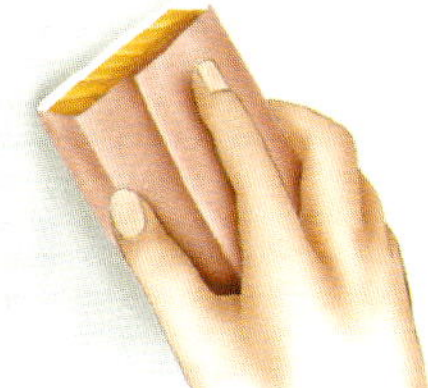

1. Enlevez le plâtre qui se détache. Grattez celui qui est derrière pour que le fond de la fissure ou du trou soit plus large que son ouverture. Humectez la surface avec un pinceau mouillé.

2. Remplissez la fissure ou le trou avec une pâte prête à l'emploi, et lissez-la avec un couteau à mastic. Si le trou est grand, remplissez-le en plusieurs fois.

3. Lissez la surface avec une éponge mouillée. Lorsque la pâte est sèche, poncez-la avec du papier de verre enroulé autour d'une cale. Enlevez la poussière. Essuyez avec un linge humide avant de peindre.

l'application, à la brosse comme au rouleau, qu'il s'agisse de murs, de plafonds ou de boiseries.

La peinture à solvant. Plus délicate à manipuler que les émulsions à l'eau ; son odeur plus forte est due à l'évaporation du solvant. Le nettoyage du matériel se fait au white-spirit et le temps de sèchage est plus long.

Les glycérophtaliques sont destinées au bois et aux matériaux poreux. Ce sont les peintures idéales pour les cuisines et salles de bains car elles supportent de nombreux lavages. Elles peuvent être laquées, brillantes, satinées ou mates et ont un fort pouvoir couvrant.

Les polyuréthannes, monocomposants ou à deux composants (une résine et un durcisseur à mélanger au moment de l'emploi) se diluent à l'acétone. Elles présentent, une fois sèches, une surface brillante ou satinée, très dure, et résistante aux solvants. On les utilise en particulier sur les planchers, où leur pouvoir antidérapant fait merveille.

LES BROSSES

Le terme de « brosse » est spécifique de la peinture en bâtiment, le pinceau étant réservé à l'artiste peintre. En peinture, comme dans beaucoup d'autres travaux, il faut trouver le bon outil, qui facilitera le travail.

La qualité d'une brosse se juge à ses soies (synthétiques ou naturelles, les plus durables). Avant d'acheter une brosse, pliez les soies contre la paume de votre main ; elles doivent se redresser et, surtout, ne pas tomber. Les pointes des soies naturelles « dédoublées » permettent de prendre plus de peinture et de mieux l'étaler. On « fait » une brosse neuve sur les premières couches, et on réserve les brosses affinées pour les finitions.

LES TYPES DE BROSSES

1. Brosse ronde, épaisse et trapue, pour lessiver et frotter énergiquement.

2. Brosses plates et larges appelées « queues-de-morue », à coupe droite ou arrondie ; valables pour tous les types de peintures, les laques et les vernis.

3. Brosse ronde à l'extrémité arrondie, dite « brosse à réchampir » (10 à 15 mm de diamètre), pour les petits détails et les travaux précis (angles, moulures).

4. Brosse plate à virole coudée pour les radiateurs.

LES ROULEAUX

Ils permettent de passer la peinture rapidement en fine couche régulière. C'est le moyen le plus économique de couvrir de grandes surfaces.

Les plus petits rouleaux, qui mesurent entre 5 et 8 cm, servent surtout à peindre les garnitures. Les plus grands peuvent atteindre 38 cm de large. Plus un rouleau est large, plus il couvre de surface.

Choisissez le poil approprié à votre travail. En règle générale, la surface sera d'autant plus lisse que le poil est court. Un bon rouleau garde la peinture et l'empêche de goutter pendant que vous travaillez.

Il y a également des qualités dans les rouleaux. Les mauvais se feutrent ou perdent des fibres.

Trois révolutions complètes du rouleau dans le récipient suffisent à le saturer de peinture.

Retirez le rouleau de son manche dès que vous avez terminé et nettoyez-le. Sinon, la peinture le coince en séchant.

L'ENTRETIEN DES BROSSES ET DES ROULEAUX

Brosses. Faites-les dégorger d'abord sur des journaux. Si elles sont imprégnées de peinture à l'eau, il suffira ensuite de les laver à l'eau tiède avec un détergent ménager en pétrissant bien les soies pour évacuer toute la peinture. Rincez abondamment jusqu'à ce que l'eau soit claire.

Dans le cas de la peinture à l'huile, faites tremper dans un solvant jusqu'à ce que le liquide soit gorgé de peinture. Recommencez plusieurs fois : le

LES TYPES DE ROULEAUX

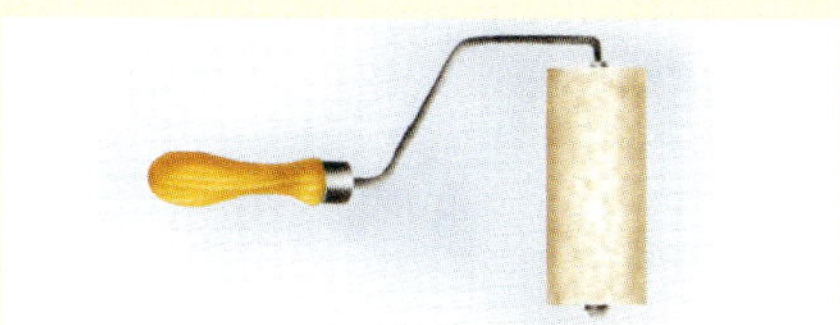

1. Rouleau en mousse de polyuréthanne ; pour les peintures à solvant et pour obtenir un grain très fin avec les émulsions vinylique et acrylique (à l'eau).

2. et 3. Rouleaux en peluche de velours ; pour donner un relief léger (poils courts) ou marqué (poils longs) aux émulsions vinyliques et acryliques.

4. Rouleau en peluche de velours pour laque. Poils raides et très courts pour ne pas laisser de traces.

5. Rouleau en caoutchouc synthétique à structure alvéolée pour obtenir un gros relief crépi.

6. Rouleau lenticulaire en mousse pour peindre les angles fermés, les bordures.

solvant doit être clair. Lavez ensuite la brosse à l'eau chaude savonneuse et rincez.

Si, en cours de travail, vous laissez une brosse dans un pot de solvant, pour éviter que le pinceau ne tombe dans le pot, plantez dans le manche un piton coudé qui s'accrochera sur le bord du pot. Faites bien sécher la brosse avant utilisation.

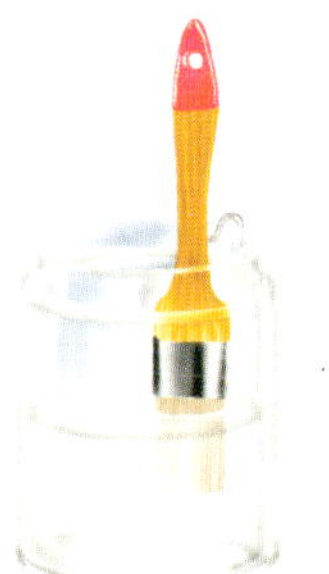

Lorsque vous faites une pose, enroulez un chiffon autour de votre brosse et suspendez-la par le manche. Pour la ranger, enveloppez-la dans du papier d'emballage ou d'aluminium, et maintenez le tout par un élastique.

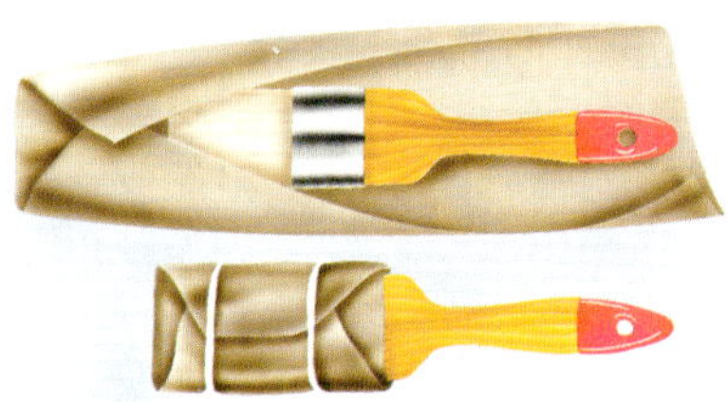

Rouleaux. Faites-les passer sur du papier journal pour les faire dégorger, puis démontez-les et pressez-les dans l'eau tiède ou dans le solvant. Lavez-les dans l'eau tiède avec du détergent, rincez-les, puis, après les avoir bien essorés dans des chiffons, posez-les debout sur du papier journal pour qu'ils sèchent. Conservez-les dans du papier d'emballage ou d'aluminium.

Si, par mégarde, vous avez laissé sécher un pinceau imbibé de peinture acrylique ou vinylique, faites-le tremper dans du vinaigre très chaud. Si c'est une peinture ou un vernis glycérophtalique, laissez-le tremper dans du décapant : à base de potasse quand le pinceau est en nylon, à base de chlorure de méthyle quand les poils sont en soie naturelle.

Quand vous voulez nettoyer des brosses sans vous salir et sans être incommodé par l'odeur du solvant, procurez-vous un pot spécial pour le trempage des pinceaux. Il permet de bloquer dans ses pinces jusqu'à 6 pinceaux pour les faire tremper dans un fond de solvant sans abîmer les poils, et son couvercle empêche l'évaporation du solvant.

AVANT DE PEINDRE

Si possible, videz la pièce de tous ses meubles et protégez bien le sol, soit avec des feuilles de papier journal, soit avec des bâches de plastique fixées aux plinthes par de l'adhésif.

Couvrez le bord des vitres avec un adhésif en papier crépon. En l'enlevant, vous obtiendrez des bords bien droits et vous n'aurez pas de fastidieux travaux de nettoyage. Si vous craignez encore de faire des coulures, passez les vitres au vinaigre pur, ce qui empêchera la peinture d'adhérer.

Si vous ouvrez les bidons avec un tournevis, choisissez-en un vieux : le fil s'abîme facilement et il risque de ne plus pouvoir s'insérer dans la fente de la tête des vis.

Pour peindre au rouleau, utilisez des pots à peinture rectangulaires (« camions » en jargon de peintre) ; ils ont été pensés à cet effet par les fabricants. Ou transvasez la peinture dans un bac plat et large conçu pour ce travail.

PEINDRE : TRUCS

Commencez de préférence par le plafond, puis, dans l'ordre, peignez les murs, les portes, les fenêtres, les radiateurs et enfin les plinthes.

Pour éviter que se forme une peau sur le dessus d'un pot de peinture déjà entamé, transvasez la peinture dans un récipient fermant hermétiquement et retournez-le.

Pour peindre le plafond, fixez le rouleau sur un manche à balai : avec de l'adhésif, entourez le manche du rouleau et l'extrémité du manche à balai, puis ligaturez l'ensemble avec une ficelle. Cela vous évitera de vous percher sur un escabeau et de devoir constamment monter et descendre. Certains manches de rouleau sont creux et sont prévus pour s'emboîter directement sur un manche à balai.

Pour éviter qu'une section peinte ne sèche avant que l'autre ne soit faite, travaillez sur la largeur du plafond plutôt que sur la longueur. Procédez par bandes d'environ 60 cm qui se superposent légèrement.

Attaquez un mur par l'angle supérieur gauche si vous êtes droitier, et supérieur droit si vous êtes gaucher. Travaillez de haut en bas.

Lorsque vous arriverez dans un angle, utilisez le plat du pinceau et non le côté, qui laisse des traces et donne un résultat moins net.

Si vous n'avez pu éviter les traces de doigts sur vos peintures, attendez qu'elles soient sèches et frottez-les avec une pomme de terre coupée en deux.

RETIRER UN REVÊTEMENT MURAL

Lorsque les anciens papiers sont en bon état, bien collés et sans motifs en relief, vous pouvez les laisser en place. Toutefois, vous serez obligé de les retirer si vous voulez poser un papier vinyle, métallisé ou un revêtement plastique.

Si l'ancien papier est « strippable » (papier double comportant une peau supérieure), défaites un coin en haut et tirez : la couche supérieure s'enlève. Gardez la sous-couche comme papier d'apprêt ou décollez-la pour mettre le mur à nu.

LA PEINTURE DES MURS

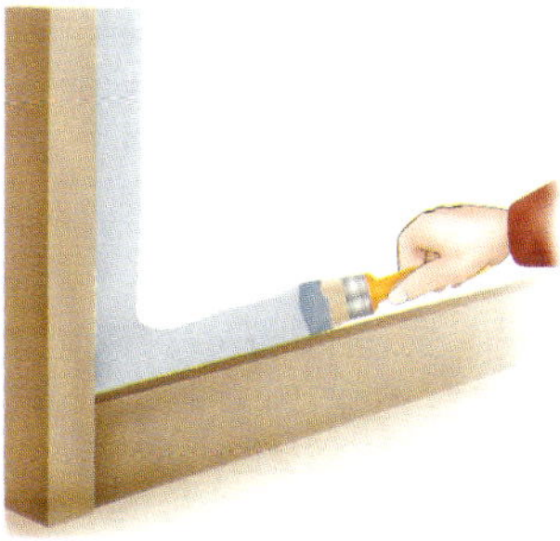

1. Faites une ligne bien droite à la jonction du mur et du plafond, dans les angles, autour des portes et des fenêtres et le long des plinthes. Cela s'appelle « détourer un mur ».

2. Travaillez par carré de 1 m. Faites un zigzag ; poussez le rouleau vers le haut sur le premier trait en appuyant pour étaler la peinture ; puis passez-le à l'horizontale.

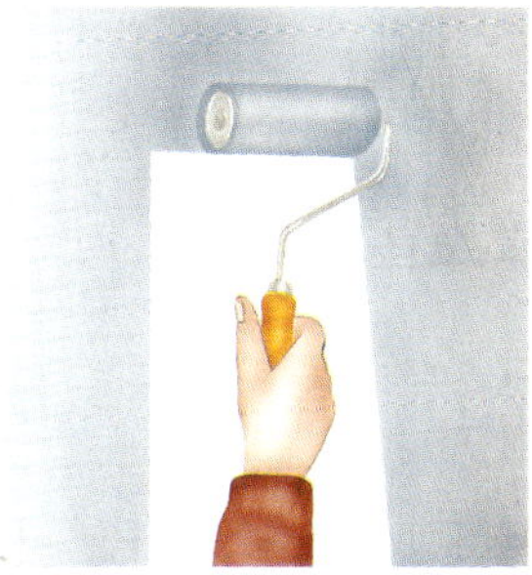

3. Pour obtenir plus d'uniformité, dirigez le rouleau que vous venez de saturer vers un carré humide. Terminez en repassant sur les raccords pour égaliser la peinture.

LE POCHOIR EN QUELQUES ÉTAPES

Bien que vous puissiez acheter des pochoirs dans le commerce, vous aurez plus de plaisir à créer vos motifs. Vous trouverez les fournitures nécessaires dans les magasins spécialisés ou les papeteries.

Vous pouvez décorer au pochoir tous les murs à surface lisse, poreuse et mate. Appliquez d'abord une peinture mate (à l'eau ou à solvant).

Après avoir découpé les pochoirs, faites des essais. Fixez-en un sur une feuille de papier blanc et exercez-vous pour vous faire la main.

1. Dessinez le motif au crayon gras sur un acétate transparent ; comme il faut un pochoir pour chaque couleur du motif, reportez-le sur autant d'acétates qu'il y a de coloris à appliquer.

2. Protégez la surface de travail d'un carton. Prenez un cutter et découpez sur chaque acétate les motifs d'une même couleur. De votre main libre, tournez l'acétate de façon à couper toujours dans le même sens. Ne levez pas le cutter tant que la découpe n'est pas terminée.

3. Pour savoir combien de fois l'espace à décorer contient le motif, mesurez cet espace et le pochoir. Divisez les dimensions de l'espace par celles du pochoir et répartissez également ce qui reste entre les motifs.

4. Mettez l'acétate en place et marquez les coins au crayon.

5. Placez le pochoir de la couleur dominante sur ces marques ; fixez avec du ruban adhésif.

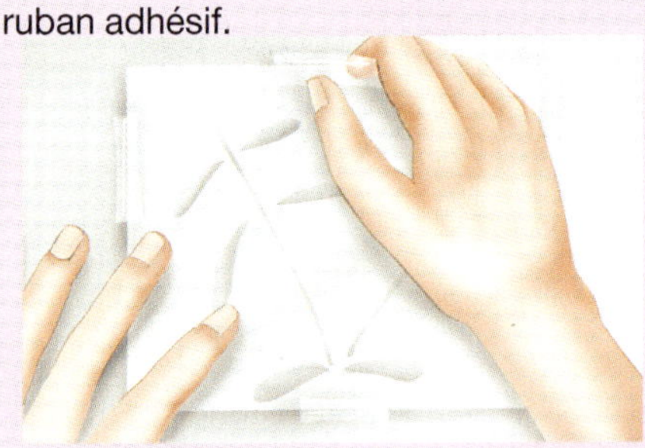

6. Appliquez une seule couleur à la fois, en tenant le pinceau perpendiculairement au pochoir et en travaillant de haut en bas.

7. Détachez l'acétate, soulevez-le et essuyez la peinture qui y adhère. Posez un autre acétate sur les repères — la deuxième couleur —, et continuez ainsi jusqu'à ce que toutes les découpes aient été remplies.

8. Reprenez maintenant tous vos acétates et attaquez le second motif, à côté du premier. Continuez ainsi jusqu'à la fin de votre projet décoratif.

9. Si vous voulez rendre le mur lavable et protéger les motifs décoratifs, appliquez une couche de vernis au polyuréthanne avec un rouleau lisse.

Pour les parties récalcitrantes, imprégnez une éponge d'une solution à volume égal d'eau chaude et de vinaigre et tirez par bandes au fur et à mesure du décollement. Il faut souvent s'y prendre à deux fois. Si vous êtes pressé, ajoutez à l'eau de détrempage un produit « décolle-papier peint » ou louez une décolleuse à vapeur.

Lavez ensuite les murs à l'eau tiède, puis grattez au couteau à enduire toutes les traces de colle.

CHOIX DES REVÊTEMENTS MURAUX

Lorsque vous êtes attiré par un revêtement mural, examinez les coordonnés qui lui sont associés (frises et galons, tissus d'ameublement, etc.).

Pensez à la pièce dans son ensemble. Des rayures verticales font paraître le plafond plus haut. N'oubliez pas un principe élémentaire si vous désirez un revêtement à motifs : petite pièce, petits motifs ; grande pièce, grands motifs. Les revêtements à motifs volumineux et colorés attirent l'attention au détriment de vos meubles et accessoires. Si ceux-ci sont beaux, évitez une surcharge de motifs.

Commandez tous les revêtements muraux dont vous avez besoin en même temps pour qu'ils proviennent du même bain de teinture. Assurez-vous-en en vérifiant le numéro de lot inscrit sur tous les rouleaux avant de les déballer.

LA POSE : TRUCS

Calculez la surface à recouvrir en multipliant le périmètre de la pièce par la hauteur de plafond, et déduisez les ouvertures. Prévoyez une marge de sécurité pour les raccords. Avec les papiers à motifs, prévoyez un rouleau supplémentaire pour les raccords. Les rouleaux du commerce couvrent environ 5 m^2 (10,5 m de long sur 53 cm de large). A chaque type de papier correspond une colle spécifique, sauf dans le cas des papiers préencollés.

Si vous êtes débutant, faites-vous la main en posant un papier ordinaire préencollé. Vous acquerrez de l'expé-

PEINTURES SPÉCIALES D'INTÉRIEUR

Type	Emploi/Caractéristiques	Remarques
Haute température (250 à 450°)	Pour toutes les surfaces qui chauffent beaucoup : inserts, tuyaux de poêles, spots d'éclairage, etc.	A utiliser sur métal propre et désoxydé ; existe en noir, gris, brun ou argent, en aérosol
Insecticide	Pour tous les endroits où les insectes et les araignées risquent de s'installer (placards, caves, plafonds)	Agit par contact ; reste efficace plusieurs années si elle est propre ; existe en brillant, mat ou satiné, à l'eau ou glycéro ; non toxique et non allergène
Fongicide	Prévient l'apparition des moisissures dues à la condensation	Doit être appliquée sur un support sain; existe en brillant, mat ou satiné, à l'eau ou glycéro
Insecticide-fongicide	Regroupe les deux fonctions ci-dessus en un seul produit	Voir ci-dessus
Acaricide	Action insecticide renforcée ; active aussi sur les acariens responsables de l'asthme	Non toxique et non allergène ; à utiliser au plafond des chambres des personnes asthmatiques et autres lieux à protéger des insectes
Crème	Semi-solide pour application directe au rouleau sur tout support sain ; ne coule pas et n'éclabousse pas ; sans odeur	Peinture ne devant pas être mélangée sous peine de se liquéfier ; ne peut pas être teintée ; conditionnement en barquettes à stocker à plat
Gel	Caractéristiques identiques à celles des crèmes mais généralement à base glycéro et présentée en pot ; odeur plus ou moins prononcée	A appliquer au rouleau ou au pinceau ; existe en coloris soutenu, brillant ou satiné ; peut être modifiée par adjonction de colorant universel
Pailletée	Pour tout décor « fantaisie » ; offre une grande variété de tons ; base glycéro	S'applique en deux couches : le fond uni (diverses couleurs) puis la finition avec les paillettes
Anti-humidité	Peinture de fond devant ensuite recevoir une couche de peinture de finition ; fait barrage à l'humidité traversant le mur, mais pas à la condensation	Peut être considérée comme une solution d'attente, mais ne dispense pas d'agir efficacement contre les causes réelles de l'humidité

rience, et les résultats ultérieurs avec des papiers plus lourds avec raccords ou coupe difficile seront meilleurs.

Avant de poser du papier peint sur un mur en plâtre, appliquez une couche de colle diluée ou encore un produit de préencollage, sinon il absorberait la colle du papier.

Avant de poser du papier sur un mur de couleur sombre ou vive, appliquez de la peinture blanche sur 3 cm dans le haut. Si le revêtement ne rejoint pas toujours exactement le plafond, cette bande blanche masquera la couleur du mur.

Pour obtenir une finition impeccable avec des papiers métallisés, appliquez une colle à forte adhérence et sans aucun grumeau sur le mur. Étalez-la au rouleau à poils courts. Posez le papier et marouflez soigneusement pour chasser les bulles d'air.

Ne collez pas de papier peint ou un autre revêtement sur un mur humide. Recherchez d'abord les causes de l'infiltration (voir « Humidité : causes et remèdes », p. 411).

Prenez tout votre temps si vous voulez que votre travail soit impeccable. La plupart des colles sèchent en général lentement. Vérifiez bien les raccords, assurez-vous que chaque lé est correctement placé et, au besoin, rectifiez-le avant qu'il ne soit trop tard.

Pour couper le bas d'un lé au-dessus d'une plinthe, appliquez la lame d'une spatule dans l'angle entre le mur et le dessus de la plinthe, et suivez-la avec une lame de rasoir. La coupe que vous effectuerez grâce à ce guide sera ainsi nette et précise.

Si quelques cloques demeurent après l'encollage, piquez chaque cloque avec une épingle et marouflez.

REVÊTEMENTS MURAUX CONTRECOLLÉS SUR PAPIER

Type	Emploi/Caractéristiques	Remarques
Papier peint ordinaire	Toutes pièces sauf cuisine et salles de bains ; grande variété de décors	Existe en rouleaux à encoller ou préencollé ; revêtement peu onéreux
Papier à relief	Idem	Papier lourd nécessitant l'emploi d'une colle bien adaptée
Papier métallisé	Effet spectaculaire le réservant aux petites pièces ou à des surfaces réduites (panneaux)	Délicat à poser ; exige un mur parfaitement plan et une colle performante
Papier vinyle	Toutes pièces y compris celles humides ; un des seuls papiers lessivables	Utiliser de préférence du préencollé ; renforcer l'adhérence au niveau des joints en employant une colle spéciale en tube
Papier vinyle expansé à relief (V.E.R.)	Imite diverses matières dont le liège, la pierre, le carrelage, ou présente un décor « non imitant »	Papier lourd exigeant une colle puissante : surface très résistante aux divers agents agressifs
Papier à peindre	Papier à relief imitant la texture d'un crépi (divers décors)	Doit être collé avec une colle puissante en veillant bien aux raccords ; n'existe qu'en blanc et doit toujours être peint après séchage complet
Textile sur papier	S'utilise dans toutes pièces non humides	Selon sa texture, l'encollage se fait uniquement au mur ou à l'envers du papier
Papier velours	Aspect riche, pour toutes pièces non humides	Délicat à poser car ne supporte pas les bavures de colle
Paille japonaise	A utiliser de préférence pour décorer de petites surfaces ou un mur	Difficile à poser ; soigner particulièrement les raccords
Liège	Possède l'aspect et la chaleur du liège mais est aussi fin qu'un papier ; pour toutes pièces	Après la pose et un parfait séchage, doit être protégé par un vernis satiné ou mat
Moquette murale	Pour toutes pièces non humides ; effet chaleureux et antiréverbération acoustique	L'encollage se fait sur le mur ; les différences de prix se justifient par la qualité de l'accrochage de la moquette sur le papier
Pierre	A éviter dans les cuisines ; le revêtement est constitué de gravillons ou de grains de quartz collés sur papier	Exige un mur parfait et sain, et une colle puissante ; se coupe facilement aux ciseaux ou au cutter ; très bonne résistance au feu

POSE DU PAPIER PEINT PRÉENCOLLÉ

1. Mesurez la largeur du rouleau ; reportez la mesure moins 2 cm sur le mur à droite du coin supérieur où vous allez commencer ; reportez dans le bas. Plaquez un fil à plomb ou une ficelle lestée enduite de craie entre ces deux points.

2. Avec le fil à plomb, prenez la mesure du plafond à la plinthe en divers endroits de la pièce. Déterminez la hauteur maximale du mur, ajoutez 8 à 10 cm et utilisez cette mesure pour couper chaque lé de papier peint. Taillez plusieurs lés et numérotez-les.

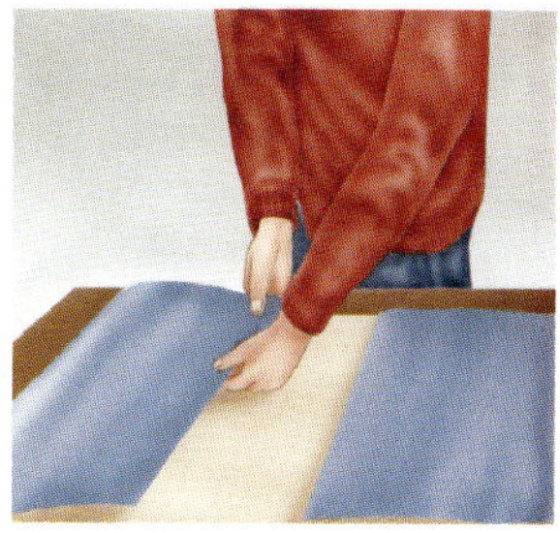

3. Posez le lé à plat sur une table (décor en dessous). Avec la brosse à colle, encollez-en une moitié (du centre à la coupe) et repliez le lé sur lui-même. Tirez-le pour amener l'autre moitié sur la table. Encollez-la et repliez. Laissez ainsi 3 minutes avant de poser le lé.

4. Alignez-le à droite le long de la première ligne à plomb ; le papier doit déborder sur le mur adjacent, le plafond et la plinthe. Lissez avec une brosse ou une éponge en éliminant les poches d'air. Lavez les surplus de colle à l'eau claire.

5. Posez le second lé à la droite du premier. Les bords doivent se rejoindre, non se superposer. Assurez-vous que les lés sont bien l'un contre l'autre et qu'ils adhèrent bien au mur en les lissant avec une brosse ou une éponge.

6. Faites dépasser le papier dans l'angle. Marquez au fil à plomb, et posez le premier lé de l'autre mur pour qu'il déborde sur le précédent. Coupez les deux lés au cutter d'un trait dans l'angle et enlevez les surplus.

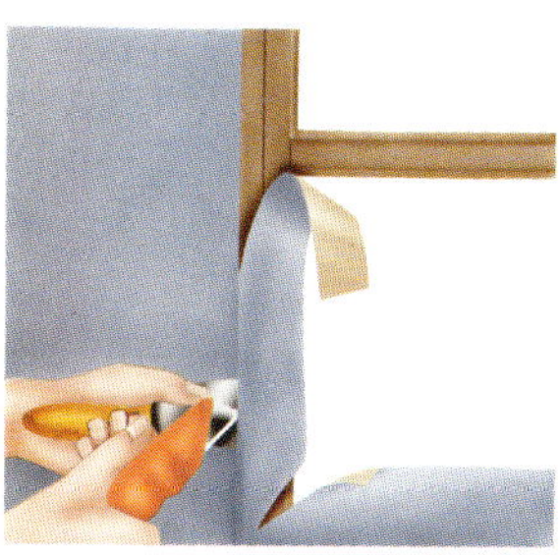

7. Aux portes et fenêtres, laissez pendre le lé. Coupez le papier en trop en gardant 5 cm de chevauchement. Taillez en diagonale dans les angles. Lissez le papier autour du cadre avec un couteau à mastic et rectifiez au cutter.

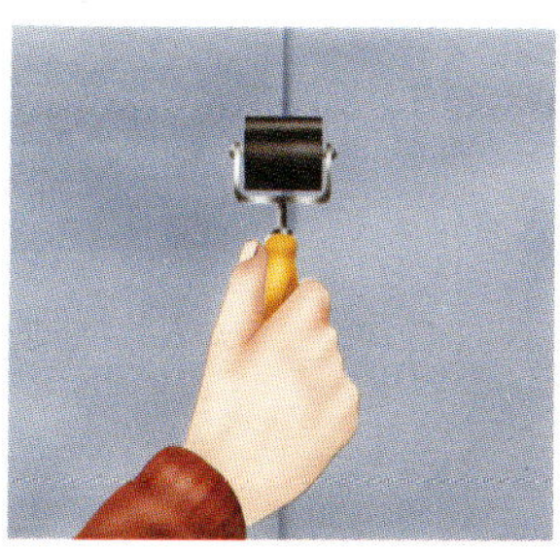

8. Environ 10 minutes après la pose du papier, passez le rouleau sur les raccords. Dans le cas de papier métallisé ou de papier à motifs en relief, tapotez simplement les raccords avec le bout d'une brosse de tapissier.

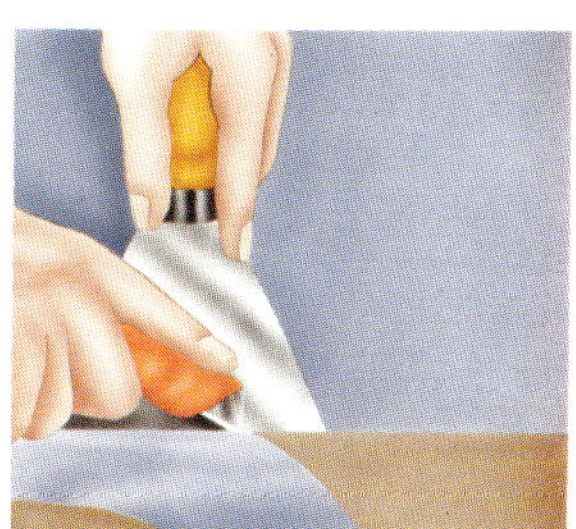

9. Lorsque les murs sont tous recouverts de papier peint, rectifiez le long du plafond et des plinthes avec un cutter en appuyant contre le mur un couteau à enduire à lame large ou une spatule pour faire une ligne bien droite.

RÉFECTION DU PAPIER PEINT ENDOMMAGÉ

Pour recoller les déchirures ou les bords, appliquez un enduit approprié sur le mur et sur le papier peint. Mettez en place, appuyez bien, lissez avec un rouleau de tapissier, et nettoyez tout excès d'enduit.

Pour réparer un bout abîmé, collez en place une nouvelle pièce de papier peint plus grande que le morceau à remplacer, en respectant le motif. Attendez 1 heure, puis coupez les deux épaisseurs avec un cutter. Enlevez tout, nettoyez et collez une seconde fois la pièce du dessus. Attendez environ 15 minutes avant de lisser les bords avec un rouleau de tapissier.

LES LAMBRIS

Aujourd'hui les lambris sont proposés en diverses longueurs et largeurs, dans des teintes et des essences variées. On les trouve par exemple dans des coloris pastel avec une finition vernie satinée.

Les lambris sont censés dissimuler les plâtres bosselés, les vieux papiers peints et les murs de maçonnerie en brique ou béton nu. Cependant, un mur trop dégradé ou humide doit être traité au préalable, sinon l'humidité risquerait d'atteindre l'arrière des lambris et de les contaminer. De plus, il faudra toujours veiller à maintenir une circulation d'air à l'arrière des lambris grâce à une ossature de tasseaux servant de support.

Les lames posées verticalement font paraître une pièce plus haute ; placées à l'horizontale, elles la font paraître plus longue.

Lorsqu'elles sont disposées en diagonale, à angle droit avec un mur adjacent recouvert de miroirs, elles donnent l'illusion que la pièce est à la fois plus vaste et plus haute.

Les intercalaires de couleur, vendus avec les lambris, apportent un relief et une animation visuelle des surfaces qui renouvellent le décor du bois du lambris.

Avant d'acheter vos lambris, calculez la surface de votre mur (en retranchant la surface des ouvertures) et divisez-la par la surface que représente une botte de lambris. Vous aurez ainsi le nombre de bottes nécessaires.

La frisette et les autres types de lambris sont souvent conditionnés sous film plastique. Sortez-les de leur emballage quelques jours avant de les poser et entreposez-les à la température de la pièce, bien à plat sur le sol. Laissez 1/2 cm au bout de chaque rangée afin que le bois puisse jouer et n'éclate pas.

AVANT LA POSE DU LAMBRIS

Examinez les points suivants avant d'entreprendre la pose d'un lambris :

1. La pièce. L'épaisseur de l'ossature en tasseaux et des lames diminuera légèrement les dimensions de la pièce. Si le bois est foncé, cette impression sera renforcée.
2. Le mur. S'il est très inégal, il vous faudra assurer la rigidité de l'ossature par des tasseaux de section plus importante, et la caler par endroits pour régler sa planéité.
3. Les interrupteurs et les prises. Il faudra les amener vers l'avant pour qu'ils affleurent. Pour cela, vous les démonterez lors de la pose de l'ossature. Pensez à repérer leur emplacement.
4. Les finitions (moulures, plinthes, etc.). Elles mettent en valeur une décoration. Si vous dissimulez les espaces de circulation d'air avec les lambris, prévoyez de nouvelles plinthes et une corniche de plafond plus proéminente, qui ne les obstrueront pas.

PLAFONDS MIRACLE

Une toile suspendue au plafond, dissimulant les appareils d'éclairage, rend une entrée, une chambre d'enfants plus intimes.

Reproduisez le firmament au plafond d'une chambre d'enfants. Découpez des étoiles dans du vinyle réfléchissant et disposez-les comme celles de la Grande Ourse, par exemple. Lorsque les lumières sont éteintes, de nuit, l'enfant a l'impression de dormir à la belle étoile.

Des plaques de verre synthétique translucide, posées sur un cadre support en bois laqué éclairé par des rampes fluorescentes, font un plafond lumineux agréable qui agrandit l'espace.

Pour abaisser un plafond trop haut, dissimuler des gaines d'aération, ou incorporer un éclairage d'ambiance par spots intégrés, les lames de plastique, blanc ou de couleur, sont une solution moderne décorative et facile à installer. Suspendues au plafond grâce à un système de sangles coulissantes ajustables en hauteur et de profilés supports à fixer en pourtour, elles conviennent bien aux cuisines, aux salles de bains et aux entrées.

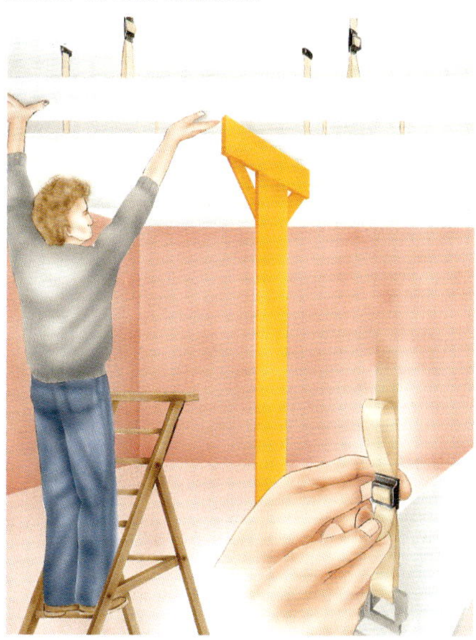

LES PARQUETS

Ne prenez pas la décision de faire refaire les parquets sans avoir au préalable bien examiné ceux que vous avez. Pour retrouver leur beauté d'origine, ils ont souvent simplement besoin d'être décapés, et ainsi débarrassés des multiples couches de cire qui ont bouché les pores du bois. Des décrassants décirants donneront de bons résultats. Pour retrouver le bois nu avant de le recouvrir d'un vernis polyuréthanne, dévitrificateur ou de cire, utilisez une ponceuse à bande.

Pour blanchir un parquet de bois blanc, lavez-le à l'eau chaude javellisée et rincez-le à l'eau ammoniaquée (1 cuillerée par litre).

Si vos parquets sont tellement endommagés que rien ne peut les sauver, ni ponçage, ni teinture, ni décoloration, vous pouvez poser par-dessus un autre parquet ultramince (7 mm), en chêne verni par exemple (pose flottante non collée).

Résistante et lavable, la peinture pour planchers convient aux endroits très

LES REVÊTEMENTS DE SOLS

Type	Description	Surface	Pose
Parquet traditionnel en lames	En divers bois : chêne, châtaignier, pin, sapin, etc. ; en lames épaisses s'assemblant par rainures et languettes	Aspect plus ou moins riche selon l'essence de bois ; doit être ciré ou vitrifié après la pose	Par clouage sur des pièces de bois fixées au sol (lambourdes) ; selon la disposition des lames on obtient des dessins différents
Parquet en panneaux à clouer	Panneaux épais composés de plusieurs lames formant un dessin en jouant sur les formes et les essences de bois	Aspect très raffiné rappelant les parquets de châteaux ; cirer ou vitrifier après la pose	Par clouage sur lambourdes : les panneaux s'emboîtent par rainures et languettes
Parquet mosaïque à coller	Petits panneaux constitués de lames de bois massif montées sur une résille	Existe en version brute à poncer, cirer ou vitrifier, ou en surface vernie en usine	Par collage sur sol plan (béton ou aggloméré) ; existe aussi en version auto-adhésive
Parquet flottant	Lames ou panneaux en divers bois massifs, ou contrecollés sur âme en contre-plaqué ou aggloméré	Très variable d'aspect selon les bois ou les motifs ; surface vernie en usine	Sur sol plan, par collage au niveau des emboîtements des rainures et languettes seulement ; peut être posé sur une sous-couche en liège
Carrelage	Dimensions et formes variées ; en terre cuite, grès (émaillé ou non)	Durable, mais susceptible de se rayer ou de s'ébrécher ; entretien facile	Par collage sur sol plan et solide (chape en béton) suivi d'un jointoyage
Marbre et pierres naturelles	Dimensions et formes variées, parfois taillés à la demande	Aspect raffiné ou rustique ; sensible aux taches et aux produits acides	Comme le carrelage ; le marbre doit être surfacé, poli et cristallisé après la pose
Granulats de pierres	Petites pierres naturelles ou graviers de quartz liés avec une résine, en dalles ou coulés sur place	Aspect très moderne, permettant la création de dessins selon la répartition des coloris ; entretien facile	Par collage de dalles ou coulage sur place sur sol plan, propre et solide ; attendre 24 ou 48 heures avant de marcher dessus
Liège	Dalles de liège comprimé revêtues d'une couche d'usure transparente ou livrées brutes	Divers aspects selon les lièges utilisés ; surface traitée en usine ou brute devant être vitrifiée ; entretien facile	Par double encollage avec une colle néoprène performante, sur sol bien plan et propre, non humide
Plastiques souples	Grand choix de matières, de décors, d'épaisseurs ; en dalles ou en rouleaux	Souples ou très souples sous le pied ; très faciles d'entretien ; redoutent les chutes d'objets lourds ou tranchants	Par collage au sol sur toute la surface ou par bandes d'adhésif double face ; il existe des dalles auto-adhésives ; le support doit être bien plan, solide de préférence
Moquette en rouleaux	Constituée de fibres fixées sur une nappe tissée avec ou sans sous-couche en mousse	Moelleuse, souple, variable selon la nature des fibres et leur implantation ; coloris unis ou à motifs ; entretien régulier obligatoire ; sensibilité aux taches variable selon les fibres et le traitement en usine	Pose flottante possible (non collée sauf en périphérie), mais la pose collée est préférable et prolonge la vie du revêtement ; quoique souple, redoute les supports à creux ou bosses formant des zones d'usure
Moquette en dalles	Même description que ci-dessus, mais avec sous-couche spéciale. En dalles carrées ou rectangulaires	Comme la moquette en rouleaux ; permet de créer des décors variables ou à motifs ; les dalles usées peuvent être facilement remplacées	A poser sans collage : les dalles s'agrippent au sol par leur poids et la texture de leur sous-face

passants comme les escaliers et les entrées. Deux ou trois couches peuvent être nécessaires pour le maximum de solidité.

On peut agrémenter une chambre d'enfants à peu de frais en peignant une bordure au pochoir (voir p. 416). Vous trouverez conseils et fournitures dans les magasins spécialisés dans les arts graphiques et l'artisanat de loisirs.

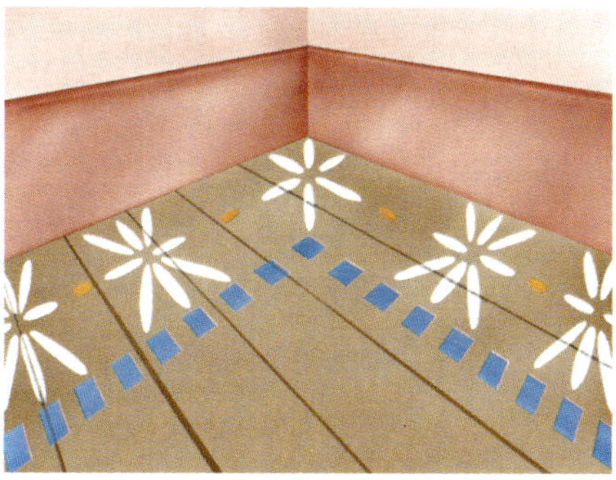

LES MOQUETTES

La densité des fibres, voilà à quoi tient surtout la qualité d'une moquette. Plus les touffes de poils sont rapprochées, plus le tapis dure. Jugez vous-même : pliez un coin du tapis sur votre doigt et examinez le canevas-dossier qui apparaît ; moins vous en voyez, meilleure est la qualité du tapis.

Pour économiser l'énergie et amortir les bruits, achetez une moquette à poils épais et denses et posez-la sur une thibaude épaisse et souple.

Si les parquets sont endommagés, une moquette peut vous coûter moins cher que des travaux importants de remise en état, mais consolidez néanmoins les lames qui bougent et intercalez une matière isolante que vous déroulerez sur le parquet. Le sol doit être plat pour que la moquette vous fasse un long usage.

Dans les petites pièces, utilisez de la moquette flottante ; choisissez un modèle ayant une bonne stabilité, c'est-à-dire qui tienne par son propre poids sans friser ou gondoler. Ce type de pose facilitera le nettoyage et la rotation du tapis pour répartir l'usure. Faites couper la moquette-tapis aux dimensions exactes de la pièce, moins 5 à 8 cm, et posez tout autour un galon de finition qui donnera un aspect net. Un ruban adhésif spécial double face dans les angles et une thibaude la maintiendront en place. Vous pourrez néanmoins la changer de sens une ou deux fois par an.

Les moquettes à motifs sont moins fragiles que les moquettes unies. Les motifs abstraits ont l'avantage d'atténuer les irrégularités d'une pièce.

Si vous voulez mettre de la moquette dans un escalier pour amortir les bruits, prenez un tapis traité Scotchgard ou Stainmaster, poussières et salissures y adhèrent moins. Choisissez une belle qualité à fibres denses. Évitez les poils longs ou bouclés, dans lesquels les talons s'accrochent.

Pourquoi une thibaude ? Une thibaude est un molleton spécial que l'on place entre le sol et la moquette au moment de la pose. Son rôle est d'améliorer la tenue de la moquette et de réduire son usure. Aujourd'hui, la plupart des moquettes sont vendues avec thibaude incorporée au moment de leur fabrication ; elles se posent telles quelles, collées ou non. Seule exception, les moquettes en haute laine, qui se posent tendues et nécessitent obligatoirement une thibaude en sous-couche.

Dans une entrée ou une chambre d'enfants, posez de la moquette en dalles non collées. Si une partie est irrémédiablement tachée, vous pourrez la remplacer facilement. D'autre part, pour les chambres de jeunes, cette moquette permet de tracer des circuits au sol, d'utiliser des dalles signalétiques ou décorées de personnages..., ce qui autorise beaucoup de fantaisie dans la décoration du sol.

LES TAPIS

Si vous ne désirez pas poser une moquette, organisez votre décor autour de tapis.

Un tapis dont les tons se rapprochent de la couleur du sol et des murs fait paraître une pièce plus grande. Au contraire, s'il crée un contraste, la pièce paraîtra plus petite et plus intime, et l'attention sera attirée sur les meubles.

A des fins décoratives, placez un tapis à motifs sur une moquette unie. Pour qu'il ne gondole pas, faites-lui une thibaude avec une couverture de laine.

TABLEAU DES FIBRES

Chaque fibre a ses caractéristiques ; aucune n'est parfaite. Considérez vos goûts, l'usage du tapis, son apparence et votre budget. Comparez et prenez la fibre qui correspond le plus à vos besoins.

Fibre	Caractéristiques	Avantages et inconvénients
Acrylique	Aspect naturel ; le plus près de la laine parmi les fibres synthétiques ; prix moyen	Assez durable ; résiste aux taches solubles dans l'eau, mais non aux taches de graisse ; peu vulnérable à l'humidité et à la moisissure
Laine	Vaste gamme de coloris et de textures ; douceur et luxe ; très chère	Très durable ; résiste aux faux plis et à la salissure, mais moins bien aux taches
Nylon	Vaste gamme de teintes claires ; la fibre dite la plus robuste ; vaste gamme de prix	Très durable ; peu vulnérable à la saleté ; résiste aux taches solubles dans l'eau ; ne moisit pas ; ne perd pas son poil ; ne bouloche pas ; peut créer de l'électricité statique à moins d'un traitement spécifique en usine
Polypropylène	Bon teint ; gamme limitée de coloris ; s'emploie à l'intérieur (surtout dans les cuisines) et à l'extérieur ; assez peu coûteux	Très durable ; résiste à la saleté, aux taches, à l'humidité et à la moisissure ; résiste naturellement à l'électricité statique
Polyester	Vaste gamme de coloris ; poil souple, lustré, de qualité ; relativement peu cher	Modérément durable ; résiste aux taches solubles dans l'eau mais non aux taches de graisse ; demande de fréquents nettoyages

Les motifs doivent s'accorder aux dimensions de la pièce : motifs de grande taille si la pièce est vaste, plus petits si elle est de moindre dimension.

Évitez d'associer une moquette ou un tapis à motifs à un papier peint de mêmes motifs sur les murs. Le résultat serait oppressant.

Si du papier à motifs recouvre vos murs, si votre décor privilégie les tableaux ou les collections sur rayonnage, choisissez un tapis uni.

Dans un salon spacieux, organisez vos coin-salon, coin-lecture, etc., en regroupant leurs éléments autour de tapis. Veillez à ce que la taille des tapis ne soit pas disproportionnée par rapport aux dimensions de votre pièce.

LES FENÊTRES

Si vous avez l'intention de refaire la décoration des fenêtres, regardez d'abord votre maison de l'extérieur. Toutes les fenêtres d'un même côté doivent présenter des styles et des coloris semblables.

La plus belle décoration est généralement la plus sobre, celle qui laisse passer le plus de soleil et de lumière.

Si le paysage qu'on aperçoit d'une fenêtre est superbe, ne le masquez pas avec un voilage ou des tentures épaisses. Mettez un pan de rideau de chaque côté et laissez la fenêtre faire office de cadre au paysage.

Examinez également la qualité de la lumière. Si la fenêtre donne vers le nord, ne mettez rien qui puisse assombrir la pièce. Si elle donne vers le sud ou l'ouest, vous pouvez tendre un voilage qui filtre un peu les rayons du soleil ou, mieux, installer des stores vénitiens orientables.

Les fenêtres de toit apportent la meilleure qualité de lumière, celle qui vient du ciel. Elles sont l'élément primordial de l'aménagement des combles : une pièce obscure se transforme alors en oasis de lumière. Selon vos besoins, vous pouvez les équiper de vitrages spéciaux : triples vitrages pour renforcer l'isolation thermique, vitrages pare-soleil, vitrages réfléchissants ou absorbants, vitrages légèrement fumés, qui tamisent la lumière trop crue.

FENÊTRES A PROBLÈMES

Ne faites pas écran au peu de lumière qui pénètre par les soupiraux du sous-sol. Posez de petits stores vénitiens ou des stores à enrouleur automatique à lever le jour et à descendre la nuit.

Sur les fenêtres à double battant, posez une tringle à rideaux assez large pour que les tentures, de jour, dégagent complètement l'ouverture. Vous pouvez aussi poser des stores sur les cadres de manière à pouvoir les ouvrir à volonté.

Lorsque deux petites fenêtres sont très proches l'une de l'autre sur le même mur, traitez-les comme une seule en installant un seul grand store vénitien.

Avec un éclairage zénithal (lanterneau, fenêtre de toit), prévoyez un store à enrouleur ou des volets d'obturation actionnables avec des poulies.

Si vos fenêtres ne possèdent pas de volets extérieurs et que vous souhaitiez néanmoins vous protéger du vent, du froid et des regards, faites poser des volets intérieurs articulés en bois, repliables sur les côtés ou dans l'embrasure. Les lasures de couleur permettent de teinter joliment le bois tout en laissant les veines apparentes. Il est aussi possible de les capitonner pour renforcer le confort.

Quand la vue de la fenêtre est peu attrayante mais que vous avez besoin de lumière, pensez à suspendre des plantes vertes au plafond en guise de rideaux. Ou dressez des rayonnages en verre et installez-y une collection de verres.

Pour les fenêtres mansardées, posez un store sur le cadre en veillant à ce qu'il y ait assez de place pour l'enroulement automatique ou le repliement des lames s'il s'agit d'un store vénitien. Vous pouvez aussi fixer un voilage en haut et en bas.

FENÊTRES MIRACLE

Vous avez une fenêtre petite et mal placée ? Posez une boîte à rideaux juste au-dessus pour lui donner de la hauteur ou couvrez tout le mur de tentures ; une fois fermées, elles laisseront croire que vous dissimulez un mur complet de fenêtres.

Suspendez des pans étroits de tenture, du plafond au plancher, pour rehausser une pièce basse.

Créez l'illusion d'une fenêtre dans un mur aveugle en posant un miroir en face d'une vraie fenêtre. Si celle-ci est dans un angle, posez le miroir juste en face.

L'utilisation des trompe-l'œil et des papiers peints panoramiques permet des effets décoratifs peu coûteux tout en satisfaisant un besoin d'ouverture. Pensez par exemple à une fausse fenêtre donnant sur un jardin ou sur une terrasse face à la mer.

PARURES DE FENÊTRES

Comment distinguer entre tentures et rideaux ? Les premières sont taillées dans des tissus lourds ; elles sont doublées et souvent soutenues par des crochets. Les rideaux se font dans des tissus légers, non doublés.

Les tentures permettent de maquiller certains défauts architecturaux. Vous pouvez dissimuler des boiseries laides ou des fenêtres mal situées ou de forme bizarre en tendant sur tout le mur des tentures et des rideaux.

Comment calculer l'ampleur des rideaux et des tentures ? La règle est simple, ils doivent faire au moins le double de la largeur à couvrir. Pour les voilages, il faut aller jusqu'à 3 fois la largeur.

Hésitez-vous à doubler vos tentures ? Malgré la dépense et le travail supplémentaires, considérez-en les avantages : la doublure protège votre intimité, tamise les rayons du soleil, qui finissent par brûler les tissus, isole contre le froid et la chaleur et améliore l'apparence extérieure des fenêtres. Il existe des doublures isothermes amovibles très appréciables en hiver.

Les panneaux translucides de type shoji sont excellents pour régler l'entrée de lumière dans une pièce et en assurer l'intimité. Vous faites glisser les panneaux à discrétion, selon que vous voulez voir dehors ou diminuer l'intensité de la lumière.

L'ÉCLAIRAGE

Pour un éclairage réussi, on conseille traditionnellement 4 à 5 sources lumineuses dans une pièce de taille moyenne. L'extension de l'éclairage halogène permet d'autres combinaisons. Vous pouvez envisager un éclairage général d'ambiance (halogène) — cet éclairage indirect nécessite un plafond clair — et des sources de lumière ponctuelles aussi diverses qu'il y a d'activités dans la pièce (coin-repas, bureau, vitrine, télévision). Plus vous avez de murs et de meubles sombres dans une pièce, plus il vous faut augmenter l'intensité lumineuse.

Pour un coin-lecture, placez un lampadaire derrière vous, un peu à votre droite ou à votre gauche. Sur un bureau, posez une lampe à 50 cm à gauche ou à droite du centre de votre surface de travail. Le bas de l'abat-jour doit arriver au-dessus de vos yeux ;

PETIT GLOSSAIRE SUR L'ÉCLAIRAGE

Ampoule halogène. Lampe à incandescence spéciale existant sous diverses formes, donnant une lumière plus puissante et plus blanche qu'une ampoule ordinaire.
Ampoules à incandescence. Lampes ordinaires à filament de tungstène donnant une lumière chaude ou teintée par le coloris du verre.
Appliques murales. Fixes ou articulées, elles peuvent éclairer un mur ou le plafond, mettre en valeur un objet.
Corniches. D'en haut, elles dirigent la lumière vers le mur qui les porte.
Culot. Base métallique d'une ampoule à incandescence, à baïonnette (B22) ou à vis, en diverses tailles (E 14, E 27, Goliath).
Déflecteurs. Panneaux qui donnent un éclairage indirect.
Éclairage ascendant. Ce sont des spots autonomes, posés sur le sol, qui lancent vers le haut un faisceau lumineux doux et diffus.
Éclairage descendant. Spots semi-encastrés ou montés sur rail qui projettent un faisceau lumineux vers le bas.
Éclairage de travail. Celui qui tombe sur une surface de travail, qu'il s'agisse de lecture ou de cuisine.
Éclairage général. C'est l'éclairage fonctionnel dans une pièce.
Éclairage mural. Spots encastrés ou non, parfois montés sur rail, lançant vers un mur une nappe de lumière qui crée une impression d'espace.
Éclairage ponctuel. Celui qui, dans une pièce, frappe un objet spécifique : peinture ou bibelot.
Lambrequin d'éclairage. Ce type de lampe jette une nappe de lumière sur les tentures et un faisceau lumineux sur le plafond grâce à des tubes fluorescents dissimulés derrière un bandeau, devant la tringle.
Lampadaire. La qualité de leur éclairage dépend de leur abat-jour.
Lampes fluo-compactes. Lampes fluorescentes miniaturisées avec ou sans starter incorporé. A éclairage égal, elles consomment 5 fois moins et durent 5 à 6 fois plus longtemps (5 000 heures) que les ampoules à incandescence.
Lampes de table. Leur faisceau n'éclaire que des surfaces limitées.
Lumière froide, lumière chaude. Il s'agit de la teinte de la lumière : froide, elle est riche en bleu, comme la lumière du jour ; chaude, elle présente un aspect plus jaune (lampe à incandescence ordinaire).
Plafonniers. Suspensions qui pendent du plafond sur leur cordon électrique. Ils s'éclairent bien mais il faut leur ajouter un éclairage ponctuel.

Projecteurs. Spots orientables qui peuvent être encastrés ou semi-encastrés dans le plafond, ou encore montés en surface ou sur rail.
Rail d'éclairage. Il s'agit d'un ou de plusieurs spots orientables, montés sur rotule et fixés à un rail. Le rail peut être encastré ou non et installé au plafond ou au-dessus d'une plinthe. Ce système permet d'orienter la lumière.
Tubes fluorescents. Ils s'utilisent sur un bloc (réglette) renfermant le système d'allumage (starter) et de fonctionnement (transfo). Bien qu'ils reviennent plus cher à l'achat, ils sont plus économiques à l'usage que les lampes ordinaires. Ils donnent divers tons de lumière chaude ou froide.
Variateurs. Ces appareils mécaniques ou électroniques permettent de régler l'intensité lumineuse des lampes à incandescence (il existe des modèles spéciaux pour tubes fluorescents).

plus bas, il diminuerait la lumière qui tombe sur votre livre, plus haut, vous risqueriez d'être ébloui par l'ampoule non masquée par l'abat-jour.

Si vous êtes gaucher, prévoyez une source lumineuse à votre droite, si vous êtes droitier, à votre gauche : vos bras et vos mains ne feront pas d'ombres sur le papier en écrivant.

Regardez la télévision sans vous fatiguer les yeux ; installez un éclairage derrière le téléviseur afin que l'écran se détache sur un fond lumineux.

Choisissez les abat-jour en fonction de l'effet que vous voulez créer. Opaque, l'abat-jour rend plus intense la lumière qui s'échappe par le haut et par le bas ; il est plus décoratif que pratique. Si vous préférez une jolie lumière diffuse qui permet la lecture, prenez-le en plastique, en tissu ou en papier translucides.

Évitez les abat-jour étroits du haut ; la chaleur engendrée par l'ampoule s'y concentre et peut finir par endommager la matière dont il est fait.
En collant à l'intérieur d'un abat-jour opaque une feuille de papier métallisé adhésive, vous augmenterez l'intensité de la lumière qu'il diffuse.

Certains décorateurs estiment qu'il vaut mieux choisir un lustre un peu trop grand plutôt qu'un peu trop petit. Par exemple, un plafonnier important peut devenir le centre d'attraction d'une petite salle à manger ou d'un corridor très étroit.

LUMIÈRE D'AMBIANCE

Utilisez les variateurs de lumière pour régler son intensité à votre gré. Une lumière vive réveille et pousse à l'action, une lumière douce incite à la détente et au sommeil.

Pour obtenir une lumière d'ambiance, prévoyez des appliques murales, des tubes fluorescents placés derrière les voilages ou dans des vitrines.

Si vous souhaitez créer une atmosphère mystérieuse ou donner à votre pièce un air raffiné, choisissez des abat-jour noirs à l'extérieur et dorés à l'intérieur.

Attention : La parcimonie de l'éclairage est souvent la cause de troubles de la vue et, loin d'être économique, elle est au contraire fort coûteuse à long terme. Un éclairage bien dosé contribue au confort de tous et à la joie de vivre.

L'AMEUBLEMENT

D'une manière générale, les bois satinés — pin, érable, bouleau — et les finitions claires vont de pair avec un mode de vie décontracté. Les bois très polis — acajou, cerisier, noyer — ainsi que les finitions sombres (teck par exemple) créent une atmosphère plus sérieuse.

Pour combiner au mieux des meubles d'époques différentes — qu'ils soient rustiques, de style ou contemporains — sans donner l'impression d'une accumulation disparate, associez des lignes simples, des dimensions voisines et une finition semblable. Les coloris des tissus d'ameublement pourront servir de trait d'union.

Il est facile de modifier la ligne d'un fauteuil ou d'un canapé en changeant son aspect. Une simple housse confectionnée à la maison suffit. Des coussins bien rembourrés, des lignes souples, un tissu moelleux, et l'ambiance est à l'intimité et à la détente.

Tout autre est l'impression que procurent des coussins durs, des lignes droites, un tissu sec ; le corps sera peut-être bien soutenu mais il ne se décontractera pas de la même manière.

Lorsque vous faites recouvrir vos sièges, n'oubliez pas que les coloris clairs allègent fauteuils et canapés et contribuent à donner une impression d'espace, mais que les grands motifs et les tons sombres produisent l'effet inverse. Il faut chaque fois composer avec le volume et la surface de la pièce.

Avant d'acheter un meuble, prenez note de ses dimensions et mesurez l'espace qu'il occupera au sol et le long des murs à l'endroit même où vous désirez le placer. Essayez d'imaginer sa présence.

Si vous avez le coup de foudre pour un meuble de grandes dimensions, assurez-vous qu'il entre dans votre ascenseur et qu'il passe par les portes. Voyez s'il peut être démonté.

MEUBLES A PETIT PRIX

Un jeté de lit décoré à la main, un bel imprimé ou un patchwork peuvent transformer un vieux fauteuil. Drapez le tissu autour du meuble et taillez-le en laissant 5 cm pour l'ourlet. Terminez en faisant des boutonnières et en cousant des boutons dans le fauteuil pour assujettir le tissu.

Dotez un fauteuil d'un pouf. Posez des roulettes ou des patins aux quatre coins d'une boîte en contre-plaqué ; agrafez du coton fort tout autour et recouvrez de tissu d'ameublement en rembourrant l'assise et en pratiquant des plis plats dans les coins.

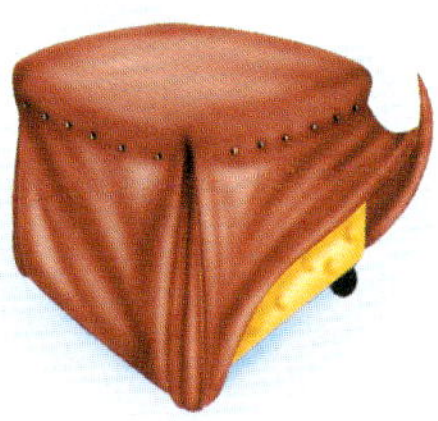

Une plaque de verre de 6 à 12 mm d'épaisseur fait une jolie table basse. Posez-la sur des cubes de bois bien polis et dont le fil est intéressant, sur des boisseaux en terre cuite que vous avez peints, etc. Pour ne pas égratigner le verre, fixez des rondelles de caoutchouc sur le dessus des supports.

Transformez une ancienne porte en tête de lit. Vissez des supports en équerre dans les montants du mur, posez la porte dessus et vissez-la aux montants dans le haut et dans le bas pour la fixer. Le matelas doit dissimuler le bas de la porte.

MOBILIER ET QUALITÉ

Les diverses matières réunies dans un meuble paraissent-elles de qualité ?

La finition est-elle durable, lisse et uniforme ? Le fil du bois est-il le même sur les portes, les tiroirs et le corps du meuble ?

Le meuble est-il d'aplomb ?

Les joints sont-ils solides, faits avec des vis et non des clous ? (La vis a une fente ; le clou n'en a pas.) Y a-t-il des larmes de colle aux joints ? (C'est un défaut de main-d'œuvre.)

Les pièces mobiles comme les tiroirs sont-elles bien ajustées ?

Y a-t-il des panneaux contre la poussière entre les tiroirs ?

Le bois qui ne se voit pas — dans les tiroirs, au dos du meuble et dessous — est-il lisse, bien poncé et bien fini ?

Les ferrures sont-elles lourdes, solides et bien posées ?

S'il s'agit d'un siège capitonné, le tissu est-il serré, les motifs raccordés aux coutures, les piqûres droites, les bordures bien cousues, la jupe doublée et robuste ?

Les sièges sont-ils confortables ?

Le meuble possède-t-il le label Afnor (Agence française de normalisation) ?

DISPOSITION DES TABLEAUX

Disposés verticalement, les tableaux feront paraître une pièce plus haute, disposés horizontalement, ils la feront paraître plus large.

Évitez qu'un seul tableau ne se trouve au milieu d'un mur, exactement au-dessus d'un meuble. Placez-le du côté où il sera le mieux vu, et pas trop haut : le sujet principal de l'œuvre doit être à hauteur de l'œil du spectateur. Cela implique des ajustements selon que celui-ci est plutôt assis (salle à manger ou coin-salon) ou debout (couloir et entrée). Faites des essais avant d'accrocher vos tableaux.

Les dispositions trop symétriques de tableaux sur un panneau ne sont en général pas très heureuses. Deux cadres pourront être placés côte à côte mais légèrement décalés par rapport au centre du panneau.

Lorsque vous voulez décorer un très grand mur, découpez dans du papier des rectangles identiques aux tableaux à suspendre. Essayez diverses dispositions en fixant les gabarits avec du ruban adhésif. Lorsque vous avez trouvé la disposition idéale, marquez l'emplacement des tableaux par un trait de crayon.

Installez un tableau sur un chevalet plutôt que de le suspendre au mur. Vous meublez ainsi un angle et vous donnez au tableau le même traitement qu'à un chef-d'œuvre. Vous pouvez ainsi, si vous le souhaitez, changer de tableau de temps en temps.

Lorsque vous avez plusieurs œuvres de tailles et de factures différentes, plutôt que de les éparpiller, rapprochez-les et adoptez une unité d'enca-

SUSPENDRE UN TABLEAU LOURD

Si le tableau est très lourd, posez deux pitons de chaque côté du cadre reliés par du fil de fer à brins torsadés, et clouez deux crochets à tableau dans les montants du mur. Accrochez les grands miroirs de la même manière.

1. Vissez chaque piton au niveau du tiers supérieur du cadre. Coupez le fil de fer en comptant environ 20 cm de plus que la largeur du tableau. Enfilez 10 cm de fil de fer dans l'anneau d'un piton, faites une boucle, puis torsadez le fil sur lui-même. Répétez l'opération dans l'anneau de l'autre piton.

2. Tendez le fil ; mesurez la distance entre celui-ci et le haut du cadre. Demandez qu'on tienne le tableau à hauteur voulue. Faites une marque sur le mur au niveau du centre du bord supérieur du cadre. Reportez la distance calculée précédemment pour l'emplacement du crochet et marquez.

3. Mettez du ruban adhésif en croix sur la marque. Placez le crochet avec son clou à plat contre le mur et donnez un coup de marteau sur la tête du clou. Continuez de frapper le clou jusqu'à ce que le crochet tienne en place sans être totalement coincé. Ne faites pas pénétrer le crochet dans le mur.

wakopmund/M
tit-déjeuner. Départ vers le sud.
aversée de l'enclave Sud-
ricaine de Walfishbay où vivent
s colonies de flamands roses et
pélicans. Poursuite à travers le
nyon de Kuisch et les monts
aukluft avant d'atteindre le
cinant Sesriem Canyon au
ur du parc National de Namib
ses spectaculaires dunes de
ble, les plus hautes du monde,
plus colorées aussi.
ier, logement à Maltahöhe.

ne Jour - Dimanche :
altahöhe/Ai-Ais
it déjeuner. Tôt le matin:
rsuite vers le Sud en direction
Fish River Canyon et la station
rmale de Ai-Ais, une oasis de
ente et de mise en forme dans
cadre naturel de désolation.
oute, découverte des dunes
désert de Namib.
er, logement à Ai-Ais.

ie Jour - Lundi :
h River Canyon
-déjeuner.
in: excursion au Canyon de
River, long de 161 km, large
7 km. Une route longe sur 25

…emi-rondes …a bois brut), …es encadre- …s, sculptés, …, etc. Elles se …n valeur.

…DRE

…est d'utiliser les …ière métallique …nd à l'aide de vis …aquelle vont coulis- …ques. Des crochets …teur permettent de …bleaux exactement à …ouhaité. Ce système …er aisément les accro- …puper ou éloigner les …es autres ; il donne …mobilité et sécurité.

…rs et les boutiques d'en- …endent des suspensions en fonction des poids (en général indiqués sur les emballages). Procurez-vous la fixation adaptée à votre support — placo-plâtre, bois, brique ou béton — avec la cheville qui convient.

L'ENCADREMENT

Mettez en valeur un beau travail à l'aiguille, une peinture sur canevas en l'encadrant. Après avoir monté l'œuvre sur un support en bois, clouez des moulures tout autour.

Vous n'avez pas besoin de payer un cadre très cher. Achetez-vous un kit d'encadrement dans un magasin de fournitures pour artistes. Vous y trouverez tout ce qu'il faut : une vitre ou un plastique, un cadre ou des moulures de métal, des ferrures et les instructions d'assemblage.

Un petit tableau demande un cadre de 1,5 cm de largeur ; un tableau moyen, un cadre de 5 cm au plus ; une peinture plus grande et massive, un cadre important.

La vitre protège les aquarelles, les pastels et les gravures en leur donnant de la profondeur. A la vitre pour fenêtres, préférez la vitre à cadres, plus mince et plus claire. Les vitres antireflets sont bien, mais elles atténuent les couleurs claires.

Le verre synthétique transparent, plus léger que la vitre, s'emploie également en encadrement.

Une œuvre d'art coûte cher. Prenez votre temps ou payez le prix qu'il faut pour bien l'encadrer, soit en vous adressant à un encadreur, soit en faisant le travail vous-même.

Un passe-partout met en valeur un dessin, une gravure ou une photo à l'intérieur d'un cadre. Si sa bordure est trop étroite, elle paraît inutile ; trop large, elle écrase l'œuvre.

LA MAGIE DES MIROIRS

Les miroirs augmentent les dimensions d'une pièce, intensifient son éclairage et conviennent aux intérieurs contemporains. De plus, ils maquillent les défauts des murs.

Pour ôter une odeur de poisson un peu tenace, après le lavage de la vaisselle, utilisez du marc de café. Frottez-en les assiettes et les plats. Il désodorise en nettoyant.

Des coquilles d'œufs pilées et introduites dans les carafes en verre avec un peu d'eau feront disparaître les traces de calcaire récalcitrantes si vous les secouez énergiquement.

Mélangé à de l'eau additionnée de vinaigre, le marc de café rendra leur éclat aux carafes et pichets en cristal et en verre.

Pour enlever les traces sur des lames de couteau, employez du vin rouge que vous aurez préalablement fait chauffer.

Vous rendrez brillant un vase de cristal en le frottant avec un morceau de pomme de terre. Une fois essuyé, il sera étincelant.

Il vous est peut-être arrivé de retrouver deux verres coincés l'un dans l'autre. Immergez le verre inférieur dans de l'eau tiède et remplissez d'eau froide le verre supérieur. Ils se sépareront très facilement.

Si vous avez laissé séjourner du vin rouge dans une carafe, vous aurez quelques difficultés à la nettoyer. Introduisez des feuilles de thé dans la carafe vide. Agitez et rincez à l'eau froide. Recommencez si besoin est. Essuyez et laissez à l'intérieur une feuille de papier absorbant qui éliminera toute l'humidité restante.

RÉPARATION DE LA PORCELAINE

1. Nettoyez les petits éclats en les trempant dans un bain d'alcool. Passez un coton-tige trempé dans de l'acétone sur les plus gros.

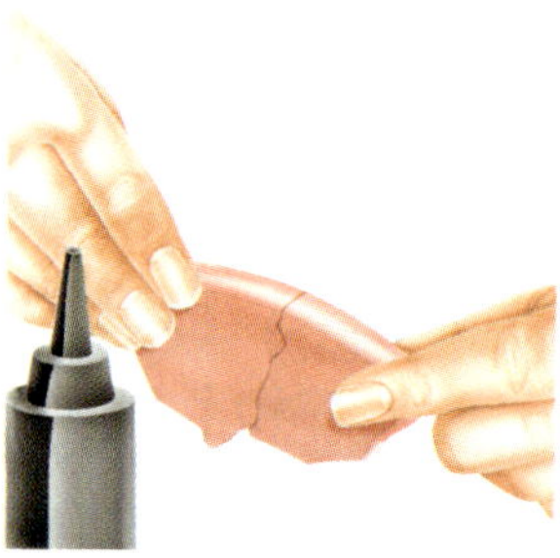

2. Commencez le collage de plusieurs morceaux pour faire des petits ensembles. Une colle époxy conviendra parfaitement pour cela.

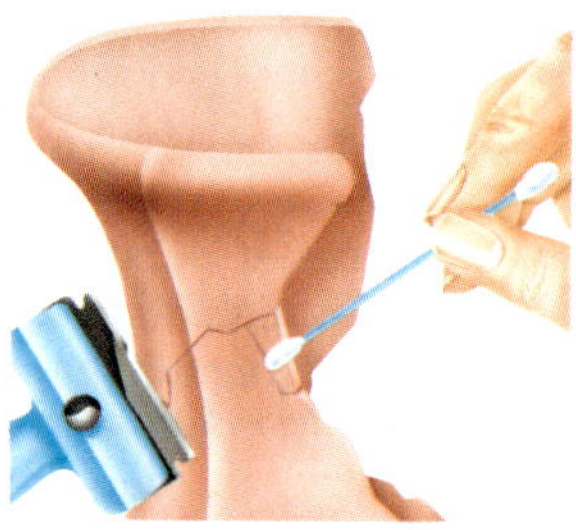

3. Laissez sécher. Supprimez immédiatement les excès de colle avec un coton-tige, ou avec une lame de rasoir si la colle a séché.

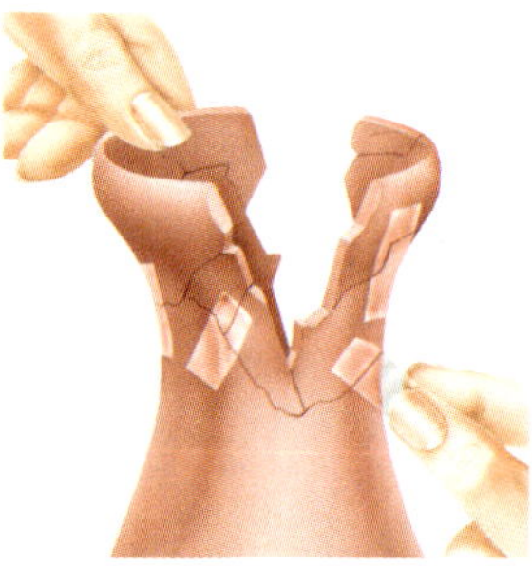

4. Collez tous les morceaux et mettez-les en place en les maintenant avec du ruban adhésif. Procédez lentement et avec précaution pour ne pas risquer que se produisent de nouvelles ébréchures.

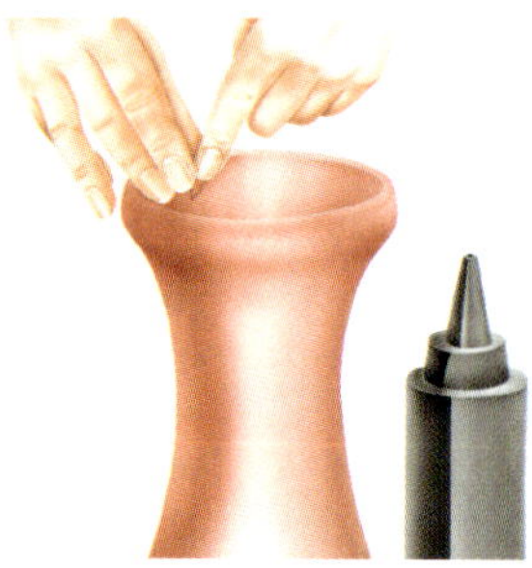

5. Pour terminer, joignez les petits éclats en utilisant très peu de colle afin qu'il n'y ait pas de bavures et que l'ensemble soit bien consolidé.

6. Pour les anses et les becs de théières, par exemple, mettez l'objet dans un récipient rempli de sable pour que le morceau maintenu par du ruban adhésif reste bien en place pendant le séchage.

RÉPARATION D'UNE FÊLURE

1. Une faïence ancienne peut être fissurée. Une astuce d'antiquaire consiste à plonger la pièce fêlée dans de l'eau de Javel toute une nuit.

2. Utilisez une loupe. Humectez la fêlure avec un coton-tige imbibé d'eau. Écartez délicatement la fissure. Faites couler de la colle cyanocrylate.

3. Resserrez aussitôt les lèvres de la fissure avec précision. Otez les bavures de colle avec un peu d'acétone. Laissez sécher. Rincez. Essuyez.

ARGENTERIE

Utilisez souvent votre argenterie fine ; ne la gardez pas pour les grandes occasions. Un usage fréquent embellit l'argent massif en lui donnant une riche et douce patine.

Il existe dans le commerce nombre de produits spécifiques pour rendre leur éclat à l'argent et au métal argenté. Les bains d'immersion (on plonge, on rince, on sèche) ne doivent pas être pratiqués trop souvent, car ils sont un peu abrasifs, surtout pour le métal argenté. Les chiffons imprégnés remettent vite en état les pièces ternies.

Frottez doucement l'argenterie avec une pâte ou un liquide spécifiques et un chiffon sec. Pour nettoyer les creux, employez une brosse douce ou un coton-tige.

Ne frottez pas trop le métal argenté ; sa couche superficielle est vulnérable.

Pour avoir une argenterie brillante, rincez vos couverts après le repas, surtout s'ils ont été en contact avec du jus de fruits, des œufs, de la vinaigrette, de la moutarde. Lavez-les dans de l'eau savonneuse. Rincez bien et essuyez immédiatement pour éviter les taches de calcaire.

Pour nettoyer facilement un petit objet en argent, couvrez le fond d'un plat en pyrex avec du papier d'aluminium, côté brillant sur le dessus. Posez-y la pièce à nettoyer. Ajoutez une grosse cuillerée à soupe de bicarbonate de soude et assez d'eau bouillante pour couvrir l'objet. L'oxyde se déposera sur le papier d'aluminium. Rincez. Faites reluire avec un linge doux.

Nettoyez les dents des fourchettes ayant gardé des traces d'œuf, par exemple, avec une ficelle enduite d'un produit du commerce.

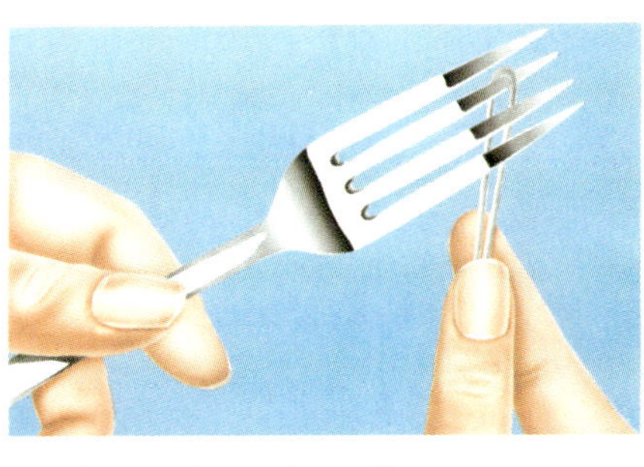

La plupart des pièces d'argenterie sont à l'épreuve du lave-vaisselle. N'y mettez pourtant pas les pièces antiques ni celles décorées avec un agent oxydant.

L'eau chaude rend lâches les poignées des premières et dissout le motif décoratif des dernières.

L'argent ne supporte ni le contact du caoutchouc ni celui du plastique. Ils le ternissent même à travers du tissu.

Les taches diverses partiront certainement à l'alcool à brûler. Lavez ensuite, rincez, puis essuyez.

Vous pouvez aussi utiliser le blanc d'Espagne, que vous transformerez en pâte épaisse avec quelques gouttes d'alcool à brûler ou d'alcool à 90°.

Vous rendrez son beau poli à un plat en argent ou en métal argenté si vous l'enduisez de cendre de cigarette et que vous le frottiez avec un chiffon humide. Polissez ensuite à la peau de chamois ou au chiffon doux sec. Vous serez émerveillé du résultat.

Évitez si possible de laver vos couverts en acier en même temps que vos couverts en argent. Il se produirait un phénomène d'électrolyse qui ternirait votre argenterie.

Gardez l'eau de cuisson des pâtes. Elle vous servira, si vous la portez à ébullition, à nettoyer une pièce d'argenterie tachée par des œufs.

Le vert-de-gris disparaîtra facilement si vous lavez votre argenterie tachée avec du vinaigre chaud. Rincez soigneusement. Essuyez.

Le lait aigre fera retrouver son bel éclat à un objet terni. Trempez-le quelques minutes dans ce liquide, laissez sécher sans rincer. Frottez pour lustrer avec une peau de chamois.

Vous pourrez préparer votre propre pâte à polir, en utilisant l'ocre rouge des peintres en bâtiment mélangée à un peu de savon de Marseille.

Ne jetez pas vos vieilles chaussettes en coton. D'un côté, vous appliquerez le produit à nettoyer, de l'autre vous polirez.

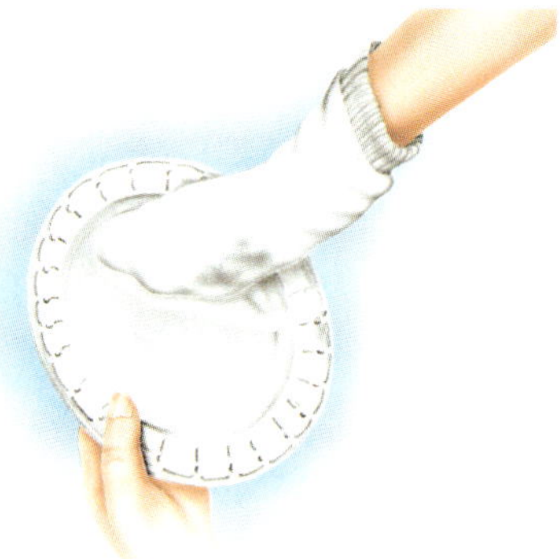

Rincez bien chaque pièce après avoir procédé à un polissage, car la moindre trace de produit risque de ternir à nouveau rapidement le métal.

C'est l'air qui fait se ternir et noircir l'argenterie. Pour la protéger, il faut l'envelopper avant de la ranger, soit dans du papier de soie sombre, soit dans du papier journal ou, mieux, dans un tissu antioxydant.

DÉBOSSELAGE DU MÉTAL

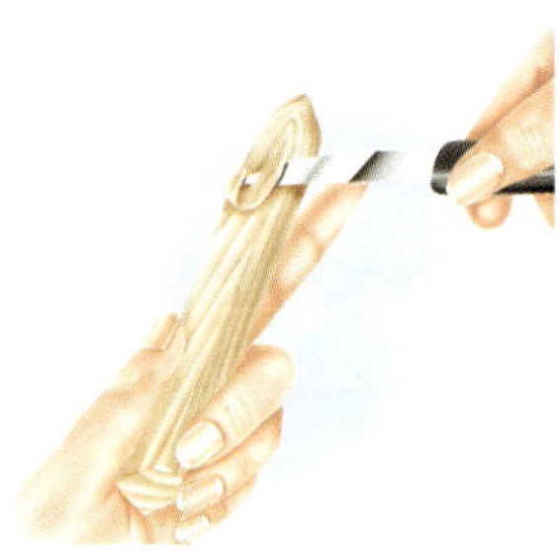

1. Avec un canif et une râpe à bois, façonnez un morceau de bois à bout carré, pour qu'il s'ajuste à l'objet que vous devez réparer.

2. Insérez le morceau de bois dans un étau et, en appuyant l'objet à réparer, frottez doucement jusqu'à ce que la surface soit redevenue normale.

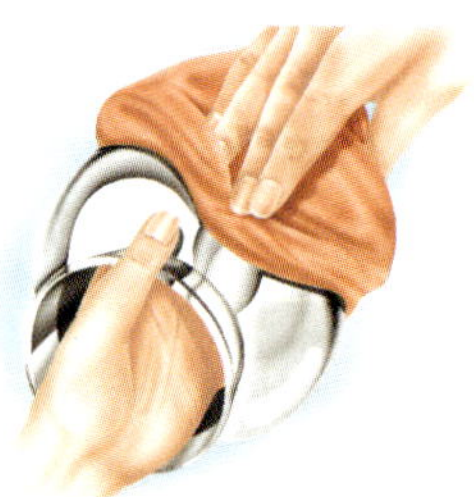

3. Lustrez la pièce avec une pâte faite d'alcool à brûler ou à 90° et de blanc d'Espagne. Rincez et séchez.

Des housses toutes prêtes sont vendues dans les grands magasins et les boutiques spécialisées en argenterie, mais on peut aussi trouver du tissu au mètre et confectionner des housses soi-même. Il s'agit d'une feutrine serrée imprégnée qui ne laisse passer ni l'air ni la lumière.

Vous pourrez également en capitonner vos tiroirs de buffet. En la recouvrant d'un morceau de tissu, votre argenterie sera prête pour la prochaine utilisation.

MIROIRS

Dépoussiérez-les souvent et nettoyez-les avec du produit à vitres.

Évitez que le produit entre en contact avec le dessous ou les bords du miroir pour ne pas endommager le tain.

Lavez les taches persistantes avec un mélange de 2 cuillerées à soupe de vinaigre ou d'ammoniaque dilué dans de l'eau. Frottez.

NETTOYAGE DES MÉTAUX

Métaux	Nettoyage	Astuces
Argent	N'utilisez jamais de produits du commerce portant la mention « Multimétaux » (ils sont trop abrasifs), mais des produits spécifiques pour l'argent Un peu de lessive Saint-Marc dans de l'eau très chaude nettoiera sans risque pour l'argent un objet noirci par l'usage	L'os de seiche, que l'on donne aux oiseaux en cage ou que l'on ramasse parfois sur la plage, pulvérisé, polira parfaitement l'argenterie. Frottez avec un chiffon doux, à sec
Bronze	S'il est verni, brossez-le avec un pinceau trempé dans de l'eau savonneuse en insistant dans les creux. Rincez. Laissez sécher. Si l'objet, non verni, est encrassé, un bain de vinaigre lui rendra sa fraîcheur. Après trempage, passez-le sous le séchoir à cheveux. Frottez-le ensuite à la cire incolore alors qu'il est encore chaud. Lustrez	Vous raviverez un bronze antique vert en passant avec un pinceau le mélange suivant : 100 g d'acide acétique, 10 g de gros sel, 10 g de carbonate d'ammonium et autant de tartrate acide de potassium étendu d'un peu d'eau. Laissez sécher 2 à 3 jours. Brossez. Cirez
Chrome	Lavez avec une éponge imbibée de détergent et d'eau chaude. Rincez et séchez avec un chiffon doux. S'il y a des dépôts de calcaire, utilisez du vinaigre en laissant un chiffon imbibé en place quelques heures	Jamais de tampons ni de poudres abrasifs. Pour faire briller, frottez énergiquement avec du papier journal
Cuivre, laiton	Les objets vernis seront lavés à l'eau tiède savonneuse. Rincez. Séchez. Faites briller. Les cuivres naturels s'entretiennent à la pâte à polir, mais on peut fixer leur brillant en les exposant au soleil pendant quelques heures. S'ils sont très encrassés, frottez-les avec du vinaigre bouillant et du sel de mer (une grosse poignée dans 2 litres). Laissez tremper les petits objets. Brossez les plus gros. Vous pouvez également utiliser de l'eau de Javel bouillante. Essuyez ensuite, puis lustrez avec une pâte ou un liquide à polir	Pour un nettoyage courant, utilisez un oignon coupé en deux, frottez et ôtez la tranche dès qu'elle est noircie. Faites briller au chiffon doux
Étain	Procurez-vous de la poudre de pierre ponce « soie » chez un fournisseur pour ébénistes. Mélangez-la à de l'ammoniaque et frottez. Des produits tout prêts donneront également de bons résultats. Supprimez les dépôts blancs dans les creux en brossant avec un pinceau dur	Si vous préférez les étains sombres aux brillants, cirez à chaud et frottez. Ou encore passez de la bière chaude. Laissez sécher. Lustrez au chiffon de laine
Fer forgé	Un trempage dans du pétrole donnera d'excellents résultats. Brossez ensuite et laissez sécher. Si l'objet est trop grand pour tremper, frottez avec de la laine d'acier et du pétrole. Pour une bonne protection, enduisez de cire naturelle. Lustrez au chiffon doux	Les antiquaires font brûler de vieux journaux dans lesquels ils ont placé le fer forgé. Le noir de fumée et l'encre d'imprimerie déposent sur le fer un film qu'il suffit ensuite de cirer pour obtenir une belle patine

Si des traces de peinture ont taché une glace, raclez-les lorsqu'elles sont sèches avec une lame de rasoir.

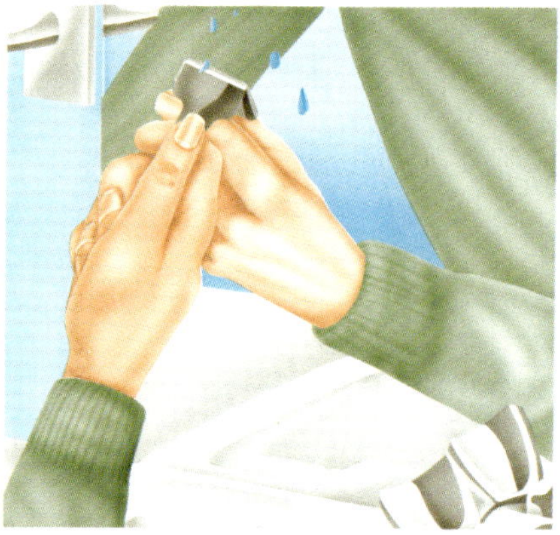

Une petite partie du tain a disparu au dos du miroir et vous ne voulez pas le changer ? En attendant, collez à cette place du papier d'aluminium avec du ruban adhésif.

Si vous faites couler l'eau froide avant l'eau chaude dans votre baignoire, la buée qui envahit les miroirs de la salle de bains fera son apparition moins rapidement. Pour la faire disparaître, passez votre sèche-cheveux sur les miroirs. C'est très efficace.

TABLEAUX

Ne suspendez jamais un tableau, surtout s'il s'agit d'une peinture à l'huile, en plein soleil, ou près d'une source de chaleur.

Un tableau doit être essuyé régulièrement sur toutes ses faces. Décrochez-le, passez un chiffon sans peluches que vous aurez trempé dans de l'eau tiède savonneuse et très bien essoré. Séchez avec un autre chiffon.

Les photos et les aquarelles se nettoient mal. Il faut donc les encadrer sous verre avant de les suspendre. Un passe-partout en carton empêchera le contact avec le verre.

Mettez du papier kraft au dos du cadre pour que la poussière n'y pénètre pas.

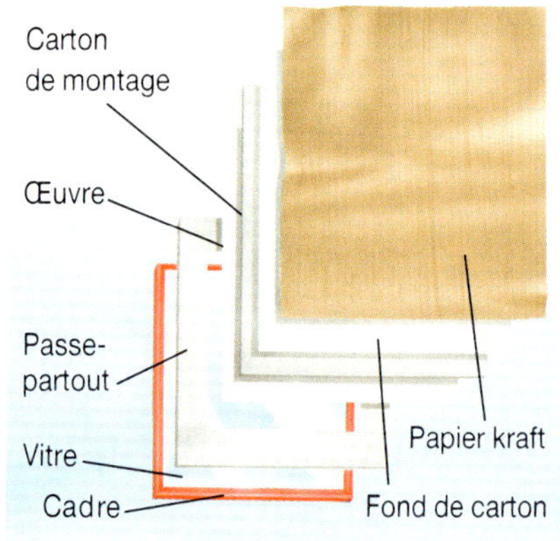

Quand vous nettoierez la vitre, évitez de faire pénétrer le liquide, ce qui causerait des dommages irréparables.

A une peinture à l'huile de peu de valeur, vous pouvez redonner du brillant avec un jet d'aérosol de cire liquide. Lustrez au chiffon doux. Une peinture de prix se fait nettoyer par un spécialiste. Époussetez-la simplement.

La vieille recette de l'oignon coupé en deux a fait ses preuves. Frottez doucement le tableau peint à l'huile avec ce demi-oignon dont vous trancherez une rondelle dès qu'il devient sale. Le suc de l'oignon et le frottement nettoieront la peinture sans l'endommager.

Passez sur une peinture à l'huile une éponge douce à peine humide que vous aurez trempée dans de l'eau tiède additionnée de savon de Marseille. Ne mouillez pas inutilement la toile et rincez-la soigneusement en essorant toujours bien votre éponge. L'opération doit être faite avec douceur et morceau par morceau.

Un cadre doré sera ravivé si vous le badigeonnez au pinceau doux avec du blanc d'œuf battu. Pour dépoussiérer un cadre ancien, plus fragile, contentez-vous d'utiliser un plumeau ou un chiffon léger.

RESTAURATION D'UN CADRE

1. Otez le papier kraft à l'arrière du cadre et enlevez délicatement les clous avec une pince. Retirez cartons et gravure. Posez-les sur une surface propre et à l'abri de la poussière.

2. Retirez les clous des angles. Grattez la colle ou bien faites-la fondre avec un diluant approprié. Mettez de la pâte à bois dans les trous des clous. Laissez sécher.

3. Recollez les angles des moulures et maintenez-les en place avec des serre-joints. Avant que la colle ne soit sèche, plantez de nouveaux clous sans tête.

REDORER UN CADRE

Procurez-vous les fournitures nécessaires dans les boutiques spécialisées ou chez un droguiste : dorure en cire ou liquide, pinceaux, couteau, nettoyant, peinture en aérosol. Et aussi du blanc d'œuf, du vinaigre blanc et un grand carton.

1. Pour raviver une dorure qui est simplement ternie, préparez un mélange avec 2 blancs d'œufs et 1 dl de vinaigre. Badigeonnez-en la surface du cadre au pinceau. Laissez sécher. Nettoyez avec du coton. Vous pouvez utiliser un nettoyant du commerce à la place de ce mélange.

2. Deux dorures sont à votre disposition, en cire ou liquide. La dorure en cire comblera de légers manques en creux ; à faire avec un couteau à bout légèrement arrondi. La dorure liquide est à appliquer au pinceau d'une manière très homogène pour qu'il ne se forme pas de bulles.

3. Pour un encadrement sans valeur, mais en bon état, pulvérisez de la peinture en aérosol. Faites un essai pour voir s'il faudra une ou deux couches. Travaillez sur une table protégée avec une grande feuille de journal ou, mieux, à l'intérieur d'un carton pour limiter les éclaboussures.

MARBRE

Le transport d'une plaque de marbre doit toujours se faire à la verticale. Sinon, elle pourrait se casser sous son propre poids.

Contrairement à ce que l'on pense généralement, le marbre est une pierre calcaire tendre qui absorbe toutes les taches et se raye.

Posez des dessous-de-verre sous les vases ; ne coupez rien directement sur le marbre ; évitez les traces acides des agrumes. Le vinaigre, l'eau de Javel, l'essence de térébenthine attaquent le marbre, ainsi que les colorants du vin, la graisse, la cire aux silicones et les tampons abrasifs.

Lavez le marbre à l'eau savonneuse ou au savon noir avec une éponge. Protégez-le avec de la cire blanche liquide étalée en couche mince. Lustrez.

S'il est taché, il est important d'agir vite. Essuyez et recouvrez l'endroit de la tache avec une poudre absorbante comme la terre de Sommières ou le talc. Si c'est une tache de rouille, mouillez la poudre avec quelques gouttes d'antirouille à linge (attention, il peut attaquer le marbre). Attendez quelques minutes et rincez.

Les marques de fruits, de café, de nicotine disparaîtront avec un nettoyant ammoniaqué du commerce ; l'encre avec de l'eau oxygénée passée avec un coton-tige. Rincez.

Vous pouvez repolir vous-même une surface un peu altérée avec un produit du commerce, mais le marbre ne retrouvera pas totalement son poli. Passez d'abord un papier abrasif spécial très fin, puis, à l'aide d'un chiffon humide et d'une pâte spéciale, repolissez patiemment en frottant en rond et très doucement.

CUIR

Protégez vos articles en cuir en ne les laissant ni au soleil ni près d'une source de chaleur, et encore moins dans un lieu humide.

Votre divan en cuir a peut-être besoin d'un nettoyage. Des savons anglais pour cuir s'étalent avec une éponge humide sur toute la surface. Faites pénétrer, puis passez une éponge essorée. Dès que le cuir aura séché, lustrez.

Pour entretenir tous vos cuirs, utilisez une crème spéciale incolore aux cires végétales.

Comme le cuir se dessèche en vieillissant, un entretien régulier avec des produits assouplissants maintiendra son éclat ; consultez votre droguiste, votre cordonnier ou les boutiques spécialisées. Inutile de tartiner le cuir, il n'aime pas les excès de crème.

Le problème des taches sur le cuir ne se résout pas facilement. Pour une tache importante, il est préférable de voir un spécialiste plutôt que de l'imprégner à jamais. Pour un petit accident, agissez rapidement. Tache maigre : épongez l'excédent avec du papier absorbant sans étaler, puis passez une éponge humide. Tache grasse : elle s'enlèvera avec de la terre de Sommières que vous aurez laissé agir quelques heures. Recirez ensuite quand tout aura disparu.

Quant à la brûlure de cigarette, elle sera le témoin permanent de votre maladresse, car rien ne la fera jamais disparaître.

MEUBLES EN MÉTAL

Peint, le métal se lave à l'eau savonneuse. Rincez bien et essuyez à fond. Si le métal commence à rouiller, décapez-le à la brosse métallique et protégez-le avec une peinture antirouille avant de repeindre.

Dépoussiérez souvent l'Inox, puis passez une éponge imbibée d'eau savonneuse. Rincez. Séchez avec un chiffon doux. Polissez à l'alcool à brûler ou avec un produit spécial inoxydable.

Le nettoyage du Plexiglas et de l'Altuglas (verre synthétique) se fait simplement à l'eau savonneuse. N'utilisez jamais d'alcool ni d'abrasifs. Essuyez à la peau de chamois après le rinçage.

N'essuyez jamais à sec un meuble en verre synthétique, cela risquerait de le rayer irrémédiablement.

Le stratifié se lave très bien avec un produit spécial vaisselle ou cuisine.

MEUBLES EN BOIS

Époussetez régulièrement les meubles avec un chiffon non pelucheux et un antipoussière en aérosol.

Quel que soit le produit de nettoyage que vous utilisez, évitez les excès : c'est le frottement qui ravive l'éclat et donne une jolie patine.

Vous ôterez la vieille cire avec de l'essence de térébenthine et un linge doux. Vous pourrez cirer ensuite sans problème.

Utilisez une éponge humide et une lessive à base de soude diluée dans de l'eau en faible quantité pour laver un meuble peint. Afin de ne pas laisser de traces, commencez par le bas pour nettoyer et par le haut pour rincer avec une éponge bien essorée. Polissez ensuite avec de l'huile de lin.

Avec une vieille brosse à dents, passez du cirage teinté de brun sur toutes les moulures et sculptures d'un meuble. Après un séchage de quelques heures, frottez à la brosse en chiendent : creux et bosses prendront un superbe relief.

BOIS DIVERS

Le rotin verni se dépoussière à l'aspirateur et à l'antipoussière cirant en aérosol. Si le rotin est naturel, lavez-le avec de la lessive Saint-Marc (100 g par litre d'eau) et quelques gouttes d'ammoniaque. Laissez sécher au soleil, puis frottez avec de l'huile de lin ou cirez.

Vous blanchirez le rotin noirci à l'eau javellisée. Rincez après quelques heures d'imprégnation.

L'ébène est un bois qui s'entretient régulièrement au cirage noir. Utilisez peu de cirage et polissez bien.

DÉTACHAGE DU BOIS

Tache	Traitement
BOIS CIRÉ	
Graisse	Mélangez quelques gouttes de benzine avec de la terre de Sommières. Faites-en une pâte que vous laisserez sur la tache pour l'absorber. Laissez quelques heures. Aspirez et recirez
Encre	Si la tache est fraîche, nettoyez au jus de citron mêlé à du gros sel. Si elle est ancienne, essayez un produit antirouille à linge
Stylo à bille	Tamponnez à l'alcool à 90° puis encaustiquez
Café	Frottez avec un coton-tige imbibé d'eau oxygénée
Sucre, œuf, sang	Épongez, puis lavez à l'eau ammoniaquée (1 cuillerée à soupe d'ammoniaque pour 5 cuillerées à soupe d'eau). Laissez sécher. Cirez. Lustrez
Eau	Essuyez, séchez au sèche-cheveux. Frottez avec un bouchon de liège. Recirez
Bougie	Raclez au maximum la bougie. Aspirez. Posez un buvard sur la tache et passez un fer tiède sur le buvard, qui absorbera. Recommencez l'opération si nécessaire en changeant le buvard
BOIS VERNI	
Alcool	Il attaque le vernis. Essuyez les taches, puis passez de la popote d'antiquaire toute préparée
Graisse	Frottez avec un tampon de coton imprégné de savon de Marseille. Laissez agir quelques minutes. Rincez très rapidement pour ne pas tacher le bois. Séchez au chiffon de soie
Inconnu	Tamponnez délicatement avec un chiffon doux imbibé d'une petite quantité d'un mélange préparé avec 1 cuillerée à soupe d'huile d'olive, autant d'alcool à brûler et 1 cuillerée à café d'essence de térébenthine. Séchez. Lustrez

MAQUILLAGE D'UNE BRULURE PEU PROFONDE

1. Grattez légèrement le bois noirci avec une lame de rasoir. Poncez avec de la laine d'acier très fine. Chauffez la lame d'un petit couteau très pointu sur la flamme ou la plaque électrique de la table de cuisson.

2. Prenez un bâton de cire teintée de la couleur du bois. Faites fondre la cire contre la lame chauffée en dirigeant la coulure sur la partie poncée. Lissez. Cessez l'opération dès qu'il s'est formé une légère bosse.

3. Lorsque la cire est froide, grattez-en l'excès avec la lame de rasoir. Poncez à la laine d'acier jusqu'à ce que la partie réparée soit aussi plane que le bois qui l'entoure. Encaustiquez alors toute la surface.

N'encaustiquez pas le teck. Contentez-vous de l'enduire légèrement d'un produit spécial à base d'huile qui le nourrit en le nettoyant.

BOIS ABIMÉS

Vous maquillerez une éraflure sur un bois sombre en la frottant doucement et très localement avec un petit morceau de cerneau de noix écalé.

Pour l'acajou, frottez la partie abîmée avec un coton-tige imbibé de teinture d'iode. Sur du bois clair, diluez par moitié l'iode avec de l'alcool.

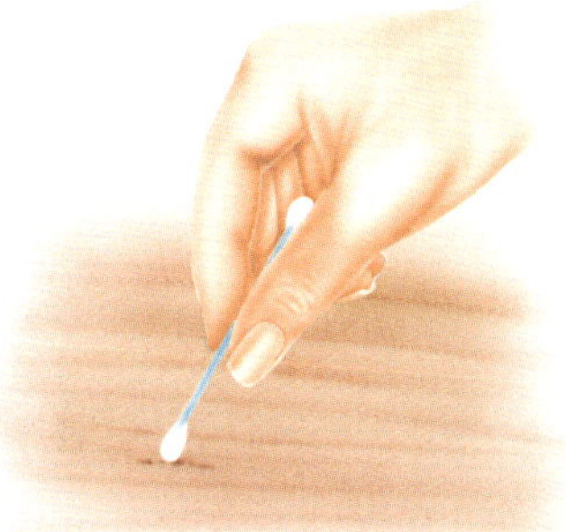

Pour un bois huilé, frottez doucement dans le sens du fil avec de la laine d'acier 000 et de l'huile de lin. Laissez l'huile y pénétrer, puis essuyez.

Une brûlure très superficielle disparaîtra avec une pâte de ponce pulvérisée et de l'huile de lin. Frottez la brûlure dans le sens du fil du bois. Recommencez jusqu'à disparition complète.

Étendez un linge humide sur la fissure d'un placage, puis appliquez un fer chaud pendant quelques instants. Placez un poids à cet endroit pendant plusieurs jours.

Voici une autre manière de traiter la fissure d'un placage : Entaillez-la dans le sens du fil du bois. Enlevez délicatement les bords, raclez le vieil adhésif et glissez de la colle à bois sur les deux surfaces. Refermez, essuyez les excès de colle, et laissez un poids pendant 24 heures.

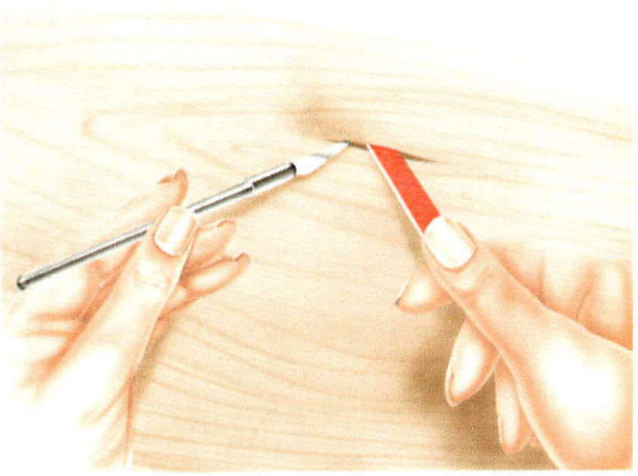

Des égratignures sur du bois ciré vous obligent à décaper la partie abîmée avec le solvant qui lui convient. Posez un linge humide dessus et appuyez le bout du fer chaud pendant quelques secondes. Une fois le bois sec, poncez à la laine d'acier 000, puis recirez.

Le manque ou l'excès d'humidité sont deux ennemis qui risquent de craqueler un bois verni. Si les craquelures sont importantes, il faut décaper toute la surface (voir. p. 446) et la revernir. Si elles sont plus légères et prises à temps, une popote d'antiquaire suffira à restaurer le bois.

DÉPANNAGE EXPRESS

Le tiroir coince ? Videz-le. Poncez légèrement au papier de verre le haut des côtés, puis frottez avec du savon de Marseille.

Des tiroirs qui ne tiennent pas bien dans leur logement ? Otez-les et collez ou clouez des morceaux de bois triangulaires dans l'angle formé par la paroi du meuble et le côté du passage du tiroir.

PATINER UN MEUBLE

Un meuble ancien a acquis au cours de sa vie une patine inestimable due à l'entretien patient et régulier de plusieurs générations.

Pour tricher un peu et donner une patine à l'ancienne à un meuble récent, commencez par le décaper totalement en le lavant avec de la lessive de soude. Lorsqu'il sera parfaitement sec, diluez une encaustique classique sans silicones avec de l'essence de térébenthine. Vous pouvez aussi composer votre mélange en faisant fondre avec précaution au bain-marie de la cire blanche d'abeille avec de l'essence de térébenthine (250 g de cire pour 1 litre). Passez la cire obtenue avec un pinceau en couvrant parfaitement toutes les surfaces. Laissez sécher.

Lorsque l'absorption est totale, cirez à chaud avec un pain de cire dure, une lampe à souder et une brosse en chiendent. Frottez sur le bois le pain un peu ramolli en appuyant pour que de la cire reste sur le bois. Passez très rapidement la flamme de la lampe à souder, sans brûler le bois, bien sûr (attention ! la flamme chauffe beaucoup). La cire pénètre le bois et bouche les pores.

Complétez les endroits qui demandent à être retouchés. Brossez énergiquement et immédiatement. Le bois devient brillant. Pour l'entretien, un simple dépoussiérage suffira.

Si le fond d'un tiroir se fend, n'essayez pas de le réparer : collez-y une pièce de grosse toile tissée serré.

Un pied de meuble branlant peut se renforcer avec des cornières de métal ou des équerres de bois. Utilisez une perçeuse ou une chignole pour faire les avant-trous sinon le bois éclaterait au moment de placer les vis.

Si la table est bancale, mettez-la à son emplacement habituel, et repérez le pied défectueux. Insérez dessous des morceaux de carton pour le rééquilibrer. Otez les cartons, mesurez-les, puis coupez un morceau de bois à la dimension. Poncez le dessous du pied et collez le morceau préparé.

Une chaise cannée finit par s'affaisser à l'usage. Pour lui rendre un peu de jeunesse, mouillez-en l'envers avec une éponge imbibée d'eau. Insistez, pour que l'ensemble soit très mouillé. Laissez parfaitement sécher, au moins 1 nuit entière.

Pour régler le bas d'une porte qui coince légèrement, placez une feuille de papier abrasif sous la partie qui frotte. Exercez quelques va-et-vient qui la rectifieront d'eux-mêmes.

Si le coincement est plus important, ou s'il est situé à un autre endroit, enduisez de craie les surfaces. Exercez

RÉPARATION DES JOINTS D'UNE CHAISE

Essayez de recoller ou de serrer les joints lâches sans démonter la chaise. Écartez légèrement les pièces et enlevez la vieille colle avec un couteau. Mettez de la colle à bois dans le joint en remuant pour la faire pénétrer dans le bois. Si le joint s'est agrandi, stabilisez-le en enfonçant des morceaux d'allumettes dans la colle fraîche tout autour. Si cela s'avère insuffisant, démontez la chaise en suivant les étapes ci-dessous.

1. Otez les clous, vis ou équerres du joint et séparez les pièces avec un maillet ou un marteau recouvert d'une toile. Grattez pour enlever la colle.

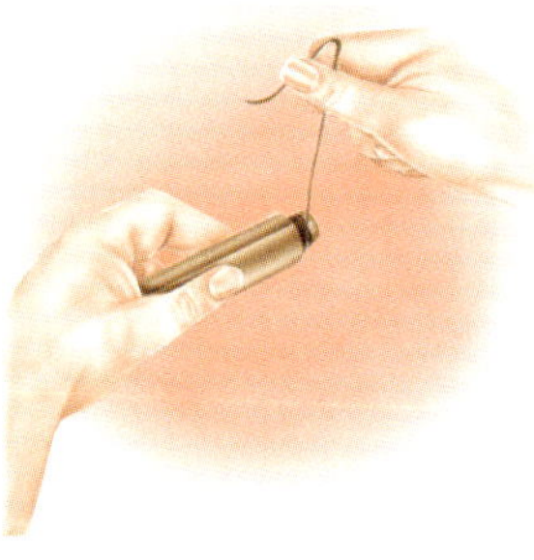

2. Si le tenon ou la cheville sont lâches dans leur trou, enroulez du fil autour ou remplacez-les. Il ne doit pas y avoir de jeu dans le joint.

3. Recollez le joint. Recouvrez les pieds de tissu, enroulez une corde autour, serrez-la bien avec un tourniquet et laissez-la en place pendant le séchage.

RÉPARATION D'UN PLACAGE ENDOMMAGÉ

1. Procurez-vous dans une grande surface de bricolage ou chez un ébéniste une feuille de placage dont la nature et le fil sont assortis à la surface endommagée. Fixez du papier-calque sur l'endroit à réparer avec du ruban, sur trois côtés. Tracez le contour de la pièce.

2. Glissez la feuille de bois sous le papier ; faites correspondre le fil et appuyez. Avec un cutter, coupez les deux épaisseurs (la vieille et la nouvelle) un peu à l'extérieur de la ligne. Enlevez le calque et la pièce. Retirez le vieux placage et grattez le reste de colle.

3. Vérifiez l'ajustement de la pièce. Mettez de la colle à placage sur l'envers. Étalez-en une fine couche sur le fond de bois. Collez la pièce avec soin, couvrez-la de papier ciré et d'un bloc de bois et mettez sous presse. Laissez sécher une nuit et refaites la finition.

le va-et-vient et rectifiez les traces laissées par la craie au rabot ou à la ponçeuse.

Un simple grincement disparaîtra si vous soulevez légèrement la porte lorsqu'elle est ouverte et que vous huiliez modérément les gonds avec une burette.

Collez sous chaque pied d'un escabeau qui dérape de petits morceaux de caoutchouc. Vous pouvez les découper, par exemple, dans les fermetures de caoutchouc rouge des bocaux de conserve.

PONÇAGE

Poncez au papier fin les surfaces déjà lisses ; autrement, prenez du papier à grain moyen avant de passer à un papier à grain fin. Travaillez dans le sens du fil et sans trop appuyer. Enlevez constamment la poussière qui se forme.

Le bloc de ponçage est un outil commode. Il a en outre un avantage précieux : il donne des résultats plus uniformes que le ponçage à la main. Collez une mince épaisseur de feutre ou de caoutchouc sur l'une des faces d'un bloc de bois d'environ 8 × 13 × 4 cm. Enroulez une feuille de papier à poncer sur ce bloc et tenez-le fermement pour empêcher la feuille de se déplacer pendant que vous travaillez.

Pour poncer l'intérieur des pièces à cannelures, comme les moulures, enroulez le papier autour d'un bâton. Poncez d'avant en arrière. Dans les fentes, pliez une chute de papier et passez le pli.

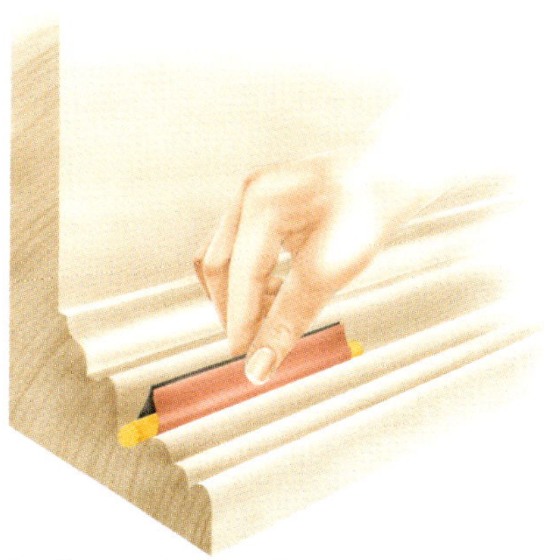

Après avoir poncé, essuyez avec un chiffon à poussière. Voici comment le fabriquer : Plongez un morceau d'étamine dans de l'essence de thérébenthine, essorez-le et conservez-le dans un bocal fermé. De temps à autre, aspergez-le de térébenthine.

DÉCAPAGE D'UN MEUBLE

Attention : Lorsque vous utilisez un décapant caustique, travaillez dans un endroit aéré, loin de toute flamme. Ne fumez pas. Portez des lunettes de protection et des gants de néoprène doublés de coton. Éloignez enfants et animaux. Jetez les débris en lieu sûr.

1. Enlevez boutons, charnières et poignées. Appliquez une épaisse couche de décapant à peinture ou à vernis avec un vieux pinceau propre. Travaillez dans un sens seulement.

2. Lorsque la finition boursoufle et se ramollit, raclez-la avec un couteau à mastic émoussé et aux coins arrondis. N'entamez pas le bois. Utilisez une brosse à dents au besoin.

3. Quand toute la surface est décapée, assurez-vous qu'il ne reste pas de taches sombres ou luisantes. Recommencez l'opération le cas échéant. Frottez-les avec de la laine d'acier.

FINITIONS

Pour teindre le bois avant de faire une finition, appliquez une couche de gomme-laque diluée dans de l'alcool sur les extrémités poreuses pour éviter qu'elles ne deviennent trop foncées par rapport au reste.

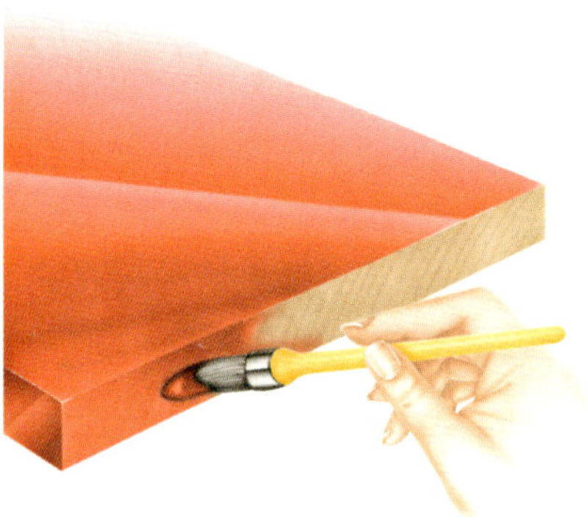

N'appliquez pas une teinture sans avoir fait un essai sur un coin dissimulé du meuble. Sinon vous risqueriez d'être déçu du résultat.

Les meubles d'enfants qui ont subi de mauvais traitements peuvent être remis à neuf avec une peinture email très brillante et de couleur gaie. Elle résistera aux chocs et s'entretiendra facilement à l'éponge.

Si vous désirez donner une finition satinée à un meuble de chêne peint, prenez toujours la précaution de passer un produit de rebouchage avant d'appliquer la première couche.

Vous voulez décorer des petits meubles, ceux de vos enfants par exemple, avec des découpages ? Commencez par décaper, poncer et passer une couche de peinture qui servira de fond. Collez les découpages et finissez par plusieurs couches de vernis transparent, qui scellera l'ensemble.

LES PRODUITS DE FINITION DU BOIS

Produit	Aspect	Utilisation
Gomme-laque	Transparent satiné	En trois couches. Les deux premières sont diluées de moitié avec de l'alcool. Travaillez vite, dans une pièce chaude et sèche. Frottez avec de la laine d'acier et nettoyez entre chaque couche. Pour terminer, polissez à la laine d'acier et cirez
A l'huile	Mat à satiné	Utilisez de la cire d'abeille fondue au bain-marie avec de l'huile de lin cuite en quantités égales. Le mélange encore chaud est appliqué avec un chiffon par petites surfaces de bois propre. Lorsque le bois est saturé, essuyez l'excès avec un chiffon doux. Frottez vivement la surface avec un tissu de coton. Attendez 2 ou 3 jours pour refaire une nouvelle couche, 15 jours pour en passer une troisième, si cela s'avère nécessaire
Peinture laquée	Brillant	Sur du bois brut, la première couche devra être diluée pour qu'elle l'imbibe bien. Quand elle a séché, poncez à la laine d'acier grosseur moyenne. Nettoyez. Appliquez une deuxième couche non diluée en évitant les traces de pinceau. Laissez sécher 2 heures ou plus. Poncez à nouveau, nettoyez, passez une troisième couche. Après 24 heures de séchage, lustrez au chiffon
Vernis au polyuréthanne	Très brillant, brillant ou satiné	Appliquez au pinceau en diluant la première couche. Conformez-vous à la notice d'emploi. Les deuxième et troisième couches seront appliquées pures. Entre les couches, passez du papier de verre très fin. Nettoyez. Laissez sécher 12 heures entre chaque couche. Après la dernière, poncez au papier de verre très fin si vous voulez satiner le vernis

Si toutefois vous préférez placer les découpages sur le fond de bois naturel, décapez, poncez et utilisez de la gomme-laque diluée avant de poser les décors. Vernissez.

VERNISSAGE

Pour que le vernis ne soit pas granuleux, travaillez dans un endroit où il y aura le moins de poussière possible. Choisissez une pièce peu passante, nettoyez-la soigneusement la veille à l'aspirateur pour que la poussière retombe.

Le vernis sera plus lisse si vous évitez de tapoter le pinceau contre la paroi du bidon ou de l'essuyer contre le bord. Dans le premier cas, il se forme des bulles d'air ; dans le second, des grumeaux apparaissent.

Si le pinceau ramasse de la poussière et la laisse dans le vernis, passez celui-ci à travers un bas de nylon ou plusieurs épaisseurs d'étamine pour le filtrer.

Une fois la dernière couche de vernis ou de gomme-laque sèche, appliquez de la cire en pâte avec un chiffon doux ; frottez bien, pour étaler la cire de manière uniforme, puis enlevez l'excès avec un linge propre.

ASTUCES DE FINITION

Mieux vaut appliquer la finition au pistolet sur un meuble en bois sculpté ou sur du rotin. Faites-vous au préalable la main sur un morceau de carton. Déplacez constamment le bidon (ou l'aérosol si vous utilisez une bombe) dès que vous appuyez sur la gachette. Relâchez-la avant de passer à un autre endroit du meuble.

Voici la meilleure méthode pour peindre un meuble au pistolet ou à l'aérosol sans tout salir autour : Placez-le dans une grande boîte de carton dont vous aurez retiré le devant. Vaporisez de l'extérieur.

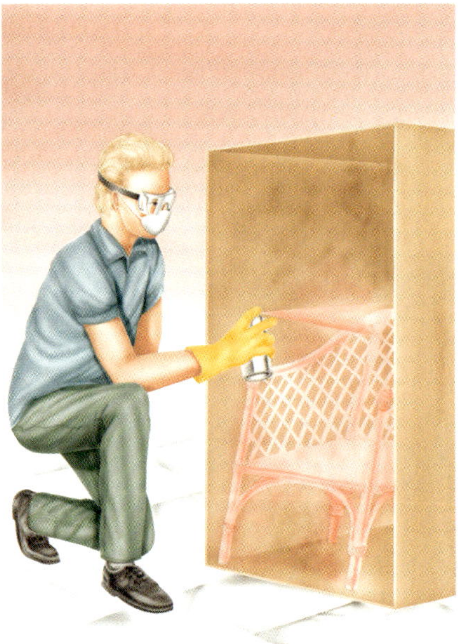

Vous n'aurez pas à poncer entre les couches du produit de finition si vous respectez les délais d'attente (voir tableau p. 447). Si vous aviez dépassé ce délai, poncez au papier de verre fin pour que la nouvelle couche prenne sur la précédente.

AVANT DE PONCER UN PARQUET

Il faut compter 1 semaine de travail pour faire la finition d'un parquet : 1 jour pour vider la pièce et réunir ce qu'il faut, un autre pour poncer, plusieurs pour appliquer la finition et respecter les délais d'attente entre les couches. A deux, bien sûr, le travail se fait plus rapidement.

Louez une ponceuse à parquet pour les grandes surfaces, une ponceuse plus petite pour le pourtour ; poncez à la main les endroits que les machines n'atteindront pas. Faites provision de papier de verre et assurez-vous d'avoir les accessoires qu'il faut pour fixer le papier à la ponceuse. Faites-vous bien expliquer le maniement de l'appareil.

Ne commencez le ponçage qu'après avoir retiré les agrafes laissées éventuellement par une moquette et réparé les lattes endommagées ou lâches.

Enfoncez les clous en saillie avec un chasse-clou et masquez-les avec de la pâte à bois.

Avant de poncer près des murs et dans les coins, retirez les dessus de radiateur et les quarts-de-rond. Numérotez-les et notez leur position pour n'avoir aucun problème quand viendra le moment de les remettre en place.

PONÇAGE DU PARQUET

Le ponçage soulève beaucoup de poussière, que la machine n'aspire pas complètement. Retirez de la pièce tout ce qui s'enlève ; couvrez les appliques murales, les plafonniers, les prises d'air. Bloquez les portes. Enlevez rideaux et tentures, ou bien relevez-les et glissez-les dans du plastique. Mettez du papier adhésif autour des portes d'armoire pour les obturer.

La poussière du ponçage est inflammable. Ne fumez pas, ne frottez pas d'allumette pendant que vous travaillez. Éteignez les veilleuses des appareils à gaz à proximité.

Cette poussière peut également vous irriter les yeux et les voies respiratoires. Portez des lunettes de protection, un masque et des boules dans les oreilles contre le bruit.

Votre travail est de guider la ponceuse, ce qui est difficile pour certains modèles, qui vous tirent. Laissez toujours l'appareil en marche pour obtenir une surface bien uniforme. Portez des gants de travail pour atténuer les éventuelles vibrations exercées par l'appareil sur vos mains.

Pour dissimuler les raccords, allez d'une extrémité à l'autre de la pièce en débordant un peu dans chaque sens sur la partie déjà poncée. Faites les bords des murs au moment où vous y arrivez. Ne les gardez pas pour la fin : vous laisseriez des marques visibles.

Après chaque ponçage, passez une serpillière humide. Après le dernier ponçage, passez l'aspirateur, puis la serpillière humide.

APRÈS LE PONÇAGE

Le parquet peut aussi être teinté pour mettre en valeur la nuance du bois. En teintant, on protège.

Utilisez des teintures à base de cire, qui feront briller en même temps qu'elles coloreront. Ou bien des teintures à base de résine synthétique, qui protègeront contre les taches de graisse. Ou encore, si vous préférez, des produits d'imprégnation, ou lasures, dont la palette de coloris est très large.

Appliquez ces produits à la brosse souple par petites surfaces à la fois, en commençant par le coin le plus éloigné de la porte. Deux applications suivies de la pose d'une couche de protection incolore sont nécessaires.

Vitrifié, votre parquet sera ou brillant ou satiné durablement. Si vous l'encaustiquez, commencez par une couche très légère de cire blanche, puis, après séchage, frottez légèrement sur toute la surface un pain de cire ramollie. Lustrez à la brosse ou passez la cireuse.

Vous pouvez aussi vouloir laisser le parquet en bois blanc. Dans ce cas, nettoyez-le à l'eau additionnée de savon noir et au lave-pont. Rincez à l'eau javellisée (4 cuillerées à soupe par litre d'eau), qui éclaircira le bois.

PEINDRE LE PARQUET

Une fois le parquet bien poncé et dépoussiéré, ouvrez les fenêtres. Commencez par peindre le côté de la pièce où vous n'aurez pas à passer pendant 24 heures.

Utilisez un pinceau « queue de morue », large et plat, à poils en plastique de 20 cm de large environ. Travaillez toujours en croisant d'abord dans le sens du fil du bois, puis dans l'autre. Terminez dans le sens du fil du bois. Après 12 heures, la couche est sèche. Poncez-la légèrement et appliquez la seconde couche de la même façon après avoir dépoussiéré. Cette couche sera sèche au bout de 24 heures, mais vraiment dure seulement en 48 heures.

Attendez quelques jours avant de réinstaller le mobilier de la pièce. Ne traînez pas les meubles sur le parquet. Soulevez-les ou déplacez-les, pour les plus lourds, sur de vieilles couvertures.

REBOUCHER DES FENTES ENTRE LES LAMES DE PARQUET

Si l'espace entre deux lames de parquet est trop important, insérez-y une ficelle. Rebouchez avec de la pâte à bois en lissant bien avec un couteau à peintre.

Lorsque la pâte sera sèche, faites une seconde application si vous voyez que le produit s'est rétracté. Poncez ensuite après le séchage.

FAIRE DES RIDEAUX

Prendre les mesures pour la tringle et le métrage des rideaux est indispensable avant de faire ses achats. La largeur de la fenêtre vous donnera la longueur de la tringle ou du rail, que vous augmenterez éventuellement si vos fenêtres sont trop étroites.

Voici comment calculer le métrage de tissu nécessaire pour confectionner des rideaux : Multipliez par deux ou trois, selon l'ampleur désirée, la longueur de la tringle. S'il y a des raccords à prévoir, ajoutez 3 cm par couture.

Divisez le chiffre obtenu par la largeur du tissu choisi. Les tissus d'ameublement sont en général en 130 cm et en 270 cm de large. Vous obtiendrez ainsi le nombre de largeurs.

Mesurez alors la hauteur de la tringle au sol, ajoutez 8 cm pour la pose du ruban fronceur dans le haut et 22 cm pour l'ourlet, ainsi que la hauteur du motif s'il y a un raccord.

Multipliez la hauteur par le nombre de largeurs nécessaires pour obtenir le métrage total. Exemple : longueur de la tringle : 210 × 2 = 420 cm ; si l'on divise par 130 cm, on obtient un peu plus de 3 largeurs : il est préférable d'arrondir à 4 pour avoir une marge de sécurité. Hauteur de la tringle : 260 + 8 + 22 = 290 cm. 290 × 4 = 11,60 m en 130 cm de large.

LE DÉTACHAGE DES TISSUS ET DES MOQUETTES

Dans l'entretien de la maison, le plus compliqué à réaliser, c'est certainement de faire disparaître une tache. Pour cela, il faut :

— avoir sous la main un minimum de produits détachants
— agir rapidement en épongeant ou en grattant la tache pour en ôter l'excédent
— reconnaître la nature de la tache
— rester calme et se donner le temps de réfléchir au produit à utiliser
— si le produit manque, ne pas laisser sécher la tache. La tamponner avec de l'eau (gazeuse pour les moquettes) jusqu'au moment de l'intervention
— travailler avec précaution
— n'utiliser que peu de produit à la fois et ne jamais verser le détachant directement sur la tache
— ne mélanger des produits qu'en toute connaissance de cause
— ne pas insister si la tache persiste et faire appel aux spécialistes
— ranger ce livre où on le trouvera rapidement en cas de besoin

LA TROUSSE DE DÉTACHAGE

Si l'on veut agir vite pour ôter une tache, il est indispensable d'avoir dans ses placards les produits appropriés du commerce, détachants tout prêts ou autres, mais aussi de quoi préparer ses recettes personnelles. Il faut également disposer de chiffons blancs propres, d'une éponge, d'une brosse, d'une cuvette et de gants.

Les produits absorbants : craie, blanc d'Espagne, terre de Sommières, talc, poudre d'amidon, argile, buvard, papier de soie.

Les produits dissolvants : acétone, ammoniaque, alcool à brûler, alcool à 90°, essence de térébenthine, éther, trichloréthylène.

Les produits décolorants : eau oxygénée, eau de Javel, carbonate de soude.

Les produits neutralisants : vinaigre blanc, jus de citron, ammoniaque, sel d'oseille, esprit de sel, carbonate de soude.

AVANT LE REMBOURRAGE D'UN SIÈGE

Retirez semences et agrafes avec un ciseau à dégarnir et un maillet. Enlevez le tissu d'ameublement pièce par pièce. Défaites les piqûres et repassez les morceaux un par un s'ils doivent vous servir de patron. Cette méthode convient aussi à la confection d'une housse.

A mesure que vous dégarnissez le meuble, surtout prenez soin de noter, dessiner ou photographier la position de chaque pièce du matériel et l'ordre dans lequel vous l'enlevez avant de tout défaire. Le remontage sera beaucoup plus facile.

Les tissus ont généralement un sens, que l'on perçoit lorsqu'on y passe la main : d'un côté on redresse le poil, de l'autre on le couche. Le tissu doit être taillé de manière que sur les côtés ou sur les surfaces verticales le poil se couche vers le bas. Sur le dessus, il doit se coucher vers l'avant. Si les parties ne sont pas toutes taillées dans le même sens, le meuble sera de deux nuances de couleur.

Avant de poser les semences dans le tissu d'ameublement, couvrez la bourre d'une mousseline, qui la tiendra en place. Puis, avant de tailler le nouveau tissu, épinglez les vieux morceaux sur la mousseline et regardez si le capitonnage ne s'est pas modifié. Il faudra peut-être le rectifier et ajouter ou rentrer 2 cm de bourre ici et là.

Masquez les semences et les arêtes vives, là où le tissu est fixé au cadre, avec du galon. Collez celui-ci ou fixez-le avec des semences décoratives à tête ronde en laiton. Il existe des guide-clous très pratiques pour clouer droit et à intervalles réguliers.

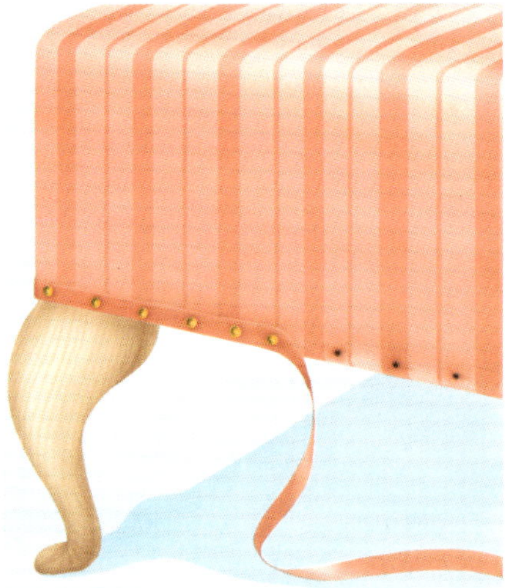

LE REMBOURRAGE

Autrefois, on rembourrait les sièges avec du crin de cheval. Maintenant que ce produit est rare et coûteux, on lui substitue du crin végétal, du coton ou un mélange de poils d'animaux. Mais si vos sièges sont rembourrés avec du crin de cheval réutilisable, lavez-le dans de l'eau savonneuse, rincez-le bien et peignez-le pendant qu'il sèche.

Pour le capitonnage, la mousse de polyuréthanne lavable et réfractaire à la moisissure sera parfaite. C'est un bon support homogène et qui retrouve spontanément sa forme.

Découpez-la avec un couteau. Sachez que certains magasins acceptent de la découper pour vous à vos dimensions.

La mousse de polyuréthanne a besoin de ventilation. Si le cadre ou le fond du meuble qu'elle garnit est fermé, percez-y des trous d'aération à intervalles réguliers.

RESSORTS ET SANGLES

Lorsqu'un ressort s'est détaché d'une sangle, comprimez-le et cousez-le à la sangle avec une aiguille courbe et du fil à ligature. Fixez-le en quatre endroits et arrêtez les premier et dernier points.

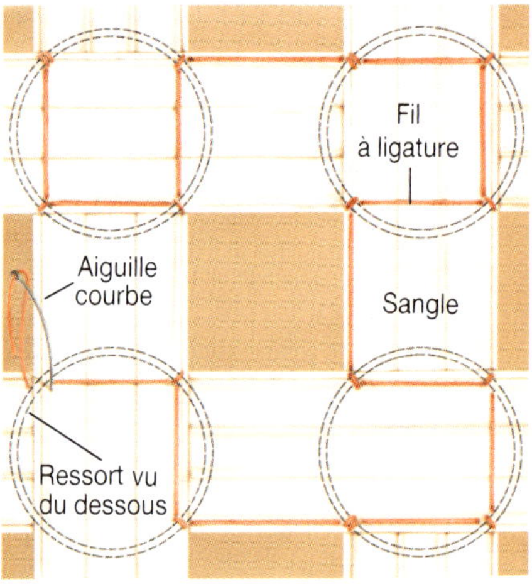

Les sangles sont trop usées pour retenir les ressorts ? Changez-les ou remplacez-les par des lattes de contre-plaqué de 1 cm d'épaisseur.

Otez les sangles usées et vissez une latte de 5 cm de large sous chaque rangée de ressorts. Faites-les plus courtes que le meuble pour qu'elles ne se voient pas. Attachez-y les ressorts avec du fil à ligature.

Index

A

B

C

D

F

G

H

I

J

L

M

N

O

P

R

S

T

U

V

W-Y

Sources

Acropolis Books Ltd. PARENT TRICKS-OF-THE-TRADE par Kathleen Touw et illustré par Loel Barr, copyright © 1981 par Acropolis Books Ltd. COLOR ME BEAUTIFUL par Carole Jackson, copyright © 1980 par Acropolis Books Ltd. Reproduit avec autorisation. *Addison-Wesley Publishing Company* TAKE CARE OF YOURSELF par D. M. Vickery et J. F. Fries, copyright © 1985 Addison-Wesley Publishing Company. Reproduit avec autorisation. *American Apparel Manufacturers Association* CONSUMER CARE GUIDE FOR APPAREL. Reproduit avec autorisation. *Arbor House Publishing Co.* HINTS FROM HELOISE, copyright © 1980 par King Features Syndicate, Inc. HELOISE'S BEAUTY BOOK, copyright © 1985 par King Features Syndicate, Inc. Reproduit avec autorisation. *Atheneum Publishers, Inc.* FEAST WITHOUT FUSS par Pamela Harlech, copyright © 1977 par Pamela Harlech. Reproduit avec autorisation. *Avon Books* SEW SUCCESSFUL par Claire B. Shaeffer, copyright © 1984 par Claire B. Shaeffer. Reproduit avec l'autorisation de Dominick Abel Literary Agency. *Charles C. Thomas, Publisher* SUBURBAN BURGLARY par George Rengart et John Wasilchick, copyright © 1985 par Charles C. Thomas, Publisher. Reproduit avec autorisation. *Chronicle Books* CUTTING-UP IN THE KITCHEN par Merle Ellis, copyright © 1975 par Merle Ellis. Reproduit avec autorisation. *Church & Dwight Co., Inc.* ARM & HAMMER BAKING SODA GREAT IDEAS CLINIC. ARM & HAMMER est un nom déposé de Church & Dwight Co., Inc. Reproduit avec autorisation. *Coats & Clark Inc.* BUTTONS, SNAPS, HOOKS AND EYES, copyright © 1983 par Coats & Clark Inc. MENDING, copyright © 1978 par Coats & Clark Inc. Reproduit avec autorisation. *The Countryman Press* HOMEOWNER'S GUIDE TO LANDSCAPE DESIGN par Timothy Michel, copyright © 1983 par The Countryman Press. Reproduit avec autorisation. *Crown Publishers, Inc.* STOPPERS par Wesley Cox, copyright © 1983 par Wesley Cox. Reproduit avec autorisation. *Dell Publishing Co., Inc.* SMART SHOPPING WITH COUPONS & REFUNDS par Bronnie Storch Kupris, copyright © 1980 par Bronnie Storch Kupris. CATS: BREEDS, CARE, AND BEHAVIOR par Shirlee A. Kalstone, copyright © 1983 par Shirlee A. Kalstone, Dell Publishing Co., Inc. et Sandford Greenburger Associates Inc. TIPS FOR TODDLERS par Brooke McKamy Beebe, copyright © 1983 par Brooke McKamy Beebe. Reproduit avec autorisation. *Dodd, Mead & Company, Inc.* EVERYTHING YOU WANTED TO KNOW ABOUT COSMETICS par Toni Stabile, copyright © 1984 par Toni Stabile. Reproduit avec l'autorisation de Dodd, Mead & Company, Inc., et Toni Stabile. *Dorling Kindersley Ltd.* COLOR RIGHT DRESS RIGHT par Liz E. London et Anne H. Adams, copyright © 1985 par Dorling Kindersley Ltd., London, copyright du texte © 1985 par Liz E. London et Anne H. Adams. Reproduit avec l'autorisation de Liz E. London et Anne H. Adams. *Doubleday & Co., Inc.* TRAINING YOU TO TRAIN YOUR DOG par Blanche Saunders, copyright © 1946 par United Specialists, Inc. MARY ELLEN PINKHAM'S 1000 NEW HELPFUL HINTS, copyright © 1983 par Mary Ellen Pinkham. SYLVIA PORTER'S NEW MONEY FOR THE 80's, copyright © 1975, 1979 par Sylvia Porter. THE AMY VANDERBILT COMPLETE BOOK OF ETIQUETTE: A GUIDE TO CONTEMPORARY LIVING. Edition revue et augmentée par Letitia Baldridge, copyright © 1978 par Curtis B. Kellar et Lincoln G. Clark, exécuteurs testamentaires de la succession de Amy Vanderbilt Kellar et Doubleday & Company, Inc. THE FURNITURE DOCTOR par George Grotz, copyright © 1962 par George Grotz. THE INDOOR CAT par Patricia Curtis, copyright © 1981 par Patricia Curtis. Reproduit avec autorisation. *E. P. Dutton Company, Inc.* TIME MANAGEMENT MADE EASY par Peter A. Turla et Kathleen L. Hawkins, copyright © 1984 par Peter A. Turla et Kathleen L. Hawkins. Reproduit avec autorisation. *The East Woods Press* INTERIOR FINISH AND CARPENTRY: SOME TRICKS OF THE TRADE par Bob Syvanen, copyright © 1982 par Bob Syvanen. Reproduit avec autorisation. *Encyclopaedia Britannica, Inc.* 1980 MEDICAL AND HEALTH ANNUAL, copyright © 1979 par Encyclopaedia Britannica, Inc. Reproduit avec autorisation. *Facts on File Publications* HELPFUL HINTS FOR BETTER LIVING par Hap Hatton et Laura Torber, copyright © par Hap Hatton et Laura Torber. Reproduit avec autorisation. *Gaines Foods, Inc.* FEEDING YOUR DOG RIGHT, copyright © 1982 par General Foods Corporation. Reproduit avec autorisation. *Globe Mini Mag* SEWING TRICKS, copyright © 1984 par Globe Mini Mag. Reproduit avec l'autorisation de Globe Mini Mag et Deutsch, Levy & Engel. *Hartcourt Brace Jovanovich, Inc.* THE I HATE TO HOUSEKEEP BOOK par Peg Bracken, copyright © 1962 par Peg Bracken. Reproduit avec autorisation. *Harper & Row, Publishers, Inc.* THE AIDA GREY BEAUTY BOOK par Aida Grey et Kathie Gordon, copyright © 1979 par Aida Grey et Kathie Gordon. Reproduit avec autorisation. *Henry Holt and Company, Inc.* KITCHEN WISDOM par Frieda Arkin, copyright © 1977 par Frieda Arkin. Reproduit avec l'autorisation de Henry Holt and Company et Severn House Publishers Ltd. MORE KITCHEN WISDOM, par Frieda Arkin, copyright © 1982 par Frieda Arkin. Reproduit avec l'autorisation de Henry Holt and Company. *Holt, Rinehart and Winston* PERSONAL & FAMILY SAFETY & CRIME PREVENTION par Nancy Z. Olson, copyright © 1980 par Preventive Medicine Institute/Strang Clinic. Reproduit avec autorisation. *Home Magazine Ltd.*, numéro de Mai 1983. Reproduit avec autorisation. *Houghton Mifflin Company* TAYLOR'S ENCYCLOPEDIA OF GARDENING, copyright © 1961 par Norman Taylor. Reproduit avec autorisation. *Jonathan David Publishers, Inc.* THE HOUSEHOLD BOOK OF HINTS AND TIPS par Diane Raintree, copyright © 1979 par Jonathan David Publishers, Inc. Reproduit avec autorisation. *Little, Brown and Company* MARSHALL LOEB'S 1986 MONEY GUIDE, copyright © 1985 par Marshall Loeb Enterprises, Inc. FAST AND LOW par Joan Stillman, copyright © 1985 par Joan Stillman. Reproduit avec autorisation. *Macmillan Publishing Company.* THE PRUNING MANUAL, d'après le THE PRUNING MANUAL par L. H. Bailey par E. P. Christopher, copyright © 1954, 1982 par E. P. Christopher. TREES FOR AMERICAN GARDENS par Donald Wyman, copyright © 1965 par Donald Wyman. SHRUBS AND VINES FOR AMERICAN GARDENS, copyright © 1949 par Donald Wyman. THE GOOD DOG BOOK par Mordecai Seigal, copyright © 1977 par Mordecai Siegal. HOWARD HILLMAN'S KITCHEN SECRETS par Howard Hillman, copyright © 1985 par Howard Hillman. Reproduit avec autorisation. UPHOLSTERING par James E. Brumbough, copyright © 1986 par Macmillan Publishing Co. *The Maytag Company* MAYTAG GAS COOKING APPLIANCE SERVICE MANUAL, MAYTAG ELECTRIC COOKING PRODUCTS SERVICE MANUAL, copyright © 1982 par The Maytag Company. MAYTAG ENCYCLOPEDIA OF HOME LAUNDRY, copyright © 1973 par The Maytag Company. Reproduit avec autorisation. *McGraw-Hill Book Company* THE MEAT BOARD MEAT BOOK par Barbara Bloch, copyright © 1977 par National Live Stock & Meat Board et The Benjamin Company, Inc. Reproduit avec l'autorisation de The Benjamin Company, Inc. HOW TO RESTORE AND REPAIR PRACTICALLY EVERYTHING par Lorraine Johnson, copyright © 1984 par Lorraine Johnson. Reproduit avec autorisation. *William Morrow & Company, Inc.* 20001 HINTS FOR WORKING MOTHERS par Gloria Gilbert Mayer, copyright © 1983 par Gloria Gilbert Mayer. Reproduit avec autorisation. *Necessary Trading Company.* NECESSARY CATALOGUE, volume 3, copyright © 1983 par Necessary Trading Company. Reproduit avec autorisation. *Nitty Gritty Productions* HOUSEHOLD HINTS par Anna Cope, copyright © 1980 par Nitty Gritty Productions. Reproduit avec autorisation. *101 Productions* WORKING FAMILY'S GUIDE par Sheila Kennedy et Susan Seidman, copyright © 1980 par Sheila Kennedy et Susan Seidman. Reproduit avec autorisation. *W. W. Norton & Company, Inc.* GETTING ORGANIZED, The Easy Way to Put Your Life in Order par Stephanie Winston, copyright © 1978 par Stephanie Winston. HOME FREE, The No-Nonsense Guide to House Care, par Ann Guilfoyle, copyright © 1984 Ann Guilfoyle. JANE BRODY'S NUTRITION BOOK, copyright © 1981 par Jane E. Brody. JANE BRODY'S GOOD FOOD BOOK, copyright © 1985 par Jane E. Brody. Reproduit avec autorisation. *Orbis Book Publishing Corporation Ltd.* THE CAT CARE QUESTION AND ANSWER BOOK, copyright © 1981 par Orbis Publishing Corporation Ltd. *Oxmoor House* HOME PAINT BOOK par Richard V. Nunn, copyright © 1975 par Oxmoor House. Reproduit avec autorisation. *Penguin Books Ltd.* THE NATIONAL TRUST MANUAL OF HOUSEKEEPING par Hermione Sandwith et Sheila Stainton (Allen Lane en collaboration avec le National Trust, 1984), copyright © 1984 par The National Trust. *Prentice-Hall, Inc.* BUILT-INS, STORAGE AND SPACEMAKING par Allen D. Bragdon, copyright © 1983 par Allen D. Bragdon. CARING FOR YOUR AGING PARENTS par Robert R. Cadmus, M.D., copyright © 1984 par Prentice-Hall, Inc. SUPER HANDYMAN'S ENCYCLOPEDIA OF HOME REPAIR HINTS par Al Carrell, copyright © 1971 par King Features Syndicate, Inc. LOOKING AFTER YOUR DOG par John and Mary Holmes, copyright © 1981 par John and Mary Holmes. SPEED SEWING par Janice S. Saunders, copyright © 1982 par Van Nostrand Reinhold Company, Inc. Reproduit avec autorisation. *The Putman Publishing Group* A BASIC GUIDE TO DOG TRAINING AND OBEDIENCE par Margaret English, copyright © 1979 par Margaret English. ABOUT FACE par Jeffrey Bruce & Sherry Suib Cohen, copyright © 1984 par Jeffrey Bruce et Sherry Suib Cohen. ALWAYS BEAUTIFUL par Kaylan Pickford, copyright © 1985 par Kaylan Pickford. ADRIENNE ARPEL'S 851 FAST BEAUTY FIXES AND FACTS par Adrienne Arpel en collaboration avec Ronnie Sue Ebenstein, copyright © 1985 par Adrienne Newman et Ronnie Sue Ebenstein. LOOKING, WORKING, LIVING TERRIFIC 24 HOURS A DAY par Emily Cho et Hermine Leuders, copyright © 1982 par Emily Cho et Hermine Leuders. MORE CLEAN YOUR HOUSE AND EVERYTHING IN IT par Eugenia Chapman et Jill C. Major, copyright © 1984 par Eugenia Chapman et Jill C. Major. Reproduit avec autorisation. *Random House, Inc.* THE CLOTHING CARE HANDBOOK par Katherine Robinson, copyright © 1985 par Katherine Robinson. Reproduit avec l'autorisation de Ballantine Books, une filiale de Random House Inc. ALL SOUND AND NO FRILLS par Clement Meadmore, copyright © 1978 par Clement Meadmore. Reproduit avec l'autorisation de Pantheon Books, une filiale de Random House, Inc. THE BEAUTY EDITOR'S WORKBOOK, par Felicia Nilewicz et Lois Joy Johnson, copyright © 1983 par Felicia Nilewicz et Lois Joy Johnson. Reproduit avec l'autorisation de Random House, Inc. DOWN HOME WAYS par Jerry Mack Johnson, copyright © 1978 par Jerry Mack Johnson. Reproduit avec l'autorisation de Times Books, une filiale de Random House, Inc. THE FAMILY CIRCLE HINTS BOOK, par Erika Douglas et les éditeurs de Family Circle, copyright © 1982 par The Family Circle, Inc. Reproduit avec l'autorisation de Times Books, une filiale de Random House, Inc. *The Research Institute of America, Inc.* The 1, 2, 3s OF BUSINESS MATH, copyright © 1985 par The Research Institute of America, Inc. Reproduit avec autorisation. *Rodale Press, Inc.* NO DIG, NO WEED GARDENING, copyright © 1986 par Raymond P. Poincelot. GENE LOGSDON'S PRACTICAL SKILLS par Gene Logsdon, copyright © 1985 par Gene Logsdon. RODALE'S BOOK OF HINTS, TIPS, AND EVERYDAY WISDOM, copyright © 1985 par Rodale Press, Inc. THE NATURAL FORMULA BOOK FOR HOME AND YARD, copyright © 1982 par Rodale Press, Inc. MAKE IT! DON'T BUY IT, copyright © 1983 par Rodale Press, Inc. MODEST MANSIONS, copyright © 1985 par Donald Prowler. THE HANDBOOK OF NATURAL BEAUTY par Virginia Castleton, copyright © 1975 par Virginia Castleton. A LIFETIME OF BEAUTY, copyright © 1985 par Rodale Press, Inc. Reproduit avec autorisation. *Ross Books* A PRIMER OF COOKING AND HOUSEKEEPING par Elizabeth Cooper, copyright © 1979 par Ross Books. Reproduit avec autorisation. *The Scribner Book Companies, Inc.* THE SMART SHOPPER'S GUIDE TO FOOD BUYING AND PREPARATION, copyright © 1982 par Joan Bingham et Dolores Riccio. Reproduit avec autorisation. *Schaffner Agency* THE LADIES' HOME JOURNAL ART OF HOMEMAKING par Virginia Habeeb, copyright © 1973 par Virginia Habeeb. Reproduit avec l'autorisation de l'auteure et du Ladies' Home Journal. *Simon & Schuster, Inc.* HOW TO CLEAN EVERYTHING par Alma Chestnut Moore, copyright © 1961 par Alma Chestnut Moore. FEARLESS COOKING AGAINST THE CLOCK par Michael Evans, copyright © 1982 par Michael Evans. 1,001 HEALTH TIPS par Lawrence Galton, copyright © 1984 par Lawrence Galton. EILEEN FORD'S A MORE BEAUTIFUL YOU IN 21 DAYS, copyright © 1972 par Eileen Ford. HOUSEHOLD ENCYCLOPEDIA par N. H. et S. K. Mager, copyright © 1973 par Sylvia K. Mager. Reproduit avec l'autorisation de Pocket Books, une filiale de Simon & Schuster, Inc. *Sportsman's Market Inc.* SPORTY'S TOOL SHOP CATALOG, copyright © 1986 par Sporty's Tool Shop. Reproduit avec autorisation. *St. Martin's Press, Inc.* TOTALLY ORGANIZED THE BONNIE McCULLOUGH WAY par Bonnie McCullough, copyright © 1986 par Bonnie Runyan McCullough. TAKING CARE OF CLOTHES par Mablen Jones, copyright © 1982 par St. Martin's Press, Inc. Reproduit avec autorisation. *Stein and Day Publishers* HOW TO PAINT ANYTHING par Hubbard Cobb, copyright © 1977 par Hubbard Cobb. Reproduit avec autorisation. *Tab Books, Inc.* STEP-BY-STEP TELEPHONE INSTALLATION AND REPAIR, copyright © 1986 par Tab Books Inc. Reproduit avec autorisation. *The Taunton Press.* TAGE FRID TEACHES WOODWORKING – Livre 1 – Joinery, copyright © 1979 par The Taunton Press, Reproduit avec autorisation. *Taylor Publishing Company* BEAUTIFUL PARTIES par Diana McDermott en collaboration avec Sandi Britton, copyright © 1986 par Media Projects Inc. Reproduit avec autorisation. *Charles C. Thomas Publisher* PET ORIENTED CHILD PSYCHOTHERAPY par Boris Levinson, copyright © 1969 par Workman Publishing Co., Inc. Reproduit avec autorisation. SUBURBAN BURGLARY par George Rengert et John Wasilchick, copyright © 1985 par Charles C. Thomas Publisher. Reproduit avec autorisation. *U.S. Borax Research Corporation* LEARN YOUR LAUNDRY LESSONS THE EASY WAY, IDEAS TO BRIGHTEN YOUR LAUNDRY. Reproduit avec autorisation. *Ventura Associates, Inc.* BETTY-ANNE'S HELPFUL HOUSEHOLD HINTS, par Betty-Anne Hastings, copyright © 1983 par Ventura Books. Reproduit avec autorisation. *Viking Penguin, Inc.* GROWING OLD par Dr. David A. Tomb, copyright © 1984 par Dr. David A. Tomb. Reproduit avec autorisation. PETS AND THEIR PEOPLE par Bruce Fogle, copyright du texte © 1983 par Bruce Fogle. Reproduit avec l'autorisation de Viking Penguin, Inc., et William Collins Sons & Co., Ltd. *Wadsworth Publishing Company* ANYONE CAN GROW ROSES, par Cynthia Westcott, copyright © 1965 par D. Van Nostrand Company, Inc. Reproduit avec autorisation. *Warner Books, Inc.* MARY ELLEN'S BEST OF HELPFUL HINTS, édition revue, copyright © 1979 par Mary Ellen Pinkham. MARY ELLEN'S BEST OF HELPFUL HINTS, Livre 2, copyright © 1981 par Mary Ellen Pinkham. MARY ELLEN'S BEST OF HELPFUL KITCHEN HINTS, édition revue, copyright © 1979 par Mary Ellen Pinkham. EMILIE TAYOR'S INFLATION FIGHTER MEAT BOOK, copyright © 1982 par Emilie Taylor. Reproduit avec autorisation. *West Publishing Company* UNDERSTANDING NUTRITION par Eleanor Whitney et Eva May Hamilton, copyright © 1984 par West Publishing Company. Reproduit avec autorisation. *Whirlpool Corporation.* NICE THINGS TO KNOW ABOUT APPLIANCES AND ELECTRONICS, copyright © 1984 par Whirlpool Corporation. NICE THINGS TO KNOW ABOUT SAFETY WITH MAJOR HOME APPLIANCES, copyright © 1983 par Whirlpool Corporation. NICE THINGS TO KNOW ABOUT MOVING, STORING, AND WINTERIZING HOME APPLIANCES, copyright © 1983 par Whirlpool Corporation. Reproduit avec autorisation. *Woman's Day* COMPLETE GUIDE TO ENTERTAINING par Carol Cutler, copyright © 1984 par CBS, Inc. Reproduit avec autorisation. *Workman Publishing Co., Inc.* DECORATING ON THE CHEAP par Mary Gilliatt, copyright © 1984 par Mary Gilliatt. Reproduit avec autorisation. *Writer's Digest Books* DO I DUST OR VACUUM FIRST? par Don Aslett, copyright © 1982 par Don Aslett. IS THERE LIFE AFTER HOUSEWORK? copyright © 1981 par Don Aslett. CONFESSIONS OF AN ORGANIZED HOUSEWIFE, copyright © 1982 par Deniece Schofield. Reproduit avec autorisation.

TRUCS
4 000 ASTUCES CHEZ SOI
publié par
SÉLECTION DU READER'S DIGEST

Photocomposition : EMPREINTES, Antony
Photogravure : PHOTOCHROMIE, Paris
Impression et reliure : BREPOLS, Turnhout

PREMIÈRE ÉDITION
Achevé d'imprimer : décembre 1990
Dépôt légal en France : janvier 1991
Dépôt légal en Belgique : D.1991.0621.26

IMPRIMÉ EN BELGIQUE
Printed in Belgium